¡ARRIBA!

LA HEROICA VIDA DE ROBERTO CLEMENTE

EDITADO POR

BILL NOWLIN y GLEN SPARKS

EDITORES ASOCIADOS

LEN LEVIN y CARL RIECHERS

EDICIÓN EN ESPAÑOL TRADUCIDA POR

TONY S. OLIVER DÍAZ

Sociedad Americana de Investigación sobre el Béisbol, Inc.
Phoenix, AZ

"¡Arriba!": La heroica vida de Roberto Clemente

Editado por Bill Nowlin y Glen Sparks
Editores asociados: Len Levin y Carl Riechers
Traductor: Tony S. Oliver Díaz

Diseño de la portada: El Museo Clemente/ Rob Larson
Fotografía de la portada: Ed Salamony
Diseño: David Peng

ISBN 978-1-970159-97-4 "¡Arriba!": La Heroica Vida de Roberto Clemente   libro electrónico
ISBN 978-1-970159-98-1 "¡Arriba!": La Heroica Vida de Roberto Clemente   libro impreso, carpeta blanda
Número de la Biblioteca del Congreso de los Estados Unidos de América: 2022916985

Escuela de Periodismo Cronkite en ASU
555 N. Central Ave. #416
Phoenix, AZ 85004
Teléfono: (602) 496-1460
Web: www.sabr.org
Facebook: Society for American Baseball Research
Twitter: @SABR

"El Grande", en el Parque PNC. Fotografía cortesía de Michael Kane.

Fotografía cortesía de Duane Rieder.

TABLA DE CONTENIDO

JUEGOS

Fotografía captada por Les Banos, cortesía del Museo Clemente.

ROBERTO CLEMENTE

POR STEW THORNLEY

La grandeza de Roberto Clemente trascendió al diamante. En el mismo, era electrizante con su tendencia a batear bolas malas, su fuerte brazo desde el jardín derecho, y la manera en la que jugaba, con imprudente pero controlado abandono. Fuera de éste, fue un modelo a seguir, no tan sólo para sus compatriotas, sino para el mundo completo. Clemente vivió su vida ayudando a los demás y desafortunadamente murió de la misma manera.

Cuando Jackie Robinson rompió la barrera de color se abrió el camino no solo para lo afronorteamericanos en el béisbol organizado, sino también para otros cuyo color de piel los había excluido. Para los años 1960, Clemente se había convertido en uno de los mejores jugadores de América Latina.

Clemente provenía de Puerto Rico, que había establecido su propia historia beisbolera remontándose a finales del siglo XIX, en alrededor el mismo tiempo en que la isla se convirtió en una posesión de los Estados Unidos.[1] Puerto Rico comparte su amor por el béisbol con muchos de los países dentro y cerca del Mar Caribe. Las ligas profesionales se formaron y prevalecieron en el invierno en estas áreas, incluyendo a Venezuela, México y la República Dominicana.

Puerto Rico había producido a muchos grandes jugadores, como Pedro "Perucho" Cepeda —debido a que era negro, Perucho nunca llegó a jugar en las ligas mayores en los Estados Unidos. Su hijo Orlando lo hizo, y eventualmente llegó al Salón de la Fama.

El mejor pelotero puertorriqueño fue, sin embargo, Roberto Clemente.

Roberto Clemente Walker nació el 18 de agosto de 1934, hijo de Melchor Clemente y Luisa Walker de Clemente, en Carolina, que está ligeramente al este de la capital puertorriqueña de San Juan. Roberto era el más joven de los siete hijos de Luisa (tres de los cuales eran de un matrimonio anterior).[2]

Melchor era un capataz que supervisaba a los cortadores de caña de azúcar. También usaba su camión para ayudar a una compañía constructora a entregar arena y gravilla en lugares de construcción. Luisa era lavandera y hacía varios trabajos para asistir a los trabajadores en la plantación de caña de azúcar. Roberto contribuyó al sustento familiar ayudando a su padre a cargar palas a los camiones de construcción. También se ganaba dinero haciendo varios trabajos para los vecinos, como transportar leche a la tienda del campo. Roberto usó su dinero para comprar una bicicleta y pelotas de goma. Le gustaba apretar las pelotas para fortalecer sus manos.[3] Muchas personas comentaban sobre el tamaño de las manos de ese joven. Tenía manos fuertes, y estuvo claro desde una temprana edad que tenía habilidades atléticas.

Roberto no solo tenía habilidad, sino también un gran amor por los deportes, en especial el béisbol. Asistía a juegos en el invierno y veía a los jugadores estelares de Estado Unidos. Uno de sus favoritos era Monte Irvin. Irvin jugó por los Newark Eagles en la Liga Nacional Negra en el verano y con los Senadores de San Juan de la Liga Puertorriqueña en el invierno. Irvin recuerda a los chicos en el estadio. "Les dábamos nuestras maletas para que pudieran entrarlas y así poder entrar al estadio gratis," dijo. Irvin no sabía que Clemente estaba entre los niños hasta que éste se lo dijo años después, cuando ambos estaban en las ligas mayores. Clemente también contó a Irvin que estaba impresionado con su brazo. "Yo tenía el mejor brazo en Puerto Rico," dijo Irvin. "Y a él le gustaba verme hacer los tiros. Descubrió que podía practicar y lanzar como yo lo hacía".[4] Roberto comenzó a jugar béisbol. Escribió en su diario, "Me gustaba tanto que a pesar de que nuestro terreno estaba lleno de fango y había muchos árboles en él, jugaba muchas horas cada día. Las cercas estaban a unos 150 pies del plato, y yo disparaba muchos jonrones. Un día disparé diez jonrones en un juego que comenzamos alrededor de las 11 a.m. y terminamos hacia las 6:30 p.m.".[5]

Cuando tenía 14 años, Roberto se unió a un equipo de softbol organizado por Roberto Marín, quién fue muy influyente en la vida de Clemente.

Marín notó el fuerte brazo de Roberto y comenzó a usarlo en el campo corto. Eventualmente lo trasladó a los jardines. Independientemente de la posición que jugara, Roberto era sensacional. "Su nombre comenzó a conocerse por sus largos batazos al jardín derecho y por sus sensacionales atrapadas," dijo Marín. "Todo el mundo tenía los ojos puestos en él".[6]

Roberto participó también en salto alto y lanzamiento de la jabalina en la Escuela Superior Vizcarrondo en Carolina.[7] Se pensaba que podía ser bueno para representar a Puerto Rico en los Juegos Olímpicos. Lanzar la jabalina fortaleció su brazo y le ayudó de otras maneras, según uno de sus biógrafos, Bruce Markusen: "El juego de pies, lanzamiento y dinámica general empleados en el lanzamiento de jabalina coincidían con las habilidades necesarias para lanzar una pelota de manera apropiada. Mientras más Clemente lanzaba la jabalina, más fuerte y mejor se hacía su brazo desde los jardines".[8]

Roberto dijo que lanzar la jabalina en la Escuela Superior era solamente parte de la razón por la que desarrolló un fuerte brazo. "Mi madre tiene el mismo brazo, incluso hoy a los 74 años," dijo en una entrevista en 1964. "Podía lanzar una pelota desde segunda base al plato con algo en ella. Saqué el brazo de mi madre".[9]

Aunque tenía gran habilidad atlética en general, Roberto decidió enfocarse en el béisbol, pese a que esto significaba renunciar a cualquier sueño de participar en los Juegos Olímpicos. Comenzó a jugar con un fuerte equipo amateur, los Mulos de Juncos.

En 1952, Clemente participó en un campo de prueba en Puerto Rico que contó con la presencia del escucha Al Campanis, de los Esquivadores de Brooklyn. Clemente impresionó a Campanis con sus distintas habilidades, incluyendo su velocidad. Los Esquivadores no ficharon a Clemente en ese entonces, pero Campanis siguió pensando en él.

También en 1952, Clemente captó la atención de Pedrín Zorrilla, quien era dueño de los

Cangrejeros de Santurce en la Liga de Puerto Rico. El equipo de Juncos iba a jugar con los Atenienses de Manatí en Manatí, donde Zorrilla tenía una casa en la playa. Roberto Marín aconsejó a Zorrilla que fuera al juego. Después, Zorrilla le ofreció a Clemente un contrato para jugar con los Cangrejeros.

Clemente tenía apenas 18 años cuando se unió a los Cangrejeros. Como jugador joven y en desarrollo, fue llevado suavemente por el dirigente del equipo, Buzz Clarkson. Clarkson había tenido una excelente carrera en las Ligas Negras en los Estados Unidos y había jugado varios inviernos en Puerto Rico. Igualmente que muchos grandes peloteros negros, los mejores años de Clarkson habían pasado cuando tuvo su oportunidad de jugar en las mayores en 1952 a la edad de 37 años. Otros dos jugadores como este eran Willard "Ese Hombre" Brown y Bob Thurman, quienes eran grandes bateadores en las Ligas Negras. Ambos eran jardineros (Thurman también lanzaba un poco) en el equipo de Santurce al que Clemente se unió en el invierno de 1952-53.

"Clemente admiraba a Bob Thurman," escribió Thomas Van Hyning. "Clemente salió de emergente por Thurman en una situación clave y pegó doble ante Roberto Vargas de Caguas para ganar el partido, ganándose las felicitaciones de Thurman".[10] A pesar de ese importante batazo, Clemente no jugó mucho en su primer invierno en la Liga de Puerto Rico.

Comenzó a jugar más en 1953-54 e incluso llegó al Juego de las Estrellas de la liga. (La estrella de ese Juego de las Estrellas fue Henry Aaron, de los Criollos de Caguas, quien disparó cuatro inatrapables, incluyendo dos jonrones, y empujó cinco carreras). Para mediados de temporada, el nombre de Clemente aparecía junto con el de Aaron en la lista de los líderes de la liga de Puerto Rico en promedio de bateo. Clemente terminó la campaña con .288, el sexto mejor de la liga.

Los Esquivadores de Brooklyn habían recordado a Clemente de la prueba que había tenido frente a Al Campanis en 1952.[11] Buzzie Bavasi, vicepresidente de los Esquivadores, dijo que durante la campaña de 1953-54 un escucha en Puerto Rico le dijo que los Esquivadores podían firmar a Clemente.[12] Otros equipos de las grandes ligas también habían notado a Clemente. Uno de ellos eran los Gigantes de Nueva York, los grandes rivales de los Esquivadores. Brooklyn superó la oferta de los Gigantes y Clemente accedió a firmar. Los Bravos de Milwaukee también hicieron una oferta, que según se reportó era mucho mayor que la de los Esquivadores, pero Clemente se mantuvo con su decisión.[13] Sabía que la ciudad de Nueva York tenía una gran población puertorriqueña y estaba ansioso por jugar allí.

El 19 de febrero de 1954, Clemente firmó un contrato con los Esquivadores, quienes debían tomar la decisión respecto a qué hacer con él. Los Esquivadores lo habían fichado por un salario reportado de $5,000 al igual que un bono de $10,000.[14] Las reglas de la época requerían que un equipo fichara a un pelotero por un bono y salario de más de $4,000 para mantenerlo en la plantilla de grandes ligas por dos años o arriesgar perderlo en el sorteo de entre temporadas.[15] Muchos jugadores con bonos en este período eran mantenidos en el nivel de ligas mayores, sembrados en la banca por dos años en vez de desarrollarse en las menores. Los Esquivadores eligieron que Clemente pasara la temporada de 1954 con los Reales de Montreal en la Liga Internacional, aunque esto significaba que podían perderlo al final de la temporada.

Buzzie Bavasi tenía el poder para determinar el destino de Clemente. En 1955, Bavasi le dijo al escritor de Pittsburgh Les Biederman que el único propósito de los Esquivadores para firmar a Clemente era mantenerlo alejado de los Gigantes, aun cuando sabían que eventualmente lo perderían con otro equipo.[16] Algunos escritores decían que había un sistema informal de cuotas en efecto en los primeros años después de la ruptura de la barrera de color, pero los hechos no lo sostienen.[17] En su biografía de Clemente, Kal Wagenheim escribió que los Esquivadores nunca abrían con todos sus cinco jugadores negros en el mismo equipo. Los box scores prueban que esto es falso. (Hay otras razones para cuestionar la existencia de una cuota, aunque esto está más allá del reino de este artículo para explorar el asunto a plenitud).[18]

En un mensaje de correo electrónico de 2005 al autor, Bavasi escribió que aunque no había un sistema de cuotas, la raza fue el factor que hizo al club mantener a Clemente en Montreal: "La preocupación no tenía nada que ver con cuotas, pero la idea era que demasiadas minorías podían ser un problema con los jugadores blancos. No tanto así, dije. Ganar era lo importante. Estoy de acuerdo con la junta directiva [de los Esquivadores] en que debemos tener la opinión de un jugador y me guiaría por la opinión de un jugador. La junta llamó a Jackie Robinson. Demonios, ahí se me sentí genial. Se le dijo a Jackie sobre el problema y después de pensar por un rato, me preguntó a quién iban a degradar si Clemente se llevaba uno de los puestos. Yo dije que George Shuba. Jackie coincidió que Shuba sería el que se fuera. Entonces dijo que Shuba no estaba entre los mejores jugadores del club, pero que era el más popular. Con eso me dijo diciendo, y cito: 'Si yo fuera gerente general, no traería a Clemente y bajaría a Shuba o cualquier otro jugador negro. Si lo hiciera, retrasaría por cinco años a nuestro programa.'"[19]

Así que Clemente fue a Montreal a jugar para el mentor Max Macon. La mayoría de los relatos cuentan que los Esquivadores estaban tratando de "esconder" a Clemente en Montreal, dándole tiempo de juego raramente, con la esperanza de que otros equipos no lo notaran y no lo reclutaran al final de la temporada.

Varios biógrafos, entre ellos Phil Musick, Kal Wagenheim y Bruce Markusen, brindan ejemplos para apoyar la controversia de que Clemente estaba oculto. Sin embargo, una revisión de juego a juego

de la temporada de 1954 en Montreal indica que muchos de los ejemplos son incorrectos.[20]

Wagenheim y Markusen llegan al punto de decir que Clemente no jugó en los últimos 25 juegos de la temporada con los Reales, otro alegato que es incorrecto. De hecho, para la parte final de la temporada, Clemente estaba jugando de manera regular contra abridores zurdos.[21]

El dirigente de Montreal, Max Macon, hasta su muerte en 1989, negó haber tenido órdenes de restringir el tiempo de juego de Clemente. "Las únicas órdenes que tenía eran las de ganar y atraer grandes multitudes al parque" declaró Macon.[22]

Es cierto que Clemente, luego de un período inicial en el que era utilizado en pelotón durante los primeros juegos de la temporada, jugó poco los tres primeros meses de la campaña. Esto apenas era inusual para un jugador de 19 años en su primera temporada en el béisbol organizado.

También, por la mayor parte del año. Los Reales tenían a una cosecha de jardineros confiables con Dick Whitman, Gino Cimoli y Jack Cassini. Además, los Esquivadores enviaron a Sandy Amorós a Montreal a principios de la campaña, y Amorós bateó lo suficientemente bien para que Brooklyn lo volviera a llamar en julio. La situación del superpoblado bosque no dejaba muchas opciones de juego para un recién llegado como Clemente. Usualmente lo usaron como reemplazo defensivo de Cassini en las entradas finales.

Cuando sí jugó, pasó problemas. A inicios de julio su promedio de bateo apenas sobrepasaba los .200. Parte de eso puede atribuirse a su infrecuente tiempo de juego; es difícil para un bateador aclimatarse y batear bien si no juega de manera regular. Por otro lado, es difícil para un jugador que le den tiempo de juego si no batea bien.

Macon dijo que no usaba mucho a Clemente porque "hacía swings sin control", especialmente con lanzamientos que estaban fuera de la zona de strike: "Si ustedes hubiesen estado en Montreal ese año, no habrían creído lo ridículo que le hacían ver algunos lanzamientos".[23] Clemente tuvo más oportunidades contra los lanzadores zurdos. Macon tenía la reputación de hacer pelotones, y Clemente por lo general dividía su tiempo en la alineación con Whitman, bateador zurdo.

En junio y julio, Clemente pasó varios largos períodos sin ver acción alguna. Entonces, el 25 de julio, entró en el primer juego de un doble contra los Reyes Azucareros de la Habana (Havana Sugar Kings) en el noveno inning. El juego estaba empatado y se fue a entradas extras. Con un *out* en el final del décimo, Clemente pegó jonrón y ganó el juego para los Reales.

Macon lo premió dándole el puesto de titular en el segundo juego del doble. La primera apertura de Clemente en tres semanas. En el resto de la temporada, Clemente inició cada juego en el que la oposición abrió con un lanzador zurdo. En este tiempo tuvo algunos buenos momentos. Cerca del final de julio, vino a batear en el inicio del noveno de un juego sin anotaciones en Toronto. Clemente pegó doble y anotó para poner delante a Montreal. Los Reales ganaron el juego, 2-0.

La siguiente vez que los Reales estuvieron en Toronto, tres semanas después, Clemente les ayudó a ganar de una forma diferente. Montreal tuvo una ventaja de 8-7 sobre los Maple Leafs en el final del noveno. Toronto tuvo una oportunidad de anotar, pero Clemente hizo un tiro y fulminó a un corredor en el plato para terminar el juego.

A finales de agosto, pegó dos triples y un sencillo en Richmond, aunque los Reales perdieron el juego. Una semana más tarde, pegó jonrón para dar el triunfo a Montreal y la barrida en un doble programa ante Syracuse.

Su compañero Jack Cassini dijo, "Se sabía que iba a jugar en las grandes ligas. Tenía un excelente brazo y podía correr".[24] Cuando Clemente comenzó a jugar de manera regular contra lanzadores zurdos, los Reales ascendieron en la tabla de posiciones y terminaron en el segundo lugar. Clemente compiló .257 en 87 partidos en su única temporada en las menores.

Para finales de la campaña de 1954, ya era claro para Bavasi y el resto de la organización de Brooklyn que otros equipos estaban interesados en Clemente. Sin embargo, Bavasi dijo que aún no estaba listo para rendirse. Los Piratas, al haber tenido el peor balance en las mayores en 1954, tuvieron la primera selección en el draft de noviembre. Si Bavasi hubiese podido hacer que los Piratas reclutaran a otro jugador del roster de Montreal, Clemente se quedaría en la organización de los Esquivadores, pues cada equipo de ligas menores podía perder un solo jugador.

Bavasi dijo que se acercó a Branch Rickey, quien había llevado las riendas de los Esquivadores antes de irse a Pittsburgh. Luego de que Bavasi declinara la oferta de Rickey para que se le uniera en Pittsburgh, dijo Bavasi, Rickey le comentó que, "Si yo necesitaba ayuda en algún momento, lo único que tenía que hacer era levantar el teléfono". Bavasi dijo que usó esta oferta para lograr que Rickey accediera a reclutar a otro jugador, el lanzador John Rutherford, del roster de los Reales. Sin embargo, Bavasi quedó impactado al enterarse dos días después de que el trato se cancelaba y que los Piratas iban a llevarse a Clemente. "Todo parecía indicar que [el dueño de los Esquivadores] Walter O'Malley y el señor Rickey tuvieron otra discusión y al parecer Walter le dijo a Mr. Rickey cuanta ofensa existía" explicó Bavasi. "Así que perdimos a Roberto".[25]

Cuando fue reclutado por Pittsburgh, Clemente estaba en Puerto Rico jugando con los Cangrejeros de Santurce y camino a su mejor temporada invernal de por vida. Comenzó jugando con Bob Thurman, pero Santurce añadió un nuevo guardabosque en 1954-55. Se trataba de Willie Mays, quien acababa de llevar a los Gigantes de Nueva York al campeonato de la Serie Mundial y fue nombrado el Jugador Más Valioso de la Liga Nacional. El bosque de Clemente, Mays y Thurman está considerado uno de los mejores de la historia en la Liga de Puerto Rico. Para mediados de temporada, el dirigente de

Fotografía de Les Banos, cortesía del Museo Clemente.

Santurce Herman Franks llamaba a Clemente "el mejor jugador de la liga, aparte de Willie Mays".[26]

Clemente y Mays habían estado brindando verdaderamente algunas hazañas. A finales de noviembre, los Cangrejeros estaban perdiendo en el noveno episodio de un partido ante el Caguas-Guayama. Clemente abrió el noveno con sencillo, y Mays pegó entonces un jonrón de dos carreras para dar a Santurce un triunfo de 7-6. No mucho tiempo después de eso, el par brilló en otro triunfo de 7-6. Mays pegó dos jonrones y Clemente uno en una victoria de 11 entradas sobre Mayagüez.

Ambos jugadores pegaron jonrones en el Juego de las Estrellas de la liga el 12 de diciembre, llevando a su equipo del Norte a una victoria de 7-5. Para este tiempo, Mays, Clemente y Thurman eran los tres primeros de la liga en bateo, y Santurce se desplazó al primer lugar.[27]

Mientras las cosas estaban saliendo bien en el diamante beisbolero, hubo otros problemas para Clemente. En la víspera de año nuevo de 1954, uno de sus hermanos, Luis, murió de un tumor cerebral. Poco antes de eso, Clemente había estado en un accidente de auto que dañó uno de sus discos espinales. La lesión en la espalda lo marcó por el resto de su carrera beisbolera.[28]

De vuelta en el terreno, Santurce terminó primero en la Liga de Puerto Rico. Los tres primeros equipos avanzaron a las series finales, por lo que los Cangrejeros tenían que ganar otra serie para llevarse el título de la liga. Eso hicieron, derrotando al Caguas-Guayama cuatro juegos a uno. Clemente pegó cuatro indiscutibles, incluyendo dos dobles, y empujó cuatro carreras en el primer juego de la serie, ganado por Santurce. Caguas-Guayama ganó el juego siguiente, pero los Cangrejeros triunfaron entonces tres veces seguida para terminar la serie. Como campeones de la Liga de Puerto Rico, avanzaron a la Serie del Caribe.

La Serie del Caribe se jugó en Caracas, Venezuela, en febrero de 1955. Además de Santurce, participaron equipos de Cuba, Panamá y Venezuela. Fue un torneo de doble ronda preliminar. El equipo con el mejor registro al final sería el campeón.

Los Cangrejeros ganaron los dos primeros juegos y entonces enfrentaron al Magallanes de Venezuela. El juego se fue a entradas extras. Clemente pegó sencillo para abrir el final del undécimo, y Mays le siguió con un jonrón para ganar el juego 4-2.

Una victoria más lograría al menos un empate para que Santurce ganara el título. El cuarto juego de los Cangrejeros fue un partido de vuelta contra el Almendares de Cuba, un equipo al que habían derrotado en su primer partido. Almendares abrió con una ventaja de 5-0, pero Santurce vino de abajo para ganar. Clemente empujó dos carreras para ayudar en la remontada.

Santurce jugó contra el Carta Vieja de Panamá, con la oportunidad de llevarse el campeonato. Clemente pegó triple y los Cangrejeros anotaron tres veces en la parte alta del primero. En el tercero, Clemente pegó otro triple, mientras Santurce anotaba cuatro veces para tomar ventaja de 7-0. Santurce ganó el partido, 11-3, para conquistar el campeonato.

Fue el segundo título en la Serie del Caribe para Santurce en tres años. Clemente había sido parte del equipo que había ganado el cetro en 1953, pero no jugó en la serie. En esta ocasión fue un miembro clave del equipo que ganó. El paracortos de Santurce Don Zimmer, quien fue electo el Jugador Más Valioso de la Serie del Caribe, dijo: "Puede que haya sido el mejor club de liga invernal que se haya armado".[29]

Poco después, Clemente estaba en el campo de entrenamiento con los Piratas de Pittsburgh, con la esperanza de ganarse un puesto en las ligas mayores. Los Piratas habían estado observando a Clemente durante el invierno. Rickey dijo: "Puede correr, lanzar y batear. Necesita algo de sazón, sin embargo, porque es un diamante sin pulir".[30]

Los Piratas estaban llenos de jardineros cuando empezaron el entrenamiento de primavera en la Florida en marzo de 1955. Clemente habría tenido suficientes elogios de parte del mentor de los Piratas Fred Haney. "El muchacho tiene las herramientas, no hay dudas de eso. Y recibe las instrucciones sin esfuerzos. Con certeza me he quedado complacido con lo que he visto," dijo Haney. "Tiene algunos defectos, lo cual es de esperar, pero esperemos y veamos".[31]

Las oportunidades de Clemente mejoraron cuando Frank Thomas, el mejor jardinero de los Piratas, se mantuvo en espera por más dinero y se perdió la primera parte del entrenamiento de primavera. Thomas entonces enfermó y se perdió más tiempo de juego. Clemente aprovechó su oportunidad e hizo el equipo.[32]

El número original de Clemente en los Piratas era el 13, pero a principios de temporada cambió para el 21, un número que se vinculó fuertemente a él. Se reporta que Clemente escogió el número porque su nombre completo, Roberto Clemente Walker, tiene 21 letras.[33]

Clemente no participó en los tres primeros desafíos de temporada regular. Sin embargo, estuvo en la alineación regular, jugando en el jardín derecho, para el primer juego de una doble tanda el domingo 17 de abril de 1955, ante los Esquivadores de Brooklyn en el Forbes Field de Pittsburgh. Clemente compareció al plato con dos hombres en base en la parte baja del primer inning para su primer turno al bate en las mayores. Conectó una roleta hacia el paracortos Pee Wee Reese. Reese llegó a la pelota, pero no pudo fildear limpiamente. Clemente logró así su primer imparables Siguió esto anotando su primera carrera para dar una ventaja de 1-0 a Pittsburgh. Sin embargo, Brooklyn remontó para ganar el juego.

Clemente inició el segundo partido del doble programa, en esta ocasión como primer bate y jardinero central. Pegó doble, pero los Piratas no pudieron anotar y estaban detrás en el marcador, 3-0, ante los Esquivadores en la parte baja del octavo.

Clemente logró otro indiscutible, un sencillo, como parte de un remontada de dos carreras que cerró el partido, pero aun así los Piratas perdieron.

En el partido siguiente de Pittsburgh, en Nueva York ante los Gigantes, Clemente conectó un cuadrangular dentro del terreno, pero los Piratas volvieron a perder. En este punto, su balance era de 0-6. Pittsburgh perdería otros dos partidos antes de ganar su primero de la temporada, y terminaron en el último lugar de la Liga Nacional por cuarto año consecutivo. Sin embargo, Branch Rickey insistía en que jóvenes peloteros como Clemente ayudarían al viraje del equipo.

A principios de la temporada de 1955, los nuevos peloteros estaban encabezando la ofensiva de los Piratas. Clemente estuvo en la delantera del equipo en bateo durante las tres primeras semanas. En las bases era aún más emocionante. "Cuando comienza a moverse en las bases provoca los 'Oh' y los 'Ah' de la gente en el estadio" escribió Jack Hernon en *The Sporting News*.

Hernon añadió, "El veloz puertorriqueño se nota en la defensa".[34] Forbes Field, el terreno de los Piratas, era un estadio clásico que abrió en 1909. La cerca de los jardines era una pared de ladrillos. Había solamente 300 pies del plato a la pared de la línea del jardín derecho. Pero el muro tenía protuberancias y cambiaba direcciones. Clemente rápidamente aprendió los ángulos y cómo jugar las pelotas que rebotaban de la cerca. Podía acorralar largos batazos con rapidez y, con su gran brazo, los corredores oponentes tenían mucho cuidado de intentar alcanzar una base más.

Luego de menos de un tercio de transcurrida la temporada, Clemente tenía ya 10 asistencias, y también había hecho algunas excelentes atrapadas. "Los fans de Pittsburgh se han enamorado de su fildeo espectacular y de su mortífero brazo derecho" escribió Les Biederman, un reportero que cubría a los Piratas.[35]

El estilo bravucón de Clemente en el terreno le costaría caro. En mayo, hizo una buena atrapada en San Luis, pero se lastimó el dedo y chocó con la pared. La lesión le causó perderse algunos juegos.

Su bateo cayó en una mala racha a medida que la campaña avanzó, en parte porque tenía aún problemas para dejar pasar lanzamientos que estaban fuera de la zona de strike. No obstante, se hizo conocido como un buen "bateador de bolas malas" capaz de hacer buen contacto con lanzamientos malos. Jack Cassini, quien había jugado con él en las menores el año anterior, dijo, "Podía batear. No necesitaba un strike. La mejor manera de lanzarle era justo por el medio del plato".[36]

Clemente jugó 124 juegos con los Piratas en 1955 y tuvo un promedio de bateo de .255. Fue transferido apenas 18 veces. Lograr boletos nunca sería un punto fuerte para él. Aunque no fue una sensacional campaña de novato, Clemente se había ganado un puesto en los bosques de los Piratas. Más que eso, su emocionante estilo de juego hizo que los fanáticos tuviesen ansias de ver más de él.

Roberto regresó a Puerto Rico en el otoño de 1955. Se había reportado que podía no jugar pelota invernal en su patria, y que en lugar de eso comenzaría en la universidad y estudiaría ingeniería.[37] No obstante, Clemente terminó en el diamante, jugando otra temporada con Santurce.

De vuelta en el continente en 1956, Clemente tenía un nuevo jefe en Pittsburgh. Bobby Bragan se había hecho cargo del puesto de dirigente por Fred Haney. Bragan parecía ser apreciado por los jugadores, aunque rápidamente demostró su rigor. En el segundo juego de la temporada, Clemente no alcanzó a recibir la señal para tocar la bola y Bragan lo multó.[38] También multó a otro jugador, Dale Long. El biógrafo Kal Wagenheim escribió, "Esta dura acción sirvió como una inyección de adrenalina. Muy pronto el club estaba luchando por el primer lugar de la liga. Dale Long disparó ocho jonrones en igual cantidad de juegos. Clemente ascendió su promedio a .348, cuarto mejor de la liga".[39]

A mediados de junio, los Piratas estaban en primer lugar, pero una racha de ocho derrotas seguidas los mandó al quinto puesto y eliminó sus esperanzas de conquistar el banderín. Aun así, evitaron el último lugar por primera vez desde 1951 y exhibían a uno de los más excitantes jugadores de las ligas mayores. En los jardines, Clemente tuvo 17 asistencias, señal de su potente brazo. Al bate, su promedio de .311 fue el tercero mejor de la Liga Nacional. Dos de sus mejores batazos fueron jonrones para ganar partidos. El sábado 21 de julio, los Piratas perdían 3-1 ante los Rojos, en el principio del noveno, pero tenían dos corredores en base y Clemente al bate. El lanzador de Cincinnati era Brooks Lawrence, quién ya había ganado 13 juegos sin perder. Clemente cambió eso, al conectar un jonrón de tres carreras que dio a los Piratas el triunfo 4-3 y echó a perder el registro perfecto de Lawrence.

El miércoles siguiente, los Piratas estaban en casa, jugando ante los Cachorros de Chicago. Chicago tenía ventaja de 8-5, pero Pittsburgh llenó las bases sin hombres fuera. Con Clemente al bate, los Cachorros trajeron a un nuevo lanzador, Jim Brosnan. Ante el primer lanzamiento de Brosnan, Clemente pegó un largo batazo entre el central y el izquierdo. Hank Foiles, Bill Virdon y Dick Cole corrieron las bases hacia el plato con las carreras que empatarían el encuentro. Clemente también dio la vuelta al cuadro. El mentor Bobby Bragan estaba de coach en tercera base y levantó los brazos, dando a Clemente la señal de detenerse en tercera base. Sin *outs* y con buenos bateadores en tanda, Bragan pensó que aún podían llevar a Clemente al plato con la carrera de la victoria y no quería correr el riesgo de que le pusieran *out*. Sin embargo, Roberto ignoró la señal de su dirigente, siguió corriendo y llegó quieto al plato. El jonrón con bases llenas dentro del terreno ganaría el partido para los Piratas.[40]

Bragan, quien había puesto una multa a Clemente a inicios de la temporada por no haber captado una seña, no estaba contento de que esta vez hubiese desobedecido deliberadamente, pero decidió no multarlo.[41]

Los batazos de Clemente eran su manera usual de entrar en circulación porque rara vez era transferido. Recibió solamente 13 bases por bolas en 1956, y en un punto estuvo 50 partidos sin ser transferido.[42] Branch Rickey no estaba preocupado: "Su valor no está en recibir boletos porque puede batear bolas malas. Si intentara enseñarle a esperar por un buen lanzamiento, simplemente lo convertiría en un mal bateador. El remedio sería peor que la enfermedad. Sus dolencias se curarán simplemente con la experiencia".[43]

Al final de la campaña, Clemente fue a casa a jugar otra temporada con Santurce en la Liga de Puerto Rico. No obstante, dos hechos significativos tuvieron lugar entre la Navidad y el Año Nuevo. Primero, el dueño de Santurce, Pedrín Zorrilla, vendió al equipo. Pocos días después, el nuevo propietario de los Cangrejeros transfirió a varios jugadores, incluyendo a Roberto, a Caguas-Río Piedras. El canje fue extremadamente impopular, e incluso hizo que el mentor de Santurce, Ramón "Monchile" Concepción, renunciara.[44]

Clemente estaba en la punta de la liga en bateo y había logrado inatrapable en 18 partidos consecutivos cuando fue canjeado. Siguió su cadena de bateo, que llegó a 23 juegos para establecer una nueva marca para la Liga de Puerto Rico. Su racha llegó al fin cuando se fue sin indiscutibles en un juego ante Luis "Tite" Arroyo, un viejo amigo y compañero en los Piratas que lanzaba en el invierno con los Senadores de San Juan.[45] Clemente terminó con un promedio de bateo de .396.

Su vista en la caja de bateo era aguda, pero la espalda de Clemente seguía molestándolo, y como resultado se reportó un día más tarde en el entrenamiento de primavera de 1957. Bragan dio poca importancia al dolor de espalda porque Clemente siempre había jugado bien aun teniendo dolencias. "El historial de Clemente siempre ha sido que mientras peor se siente, mejor juega" reportó *The Sporting News*, que citó a Bragan diciendo, "Prefiero tener a un Clemente con alguna dolencia que a un Clemente que dice sentirse bien sin padecimientos".[46]

La habilidad de Clemente para jugar a pesar del dolor y hacerlo bien pueden haber contribuido a acusaciones de que no estaba realmente lastimado. Sin embargo, esta vez los problemas en la espalda le obligaron a perderse los dos primeros juegos de la campaña. En total, Roberto jugó apenas 111 juegos con Pittsburgh en 1957 y su promedio de bateo cayó a .253. Los problemas en la espalda persistieron hasta el invierno, y Clemente no jugó en la Liga de Puerto Rico hasta mediados de enero de 1958.

Los Piratas habían terminado en el último puesto en 1957, pero dieron un gran salto en 1958 bajo las órdenes del mentor Danny Murtaugh. Clemente, quien se estaba sintiendo bien físicamente, les ayudó a tener un buen inicio en su juego de apertura. Pegó tres imparables, uno de los cuales empató el partido en el octavo inning ante Milwaukee. Los Piratas eventualmente ganaron en 14 entradas.

Clemente siguió bateando bien, y volvió a conectar tres inatrapables en un triunfo 4-3 en Cincinnati el 25 de abril. Uno de ellos fue un sencillo en el sexto inning cuando los Piratas perdían 1-0, y eventualmente anotó para empatar el juego. En la entrada siguiente rompió el empate con un jonrón de tres carreras.

Otro jonrón para ganar el juego tuvo lugar en Milwaukee el 4 de agosto. Clemente rompió un abrazo a tres carreras con dos *outs* en la parte alta del noveno con un jonrón ante el también puertorriqueño Juan Pizarro, quien había igualmente sido compañero de equipo en el invierno.

Poco más de un mes más tarde, Clemente tuvo un juego aún más espectacular, aunque no bateó cuadrangulares. Pegó tres triples, empatando un récord de la Liga Nacional, en una victoria 4-1 sobre Cincinnati el 8 de septiembre.

Roberto bateó .289 en 1958. Desde el jardín derecho, continuó aterrorizando a los corredores oponentes, terminando con 22 asistencias. A los fanáticos les encantaba cuando bateaban una pelota en su dirección con corredores en base, anticipando verle hacer un fuerte tiro.

Liderados por Clemente, los Piratas ascendieron del último lugar hasta el segundo, ocho juegos detrás de los Bravos de Milwaukee.

Clemente no jugó pelota invernal en Puerto Rico en 1958-59. Llevó un uniforme distinto, el de la Reserva de la Marina de Estados Unidos. Cumplió un compromiso militar de seis meses en Parris Island, Carolina del Sur, y Camp LeJeune, Carolina del Norte. El riguroso programa de entrenamiento ayudó físicamente a Clemente. Agregó fortaleza aumentando diez libras y dijo que sus problemas en la espalda habían desaparecido.[47]

Cuando se reportó a los Piratas en la primavera de 1959, se quejó de dolores en el codo. En mayo lo empeoró al golpear fuertemente el suelo al lanzarse para hacer una atrapada. Pocas noches después, tuvo que ser sacado del juego porque no podía lanzar por encima del hombro. Se perdió más de un mes y siguió sintiendo dolor luego de regresar a la alineación.[48]

Clemente jugó en apenas 105 juegos y bateó .296 mientras Pittsburgh caía al cuarto puesto. Pero él y los Piratas estaban sujetos a mejores cosas en 1960.

Por primera vez en varios inviernos, Clemente jugó la temporada completa en la Liga de Puerto Rico en 1959-60. Estaba en un equipo nuevo, luego de haber sido transferido a los Senadores de San Juan, y tuvo un promedio de bateo de .330. Roberto y los Piratas esperaban que estuviese listo para una gran temporada en Pittsburgh.

Otra señal alentadora era que no tenía lesiones. Sintiéndose bien y afinado luego de su juego invernal, Roberto tuvo un buen inicio en 1960. En el segundo juego de los Piratas, como locales ante los Rojos, se fue de 3-3 y empujó cinco carreras en la victoria de Pittsburgh, 13-0. Para finales de abril, Clemente bateaba ya .386. En 14 juegos, había anotado 12 carreras, empujado 14 y conectado tres jonrones. Pero apenas estaba entrando

en calor. En Cincinnati, pegó un cuadrangular y empujó cuatro carreras el primer día de mayo. La victoria de 13-2 era la novena consecutiva de los Piratas y el equipo estaba en primer lugar.

Los Piratas se enfriaron un poco, pero Clemente siguió encendido. En mayo, empujó 25 en 27 juegos, elevando su total para la campaña a 39. Ayudó a Pittsburgh a retomar la cima de la tabla en la Liga Nacional y fue seleccionado el Jugador del Mes en la liga por *The Sporting News*.

Los Piratas lucharon por el primer lugar con los Gigantes de San Francisco y luego los Bravos de Milwaukee. La primera noche de viernes en agosto, los Piratas estaban en una cerrada batalla sin anotaciones con los Gigantes en el Forbes Field. Vinegar Bend Mizell estaba lanzando por Pittsburgh, y recibiendo gran ayuda de sus jardineros. Bill Virdon realizó un par de buenas atrapadas. Entonces, Willie Mays abrió el séptimo por San Francisco con un largo batazo al derecho. Clemente persiguió la conexión, se estiró y la atrapó, robando a Willie Mays un extrabase y chocando con la pared de los jardines. Se lastimó la rodilla y terminó también con una cortada en la barbilla que requirió cinco puntos.[49]

Roberto permaneció en el juego el resto de la entrada, pero fue sustituido por Gino Cimoli iniciando el octavo. Pittsburgh ganaría eventualmente, 1-0, para iniciar una barrida de cuatro juegos sobre los Gigantes. Clemente se perdió el resto de la serie y otros tres juegos.

Estuvo fuera por una semana. Al día siguiente de su regreso, tuvo un gran partido ante los Cardenales de San Luis. San Luis había derrotado a los Piratas en las dos noches anteriores, y los Cardenales estaban en segundo lugar, solamente a tres juegos de Pittsburgh. Los Cardenales tomaron la delantera con una carrera en el principio del primero. En la parte baja, Pittsburgh empató el juego cuando Clemente empujó a Dick Groat con sencillo.

Con el marcador empatado aún, Groat abrió el tercer inning con doble, y Clemente le siguió con un jonrón. Roberto empujó otra con sencillo en el cuarto, para que Pittsburgh ganara, 4-1, siendo él quien empujara todas las carreras del club.

Los Piratas barrieron en el doble programa a los Cardenales al día siguiente para aumentar la ventaja a seis juegos. Nadie se les acercó en el resto del calendario. Excepto por un día, los Piratas habían estado en la cima desde el 29 de mayo.

Clemente terminó la temporada de 1960 con un promedio de .314 y disparó 16 jonrones, más que el doble de su marca personal anterior. También hizo el equipo Todos Estrellas de la Liga Nacional por primera vez.

El primer banderín de Pittsburgh desde 1927 los puso en competencia por la Serie Mundial ante los Yanquis de Nueva York. A pesar de haber sido superados en carreras, 46-17, los Piratas dividieron en los seis primeros partidos para forzar un decisivo séptimo encuentro.

Nueva York superó un déficit de 4-0 para llegar a una ventaja de 7-4 hasta la parte final del octavo. Los Piratas armaron una remontada, ayudados por un mal rebote que convirtió en indiscutible una probable rolata para doble matanza. Se anotó una carrera y los Piratas tenían corredores en segunda y tercera cuando Clemente compareció ante Jim Coates de los Yanquis. Clemente hizo swing y mandó la pelota hacia primera base. Coates no pudo llegarle, y le quedó a Moose Skowron para fildearla. Skowron no tenía oportunidad de llegar a la base antes de Roberto, y el hecho de que Coates fuese también en busca de la pelota dejó la base descubierta. Clemente pasó como un bólido por la base, con su casco volando por los aires, mientras los dos jugadores de los Yanquis observaban impotentes.

El imparable de Clemente empujó otra carrera y Pittsburgh tomó ventaja de 9-7 cuando Hal Smith siguió con un jonrón de tres carreras. Nueva York remontó en el principio del noveno para empatar el juego, dejando lista la escena para uno de los momentos más dramáticos en la historia de Pittsburgh—un jonrón de Bill Mazeroski para decidir la Serie abriendo la parte baja del noveno.

Clemente logró inatrapable en cada uno de los siete juegos, ayudando a los Piratas a ganar la Serie Mundial.

De regreso a su patria siguiendo la campaña de 1960, Clemente dejó pasar la primera parte de la Liga de Puerto Rico, pero entonces se unió a los Senadores de San Juan en la segunda mitad. Incluso luego de convertirse en una estrella en las ligas mayores, Clemente siguió jugando pelota invernal mucho tiempo después de que necesitara mantener su vista aguda. Sentía una obligación hacia la gente de su país, quienes de otra forma no tendrían oportunidad de verle jugar. Clemente es tal vez la figura más inspiradora que jamás haya conocido la isla, y se tomó esa responsabilidad con mucha seriedad.

Con frecuencia se defendió y defendió a otros latinos, denunciando las injusticias que veía. Esto lo abordó de la misma manera en que jugaba—con una pasión, a veces una ira, que lo motivaba dentro y fuera del terreno.

La mayor parte de esa ira era justificada. Aunque el deporte se abrió más a latinos después de la ruptura de la barrera racial, persistían ciertas actitudes y prejuicios hacia estos jugadores. Los peloteros latinos con frecuencia eran acusados de holgazanes o de fingir lesiones si dejaban de jugar por estar lastimados o enfermos. Clemente conocía de primera mano lo que se sentía que lo llamaran hipocondríaco. Sufrió muchas dolencias durante su carrera y ardía cuando su mentor o los reporteros no le creían cuando decía que estaba lastimado.

Uno de los biógrafos de Clemente, Kal Wagenheim, escribió: "La leyenda de su hipocondría se convirtió en parte del folclore beisbolero. Alegó tantas enfermedades—y se desempeñó tan bien a pesar de ellas—que sus quejas evocaban escepticismo o risa". Wagenheim también apuntó que Clemente tuvo problemas en 1960 con el dirigente de los Piratas Danny Murtaugh, quien "se reporta lo acusó de fingir una lesión y lo multó por no jugar".[50]

Más allá de las lesiones y los alegatos de hipocondría, Clemente mantenía que los peloteros latinos normalmente no recibían el reconocimiento que merecían. Una vez más, Clemente era un ejemplo de ello. Luego de ayudar a que los Piratas ganaran el banderín de la Liga Nacional y luego la Serie Mundial, Clemente terminó en el octavo lugar en la votación para el Jugador Más Valioso de la liga. Roberto pensaba que debía haber recibido más votos y haber terminado mejor ubicado.

Clemente tomaba a pecho cada desaire, fuese hacia él o hacia otro pelotero latino. Con frecuencia habló sin tapujos, aunque algunos de sus argumentos respecto a haber sido maltratado no fueron totalmente correctos.

Phil Musick, reportero que cubría a los Piratas de Pittsburgh en los últimos años de la carrera de Roberto, dijo: "Era cualquier cosa menos perfecto. Era creído, en ocasiones arrogante, con frecuencia intolerante, implacable y hubo momentos en los que pensé con seguridad que dominaba el mercado de la autocompasión. Mayormente actuaba como si el mundo hubiese declarado guerra total contra Roberto Clemente, cuando de hecho lo inundaba con un afecto que pocos hombres han conocido jamás".

No obstante, Musick añadió, "Sé que a pesar de todas sus batallas… había a su alrededor un innegable carisma. Tal vez era esa su verdadera esencia—atraía tanto nuestra atención y afecto que se le exigía lo que ningún hombre puede ofrecer: perfección".[51]

Roberto eventualmente recibió el respeto que exigía. Hacia el final de su carrera, los fanáticos y reporteros reconocieron su grandeza en el terreno. Más que eso, sabían de su naturaleza compasiva por toda la gente.

Con poca frecuencia Clemente se ponía metas, pero eso lo hizo una vez: "Luego de no haber podido ganar el premio al Jugador Más Valioso en 1960, decidí que ganaría el título de bateo en 1961 por primera vez".[52]

Eso hizo exactamente, encabezando la Liga Nacional con promedio de .351. Disparó 23 jonrones, anotó 100 carreras y empujó 89. Lideró a los jardineros de la Liga Nacional con 27 asistencias y ganó su primer Guante de Oro gracias a su excelencia defensiva. Clemente ganaría el Guante de Oro cada año el resto de su carrera.

En Puerto Rico, Roberto jugó pelota invernal menos tiempo. Se saltó la temporada de 1962-63 completa. Era la primera vez que no había jugado en la liga de Puerto Rico aparte de cuando estaba en la Reserva de la Marina en 1958-59.

Sin embargo, regresó para la temporada completa con San Juan en 1963-64. Los Senadores terminaron terceros durante la temporada regular, pero ganaron la serie final de la liga y representaron a Puerto Rico en la Serie Internacional, que se jugó en Managua, Nicaragua. El autor Thomas Van Hyning reporta: "Clemente fue un favorito de los fanáticos y se ganó muchos fanáticos en Nicaragua".[53] Roberto desarrolló un afecto por el país y su pueblo, y regresaría nuevamente.

La lucha por el título de bateo boricua involucró a dos estrellas de la Liga Nacional—Clemente y Orlando Cepeda—y un joven jugador a punto de llegar al estrellato en la Liga Americana, Tony Oliva. De vuelta al continente en 1964, Oliva y Clemente encabezaron sus respectivas ligas en promedio de bateo. Oliva, quien daba crédito a su experiencia en liga invernal por ayudarle en su desarrollo como bateador, tuvo un promedio de .323 en su primera temporada completa en las mayores.[54] El promedio de .339 logrado por Roberto fue suficiente para su segundo título de bateo en la Liga Nacional.

El invierno de 1964-65 fue azaroso para Clemente, pues se casó con Vera Cristina Zabala y también comenzó a dirigir. En diciembre de 1964, Clemente se hizo cargo como mentor de los Senadores de San Juan. Aun así jugó, aunque con menos frecuencia. En su primer juego como director, Roberto pegó par de dobles ante Denny McLain de Mayagüez. "Empujó dos carreras con su segundo doble y luego anotó con un tiro malo, pero se torció ligeramente su tobillo derecho y salió de juego" reportó Miguel J. Frau en *The Sporting News*.[55]

Clemente sufrió posteriormente una lesión más seria. Estaba cortando el césped en su casa cuando una roca salió disparada de la podadora y le golpeó en el muslo. Se perdió algunos partidos como jugador, pero cuando se efectuó en Juego de Estrellas de la liga, Roberto se sintió obligado a participar. Bateó como emergente y pegó indiscutible, pero agravó su lesión. "Sentí como traqueó el ligamento de mi muslo y como si algo parecido al agua se estuviese drenando dentro de mi pierna," dijo. Roberto había desgarrado parcialmente el ligamento en su muslo y tuvo que someterse a cirugía.[56]

La lesión, combinada con una fiebre, dejó a Clemente débil, y por ello tuvo un mal inicio en 1965 con los Piratas. Bajo las órdenes del nuevo mentor Harry Walker, el equipo también tuvo un mal comienzo al perder 24 de sus primeros 33 partidos. Luego de esto siguió una cadena de 12 victorias seguidas, que elevaron a Pittsburgh en la tabla de posiciones. Clemente se encendió en este período, al batear .458 durante la racha victoriosa. Los Piratas nunca se recuperaron de su mal comienzo y terminaron en el tercer puesto. Clemente fue el líder de bateo de la liga por segundo año consecutivo y por tercer año en su carrera.

Nadie sabía que estaba a punto de tener la mejor temporada de su vida.

Además de sus otras habilidades, Clemente estaba incrementando el total de boletos gratis a mediados de la década del 60. A principios de la campaña de 1966, los Piratas estaban en Chicago, perdiendo por una carrera ante los Cachorros. Roberto compareció con dos *outs* sin corredores en base en el noveno episodio. El relevista de los Cachorros Ted Abernathy lanzó dos strikes ante Clemente, y con los Piratas a punto de perder, el boricua permaneció paciente. Los tres siguientes

lanzamientos de Abernathy pasaron fuera de la zona de strike y Clemente los dejó pasar, por lo que se completó la cuenta. Roberto se mantuvo con vida al conectar foul ante los ocho lanzamientos siguientes. Finalmente, Abernathy tiró otra bola y Clemente entró en circulación con un boleto. Willie Stargell le siguió con un doble que empujó a Clemente con la carrera del empate. Pittsburgh ganó el partido en entradas extras.

El triunfo mantuvo a los Piratas en primer lugar, y se mantuvieron en la lucha por el banderín en toda la temporada, luchando con los Gigantes de San Francisco y los Esquivadores de Los Ángeles. Al final de agosto, los Piratas y los Gigantes estaban empatados en primer lugar. El 2 de septiembre, Clemente pegó un jonrón de tres carreras ante Ferguson Jenkins de Chicago que ayudó a Pittsburgh a ganarle a los Cachorros y quedarse solos en el primer lugar. Fue el imparable 2,000 en su carrera y su jonrón número 23 de la temporada, igualando su marca personal anterior. Además, le dio 101 empujadas, la primera vez que impulsaba 100 en una temporada.

En esa campaña terminó con marcas personales en cuadrangulares (29) y empujadas (119). Los Piratas terminaron terceros detrás de los Esquivadores y los Gigantes, pero Roberto superó a Sandy Koufax de Los Ángeles por el premio al Jugador Más Valioso.

Clemente tuvo otra espectacular temporada en 1967. Encabezó la liga con promedio de .357 para su tercer título de bateo en cuatro años y el cuarto de su carrera. Además de 209 imparables, Clemente fue transferido o golpeado más de 40 oportunidades, y entró en circulación al menos el 40 por ciento de las veces por primera ocasión en su carrera.

Luego de haberse tomado libre el invierno anterior, Clemente jugó esporádicamente en la Liga de Puerto Rico en 1967-68 y tuvo un promedio de .382. De vuelta al continente, las cosas no le salieron bien en 1968. El juego de apertura de los Piratas fue demorado dos días debido al

Fotografía de Duane Rieder.

asesinato de Martin Luther King. Clemente pegó cuadrangular en el primer partido, pero su promedio cayó a .222 a finales de mayo. Dijo que tenía problemas con su swing porque se había lesionado el hombro derecho como resultado de una caída en su casa en Puerto Rico en febrero de 1968. Añadió que podía retirarse del béisbol si su hombro no mejoraba.[57]

Mejoró durante la última parte de la campaña y terminó con promedio de .291, su peor desde 1958. Roberto no jugó pelota invernal y descansó su cuerpo. Se sintió bien cuando comenzó el entrenamiento de primavera de 1969, pero entonces se lastimó el hombro izquierdo lanzándose para tratar de hacer una atrapada y volvió a Puerto Rico para hacer tratamiento. Clemente regresó a tiempo para iniciar la temporada regular, pero por segundo año consecutivo comenzó mal. En la segunda mitad de mayo, luego de haberse ido sin inatrapables en el primer juego de una serie en San Diego, su promedio había caído a .225.

Roberto declaró que algo más había pasado— un extraño y temible incidente. No hizo la historia en público hasta un año más tarde, pero Clemente dijo que fue secuestrado en San Diego. Según él, iba caminando hacia el hotel donde los Piratas se estaban quedando luego de haber salido a comer. Dijo que cuatro hombres lo obligaron a entrar a un auto a punta de pistola. Lo llevaron a un área aislada y le quitaron su billetera y su anillo de Todos Estrellas. "En ese momento me di cuenta de que me iban a disparar y lanzarme en el bosque," dijo al escritor de Pittsburgh Bill Christine más de un año después del incidente. "Ya tenían la pistola en mi boca". Dos de los hombres hablaban español, y Clemente le habló a uno de ellos en ese idioma. Luego de eso, los hombres le devolvieron el dinero y el anillo y lo regresaron al hotel. Incluso le devolvieron la bolsa de pollo que había comprado en el restaurante. Dijo que no reportó el incidente a la policía.[58]

A pesar del angustioso evento, Clemente terminó la serie en San Diego con tres indiscutibles

ante los Padres y elevó su promedio por encima de .300 hacia mediados de junio. Por un rato parecía que podía encabezar la liga de nuevo, y aunque no lo hizo, terminó la campaña con promedio de .345. A los Piratas no les fue tan bien, terminando terceros en la nueva División Este de la Liga Nacional.

Luego de un mal comienzo en 1970, los Piratas se calentaron luego de mudarse del Forbes Field donde habían jugado desde 1909, al Estadio Tres Ríos. Pittsburgh y Nueva York lucharon por el primer puesto hasta julio, con Chicago bien cerca. Los Piratas estaban aguantando sin Clemente. Fue golpeado en la muñeca por un lanzamiento el 25 de julio, y excepto por una aparición como corredor emergente, salió de la alineación por más de una semana. Regresó el 8 de agosto y pegó doble y cuadrangular ante los Mets.

Posteriormente en agosto, Roberto pegó cinco imparables en dos partidos seguidos. El primero fue un sábado en Los Ángeles. Clemente tenía ya cuatro imparables cuando compareció en la parte alta de la entrada 16. Pegó sencillo, se robó la segunda y luego anotó la carrera de la ventaja para que los Piratas vencieran a los Esquivadores, 2-1. Al día siguiente, los Piratas volvieron a ganar, 11-0. Clemente pegó cinco de inatrapable 23 hits de Pittsburgh en el partido.

Había elevado su promedio a .363, primero en la Liga Nacional. No obstante, jugó poco en septiembre debido a problemas en la espalda y no ganó el título de bateo. El dominicano Rico Carty lo obtuvo con .366; Clemente terminó con .352 pero sin suficientes apariciones al plato para calificar. Aun así, los Piratas ganaron la División Este de la Liga Nacional y avanzaron a la postemporada. Pero anotando apenas tres carreras en tres partidos, fueron barridos por los Rojos de Cincinnati.

En ese invierno, Clemente jugó por última vez en la Liga de Puerto Rico. Aunque jugó solamente tres partidos en la campaña regular, apareció en uno durante la serie final. Además, dirigió a los

Senadores de San Juan en 1970-71. El desafío de apertura de los Senadores en esa temporada fue ante Santurce que estaba dirigido por Frank Robinson. Tanto Robinson como Clemente habían sido mencionados como posibilidades para ser el primer dirigente negro en las ligas mayores.

Luego de haber tenido un mal inicio con los Piratas en 1971, dijo, "Mi mayor error fue haber dirigido en Puerto Rico en el invierno pasado. Tuve más responsabilidades y no descansé. Los largos viajes en autobús a otras ciudades, tengo que hacerlo porque soy el piloto. Me quitan algo".[59]

Willie Stargell asumió el liderazgo con Pittsburgh en 1971. Estableció un récord de las mayores al pegar 11 jonrones en abril y siguió con su excelente ofensiva durante todo el año. Stargell terminó con 48 vuelacercas y 125 empujadas.

Aunque Stargell había surgido como la estrella del equipo, el líder seguía siendo Clemente. Estaba recibiendo el reconocimiento que había buscado, incluso cuando se acercaba su 37 cumpleaños. Clemente tuvo un mal inicio, pero se encendió en mayo y terminó la campaña con promedio de .341. En la defensa seguía siendo excelente. A mediados de junio, le preservó una blanqueada a Steve Blass, y una victoria para los Piratas en jugadas consecutivas. Pittsburgh aguantaba una ventaja de 1-0 sobre Houston en la parte baja del octavo inning. Los Astros tenían corredores en primera con un *out*, cuando César Cedeño pegó una línea débil hacia el derecho. Clemente corrió duro e hizo una atapada deslizándose antes de que la bola tocara el suelo. Entonces, Bob Watson pegó una mucho más fuerte hacia la esquina del derecho. Roberto corrió hacia la pelota y la atapó haciendo un salto, privando a Watson de un jonrón de dos carreras. Clemente chocó con la pared, lastimándose el tobillo y el codo y cortándose la rodilla. El mentor de los Astros, Harry Walker, quien había dirigido a Clemente en Pittsburgh, dijo que esa había sido la atrapada más grandiosa que hizo. Debido al engarce de Clemente, los Piratas mantuvieron su ventaja y la acomodaron

con otras dos carreras en el noveno. Blass terminó con un triunfo de 3-0, pero dijo, "Esta blanqueada pertenece a Clemente".[60]

El triunfo dio a los Piratas una ventaja de 3½ juegos sobre los Mets de Nueva York y los Cardenales de San Luis. Pittsburgh incrementó su ventaja a 9 ½ juegos en el momento del descanso por el Juego de las Estrellas en julio. Los Piratas tuvieron varios jugadores en el Juego de las Estrellas, incluyendo a dos abridores—Willie Stargell en el jardín izquierdo, y Dock Ellis, quien lanzó. Clemente entró en acción como reemplazo de Willie Mays en el cuarto episodio. Más tarde, pegó su primer cuadrangular en Juegos de Estrellas.

Pittsburgh ganaría la División Este y vencería a San Francisco en la serie final de la liga para volver a la Serie Mundial, ante los Orioles de Baltimore, la cual fue aprovechada por Clemente para lucir su grandeza.

Baltimore se llevó los dos primeros partidos antes de que la serie se trasladara a Pittsburgh. Roberto empujó la primera carrera del tercer partido con una jugada de selección. Los Piratas añadieron otra anotación, pero Baltimore remontó por jonrón de Frank Robinson para cortar la ventaja 2-1. Clemente abrió la parte baja del séptimo roleteando a manos de Mike Cuéllar, quien había lanzado para su equipo de San Juan en la Liga de Puerto Rico el invierno anterior.[61] Sin embargo, Clemente corrió tan duro hacia primera base, que Cuéllar apuró el tiro y lo hizo mal. Clemente entró en circulación y, después del boleto a Stargell, Bob Robertson pegó jonrón de tres carreras para que Pittsburgh ganara 5-1.

El siguiente partido fue el primer encuentro nocturno en la historia de la Series Mundial. Los Orioles tomaron temprana ventaja con tres carreras en el principio del primero. Pittsburgh remontó con dos en la parte baja de la entrada y armó un rally en el tercero. Con un *out*, Richie Hebner pegó sencillo. Clemente pegó una larga conexión al derecho, que se llevó las cercas y parecía ser un cuadrangular para dar ventaja a los Piratas, pero el batazo fue decretado foul y los árbitros tuvieron una larga discusión. La pelota fue foul, y Clemente debió reanudar su turno al bate. No pudo pegar jonrón, pero su sencillo llevó a Hebner a la intermedia, de donde anotó con sencillo de Al Oliver un *out* más tarde, para empatar el partido. El marcador estuvo igualado a tres hasta que los Piratas lograron otra carrera en el séptimo episodio y ganaron el partido 4-3 para empatar la Serie Mundial 2-2.

Los Piratas volvieron a vencer al día siguiente, cuando Nelson Briles mantuvo a los Orioles e dos indiscutibles. Clemente empujó una con sencillo en el quinto para coronar las anotaciones de su equipo, que venció 5-0.

La Serie volvió a Baltimore, pero Pittsburgh tenía ventaja. Al igual que lo había hecho en la Serie Mundial de 1960, Roberto pegó al menos un imparable en cada uno de los partidos. En el sexto encuentro, con dos *outs* en el principio del primero, pegó triple contra la cerca del jardín central-izquierdo, pero Willie Stargell se ponchó y él se quedó varado en tercera base.

Para cuando Clemente compareció nuevamente en la tercera entrada, los Piratas tenían ventaja de 1-0, y él puso el marcador 2-0 con cuadrangular al derecho. Los Orioles remontaron y empataron el juego en el séptimo. En la parte final del décimo, Brooks Robinson pegó elevado de sacrificio que empujó a Frank Robinson y dio el triunfo a Baltimore para extender la serie a siete juegos.

Cuéllar y Steve Blass abrieron el Juego 7, y ambos estuvieron afinados. Cuéllar retiró a los primeros 11 bateadores de Pittsburgh antes de que Clemente compareciera con dos *outs* en el cuarto. Cuéllar le lanzó una curva alta, y Roberto la mandó a volar por encima de la cerca del bosque central-izquierdo. Su segundo cuadrangular de la serie dio ventaja de 1-0 a los Piratas.

Los Piratas anotaron nuevamente en el octavo, y lo necesitaban, pues en la parte baja de ese inning Baltimore puso a los dos primeros corredores en base. Blass salió del problema con una sola carrera permitida, lo que dejó a Pittsburgh aún con ventaja. Blass retiró a los Orioles por su orden en el final del noveno. El jonrón de Clemente había dado a los Piratas una ventaja que no dejaron escapar y Pittsburgh ganó el partido 2-1. Los Piratas eran nuevamente campeones de la Serie Mundial.

Los Piratas tuvieron a algunos lanzadores que respondieron, pero cuando se completó la votación del jugador más destacado de la Serie Mundial, el premio fue para Clemente. Pegó 12 inatrapables, con dos jonrones y bateó .414 en siete juegos.

No había dudas de su grandeza o su influencia en los campeones Piratas. Clemente había jugado en el Juego de Estrellas, la Serie Mundial, había ganado un premio por el Jugador Más Valioso y había encabezado la Liga Nacional en bateo cuatro veces. Aún le quedaba un hito en la mira. "Me gustaría llegar a 3,000 indiscutibles" confesó en 1971.[62]

Los Piratas tuvieron un inicio difícil en 1972, y en mayo estaban en el último puesto. Subieron en la tabla de posiciones, y para la segunda mitad de junio ya se había apoderado del primer lugar de manera definitiva. Clemente estaba haciéndolo bien, aunque padecía de un virus intestinal que le hizo perderse algunos partidos. A finales de junio, su promedio de bateo era de .315, y estaba progresando hacia la marca de los 3,000 imparables. El 9 de julio, logró su imparable 78 de la temporada, lo que lo dejaba apenas a 40. No obstante, el virus volvió, y Clemente dejó a los Piratas y volvió a Pittsburgh para recibir tratamiento. Estuvo fuera de la alineación por dos semanas, y volvió para conectar un batazo importante en un triunfo de los Piratas el 23 de julio.

Roberto se perdió otras cuatro semanas con tensión en los tendones de ambos talones. En un espacio de 40 juegos entre el 9 de julio y el 22 de agosto, inició en solamente un juego. Por fortuna, los Piratas estaban aún jugando bien y aumentaron su ventaja en la División Este de la

Liga Nacional, pero la enfermedad y las lesiones habían mermado el impulso de Clemente hacia su inatrapable 3,000.

Al final de agosto, le quedaban 30 hits. Bateó bien en septiembre y estaba a corta distancia en la última semana de la temporada. En la noche del jueves 28 de septiembre, pegó el 2,999 ante Steve Carlton de los Phillies. Debido a que el juego fue en Filadelfia, lo sacaron del partido para que pudiera pegar el indiscutible 3,000 ante los fanáticos locales.

Incluso este evento no ocurriría sin algo de controversia, pues los Piratas abrieron una serie contra los Mets de Nueva York en Pittsburgh. Enfrentando a Tom Seaver en el primer inning, Clemente pegó un machucón al medio. El segunda base Ken Boswell hizo malabares con la pelota y Clemente llegó a primera. El anotador oficial Luke Quay decretó que la jugada fue error, y Seaver permitió dos imparables, ninguno de Clemente, para llegar a su triunfo 20 de la campaña. Luego del juego, Clemente se quejó de la decisión del anotador e hizo acusaciones de que los anotadores oficiales por muchos años le habían privado de dos títulos de bateo. Parte de ese arranque se debió a que Clemente había pensado (de manera errónea) que el anotador del partido era Charley Feeney, un cronista que Roberto pensaba que le había privado de imparables en decisiones marginales en el pasado.[63]

En la tarde siguiente, Clemente se ponchó en el primer inning. El encuentro estuvo sin anotaciones cuando vino a batear de nuevo, abriendo en el cuarto. Pegó un largo elevado hacia el jardín central izquierdo. La pelota pegó en la cerca a primer rebote, y Clemente llegó a segunda con un doble, el inatrapable 3,000 de su carrera. Los fanáticos de Pittsburgh se pusieron de pie y lo aplaudieron, mientras él se quitaba la gorra para mostrar su agradecimiento. Ese indiscutible inició un rally de tres carreras, y los Piratas vencieron 5-0. Bill Mazeroski bateó de emergente por Roberto en el quinto episodio.

Clemente jugó en solamente uno de los últimos tres partidos de Pittsburgh, pues descansó para la postemporada. Los Piratas jugaron ante Cincinnati, y parecía que iban camino a la Serie Mundial nuevamente. Pittsburgh llevó una ventaja de 3-2 al final del noveno del quinto y decisivo encuentro. Pero Johnny Bench empató el juego con jonrón, y los Rojos anotaron la carrera del triunfo con un lanzamiento descontrolado.

Como de costumbre, Clemente volvió a Puerto Rico. Aunque no jugó béisbol, sí dirigió un equipo de Puerto Rico que fue a la Serie Mundial Amateur en Nicaragua. Su conjunto terminó tercero en el torneo.[64]

Clemente volvió a casa unas semanas más tarde cuando la ciudad de Managua fue sacudida por un terremoto masivo el 23 de diciembre. Había conocido a muchas personas durante sus visitas a Nicaragua, y estaba preocupado por la gente de allí y quería ayudar.

Roberto se ocupó organizando un comité para recaudar dinero y otros artículos como medicinas y comida, que pudiesen enviarse a Nicaragua. Durante la época Navideña, trabajó en los esfuerzos de socorro, y decidió finalmente que iría en uno de los aviones de carga que volaban con suministros al área azotada.

Poco después de las 9 p.m. en la víspera de Año Nuevo, mientras otros en Puerto Rico celebraban, despegó un avión. Además de Clemente había otras cuatro personas a bordo. Casi de manera inmediata, el avión tuvo problemas, y el piloto trató de regresar al aeropuerto de San Juan. Antes de que pudiese regresar, sin embargo, se estrelló en el Océano Atlántico, aproximadamente a una milla de la costa.

El destino de las personas a bordo no se supo de inmediato, pero pronto fue muy claro: las cinco personas en el avión, incluyendo a Clemente, estaban muertas.[65]

Muchas personas, no solo los fanáticos del béisbol, lloraron la pérdida de Clemente, quien dejó a su esposa Vera, y a sus tres hijos, Roberto Jr., Luis Roberto y Roberto Enrique.

Normalmente, un jugador no puede ser exaltado en el Salón de la Fama hasta que hayan pasado al menos cinco años de su retiro. Debido a las circunstancias, se hizo una excepción para Clemente. Se celebró una elección especial, y recibió los votos suficientes para ser electo. En el verano de 1973, Roberto se convirtió en el primer pelotero de Latinoamérica en ser exaltado al Salón de la Fama.

Siguieron otros honores: el premio, establecido en 1971 para honrar a un jugador por sus logros dentro y fuera del terreno, fue rebautizado como el Premio Roberto Clemente.

Clemente había soñado con establecer una Ciudad Deportiva para los jóvenes en Puerto Rico. Tenía una visión para un lugar donde los jóvenes pudiesen ir y jugar, además de leer y aprender otras habilidades que necesitarían en la vida. Vera Clemente continuó el trabajo de su esposo ayudada por su hijo Luis, y aunque el proyecto continúa, la Fundación que se estableció trabaja para apoyar clínicas, actividades deportivas y otros esfuerzos.

Aunque ya no está, existen aún todo tipo de recuerdos de Clemente. Más que nada, Roberto Clemente dejó recuerdos de cómo jugó en el terreno y cómo vivió su vida fuera de éste.

FUENTES

Retrosheet (http://retrosheet.org) brindó lo detalles por juego de la actuación de clemente. La información utilizada se obtuvo sin costo alguno y Retrosheet tiene los derechos.

NOTAS

Este artículo fue publicado originalmente en "Puerto Rico y el béisbol: 60 biografías" ("Puerto Rico and Baseball: 60 Biographies"), publicado en 2017.

Reynaldo Cruz Díaz tradujo el artículo original y Tony S. Oliver Díaz lo actualizó para este libro.

NOTAS

1   Peter C. Bjarkman, *Baseball with a Latin Beat: A History of the Latin American Game* (Jefferson: North Carolina: McFarland & Company, Inc., Publishers, 1994), 262.

2   Kal Wagenheim, *Clemente!* (New York: Praeger Publishers, 1973), 15.

3   Bruce Markusen, *Roberto Clemente: The Great One* (Champaign, Illinois: Sports Publishing, Inc., 1998), 4.

4   Entrevista telefónica con Monte Irvin, 30 de junio de 2005.

5   "Roberto Hit Ten HRs in 'Day-Long' Slugfest," *The Sporting News*, 6 de julio de 1960: 6.

6   Wagenheim, 24.

7   "Starred in Javelin, Jumps Before Turning to Diamond," *The Sporting News*, 6 de julio de 1960: 6.

8   Markusen, 8.

9   Les Biederman, "Pride Pushes Clemente: 'I Can Hit With Best'," *The Sporting News*, 28 de marzo de 1964: 11.

10   Thomas E. Van Hyning, *The Santurce Crabbers: Sixty Seasons of Puerto Rican Winter League Baseball* (Jefferson, North Carolina: McFarland & Company, Inc., Publishers, 1999), 39.

11   Frank Graham, Jr., "Spanish-Speaking Al Campanis Lures Latin Talent for Dodgers," *The Sporting News*, 12 de enero de 1955: 21.

12   Correspondencia por correo con Buzzie Bavasi, 3 de junio de 2005.

13   Santiago Llorens, *The Sporting News*, 20 de enero de 1954: 23.

14   *The Sporting News*, 3 de marzo de 1954: 26.

15   La regla en efecto sobre el bono en aquel momento está recogida en Brent Kelley, *Baseball's Biggest Blunder: The Bonus Rule of 1953-1957* (Lanham, Maryland: The Scarecrow Press, Inc., 1997).

16   Les Biederman, "Dodgers Signed Clemente Just to Balk Giants," *The Sporting News*, 25 de mayo de 1955: 11.

17   Wagenheim, 35; Markusen, 33-34.

18   El alegato de que los Dodgers no abrirían con cinco negros en el mismo encuentro fue hecho pro Wagenheim en la página 35 de Clemente! Los box scores de los juegos de los Brooklyn en 1954 de *The Sporting News* indican cuatro instancias en las que Jim Gilliam, Jackie Robinson, Don Newcombe, Sandy Amorós, y Roy Campanella estuvieron en la misma alineación: 17 de julio, 24 de agosto, 6 de septiembre (segundo juego) y 15 de septiembre.

19   Correspondencia por e-mail con Buzzie Bavasi, 3 de junio de 2005.

20   Phil Musick, *Who Was Roberto?* A Biography of Roberto Clemente (Garden City, New York: Doubleday & Co., 1974). Ver además Wagenheim y Markusen.

21   El análisis juego a juego de la temporada de 1954 se hizo con los box scores de los juegos de los Montreal Royals, publicados en *The Sporting News* en 1954, y revisados por el miembro de SABR Neil Raymond en box scores de los periódicos de Montreal.

22   Musick, 89.

23   Musick, 89.

24   Entrevista telefónica con Jack Cassini, 20 de junio de 2005.

25   Correspondencia por e-mail con Buzzie Bavasi, 3 de junio de 2005.

26   "Jack Hernon, "Backward Buccos Refuse to Go Overboard on Rookie," *The Sporting News*, 12 de enero de 1955: 18.

27   Pito Alvarez de la Vega. "Mays, Gomez & Co. on Top in Puerto Rico: Santurce Takes Over Lead from Caguas; Willie Ups Swatting Average to .423," *The Sporting News*, 22 de diciembre de 1954: 24.

28   Wagenheim, 43.

29   Entrevista con Don Zimmer, 2 de julio de 2005.

30   Jack Hernon, "Clemente a Gem in Need of Polish," *The Sporting News*, 9 de febrero de 1955: 4.

31   Jack Hernon, "Haney's Sizeup on Bob Clemente 'Much to Learn'," *The Sporting News*, 16 de marzo de 1955: 30.

32   http://www.bioproj.sabr.org/bioproj.cfm?a=v&v=l&bid=1187&pid=14117 Frank Thomas biografía de Bob Hurte; Jack Hernon. "Holdouts Thomas and Law Absent as Bucs Start Drills" *The Sporting News*, 9 de marzo de 1955: 33.

33   *The Sporting News*, 16 de marzo de 1955: 27; "Uniform Numbers Range from 1 to 81," *The Sporting News*, 13 de abril de 1955, 28; Thomas E. Van Hyning. Puerto Rico's Winter League: A History of Major League Baseball's Launching Pad (Jefferson, North Carolina: McFarland & Company, Inc., Publishers, 1995), 53.

34   Jack Hernon, "Haney's Young Bucs Shaking off Buck Fever," *The Sporting News*, 11 de mayo de 1955: 11.

35   Les Biederman, "Clemente, Early Buc Ace, Says He's Better in Summer," *The Sporting News*, 29 de junio de 1955, 26.

36   Entrevista telefónica con Jack Cassini, 20 de junio de 2005.

37   Les Biederman, "Clemente, Early Buc Ace, Says He's Better in Summer."

38   "Bragan Cracks Down Early, Fines Clemente, Long $25," *The Sporting News*, 25 de abril de 1956: 21; Les Biederman, "Bear-Down Bragan Means Business, Buc Fans Learn," *The Sporting News*, 2 de mayo de 1956: 7.

39   Wagenheim, 67.

40   Irving Vaughan, "7-Run Cub 8th Isn't Enough! Pirates Win, 9 to 8, on Clemente Homer," Chicago Tribune, Thursday, 26 de julio de 1956: 6, 1.

41 "Clemente Ignored Stop Sign on 'Slam,' But Escaped Fine," *The Sporting News*, 8 de agosto de 1956: 18.

42 Les Biederman, "Clemente in 50 Games Without Walk," *The Sporting News*, 8 de agosto de 1956: 18.

43 Oscar Ruhl. "Rickey Rates Clemente as Top Draft Dandy," *The Sporting News*, 20 de marzo de 1957: 15.

44 Pito Alvarez de la Vega, "New Owner Peddles Trio of Santurce's Stars to Flag Rival," *The Sporting News*, 9 de enero de 1957: 21.

45 Pito Alvarez de la Vega, "Bilko Released in Economy Move; Clemente Sets 23-Game Hit Mark," *The Sporting News*, 16 de enero de 1957: 21.

46 "Clemente, Best When Ailing, Reports Late with Backache," *The Sporting News*, 13 de marzo de 1957: 10.

47 "Clemente to Start Six-Month Marine Corps Hitch, Oct. 4," *The Sporting News*, 24 de septiembre de 1958: 7; "Buc Flyhawk Now Marine Rookie," *The Sporting News*, 19 de noviembre de 1958: 13; *The Sporting News*, 21 de enero de 1959: 9.

48 "Clemente Put on Disabled List and Baker Released by Bucs," *The Sporting News*, 3 de junio de 1959: 3.

49 Bob Stevens, "Little Things Add Up to Big Plunge for Snoozing Giants," *The Sporting News*, 17 de agosto de 1960: 13, 18.

50 Wagenheim, 106.

51 Musick, 14-15.

52 Les Biederman, "Clemente--The Player Who Can Do It All," *The Sporting News*, 20 de abril de 1968: 11.

53 Thomas E. Van Hyning. *Puerto Rico's Winter League: A History of Major League Baseball's Launching Pad*, 66.

54 Entrevista con Tony Oliva, 5 de junio de 2005.

55 Miguel J. Frau, "Puerto Rico: Senators Dip As Clemente Grabs Reins," *The Sporting News*, 9 de enero de 1965: 27.

56 "Clemente May Have Trouble As Result of Thigh Injury," *The Sporting News*, 13 de febrero de 1965: 25.

57 Les Biederman, "Shoulder Sore; Clemente Says He May Retire," *The Sporting News*, 24 de agosto de 1968: 18.

58 "Clemente Reveals Close Call with Kidnapers," *The Sporting News*, 22 de agosto de 1970: 24.

59 "Clemente Laments Managing," *The Sporting News*, 15 de mayo de 1971: 14.

60 Charley Feeney, "Greatest Catch? This One by Roberto Will Do," *The Sporting News*, 3 de julio de 1971: 7.

61 Phil Jackman, "Orioles Shrug Off Cuellar's Winter Ball Woes," *The Sporting News*, 26 de diciembre de 1970: 36.

62 Charley Feeney, "Clemente Sets 3,000 Hits As Wish on 37th Birthday," *The Sporting News*, 28 de agosto de 1971: 9.

63 Charley Feeney, "Roberto Collects 3000th Hit, Dedicates It to Pirate Fans," *The Sporting News*, 14 de octubre de 1972: 15.

64 "Veteran Cuban Team Captures Amateur Title; U. S. Runner-Up," *The Sporting News*, 30 de diciembre de 1972: 46.

65 "Baseball Mourns Loss of Buc Star Clemente," *The Sporting News*, 13 de enero de 1973: 42.

ROBERTO CLEMENTE Y LA EXPERIENCIA DEL PELOTERO LATINO

POR ZAC PETRILLO

Ozzie Guillén, campocorto tres veces electo al Juego de Estrellas, dirigente ganador de la Serie Mundial e hispanoamericano sin pelos en la lengua, considera a Roberto Clemente como "el Jackie Robinson del béisbol latino... sufrió en carne propia el racismo. Fue una persona orgullosa de ser no tan solo puertorriqueño sino también latinoamericano. No lo ocultaba, quería que la gente lo supiese, y esto es algo sumamente importante para todos nosotros".[1] Los sentimientos de Guillén, oriundo de Venezuela, capturan lo que muchos de sus colegas atesoran: que Roberto Clemente, el hombre y el mito, inspiró a todos los peloteros latinos a venir a jugar en las grandes ligas.

Clemente debutó casi exactamente ocho años después que Jackie Robinson lo hiciese con los Esquivadores de Brooklyn. Entre estas dos fechas, docenas de jugadores de tez oscura ficharon con los equipos de las grandes ligas, integrando a 13 de las 16 franquicias. Clemente, por su parte, enfrentó no tan solo muchas dificultades que aún persisten para los afroamericanos en una nación todavía segregada por la raza, pero también se topó con grandes expectativas, prejuicio y estereotipos erróneos pero prevalentes en un nuevo medio ambiente como puertorriqueño en los Estados Unidos continentales.

"La persona de Clemente posee una grandeza que trasciende el béisbol" relató la historiadora Doris Kearns Goodwin.[2] Al igual que Robinson, enfocarse en la eventual aceptación de Clemente por los estadounidenses anglosajones corre el riesgo de ignorar parte de la historia y hasta reducir la compleja realidad. El propio Clemente, como ser humano, poseía elementos contradictorios y no era tan solo una estrella latina, algo exótica, como los medios de comunicación a veces le tildaban. Luchó contra asuntos semejantes y distintos a aquellos que le precedieron en el deporte, pero su carisma y sus extraordinarias habilidades en el terreno mejoraron el camino para los centenares de superestrellas latinas que han seguido sus pasos.

El primer latino en las grandes ligas fue Luis (Lou) Castro, natural de Colombia, quién militó con los Atléticos de Filadelfia en 42 partidos durante la campaña de 1902. La decada de los 1930 trajo una pequeña explosión de talento hispano, primordialmente de Cuba. En 1934, Miguel Ángel (Mike) González se convirtió en entrenador de los Cardenales de San Luis y cuatro años después, en el primer piloto de un club de grandes ligas. Sin embargo, esta representación se limitaba a aquellos de tez blanca, no a todos los jugadores hispanos, muchos de los cuales participaron en las Ligas Negras.

No fue hasta el 1949-casi cinco décadas después del debut de Castro-que un afrolatino jugó en las grandes ligas: Minnie Miñoso. Bateando de emergente ante los Carmelitas de San Luis, Miñoso vistió las franelas de los Indios de Cleveland por nueve partidos en la temporada, con tan solo 16 turnos al bate in mucho impacto. Cleveland lo envió a las menores hasta el 1951, pensando que Miñoso no estaba listo para las mayores. Según el piloto Lou Boudreau, "tenía mucho talento innato y en dos años estaría listo".[3] Aún persiste la especulación que la tez de Miñoso tuvo mucho que ver en su prolongada estadía en las menores, sobre todo ya que descuartizó los lanzadores que enfrentó en ese nivel. Al regresar a las grandes ligas en 1951, disparó 10 cuadrangulares y promedió .326, llegando en segundo lugar en la votación del Premio del Novato del Año, convirtiéndose en la primera estrella hispana del deporte. Otros peloteros le siguieron en la década de los 1950, incluyendo a Clemente, y aunque se mejoró la tolerancia racial, los estereotipos no cesaron"

Clemente fichó con los Esquivadores en 1954 pero el equipo parecía no tener interés en incluirlo en su alineación; su meta era prevenir que sus rivales, los Gigantes, le firmasen. El sistema de contratación de jugadores internacionales aún se manipula hoy en día. En 1955 tras ser reclamado por los Piratas en el sorteo #5, Clemente le relató al narrador Sam Nover de Pittsburgh que un diario de Fort Myers, Florida, había publicado un artículo con la frase "llega el lucí(d)

o puertorriqueño" a la sede del entrenamiento primaveral.[4] Los cronistas solían citar a Clemente de manera fonética, exagerando su pronunciación en inglés. Tras ganar el Juego de Estrellas de 1961, el titular del Pittsburgh Post-Gazette detalló "I GET HEET, I FEEL GOOD"

("Me tiró una recta y me sentí bien al batear"). El artículo continuaba: "I 'ope that Weelhelm peetch me outside, so I could hit to right, but he peetch me inside. ..." ("Yo esperaba que Wilhelm me la lanzase adentro y así poder batear hacia el jardín derecho, pero lo hizo afuera").[5]

Clemente amargamente protestó que "yo no hablo de esa manera, tan solo lo hacen para vender periódicos".[6] Los periodistas solían usar términos despectivos al referirse a Clemente, incluyendo el "isleño color chocolate", "el volador oscuro" y el "latino latigueante".[7] La experiencia de Clemente no fue única sino compartida por sus colegas latinos.

El narrador de los Piratas Bob Prince recalcó las raíces latinas de Clemente al exclamar "¡Arriba! ¡Arriba!" cuando Clemente hacía una jugada espectacular en el terreno, un gesto para presentar a Clemente y a su cultura a la ciudad acerera. Los aficionados adoptaron la frase, gritando "¡Arriba!" cuando Clemente bateaba o cuanto lo veían en público, fuera del estadio. Aunque Clemente apreciaba la frase, esta continuaba un énfasis en tratarle como distinto, ajeno a sus compañeros, cuya cultura era distinta a la suya. En 1960, Clemente razonó que su despeño le valía consideración para el Premio del Jugador Más Valioso (JMV, o MVP por sus siglas en inglés) pero terminó en octavo lugar en la votación, detrás de tres de sus proprios compañeros de equipo. Clemente jamás olvidó el asunto y mantuvo que fue tratado así por "ser distinto".

En su magistral biografía de Clemente, el autor David Maraniss explicó que Clemente se mantuvo al margen del equipo, aun tras varios años con la franquicia:

Fotografía de Les Banos, cortesía del Museo Clemente.

Sin duda, Roberto Clemente era un miembro importante del equipo, pero a su vez se sentía solo. Tras su sexta campaña, la mejor que hasta el momento había disfrutado, aun le separaba la cultura, la raza, el idioma y las dinámicas de grupo. Era el único negro en la alineación regular y además hispanoparlante puertorriqueño. Ninguno de los cronistas de los periódicos de mayor audiencia en Pittsburgh o Nueva York hablaban español ni eran negros. Las imágenes plasman la perspectiva y los Piratas se presentaban como un grupo de muchachos blancos que mascaban tabaco, bebían a extremo, jugaban naipes, no se preocupaban por muchas cosas. ¿Dónde cabía Clemente, con su orgullo y aire de realeza, por lo visto distinto a los demás?[8]

Tras un partido, un narrador de los Gigantes de Nueva York le comentó a Clemente que su estilo "le asemeja a otro jardinero novato que solía correr, tirar y batear esos imparables críticos… un muchacho de nuestra novena llamado Willie Mays". Clemente ripostó "puede ser, pero yo juego como Roberto Clemente".[9] Sus tendencias "excéntricas" se mantenían como tema de conversación y mofa de parte de la prensa.

Los cronistas frustraron a Clemente a lo largo de su carrera. Nunca pensó que veían las cosas desde su perspectiva y se enfurecía por los estereotipos que constantemente usaban. Para colmo, el país estaba segregado y se le determinaba donde podía dormir, comer y hasta sentarse en el autobús. Aunque odiaba el epíteto, Clemente le mencionó al autor Roger Kahn que se sentía como un "nigger" por partida doble,[10] rechazado por ambas culturas, la negra y la blanca en los Estados Unidos. "Yo soy negro y soy puertorriqueño" exclamó Clemente, "y me tengo que comportar. Tal vez llevo más responsabilidad que muchos otros".[11]

El historiador de béisbol latino Adrián Burgos, hijo señaló que "[Miñoso] presenta un dilema para aquellos que tratan de clasificar a un jugador afro-latino dentro de las categorías de identidad usadas en Estados Unidos. ¿Es negro? ¿Es latino? ¿Puede ser ambos simultáneamente?"[12] Harry Simpson, compañero de equipo de Miñoso y oriundo de Georgia, le acusó de "no ser negro".[13] Vic Power (Víctor Pellót), puertorriqueño y negro como Clemente, compartía el rechazo de Clemente de comportarse que los estadounidenses esperaban de los jugadores latinos. Era simpático, opinaba sobre las injusticias y salía con mujeres blancas, quebrando una de las reglas de tolerancia racial en la década de los 1950.[14] A principios de la década, Power sobresalió en las ligas menores en los equipos filiales de los Yanquis de Nueva York, el único de los tres equipos de la Gran Manzana que aún no se había integrado racialmente, pero el equipo no le otorgó la ansiada promoción. El gerente general de los Yanquis, George Weiss, declaró que "el primer negro que lleve nuestro uniforme debe ser digno de haber esperado por él" y que Power "no era el negro adecuado".[15] Power fue canjeado a los Atléticos de Filadelfia sin haber jugado un partido con los Yanquis en las grandes ligas.

En el 1969 Clemente les advirtió "mientras más lejos ustedes, los cronistas, estén, mejor… porque ustedes tratan de crear una imagen negativa…lo hacen porque soy negro y puertorriqueño, pero yo estoy orgulloso de serlo".[16] Clemente obtuvo una reputación de ser hipocondríaco y exagerar sus lesiones. "A veces al levantarme por la mañana estoy tan adolorido que rezo que aún estuviese durmiendo" declaró durante una entrevista. Clemente sufrió de una variedad de dolencias incluyendo dolores de cabeza y de estómago, malaria, insomnio, una operación de las amígdalas, una hematoma en su cadera derecha, el desprendimiento de fragmentos de su codo derecho, fatiga en los hombros, lesiones en su pie derecho y varios desgarres musculares. No dudó de comentar sobre sus problemas,[17] algo que su compatriota Power usó para cucarlo. Aunque Clemente no se molestó con Power, se enfurecía cuando la prensa se mofaba de las dolencias.[18]

Los comentarios incesantes dieron la impresión de que los jugadores latinos gustaban de protestar y no se tomaban tan a serio el béisbol como los anglosajones. Este actitud aferró aún más a Clemente en combatir y luchar por su trato digno y aceptación y la de sus colegas afrolatinos.

Clemente era humilde y a su vez orgulloso de sí mismo, su ascendencia y sus logros. Su resentimiento sobre el tratamiento de la prensa pudo haber ayudado a humanizarlo y lograr que se considerase como un ser humano y no tan solo como un robot perennemente sonriente. Su conexión con los fanáticos nunca tambaleó y su mera presencia en el terreno de juego brindaba ilusión a los asistentes. Luis Rodríguez Mayoral, amigo íntimo de Clemente, lo considera "nuestro Jackie Robinson. Sentía un deber de liderar una cruzada para demostrarle al público americano lo que un latino, un afrolatino, era capaz de hacer".[19]

Clemente no dudaba de protestar, usualmente en castellano, sobre el tratamiento que recibía como latino en la sociedad segregada de los Estados Unidos. En particular, fulminó en contra de la injustica de ser excluido de un banquete en honor a los Piratas, ganadores de la Serie Mundial en 1960 durante los entrenamientos primaverales en Florida: los únicos negros permitidos en el local fueron los camareros.[20] Además tronó por tener que hospedarse en un hotel distinto a sus compañeros blancos. Admiraba a Martin Luther King Jr. y lo invitó a pasar una tarde en su finca en Puerto Rico. Carlos Delgado, pelotero afropuertorriqueño que llegó las mayores poco más de dos décadas tras la muerte de Clemente, explica que "hay que entender que hay asuntos más importantes que uno mismo, con mayor importancia que hasta el béisbol. Como atleta, se tiene una plataforma con muchos seguidores y se debe enfatizar lo positivo, el deseo por un cambio y movimiento (por justicia)".[21]

En los comienzos de la carrera de Clemente, los jugadores negros se tenían que quedar en el autobús mientras sus compañeros blancos iban a comer a los restaurantes. Al terminar de comer, se le servía comida para llevar e ingerir en el propio vehículo. El proceso enrabiaba a Clemente de tal manera que amenazó con pelear con cualquier jugador negro que osase comer de esta manera. Insitió a la gerencia Pirata que mejorasen el acomodo de los jugadores negros y finalmente la franquicia lo hizo, proveyendo un método particular de transporate para que los negros pudiensen ir a restaurantes donde le sirviesen.[22] Delgado resalta la importancia de este gesto: "Yo espero que podamos continuar esta conversación y que le podamos decir a las generaciones futuras 'mira, éste fue Roberto Clemente. Esos valores y ese integridad como ser humano es lo que deseamos que nos represente'".[23] El primer día de septiembre de 1971, como de costumbre, el dirigente Danny Murtaugh usó a Clemente como ancla de la alineación Pirata como tercer bate, pero esta alineación creó historia al ser la primera compuesta exclusivamente de jugadores de tez negra (estadounidenses y afrolatinos).

Cuando Clemente llegó por vez primera a los Estados Unidos continentales, se le asignó a Bob Friend como su compañero de cuarto, un lanzador que se ocupó de ayudarle. El dúo veía "el llanero solitario" (*The Lone Ranger*) en la televisión, programa que junto a otros centrados en el "viejo oeste" ayudó a Clemente a aprender inglés. Esta anécdota persiste a través de varias generaciones: cuando Miguel Tejada jugó con el equipo filial de los Atléticos en Medford, a miles de millas de distancia de sus seres queridos y de la República Dominicana, el único lugar que conocía se concentró en dibujos animados de Disney para aprender el idioma y poder relacionarse con la comunidad que le albergaba.[24]

Una verdadera infusión de talento latino ha llegado a las grandes ligas en las últimas décadas y cada franquicia devota recursos monetarios significantes para descubrir jóvenes peloteros. Desde la década de los 1990s, los latinos han sobrepasado a los afroamericanos como el segundo grupo demográfico más representado en las plantillas de grandes ligas: para el 2017, casi 30% de todos los jugadores eran latinos.[25] Vera, viuda de Clemente, continuó a cargo de la

Fundación Roberto Clemente y de las clínicas que impartía, incluyendo a la Ciudad Deportiva en el área metropolitana. Varias estrellas de la pelota en Puerto Rico incluyendo a Benito Santiago, Rubén Sierra, Juan González, Carlos Baerga, Iván Rodríguez, y los hermanos Sandy y Roberto Alomar se han beneficiado de este énfasis en la juventud y el deporte.[26]

Según el libro "Juegos de visitante" (*Away Games*) de Marcos Bretón y José Luis Villegas sobre la odisea de los jugadores latinos, esta explosión de talento no fue "por accidente".[27] Para balancear los efectos de la agencia libre, otorgada a mediados de la década de los 1970s, las franquicias de grandes ligas se vieron forzadas a buscar talento de la manera más económica postible. Felipe Alou, el primer piloto domincano en las mayores, observó que "es como pescar con red, esperando atrapar peces grandes. El problema es que si no pescan uno grande, tieran los pequeños de nuevo al mar".[28] Por cada jugador que llega a las grandes ligas, varios se convierten en residentes indocumentados de un país ajeno, en trabajos irregulares, de poca paga o tienen que regresar a los mismos empobrecidos pueblos de los cuáles se habían marchado con grandes ilusiones.

En el 1989 los puertorriqueños, como ciudadanos estadounidenses, se incluyeron en el sorteo de jugadores amateur, en teoría con potencial de más lucrativos bonos que los otros latinos. Sin embargo, y como sucedió con la manipulación del contrato de Clemente, el proceso de "descubrimiento" y fichaje de los peloteros internacionales ha generado problemas para muchos de los jóvenes envueltos. En 2022, la publicación *The Athletic* investigó los problemas que aún persisten en el sistema. Las reglas establecidas en 2017 limitaron la cantidad de dinero que las franquicias pueden utilizar para "cazar" el talento. Como resultado, los equipos se concentran en jugadores en específico, algunos tan jóvenes como 12 años, para poder contratarlos cuando alcancen le edad mínima. Según el informe, el uso de medicamentos que

mejoran el rendimiento (*performance enhancing drugs, PEDs*) es muy común, sobre todo cuando un jugador madura pero no llega al nivel deseado y corre el riesgo de ser descartado.[29]

Aunque los aficionados del béisbol han cambiado sus actitudes sobre los jugadores latinoamericanos al ver el valor que le brindan al béisbol, algunos estereotipos aún no han sido erradicados. En 2017, el analista de ESPN Doug Gottlieb acusó al dominicano Adrián Beltré, cuyo rendimiento seguía consistente en al acercarse a los 40 años, de usar PEDs. Gottlieb usó como justificación que de los 13 jugadores implicados en el escándalo de PEDs de Biogenesis, ocho eran dominicanos.[30] "Beltré es de la República Dominicana" concluyó Gottlieb y "Beltré ha mejorado su rendimiento en sus años treinta comparado a sus años veinte".[31]

Gottlieb, como muchos estadounidenses, no consideró Beltré como un ser humano particular, independiente de los gestos de otros latinos, sino como un estereotipo del cuál lo peor se podría esperar, exactamente la actitud que Clemente trató de eliminar. Tras el deceso de Clemente, el escritor puertorriqueño Elliott Castro recalcó que "la inmortalidad de Clemente comenzó la noche que nos dejó físicamente".[32] Pero es precisamente el hecho de ser mortal que hizo a Clemente tan importante.

Su primogénito Roberto Jr. recordó una anécdota que describe el legado de su padre: "estando en Pittsburgh detuve mi carro para ayudar a una anciana a cambiar una goma ponchada de su vehículo. Me agradeció y preguntó '¿de dónde eres?' Al mencionarle de Puerto Rico, me dijo '¡Puerto Rico! De ahí era Roberto Clemente, que gran persona'".[33] Clemente ayudó a los niños en cualquier lugar que estuvo pero sobre todo en América Latina, recordándoles que debían soñar con logros y hazañas. Esto no conllevaba ser perfecto sino ser ellos mismos, aunque incluyese batallar con la prensa, dolores de cabeza, operaciones de amígdalas y otras cosas.

NOTAS

1   George Diaz, "Clemente 30 Years After His Tragic Death, the Influence of Baseball's First Hispanic Superstar Is Stronger Than Ever," *Orlando Sentinel*, 31 de marzo de 2002.

2   MLB, "MLB remembers the legacy of Roberto Clemente," YouTube, https://www.youtube.com/watch?v=KhtWgUGbnko, 17 de diciembre de 2017.

3   Lew Freedman, *African American Pioneers of Baseball: A Biographical Encyclopedia* (Westport, Connecticut: Greenwood Press, 2007), 286.

4   David Maraniss, *Clemente: The Passion and Grace of Baseball's Last Hero* (edición electrónica) (New York: Simon & Schuster, 2013), 358.

5   Maraniss, 774-775.

6   Adrian Burgos, Jr., "Left Out: Afro-Latinos, Black Baseball, and the Revision of Baseball's Racial History," *Social Text*, Vol. 98, primavera 2009: 47.

7   Steve Wulf, "December 31: ¡Arriba Roberto!," *Sports Illustrated*, 28 de diciembre de 1992.

8   Maraniss, 527-529.

9   Wulf.

10 Burgos, 47.

11 Burgos, 47.

12 Burgos, 45.

13 Burgos, 45.

14 Burgos, 46.

15 Burgos, 45.

16 Julio Ricardo Valera. "Time to Retire Roberto Clemente's Number 21," ESPN.com, 11 de julio de 2017.

17 Wulf.

18 Maraniss, 705-707.

19 Wulf.

20 Maraniss, 741-742.

21 Jorge Castillo, "Remembering Roberto Clemente as a Black Man Who Fought Against Racial Injustice," *Los Angeles Times*, 8 de septiembre de 2020.

22 Maraniss, 736.

23 Castillo.

24 Alex Coffey, "Has Anybody Heard from Miguel Tejada Lately? Well, Yes, as It Turns Out," *The Athletic*, 22 de junio de 2020.

25 Federico Anzel, "MLB Demographics: The Rise of Latinos in Major League Baseball," Visme Visual Learning Center, https://visme.co/blog/mlb-demographics/, 2018.

26 "Roberto Clemente Day Official in Puerto Rico," *Washington Post*, 18 de agosto de 1993.

27 Marcos Bretón and José Luis Villegas, *Away Games: The Life and Times of a Latin Baseball Player* (Albuquerque: University of New Mexico Press, 2001), 39.

28 Bretón and Villegas, 40.

29 Marian Torres and Ken Rosenthal, "'A failed system': A Corrupt Process Exploits Dominican Baseball Prospects. Is an International Draft Really the Answer?," *The Athletic*, 20 de enero de 2022.

30 Marissa Payne, "Doug Gottlieb Accuses Adrian Beltre of Using PEDS, Partly Because He's Dominican," *Washington Post*, 1 de agosto de 2017.

31 Payne.

32 Maraniss, 1782.

33 Wulf.

EL AÑO QUE ROBERTO CLEMENTE CURSÓ CON LA ORGANIZACIÓN DE LOS ESQUIVADORES

POR JOE LEISEK

Este artículo detalla la única temporada que Roberto Clemente jugó en con la organización de los Esquivadores de Brooklyn, su primera con una franquicia de las grandes ligas. Mucho se ha investigado y debatido si los Esquivadores trataron de "esconder"a Clemente en las menores, lejos de los ojos de sus contrarios.[1] Este ensayo no revela ninguna sorpresa sobre el tema, sino que pretende ofrecer un vistazo a los altibajos de Clemente durante esa campaña, comenzando con su fichaje en febrero hasta su reclamo por los Piratas en el sorteo de la regla #5 en noviembre. Estos nueve meses fueron claves para la carrera y la vida de Clemente.

Un breve artículo, publicado en el periódico *Montreal Star* en su edición del 25 de febrero de 1954, resaltaba el fichaje de un joven jardinero por los Reales de Montreal, uno de los dos clubes filiales de Triple-A de los Esquivadores de Brooklyn.

El titular exclamaba que "los Reales firman al bebé bonificado Clemente". Bajo la oración se explicaba que el jugador era "un guardabosque cubano".

Y más abajo aún, se detallaba que "el jardinero Roberto Clemente, un bebé bonificado de tez negra oriundo de Puerto Rico, fue contratado por los Reales, según comunicó su dirigente general Guy Moreau".[2]

En un plazo de varias pulgadas de tinta, y por lo visto con poca revisión para verificar asuntos como la nacionalidad de Clemente, el adolescente de 19 años fue presentado a la ciudad que le albergaría durante su primera temporada como profesional en Norte América. De los peloteros en la plantilla, más de 24 llegarían en algún momento a las grandes ligas, incluyendo el benjamín del grupo, el Cometa de Carolina.

Hacía tan solo unos meses que Clemente se había consagrado como una gran promesa al disfrutar una temporada de novato con los Cangrejeros de Santurce de la Liga de Béisbol Profesional de Puerto Rico, que hoy lleva su nombre. Escuchas de muchos equipos le dieron un vistazo, pero fueron los Esquivadores, con una oferta de $5,000 anuales y un bono de $10,000, que convencieron a Roberto y a su progenitor Melchor, cuyas firmas adornaron el contrato el 19 de febrero.[3] Sin mucha espera, Clemente fue enviado a Montreal para comenzar los entrenamientos primaverales.

Bruce Markusen, autor de una regia biografía de Clemente, explicó los detalles y consecuencias del acuerdo entre Brooklyn y Clemente:

> Visto de manera superficial, el contrato hacía sentido, ya que el talento de Clemente aún estaba sin pulir. Sin embargo, le creaba un problema a la franquicia en el futuro. Bajo las reglas vigentes, los jugadores que recibían un bono superior a los $4,000 y eran asignados a las ligas menores se exponían a ser reclamados por un equipo contrario durante el llamado sorteo de la regla #5, que se celebraba al final de la temporada, por el modesto precio de $4,000. Al Campanis, dirigente de las ligas invernales y empleado de los Esquivadores, le advirtió al vicepresidente Buzzie Bavasi que se corría un gran riesgo al no añadir a Clemente a la plantilla de las grandes ligas en la temporada de 1954.[4]

Los Reales, equipo filial de los Esquivadores, jugaban en la Liga Internacional, junto a siete otros conjuntos: los Bisontes de Buffalo, los Reyes Azucareros de la Habana, los Atléticos de Ottawa, los Virginianos de Richmond, las Alas Rojas de Rochester, los Jefes de Syracuse y las Hojas de Arce (Maple Leafs) de Toronto.

El hogar de los Reales, el Estadio Delorimier, se ubicada en la parte este del casco urbano de Montreal. Edificado en concreto y acero, el parque presumía de gradas detrás de los jardines izquierdo y derecho y podía hospedar a 20,000 feligreses. Su forma rectangular creaba ángulos que favorecían a los bateadores izquierdos: 341 hacia el jardín izquierdo, 441 al centro y tan solo 293 hacia el bosque derecho, con una pared de 12 pies de altura cercando el campo.[5]

Joe Carbonaro, nativo de San José, California, fue uno de los compañeros de Clemente. El lanzador ansiaba reanudar su carrera, interrumpida por su servicio con el ejército estadounidense en la Guerra de Corea. Durante una entrevista con el cronista canadiense del béisbol Kevin Glew, Carbonaro compartió gratos recuerdos de su estadía en Monteal:

> "Era una ciudad muy amena" relató Carbonaro. "Teníamos muy buenos jugadores: Clemente, Tommy Lasorda, Sandy Amorós, Gino Cimoli – peloteros que llegaron a las grandes ligas. Ed Roebuck, Ken Lehman, Chico Fernández, todos ellos eran buenos jugadores. Nos divertimos".

> Carbonaro recuerda que vivió, junto a su esposa, en un apartamento en una segunda planta, sobre un supermercado.

> "Era como vivir en una Francia 'chiquita' porque los periódicos eran en francés y era el idioma que usaba la gente. Cuando fui a la iglesia, la misa fue en francés…una experiencia completamente distinta".[6]

Joe Black, ganador del Premio al Novato del Año en 1952, también militaba con la novena. Tras su buen debut en las grandes ligas, Black tuvo dificultades en 1953 y fue enviado a Triple-A. "La cosa que más me maravilló" dijo Black, "es que a veces bateaba con un pie completamente al aire, y como quiera la sacaba del parque. Era sumamente fuerte".[7]

Durante una entrevista telefónica con el autor en 2021, Carbona ofreció más detalles sobre Clemente como compañero de equipo.

"(Clemente) tenía mucha habilidad – era muy atlético, corría rápidamente y bateaba muy bien" recordó Carbona. "Lo solían usar ante los lanzadores izquierdos. En aquél entonces, nos enfrentábamos a un zurdo una vez a la semana, más o manos. Al principio, se ponchaba mucho contra los lanzamientos lentos porque siempre anticipaba la recta. Pero se convirtió en mucho mejor bateador que lo que yo pensé que sería".

Carbonaro recuerda un partido en Toronto contra las Hojas de Arce, en cuál Clemente se disgustó al ser remplazado cuando Toronto trajo un serpentinero derecho. Al regresar al banco, canalizó su frustración.

Clemente vistiendo el uniforme de Montreal. Cortesía del Museo Clemente.

"Había un tubo de metal tras la banca y le dio un cantazo al tubo tan duro, que brincamos de nuestros asientos. No entendía porque no lo ponían a jugar todos los días. Era tan fuerte pero su talento era tan crudo" recordó Carbonaro.

Como buen lanzador, Carbonaro recalcó que "¡nadie quería lanzarle durante la práctica de bateo porque le conectaba tan sólidamente que te sacaba de la lomita!"

Carbonaro recuerda que Clemente solía ser callado, tal vez "porque estaba un poco abrumado". Sus amigos más cercanos en la novena eran Amorós y el siore Chico Fernández, ambos cubanos y de tez oscura y el antesalista Bob Wilson.

"Amorós y Clemente no decían mucho" según Carbonaro. "Puede que se sintiesen fuera de lugar, forasteros en un país donde no se hablaba ni español ni inglés, pero los dos jugaron bien".

"Cuando visitabamos a Nueva York y a Virginia, solían ir a comer y pasar el tiempo juntos. No podían quedarse o comer con nosotros, algo que no pasaba en Montreal, Toronto, Ottawa y en la Habana".[8]

Tras un juego el es de junio en Richmond, el rotativo *Montreal Star*, recalcó que "Amorós, Fernández y Clemente, peloteros de color de los Reales, pasaron por el Hotel Slaughter's, un negocio frecuentado por negros".[9]

El Hotel y Café Slaughter's, en la segunda calle del vecindario de Jackson en Richmond, se conocía como "el Harlem del sur" y estaba al frente del Teatro Hippodrome. Según el Servicio de Parques Nacionales, muchos artistas, incluyendo a figuras como Cab Calloway, Ella Fitzgerald, Nat King Cole y Duke Ellington, se hospedaban en Slaughter's durante sus viajes.[10]

Durante ese entrenamiento primaveral, Clemente demostró su poderío. El 2 de abril, en su primer juego con los Reales, disparó un cuadrangular dentro del parque y propinó dos sencillos en la victoria de Montreal, 12-2, contra un grupo de soldados cuyo servicio había concluido.

El día siguiente, el cronista Lloyd McGowan elogió a Clemente: "Roberto Clemente, el nuevo jardinero de los Reales, es más espectacular que Sandy Amorós…Clemente es diestro, veloz en las bases con un cañón como brazo…"[11]

Sin embargo, McGowan expuso dudas sobre la promesa ofensiva de Clemente: "cabe recordar que tan solo cuenta con 18 años y es posible que no destroze a los lanzadores de la Liga Internacional".[12] Clemente contaba con 19 primaveras, no 18, pero tras cuatro encuentros, lideraba su equipo con un promedio de .500 (cuatro inatrapables en ocho turnos al bate).

El día siguiente del partido inaugural, el reportero Baz O'Meara del *Star* se aseguró de que sus lectores supiesen sobre el potencial de Clemente: "(Los Reales) parecen tener una nueva estrella, Roberto Clemente, el jardinero puertorriqueño. Marcó tres sencillos, puso un toque exquisito, conectó con los fanáticos y fue alabado por el (piloto Max) Macon".[13]

Clemente anunció su llega con bombos y platillos en una doble tanda contra los Reyes Azucareros, ambas victorias para Montreal. En el primer partido, selló el encuentro con un cuadrangular en la décima entrada y en el segundo desafío contribuyó dos imparables. El *Star* exhibió sus logros en la sección deportiva:

> El caballero que se montaba en el tranvía fuera del parque era Harry Simmons de las oficinas de la Liga Internacional.
>
> Los Reales habían barrido a los Reyes Azucareros de la Habana, 7-6 y 4-1. Regresando a sus hogares, los 4,252 deleitados feligreses se encontraban en buen ánimo y con ganas de recordar los detalles de los partidos
>
> "Tienen una nueva estrella, un nuevo ídolo" dijo Harry Simmons: "Roberto Clemente." Durante el fin de semana, no se contó una frase más acertada. El bambinazo de Clemente sobre la verja del bosque izquierdo, su primero de la campaña, ganó el primer partido de manera de película".

Clemente tiene potencial de grandeza. Le llaman "pretencioso" en el campo, pero ayer brindó lo esperado de manera sorprendente.

Al comenzar la temporada, Max Macon dudo que Clemente pudiese contribuir mucho, debido a su juventud y falta de experiencia.

Sin embargo, se debe recalcar que ayer Macon incluyó a Clemente en la alineación del segundo encuentro. Disparó un doble en su primer intento al bate y los fanáticos, empapados por la lluvia, se burlaron del lanzador contrario cuando le otorgó un boleto gratis intencional en su seguno turno".[14]

En su biografía del proyecto de SABR, Stew Thornley plasmó el resto de la temporada del joven pelotero:

En lo que quedaba de la campaña, Clemente estuvo en la alineación titular contra los lanzadores izquierdos, con varios logros a su nombre. Al final de julio, entró a la caja de bateo de un juego sin carreras en Toronto. Con su doble, remolcó la primera anotación de su equipo, que finalmente ganó el partido, 2-0.

Cuando los Reales regresaron a Toronto tres semanas después, Clemente contribuyó a la victoria de otra manera. Con una ventaja de 8-7 para Montreal, Clemente fulminó a un corredor que trataba de anotar la carrera del empate. Con esa jugada, concluyó el desafío.

A finales de agosto conectó dos triples y un sencillo contra Richmond, aunque los Reales perdieron el choque. La semana después, su cuadrangular ganó el segundo partido de una doble tanda contra Syracuse, una barrida para Montreal.

Su compañero de equipo Jack Cassini comentó: "se podia ver que llegaría a las grandes ligas. Tenía tremendo brazo y corría bien". Cuando Clemente comenzó a jugar regularmente contra los lanzadores zurdos, los Reales subieron en la tabla de posiciones y quedaron en segundo lugar. Clemente bateó .257 en 87 encuentros en la que sería su única campaña en las ligas menores.[15]

Al concluir la temporada, según Thornley, era evidente que otras franquicias codiciaban a Clemente. Bavari espera que su trato informal con su homólogo de los Piratas Branch Rickey, antiguo gerente general de los Esquivadores mantendría a Clemente en Brooklyn. No obstante, Rickey y el dueño de los Esquivadores Walter O'Malley se enfrascaron en una trifulca y Rickey canceló el acuerdo.[16]

En su artículo para el sitio Web del Salón de la Frama, Bruce Markusen reseñó que Rickey viajó a Puerto Rico para observar a Clemente, quién había regresado a la isla para jugar con los Cnagrejeros de Santurce. Clemente le causó buena impresión tanto en el campo como fuera de éste, ya que "tomó la oportunidad de platicar con Clemente durante su visita. Rickey lo tildó de respetuoso, con muy buenos modales".[17]

La trayectoria de Clemente con los Esquivadores llegó a su fin el 22 de noviembre cuando los Piratas lo reclamaron con el primer turno en el sorto. Según el *Montreal Star*, "los Reales perdieron a sus dos mayores promesas durante el sorteo en Nueva York. Roberto Clemente, el guardabosque puertorriqueño que bateó .257 fue seleccionado por los Piratas de Pittsburgh y los Rojos de Cincinnati escogieron al canadiense Glenn Gorbous".[18]

Según las reglas del sorteo, Clemente la costó a los Piratas tan solo $4,000, una cifra que Markusen tildó con "el mejor dinero que los Piratas jamás gastaron en la historia de su franquicia".[19]

Estadísticas de Roberto Clemente con los Reales de Montreal, Liga Internacional (Triple A), Temporada de 1954

FUENTES

Además de aquellas citadas en las Notas, el autor consultó el archive de Roberto Clemente de la Biblioteca del Salón de la Fama y los sitios Web Retrosheet.org y Baseball-Reference.com.

ESTADÍSTICAS DE ROBERTO CLEMENTE CON LOS REALES DE MONTREAL, LIGA INTERNACIONAL (TRIPLE A), TEMPORADA DE 1954

OFENSIVAS

Juegos	Apariciones al plato	Turnos al bate	Carreras anotadas	Inatra-pables	Dobles	Cuadrangu-lares	Carreras Empujadas
87	155	148	27	38	5	2	12

Bases Robadas	Bases por Bolas	Ponches	Promedio de Bateo	Promedio de Slugging	Promedio de Embase	Suma de Promedio de Embase y de Slugging	Bases Acumula-das
1	6	17	.257	.372	.326	.657	55

DEFENSIVAS

Oportuni-dades	Outs logrados	Asisten-cias	Errores	Promedio defensivo
83	81	1	1	.988

NOTAS

1 El quinto capítulo de la biografía *Who Was Clemente?*, escrita por Phil Musick, se titula "Escondido en Montreal" y Bruce Markusen, en su libro *Roberto Clemente: The Great One* usa la misma frase para su segundo capítulo. Stew Thornley también usa la frase en su biografía de SABR de Clemente. Consultar a Phil Musick, *Who Was Clemente?* (Garden City, New York: Associated Features Books, 1974) o Bruce Markusen *Roberto Clemente: The Great One* (Champaign, Illinois: Sports Publishing, 1998). Se sugiere leer el artículo de Stew Thornley, *Clemente's Entry into Organized Baseball: Hidden in Montreal?* https://sabr.org/journal/article/clementes-entry-into-organized-baseball-hidden-in-montreal/.

2 "Royals Sign Bonus Boy Clemente," *Montreal Star*, 25 de febrero de 1954: 54.

3 David Maraniss, *Clemente: The Passion and Grace of Baseball's Last Hero* (New York: Simon & Schuster Paperbacks 2007), 37.

4 Bruce Markusen, "Clemente's Lone Minor League Season Put Him on a Path to Pittsburgh," https://baseballhall.org/discover/baseball-history/clementes-lone-minor-league-season-put-him-on-a-path-to-pittsburgh, consultado el 20 de febrero de 2022.

5 William Brown, Baseball's Fabulous Montreal Royals (Montreal: Robert Davies Publishing 1996), 28.

6 Kevin Glew, 1954 Montreal Royals Team Photo Joe Carbonaro, https://cooperstownersincanada.com/2014/10/04/1954-montreal-royals-team-photo-joe-carbonaro/, consultado el 21 de febrero de 2022.

7 Glew.

8 Entrevista del autor con Joe Carbonaro, 12 de octubre de 2021.

9 "Macon's Royals Register," *Montreal Star*, 2 de junio de 1954: 36.

10 National Park Service, "The Hippodrome Theater and W.L. Taylor Mansion," https://www.nps.gov/places/the-hippodrome-theater-and-w-l-taylor-mansion.htm, consultado el 27 de febrero de 2022.

11 Lloyd McGowan, "The Batter's Box," *Montreal Star*, 3 de abril de 1954: 26.

12 McGowan, "The Batter's Box."

13 Baz O'Meara, "The Passing Sport Show," *Montreal Star*, 30 de abril de 1954: 34.

14 Lloyd McGowan, "Clemente's 'Arrival' Pleasant Surprise for Macon, Royals," *Montreal Star*, 26 de julio de 1954: 28.

15 Stew Thornley, "Roberto Clemente," Proyecto Biográfico de SABR https://sabr.org/bioproj/person/roberto-clemente/, consultado el 21 d febrero de 2022.

16 Thornley.

17 Markusen, "Clemente's Lone Minor League Season Put Him on a Path to Pittsburgh."

18 "Royals' Clemente Gets 'Pirate' Call," *Montreal Star*, 22 de noviembre de 1954: 34.

19 Markusen.

LA CARRERA DE ROBERTO CLEMENTE EN LA LIGA PROFESIONAL DE BÉISBOL DE PUERTO RICO (PRIMERA PARTE)

POR THOMAS E. VAN HYNING

En 1952, Pedrín Zorrilla-oriundo de Manatí, uno de los 78 pueblos de la isla y dueño de los Cangrejeros de Santurce de la Liga de Béisbol Profesional de Puerto Rico (LBPPR)-recibió un mensaje de Roberto Marín, vendedor de la Compañía de Arroz Sello Rojo. Marín había descubierto a Roberto Clemente, adolescente de apenas 14 años, bateando a larga distancia latas de salsa de tomate vacías con un palo de escoba.[1] Marín había firmado a Clemente para su equipo de softball y con poca demora, el prospecto se había graduado a la Liga Doble A con los Mulos de Juncos. A petición de Marín, Zorrilla asistió a un partido de exhibición de Juncos y Manatí, y al ver la actuación del joven, le ofreció un contrato de $40 semanales y un bono de $400 para la temporada de LBPPR del 1952-53.[2] Zorrilla también deleitó de los valores de Clemente, de religión Bautista, y de su apoyo a los ideales de Luis Muñoz Marín, gobernador electo en el 1948. Muñoz forjó su plataforma bajo la bandera del Partido Popular Democrático (PPD) y su lema "Pan, Tierra y Libertad" para el Estado Libre Asociado (ELA).[3]

Este ensayo se enfoca en la primera parte de la carrera de Clemente: sus cuatro temporadas y media con Santurce, su traspaso a los Criollos de Caguas en diciembre de 1956 y sus dos años con los Criollos (1956-57 y 1957-58). Las mayores hazañas de este período fueron sus estelares actuaciones en la Serie del Caribe-en febrero de 1955 en Caracas, Venezuela junto a Willie Mays y en febrero de 1958 en San Juan. La segunda parte cubre sus temporadas con los Senadores de San Juan, quiénes lo adquirieron en un cambio con Caguas antes de la campaña de 1959-1960.

1952-1953 UNA TEMPORADA DE NOVATO CON RECUERDOS DE TED WILLIAMS Y JACKIE ROBINSON

Clemente, recién cumplidos sus 18 años, vistió el número 39 para los Cangrejeros, un equipo veterano con varios prospectos juveniles. El jugador/dirigente Buzz Clarkson alternaba entre el campocorto y la tercera base; los jardines contaban con Bob Thurman en el derecho,

Jim "Junior" Gilliam y Roberto Clemente con Santurce.
Fotografía cortesía de Jorge Fidel López Vélez.

Billy Bruton en el central y Willard Brown en izquierdo y el central. Alphonso Gerard y Johnny Davis (lanzador y jardinero izquierdo) también estaban en la plantilla. Los aficionados boricuas obsequiaban apodos pintorescos a los jugadores: Brown ere "Ese Hombre", Thurman era "El Múcaro" por su visión nocturna en los partidos en el Estadio Sixto Escobar, compartido por los archirrivales Cangrejeros y Senadores, y "El Gaucho" Johnny Davis, cuyos gestos recordaban a los vaqueros argentinos. Rubén Gómez era el "Divino Loco" por su descabellada manera de conducir su auto deportivo a los juegos como visitante. El campocorto Billy Hunter recuerda que "Clemente era tan sólo un chamaco. No recuerdo si jugó mucho".[4]

Clemente respetaba a Thurman, con sus 35 años casi doble la edad del prospecto, por su elegancia, profesionalismo y calma en el terreno. Ambos conectaron un cuadrangular el 11 de octubre durante un juego de pretemporada contra un escuadrón de la República Dominicana-el primer partido de Clemente vistiendo los colores Cangrejeros.[5] Su momento más recordado fue como bateador emergente por Thurman contra el zurdo cagüeño Roberto Vargas, el "Joe Page" de Puerto Rico," en un partido empatado a dos carreras. Su doble al jardín izquierdo impulsó la victoria de Santurce, 4-2, el 30 de noviembre.[6]

Varios de las 77 turnos al bate de Clemente en los 72 juegos de la temporada furon contra los Senadores de San Juan, cuya cuerpo monticular incluía a Harvey Haddix, Cot Deal, Diómedes Olivo, y Don Liddle. Años después, al ser compañeros de equipo en Pittsburgh, Haddix bromearía con Clemente diciendo que no recordaba enfrentarlo en Puerto Rico. "Yo recuerdo a Willard Brown, de ese [Santurce] equipo," dijo Haddix,[7] —el primer lanzador profesional que Clemente enfrentó—cuando él [Clemente] reemplazó al guardabosque izquierdo Gerard, el martes 12 de octubre de 1952.[8]

Haddix retiró a Clemente en camino a una blanqueada, 4-0. Entre los 18 imparables de Clemente esa campaña se incluían tres dobles y un triple; además anotó cinco carreras y remolcó la misma cantidad.[9] El bateador más consistente de Santurce fue el intermedista Jim Gilliam. Cuando Gilliam jugó en 1952 con los Reales de Montréal de la Liga Internacional, puso en contacto a Bobo Holloman,[10] lanzador de Syracuse, y a Zorrilla, quién contrató al jugador. Cada franquicia de la LBPPR podía contar con ocho "importados", generalmente estadounidenses. Esos refuerzos podrían ser la diferencia entre quedar fuera del torneo de postemporada o calificar para éste.

El primer juego de Clemente como titular fue el 22 de octubre, en el Parque Escobar frente los Indios de Mayagüez. Desde el jardín izquierdo presenció a Ted Williams, junto a Zorrilla y Holloman, invitado de honor para el ceremonial primer lanzamiento. Williams asistió al encuentro durante una breve pausa entre los entrenamientos de las fuerzas armadas estacionadas en Vieques y la estación naval Roosevelt Roads del pueblo de Ceiba.[11]

Holloman (15-5) y Rubén Gómez (13-9) fueron responsables de 2/3 de las victorias de Santurce. El equipo arribó en segunda posición (42-30), tres juegos detrás de San Juan. Santurce le ganó a los Leones de Ponce en tres juegos corridos en su serie semifinal antes de doblegar a San Juan en seis juegos en la final. Aunque Clemente vio la acción desde el banco durante la postemporada,

tuvo la oportunidad de conocer a Jackie Robinson previo al quinto juego de la serie, cuando Robinson se encontraba en San Juan para el partido del 14 de febrero.[12]

La gerencia de Santurce no incluyó a Clemente en la plantilla de 22 jugadores para la Serie del Caribe del 1953. Su lugar fue ocupado por el estelar cagüeño Vic Power. "Roberto aún cursaba le escuela superior" recordó Power. "Yo tenía 25 años y había estado en la liga por seis".[13] Santurce arrolló a sus rivales —los Rojos de la Habana, los Leones del Caracas y los Fumadores Chesterfield de Panamá—al ganar los seis juegos disputados, anotando 50 carreras y tan sólo cometiendo dos errores.[14]

DE PRIMER AL ÚLTIMO LUGAR (1953-54)

Guigo Otero Suro, el hombre de confianza de Zorrilla con Santurce, trató de contratar a Ernie Banks y a Ted Williams para los Cangrejeros del 1953-54. Los Cachorros de Chicago no le otorgaron permiso a Banks para jugar béisbol invernal.[15] Guigo presenció el Juego de Estrellas de 1953 en Cincinnati y vio a Williams lanzar la primera bola. En el mismo vuelo de regreso, Guigo le preguntó a Williams—recién regresado de la Guerra de Corea—si consideraría jugar en Puerto Rico para mantenerse en forma. "Williams me preguntó si había buenos campos de golf y lugares de pesca en Puerto Rico" dijo Guigo. "Yo le dije que sí...hablé con Fred Corcoran, el agente de Williams, en Pittsburgh...más tarde ese verano, ¡una estación de radio de Pittsburgh reportó que Williams tal vez jugaría con Santurce!"[16] El salario de Williams hubiese sido $30,000, una cantidad jamás vista en la LBPPR. Williams bateó .407 con Boston (de 91-37) en agosto y septiembre y no firmó un contrato con Santurce.

Al no estar disponible Williams, Clemente ganó el puesto de jardinero izquierdo titular y jugó en 66 de los 80 partidos de Santurce. Bateó un respetable .292 con dos cuadrangulares y 27 carreras remolcadas.[17] Santurce (32-48) quedó en quinta y última posición, 14 juegos detrás de Caguas (46-34) con su también juvenil Hank Aaron. Los Cangrejeros conectaron 20 cuadrangulares en 80 juegos.18 Aaron y su compañero Jim Rivera lideraron la liga con nueve vuelacercas cada uno.[19] Tom Lasorda (7-6, 3.60 ERA) y Rubén Gómez (5-6, 2.86) fueron los mejores serpentineros de Santurce. Lasorda recalcó que "Clemente tuvo una actitud muy buena y no dudó de buscar consejos de los veteranos".[20]

Mickey Owen, jugador/dirigente de Caguas, quería a Clemente en los jardines Criollos. Su guardabosque izquierdo Juan "Tetelo" Vargas tenía 47 años y Luis Rodríguez Olmo estaba como alterno. "Aaron y Clemente juntos-lo que pudo haber sido" imaginó Owen. "Teníamos a Olmo como carnada de cambio por Clemente, pero el cambio [con Santurce] no se concertó".[21] Al Caguas ganar el campeonato, la gerencia contempló añadir a Clemente de reemplazo por Aaron, quién había regresado a los Estados Unidos. Los Criollos reclutaron a Carlos Bernier de los Indios en lugar de Clemente. Aunque Owen argumentó a favor de Clemente, el dueño y el gerente general de Caguas optaron por el mayagüezano.[22]

Caguas (4-2 G-P) ganó el torneo de cuatro equipos celebrado en el Estadio Escobar. El inicialista Power y el refuerzo sanjuanero, el intermedista Jack Cassini, produjeron para Caguas, al igual que el JMV Jim Rivera. Cassini, compañero de Clemente con los Reales de Montréal en 1954, opinó que "ya a los 19 años con Santurce, Clemente se vislumbra como estrella en las Grandes Ligas".[23] Clemente comenzó a lucir su número 21 en la LBPPR en el 1953-54, como tributo a sus padres, Melchor Clemente y Luisa Walker.[24] "Roberto Clemente Walker" tiene 21 letras; en Puerto Rico, los apellidos paternos y maternos son comúnmente usados como nombre completo.

UNO DE LOS MEJORES EQUIPOS DE TODOS LOS TIEMPOS DE BÉISBOL INVERNAL (1954-1955)

Don Zimmer reflexionó profundamente cuando el autor le preguntó sobre el calibre de los Cangrejeros del 1954-1955. El equipo constaba con poder, velocidad y tres abridores — Sam Jones (JMV de la liga, ganador de la triple corona de pitcheo con 14 victorias, 1.77 de efectividad, 171 ponches),[25] Rubén Gómez, ganador de trece partidos, y Bill Greason. "Sin lugar a duda, probablemente el mejor equipo de liga invernal jamás visto. Teníamos a jugadores como Buzz Clarkson, a éste servidor, Ronnie Samford, George Crowe, Valmy Thomas y Harry Chiti en la receptoría. Teníamos a Mays, Thurman y Clemente en los jardines. Eso es un equipo de Grandes Ligas. Y además Herman Franks era un dirigente sobresaliente. Le podríamos haber ganado a equipos de la Liga Nacional".[26]

Clemente conectó un cuadrangular de tres carreras el día inaugural, octubre 17, frente a San Juan y mantuvo su abrasador bateo a través de los 72 partidos de la temporada. Santurce terminó con un récord de 47-25, cinco juegos al frente de Caguas (42-30) y nueve sobre San Juan (38-34). El zurdo Pete Burnside recuerda a Clemente y a Mays como "estrellas jóvenes, en una rivalidad amistosa, tratando de sobrepasarse el uno al otro".[27] Había semejanzas, incluyendo la "atrapada canasta" que Clemente, Mays y Rodríguez Olmo usaban. Fue el único trío en el mismo equipo invernal en usar ese estilo.

Durante la temporada, Franks reunía a Clemente, Rodríguez Olmo y a un adolescente de 17 años, Orlando Cepeda, para una sesión de práctica. Cepeda, quién se uniría al equipo el año siguiente, le dijo al historiador Jorge Colón Delgado que Mays le enseñó a Roberto como fildear las roletas de manera eficaz, lanzando la pelota más rápidamente. "Yo estaba cerca del montículo, desde el cuál Franks bateaba hacia

Willie Mays, Roberto Clemente, Buster Clarkson, Bob Thurman, y George Crowe en un equipo de ensueño de la liga de invierno. Cortesía de Jorge Colón Delgado.

los jardines… esos tiros de Clemente y Mays me quemaban la mano enguantada" recordaba Cepeda.[28] Clemente se benefició inmensamente de estas prácticas, según Cepeda y Burnside. Franks recomendó a Clemente a Branch Rickey Jr., gerente general de los Piratas, antes del sorteo de le regla #5 el 22 de noviembre 22. Clemente fue la primera selección.[29]

Clemente la causó una buena impresión a la gerencia de los Piratas con un par de cuadrangulares en el Juego de Estrellas, celebrando en Mayagüez el 12 de diciembre. El primero fue solitario contra Roberto Vargas de Caguas en la tercera entrada; contra Dave Cole en el quinto, Clemente conectó con un hombre en base. (Los jugadores de Caguas-Ponce-Mayagüez componían el equipo sureño y los de San Juan-Santurce el norteño). Un cuadrangular dentro del parque de Mays en la primera entrada comenzó la ofensiva norteña, que

se alzó con la victoria, 7-5, siendo Rubén Gómez el ganador.[30]

Al concluir 50 partidos, el podio era ocupado por Mays bateaba .404, Clemente .378 y Thurman .366.[31] Bill Greason atesora sus gratos recuerdos de Clemente: "yo le llamaba hermano… éramos buenos amigos. Era un joven muy bueno, dedicado y con determinación. No decía mucho; venía al camerino, hablaba con algunos de los compañeros, se vestía con el uniforme, tomaba su práctica de fildeo e iba a los jardines. Tenía muy buen carácter".[32]

Thurman y el autor particiaron en un programa de radio (Foro Deportivo) en Ponce, dos días previos a la primera ceremonia de exaltación del Salón de la Fama del Béisbol de Puerto Rico. Thurman y Clemente eran parte de la primera clase homenajeada. Uno de los particiantes le preguntó a Thurman sobre su brazo, ya que Clemente

Fotografía de Clemente en acción en Caguas en la temporada 1956-57. Cortesía de Jorge Colón Delgado.

jugó el jardín izquierdo y Thurman el derecho (la posición preferida de Clemente). Thurman tan sólo respondió "robusto y certero".[33]

Thurman siempre se enorgulleció de su papel como mentor de Clemente, quíen mantuvo un gran respeto hacia todos los jugadores de Ligas Negras en el equipo Cangrejero del 1954-55.[34]

El promedio de bateo de Clemente de .344 correspondió al cuarto lugar, detrás de Mays, pero sus 65 carreras anotadas lideraron la liga.[35] Clemente tuvo una buena actuación en la serie final contra Caguas que ganó Santurce, 4-1. Sus cuatro imparables y cuatro carreras remolcadas contribuyeron a la victoria de Santurce el 3 de febrero. Zimmer, con sus tres cuadrangulares y 10 carreras remolcadas, se llevó los titulares de la prensa.[36]

La Serie del Caribe de febrero 1955, celebrada en Caracas, Venezuela, le brindó a Santurce su tercera victoria en cinco años (el equipo también salió victorioso en el 1951 y el 1953). Zimmer fue seleccionado como el JMV con su promedio de .385, tres cuadrangulares y cuatro carreras remolcadas. Clemente también sobresalió:

> 12 de febrero — Cuadrangular en la primera entrada contra Ramón Monzant empató el juego a una carrera; el cuadrangular de Mays en el undécimo, con Clemente a bordo, ganó el partido 4-2 contra Magallanes de Venezuela.

> 13 de febrero — Dos carreras impulsadas en la victoria, 7-6, sobre Almendares de Cuba.

> 14 de febrero — Dos triples en la victoria, 11-3, contra Carta Vieja de Panamá.[37]

Clemente cruzó el plato ocho veces, liderando el torneo. Sus totales fueron siete inatrapables en 26 turnos al bate con un doble, dos triples, un cuadrangular, tres carreras remolcadas y un promedio .577 de slugging.[38] De forma colectiva, Santurce bateó .290 con slugging de .500. Al ganar Pittsburgh la Serie Mundial en el 1971, se le preguntó a Clemente si había estado en un equipo tan poderoso; su respuesta fue simple: "sí, con los Cangrejeros de Santurce en la Serie del Caribe".[39]

CAGUAS SOBREPASA A SANTURCE (1955-56)

Clemente jugó primordialmente en el jardín central, con Gerard y Thurman en las esquinas. Sus 85 inatrapables en 278 turnos al bate produjeron un promedio de .306; sus siete cuadrangulares fueron su marca personal en la LBPPR.[40]

Carl Hubbell, ejerciendo como coordinador de las ligas menores de los Gigantes, visitó a Puerto Rico para observar a Gómez, Steve Ridzik, and Al Worthington. Gómez recuerda que durante un partido el 9 de enero de 1956 en el Sixto Escobar, "le presenté a Roberto (Clemente) a Hubbell, quién estaba viendo algunos de nuestros partidos. Hubbell pensó que Clemente se convertiría en un buen bateador en las Grandes Ligas".[41]

Owen, quién ahora dirigía a Ponce, opinó que Clemente "había mejorado ofensiva y defensivamente" desde la temporada del 1953-54. "Tuvo tan solo una campaña [1954] en las menores y Pittsburgh en 1955" dijo Owen. "Ya iba de camino…"[42] Santurce (43-29) se enfrentó a Caguas (38-34) en la serie final, pero perdió, 4-2.[43]

CLEMENTE COQUETEA CON LOS .400 Y SU CONTRATO ES VENDIDO A CAGUAS (1956-57)

Para finales de diciembre, Clemente bateaba .431 (de 130-56) con Santurce.[44] Zorrilla anunció que el equipo estaba a la venta[45] y transfirió la franquicia a Ramón N. Cuevas, quién vendió los contratos de Clemente, Juan Pizarro y Samford a Caguas por $30,000 en efectivo para liquidar la deuda de Santurce. Cuevas les dio las noticias a los jugadores de Santurce antes de una tanda doble ese día en Mayagüez.

Rubén Gómez estuvo tan molesto que se despojó de su uniforme, salió del camerino y regresó a su casa en su propio automóvil. "Yo reemplacé a Clemente en el jardín central en enero" recordó Gómez. "Sin esos tres jugadores claves, aún ganamos el banderín de la temporada regular".[46] Años después, Marcial "Canenita" Allen, quién a sus 18 años era un cargabates de los Cangrejeros y persona de confianza de Clemente, lloró al recordar la reacción de Clemente. "Roberto me dijo 'toma nuestras pertenencias'" dijo Allen. "'Tú vienes conmigo a Caguas'. Era un buen amigo y hermano".[47]

Ted Norbert relevó a Ramón "Monchile" Concepción como dirigente. Los Cangrejeros (43-29) ganaron su tercer título consecutivo, pero perdieron en las finales contra Mayagüez (41-31) bajo la tutela de Owen.

Antes de su traspaso, Clemente había conectado dos imparables contra Sandy Koufax, en el último juego del joven zurdo en Puerto Rico, una blanqueada 2-0 en siete entradas contra Santurce el 16 de diciembre.[48]

Con Caguas, Clemente obtuvo 33 inatrapables en 95 turnos al bate, un promedio de .347, lo que bajó su marca a .396 (de 225-89), la mejor figura ofensiva de la década.[49] Al unirse a la franquicia, Clemente disfrutaba de una racha de 18 juegos consecutivos con al menos un imparable. El jardinero la extendió por cuatro adicionales, y el 5 de enero del 1957 logró llegar a 23 en el primer juego de una doble tanda. Ese imparable rompió la marca de 22, establecida por Francisco "Pancho" Coímbre en el 1943-44. Luis Arroyo, conocido como "Tite" en la isla, lo frenó en el segundo partido. Tom Lasorda fue el lanzador perdedor. "Yo fui el compañero de cuarto de Clemente en Santurce y Caguas," recordó Lasorda. "Qué gran competidor".[50]

Caguas (39-33) y San Juan (39-33) empataron por el tercer lugar, requiriendo un partido de desempate en el Estadio Yldefonso Solá Morales de Caguas, el hogar de los Criollos. Ralph Houk, dirigente de San Juan, seleccionó a Tite Arroyo como abridor a pesar de tener un sólo día de descanso; por Caguas, Juan Pizarro subió a la lomita de los suspiros. Arroyo ganó, 4-1, pero toda la fanaticada estaba apegada a Clemente, quién entró al juego bateando .398. Para llegar a los míticos .400 necesitaría dos imparables en cuatro turnos, pero tan sólo obtuvo uno.[51]

Al anunciarse los premios de la temporada 1956-57, José "Ronquito" García de Mayagüez se alzó con el JMV.[52] Su promedio de bateo fue tan sólo superado por Clemente, pero su labor llevó a Mayagüez a la Serie del Caribe. García recordó que Clemente solía obtener tres o cuatro imparables cuando él bateaba dos o tres. "Hay que darle crédito a Clemente por el título de bateo" dijo García. "Nosotros ganamos el campeonato y por eso los cronistas me nombraron JMV".[53]

LA TEMPORADA ABREVIADA DEL 1957-58 Y LA SERIE DEL CARIBE

Los Criollos de Caguas/Río Piedras tuvieron que esperar hasta el 12 de enero de 1958 antes de ver a Clemente en acción en el Estadio Paquito Montaner de Ponce.[54] (La gerencia había añadido a Río Piedras al nombre oficial de la franquicia para expandir su fanaticada). En nueve partidos, conectó de 32-8.[55] Su compañero Canenita Allen ganó el galardón de Novato del Año. Los Criollos empataron con San Juan en segundo lugar, tres juegos atrás de Santurce. Caguas le ganó a San Juan en cuatro juegos antes de barrer a Santurce.

Clemente demolió a los lanzadores de Santurce en la serie final, conectando nueve inatrapables en 17 turnos al bate, para un promedio de .529. En el segundo juego, el 31 de enero, obtuvo un doble y dos sencillos contra Greason; Roberto Vargas ganó 5-0. Rubén Gómez defendió el jardín central para Santurce y Clemente el de Caguas.[56]

Caguas-Río Piedras fue el anfitrión de la Serie del Caribe del 1958 en el Estadio Sixto Escobar. Pizarro abanicó a 17 Yanquis de Carta Vieja la noche inaugural, un récord aún vigente en la Serie del Caribe.[57] "Yo lancé fuertemente" dijo Pizarro. "Fue un honor representar a Puerto Rico con Clemente y Vic Power en el terreno".[58]

El 10 de febrero, Clemente conectó el único cuadrangular de Caguas[59] contra Bob Shaw de Marianao, en el tercer encuentro ganado por Cuba, 5-4. La revancha fue en la final del 13 de febrero. Sencillos de Solly Drake y Minnie Miñoso, un error defensivo de Caguas y un elevado sacrificio de Ray Noble en la novena entrada le brindaron a Marianao un cerrado triunfo, 2-0.[60]

Marianao se convirtió en el primer equipo de ganar Series del Caribe consecutivas, una hazaña que Caguas duplicaría 60 años después (2017 y 2018).[61] La cifra oficial de 57,355 aficionados incluyó a 13,269 de la noche inaugural y 16,000 en la clausura, muchos de ellos con taquilla sin derecho a asiento (standing room only).[62] La capacidad del Parque Escobar era tan sólo 13,500.

Clemente fue seleccionado como el mejor guardabosque central de la Serie al batear .391 (nueve inatrapables en 23 turnos al bate) y un promedio de slugging de 609. Vic Power, todos-estrellas en la tercera base, conectó .458 y Pizarro ponchó a 29 en 16 entradas y dos tercios.[63]

EL LEGADO DE CLEMENTE EN LA SERIE DEL CARIBE

En una docena de juegos en la Serie del Caribe, Clemente promedió .327 de bateo (16 imparables en 49 turnos al bate) con un doble, tres triples, dos cuadrangulares, seis carreras impulsadas y 14 anotadas. Su promedio de slugging de .592 se mantiene en cuarto lugar en la primera fase de la Serie del Caribe (1949-1960) entre los jugadores con al menos 45 turnos al-bate.[64]

TABLA: LOS 10 MEJORES PROMEDIOS DE SLUGGING, 45 Ó MAS TURNOS AL BATE, 1ERA FASE

Jugador	País	AB	TB	SLG
Wilmer Fields	PR-Venezuela	57	38	.667
Willard Brown	PR	67	42	.627
Jim Gilliam	PR	47	29	.617
Roberto Clemente	PR	49	29	.592
Héctor Rodríguez	Cuba	83	49	.590
Bob Thurman	PR	63	37	.587
Orlando Cepeda	PR	45	26	.578
Pedro Formental	Cuba	60	34	.567
Héctor López	Panamá	97	51	.526
Luis R. Olmo	PR	76	37	.487

Fuente: Tony Piña Campora.

Clemente fue seleccionado de manera póstuma al Salón de la Fama de la Serie del Caribe en el 2015.[65]

Clemento totalizó seis temporadas con Caguas y Santurce. Promedió .325 de bateo (358 imparables en 1,102 turnos al bate) con 55 dobles, 13 triples, 17 cuadrangulares, 129 carreras remolcadas, 173 carreras anotadas, nueve bases robadas y un promedio de slugging de .445.[66]

AGRADECIMIENTOS

El autor agradece profundamente a Marcial "Canenita" Allen, Pete Burnside, Jack Cassini, José "Ronquito" García, Rubén Gómez, Bill Greason, Harvey Haddix, Billy Hunter, Tom Lasorda, Luis R. Mayoral, Guigo Otero Suro, Mickey Owen, Tony Piña Campora, Juan "Terín" Pizarro, Vic Power, Steve Ridzik, Bob Thurman y Don Zimmer por obsequiar su tiempo durante entrevistas en persona, por teléfono o via correo electrónico.

Jorge Colón Delgado contribuyó las estadísticas de Clemente en la LBPPR.

Stew Thornley escribió la biografía de Clemente de la colección de SABR.

FUENTES

David Maraniss, Clemente: The Passion and Grace of Baseball's Last Hero (New York: Simon & Schuster, 2006).

Rafael Costas. Enciclopedia Béisbol Ponce Leones (Santo Domingo, República Dominicana: Editora Corripio, 1989).

NOTAS

1   Hal Wagenheim, *Clemente!* (New York: Praeger Publishers, 1973), 23.

2   Luis Rodríguez Mayoral, *Roberto Clemente aún escucha las ovaciones* (Hato Rey, Puerto Rico: Impresora Hermanos Ramallo, 1987), 11.

3   Entrevista entre Rodríguez Mayoral y Thomas Van Hyning, 2 de septiembre de 2021. Muñoz Marín fue gobernador por cuatro términos (1948-1964). Rodríguez Mayoral confirmó el apoyo de Clemente al PPD durante su vida adulta.

4   Entrevista de Billy Hunter y Thomas Van Hyning, May 11, 1991. Todas las otras entrevistas citadas fueron entre el autor y los sujetos.

5   Jorge Colón Delgado, *Pedrín Zorrilla: El Cangrejo Mayor* (Colombia: OP Gráficas, 2011), 309.

6   El Mundo, 17 de diciembre de 1954 and Thomas E. Van Hyning, *Puerto Rico's Winter League* (Jefferson, North Carolina: McFarland & Company, 1995), 49.

7   Entrevista con Harvey Haddix, 28 de julio de 1991.

8   Colón Delgado, *Pedrín Zorrilla: El Cangrejo Mayor*, 309.

9   https://www.beisbol101.com/roberto-clemente-3/

10 https://sabr.org/bioproj/person/bobo-holloman/

11 Williams, piloto de la Marina durante la Segunda Guerra Mundial, regresó al servicio militar durante la Guerra de Corea. Colón Delgado, *Pedrín Zorrilla: El Cangrejo Mayor*, 309.

12 Thomas E. Van Hyning, *The Santurce Crabbers: Sixty Seasons of Puerto Rican Winter League Baseball* (Jefferson, North Carolina: McFarland & Company, 1999), 42.

13 Entrevista entre Vic Pellot Power y el autor, 28 de diciembre de 1991.

14 Jorge S. Figueredo, *Cuban Baseball: A Statistical History, 1878-1961* (Jefferson, North Carolina: McFarland & Company, 2003), 372.

15 Entrevista entre Guigo Otero Suro y el autor, 20 de noviembre de 1997.

16 Entrevista de Otero Suro, 20 de noviembre de 1997.

17 https://www.beisbol101.com/roberto-clemente-3/

18 Van Hyning, *The Santurce Crabbers*, 43.

19 José A. Crescioni Benítez, *El Béisbol Profesional Boricua* (San Juan, Puerto Rico: Aurora Comunicación Integral, septiembre de 1997), 85.

20 Entrevista entre Tom Lasorda y el autor, Vero Beach, Florida, marzo de 1993.

21 Entrevista entre Mickey Owen y el autor, 5 de marzo de 1992.

22 Entrevista entre Mickey Owen y el autor, 5 de marzo de 1992.

23 Entrevista entre Jack Cassini y el autor, 2 de abril de 1993.

24 Luis Rodríguez Mayoral, *Mas Allá de un sueño* (Hato Rey, Puerto Rico: Impresora Hermanos Ramallo, 1981), 19.

25 https://www.beisbol101.com/sam-jones-2/ Consultado el 7 de septiembre de 2021.

26 Entrevista entre Don Zimmer y el autor, Winter Haven, Florida, marzo de 1992.

27 Van Hyning, *The Santurce Crabbers*, 66.

28 Colón Delgado, *Pedrín Zorrilla: El Cangrejo Mayor*, 360.

29 Hy Turkin, "'Good Prospects Fewer'—Only 13 in Majors' Draft," *The Sporting News*, 1 de diciembre de 1954: 4.

30 Víctor Navarro, *Los Juegos de Estrellas* (Aguadilla, Puerto Rico: Servicios de Impresora Navarro, 1992), 18-19.

31 *The Sporting News*, 5 de enero de 1955: 23.

32 Entrevista entre Bill Greason y el autor, 25 de marzo de 1991.

33 Bob Thurman, Foro Deportivo, Ponce, Puerto Rico, 18 de octubre de 1991.

34 Entrevista entre Bob Thurman y el autor, Ponce, Puerto Rico, 19 de octubre de 1991.

35 Crescioni Benítez, *El Béisbol Profesional Boricua*, 89.

36 Pito Alvarez de la Vega, "Zimmer's 3 HRs Pace Santurce to Puerto Rico Title," *The Sporting News*, 16 de febrero de 1955: 28.

37 The Sporting News, 23 de febrero de 1955: 28, 30.

38 Colón Delgado, *La Maquinaria Perfecta*, 170.

39 Colón Delgado, *La Maquinaria Perfecta*, 189.

40 https://www.beisbol101.com/roberto-clemente-3/ Consultado el 5 de septiembre de 2021.

41 Entrevista entre Rubén Gómez y el autor, Hato Rey, Puerto Rico, 30 de noviembre de 1992.

42 Entrevista entre Mickey Owen y el autor, 5 de marzo de 1992.

43 *The Sporting News*, 15 de febrero de 1956: 34.

44 Apuntes de José Crescioni Benítez.

45 Jorge Colón Delgado, *Los Indios de Mayagüez* (Mayagüez, Puerto Rico: EASM Publishing Co. LLC), 142.

46 Entrevista entre Rubén Gómez y el autor, Hato Rey, Puerto Rico, 30 de noviembre de 1992. A Gómez se le permitía conducir su Corvette a los juegos de visitante.

47 Entrevista entre Marcial "Canenita" Allen y el autor, Hato Rey, Puerto Rico, 15 de diciembre de 1991.

48 *The Sporting News*, 26 de diciembre de 1956: 20.

49 Apuntes de José Crescioni Benítez.

50 Entrevista entre Tom Lasorda y el autor, Vero Beach, Florida, marzo de 1993.

51 El Mundo, 29 de enero de 1957.

52 Héctor Barea, *Libro oficial béisbol profesional de Puerto Rico* (Guaynabo, Puerto Rico: Art Printing, 1981), 48.

53 Entrevista entre José "Ronquito" García y el autor, San Juan, Puerto Rico, 1 de diciembre de 1993.

54 El Mundo, 13 de enero de 1958.

55 https://www.beisbol101.com/roberto-clemente-3/ Consultado el 6 de septiembre de 2021.

56 Pito Alvarez de la Vega, "Clemente Paces Caguas Team to Sweep of Finals, *The Sporting News*, 12 de febrero de 1958: 24.

57 The Sporting News, 19 de febrero de 1958: 30.

58 Entrevista entre Juan "Terín" Pizarro y el autor, Santurce, Puerto Rico, 10 de febrero de 1982.

59 https://www.baseball-reference.com/bullpen/1958_Caribbean_Series Consultado el 6 de septiembre de 2021.

60 *The Sporting News*, 19 de febrero de 1958: 30.

61 Thomas E. Van Hyning, "Caguas Criollos: Five Caribbean Series Crowns and Cooperstown Connections," *Baseball Research Journal* (Phoenix, Arizona: SABR, 2018: 16.

62 *The Sporting News*, 19 de febrero de 1958: 30.

63 Apuntes de Tony Piña Campora, Santo Domingo, República Dominicana.

64 Thomas E. Van Hyning, https://www.beisbol101.com/jim-gilliam-baltimore-elite-giants-aguadilla-almendares-minors-and-santurce-part-i/ Consultado el 6 de septiembre de 2021.

65 Apuntes de Tony Piña Campora, Santo Domingo, República Dominicana.

66 https://www.beisbol101.com/roberto-clemente-3/ Consultado el 6 de septiembre de 2021.

LA CARRERA DE ROBERTO CLEMENTE EN LA LIGA PROFESIONAL DE BÉISBOL DE PUERTO RICO (SEGUNDA PARTE)

POR THOMAS E. VAN HYNING

En agosto de 1959, el béisbol puertorriqueño se estremeció al conocer que Caguas "había traspasado el contrato de Clemente a San Juan. El truque involvió a Clemente, Canenita Allen y José "Palillo" Santiago; de vuelta, los Criollos recibieron a los jardineros Herminio Cortés y Rafael Sálamo, ambos de las ligas menores, y $30,000.[1] Cortés militaba con York y Sálamo con Sioux City en los escalones más bajos de las menores. Allen retieró que su inclusión era como una "póliza de seguro" por si Clemente optaba por descansar y no jugar ese invierno. Caguas codiciaba a Cortés, quién lideró a los Senadores en la temporada de 1958-59 con su promedio de .291 y 10 vuelacercas.[2] José M. Rivera, presidente del club capitalino, accedió formalmente al cambio el 15 de agosto de 1959 a través de una carta al presidente de la liga, Carlos García de la Noceda.[3] Un mes después, Clemente firmó su contrato con San Juan, devengando $800 mensuales y $200 mensuales para sufragar gastos personales.[4]

CLEMENTE, DEVOTO SEGUIDOR DE LOS SENADORES DE SAN JUAN Y DE MONTE IRVIN

De pequeño, Clemente adoraba a Monte Irvin, superestrella de San Juan en 1945-1947, tomando transporte público desde Carolina hasta el Escambrón para ver jugar a los Senadores en el Parque Sixto Escobar. Al concluir un partido de la temporada de 1945-1946, Clemente esperó a que Irvin saliese del estadio para ver su ídolo de cerca.[5] Al progresar la temporada, Clemente le causó una buena impresión a Irvin, quién le contó a Tom Singer, reportero de MLB.com, que "solían haber chamacos fuera del parque y a veces les dejabamos llevar nuestros bultos para que pudiesen entrar gratis. Roberto y Orlando Cepeda siempre estaban allí…Clemente me dijo que desarrolló su certero brazo porque siempre había admirado el mío".[6]

Clemente le contó a Freddie Thon Jr. que "era un gran seguidor de mi padre (Freddie Thon Sr.) y de Monte Irvin, y que siempre fue fanático de

San Juan".[7] (Thon Sr. custodió el bosque derecho de San Juan en 1945-47 y fungió como lanzador durante 1940-42, las dos primeras campañas de Irvin con los Senadores). Tras concluir sus temporadas en Pittsburgh, Clemente traía sus trajes, pantalones y camisas al negocio de lavandería Freddie Thon Cleaners, en Hato Rey, Puerto Rico.[8]

ESPLÉNDIDA TEMPORADA 1959-60

Clemente, a sus 25 años y portando su número 21, jugó bajo la tutela de Nino Escalera. Se convirtieron en grandes amigos, un vínculo que duró hasta la muerte de Clemente.[9] Según Nino, "Roberto y yo fuimos rivales en la liga invernal en la década de los 1950 pero eso cambió cuando yo le dirigí en 1959-1960 y también fui su compañero. Pensábamos de manera semejante en cuanto a estrategia de béisbol... fue como un hermano menor para mí".[10] Palillo Santiago transportó al autor al hogar de Escalera y recalcó que la unidad del equipo de San Juan de 1959-1960 era impresionante.[11]

Clemente quedó en tercer lugar al batear .330, tras Víctor Pellot de Caguas (también conocido como Vic Power, .347) y Ramón Conde de Mayagüez (.336). Pellot recordó que "aunque (Clemente) jugaba adolorido siempre lo hacía con orgullo y como buen deportista. Debido a su lesión de espalda, no estaba seguro si Clemente sería la superestrella en que logró convertirse pero siempre supe que se daría lo mejor".[12]

El esfuerzo de Clemente era evidente y sus seis triples fueron solo superados por los siete de propio Escalera, a su a vez mejorando los cinco conectados por su compañero Carlos Bernier y Ray Barker de Mayagüez.[13] Los juegos de San Juan eran narrados por radio en inglés y en español gracias a la gestión del empresario Bob Leith Sr. Phil Rizzuto contribuía su voz en inglés y Luis Rodríguez Olmo en castellano, vez primera que

Clemente con San Juan, 1959. Cortesía de Thomas Van Hyning.

tla narración se disponía en ambos idiomas.[14] "Phil no tardó en reconocer la pasión por el béisbol (de la isla)" según Leith, añadiendo que Rodríguez Olmo "también hizo una gran labor".[15] El "jíbaro" recalcó que "disfruté de cubrir las hazañas de Clemente con el micrófono. Era un jugador más completo que cuando militó con Santurce en la década de los 1950s".[16]

San Juan (41-23) sobrepasó a Caguas (39-24) para lograr el primer lugar en el temporada regular y doblegó a Mayagüez en una serie semifinal que duró seis juegos. Caguas eliminó a Santurce en la otra semifinal, cinco juegos por uno, y ambos calificaron para la Serie del Caribe de 1960 en Panamá.

UN CAMPEONATO EN 1960-61 Y LA SERIE INTERAMERICANA EN CARACAS, VENEZUELA

Bob Leith Sr., dueño de los Senadores, olvidó enviar los contratos a sus jugadores antes de le fecha límite. Dado este descuido, todos los peloteros capitalinos eran agentes libres en teoría, dato que la prensa y las estaciones de radio no dudaron en reseñar. Clemente, desde Pittsburgh, se comportó profesionalmente. Según Leith, "durante la conversación por teléfono me dijo 'no te preocupes, yo firmo por la misma cantidad del año pasado, $1,000 al mes'".[17] Ambas partes firmaron el trato el 15 de diciembre de 1960.[18]

Clemente ya era un héroe nacional al ganar la Serie Mundial de 1960 con Pittsburgh. No jugó en la primera vuelta (32 juegos), regresando en la segunda. San Juan, que comenzó 16-16 sin su astro, jugó a toda máquina (23-9) en la segunda parte, llegando a las finales. La novena capitalina de nuevo se topó con los Criollos de Caguas y en los Senadores se alzaron, 5 partidos contra tres en la serie final.[19]

En sus 29 desafíos, Clemente bateó .284 (de 109-31). Su amigo Luis Arroyo ganó 10 encuentros y obtuvo el Premio al Jugador Más Valioso (JMV, o MVP por sus siglas en inglés). El serpentinero zurdo Jim Archer se percató de las destrezas de líder de Clemente: "nos inspiró a ganar esa segunda vuelta. Era toda una estrella y dio tremendo ejemplo".[20] Horace Clarke, jugador del cuadro, subrayó que Clemente "siempre fue muy bondadoso con todos los jugadores jóvenes".[21]

Luman Harris, entrenador de los Orioles, dirigió a San Juan. Gracias a esta conexión, el presidente y gerente general de Baltimore Lee MacPhail Jr., accedió a enviar a varios prospectos de la organización, incluyendo a Jerry Adair, Jack Fisher, and Wes Stock.[22] La amistad entre Leith y Rizzuto le conectó con MacPhail. Leith recuerda que Brooks Robinson interrumpió una reunión entre Leith y MacPhail para tildarse de novato, ya que Robinson había jugado en Colombia y Cuba en la década anterior, disfrutando su estadía.

En el primer juego de las finales, celebrado el 1 de febrero de 1961, Clemente presenció un descomunal bambinazo del bate de Frank Howard. "El condominio" castigó el lanzamiento de Jack Fisher, viajando 536 pies para salir del Parque Sixto Escobar, compartido por los "primos" de Santurce y San Juan. El jonrón fue el segundo más largo de la historia de la liga, tras un descomunal batazo del Cangrejero Josh Gibson que peregrinó 600 pies el 1 de marzo de 1942.[23]

San Juan, reforzado por los Cangrejeros Orlando Cepeda y Juan Pizarro, viajó a Caracas para la serie, organizada como alternativa a la tradicional Serie del Caribe debido a la situación política cubana. Clemente resolvió una situación tensa cuando los jugadores importados exigieron más dinero para jugar en Venezuela. Clemente le dijo a Leith que no se preocupase, y "tras cerrar la puerta de nuestro camerino les recordó a los importados que su contrato especificaba que le pagarían lo mismo por jugar en la Serie Interamericana que lo habían devengado en Puerto Rico. Si alguien rehusaba de jugar como decretaba el contrato, el sería la primera persona en llamar al (Comisionado) Ford Frick". Esta "huelga" de 10 minutos fue la más corta en el historia del béisbol ya que nadie discutió con Clemente.[24]

San Juan sufrió dos blanqueadas contra los locales Industriales de Valencia y su joven derecho Bob Gibson. El segundo revés fue una joya, un partido 1-0.[25] Leith recuerda que Clemente quedó impresionado al ver a Gibson calentarse antes del primer juego: "Clemente me dijo 'estamos en aprietos'. Al preguntarle por qué, me dijo '¿tú ves a ese lanzador calentándose? ¡Lanza aspirinas!'"[26]

LA TRIFULCA CON MEL STEINER, 1961-62

El 23 de octubre de 1961, el Gobernador Luis Muñoz Marín invitó a Clemente, Orlando

Cepeda y a Luis Arroyo a la Fortaleza para condecorarlos por sus proezas en la recién concluida campaña, incluyendo el campeonato de bateo de Clemente.[27] San Juan estaba en quinto lugar con 23 triunfos y 33 reveses, faltando una tercera parte de la temporada. Los fanáticos de la capital clamoraban por su héroe. Su regreso ayudó a San Juan ganar 18 de sus útimos compromisos y empatar con Arecibo en cuarto lugar. Clemente promedió .273 (de 66-18).[28]

El encuentro de desempate tomó lugar en el Parque Sixto Escobar el 23 de enero de 1962, siendo el último juego de temporada regular celebrado en su diamante, ya que el Estadio Hiram Bithorn abriría sus puertas para la campaña de 1962-163. Clemente patrulló el jardín central para los Senadores. Antes del juego de desempate, Arecibo había doblegado a San Juan gracias a un doble con las bases llenas del novato Art López, quién declaró que su indiscutible le "dio confianza de sus habilidades", inatrapable que Clemente no pudo capturar.[29]

Phil Niekro comenzó en la lomita por los Lobos pero Rodríguez Olmo le sustituyó temprano. Con las almohadillas repletas y el marcador empatado a tres en la segunda entrada, Clemente bateó frente a Claude Raymond. Según Germán Rivera, campocorto de Arecibo: "Roberto pegó una roleta por el medio del cuadro en un lanzamiento de tres bolas y dos strikes. Fulminamos en la intermedia y la jugada en la inicial fue muy ajustada. El árbitro Mel Steiner le decretó fuera. Nino y Napoleón Reyes [dirigente de San Juan] acecharon a Steiner y se fueron a los puños. Yo intervine para que no peleasen".[30] En la brusca, Steiner sufrió lesiones a en los ligamentos de su brazo izquierdo y se lastimó el mismo hombro. Escalera mantuvo que Steiner ya tenía su brazo listo con la señal de out antes de que la bola llegase a primera base: "yo estaba dispuesto a regresar a mi lugar cuando Steiner le dijo, en tono sarcástico a Reyes, nuestro piloto cubano, que regresase a Cuba. Yo le dije a Reyes que no debía tolerar

eso y así ocurrió-Reyes empujó a Steiner con su inmensa panza…"[31]

Arecibo ganó el juego. Clemente ofreció su lado del cuento varios días después: Tommie Aaron ni le tocó con el guante ni tuvo su pie en la base: "el ángulo de visión de Steiner no era idóneo. Yo protesté su decisión pero Chico Ruiz me agarró para que Steiner no me expulsase del juego. Si yo hubiese dicho algo vulgar o si le hubiese pegado, de seguro de botaba".[32]

Los involucrados tuvieron la oportunidad de presentar sus puntos de vista. Los árbitros Doug Harvey, Paul Pryor y Steiner expusieron sus razones al igual que Clemente, Escalera y Reyes. Escalera fue multado $50 y suspendido por los primeros 10 juegos de la campaña entrante. Reyes recibió una multa de $100 y fue suspendido por tres semanas al comenzar la temporada de 1962-63.[33] En febrero pilotó a los Cardenales de Río Piedras (Goya) de la liga amateur doble-A gracias a amistad con el gerente Caguitas Colón y guio el conjunto a cuatro victorias y dos derrotas.[34]

BATALLANDO CON TONY OLIVA POR EL TÍTULO DE BATEO (1963-64) Y LA SERIE INTERAMERICANA EN NICARAGUA

El promedio de Clemente (.345, 61 inatrapables en 177 turnos) fue superado tan solo por Tony Oliva (.365 con Arecibo) y Walt Bond (.349 con Ponce).[35] El Lobo Art López (.337) y el Senador Jerry McNertney (.333) llegaron en cuarto y quinto lugar. San Juan, con una foja de 15-22 el 4 de diciembre de 1963,[36] triunfó en 20 de sus últimos 33 partidos. Les Moss le tomó las riendas a Joe Buzas y guio la novena al campeonato. San Juan estaba ligado con los Medias Blancas de Chicago gracias a su receptor McNertney, los jugadores del cuadro Don Buford, Deacon Jones y Marv Staehle y los serpentineros Joel Horlen y Fritz Ackley. Palillo Santiago opinó que los peloteros desarrollaron una buena relación, más allá de la esperada de un trato entre clubes.[37]

McNertney observó a un jugador tomando práctica de bateo con mísiles a los jardines. Le preguntó a un compañero sobre el pelotero, quién portaba el número 21. (McNertney recién se había unido a la plantilla, remplazando a John Bateman). McNetney se sorprendió al darse cuenta que se trataba de Clemente: "él jugó cada uno de los partidos del invierno con esmero, con ansias de ganar. Ya había jugado más de 150 en la temporada regular, además de los del entrenamiento de primavera. Jugar ante sus fanáticos locales tenía que ser importante para él... verlo trabajar tan duro me causó una gran impresión".[38]

Durante un juego de la postemporada, Staehle le preguntó al antesalista Coco Laboy por qué los fanáticos de San Juan estaban encenciendo fosforos. Laboy le respondió que era "por un velorio...los vamos a enterrar esta noche"[39]. Staehle exclamó que Clemente jamás olvidó su origen: "sus compatriotas eran lo más importante y jugaba (en Puerto Rico) por ello. No tenía que jugar pero adoraba a sus fanáticos y por eso jugaba. Me brindó gran honor ser su compañero de equipo".[40]

Clemente devengó $700 mensuales en 1963-64, además de $200 mensuales para sufragar sus gastos personales.[41] Su sueldo más alto en la liga fue $1,000 al mes y $500 al mes su más jugosa dieta para sus gastos de transporte y alimentación.[42]

Los Senadores (35-35, tercer lugar) despacharon a los Leones de Ponce (36-34) en seis juegos en la serie semifinal y despúes arrollaron a los Indios de Mayaguez en cinco juegos para ganar el campeonato.[43]

PALILLO SANTIAGO RECUERDA LA MEJOR ATRAPADA DE CLEMENTE EN 1963-64:

"En las finales contra Mayagüez, con dos *outs* en la novena entrada yo mantenía una ventaja de una carrera. Boog Powell vino a batear y le tiré una

TABLA: SALARIO Y DIETA DE ROBERTO CLEMENTE EN PUERTO RICO

TEMPORADA	EQUIPO	SALARIO	DIETA	TOTAL
1952-53	Santurce	$40 / semanal	Ninguna	$40 / semanal
1953-54	Santurce	$110 / bimensual	Ninguna	$110 / bimensual
1954-55	Santurce	$275 / bimensual	Ninguna	$275 / bimensual
1955-56	Santurce	$1,000 / mensual	Ninguna	$1,000 / mensual
1956-57	Santurce-Caguas	$1,000 / mensual	Ninguna	$1,000 / mensual
1957-58	Caguas	$1,000 / mensual	$250 / mensual	$1,250 / mensual
1959-60	San Juan	$800 / mensual	$200 / mensual	$1,000 / mensual
1960-61	San Juan	$800 / mensual	$200 / mensual	$1,000/month
1961-62	San Juan	$700 / mensual	$200 / mensual	$900 / mensual
1963-64	San Juan	$700 / mensual	$200 / mensual	$900 / mensual
1964-65	San Juan	$1,000 / mensual	$300 / mensual	$1,300 / mensual
1967-68	San Juan	$800 / mensual	$400 / mensual	$1,200 / mensual
1969-70	San Juan	$1,000 / mensual	$500 / mensual	$1,500 / mensual
1970-71	San Juan	$1,000 / mensual	$300 / mensual	$1,300 / mensual

Fuente: Jorge Fidel López Vélez, *Roberto Clemente: "El astro boricua"* (Colombia: Editorial Nomos S.A., 2019).

recta. Era tarde por la noche, bien oscuro y el jardín central media 420 pies…las luces no brillaban mucho. Powell acribilló la pelota pero Clemente estaba allí. Se viró y se deslizó contra la verja. El estadio completo se quedó callado por cinco minutos cuando los aficionados se dieron cuenta de que Clemente había atrapado la pelota con su espalda hacia el cuadro. Así acabó el juego".[44]

Los Senadores viajaron a Managua, Nicaragua en febrero de 1964 para disputar la Serie Interamericana. San Juan se reforzó con Cepeda, Pizarro, José Pagán, Horace Clarke y Conde, pero quedó 3-3, al perder dos veces contra las Cinco Estrellas (5-1), una de las dos novenas nicas.

Clemente logró 7 indiscutibles en 19 turnos (.368 de promedio) con tres impulsadas.[45] En uno de los desafíos no logró divisar un elevado que cayó en el jardín y en otro tuvo tremendo susto cuando un fanático lanzó una descomunal iguana al bosque derecho, cerca de Clemente, quién no dudó en huir hacia el camerino. Palillo Santiago recuerda que guardias uniformadas con rifles, soldados de la dictadura, se estacionaron cerca del banco para algunos de los juegos. Sin embargo, Clemente deleitó a los fanáticos y entabló muchísimas amistades. "Que ironía" recalca Santiago, "esta experiencia se transformó en una misión al ayudar al pueblo nicaragüense y la historia nos enseña lo que Clemente hizo por esa nación". 46 Art López, quién reforzó a las Cinco Estrellas, anotó la carrera de la Victoria en el juego final contra San Juan tras un elevado de sacrificio de Leo Posada. Según López, "nos enfocamos en los detalles para ganar...yo admiraba mucho a Clemente pero pensé que debía haber estado en el equipo todos estrellas de la liga invernal de Puerto Rico, junto a Clemente y a Oliva".[47]

JUGADOR/DIRIGENTE (1964-65)

San Juan (34-36) llegó en cuarto lugar bajo Cal Ermer y Clemente como jugador/dirigente.

Roberto Clemente, dirigente de los Senadores de San Juan en la temporada 1970-71. Fotografía cortesía de Jorge Colón Delgado.

Ermer recalcó que la gerencia de San Juan quería que Clemente manejase para que jugase todos los días. Ermer fue invitado a la boda de Clemente el 14 de noviembre de 1964, rápidamente creando una buena amistad. Según Ermer, "Roberto recién había comenzado a jugar y habíamos perdido una doble tanda bien frustrante. La gerencia me exhortó a renunciar pero yo les riposté que yo no vine a dimitir. Les dije 'si quieren, despídanme'. Clemente siempre se esforzaba en el campo, al igual que en las grandes ligas. En su primer juego como piloto se lesionó".[48]

Ermer fue despedido el 21 de diciembre de 1964 por el gerente genera Pepe Seda.[49] Como piloto, Clemente lideró al club a nueve triunfos y 12 reveses.[50] Participó en 14 encuentros y promedió .385 (de 39-15) con tres dobles, dos triples, dos cuadrangulares, siete remolcadas y .718 de promedio de slugging.[51] En su debut como piloto contra los Indios de Mayagüez y su as Dennis McLain, Clemente conectó un par de dobles y remolcadas, pero se lastimó el tobillo izquierdo tras su segundo doble y se excusó de la alineación por dos partidos. Su primer triunfo como piloto llegó el 27 de diciembre en el segundo juego de una doble tanda contra Arecibo; tras éste, exclamó que "tan solo lo estoy haciendo hasta que encuentren a otra persona".[52]

San Juan le dedicó la noche del 30 de diciembre a Clemente, antes de un compromiso contra los Leones de Ponce. La junta de directores de los Senadores, tres aficionados de los Cangrejeros y el mismo apoderado de los visitantes, Yuyo González, le otorgaron premios y trofeos.[53]

Don Buford lideró a los regulares de San Juan en bateo y desarrolló una buena amistad con Clemente. Con una rodilla adolorida, Buford acompañó a Clemente a sus visitas al quiropráctico.

Buford recuerda que las responsabilidades como dirigente no afectaron a Clemente, quién no interfirió con sus peloteros. La típica charla de levantamiento de ánimos de Clemente consistía en recalcarle a su novena que "ustedes saben cómo jugar, manténganse relajados y sin cometer errores e iremos bien. No requería que sus jugadores hiciesen nada fuera de lo común".[54]

Clemente puso a Canenita Allen a jugar el bosque derecho mientras se recuperaba de un accidente cortando la grama en su casa, cuando una piedra la causó una herida en la cadera. A las alturas del 6 de enero, Clemente se había recuperado y vistió el uniforme de los latinoamericanos en el Juego de Estrellas, remplazando como emergente al piloto Rodríguez Olmo, pero sufrió un desgarre de un ligamento de la parte superior de su cadera. Tras recibir terapia física, Clemente les mencionó a los reporteros que "el doctor me dijo que tomará un buen tiempo antes de mejorar… por ahora, debo descansar".[55]

En las semifinales, Santurce (41-28) derrotó a San Juan en seis juegos. Marv Staehle, militando con los Cangrejeros, recordó que Clemente y el entrenador José "Pantalones" Santiago eran "buena gente" pero sumamente enfocados en el juego.[56] Rubén Gómez ganó el último juego en relevo tras un cuadrangular de tres carreras de Atanasio (Tony) Pérez en la décima entrada.

"Yo jugué contra Roberto en Puerto Rico y en la Liga Nacional y con él en equipos 'Todos Estrellas' de la Liga Nacional…ese bambinazo en la postemporada de 1964-65 fue bien especial. Roberto estaba en el banco opuesto".[57]

Tommie Sisk blanqueó a Santurce en el segundo juego tras rehusar una oferta de $1,500 de las Águilas Cibaeñas (de la República Dominicana). Sisk quedó muy impresionado por la dedicación y habilidades de líder de Clemente. (El casillero de Sisk estuvo al lado del de Clemente en los seis años que compartieron en Pittsburgh). Para Sisk, "Bobby siempre estuvo muy orgulloso de ser puertorriqueño. Jamás hizo nada para abochornar a su nación. Éramos buenos amigos… sin duda el mejor pelotero que vi en mi vida. Yo fui a Puerto Rico para mejor algunas facetas de mis destrezas y nunca lo vi cansado de jugar el año completo".[58]

UNA SABÁTICA DE DOS AÑOS (1965-67)

Clemente bateó como emergente en dos ocasiones con los Senadores en la campaña de 1965-66 y no participó en la temporada de 1966-67. Para Joe Hoerner, compañero de Clemente con San Juan en 1963-65, los Senadores (31-39, quinto lugar en 1965-66) echaron de menos a Roberto en la temporada de 1965-66: "teníamos a Sam Bowens en el bosque derecho, Jesús Alou en el jardín central y a Danny Cater en el prado izquierdo. Los Medias Blancas enviaron a Duane Josephson y a Tommy John a unirse al equipo".[59]

El autor asistió a una clínica de pelota de Clemente en el Estadio Hiram Bithorn a finales de 1966. Clemente demostró las técnicas de bateo y de correr las bases y relató anécdotas de su carrera. Los asistentes mantuvieron su distancia cuando Clemente tomó práctica de bateo. El padre del autor (Sam, consejero económico del gobernador con FOMENTO) recalcó una visita de Clemente en 1966 a la Fortaleza con el Gobernador Roberto Sánchez Vilella. Clemente estaba interesado en cómo desarrollar la economía de isla.[60] "Clemente era bien inteligente" recordó Sam Van Hyning, añadiendo que según "Sánchez Vilella, Clemente, apenas con 30 años, hizo pesquisas interesantes, cubriendo aspectos técnicos".[61]

Sam y el autor presenciaron a Clemente jugar un partido primaveral (Pittsburgh vs. los Yanquis de Nueva York en el Estado Hiram Bithorn el 2 de abril de 1967. Juan Pizarro lanzó por los Piratas otorgándole un sabor de la riña de Santurce-San Juan al encuentro).

REUNIÓN CON DON ZIMMER (1967-68)

En 1967-68, Clemente se incorporó a los Senadores cuando Don Zimmer remplazó a Preston Gómez como piloto de San Juan. Sus eternos rivales, los Cangrejeros de Santurce, dirigidos por Earl Weaver, estaban ligados con los Orioles de Baltimore. Santurce (47-22) ganó la temporada regular sobre Caguas (43-27), San Juan (36-34), Ponce (34-36), Arecibo (28-41) y Mayagüez (21-49). El gerente general de los Senadores, Tuto Saavedra, despidió a Zimmer el 15 de diciembre de 1967, remplazándolo con Pantalones Santiago.[62] Zimmer disfrutó su estadía en la isla, viviendo en el Hotel la Rada de Condado y dirigiendo a los futuros miembros del Salón de la Fama Johnny Bench y Clemente. "Aprecié mucho la gestión de Clemente" recalcó Zimmer, "éramos compañeros con Santurce a

mediados de los 1950s. La rivalidad de San Juan y Santurce era como la de los Medias Rojas y los Yanquis".[63] En su début el 3 de diciembre de 1967, Clemente disparó cuatro inatrapables, incluyendo un cuadrangular, contra Arecibo.[64] La semana siguiente, Pat Dobson abanicó 21 Lobos en un partido de nueve entradas, estableciendo el récord de la liga, con Bench detrás del plato.[65]

Previo a un desafío entre Caguas y San Juan en el Estadio Hiram Bithorn, el gerente general de los Piratas Joe L. Brown hizo una visita sorpresa al camerino de los Criollos. Brown le ofreció a Art López, de Caguas, la oportunidad de unirse a la organización bucanera en Triple-A para el 1968. Según López, Brown le dispuso que "si tienes un buen año con Columbus, compartimos la cantidad del sorteo #5 (la mitad de $25,000 ó $50,000) si te selecciona otra franquicia".[66] López contestó que "aunque apreciaba la oferta y la gestión de Clemente, prefería irse a Japón". Brown le estrechó la mano a López, quién "siempre agradeció a Brown y a Roberto, quién probablemente le recomendó, por su generosidad".[67]

Clemente, con su promedio de bateo de .382 (de 68-26) y su promedio de slugging de .629,[68] figuró en el equipo Todos-Estrellas junto a cuatro de sus compañeros: Bench, Tony González, Lee May y Tony Taylor, quién a nombre los cubanos, catalogó a Clemente "el grande".[69]

May reseñó lo mucho que Clemente le había ayudado con su manera de ver el juego: "yo traté de incorporar varias de las ideas de Clemente a mi estilo". La hospitalidad de Clemente durante las Navidades también influyó a May: "nos divertimos mucho y quedé en deuda con Roberto y su esposa Vera".[70] Ted Savage, guardabosque de Caguas, recordaba a Clemente como la "clase de persona que te llevaba a su casa y te daba de comer — un buen colega como pelotero".[71]

Caguas, guiado por Nino Escalera, se impuso

sobre San Juan, cuatro juegos a uno en la serie semifinal. Escalera había dirigido a su amigo Clemente en el Juego de Estrellas, celebrado el día de Año Nuevo, enfrentando a los importados contra los nativos.[72] Durante una semana de febrero, del 8 al 15, Clemente participó en una serie de exhibición en Caracas. La plantilla contó con 16 boricuas y 2 isleños de las Islas Vírgenes (Joe Christopher y Elrod Hendricks), considerados nativos en la liga invernal.[73]

COT DEAL DIRIGE A CLEMENTE (1969-70) Y UNA REUNIÓN ESPECIAL

Clemente descansó durante el invierno de 1968-69 y Sparky Anderson dirigió a San Juan. Pedrín Zorrilla fue nombrado gerente general de los Senadores en una conferencia de prensa el 13 marzo de 1969.[74] Zorrilla contrató como piloto a Cot Deal, quien jugó contra Clemente en 1952-54. Deal atesoró la oportunidad de dirigir a Clemente: "Roberto le contó a uno de sus amigos 'jamás disfruté tanto jugar por un dirigente'".[75] San Juan (33-36) no llegó a la temporada, a un solo juego del cuarto lugar. En 38 partidos, Clemente conectó 40 indiscutibles en 135 turnos, promediando .296. Su compañero Thurman Munson bateó .333.[76] Impresionado, Clemente le mencionó a Munson que "si bateas menos de .280, es una mala temporada".[77]

La reunión de la Junta de Directores de la Asociación de Peloteros de las Grandes Ligas se celebró el 13 de diciembre en el Hotel Sheraton de Condado. Clemente representó a Pittsburgh, el primer equipo en tener un delegado latinoamericano, y apoyó a Curt Flood, el invitado estelar.[78] Para Luis Rodríguez Mayoral, Clemente "era muy intelectual, pudo haber recibido una beca del Recinto Universitario de Mayagüez gracias a su destreza con la jabalina. Podría haber sido parte de la gerencia de un equipo de las mayores…pero nunca se interesó por ser dirigente a largo plazo".[79]

CLEMENTE TOMA LAS RIENDAS DE LOS SENADORES (1970-71)

Según Mayoral, "el dueño de San Juan, Mario 'Mayito' Nevárez, le pidió a Clemente que manejase la franquicia como un favor personal".[80] Nino Escalera recibió una llamada en su hogar en julio de 1970; era Clemente, desde Pittsburgh, pidiéndole que se uniese a los Senadores como entrenador, con la idea que Escalera se convirtiese en piloto para la campaña de 1971-72".[81] Clemente también reclutó a "Sungo" Carrera para su cuerpo de entrenadores. Durante un entrenamiento en la pretemporada, Escalera se quejó de dolor de espalda y Clemente le dio un masaje, que resolvió los problemas de espalda de Escalera por el resto de su vida".[82]

Clemente y Frank Robinson, dirigente de Santurce, presentaron las alineaciones al árbitro de home plate el 22 de octubre de 1970 en el Estadio Hiram Bithorn, con Ron Bacardí con patrocinador principal. Casi 20,000 aficionados (el parque tiene cupo para 19,979) se mantuvieron en sus asientos por dos horas tras una avería eléctrica. Al disparar Ken Brett su primer lanzamiento, la multitud había crecido a 25,000 fanáticos.[83]

Brett recordó a Clemente, exclamando que "todos amábamos jugar para Clemente. A veces se frustraba porque no jugábamos al mismo nivel que el esperaba que jugásemos. Nunca olvidaré cuando decidió jugar… era un héroe allí, la gente se volvió loca y ayudó a traer más fanáticos al parque".[84] Brett (8-3, 3.00 de efectividad) era el as monticular de Clemente. Palillo Santiago (5-1, 3.35) convenció a Brett y Jim Lonborg (2-3, 4.93) a lanzar con los Senadores: "Lonborg (y Brett) encontraron que era una buena idea y la gerencia de Boston accedió. La pasamos bien… Lonborg aún no se había recuperado totalmente de su lesión de esquí pero estaba mejorando".[85] Clemente contó con varios prospectos de Pittsburgh: Dave Cash, Al Oliver y Manny

Sanguillén. El trio jugó bien para Clemente pero Cash y Oliver regresaron a los Estados Unidos antes de la postemporada. El campocorto Freddie Patek bateó espectacularmente (.338, 136 turnos al bate) pero regresó a los Estados Unidos el 2 de diciembre de 1970 cuando los Piratas le canjearon a los Reales de Kansas City.[86] Con el bate, Ken Singleton fue el más robusto de la novena de Clemente, promediando .300 con 6 cuadrangulares y 38 empujadas.[87] Singleton apreció los consejos y la hospitalidad de Clemente.[88] "Roberto Clemente siempre fue un buen profesional y me dio consejos tanto sobre el béisbol como del ámbito fuera de este. Nunca olvidaré sus puntos de vista sobre la disciplina, concentración, dedicación y ponerse metas. Al concluir la temporada, me sentí orgulloso de mis logros".[89]

El Juego de Estrellas, celebrado el Día de los Reyes Magos de 1971, enfrascó a los nativos bajo la tutela de Clemente contra los importados de Frank Robinson. Marvin Miller, invitado especial, efectuó el lanzamiento ceremonial. Los del patio ganaron 4-1 para la primera y única victoria de Clemente en estas competencias como dirigente.[90] El 16 de enero, Clemente le conectó un doble a Juan Veintidós, de Mayagüez, para su último inatrapable en la liga invernal (su primero en la temporada, en su cuarto turno al bate).[91]

San Juan (37-30, segundo lugar) y Santurce (37-32, tercer lugar) se midieron en las semifinales y los Cangrejeros se impusieron, cuatro juegos a dos. Un sencillo como emergente, remolcador de dos carreras llevó a los Senadores a la victoria en el tercer encuentro, el 22 de enero.[92] El quinto partido vio a Clemente en el tercer lugar de la alineación y a Jim Colborn en la lomita de los suspiros. Juan Pizarro, lanzador por Santurce, tenía ventaja de 1-0 en la parte alta de la cuarta entrada pero Clemente y Sanguillén enlazaron sencillos consecutivos, estacionando corredores en las esquinas. Singleton bateó un elevado hacia el rey jonronero Reggie Jackson, quién lanzó un misil desde el bosque derecho que fulminó a Clemente tratando de anotar.[93] Santurce ganó el juego, 2-1.

Ken Brett, electo el major serpentinero zurdo de la liga, cree que la falta de experiencia de Clemente se pudo ver al bregar con los detalles del juego: "era un hombre maravilloso y un jugador tremendo, pero no hizo tan buen papel al dirigir. A veces se enojaba de la manera que jugabamos porque, seamos francos, lo tomaba muy a pecho. Era su equipo y le achacarían la culpa o le darían el crédito de nuestro rendimiento. A veces se enfadó con nosotros porque no jugabamos bien y nos teníamos que controlar la risa---no para mofarnos de él sino como reacción de lo que estaba pasando".[94]

Frank Robinson presenció el desarollo de Clemente como jugador de grandes ligas desde mediados de la década de los 1950s hasta principios de los 1970s: "no puedo juzgarlo como dirigente pero con más experiencia, hubiese sido un piloto extraordinario en las mayores".[95]

Fanáticos de los Cangrejeros de Santurce apoyaron a Frank Robinson y sus Orioles de Baltimore en la Serie Mundial de 1971 ya que los Cangrejeros y los Orioles eran socios desde 1966 al 1972, con muchos prospectos de Baltimore jugando en la isla. Para aquél entonces, dicha relación influía en la preferencia entre los equipos de las mayores por los aficionados boricuas. De manera semejante, fanáticos de los Senadores de San Juan a principios de la década de 1970 eran seguidores de Pittsburgh, gracias a Clemente y los otros Piratas que jugaron con los capitalinos durante esta época. Para el historiador Jorge Colón Delgado, "en aquellos tiempos, los aficionados eran seguidores de su equipo en la liga invernal. Hoy son fanáticos de equipos de las grandes ligas, con peloteros de Puerto Rico en su plantilla".[96]

Clemente vistió las franelas capitalinas por nueve temporadas, compilando un promedio de .323 (263 indiscutibles en 815 turnos al bate), 45 dobles, 12 triples, 18 cuadrangulares, 139 empujadas y un promedio de slugging de .466. Anotó 129 carreras y se estafó 23 bases.[97] El promedio vitalicio de Clemente (.324, de 1,917-621) es la cuarta marca más alta de la historia, detrás de Willard Brown (.350), Francisco "Pancho" Coímbre (.337) y Pedro "Perucho" Cepeda (.325).[98] Como piloto, Clemente en la temporada regular disfrutó una foja de 46-42 y 4-8 en la postemporada, 50-50 en total.

BILL VIRDON Y JON MATLACK RECUERDAN A CLEMENTE (1971-72)

Bill Virdon guió a los Senadores (39-30) al banderín y la final contra Ponce. Virdon no dejó de admirar a Clemente: "lo vi con frecuencia en Puerto Rico. Solía venir a nuestro partidos. Siempre fue un ser humano excepcional…de buen hablar, inteligente, siempre al tanto de lo que ocurría. Tan solo puedo decir cosas buenas de Clemente como compañero y como jugador que dirigí".[99]

Clemente invitó a Jon Matlack, su esposa, y otros Senadores importados Bob Johnson, Bruce Kison, Milt May, Rennie Stennet y Richie Zisk a su hogar en Trujillo Alto. Matlack tiene gratos recuerdos de la temporada de 1971-72 y su visita a la casa de Clemente".[100]

LA SERIE MUNDIAL AFICIONADA (AMATEUR) Y EL CAMBIO DE NOMBRE DE LA LBPPR

Clemente dirigió a Puerto Rico a nueve victorias con seis derrotas (sexto lugar) en la vigésima edición de la Serie Mundial Aficionada en Managua, Nicaragua, celebrada entre el 15 de noviembre y el 5 de diciembre de 1972. Dennis Martínez, quién a sus 17 años representaba a los anfitriones, mencionó que "Roberto Clemente ha sido mi inspiración desde que yo era un jugador amateur en Nicaragua. Por él yo devoto tanto tiempo y energía para causas caritativas de la juventud".[101]

El 18 de mayo de 2018 la LBPPR cambió su nombre oficial a la "Liga de Béisbol Profesional Roberto Clemente" (LBPRC).[102]

Casi 17 años antes, el 20 de octubre de 1991, durante la exaltación de Clemente en el Salón de la Fama del Béisbol Profesional de Puerto Rico, su viuda Vera le comentó al autor: "Roberto jugó con tanta intensidad y esmero en Puerto Rico como lo hizo en las Grandes Ligas. Sentía mucha satisfacción de deleitar a los aficionados locales y no quería decepcionarlos".[103]

AGRADECIMIENTOS

El autor agradece profusamente a Marcial "Canenita" Allen, Jim Archer, Luis "Tite" Arroyo, Ken Brett, Don Buford, Orlando Cepeda, Horace Clarke, Vera Clemente, José Crescioni Benítez, Cot Deal, Cal Ermer, Nino Escalera, Rubén Gómez, Bob Leith Sr., Art López, Jorge Fidel López Vélez, Jerry McNertney, Lee MacPhail Jr., Dennis Martínez, Jon Matlack, Lee May, Luis R. Mayoral, Luis Rodríguez Olmo, Tony Pérez, Juan "Terín" Pizarro, Vic Power, Raúl Ramos, Germán Rivera, Frank Robinson, José "Palillo" Santiago, Ted Savage, Ken Singleton, Tommie Sisk, Marv Staehle, Tony Taylor, Freddie Thon Jr., Bill Virdon y Don Zimmer por sus entrevistas en persona, por teléfono, mensajes de texto, mensajero de Facebook y/o correo electrónico.

Jorge Colón Delgado—historiador oficial de la Liga de Béisbol Profesional Roberto Clemente —proveyó las estadísticas de Clemente en la LBPPR y descubrió los detalles de su último imparable. Steve Thornley escribió la biografía de Clemente de la colección de SABR

NOTAS

1   Entrevista en persona entre José "Palillo" Santiago y el autor Tom Van Hyning, en San Juan, Puerto Rico el 30 de diciembre de 1992. Todas las entrevistas en persona, por correo postal, correo electrónico, mensajero Facebook y llamadas telefónicas son entre los sujetos y el autor.

2   Roberto Inclán, *Senadores de San Juan*, 1938-39 al 1982-83 (San Juan, Puerto Rico: San Juan Baseball Club, 1983), 25.

3   Jorge Fidel López Vélez, *Roberto Clemente: "El astro boricua"* (Colombia: Editorial Nomos S.A., 2019), 102.

4   López Vélez, *Roberto Clemente: "El astro boricua"* (Colombia: Editorial Nomos S.A., 2019), 104-106.

5   Luis Rodríguez Mayoral, *Roberto Clemente aún escucha las ovaciones* (Hato Rey, Puerto Rico: Impresora Hermanos Ramallo, 1987), 64.

6   Bill Ladson, "Monte Irvin Was Close to Breaking Color Barrier," mlb.com, 29 de abril de 2020, https://www.mlb.com/news/a-look-at-monte-irvin. Consultado el 19 de septiembre de 2021.

7   Entrevista con Freddie Thon Jr. via Mensajero Facebook, 19 de septiembre de 2021.

8   Thon Jr. a través del Mensajero de Facebook, 19 de septiembre de 2021. Thon e Hiram Birthorn eran socios en el negocio. Thon compró la parte de Virginia Bithorn tras la muerte de su marido. El negocio llegó a tener una docena de camiones para recoger la ropa de sus clientes.

9   Tony Oliver, Biografía de Nino Escalera de la colección de SABR, https://sabr.org/bioproj/person/nino-escalera/. Consultada el 9 de septiembre de 2021.

10 Entrevista en persona con Nino Escalera y el autor, San Juan, Puerto Rico, 30 de diciembre de 1992.

11 Conversación entre José "Palillo" Santiago y el autor, rumbo a una visita al hogar de Escalera,30 de diciembre de 1992.

12 Entrevista en persona entre Víctor Pellot y el autor, Guaynabo, Puerto Rico, 28 de diciembre de 1991.

13 José A. Crescioni Benítez, *El Béisbol Profesional Boricua* (San Juan, Puerto Rico: Aurora Comunicación Integral, septiembre de 1997), 99.

14 *The Sporting News*, 21 de octubre de 1959: 26.

15 Entrevista en persona entre Bob Leith Sr. y el autor, San Juan, Puerto Rico, 28 de diciembre de 1992.

16 Entrevista en persona entre Luis Rodríguez Olmo y el autor, Santurce, Puerto Rico, 1 de diciembre de 1993.

17 Entrevista entre Bob Leith Sr. y el autor, San Juan, Puerto Rico, 28 de diciembre de1992. Leith mencionó una cantidad de $1,500 pero el contrato firmado especificaba $1,000, incluyendo gastos.

18 López Vélez, *Roberto Clemente: "El astro boricua"* (Colombia: Editorial Nomos S.A., 2019), 112-114.

19 Inclán, 27.

20 Entrevista telefónica entre Jim Archer y al autor, 27 de octubre de 1992.

21 Entrevista telefónica entre Horace Clarke y el autor, 1 de febrero de1993.

22 Correspondencia postal entre Lee MacPhail Jr. y el autor, 2 de febrero de 2011. MacPhail fue compañero de escuela superior y de universidad (Swarthmore College) de Paula S. Van Hyning, madre del autor.

23 *El Mundo*, 3 de marzo de 1942; Thomas E. Van Hyning, *The Santurce Crabbers: Sixty Seasons of Puerto Rican Winter League Baseball* (Jefferson, North Carolina: McFarland & Company, 1999), 16. Freddie Thon Jr., padre de Dickie Thon, presenció el cañonazo.

24 Entrevista en persona entre Bob Leith Sr. y el autor, San Juan, Puerto Rico, 28 de diciembre de 1992.

25 *The Sporting News*, 22 de febrero de 1961: 27.

26 Entrevista en persona entre Leith y el autor, San Juan, Puerto Rico, 28 de diciembre de 1992.

27 *El Mundo*, 24 de octubre de 1961.

28 https://www.beisbol101.com/roberto-clemente-3/. Consultado el 16 de septiembre de 2021.

29 Entrevista telefónica entre Art López y el autor, 15 de abril de 2021.

30 Entrevista telefónica entre Germán Rivera y el autor, San Juan, Puerto Rico, 29 de diciembre de1992.

31 Entrevista en persona entre Nino Escalera y el autor, San Juan, Puerto Rico, 30 de diciembre de 1992.

32 *El Mundo*, 26 de enero de1962.

33 *San Juan Star*, 4 de febrero de 1962.

34 Conversación telefónica entre Jorge Fidel López Vélez y el autor, 23 de septiembre de 2021.

35 José A. Crescioni Benítez, *El Béisbol Profesional Boricua* (San Juan, Puerto Rico: Aurora Comunicación Integral, septiembre de 1997), 107.

36 *The Sporting News*, 14 de diciembre de 1963: 28.

37 Entrevista personal entre José "Palillo" Santiago y el autor, San Juan, Puerto Rico, 30 de diciembre de1992.

38 Entrevista telefónica entre Jerry McNertney y al autor, 14 de noviembre de 1991.

39 Entrevista telefónica entre Marv Staehle y el autor, 5 de diciembre de 1991.

40 Entrevista telefónica entre Marv Staehle y el autor, 5 de diciembre de 1991.

41 López Vélez, *Roberto Clemente: "El astro boricua"* (Colombia: Editorial Nomos S.A., 2019), 133-135.

42 López Vélez, *Roberto Clemente: "El astro boricua,"* 176-178.

43 Inclán, *Senadores de San Juan*, 1938-39 al 1982-83, 32.44 Discurso de José "Palillo" Santiago durante la exaltación de Roberto Clemente al Salón de la Fama del Béisbol de Puerto Rico, Ponce, Puerto Rico, 20 de octubre de 1991. Santiago actuó como maestro de ceremonias.

45 López Vélez, *Roberto Clemente: "El astro boricua,"* 142.

46 Entrevista entre José "Palillo" Santiago y el autor, de camino al hogar de Nino Escalera, 30 de diciembre de 1992.

47 Entrevista telefónica entre Art López y el autor, 25 de marzo de 2021. López recibió una oferta de un coronel de las Fuerzas Armadas de Nicaragua, quién visitó a San Juan y trasladó a López a Managua, Nicaragua. Tony Oliva fue refuerzo con los Tigres del Licey en la temporada del 1963-64 de la Liga de la República Dominicana, al concluir la campaña de la LBPPR. López, Oliva y otros aumentaban sus ingresos profesionales con actuaciones en otras ligas invernales, pero Clemente nunca lo hizo, aun cuando San Juan quedaba eliminado del torneo.

48 Entrevista telefónica entre Cal Ermer y el autor, 17 de junio de 1992.

49 *The Sporting News*, 9 de enero de 1965: 24.

50 López Vélez, *Roberto Clemente: "El astro boricua,"* 212.

51 https://www.beisbol101.com/roberto-clemente-3/. Consultado el 20 de septiembre de 2021.

52 *The Sporting News*, 9 de enero de 1965: 27.

53 Thomas E. Van Hyning, *Puerto Rico's Winter League: A History of Major League Baseball's Launching Pad* (Jefferson, Carolina del Norte: McFarland & Company, 1995), 67.

54 Entrevista en persona entre Don Buford y el autor, Estadio Municipal de Binghamton (New York), abril de 1992.

55 Van Hyning, *Puerto Rico's Winter League: A History of Major League Baseball's Launching Pad*, 67.

56 Entrevista telefónica entre Marv Staehle y el autor, 5 diciembre de 1991. Aunque San Juan y Santurce sostenían una rivalidad intensa, los jugadores, entrenadores y dirigentes compartían antes de los juegos.

57 Entrevista en persona entre Tony Pérez y el autor, Lake City, Florida, marzo de 1993.

58 Entrevista telefónica entre Tommie Sisk y el autor, 27 de octubre de 1991.

59 Entrevista telefónica entre Joe Hoerner y el autor, 5 de diciembre de 1991.

60 FOMENTO era la agencia gubernamental de desarrollo económico de Puerto Rico. Su trabajo era atraer industrias y compañías a la isla para desarrollar la economía.

61 Conversación entre Sam J. Van Hyning Jr. y al autor, Hato Rey, Puerto Rico, diciembre de 1966. FOMENTO desarrolló "Operation Bootstrap" para transformar la economía agraria de la isla a una industrial. La economía de Puerto Rico en la década de los 1960 incluía empleos con altos salarios en la industria petroquímica y varias plantas de manufactura se beneficiaron de exenciones de impuestos federales.

62 *The Sporting News*, 30 de diciembre de 1967: 47.

63 Entrevista personal entre Don Zimmer y el autor, Winter Haven, Florida, marzo de 1992.

64 Miguel Frau, "Clemente Signals Return with a Four-Hit Barrage," *The Sporting News*, 16 de diciembre de 1967: 47.

65 *The Sporting News*, 23 de diciembre de 1967: 47.

66 Correo electrónico entre Art López y el autor, 13 de marzo de 2021. https://sabr.org/bioproj/person/art-lopez/. Consultado el 22 de septiembre de 2021.

67 Ibid.

68 https://www.beisbol101.com/roberto-clemente-3/. Consultado el 22 de septiembre de 2021.

69 Entrevista en persona entre Tony Taylor y el autor, Estadio Expo de Cocoa, Florida, marzo de 1993.

70 Entrevista en persona entre Lee May y el autor, Baseball City, Florida, marzo de 1992.

71 Entrevista en persona entre Ted Savage y el autor, 14 de mayo de 1992.

72 Miguel Frau, "Cepeda, Clemente Go Native for Annual All-Star Contest," *The Sporting News*, 6 de enero de 1968: 53.

73 López Vélez, *Roberto Clemente: "El astro boricua,"* 172-173.

74 Jorge Colón Delgado, *Pedrín Zorrilla: El Cangrejo Mayor* (Colombia: OP Gráficas, 2011), 445.

75 Entrevista telefónica entre Ellis "Cot" Deal y el autor, 28 de octubre de 1991.

76 *Estadísticas de Béisbol Profesional*, Temporada 1969 (San Juan, Puerto Rico: Palo Viejo, octubre de 1970), 22.

77 Jimmy Keenan y Frank Russo, Biografía de Thurman Munson de la colección de SABR, https://sabr.org/bioproj/person/thurman-munson/. Consultada el 23 de septiembre de 2021.

78 David Maraniss, The Passion and Grace of Baseball's Last Hero (New York: Simon & Schuster, 2006), 230-233.

79 Entrevista telefónica entre Luis Rodríguez Mayoral y el autor, 2 de septiembre de 2021.

80 Ibid.

81 Entrevista en persona entre Nino Escalera y el autor, San Juan, Puerto Rico, 30 de diciembre de1992.

82 Conversación telefónica entre Raúl Ramos y el autor, 22 de septiembre de 2021.

83 Van Hyning, *The Santurce Crabbers: Sixty Seasons of Puerto Rican Winter League Baseball*, 114.

84 Entrevista telefónica entre Ken Brett y el autor, 28 de octubre de 1991.

85 Entrevista en persona entre José "Palillo" Santiago y el autor San Juan, Puerto Rico, 30 de diciembre de 1992.

86 Jeff Barto, Biografía de Freddie Patek de la colección de SABR, https://sabr.org/bioproj/person/freddie-patek/. Consultada el 23 de septiembre de 2021.

87 Inclán, *Senadores de San Juan*, 1938-39 al 1982-83, 36.

88 Respuestas escritas de Ken Singleton al sondeo del autor sobre la LBPPR, noviembre de 1992.

89 Luis Rodríguez Mayoral, *"Ken Singleton: buen pelotero, gran narrador y mejor persona"* 3 de octubre de 2021, https://www.beisbol101.com/ken-singleton-buen-pelotero-gran-narrador-y-mejor-persona/. Consultado el 7 de octubre de 2021. Singleton recibió el cotizado premio Roberto Clemente en 1982, el cuál aprecia el máximo.

90 Van Hyning, *The Santurce Crabbers: Sixty Seasons of Puerto Rican Winter League Baseball*, 116.

91 https://www.beisbol101.com/roberto-clemente-3/. Consultado el 23 de septiembre de 2021.

92 Van Hyning, *The Santurce Crabbers: Sixty Seasons of Puerto Rican Winter League Baseball*, 117.

93 *El Mundo*, 26 de enero de 1971.

94 Entrevista telefónica entre Ken Brett y el autor, 28 de octubre de 1991.

95 Entrevista en persona entre Frank Robinson y al autor, Camden Yards, Baltimore, 4 de agosto de 1993.

96 Conversación telefónica entre Jorge Colón Delgado y el autor, 5 de octubre de 2021.

97 https://www.beisbol101.com/roberto-clemente-3/. Consultado del 23 de septiembre de 2021.

98 https://www.beisbol101.com/lideres-de-todos-los-tiempos/. Consultado del 23 de septiembre de 2021.

99 Entrevista en persona entre Bill Virdon y el autor, Bradenton, Florida, marzo de 1993.

100 Escrito de Luis Rodríguez Mayoral en Facebook, 20 de junio de 2021.

101 XX Campeonato Mundial de Béisbol Amateur, Managua, Nicaragua (1972), 21 de enero de 2017. https://deportescineyotros.com/2017/01/01/xx-campeonato-mundial-de-beisbol-amateur-managua-nicaragua-1972/. Consultado el 23 de septiembre de 2021; Entrevista entre Dennis Martínez y el autor, West Palm Beach, Florida, marzo de 1992. Cuba ganó la medalla de oro y los Estados Unidos la medalla de plata. Martínez ganó un juego, perdió otro y tuvo una efectividad de 1.86 ERA en la Serie Mundial Amateur del 1972. https://sabr.org/bioproj/person/dennis-martinez/. Consultado el 28 de septiembre de 2021.

102 https://www.primerahora.com/deportes/beisbol/notas/nace-la-liga-de-beisbol-profesional-roberto-clemente/. Consultado el 17 de septiembre de 2021.

103 Entrevista en persona con Doña Vera, viuda de Clemente, y el autor, en Ponce, Puerto Rico, 20 de octubre de 1991.

"LOS CRONISTAS ME TRATAN MAL" CLEMENTE Y LA PRENSA

POR VINCE GUERRIERI

En su último libro, el ilustre escritor Jimmy Breslin publicó una biografía de Branch Rickey, enfocada en su contratación de Jackie Robinson y la integración del béisbol de grandes ligas. Anteriormente, como cronista deportivo del periódico New York Journal-American, Breslin cubrió el debut de los Mets, cuya ineptitud plasmó en el libro *Can't Anybody Here Play This Game?*[1]

En su biografía de Rickey, Breslin reveló la falta de interés de sus colegas por la integración de las razas en el diamante y la intransigencia de los propios apoderados de las franquicias, de cuyas billeteras se sufragaban los costos de viaje y alimentación de los reporteros. "La Asociación Americana de Escritores de Béisbol era un fraude y repleta de mentiras" fulminó Breslin, añadiendo que eran "cómplices del (Ku Klux) Klan".[2] Al justificar su acusación, Breslin recalcó que la BBWAA (por sus siglas en inglés) controlaba el acceso al área de prensa, restringiéndola a los diarios, que no por casualidad excluía a los periódicos afroamericanos, la mayoría de los cuáles eran semanales.

Fue a este mundo que Rickey trajo a Robinson en 1947 y no mucho había cambiado en los ocho años que siguieron, cuando Roberto Clemente debutó en las mayores. Hasta se podría decir que Clemente la pasó peor. Robinson se había graduado de la universidad y fue de los primeros afroamericanos reclutados para la escuela de candidatos de oficiales del ejército estadounidense en la Segunda Guerra Mundial. Clemente, oriundo de Puerto Rico y con poco dominio del inglés, tan solo poseía un bachillerato de escuela superior.

Ambos factores contribuyeron a la antipatía mutua entre la prensa y Clemente. Los cronistas no fallaban de resaltar sus contratiempos con el inglés y su reputación, sin causa certera, de ser hipocondríaco y vago. Por su parte, Clemente no tenía interés en entablar una relación con aquellos que ni le respetaban ni reconocían sus talentos. Estos lazos no se comenzaron a estrechar hasta poco antes de su muerte repentina.

"Los aficionados me tratan bien" comentó Clemente en un artículo que la Prensa Asociada (AP, por sus siglas en inglés) publicó durante los entrenamientos primaverales de 1969. "Solo los periodistas me tratan mal".[3]

Los Esquivadores "descubrieron" a Clemente y quién sabe cómo hubiese sido su relación con la prense si hubiese jugado en Brooklyn y en Los Ángeles. Uno de sus dirigentes, Bobby Bragan, comentó que "si hubiese jugado en Brooklyn, lo compararían con DiMaggio. El único límite de su grandeza es que no batea consistentemente con poder y que no juega en Nueva York, Chicago o Los Ángeles".[4]

Pero Clemente le llamó la atención a los Piratas y la franquicia lo reclamó en el sorteo de la Regla #5. Así fue desterrado a Pittsburgh, ciudad que carecía de héroes deportivos. Los Aceros eran el hazmerreír de la Liga Nacional de Fútbol (NFL por sus siglas en inglés) y los propios Piratas no conseguían un banderín desde la barrida brindada por los matones Yanquis de 1927. El propio Rickey, gerente general de los bucaneros, dijo sin sutilezas durante una negociación con su mejor jugador Ralph Kiner que "terminamos en último lugar contigo y podemos hacerlo sin ti".

Para aquellos entonces, Pittsburgh presumía de tres diarios: el Scripps-Howard *Press*, el *Post-Gazette* de los Blocks y el *Sun-Telegraph* de la familia Hearst, cuyo fin se avecinaba. Les Biederman del *Press* disfrutaba de citar a Clemente de manera fonética, usando "ees", "dese" y "dose" para exagerar su acento. Biederman también escribía columnas para el *Sporting News*, cuyos lectores abarcaban el país completo.

Los cronistas acusaban a Clemente de siempre estar protestando, generalmente por sus dolores y lesiones. Durante un entrenamiento comentó que "mi hombro lesionado se siente bien, pero mi hombro saludable se siente mal". Algunos periodistas interpretaron la paradoja con un toque de humor, señalando que mientras peor se sentía Clemente, mejor jugaba. Jim Murray, de *Los Angeles Times*, le llamó "el Oscar Levant del béisbol" en referencia al músico y actor oriundo de Pittsburgh que siempre se quejaba de alguna molestia. Según Murray, "Clemente tendría que ser visto en la Clínica Mayo antes de hacer trizas de los lanzadores de la Liga Nacional".[5]

Pero algunos escritores emplearon características más nefastas en sus columnas. "Clemente es un hipocondríaco" resaltó Jack Hernon, del *Post-Gazette*, añadiendo que "siempre lo ha sido. No es capaz de batear en situaciones con presión; así lo confirman las estadísticas. Siempre busca excusas".[6]

Dick Stockon, quién gozaría de una larga carrera como comentador deportivo, trabajó para la estación radial KDKA. En plena transmisión, Stockton opinó que Clemente no era un buen jugador de equipo, una crítica que molestó bastante a Clemente. "¿Algún jugador te dijo eso? ¿Sabes quiénes dicen eso? ¿A qué son los cronistas? Mientras más me alejo de los periodistas, mejor me siento. ¿Sabes por qué no les agrado? Porque soy negro y puertorriqueño". Clemente jamás se quitó la espinita, manteniendo ese resentimiento por el resto de su vida. En una ocasión llego a decir "si (Stockton) entra al camerino, lo mato".[7]

Hasta los reportajes positivos podrían irritar a Clemente. Myron Cope, quién escribió para varias revistas en la década de los 1960 antes de narrar juegos de los Aceros, compuso un artículo para *Sports Illustrated* que tituló "Dolores, molestias y títulos de bateo". Aunque elogiaba a Clemente, el jugador optó por no dirigirle la palabra de Cope por varios años.

Aunque Clemente tuvo una relación áspera con la mayoría de los reporteros, de inmediato se mostró a gusto con Bob Price, la voz radial de los Piratas. Apodado "Gunner", Prince era un verdadero fanático, vitoreando a quiénes vestían las franelas de Pittsburgh. En su primer año, Clemente recibió el sobrenombre de "Arriba" de parte de Lino Donoso, un lanzador cubano que militó con varias franquicias. Aunque la palabra en castellano significa una planta superior, el apodo era en sentido figurado debido a la emoción que Clemente exhibía al jugar ("¡Vamos!"). Prince

Clemente con reporteros. Fotografía captada por Les Banos, cortesía del Museo Clemente.

exclamaba "¡Arriba!" en vivo durante las jugadas excepcionales de Clemente.[8]

Prince se convirtió en más que un locutor, entablando estrechas amistades y aconsejando varios jugadores. En el 1958, los Piratas y los Gigantes se propinaron sendos pelotazos en un partido. Prince observó "que parecía que tendíamos una gran trifulca". Cuando el serpentinero Rubén Gómez recibió un bolazo, el novato Orlando Cepeda salió del banco bate en mano. Willie Mays lo interceptó y lo aguantó en el suelo. Prince explicó "este joven jugador latinoamericano está muy excitado y no cae en cuenta de sus acciones. Hay que perdonarle porque no lo hizo adrede". Por lo visto Clemente escuchó estas palabras y el día siguiente reunió a Prince y Cepeda, tras decirle a Peruchín lo que Prince había dicho.[9]

El propio Clemente relató la anécdota en 1972 durante una cena con Prince como invitado de honor. El locutor celebraba su vigésimo quinto aniversario detrás del micrófono y Clemente lo invitó a Puerto Rico, presentándolo como "uno de mis mejores amigos en todo el mundo". Clemente odiaba el diminutivo "Bobby" pero le permitía a Prince usarlo. Durante la visita, Clemente le obsequió su bate plateado del 1961, fruto de su primer título de bateo. El trofeo tenía un significado especial para Clemente, quién comenzó la temporada determinado en confirmar su valor, tras quedar octavo en la votación del Jugador Más Valioso (JMV, o MVP por sus siglas en inglés) en 1960. De hecho, tres Piratas obtuvieron más votos que Clemente.[10] Tanto Clemente como Prince lloraron lágrimas de alegría en ese banquete.[11]

Clemente por fin ganó su JMV en 1966, superando a Sandy Koufax, en la última campaña del zurdo. Koufax ganó 27 partidos y perdió nueve otros, acaparando su segundo Premio Cy Young consecutivo (y tercero en total) al liderar los Esquivadores al banderín de la Liga Nacional. Curiosamente, quedó en segundo lugar del JMV por segundo año en ristra.[12]

Clemente obtuvo 218 puntos, 10 más que Koufax. Cada voto para el primer lugar conllevaba 14 puntos, los del segundo lugar nueve, tercer lugar ocho y así descendían por igual proporción. Clemente fue el único jugador nombrado en las 20 papeletas[13] – pero Koufax recibió más nominaciones para el primer lugar.[14]

Durante la temporada muerta, Koufax escribió una columna sindicada en varios periódicos. En ella destacó que Clemente "puede batear cualquier lanzamiento, hacia cualquier lugar, en cualquier momento. Le puede conectar a lanzamientos afuera, a aquellos para despegarlo del plato. Puede enviar a los tiros altos y pegados hacia el jardín opuesto, algo insólito aún si no lo hiciese con ambos pies en el aire".[15]

Tras ganar la Serie Mundial en 1960, los Piratas navegaron sin rumbo fijo, pero sus fortunas mejoraron tras mudarse de Forbes Field, en la vecindad de Oakland, hacia el Estadio Tres Ríos en el barrio North Shore. En 1970 los bucaneros ganaron el primero de tres cetros divisionales consecutivos, pero los Rojos de Cincinnati los barrieron en la Serie de Campeonato. El año siguiente, Pittsburgh derrotó a San Francisco para representar a la Liga Nacional en la Serie Mundial. Los Piratas doblegaron a los Orioles de Baltimore en siete juegos y Clemente conectó al menos un indiscutible en cada uno de ellos, repitiendo su hazaña del 1960.

"Me parece que si no fuese negro y latino, se me consideraría como un atleta mucho mejor" protestó Clemente durante la Serie Mundial de 1971. "Yo juego tan bien como los demás. Tal vez juego mejor que los demás. Pero no se me reconoce".[16] Su promedio de bateo de .414 le mereció el JMV de la Serie Mundial y otros elogios que le habían sido denegados por tanto tiempo. Jerry Izenberg recalcó que "a sus 37 años y tras 17 temporadas en las grandes ligas, Roberto Clemente es una sensación repentina".[17]

Clemente jugó una campaña más y obtendría su inatrapable #3,000 contra los Mets. Los corsarios sufrieron un doloroso revés contra los Rojos antes de comenzar su temporada muerta. Clemente falleció en un accidente aéreo cuando brindaba suministros a los damnificados por un terremoto en Nicaragua.

Ni en la vida eterna Clemente obtuvo el reconocimiento que merecía. Joe Falls del *Detroit Free Press* recalcó cuán infeliz Clemente solía estar y como carecía de la carisma de Mays (algo que siempre molestó de sobremanera a Clemente). "¿Recuerdan el Juego de Estrellas el año pasado, de la manera que todo el mundo esperaba el primer turno al bate de Willie Mays en el Estadio de los Tigres? Yo no recuerdo si Clemente jugó ni lo que hizo".18 (Clemente no tan solo jugó en el partido, sino que remplazó a Mays en la lineación y le conectó un bambinazo al felino Mickey Lolich).

Tras la muerte de Clemente, la BBWAA decidió celebrar una elección especial para el Salón de la Fama.[19] Sin embargo, algunos de los cronistas no estuvieron de acuerdo con la decisión.

Bob Broeg opinó que "entrar a Roberto 'de golpe' al Salón de la Fama no le hace ningún favor, sobre todo a una personal sumamente orgullosa que gustaba sentir que era el mejor en vida, no en muerte".[20]

Dick Young, quién en 1971 había tildado a Clemente como el "mejor jugador de la Serie Mundial y tal vez del mundo" se abstuvo de votar.[21] Como excusa explicó que una votación "sí o no" con únicamente el nombre de Clemente en la papeleta era un acto comunista.

"Dele un vistazo a la papeleta" explicó Young. "Parece provenir de la Cortina de Hierro. Cualquiera que ose votar "no" y firmar su nombre de seguro recibirá una visita en la noche y lo desaparecerán. Joe Stalin ganó sus elecciones de esa manera".[22]

Young sugirió que la BBWAA debería haber hecho una excepción a la regla de cinco años de espera, colocando a Clemente entre la lista de jugadores en la papeleta.[23] Young no dudó en criticar la justificación de manera poco original.

"Aquellos que dicen que la presencia de Clemente se siente en el camerino Pirata están sobrecargados de sentimiento. Sus compañeros no piensan en él constantemente. Hacerlo sería poco realista y mantener que ese es el caso no es honesto. Hace tres meses que Clemente murió heroicamente en las aguas caribeñas repletas de tiburones y la pena disminuye con el tiempo".[24]

Murray Chass del *New York Times* creció en la vecindad Squirrel Hill de Pittsburgh y vio a Clemente de cerca durante sus años de escuela superior y de universidad. El escritor, con un pasado controversial en las votaciones del Salón de la Fama, era parte del cadre de "cronistas de Nueva York" que tanto fastidiaban a Clemente. Chass mencionó que tuvo que pensar sobre su voto pero finalmente votó por Clemente, explicando que "no estaba convencido, al pensar que se crearía un precedente indeseado. Tras reflexionar, voté por él. Me di cuenta de que si no votaba por Clemente en ese momento, jamás tendría la oportunidad de hacerlo de nuevo".[25]

Al fin y al cabo, Chass tuvo razón. De las 424 papeletas distribuidas, Clemente obtuvo 393 votos, más de los 318 necesarios para ser electo con 75%. Dos cronistas se abstuvieron y 29 votaron en contra, más preocupados por el proceso que por la oportunidad de reconocer la grandeza de Roberto Clemente e inmortalizarlo en Cooperstown.[26]

Cortesía del Museo Clemente.

NOTAS

1   El título del libro surge de una cita del dirigente Casey Stengel hecha en plena frustración.

2   Jimmy Breslin, *Branch Rickey* (New York: Viking, 2011), 106.

3   "Clemente Hits Press for Poor Coverage," *Wilkes-Barre* (Pennsylvania) *Times Leader*, 31 de marzo de 1969, 20.

4   Jim O'Brien, *Maz and the '60 Bucs* (Pittsburgh: Geyer Printing, 1993), 256.

5   Jim Murray, "Don't Cry for Clemente, Baseball's Oscar Levant," *Los Angeles Times*, 18 de septiembre de 1966.

6   Phil Musick, *Who Was Roberto?* (New York: Doubleday, 1974), 137. Musick menciona que Hernon y Clemente no se dirigieron palabra durante el último año de la vida de Hernon. Hernon moriría a los 48 años en 1966 a causa de cáncer. Tan solo Hernon y Clemente conocieron la causa del distanciamiento.

7   Musick, *Who Was Roberto?* 129.

8   Bruce Markusen, *Roberto Clemente: The Great One* (New York: Sports Publishing, 2001), 66.

9   Kal Wagenheim, *Clemente!* (New York: Praeger Publishing, 1973), 71.

10 Don Hoak quedó en segundo lugar y Vern Law sexto.

11 Wagenheim, 228-29.

12 Willie Mays ganó el Premio del Jugador Más Valioso en 1965 (MVP por sus siglas en inglés).

13 Clemente obtuvo ocho votos para el primer lugar, 10 votos para el segundo lugar y dos votos para el tercer lugar.

14 Koufax obtuvo nueve votos para el primer lugar y Clemente ocho. Felipe Alou de los Bravos recibió dos y Dick Allen uno.

15 Rafael Pont-Flores, "Puerto Rico Fans All Root for Roberto," *The Sporting News*, 26 de noviembre de 1966, 26.

16 Wells Twombly, "Super Hero," *San Francisco Examiner*, 3 de enero de 1973. Archivo de Roberto Clemente del Salón de la Fama.

17 Citado por O'Brien, *Maz and the '60 Bucs*, 256.

18 Joe Falls, "Clemente: Sad Ending for a Troubled Man, *Detroit Free Press*, 2 de enero de 1973. Archivo de Roberto Clemente del Salón de la Fama.

19 La comparación más estrecha es con Lou Gehrig y su elección al Salón de la Fama. Su carrera terminó el 30 de abril de 1939 a los 36 años y fue electo el 7 de diciembre del mismo año. En aquél entonces, la regla de cinco años de espera entre retiro y eligibilidad aún no estaba en vigor.

20 Bob Broeg, "Instant Enshrinement Is a Disservice to Clemente," *St. Louis Post-Dispatch*, 20 de enter de 1973: 2B.

21 Reprinted by Jim O'Brien, *Remembering Roberto* (Pittsburgh: Geyer Printing, 1994), 437.

22 Dick Young, "Wrong Way to Honor Clemente," *New York Daily News*, 14 de marzo de1973. Archivo de Roberto Clemente del Salón de la Fama.

23 Ese año, Warren Spahn fue el único jugador electo por la Asociación de Escritores de Béisbol de Estados Unidos, o BBWAA por sus siglas en inglés. Spahn gozaba de su primer año de eligibilidad. Aunque no fueron electos en su primer año, Whitey Ford, Robin Roberts, Bob Lemon, Duke Snider y el ex-Pirata Ralph Kiner también aparecieron en la papeleta por primera vez ese año.

24 Young, "Wrong Way to Honor Clemente."

25 Jim O'Brien, *Remembering Roberto*, 432

26 "Clemente in Hall of Fame," *Cleveland Press*, 20 de marzo de 1973, parte de la colección de archivos de la Universidad Estatal de Cleveland.

"TAN SOLO REQUERÍA QUE EL LANZAMIENTO ESTUVIESE DENTRO DEL PARQUE"

LAS DESTREZAS OFENSIVAS DE ROBERTO CLEMENTE

POR MARK DAVIS

"Con el debido respeto a Henry Aaron, a Stan Musial y a Willie Mays, el mejor bateador contra quién yo jugué fue Roberto Clemente".

— Pete Rose, al recibir el Premio Roberto Clemente de 1976[1]

Los méritos ofensivos de Roberto Clemente no deben dejar duda sobre la validez de su elección al Salón de la Fama en 1973. Su promedio de bateo vitalicio (.317), sus cuatro coronas como campeón de bateo de la Liga Nacional (1961, 1964, 1965, 1967), su Premio al Jugador Más Valioso de la temporada regular de la NL (1966, con .317, 29 cuadrangulares y 119 remolcadas), su consagración como el JMV de la Serie Mundial de 1971, sus 3,000 imparables a través de su carrera y el hecho de ser tan solo el segundo pelotero en lograr al menos un indiscutible en cada partido que disputó en dos Series Mundiales consecutivas (1960 y 1971).

A pesar de todos estos logros, el talento ofensivo de Clemente puede ser menospreciado por aquellos que consideran sus 240 bambinazos como insuficientes, al compararse con otras superestrellas de su misma época. Citan, por ejemplo, que Clemente solo sobrepasó 20 vuelacercas en tres ocasiones. Clemente contestó esta crítica durante su vida, argumentando que "soy tan buen bateador como cualquier otro. Tan bueno como Willie Mays o Henry Aaron. Mi único pecado es la falta de poder".[2] (Aaron conectó 755 cuadrangulares y Willie Mays 660).

Un análisis más profundo del rendimiento ofensivo de Clemente revela que fue uno de los bateadores más inteligentes de su período. Su poder ofensivo en bruto era innato y solía ajustar su estrategia concorde a la situación que encontraba al momento de entrar a la caja de bateo. En resumen, Clemente no tan solo podía batear sino que podía hacerlo con poderío.

LOS PRIMEROS AÑOS

Las primeras experiencias de Clemente se remontan a un equipo local de sóftbol de lanzamiento lento en 1942. Se enseñó a si mismo como batear con la rama de un palo de guayaba como su primer instrumento.[3] No tardó en enamorarse del deporte y pasaba horas en el campo de su vecindario, recalcando en su diario que conectó 10 cuadrangulares durante un larguísimo partido entre los muchachos de Carolina.[4] Su progreso le traspasó a una liga de lanzamiento rápido y sus destrezas defensivas y poder al batear la bola a su lado dominante la valió una invitación a una práctica para jóvenes promesas organizada por los Esquivadores de Brooklyn y los Cangrejeros de Santurce en la Parque Sixto Escobar de San Juan, Puerto Rico.

De los 72 chamacos convocados, Clemente fue el único que le llamó la atención al escucha Al Campanis de los Esquivadores. Claramente impresionado con las habilidades defensivas, Campanis le pidió a Clemente que tomase unos turnos al bate y Clemente no le decepcionó. "El muchacho sabe manejar el bate con ambos pies en el aire y conecta lineazos hacia el jardín derecho y roletas sólidas hacia el centro del cuadro" se maravilló Campanis, añadiendo que "es el mejor atleta natural que yo jamás he visto como agente libre".[5] Campanis calificó el poder de bateo como "A+" en su informe de escucha.[6] A pesar de su gran interés, Clemente no fichó con los Esquivadores hasta cumplir los 18 años, pero los coauspiciadores de la práctica, los Cangrejeros de Santurce, no desperdiciaron la oportunidad y firmaron a Clemente de inmediato para jugar en la liga invernal de Puerto Rico.

Buster Clarkson, piloto de los Cangrejeros y el primer dirigente de Clemente en el béisbol profesional reconoció el talento ofensivo de Clemente y se aseguró de que el adolescente tuviese las mismas oportunidades que sus compañeros durante las prácticas de bateo.[7] Clemente le agradeció a Clarkson la ayuda para pulir su táctica de bateo hacia el lanzador, mejorando su rendimiento ofensivo. Sobre Clemente, Clarkson notó que "su manera de establecerse en la caja de bateo tenía unas asperezas pero jamás cometió el mismo error dos veces. Tenía maña para el béisbol".[8]

Clemente firmó su contrato con los Esquivadores un año después por un salario de $10,000 y un bono de $5,000. La franquicia le envió a su equipo filial en Montreal para la campaña en 1954 y por ende, arriesgaba que su prospecto fuese reclamado por otro club de las grandes ligas al concluir la temporada.

Clemente no vio mucha acción desde el terreno en la primera mitad de su año en Montreal. Su dirigente, Max Macon, explicó que fue por su falta de disciplina en el plato: "si uno lo hubiese visto en Montreal ese año, no creería cuan ridículo algunos lanzadores le hicieron verse en el plato".[9] A pesar de su oportunidades limitadas, Clemente ofreció vistazos de su poder ofensivo. El 25 de julio como bateador emergente disparó un bambinazo en la parte baja de la décima entrada para ganar el primer partido de una doble tanda contra los Reyes Azucareros de la Habana, quiénes visitaban a Montreal. La pelota sobrepasó la verja del jardín izquierdo, a 340 pies de distancia y salió completamente del parque. Un cronista remarcó que Clemente "es un jugador con potencial de grandeza. El palo que metió sobre el bosque izquierdo...ganó el partido de forma de película".[10]

PASANDO A SER UN JOVEN "BUCANERO" A SER "EL GRANDE": 1955-1972

Tras ser seleccionado por los Piratas en el sorteo suplementario de noviembre de 1954, Clemente debutó en las grandes ligas la primavera siguiente. Esa campaña también sirvió de vitrina para el estilo de bateo poco usual de Clemente, modificado en parte debido a un accidente automovilístico que sufrió durante la temporada muerta en Puerto Rico.[11] Su manera de colocarse con el madero le llamó la atención a sus compañeros y a los reporteros, quiénes señalaron que "se paraba en la jaula de bateo, moviendo su cabeza mientras viraba bruscamente su cuello en una serie de movimientos...la postura parece incómoda. El *swing* fue repentino y pareció carecer de preparación...tan solo cuando impacta la pelota se obvio que es un buen bateador".[12]

El primer cuadrangular de Clemente fue el 18 de abril de 1955 contra los Gigantes de Nueva York, castigando la esfera y trasladándola a 450 pies de distancia hacia el jardín izquierdo-central cerca del *bullpen* del Polo Grounds (que se encontraba en el terreno de juego), logrando un jonrón dentro del parque.[13] Unas semanas después, el 5 de junio, jugando en Pittsburgh y en el gigantesco Forbes Field contra los Rojos de Cincinnati, disparó un triple hacia la parte profunda del bosque derecho que "debe hacer viajado 450 pies al aire y hubiese sido un bambinazo en cualquier otro parque de la Liga Nacional, con la excepción de Forbes Field y el Polo Grounds".[14]

La disponibilidad de Clemente al atacar cualquier lanzamiento se convirtió en una de sus destrezas ofensivas más robustas. Tan solo aceptó 18 boletos gratis en 501 apariciones al plato en 1955 y 13 en 1956, esta vez 572 apariciones. Esta destreza le ganó una reputación de "conectarle a todo lo que primero no le conectaba a él".[15] De hecho, aunque algunos dirigentes les indicaban a sus serpentineros una base por bolas intencional, Clemente no se conformaba y alcanzaba a batear, logrando imparables en varias ocasiones.[16] El lanzador de Esquivadores de Los Ángeles Don Sutton bromeó que "cualquier cosa entre los círculos de espera era un *strike*. Yo le he visto conectar un doble en lanzamientos destinados a golpearle".[17]

Interesantemente, 2,154 (72%) de los 3,000 indiscutibles de Clemente fueron sencillos. Una proporción tan alta podría ser malentendida como falta de poder con el bate, pero Clemente demostró que podía demoler inatrapables aun cuando no volaban las cercas en Forbes Field. Durante un partido contra los Rojos de Cincinnati en el Crosley Field el 13 de junio de 1963, Clemente castigó un lanzamiento más de 400 pies que impactó la pared tan reciamente que rebotó de inmediato hacia el guante del jardinero central

Vada Pinson, quién tiró hacia la intermedia para restringir a Clemente a solo un sencillo.[18]

De vez en cuando, la fortuna sonería a Clemente y recompensaba sus lineazos, como el 11 de mayo de 1957 cuando Clemente fulminó un envío de los Phillies hacia el bosque central por encima de la cabeza de Richie Ashburn. La pelota picó y se llegó hasta la jaula de bateo, estacionada en la esquina más profunda del jardín. Cuando Ashburn por fin pudo recoger la bola Clemente ya estaba en la antesala rumbo a un cuadrangular dentro del parque.[19]

Aunque a Clemente se le conocía por sus lineazos, también disparó cuadrangulares gigantescos que dejaban boquiabiertos a sus compañeros. En el primer juego de una doble tanda en Wrigley Field el 17 de mayo de 1959, Clemente disparó un mísil ante el lanzador Bob Anderson de los Cubs que alcanzó las profundidades del jardín derecho. Sin la ayuda del viento, se estimó que el cañonazo viajó como mínimo 500 pies. La leyenda viviente Rogers Hornsby, ejerciendo como entrenador de bateo de los locales, lo tildó como el bambinazo más largo que había visto en su vida.[20]

Ni las escalofriantes dimensiones de Forbes Field ni la presión de enfrentarse a los mejores serpentineros de la Liga Nacional intimidaban a Clemente. El 31 de mayo de 1964 comenzó la parte alta de la tercera entrada bateando un ofrecimiento de Sandy Koufax hacia la torre de luces en el jardín izquierdo-central, alrededor de 450 pies de distancia del plato. Koufax observó que la pelota aún ascendía cuando chocó con la torre, sugiriendo que podría haber recorrido todavía más de no haberse topado con el obstáculo.[21] Koufax resumió su experiencia frente a Clemente como un rompecabezas, observando "que no hay manera de desarrollar un patrón para preparar lanzamientos contra él".[22]

Clemente no dudaba en usar su poder para ponerse la ofensiva bucanera a sus hombros cuando era necesario, como contra los Rojos el 15 de mayo de 1967. En una de sus mayores explosiones ofensivas, Clemente abusó de los lanzadores de Cincinnati al son de tres cuadrangulares y un doble, remolcando todas las carreras de su novena, que de cualquier modo perdió, 8-7. Uno de los periodistas que observó el juego recalcó que "fue como si Roberto Clemente hubiese jugado por sí mismo contra los Rojos, y por poco los descuartizó".[23] Clemente, en su modestia, no halagó su propia hazaña, confesando que "sí, mi juego más grande, pero no mi mejor juego. Mi mejor juego es cuando empujo la carrera de la victoria. No cuento este (partido) ya que perdimos"."[24]

Al llegar Clemente a las grandes ligas, su antiguo compañero con los Cangrejeros Willie Mays le ofreció un consejo: no dejarse intimidar por los lanzadores contrarios. "Ponte bravo al bate" le sugirió Mays, "y si te tratan de tumbar, actúa como si no te molestase. Levántate y batea. Demuéstrales (lo que vales)".[25] Clemente confirmó que había grabado a su memoria el consejo. Tras conectar un cuadrangular en la quinta entrada en el Estadio de los Esquivadores el 4 de junio de 1967 contra Don Drysdale, el diestro envió un lanzamiento ajustado para tumbarlo al suelo.[26] Con tres bolas y un *strike*, Clemente arremetió contra el próximo ofrecimiento, destrozando la pelota alrededor de 430 pies hacia el jardín central. Al navegar las bases, los propios aficionados de Los Ángeles aplaudieron su faena.[27]

El poderío de Clemente era tan consistente que, aun en una noche improductiva, obligaba a prestar atención. Se ponchó, por solamente la segunda vez en su carrera, cuatro veces durante el Juego de Estrellas el 12 de julio de 1967. Sus compañeros de la Liga Nacional quedaron atónitos, menos Joe Torre, que preguntó si "¿todos tomamos notas de como lanzarle a Clemente?"[28]

Tal vez el más ignorado de todos los bambinazos de Clemente ocurrió en el segundo juego de una doble tanda el 27 de junio de 1971 en el Estadio de los Veteranos de Filadelfia. Bateando como emergente, le conectó un cuadrangular a Joe Hoerner que llegó a las gradas superiores del estadio. Tan solo siete peloteros lograron este hito en los 33 años que duró el estadio.[29] Pocos recuerdan el cañonazo porque los periódicos de Pittsburgh estaban en huelga, pero el relato es verídico y ha sido confirmado por varios de los presentes, incluyendo los mismos jugadores de los Phillies.[30]

Clemente entró al club de los 3,000 imparables como su undécimo miembro el 30 de septiembre de 1972. Jon Matlack de los Mets fue la víctima del cotizado indiscutible, un doble al comenzar la cuarta entrada. Clemente dedicó el momento a los aficionados de los Piratas, al pueblo de Puerto Rico y a Roberto Marín, el empresario boricua que le invitó a jugar con su equipo de sóftbol y recomendó su fichaje a los Esquivadores de Brooklyn.[31]

EL HÁBITO DE CLEMENTE AL BATEAR

Tanto los fanáticos como los historiadores del béisbol han propuesto varias razones para explicar por qué Clemente, siempre en contienda por el campeonato de bateo de la Liga Nacional, no estableció marcas de cuadrangulares. Por su parte, Clemente razonó que fue por las insondables dimensiones del Forbes Field (365 al jardín izquierdo, 406 al centro-izquierdo y 457 hacia el bosque central). "Yo batearía más jonrones si jugase en cualquier otro lugar que Pittsburgh" opinó Clemente, "Forbes Field es el parque más difícil para conectar cuadrangulares. Si jugase en Wrigley Field, sería un bateador de poder. Si jugase como local allí, tendría 35 ó 40 jonrones cada año".[32] Su compañero Bill Mazeroski confirmó la teoría exclamando "que nadie te diga que el muchacho no puede batear a distancias largas. Cuando lo desea, puede batear con tanto poder como cualquier otro jugador. Es suficientemente inteligente para reconocer que debe buscar lineazos en Forbes Field. No es un estadio para jonroneros".[33]

El dirigente corsario Danny Murtaugh ofreció su propia explicación, estimando que "yo siempre he dicho que se le pide mucho a Roberto. Es el tercer bate, a cargo de mover los corredores y a su vez remolcarlos. Si uno incluyese las carreras que Clemente facilita al mover los corredores sería una cantidad fenomenal. Todo el mundo menciona las remolcadas pero nadie habla de las posicionadas. Son de igual importancia".[34]

El perfil mecánico del *swing* de Clemente revela una pista sobre el nivel de poderío ofensivo. Según Bill Christine, biógrafo de Clemente, "a ningún niño se le enseñaría a batear como Roberto Clemente. La caja de bateo no era lo suficientemente profunda para él. Sus reflejos le permitían esperar hasta la última fracción de segundo antes de mover el bate. Mantenía sus poderosas manos y muñecas cerca de sus abdominales. A su entender, no existía lanzamiento que no pudiese atacar".[35]

Al usar su pie izquierdo para generar su poder, Clemente "no bateaba la pelota sino que lanzaba el bate a la pelota".[36] Con su movimiento "parecía embestirles a los lanzadores como un hombre enloquecido".[37] Como dato curioso, Clemente explicó que sus marcas personales en cuadrangulares y remolcadas, establecidas durante su campaña de JMV en 1966, fueron gracias a las mejorías de su parque: "llevo años rogando que se cambie la arena por arcilla en la caja de bateo de Forbes Field. De repente lo hicieron este año y ahora puedo anclar mis pies".[38]

Sin importar como lo hacía, Clemente modeló una destreza descomunal para poder batear cualquier lanzamiento hacia cualquier esquina del estadio. En su elegía tras la muerte del astro boricua, el periodista Jim Murray de *Los Angeles Times* les explicó a sus lectores que "no existía lanzamiento que Clemente no pudiese batear. Tan solo requería que el lanzamiento estuviese dentro del parque. Con la excepción de Ruth y Gehrig, no vi a nadie causar mayor destrucción en la Serie Mundial".[39]

Las bolas están adornadas por la firma de Bob Gibson, Steve Carlton, Tom Seaver, Ferguson Jenkins, Don Drysdale y Sandy Koufax – lanzadores electos al Salón de la Fama, ante cada cuál promedió .300 o más de bateo.

AGRADECIMIENTOS

El autor agradece a David Speed y a Bill Nowlin por sus valiosas sugerencias al revisar un borrador de este artículo.

FUENTES

Además de aquellas citadas en la sección de las Notas, el autor consultó a los sitios Baseball-Reference.com, Retrosheet.org, Newspapers.com y el archivo de Clemente en el Museo del Salón de la Fama.

NOTAS

1   Associated Press, "Pete Rose Given Clemente Award," *Wilmington* (Ohio) *News Journal*, 13 de mayo de 1976: 16.

2   Associated Press, "Clemente Claims He's Best in Game," *Pittsburgh Post-Gazette*, 21 de abril de 1964: 23.

3   Bruce Markusen, *Roberto Clemente: The Great One* (Champaign, Illinois: Sports Publishing, Inc., 2013), 22.

4   Markusen, 23.

5   Markusen, 26.

6   David Maraniss, *Clemente: The Passion and Grace of Baseball's Last Hero* (New York: Simon & Schuster, 2006), 27.

7   Bill Christine, "Roberto! A Self-Made Hitter," *New York Daily News*, 13 de abril de 1973: 146.

8   Markusen, 29.

9   Stew Thornley, "Roberto Clemente's Entry into Organized Baseball: Was He Hidden in Montreal?" Consultado el 7 de abril de 2022, https://milkeespress.com/clemente1954.html.

10 Lloyd McGowan, "Rookie Roberto's homer, Lasorda Win, Revive Hopes," *Montreal Star*, 26 de julio de 1954: 28.

11 Markusen, 52.

12 Jimmy Cannon, "Clemente Still Wonders: Who's Stranger in Field?," *Orlando Evening Star*, 21 de marzo de 1972: 30.

13 Les Biederman, "Roberto's Bat Softens Rivals for Buc Raids," *The Sporting News*, 17 de septiembre de 1966: 6.

14 Les Biederman, "The Scoreboard," *Pittsburgh Press*, 6 de junio de 1955: 22.

15 Jim Murray, "Roberto's Revenge," *Los Angeles Times*, 1 de julio de 1964: 1.

16 Murray, "Roberto's Revenge."

17 Associated Press, "300-Win Hurlers History?" *Rome* (Georgia) *News-Tribune*, 7 de enero de 1998: 3B.

18 Les Biederman, "Bailey in Fast Company," *Pittsburgh Press*, 14 de junio de 1963: 28.

19 Les Biederman, "Phils Blast Friend Early, Turn Back Pirates, 7 to 2," *Pittsburgh Press*, 12 de mayo de 1957: 69.

20 Les Biederman, "Tape Measure Homer Belted by Clemente at Wrigley Field," *The Sporting News*, 27 de mayo de 1959: 10.

21 Sandy Koufax with Ed Linn, Koufax (New York: Viking Press, 1966), 220.

22 Frank Finch, "Bucs' Clemente Toughest NL Hitter," *Los Angeles Times*, 24 de junio de 1965: 50.

23 Les Biederman. "Clemente's 'Biggest' Game Wasted," *Pittsburgh Press*, 16 de mayo de 1967: 34.

24 Biederman. "Clemente's 'Biggest' Game Wasted."

25 Biederman. "Clemente's 'Biggest' Game Wasted."

26 Charley Feeney, "Veale Gets 7th Victory with Help," *Pittsburgh Post-Gazette*, 5 de junio de 1967: 34.

27 This Day in Baseball, "Roberto Clemente Hits 2 Home Runs off Don Drysdale," Consultado el 22 de abril de 2022, https://thisdayinbaseball.com/roberto-clemente-hits-2-home-runs-off-don-drysdale-accounting-for-all-of-pittsburghs-runs-in-a-4-1-victory-over-los-angeles-clementes-first-bomb-travels-400-feet-to-tie-the-s/.

28 Les Biederman. "Reds' Perez Lives Like a King, Plays Like One," *Pittsburgh Press*, 12 de julio de 1967: 62.

29 Gene Collier, "Of Veterans: One Spit On, the Other Knocked Down," *Pittsburgh Post-Gazette*, 26 de septiembre de 2003: B-2. Este cuadrangular a veces se le llama el "Liberty Bell Ringer" (que sonó la campana de la Libertad) al supuestamente impactar (y hacer sonar) la réplica en las gradas del jardín central en el Estado de los Veteranos. El investigador David Speed, experto en asuntos de Clemente, mantiene que aunque el bambinazo no llegó a la campana, demuestra el poder ofensivo de Clemente.

30 "Post" de David Speed en Facebook del 27 de junio de 2018, consultado el 30 de abril de 2022, https://www.facebook.com/photo/?fbid=10215342221376250.

31 Charley Feeney, "Roberto Collects 3000th Hit, Dedicates It to Pirate Fans," *The Sporting News*, 14 de octubre de 14, 1972: 15.

32 "Clemente Claims He's Best in Game."

33 Al Abrams, "Sidelights on Sports: Clemente Not Appreciated?," *Pittsburgh-Post Gazette*, 26 de febrero de 1965, 20.

34 Associated Press, "Clemente Sparks Late Rally, Pirates Win, 6-5," *Monessen Valley Independent* (Monessen, Pennsylvania), 18 de mayo de 1971: 9.

35 Bill Christine, "Roberto! A Self-Made Hitter."

36 Markusen, 168.

37 Les Biederman, "Clemente Sinks Feet in Clay to Mold Stout Swat Figures," *The Sporting News*, 2 de julio de 1966: 8.

38 Biederman, "Clemente Sinks Feet in Clay to Mold Stout Swat Figures."

39 Jim Murray, "Clemente: You Had to See Him to Disbelieve Him," *Los Angeles Times*, 3 de enero de 1973: 49.

"YO VOY A ATRAPAR A LA JODIDA PELOTA" LAS DESTREZAS DEFENSIVAS DE ROBERTO CLEMENTE

POR MICHAEL MARSH

Desde temprano en su temporada debut en las grandes ligas en 1955, Roberto Clemente se había ganado la admiración de muchos aficionados gracias a su robusta defensa como guardabosque derecho de los Piratas de Pittsburgh. Su potente brazo derecho, deslices para atrapar los lineazos y elevados, atrapadas estilo de canasta y brincos para acaparar la pelota frente a las verjas y prevenir cuadrangulares no cesaron de causar admiración entre los fanáticos, sus compañeros de equipo y hasta sus contrarios. Aún a finales de su carrera, Clemente no dejó de asombrar hasta sus más fieles partidarios con una de las más estupendas jugadas en la historia del béisbol.

En un partido nocturno el 15 de abril de 1971, Clemente patrulló su usual jardín derecho en el Astrodome de Houston. El serpentinero Steve Blass de los Piratas mantenía una ventaja estrecha (1-0) con un hombre afuera en la parte baja de la octava entrada. En la inicial estaba Joe Morgan, el veloz intermedista de los locales. Cuando César Cedeño enlazó un lineazo hacia la parte llana del bosque derecho, Clemente se deslizó a través de la grama artificial, capturando la bola a escasas pulgadas de la superficie para así lograr el segundo out. Morgan no tuvo más recurso que mantenerse anclado en la primera base.

El próximo bateador, Bob Watson, casi puso a los galácticos en la delantera, al embestir un lanzamiento de Blass hacia le esquina derecha. Clemente conocía que el Astrodome tenía una regla muy particular: si la bola impactaba la pared superando la línea que demarcaba los cuadrangulares, Watson recibiría crédito por un bambinazo.

Clemente estalló hacia la pared. Según el informe de Charley Feeney del *Sporting News*, "Clemente, a todo tren, arrancó hacia la pared y en un movimiento súbito, brincó y giró al mismo tiempo, atrapando la pelota con su espalda hacia el terreno de juego, a escasos instantes de que esta impactase la línea amarilla, que convertiría el mísil en cuadrangular. Clemente no puedo desafiar la gravedad por tiempo ilimitado y su cuerpo impactó la verja, lastimando su tobillo y codo izquierdos. De un tajo sobre la rodilla izquierda brotaba la sangre mientras Clemente, de rodillas, tomaba su aliento con la espalda hacia el cuadro. Los feligreses de Houston se levantaron de sus asientos, aplaudiendo el esfuerzo de Clemente".[1]

El dirigente de los Astros, Harry Walker, otrora piloto de los Piratas entre 1965 y 1967, describió la jugada como la mejor que jamás había visto: "no disminuyó su velocidad en ningún momento…no entiendo como pudo mantener la pelota dentro de su guante".[2]

Los Piratas ganaron el partido, 3-0. Tras el encuentro, Clemente les relató a los cronistas "no creía que podría atrapar la pelota pero supe que tenía que brincar."[3]

Clemente nunca paró de dar su mejor esmero a través de sus 18 campañas. Se consagró como parte del cuarteto de ilustres guardabosques derechos de la franquicia corsaria, junto a Paul Waner, Kiki Cuyler y Dave Parker. Su docena que Guantes de Oro aún comparten el récord entre jardineros con otras leyendas como Willie Mays. Entre los guardabosques derechos que debutaron en las mayores desde 1901, Clemente se mantiene en segundo lugar en *outs* logrados con 4,459 y en asistencias con 255. Participó en 40 doble matanzas desde su reino en el bosque derecho.

Numerosos corredores osaron desafiar el certero cañón de Clemente; pocos disfrutaron del éxito.

Como guardabosque, Clemente registró 266 asistencias, siendo líder de la Liga Nacional en cinco ocasiones. En 15 desafíos marcó dos ocasiones desde los jardines y en 22 oportunidades doblegó a corredores que se apartaron de la inicial por más de lo sensato. Varias décadas tras su deceso, un artículo en la revista Inside Sports aún consideraba su brazo como el mejor en la historia del deporte.[4]

Su ansia de desarrollar sus destrezas defensivas comenzó en su pueblo natal de Carolina, Puerto Rico. Según su biógrafo David Maraniss, la fortaleza del brazo de Clemente provino de su madre: "Luisa era una mujer muy propria, siempre correcta y bien educada, siempre leyendo su Biblia. Su fino vestir no ocultaba sus hombros, con músculos bien definidos y brazos que sin mucho esfuerzo, podían levantar una ternera recién degollada para descuartizarla en pedazos para la cena. (Clemente heredó su poderoso brazo derecho de su madre. Cuando se le preguntaba sobre sus insólitos tiros desde el jardín derecho, Clemente solía contestar 'deberías ver a mi madre. A sus 80 años, aún puede disparar la pelota desde el montículo hacia el plato')."[5]

Luisa Clemente recuerda que su retoño comenzó a prepararse para una vida en el béisbol desde temprana edad: "Solía comprar bolas de ule. Roberto llevaba consigo estas pelotas, apretándolas constantemente para desarrollar los músculos de sus manos. Roberto constantemente jugaba con ellas, rebotándolas contra la pared y el techo de la casa de la familia Clemente".[6]

Antes de cumplir los 13 años, Clemente entabló una amistad con Monte Irvin, jardinero de los Senadores de San Juan durante la temporada invernal de béisbol caribeño a mediados de la década de los 1940. Clemente admiraba el poder ofensivo de Irvin y su robusto brazo derecho.[7]

Al llegar a su adolescencia, Clemente continuó perfeccionando sus habilidades. A los 14 años, defendió el campocorto para una novena juvenil. Aunque su brazo era poderoso, el entrenador observó que Clemente era demasiado lento para el cuadro y lo envió a los jardines. Durante sus estudios en la Escuela Superior Julio C. Vizcarrondo, Clemente se destacó en le pelota y en campo traviesa, sobre todo en el tiro de la jabalina. Estas destrezas eran complementarias y su experiencia con la jabalina le ayudó al mejorar como pelotero. "Puede que no lo supiese en aquél entonces, pero la posición de los pies y los movimientos mecánicos al lanzar la jabalina coincidían con aquellos de lanzar la pelota. Mientras más practicaba el lanzamiento de la jabalina, más pulía su destreza como francotirador desde el jardín derecho".[8]

La dura labor de Clemente rindió frutos en 1952, cuando contaba con 17 años. Clemente y 71 otros aspirantes se dieron cita a una clínica en el Parque Sixto Escobar, cueva de los Cangrejeros de Santurce. El escucha Al Campanis de los Esquivadores de Brooklyn estudió la novicios, entre ellos Clemente, cuyos dos tiros desde el bosque impresionaron a los asistentes. Uno de ellos viajó más de 400 pies, y junto a su bateo, causó buena impresión ante los ojos de Campanis. Los Esquivadores lograron contratar a Clemente, asignándolo a su equipo filial en Montreal para la campaña de 1954. Sin embargo, los Piratas le reclamaron en el sorteo #5 durante la temporada muerta.

El siguiente invierno, Clemente militó con Santurce en la liga invernal que hoy porta su nombre. Herman Franks dirigió el conjunto, cuyos bosques fueron defendidos por Clemente en el izquierdo, Willie Mays en el central y Bob Thurman en el derecho.[9] Luis Rodríguez Olmo salía de la banca como reserva. Durante la temporada, Clemente comenzó a usar la atrapada estilo canasta, urgido por Franks y Rodríguez Olmo. "A veces no atrapo los bombos porque trato de atraparlos muy alto" le relató Clemente al reportero de la Prensa Unida, John Carroll, varios años después, añadiendo que "de esta manera me es más fácil y además puedo tirar la pelota más rápidamente después de atraparla". Aunque Mays había usado el estilo antes que Clemente, el boricua rechazó que hubiese imitado a su compañero de equipo.[10]

Clemente se unió a la plantilla bucanera en 1955 y de inmediato rindió dividendos en la defensa. El 4 de mayo, con el serpentinero corsario Bob Friend manteniendo una ventaja 5-3 sobre los huéspedes Bravos de Milwaukee y dos *outs* en la novena entrada, Hank Aaron conectó un sencillo al jardín derecho que remolcó a un corredor, acortando el margen a tan sólo una carrera.

Andy Pafko tomó la antesala y al Clemente atrapar la pelota, tiró sin control, permitiéndole a Aaron alzarse con la intermedia. El próximo bateador, George Crowe, disparó un elevado hacia las profundidades del bosque derecho, pero

un buen pautado brinco de Clemente consiguió detener la pelota antes de que volase la cerca, previniendo un cuadrangular para terminar el encuentro.[11]

Clemente también defendió el campo central pero el piloto Fred Haney lo dedicó al derecho como su posición regular. Otro biógrafo de Clemente, Bruce Markusen, explicó que "aunque Clemente defendía el prado central de manera adecuada, lucía más cómodo en el derecho. Su potente y certero brazo lo recomendaba a la esquina, una posición que se beneficia de dicho arma para prevenir que los corredores se trasladasen de la inicial a la antesala con impunidad".[12]

Markusen igualmente reseñó que Clemente gustaba de ver como los batazos se comportaban en el espacioso bosque derecho del Forbes Field, lo que le ayudo a reconocer la mejor manera que identificar los rebotes de la pelota contra la pared, cuya mezcla de concreto y alambre generaba botes poco comunes.[13]

Clemente empleaba tres tácticas al defender el bosque derecho. Solía agarrar la bola con su mano derecha para deshacerse de ella más rápidamente.[14] También aprendió a atrapar los lineazos al deslizarse, un gesto que según Markusen "cuando Clemente se deslizaba con las piernas aparte, tomaba la bola con su guante y se podía incorporar de manera más rápida para lanzar hacia el cuadro. Con esta jugada atlética, Clemente solía prevenir que los corredores ensancharan sus sencillos a dobles o triples".[15] Como si fuese poco, Clemente sorprendía a los corredores al lanzar la pelota al inicialista, muchas veces pillando a sus contrarios alejados de la almohadilla, fulminándoles con una asistencia".[16]

Los feligreses de Pittsburgh se deleitaron de sus proezas en los boques. Markusen detalla que "con corredores en las almohadillas, cualquier bola dirigida al jardín derecho despertaba el interés de la fanaticada, que se preguntaba si generaría otro de los maravillosos lanzamientos de Clemente. Lineazos al estrecho entre los bosques centrales y derechos, o bombitos débiles que apenas sobrepasaban al cuadro, desataban una embestida de Clemente, cuya gorra solía caerse al correr a toda máquina hacia la pelota. Aun cuando la jugada era corriente o fácil, Clemente entretenía a los aficionados con su atrapada de canasta".[17]

Uno de estos fanáticos, Henry Peter Gribbin, recuerda sus vistas al parque. "Ver jugar a Clemente era todo un privilegio para nosotros los aficionados. En el jardín derecho del Forbes Field, Clemente desarrolló su propio estilo de juego que nosotros los jóvenes tratábamos de copiar. Tras verlo jugar, me imaginaba a mí mismo atrapando la pelota de manera de canasta con mi guante casi a mis rodillas, o me imaginaba corriendo a toda velocidad para agarrar la pelota, girando y disparando un mísil al inicialista, para fulminar a un atrevido corredor que trató de tomar mucha ventaja".[18]

Clemente nunca fue engreído pero si muy confiado en sus habilidades: "yo soy tan buen jardinero como los demás…puedo correr a atrapar la pelota como Mays y tengo mejor brazo".[19]

Clemente marcó 19 asistencias durante la temporada regular de 1960 y en dos noches consecutivas asombró a sus fanáticos con espléndidas jugadas. El 4 de agosto los bucaneros derrotaron a sus huéspedes, los Esquivadores, 4-1. El juego concluyó cuando Clemente fusiló a John Roseboro en la intermedia, tras un lineazo del bateador que rebotó contra la pared. El receptor de Los Ángeles trató de ensanchar su inatrapable y tras ir por lana, resultó trasquilado. Tras el partido, el cronista Les Biederman del Pittsburgh Press recalcó que Clemente era mejor aún que Waner, el antiguo guardabosque Pirata, al reconocer los rebotes contra la pared: "Con el debido respeto a Paul Waner, quién fue el primer dueño de la pared derecha, Roberto Clemente juega ese dominio mejor que nadie que jamás lo haya hecho".[20]

El día siguiente, Clemente atrapó la pelota de una manera semejante de la que usaría en 1971 en el Astrodome. El 5 de agosto, los visitantes eran los Gigantes de San Francisco, y con una ventaja de una carrera, 1-0, en la séptima entrada, el serpentinero corsario Vinegar Bend Mitchell se enfrentó a Willie Mays, quién disparó un lineazo hacía el jardín derecho. "Tengo que atraparla, tengo que atraparla" pensó Clemente.[21] El astro boricua chocó con la pared de los bosques con la bola en guante y una herida en su barbilla. Mientras sus adoloridas rodillas disfrutaban un breve descanso, el galeno Pirata tomó cinco puntos de sutura al rostro de Clemente.[22] Los locales ganaron el juego por el mismo marcador.

Danny Murtaugh, el dirigente de los Piratas, la tildó como la mejor jugada defensiva que había visto en sus vida.[23] La atrapada fue reseñada en el libro Going, Going … Caught! Baseball's Great Outfield Catches as Described by Those Who Saw Them, 1887-1964 ("Se va, se va…¡la cogió! Las mejoras atrapadas en los jardines, descritas por sus testigos, 1887-1964").[24]

La defensa de Clemente ayudó a los corsarios doblegar sorpresivamente a los Yanquis de Nueva York en la Serie Mundial de 1960. Al tomar una ventaja de tres juegos a dos, un cronista de la Prensa Asociada señaló que "este jugador, con un rifle como brazo derecho, previno que los Yanquis tomasen una base extra, una hazaña que contribuyó significamente a los tres triunfos Piratas".[25]

Clemente logró otro hito en 1961, ganado su primer Guante de Oro tras acaparar 27 asistencias (su marca personal), 26 de ellas desde el bosque derecho. Así superó a Aaron, ganador de las tres previas instancias. Ese año, Aaron comenzó 80 desafíos desde el jardín central, y Biederman concluyó "cuando Hank Aaron se mudó de derecho a central para los Bravos, Roberto Clemente se consolidó como el mejor guardabosque central. Clemente solía incomodarse cuando Aaron ganaba el Guante de Oro de Rawlings como mejor jardinero derecho, pero ahora era suyo".[26]

Esta selección de las jugadas de Clemente a través de los años demuestra sus proezas:

18 DE JUNIO DE 1962

Cincinnati doblegó a Pittsburgh 4-2. En este partido, Clemente fulminó a Don Zimmer, quién al deslizarse hacia segunda base sobrepasó la almohadilla.[27]

19 DE JUNIO DE 1962

Cincinnati derrotó a Pittsburgh 2-1. Clemente ultimó a Don Blasingame en la primera base cuando el corredor giró de manera exagerada al pasar la inicial.[28]

27 DE AGOSTO DE 1965

Pittsburgh se impuso sobre Houston, 10-9 en 11 entradas. Los corsarios, anticipando un toque, enviaron a sus defensores del cuadro hacia el plato. El serpentinero de Houston, Bob Gillis, colocó su toque hacia la segunda base y Clemente embistió desde su jardín derecho, agarró el toque y capturó a Walt Bond en la antesala.[29]

6 DE SEPTIEMBRE DE 1965

Clemente y los corsarios barrieron a Cincinnati 3-1 y 4-2 en una doble tanda. En el segundo encuentro, sorprendió a Atanasio "Tony" Pérez quién osó alcanzar la antesala desde la inicial tras un sencillo de Tommy Helms en el sexto episodio.[30]

11 DE SEPTIEMBRE DE 1966

Clemente retiró a Jim Barbieri en el plato cuanto trataba de anotar desde la tercera base tras un inatrapable de Willie David con las almohadillas llenas en la parte alta de la décima entrada. Sin embargo, los Esquivadores se impusieron a los locales bucaneros, 4-3, en 10 episodios.[31]

8 DE JULIO DE 1967

Los Piratas derrotaron a sus huéspedes, los Rojos de Cincinnati, 6-1. Lee May comenzó la séptima con un triple frente a Tommie Sisk, pero el serpentinero ponchó a Jim Corker e indujo a Jake Woods a batear un elevado al jardín derecho.

Clemente pretendió agarrar el bombo, para encadenar a May a la antesala, pero lo dejó caer adrede y fulminó a May cuando este decidió anotar.[32]

13 DE ABRIL DE 1968

Los Piratas, visitando a San Francisco, llevaban una ventaja de 2-0 en la parte baja de la séptima entrada en el Parque Candlestick. Clemente capturó a Mays tratando de alcanzar la tercera base desde la inicial tras un sencillo de Willie McCovey. Los Piratas triunfaron, 2-1.[33]

20 DE SEPTIEMBRE DE 1969

Bob Moose, lanzador bucanero, mantuvo a los Mets de Nueva York sin inatrapables ni carreras, imponiéndose los corsarios, 4-0. El logro estuvo en peligro en la sexta entrada, cuando tras dos hombres fuera, el antesalista de Nueva York Wayne Garrett conectó un elevado hacia la profundidad del jardín derecho. Clemente, con su espalda hacia la verja, saltó para atrapar la pelota y mantener a los Mets sin indiscutibles.[34]

24 DE JULIO DE 1970

Pittsburgh apabulló a Houston 11-0 en la propia "Noche dedicada a Roberto Clemente" en el recién abierto Estadio Tres Ríos. Clemente se deslizó en la tercera entrada para atrapar un lineazo de Joe Morgan y en la séptima, esta vez para prevenir que el bombo de Denis Menke cayese en la grama artificial.[35]

Tanto sus compañeros como sus adversarios halagaron las proezas defensivas de Clemente.

Muchos años después, Pérez aún recordaba el tiro de Clemente de 1965. "Yo estaba en la inicial y él en su jardín derecho. Yo lo vi jugando profundamente y Tommy Helms bateó un débil bombito que cayó en la grama con un out. Traté de llegar a la antesala porque la bola cayó detrás del intermedista. Yo me dije a mí mismo que no valía la pena ver la señal del entrenador de tercera base, que tengo que llegar a la base y tras cruzar

Roberto Clemente y Bill Virdon reciben los Guantes de Oro en 1962 de manos del empleado de Rawlings, Guy Palso. Cortesía del Museo Clemente.

la segunda, pensé que sería fácil. Voy corriendo y veo que nuestro entrenador Reggie Otero me grita ¡deslízate! ¡deslízate!' Yo me pregunté a mí mismo, '¿por qué me voy a deslizar?' No creo que debo hacerlo, y antes de que pude deslizarme, el tercera base de Pittsburgh ya tenía la bola y me esperada para ponerme fuera. No podía creerlo, ¿cómo pudo llegar a la pelota si estaba jugando tan profundamente y el bateo fue tan débil? Miré a Reggie y le pregunté cómo pudo ser. Me dijo 'chico, no juegues. Ese es Clemente'. Me dije 'me equivoqué'. Me sentí mal pero después me di cuenta de que era de esperar. Desde allí supe que Roberto Clemente tenía un gran brazo".[36]

Ernie Banks comparó a Clemente con Willie Hoppe, un legendario jugador de billar que dominaba los ángulos: "Roberto, que juega el jardín llanamente, ha sacado a jugadores en primera base en roletas hacía su jardín. Es prácticamente imposible

poder llegar desde primera a tercera cuando un inatrapable va hacía su dirección. Conoce como se van a comportar los rebotes contra la pared como Willie Hoppe. Es raro que un corredor en la antesala sea ordenado a anotar cuando un elevado llano se batea hacia nuestro amigo".[37]

Steve Blass, por muchos años compañero de Clemente, opinó que "no había algo mejor para un lanzador que ver a Clemente patrullar el jardín derecho. Yo bromeaba con los muchachos, diciendo 'Bobby está allá así que hay paz en el bosque derecho'. A mi entender, si la bola se bateaba hacía allá y no era cuadrangular, de seguro sería out. De ser humanamente posible la atraparía y a veces lo hacía cuando era imposible. Si el contrario se remontaba, yo sabía que haría una de esas atrapadas imposibles y sorprendería a un corredor fuera de base y se liquidaría la remontada. Era como tener un guardabosque adicional".[38]

Bill Mazeroski y Willie Stargell, jugaron con Clemente por 17 y 11 campañas, respectivamente. Ambos se maravillaban de su colega.

Mazeroski opinó que "los aficionados tal vez no se dan cuenta, pero parte de la destreza de Clemente al alcanzar los elevados es debido a su conocimiento. Se dice que la pelota es un juego más mental de lo que se puede observar. Los jugadores como Clemente no tienen una táctica mecánica. Él no se pone en posición de acuerdo con el bateador sino de acuerdo con cada lanzamiento individual al bateador. La mayoría de los jardineros se estacionan en un lugar, anticipando "que va a batear de cierta manera" y allí se quedan. Pero si el bateador tiene dos strikes, Clemente sabe que el contrario va a modificar su estilo, tratando de hacer contacto, así que modifica su posición".[39]

Stargell, por su parte, recalcó que: "antes que nada, se aseguraba de tener buen balance al tirar. Todo lo lanzaba agarrando bien a la bola, entre los hilos. Y sabía como tirar de una manera tan certera que la pelota picaría una vez y llegaría al receptor o al jugador del cuadro de manera limpia que no le causaría problemas". Stargell también reseña cómo Clemente mejoraba su puntería: ponía un zafacón en la antesala, con la apertura hacía él. Alguien bateaba a su dirección y Clemente tomaba la pelota, disparándola hacia el zafacón de manera que entrase en tan solo un rebote.[40]

La cantidad anual de asistencias de Clemente disminuyó desde el 1961, jamás llegando de nuevo a 20. Biederman defendió la gestión de Clemente, notando que "a Roberto Clemente se le achacaban 10 errores en el jardín derecho pero aquellos que le observamos jugar cada entrada sabemos que es por capricho de la regla de tanteo. Probablemente la mitad de esos 10 errores fueron porque sus tiros el cuadro fueron tan rápidos y certeros que impactaban al corredor cuando éste trataba de llegar a la almohadilla. Clemente usualmente era líder de asistencias pero tan solo logró 13 en 1964 porque los corredores ya no osaban desafíar su cañón".[41]

A finales de su carrera, Clemente se vio limitado por problemas físicos, incluyendo dolores de espalda, trozos desprendidos de su codo y fatiga de su hombro.[42] Tan solo jugó en 108 partidos en 1970, pero al año siguiente participó en 132 y lideró la calavera bucanera en la postemporada.

Los Piratas sorprendieron a los Gigantes de San Francisco, tres victorias a una, en la Serie de Campeonato de la Liga Nacional (NLCS). La defensa de Clemente ayudó a preservar el triunfo corsario, 9-4, en el segundo desafío. Pittsburgh llevaba ventaja 4-2 en la séptima entrada pero los Gigantes llenaron las bases y Mays vino al plato con dos *outs*. Su lineazo casi cayó entre el jardín central y el derecho pero Clemente lo atrapó, ya que había sabiamente tomado unos pasos a esa dirección al estudiar a Mays.[43]

Clemente también brilló en el campo en la Serie Mundial, ganada frente a los Orioles de Baltimore. En el primer y en el sexto encuentro, dos certeros tiros de Clemente mantuvieron a los Orioles ajenos al plato.

En el segundo partido, Clemente atrapó el bombo de Frank Robinson casi en el área de foul y al girar, tiró hacia Richie Hebner en la antesala, por poco sorprendiendo a Max Rettenmund, quién avanzó desde la intermedia. Los Orioles, en su hogar, se alzaron, 11-3.

Tras el juego, Clemente comentó sobre su brazo: "Pregúntenle a los demás. Se acuerdan de antes cuando mi brazo era bien fuerte. Nadie tiene un brazo con el mío cuando no está adolorido. No soy engreído, estoy diciendo la verdad".[44]

En el sexto partido con los equipos empatados a dos carreras en la parte baja de la novena y Mark Belanger de los Orioles en la inicial, Don Buford conectó un inatrapable que chocó con la pared del jardín derecho. Clemente captó el rebote, se volteó y lanzó hacia Manny Sanguillén en el plato. La bola llegó tras una sola picada y Belanger se quedó en tercera base, manteniendo el empate. Sin embargo, los plumíferos ganaron el desafío, 3-2 en 10 entradas.

Aun con sus hazañas, Clemente a veces tuvo dificultades. En su año de estreno, le desagradaba jugar en el Ebbets Field de Brooklyn y en el Polo Grounds de Nueva York porque aún no conocía como la bola rebotaba contra sus verjas.[45] En 1959 Clemente cometió 13 pifias en 104 juegos como jardinero derecho, logrando tan solo 10 asistencias. Según Maraniss "la mayoría de esos errores fueron por tiros descontrolados, generalmente hacia la antesala. Algunos aficionados con asientos en los palcos cerca de tercera base traían guantes al estadio por si acaso un tiro llegase a su dirección".[46] El promedio defensivo de Clemente es algo bajo (.973) debido a sus 133 errores desde los jardines (la tercera cantidad más alta de la historia) en sus 2,433 partidos.

Clemente siempre se creció cuando la ocasión así lo requería y la jugada contra Watson en 1971 lo demostró perfectamente.

Tras el partido, Clemente platicó sobre la jugada con Nellie King, antiguo serpentinero corsario que ahora narraba los juegos de los Piratas. King recordó que "al estar en la guagua de vuelta al hotel, estaba sentado a su lado y le dije 'Roberto, yo he visto muchas atrapadas, pero esa ha sido la mejor que jamás te ví hacer'. El me dijo 'Nellie, déjame decirte algo. Si la bola esta en el parque y el juego esta por decidirse, yo voy a atrapar a la jodida bola'. Así me dijo".[47]

FUENTES

El autor agradece a Bill Nowlin y al Salón de la Fama.

Además de aquellas fuentes de información citadas en las Notas, el autor consultó los siguientes libros, revistas y sitios Web:

Artículos

"Runs Continue to Elude Astros," *Odessa* (Texas) *American*, 16 de junio de 1971: 18.

Biederman, Les. "Roberto's Rifle Wing Amazes Fans, Shoots Down Cardinals," *The Sporting News*, 1 de julio de 1967: 15.

Hano, Arnold. "Roberto Clemente – Baseball's Brightest Superstar," *Boys' Life*, marzo de 1968, 24-25, 54; Vol. 58, No. 3.

Prato, Lou. "Why the Pirates Love the New Roberto Clemente," *Sport*, agosto de 1967: 34-37, 81-82.

https://pittsburghquarterly.com/articles/roberto-clemente-in-retrospect/.

Preston, J.G. "Dave Parker's Remarkable 26 Assists in 1977 ... and Roberto Clemente's 27 in 1961," https://prestonjg.wordpress.com/2015/08/08/dave-parkers-remarkable-26-assists-in-1977/.

Sitios Web

Newspapers.com

PaperofRecord.com

https://www.baseball-reference.com/

https://www.baseball-reference.com/bullpen/Roberto_Clemente%27s_%27Toolbox%27:_The_Arm#Pedr.C3.ADn_Zorrilla

Retrosheet.org

NOTAS

1   Charley Feeney, "Greatest Catch? This One by Roberto Will Do," *The Sporting News*, 3 de julio de 1971: 7.

2   Bruce Markusen, *Roberto Clemente: The Great One* (Champaign, Illinois: Sports Publishing, Inc., 1998), 222.

3   Darrell Mack, "Roberto Draws Dome Cheers," *Cleveland News-Herald*, 16 de junio de 1971: 21.

4   Dennis Tuttle, "The Arms Race," *Inside Sports*, agosto de 1997: 30-37.

5   David Maraniss, *Clemente: The Passion and Grace of Baseball's Last Hero* (New York: Simon & Schuster, 2006), 20.

6   Markusen, 4.

7   Markusen, 5.

8   Markusen, 8.

9   Markusen, 36.

10 John Carroll, "Clemente Credits Willie Mays' 'Basket Catch' for 'No Drops, *Monongahela* (Pennsylvania) *Daily Republican*, 7 de mayo de 1957: 2.

11 "Pirates Stun Milwaukee Braves, 5-4 To Cop 4th Straight Victory," *Somerset* (Pennsylvania) *Daily American*, 5 de mayo de 1955: 7.

12 Markusen, 44

13 Markusen, 44.

14 Markusen, 77.

15 Markusen, 191.

16 Markusen, 77.

17 Markusen, 65.

18 Henry Peter Gribbin, "Watching Roberto Clemente Was Always a Consummate Treat," *Pittsburgh Senior News*, 28 de julio de 2016.

19 "Clemente Is Cassius Clay of Baseball," *Chicago Tribune*, 21 de abril de 1964.

20 Lester J. Biederman, "Hodges Lights Fuse, Dodgers Then Blow Top at Umpires," *Pittsburgh Press*, 5 de agosto de 1960: 25.

21 Phil Musick, *Who Was Roberto?: A Biography of Roberto Clemente*, (Garden City, New York: Doubleday & Co., 1974), 147.

22 Lester J. Biederman, "Pirates Win 'Finest Game,'" *Pittsburgh Press*, 6 de agosto de 1960: 6.

23 Maraniss, 95.

24 Jason Aronoff, *Going, Going ... Caught! Baseball's Great Outfield Catches as Described by Those Who Saw Them, 1887-1964* (Jefferson, North Carolina: McFarland, 2009), 235.

25 Maraniss, 123.

26 Les Biederman, "Corsairs Look to Patch Up Holes in Leaking Flagship," *The Sporting News*, 7 de junio de 1961: 13.

27 Les Biederman, "Brosnan's 2 Books Sell," *Pittsburgh Press*, 20 de junio de 1962: 51.

28 Biederman, "Brosnan's 2 Books Sell."

29 Les Biederman, "Pirates Save Victory Streak with Six Run Rally in Ninth," *The Sporting News*, 11 de septiembre de 1965: 6; Markusen, 142.

30 Earl Lawson, "National League Race Tightens," *Cincinnati Post and Times-Star*, 7 de septiembre de 1965: 13.

31 "Pirates Miss Chance as Last Rally Fails," *Latrobe* (Pennsylvania) *Bulletin*, 2 de septiembre de 1966: 12.

32 Jim Ferguson, "Bucs Bounce Arrigo in 6-1 Waltz," *Dayton Daily News*, July 9, 1967: 1D; Arnold Hano, "Roberto Clemente – Baseball's Brightest Superstar," *Boys' Life*, marzo de 1968: 24-25, 54.

33 "Pirates' McBean Baffles Giants, 2-1," *Lancaster* (Pennsylvania) *Sunday News*, 14 de abril de 1968: 40.

34 Phil Pepe, "Moose 0-Hitter Mortifies Mets, 6-0," *New York Daily News*, 21 de septiembre de 1969: 112.

35 "Clemente Shines on His Night," *Pittsburgh Press*, 25 de julio 1970: 6.

36 Entrevista con Atanasio "Tony" Pérez. https://www.youtube.com/watch?v=ZkPf_ziVXwE.

37 Ernie Banks, "Clemente the Toughest in Banks' Opinion," *Chicago Tribune*, 6 de julio de 1969: B1, B2.

38 Relato de Steve Blass Phil Musick, "A Teammate Remembers Roberto Clemente," *Sport*, abril de 1973: 58, 90-92.

39 Relato de Bill Mazeroski a Phil Musick, "My 16 Years with Roberto Clemente," *Sport*, noviembre de 1971: 61, 63, 110, 111.

40 Markusen, 75-76.

41 Les Biederman, "Buccos Aren't Bragging Over Their No. 1 Butterfinger Niche," *The Sporting News*, 14 de noviembre de 1964: 18.

42 Markusen, 255; C.R. Ways, "'Nobody Does Anything Better Than Me in Baseball,' Says Roberto Clemente," *New York Times*, 9 de abril de 1972: VI 39.

43 Bill Christine, "Robby Snaps Out of It Just in Time," *Pittsburgh Press*, 4 de octubre de 1971: 38.

44 Maraniss, 248.

45 Les Biederman, "Clemente, Early Buc Ace, Says He's Better in Summer," *The Sporting News*, 29 de junio de 1955: 26.

46 Maraniss, 90.

47 Markusen, 222.

LOS JUEGOS DE ROBERTO CLEMENTE CON DOS ASISTENCIAS DEFENSIVAS

POR BILL NOWLIN

A través de su carrera, Roberto Clemente participó en 2,433 partidos y logró 266 asistencias, cometiendo un sinnúmero de espectaculares jugadas defensivas.

Una en particular se cita con frecuencia: desde su jardín derecho, embistió hacia el cuadro durante un toque del equipo contrario y marcó una asistencia. El desafío ocurrió en el Forbes Field de Pittsburgh, durante un encuentro vespertino el viernes, 27 de agosto de 1965. Los Astros de Houston visitaban a los Piratas y en la parte alta de la octava entrada, los huéspedes tenían una ventaja, 4-3, con corredores en la inicial y la intermedia sin *outs*. La "situación era obvia y requería un sacrificio" según el periodista Phil Musick, ya que los Astros se beneficiarían de ensanchar el cerrado margen. Con Rusty Staub en segunda base y Walt Bond en la primera, el emergente Bob Lillis marchó a la caja de bateo, reemplazando a Jim Gentile. Según Musick, la estrategia bucanera era ordenar a su antesalista a correr hacia el plato para defender el toque al mismo tiempo que el campocorto se ocupaba de la tercera base. La acción se desenlazó con

este libreto: el toque de Lillis "generó un bombito hacia la segunda base. Los corredores se detuvieron momentáneamente y de repente Clemente corrió desesperadamente hacia el cuadro. Tras recuperarse de la sorpresa de ver al guardabosque en un lugar inesperado, Walter Bonds [sic] se disparó hacia la antesala, pero el tiro de Clemente llegó antes, fulminando al avergonzado corredor".[1] De acuerdo con Musick, Clemente fue "el único jardinero que participó en un toque".[2]

En 15 de esos 2,433 desafíos, Clemente marcó dos asistencias en el mismo juego. En 13 de ellos, ambas asistencias se lograron desde los bosques.

22 DE MAYO DE 1956
Cardenales de San Luis 6, Piratas 3,
en Forbes Field

En este partido, Clemente tuvo un par de asistencias y también un dúo de errores, cometidos en la segunda y novena entrada. En la parte alta de la octava, Clemente se mudó del jardín derecho a la antesala. Ambas asistencias surgieron del cuadro, atrapando roletas y disparando a la inicial, una en la octava y la otra en la novena. Su primera pifia fue en el bosque y su segunda al defender un toque.

14 DE JULIO DE 1956
Cachorros de Chicago 6, Piratas 2
(primer juego de una doble tanda),
en Wrigley Field

Los Cachorros barrieron (6-2 y 6-5 en 10 entradas). En el primer desafío, Clemente jugó las primeras seis entradas en el jardín derecho, mudándose a la intermedia para la séptima y octava. Su primera asistencia ocurrió en la quinta entrada al atrapar un elevado al bosque derecho y eliminar a Ernie Banks en un "pisa y corre" con un "disparo certero de rifle" a la antesala.[3] Su segunda fue precisamente en la segunda base, con una roleta (4-3) que envió a la inicial para concluir el séptimo episodio.

17 DE ABRIL DE 1958
Bravos de Milwaukee 6, Piratas 1
en en el County Stadium

Johnny Logan comenzó la parte baja de la tercera con un doble y Del Crandall le siguió con un sencillo al bosque derecho pero osó tratar de extenderlo, pensando que Clemente no dispararía al plato. Logan, sin embargo, se detuvo en la antesala y Crandall fue fulminado cuando el receptor Hank Foiles lanzó a la intermedia, 9-2-4.[4] Tras un bambinazo de tres carreras de Eddie Mathews en el quinto episodio, Hank Aaron conectó un sencillo al jardín central. Frank Torre bateó un sencillo al bosque derecho pero Aaron sobrepasó la segunda almohadilla al tratar de llegar a tercera, y fue eliminado 9-4.[5]

18 DE JULIO DE 1958
Gigantes de San Francisco 5, Piratas 4,
en el Estadio de las Forcas (Seals)

En la parte baja de la tercera entrada y con los bucaneros al frente, 1-0, Stu Miller puso un toque con Valmy Thomas en la inicial. El antesalista corsario Frank Thomas tiró descontroladamente a la inicial y la pelota llegó al jardín derecho. Clemente la recogió y la disparó hacia el campocorto Dick Groat, que la dejó caer, permitiendo a Miller a llegar a la intermedia, pero Groat se recuperó y sacó a Valmy Thomas en una jugada en el plato.[6] Una remontada de los Gigantes puso al marcador 5-1 a finales de la quinta con dos *outs* y un hombre en primera cuando Orlando Cepeda bateó un sencillo al bosque derecho. El corredor alcanzó la tercera base, pero Clemente fulminó a su compatriota en la intermedia.

10 DE AGOSTO DE 1961
Cardenales de San Luis 3, Piratas 2
en Forbes Field

Al comenzar el cuarto episodio, con el juego empate a una carrera, Ken Boyer a bordo de la primera base y sin *outs*, Stan Musial conectó un elevado hacia Clemente, quién capturó el bombo y lanzó a su primera base Dick Stuart. El tiro sorprendió a Boyer fuera de base. En la próxima entrada, con la pizarra aún marcando un empate, y con una situación idéntica con un hombre en la inicial y ninguno fuera, Curt Flood conectó hacia el jardín derecho, pero al tratar de desafiar el brazo de Clemente, fue retirado en la intermedia, con el siore Groat fiscalizando la acción.[7]

4 DE SEPTIEMBRE DE 1961
Cardenales de San Luis 9, Piratas 4
en el Estadio Busch

En la parte baja de la tercera entrada, Curt Flood bateó un sencillo con Ray Sadecki en la inicial y sin *outs*. Sadecki se alzó con la antesala pero "dudó pensando que Clemente tiraría a tercera y trató de regresar a la inicial".[8] Flood fue retirado a través de un relevo de RF-2B-1B. Julián Javier, con su sencillo, remolcó a Sadecki. Javier se apoderó de la intermedia tras una roleta y fue remolcado por un sencillo de Musial. Un doble de Boyer y una base por bolas a Charlie James llenaron las almohadillas. Alex Grammas contribuyó un sencillo, impulsado un par de carreras, pero James fue retirado al tratar de llegar a la antesala durante el tiro de Clemente. Por segunda vez en el mismo juego James fue retirado por un jardinero, siendo la primera cuando el guardabosque central Bill Virdon lo retiró en la segunda base al tratar de estrechar su sencillo.

3 DE MAYO DE 1962
Gigantes de San Francisco 8, Piratas 4, en el Parque Candlestick

En la parte baja del primer episodio, Orlando Cepeda conectó un sencillo al jardín derecho pero tomó una curva muy marcada al redondear la inicial. Clemente tiró a la primera base y en vez de tener corredores en las esquinas con dos *outs*, los Gigantes tuvieron que tomar el campo. En la cuarta, con corredores en primera y tercera y el formidable Willie Mays al plato, un lanzamiento descontrolado del serpentinero desempató el juego. Mays bateó un sencillo al jardín derecho, impulsado otra carrera, pero fue fulminado por un tiro de Clemente a la intermedia capturado por Stuart en la inicial y Mazeroski en la segunda base.

17 DE MAYO DE 1964 (1)
Esquivadores de Los Ángeles 3, Piratas 2, en el Dodger Stadium

Clemente conectó un sencillo, un doble y un triple en el desafío, "pero fue su brazo que enamoró a los aficionados y fulminó a dos corredores".[9] Cuando los locales anotaron su segunda carrera en la parte baja de la segunda cuando el serpentinero Sandy Koufax conectó un sencillo, Dick Tracewski trató de llegar a la antesala desde la inicial pero Clemente le "eliminó cuando trataba de regresar a la segunda base" siendo la matanza completada por el guante de Dick Schofield.[10] En la séptima, Ron Fairly comenzó con un triple y con un hombre fuera, anotó tras un elevado sacrificio al jardín

derecho, aunque "el tiro sensacional de Clemente" por poco lo atrapa.[11] El próximo bateador, Willie Davis, conectó una roleta hacia el bosque derecho pero Clemente lo liquidó antes de llegar a la intermedia "por varias leguas".[12]

13 DE MAYO DE 1965
Bravos de Milwaukee 5, Piratas 4 en Forbes Field

Los Bravos consiguieron 19 inatrapables y los bucaneros tan solo ocho, pero el resultado tan solo los separó por una carrera. En la cuarta entrada, el jardinero central Bill Virdon fue acreditado con una doble matanza al atrapar un elevado y aniquilar a Dennis Menke al plato. Menke se lastimó durante la jugada y tuvo que salir del juego.[13] Los Piratas disfrutaban una ventaja de 4-1 tras cinco episodios pero los Bravos empataron el encuentro en la sexta entrada. Con dos *outs* y corredores en las esquinas al comenzar la octava entada, Joe Torre enlazó un sencillo para brindarle la ventaja a los Bravos, 5-4, pero al tratar de tomar la intermedia, Clemente retiró a Torre con un certero tiro a Schofield para concluir el episodio. En el próximo episodio, los Bravos trataron de anotar una carrera para incrementar su ventaja. Con un hombre fuera y corredores en las esquinas, Santos Alomar (padre) conectó un elevado al jardín derecho. Clemente atrapó la pelota y retiró al lanzador Phil Niekro con un tiro hacia el plato que Jim Pagliaroni capturó para retirar al corredor.

12 DE MAYO DE 1966
Gigantes de San Francisco 3, Piratas 0 en el Forbes Field

Con un hombre en la inicial en la segunda entrada, Jesús Alou comenzó con un sencillo que trató de ensanchar en un doble para estacionar corredores en la intermedia y la antesala. Su osadía le salió cara al ser fulminado por Clemente, quién lanzó hacia el inicialista Donn Clendenon, quién avispadamente tiró hacia la segunda base, atrapando a Alou, 9-3-4-6. El próximo bateador, Ollie Brown, remolcó Jim Ray Hart desde su conocida tercera base para anotar la primera carrera del partido. Hart bateó un bambinazo solitario al comenzar la cuarta. Con dos carreras de ventaja en la octava, Willie Mays conectó un sencillo y Hart vino al plato. Aunque parezca imposible, Mays fue retirado tras una roleta *al bosque derecho* que Clemente recogió, un *out* plasmado como RF-SS cuando Gene Alley le esperó en la intermedia.

13 DE JUNIO DE 1967
Cardenales de San Luis 7, Piratas 4
en el Forbes Field

En este juego, Clemente aniquiló un par de corredores tratando de llegar al plato pero a su vez cometió un par de errores. En la parte baja de la primera, con dos *outs* y Orlando Cepeda en la inicial tras remolcar la primera carrera del encuentro, Tim McCarver bateó un sencillo hasta el jardín central. Le pelota eludió a Clemente, llegando McCarver hasta la antesala, pero Clemente se recuperó y lanzó la bola hacia el plato, capturando a Cepeda tratando de anotar. Los Gigantes lograron un trio de carreras en el segundo episodio, aunque Clemente limitó el daño al fulminar a Curt Flood, quién trataba de anotar desde la inicial tras un doble de Bobby Tolan al jardín derecho.[14] Clemente cometió su segunda pifia en la tercera entrada, permitiendo una sexta carrera y ayudando a la séptima a encarrilarse.

7 DE JULIO DE 1967
Rojos de Cincinnati 6, Piratas 2
en el Forbes Field

En un cambio de papeles del libreto, fue Clemente el corredor quién fue ultimado. En la parte alta de la primera, Clemente logró su primera asistencia, retirando a Lee May cuando éste intentaba de anotar en un elevado de Tommy Helms.[15] Con la pizarra empatada 1-1, Clemente trató de darle

la ventaja a los corsarios. Bill Mazeroski conectó un elevado hacia Vada Pinson en el jardín central pero un tiro del guardabosque (8-4-2) borró a Clemente de las bases. Los Rojos pusieron corredores en inicial y la intermedia tras una base por bolas y un sencillo sin *outs*. Pinson conectó un sencillo al bosque derecho pero Clemente lanzó a la segunda base, para retirar a Helms en un *out* forzoso.

12 DE AGOSTO DE 1969
Gigantes de San Francisco 6, Piratas 3
en el Parque Candlestick

Con dos hombres fuera y una ventaja 3-0 en la parte baja de la segunda para los caseros, Ron Hunt obtuvo una base por bola y se estafó al intermedia. Bobby Bonds conectó un sencillo al jardín derecho y Hunt trató de anotar pero fue ultimado por Clemente. En la parte alta de la quinta, el guardabosque derecho de San Francisco Ken Henderson fulminó a Bill Mazeroski en el plato. En la parte baja de la octava y con el marcador 6-1, Hal Lanier en primera y dos *outs*, el serpentinero Gaylord Perry bateó un sencillo frente a su homólogo Bob Belinsky de los bucaneros. Lanier trató de alcanzar la tercera base pero fue eliminado por un certero disparo de Clemente al antesalista Richie Hebner. Los Gigantes tuvieron otras oportunidades de anotar durante el partido pero no osaron a desafiar al cañón de Clemente. Según Mazeroski, su compañero por 17 años, Clemente "cambia el juego. En casi todos nuestros juegos, un corredor no se atreve a tomar la tercera base cuando un bateador dispara un sencillo hacia el bosque derecho. Al pasar factura al final de la temporada, son muchas las carreras que evitamos gracias a su presencia".[16]

14 DE SEPTIEMBRE DE 1971
Piratas 4, Cachorros de Chicago 3
en Wrigley Field

Clemente no tan solo generó dos asistencias sino que por vez primera, su equipo triunfó durante la hazaña. Las primeras 13 ocasiones fueron desfavorables para los corsarios, pero en este encuentro se impusieron, 4-3. Clemente no tuvo suerte en la ofensiva (de blanco en cuatro turnos), ni tan siquiera logrando sacar la bola del cuatro. En la parte baja del cuarto episodio, el Cachorro Cleo James conectó un doble pero fue ultimado al tratar de ensancharlo a un triple, 9-4-3, siendo al inicialista Al Oliver quién sacó al corredor con el guante. Con una carrera de ventaja en la parte local de la séptima entrada, Brock Davis se embasó tras un error por parte del antesalista. Billy Williams, el próximo bateador, conectó un doble hacia el jardín central. Clemente atrapó la pelota durante un rebote y tiró hacia el intermedista Paul Popovich, que apuró el lanzamiento hasta el plato, eliminando a Davis.

25 DE JUNIO DE 1972
Piratas 9, Cachorros de Chicago 2
en Wrigley Field

A dos meses antes de cumplir 38 años, Clemente logró otro juego con dos asistencias, su 15to y último. Aunque el marcador final no lo indica, los Cachorros llevaban la ventaja, 2-1, tras los primeros siete episodios. En la parte baja de la sexta, Clemente marcó su primera asistencia tras un bombito a la segunda base. Con Ron Santo en la inicial, Paul Popovich bateó un débil elevado hacia el intermedista Dave Cash que sorprendió a Santo. Tras Cash atrapar el bombito, le pasó la bola a Clemente y éste al campocorto Gene Alley, sorprendiendo a Bando.[17]

Tras un cuadrangular con las bases llenas de Manny Sanguillén que cambió la pizarra a 5-2 en la parta alta de la séptima, el Cachorro Jim Hickman bateó hacia el jardín central. Clemente atajó la pelota y lanzó hacia a intermedia, cubierta por Gene Alley, que atrapó a Billy Williams en el *out* forzado. Según Dozer del *Tribune*, Williams "fue engañado, pensando que Clemente atraparía el elevado" y al descubrir la realidad, "salió pitado hacia la intermedia".[18] Clemente, al reconocer que

no podría atrapar la pelota en el aire, se "detuvo a 10 pies de la verja, donde la bola rebotó, ultimando a Alley".[19]

LOS CORREDORES VICTIMIZADOS POR CLEMENTE

Los jugadores fulminados por Clemente podrían completar un equipo de "todos estrellas". Ocho de ellos son miembros del Salón de la Fama (en *letra cursiva*): *Hank Aaron*, Jesús Alou, Ken Boyer, *Orlando Cepeda* (tres veces), Del Crandall, Brock Davis, Willie Davis, Curt Flood (un par de veces), Tommy Helms, Ron Hunt, Charlie James, Cleo James, Lee May, *Willie Mays*, *Phil Niekro*, *Gaylord Perry*, Ray Sadecki, *Ron Santo*, Valmy Thomas, *Joe Torre*, Dick Tracewski y *Billy Williams*.

JARDINEROS CON JUEGOS CON CUATRO ASISTENCIAS

Tom Ruane, administrador de Retrosheet, recalca que según la más reciente edición del *Sporting News Record Book*, la mayor cantidad de asistencias logradas por un guardabosque en un partido es cuatro. Esta marca has sido lograda por cuatro peloteros del siglo XIX. Bill Crowley de los Bisontes de Búfalo lo logró en dos ocasiones distantes en la misma campaña, el 24 de mayo y el 27 de agosto de 1880. Crowley obtuvo 46 a través de la temporada.

Harry Schafer de los Medias Rojas de Boston fue el primero, el 26 de septiembre de 1877. Mike Griffin hizo los mismo por los Novios (*Grooms*) de Brooklyn el 17 de julio de 1893 y Dusty Miller, de los Rojos de Cincinnati, el 30 de mayo de 1895.

En el siglo XX, seis peloteros han alcazado la marca: Ducky Holmes (Senadores de Washington, 21 de agosto de 1903), Fred Clarke (Piratas de Pittsburgh, 23 de agosto de 1910), Lee Magee (Yanquis de Nueva York, 28 de junio de 1916), Happy Felsch (Medias Blancas de Chicago, 14 de agosto de 1919), Bob Meusel (Yanquis de

Nueva York, 5 de septiembre de 1921) y Sam Langford (Indios de Cleveland, 1 de mayo de 1928). Al momento de esta publicación en 2022, ha pasado casi un siglo desde la última ocasión del hito.

AGRADECIMIENTOS

El autor agradece la información provista por Dave Smith y Tom Ruane de Retroheet.org. ᴠ

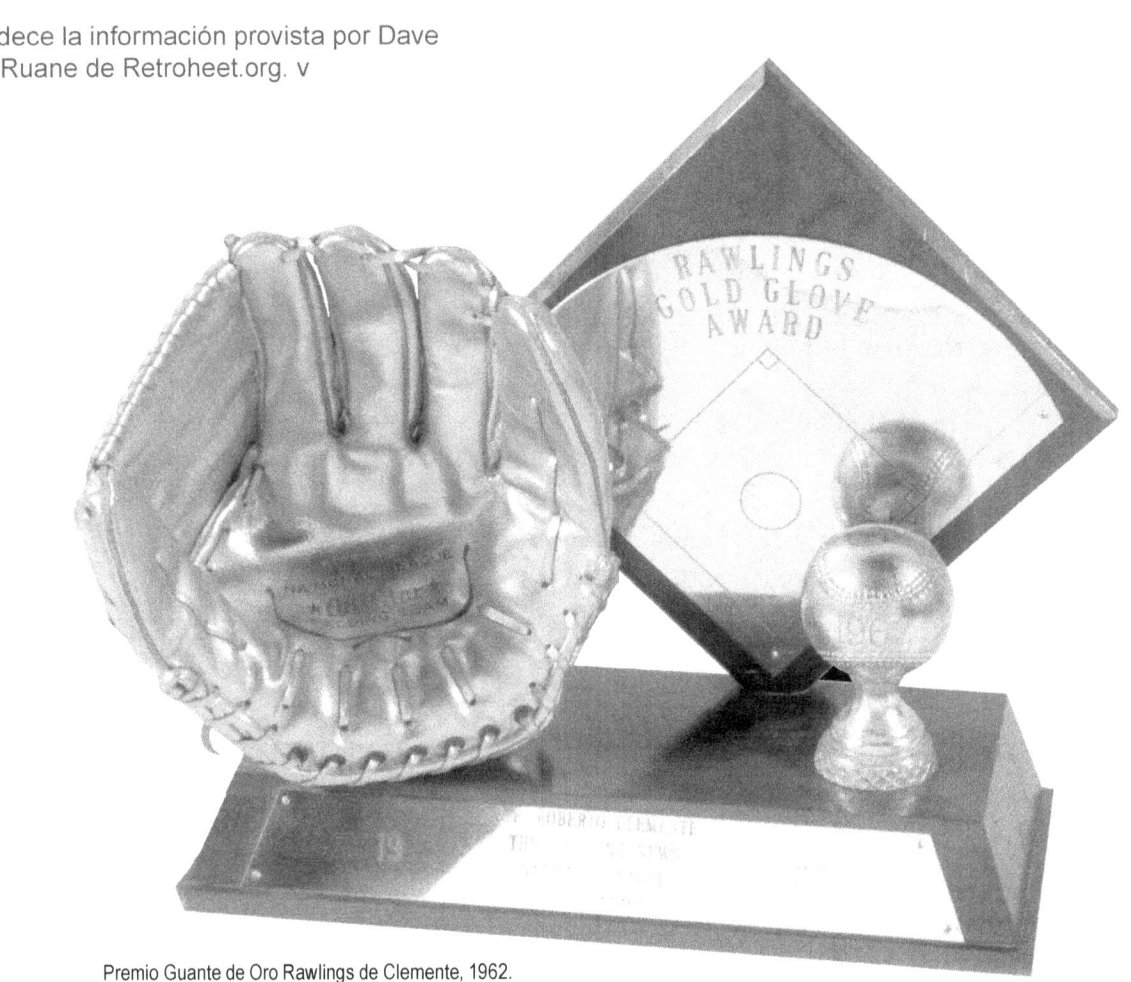

Premio Guante de Oro Rawlings de Clemente, 1962.
Fotografía de Duane Rieder.

NOTAS

1   Phil Musick, *Who Was Roberto?* (Garden City, New York: Associated Features/Doubleday, 1974), 289.

2   Musick, 288. Bruce Markusen describe en detalle la jugada, incluyendo la distancia (5 pies) por la cual Bond fue fulminado. Bruce Markusen, *Roberto Clemente: The Great One* (Champaign, Illinois: Sports Publishing 1998), 142.

3   Irving Vaughan, "Cubs Beat Pirates, 6 to 2 in 9 Innings, 6 to 5 in 10," *Chicago Tribune*, 15 de julio de 1956: A2.

4   Jack Hernon, "Mathews Swats 2 More HRs to Sink Bucs, 6-1," *Pittsburgh Post-Gazette*, 18 de abril de 1958: 17.

5   "Sanford, Phils' Jinx, Faces Buhl Tonight," *Milwaukee Journal*, 18 de abril de 1958: Part 2, 17.

6   Bob Stevens, "Late Pirate Rally Falls a Run Short," *San Francisco Chronicle*, 19 de julio de 1958: 1H.

7   Jack Hernon, "Cards Nip Pirates for Eighth Straight, 3-2," *Pittsburgh Post-Gazette*, 18 de abril de 958: 16.

8   Jack Hernon, "White's 'Grand Slam' Sinks Pirates, 9-4," *Pittsburgh Post-Gazette*, 5 de septiembre de 1961: 20.

9   Frank Finch, "Sandy Sizzles, 3-2; Podres Fizzles, 8-3," *Los Angeles Times*, 18 de mayo de 1964: B1, B4.

10 Finch.

11 Photo caption, "Just Barely for Fairly," *Los Angeles Times*, 18 de mayo de 1964: B1.

12 Finch.

13 Jack Hernon erróneamente escribió que Clemente, y no Virdon, quién fulminó a Menke en el plato. De haberlo sido, Clemente contaría con tres asistencias en el encuentro. "Braves' 19-Hit Attack Dumps Pirates, 5-4," *Pittsburgh Post-Gazette*, 14 de mayo de 1985: 24.

14 En la segunda entrada hubo otra jugada en el plato, aunque no incluyó a Clemente. Mike Shannon se retiró con una doble matanza poco usual (4-2-5-4), con el intermedista Bill Mazeroski tocando al corredor en el plato.

15 Una fotografía de la jugada fue impresa en la página 10 de la edición del 8 de julio del Columbus Dispatch.

16 Musick, 290.

17 Richard Dozer, "Pirates' Late Rallies Slam Door on Cubs 9-2," *Chicago Tribune*, 26 de junio de 1972: C1, C6. El periódico Chicago Defender reseñó que la bola fue atrapada por el jardinero central Al Oliver, quién corrió tras ella pero "cayó de estómago, aguantando la bola" y pasándosela a Clementes, quién la lanzó a Alley para lograr el segundo out. Léase Norman O. Unger, "Fergie on Bench, Brightens Day," *Chicago Defender*, 26 de junio de 1972: 28. Sin embargo, Retrosheet tiene dos relatos del partido que concuerdan con la descripción del Tribune.

18 Dozer: C6.

19 Charles Feeney, "Sangy-Giusti Duo Clinches Sweep of Cubs," *Pittsburgh Post-Gazette*, 26 de junio de 1972: 16, 18.

ROBERTO CLEMENTE EN LOS JUEGOS DE ESTRELLAS

POR MALCOLM ALLEN

Al evaluar estadísticas, no se aconseja tomar conclusiones basadas en pequeñas muestras como 34 apariciones al plato ó 72 entradas defensivas dispersadas en más de una década. No obstante, se puede decir que las actuaciones de Roberto Clemente en los Juegos de Estrellas mejoraron sus envidiables marcas. Enfrentándose a sus colegas más destacados, Clemente bateó un promedio de .323 en 15 de los clásicos de verano (mejorando sus .317 vitalicios en la temporada regular), añadiendo varios momentos recordables a su palmarés.

En el 1960, los Esquivadores de Los Ángeles visitaron a Pittsburgh el fin de semana previo al anuncio de la plantilla de los equipos "todos estrellas". Los Piratas, cuyo último banderín se remontaba al 1927, habían alcanzado el primer lugar en mayo, gracias a Clemente y sus 25 carreras remolcadas en 27 juegos, lo que le brindó el premio del mejor jugador del mes de la Liga Nacional (NL). Al terminar la primera mitad de su sexta temporada, el guardabosque derecho poseía la tercer mejor marca de bateo con .325. Antes de marcharse de Pittsburgh, Walter Alston, dirigente de los Esquivadores y también del equipo de las estrellas de la NL, exclamó: "Clemente es el mejor bateador con peor forma. Tengo algunos que parecen batear .400 pero terminan bateando .200, y sin embargo Clemente parece que batearía .200 pero termina cerca de los .400".[1]

Ocho Piratas fueron seleccionados para el escuadrón de la NL. Cinco estaban en el campo cuando Clemente debutó ese julio 11 en el Estadio Municipal de Kansas City, cuyo termómetro marcaba un centenar de grados Fahrenheit.[2] Después de relevar a Hank Aaron en la parte baja de la séptima entrada, Clemente bateó un bombo elevado ante el zurdo Bud Daley de los Atléticos. Este sería su único turno al bate, pero en el jardín derecho, Clemente atrapó dos batazos, incluyendo un lineazo de Harvey Kuenn, que concluyó el partido 5-3 a favor de la NL. Ese año se celebraron dos Juegos de Estrellas, y dos días más tarde, Clemente reemplazó a Aaron de nuevo, esta vez como bateador emergente en la octava entrada. Frank Lary, lanzador de los Tigres, le otorgó una base por bolas y la NL ganó otra vez, 6-0. Al reanudarse la temporada regular, Clemente describió su primera experiencia "todas estrellas" como "apresurada, apresurada, apresurada. No hay tiempo para descansar... me cansó".[3] Pero Clemente nada más comenzaba a calentarse.

El año siguiente también se disputaron dos Juegos de Estrellas, separados por tres semanas. Clemente comenzó ambos como guardabosque derecho, al recibir 170 de los 233 votos emitidos por los jugadores, dirigentes y entrenadores de la NL. (Tan sólo la segunda base de los Bravos de Milwaukee, Frank Bolling, recopiló más votos).[4] Ese 11 de julio, los puertorriqueños estaban enorgullecidos de tener dos jugadores en la alineación por primera vez. Orlando Cepeda, de los Gigantes y quién fuese el primer titular boricua dos años antes, bateó en la cuarta posición. Le seguía Clemente, con promedio de .357 en la primera fase de la temporada, en ruta a su primer campeonato de bateo.

Clemente le conectó un triple al zurdo Whitey Ford, con el imparable cayendo entre Mickey Mantle y Roger Maris, Yanquis al igual que el lanzador.[5] Un sacrificio elevado del Cardenal Bill White le permitió a Clemente anotar la primera carrera del juego. En la cuarta entrada, Clemente conectó un sacrificio contra el Senador Dick Donovan para aumentar la ventaja de la NL a dos carreras. El batazo viajó más de 400 pies hacia el jardín derecho-central, pero el dichoso viento del Parque Candlestick lo mantuvo dentro del campo. Clemente lamentó "en cualquier otro estadio, hubiese tenido dos cuadrangulares".[6]

Un soplo inoportuno empujó del montículo a Stu Miller, relevista de los Gigantes, durante una remontada de la Liga Americana, causando un balk. La AL se fue adelante en la décima entrada, pero Willie Mays conectó un doble que impulsó a Aaron para empatar el juego. Frank Robinson recibió un pelotazo y Clemente se planteó en la caja de bateo frente a Hoyt Wilhem, quién lo había ponchado en la octava entrada. Con corredores en primera y segunda base y sin hombre afuera, Clemente abanicó el primer ofrecimiento-una bola a nudillos-pero conectó el siguiente para empujar a Mays con un sencillo y ganar el juego.

"Para mí, fue una gran emoción" dijo Clemente. "Mi madre, padre y hermanos estaban viendo el juego por televisión y oyéndolo por la radio en Puerto Rico".[7] El galardón al Jugador Más Valioso del Juego de Estrellas no fue creado hasta el año siguiente, pero de haber existido, la actuación de Clemente (dos imparables y dos carreras remolcadas, una carrera anotada en la victoria de la NL, 5-4) posiblemente la hubiese merecido. "Lo que me hace sentir lo mejor es que el dirigente (Danny Murtaugh, de los Piratas) me permitió jugar el partido completo" comentó en el camerino, mientras se le fotografíaba sonriendo con Mays y Aaron. "Me dió un gran halago".[8] En el segundo Juego de Estrellas del 1961, en el Parque Fenway el 31 de julio, Clemente se fue en blanco en dos turnos antes de ser reemplazado por Aaron en la parte baja de la cuarta entrada del partido, que terminaría empatado a una carrera.

Los colegas de Clemente lo seleccionaron de nuevo como titular en el 1962, el último año con un par de Juegos de Estrellas. En presencia del Presidente John F. Kennedy el 10 de julio en Washington, DC, Clemente conectó un doble contra el abridor Jim Bunning, lanzador derecho de los Tigres, después de recibir dos strikes.[9] El imparable sería el único extrabase para la NL, pero Clemente también contribuyó dos sencillos. El primero fue en la cuarta entrada, contra al as de los Mellizos, Camilo Pascual. La entrada terminó cuando Orlando Cepeda se ponchó y el receptor de Minnesota, Earl Battey, atrapó a Clemente tratando de robarse tercera base en una doble jugada. En el sexto, también bateando contra Pascual, Clemente conectó una suave roleta en el cuadro interior, llegando a la base antes del tiro. El sencillo fue parte de la remontada clave para la victoria de la Liga Nacional, 3-1. Felipe Alou, de los Gigantes, lo reemplazó en el bosque derecho al comenzar el séptimo. Al concluir la campaña del 2021, sus tres imparables en un partido tan sólo han sido superados por tres jugadores, que obtuvieron cuatro: Joe Medwick en 1937, Ted Williams en 1946 y Carl Yastrzemski en 1970. Veinte días después, el 30 de julio en Wrigley Field en Chicago, Clemente sufrió su primera derrota como "todas estrellas", aunque al dejar el juego después de tres entradas y dos turnos al bate en blanco contra Dave Stenhouse, de los Senadores, el juego permanecía empatado.

Aaron, que lideraba la NL en cuadrangulares y carreras empujadas en el 1963, fue seleccionado como titular para el juego del 1963. Aaron jugó las nueve entradas y Clemente tan sólo disfrutó unos momentos en el campo. Reemplazando a Mays en el jardín central, captó el sencillo Brooks Robinson con un hombre fuera antes que una doble matanza concluyera el juego.

Clemente recapturó su rol como titular para el Juego de Estrellas del 1964, celebrado el 7 de julio en el Estadio Shea. Había terminado la primera vuelta con el mejor promedio de bateo en las mayores (.345) y el liderato en dobles en la NL (22); mejor aún, su madre estaba entre los fanáticos presenciando el juego.[10] Sus primeros dos turnos al bate, contra Dean Chance de los Serafines, fueron improductivos: se ponchó en la primera entrada y fue retirado tras una roleta al campocorto. Enfrentándose a Pascual en el quinto, conectó un sencillo con dos *outs*; la pelota le pegó a la segunda base, elevándose fuera de la deriva del intermedista.[11] Su compañero de los Piratas, Dick Groat, machacó un doble y Clemente no paró de correr, cruzando el plato desde primera base para aumentar la ventaja de la NL, 3-1. La AL batalló y obtuvo una breve ventaja después de que Clemente saliese el juego en la sexta entrada, pero su reemplazo, Johnny Callison de los Phillies, bateó un cuadrangular de tres carreras que dejó a los visitantes en el campo.

En el verano del 1965, Clemente bateó indiscutibles en 20 juegos consecutivos, una marca personal. La racha terminó contra Sandy Koufax y los Dodgers en el último partido de la primera mitad de la temporada. Clemente ganaría su tercer título de bateo al finalizar la campaña, pero al quedar en tercer puesto en la votación de jardinero derecho titular del Juego de Estrellas, su orgullo lastimado lo llevó a declarar que "no jugaría" como reserva.[12] Harry Walker, entrenador de los Piratas, le urgió reconsiderar su decisión, pero no fue convencido hasta que Gene Mauch, dirigente de la NL y de los Phillies, le dijo: "no sería un juego sin tí. Tú mereces estar con las demás estrellas".[13] Antes del juego del 13 de julio en el Estadio Metropolitano de Bloomington, Minnesota, Clemente y su compatriota Félix Mantilla se tomaron una foto con el dominicano Juan Marichal, el venezolano Vic Davalillo y los cubanos Leo Cárdenas, Tony Oliva, Cookie Rojas y Zoilo Versailles-una imagen que auguraba los cambios demógrafos del béisbol. En la parte alta de la séptima entrada, Clemente bateó de emergente por su compañero Pirata Willie Stargell contra Sam McDowell de los Indios; con la pizarra empatada y corredores en las esquinas, bateó una roleta de out forzoso antes de que Ron Santo, de los Cachorros, conectase un imparable que no salió del cuadro interior pero resultó ser el indiscutible ganador. Clemente jugó tres entradas en el bosque izquierdo, con dos *outs* en un par de turnos al bate.

Clemente, quién ganaría el Premio del Jugador Más Valioso de la Liga Nacional en el 1966, fue electo como titular del Juego de Estrellas. Con su décima elección, Clemente sobrepasó al campocorto Arky Vaughn como el Pirata con más selecciones. El partido fue celebrado el 12 de julio en el Estadio Busch de San Luis y Joe Torre, quién actuó como receptor de las primeras siete entradas, estimó que la temperatura en el campo rondaba los 115 grados Fahrenheit.[14] En el cuarto, Mays y Clemente conectaron sencillos consecutivos frente al Mellizo Jim Kaat, pero Clemente fue retirado en una jugada forzosa. Otro indiscutible de Santo-sin salir del cuadro interior-empató el juego a una carrera, y así permaneció hasta la décima antes que la NL ganase el partido. A pesar del abrumador calor, Clemente jugó todas las entradas y bateó de 4-2, con un doble al jardín opuesto frente a Mel Stottlemyre, de los Yanquis. "Jamás se sentí tan cansado en toda mi vida" comentó Clemente.[15]

En la víspera del Juego de Estrellas del 1967, tan sólo Cepeda (.356) superaba el promedio de bateo de Clemente (.352). Ambos lucieron como titulares por última vez en sus carreras y jugaron las 15 entradas del partido el 11 de julio en Anaheim. Clemente obtuvo un sencillo sin salir del cuadro interior en la primera entrada contra Dean Chance, lanzador de los anfitriones Angelinos. Sin embargo, se ponchó en sus próximas cuatro oportunidades, contra Chance, Gary Peters de los Medias Blancas, Al Downing de los Yanquis y Jim "Pez Gato" Hunter de los Atléticos. Una densa neblina, 92 grados de temperatura y sombras causadas por el comienzo del juego a las 4:15 de la tarde causaron 30 ponches, 11 de ellos cantados.[16] "Fue difícil ver los sliders a esta hora del día" subrayó Clemente.[17] Terminó de 6-1, con su último un out en una roleta bateándole a Hunter en la decimocuarta entrada, pero la NL salió victoriosa en la siguiente. Sus seis atrapadas para out y cuatro ponches permanecen récords del Juego de Estrellas (cubriendo la temporada del 2021). En su carrera, Clemente tuvo sólo un otro juego con cuatro ponchetes, en Los Ángeles contra Don Drysdale el 21 de mayo de 1966.

Antes de reportarse a los entrenamientos de primavera en el 1968, Clemente lastimó su hombro derecho al caerse en su hogar en Puerto Rico. Por única vez en los 14 años entre 1958 y 1971, no logró alcanzar más de una decena de asistencias en el jardín. Su ofensiva también sufrió y para mediados de temporada, tan sólo bateaba .245. "No quiero poner una excusa" contestó a una pregunta sobre su hombro. "No es bueno, comprendes, el decir algo así y que surja como excusa". Por vez primera en nueve años, no fue seleccionado para el equipo de la NL. No obstante, recuperó su forma en la segunda vuelta, bateando .347 y resultó ser líder entre los jugadores ofensivos en WAR con 8.2.[18]

Clemente regresó al Juego de Estrellas en el 1969 en el Estadio Robert F. Kennedy de Washington. Su promedio de .418 en julio le ameritó ser nombrado Jugador del Mes en la NL. El partido se celebró en una noche nublada y húmeda el 23 de julio, ya que lluvia la noche anterior canceló los planes originales. Clemente relevó a Aaron en el jardín derecho en la quinta entrada y se ponchó contra McDowell en su única vez al bate "después de martillar un par de lanzamientos altos en el área de foul" según la crónica del Pittsburgh Press.[19] En el campo, su esmerado esfuerzo de atrapar un lineazo del Oríol Boog Powell no fue suficiente y la bola picó antes de caer en su guante. La NL ganó de nuevo, 9-3.

Los fanáticos recapturaron el privilegio de seleccionar los titulares del Juego de Estrellas del 1970. Mays, Aaron y Rose fueron escogidos, aunque una campaña de nominación directa consiguió que el Bravo Rico Carty sustituyese a Rose. "Al infierno con el Juego de Estrellas" expresó Clemente, que poseía una regia marca de .355 al llegar a la mitad de la temporada. "Del único modo que jugaría es si el partido fuese en Pittsburgh".[20] Llevaba varias semanas con molestias en el cuello y los Piratas disfrutaban de una estrecha ventaja de 1½ juegos, por lo que el astro comentó "quiero descansar esos tres días".[21] El presidente de la NL, Chub Feeney, llamó al gerente general de Pittsburgh Joe Brown para que interviniese. Aunque Clemente se ausentó del entrenamiento el día anterior del juego por una cita quiropráctica, dijo presente y estuvo en uniforme para el partido en el Estadio Riverfront de Cincinnati.[22] Clemente fue uno de tan sólo tres integrantes abucheados por los 51,838 fanáticos (Dick Allen de los Cardenales y Leo Durocher, dirigente de los Cachorros, fueron los otros).[23]

No fue hasta la novena entrada que Clemente entró al terreno. La NL, perdiendo 4-1, pudo acercarse a una carrera al colocar corredores en las esquinas cuando Clemente bateó por el Cardenal Bob Gibson. Stottlemyre, quién había tomado el montículo por la AL, otorgó tres bolas y un strike antes que Clemente bateáse de foul un lanzamiento que le pudo haber otorgado un boleto gratis.24 El próximo envío se alejaba del plato, pero Clemente lo alcanzó y envío una línea al jardín central con tan sólo una mano en el bate. El elevado sacrificio causó aplausos, olvidando la anterior muestra de antipatía.[25]

Con un out en la décima, Willie Horton, de los Tigres, machacó la bola hacia el bosque derecho, que "les parecía a todos los asistentes en el recién estrenado parque que sería fácilmente un doble".[26] Clemente reconoció el rebote de la pelota contra la pared y disparó hacia la segunda base, manteniendo a Horton a tan sólo un sencillo. Un camarógrafo de NBC captó al Presidente Richard Nixon sonriendo en su palco, causando al narrador Tony Kubek exclamar que "Roberto se ha ganado la admiración del Presidente".[27] Horton fue eliminado de las bases un a doble matanza. Aunque Clemente produjo el segundo out en la parte baja de la duodécima entrada, la NL enlazó tres sencillos consecutivos para ganar, 5-4, y mejorar la foja de liga a 11-1-1 en los juegos que Clemente participó.

Veintidós futuros miembros del Salón de la Fama-un récord- estuvieron presentes en el Juego de Estrellas celebrado en el Tiger Stadium el 13 de julio de 1971. Clemente no fue titular, aunque al pausar la temporada regular, su promedio de .342 ayudaba a los Piratas a tener la mejor marca de la NL. En la cuarta entrada reemplazó a Mays en el bosque derecho y se ponchó en la siguiente contra el as Oríol, Jim Palmer. En su próximo turno, Mickey Lolich de Detroit le lanzó tres bolas y un strike. En el quinto lanzamiento, Clemente decidió atacar la bola, pero mantuvo sus manos atrás. Balancéandose en su pierna izquierda, conectó

y envío la pelota más de 450 pies hacia la parte más lejana de los asientos en el jardín derecho, su único cuadrangular en el Juego de Estrellas.[28] Los 53,559 presentes no podrían haber pensado que la ocasión marcaría su último turno al bate en los Juegos de Estrellas.

Los aficionados eligieron a Clemente como titular por primera vez en el 1972. Sus 1,091,623 votos lo colocaron en quinto lugar, detrás de Johnny Bench, Torre, Aaron y Dick Allen.[29] Un virus estomacal lo mantuvo fuera de acción por dos semanas; al jugar en el último partido antes del receso, se lastimó la rodilla izquierda al deslizarse en segunda base en la octava entrada. Sin embargo, llegó a Atlanta con intención de jugar en el jardín central. "El Juego de Estrellas es el único lugar dónde debo estar" contó. "Estoy ilusionado de ser el guardabosque central, sobre todo con tantos buenos guardabosques centrales en la liga".[30]

Clemente, con casi 38 años, pensaba jugar tres entradas, pero cojeaba notablemente dos horas antes del partido. Cuando un doctor le informó a Murtaugh que Clemente arriesgaba empeorar su lesión, el dirigente de la NL (y los Piratas) se vio obligado a quitarlo de la alineación".[31]

Clemente falleció trágicamente tan sólo cinco meses y seis días después. Stargell y el lanzador Dave Gusti, representantes de los Piratas en el Juego de Estrellas del 1973 en Kansas City, vistieron un emblema especial en la manga izquierda de sus uniformes. El partido del 1974 se celebró en el Estadio Tres Ríos de Pittsburgh, con su viuda Vera y sus tres hijos entre los asistentes.[32] En el vigésimo aniversario, y con el parque como anfitrión del juego, una estatua de Clemente, en bronce y con 12 pies de altura, fue desvelada durante los actos ceremoniales.[33] Vera fue la primera capitana de un equipo Todos Estrellas en el 1998, en el Coors Field de Denver.[34] Y en el 2006, con el nuevo hogar de los Piratas, PNC Park, como sede, el Comisionado Bud Selig le otorgó el

Premio por Logro Histórico, pausando el juego al concluir la cuarta entrada.[35]

El legado de Roberto Clemente en el Juego de Estrellas jamás será olvidado. Desde el 1955, cuando Victor Pellot (Power) y Luis Arroyo fueron los primeros "Todos Estrellas" puertorriqueños, hasta el 2021, 49 jugadores boricuas han sido seleccionados para el Juego de Estrellas. No obstante, Clemente se mantiene como su líder en selecciones vitalicias.[36]

FUENTES

Además de las fuentes mencionadas en las notas, el autor consultó a los sitios Web www.baseball-reference.com y a www.retrosheet.org.

NOTAS

1   Lester J. Biederman, "Bucs May Dominate NL All-Star Team with Eight Players," *Pittsburgh Press*, 4 de julio de 1960: 30.

2   Lester J. Biederman, "The Scorecard," *Pittsburgh Press*, 12 de julio de 1960: 28.

3   Harry Keck, "Bravos and Bards Bounce Off Bucs' Danny," *The Sporting News*, 10 de agosto de 1960: 7.

4   "Clemente, Burgess Named N.L. All-Stars," *Pittsburgh Press*, 2 de julio de 1961: 54.

5   Jack Hernon, "Roberto Drives in Two Runs, Scores One for Nationals," *Pittsburgh Post-Gazette*, 12 de julio de 1961: 20.

6   "Clemente Explains Game-Winning Hit," *Pittsburgh Post-Gazette*, 12 de julio de 1961: 20.

7   Lester J. Biederman, "Clemente 'Misses' Two Homers but Still Comes Out a Hero," *Pittsburgh Press*, 12 de julio de 1961: 47.

8   "Clemente Just Hoped to Move Mays Along," *Asbury Park* (New Jersey) *Evening Press*, 12 de julio de 1961: 28.

9   Jack Hernon, "Pirates Spark NL Stars to 3-1 Win," *Pittsburgh Post-Gazette*, 11 de julio de 1962: 18.

10 Al Abrams, "Sidelights on Sports," *Pittsburgh Post-Gazette*, 8 de julio de 1964: 18.

11 Lester J. Biederman, "NL Win Upholds Alston's Faith in Callison," *Pittsburgh Press*, 8 de julio de 1964: 54.

12 Les Biederman, "Hats Off...!" *The Sporting News*, 24 de julio de 1965: 29.

13 Bill Christine, "Clemente Drills Phils, Snubs Stars," *Pittsburgh Press*, 8 de julio de 1970: 61.

14 Lester J. Biederman, "Would You Believe 115 Degrees?" *Pittsburgh Press*, 13 de julio de 1966: 71.

15 Biederman, "Would You Believe 115 Degrees?"

16 John Hall, "N.L. Wins a Real Swinger in 15th, 2-1," *Los Angeles Times*, 12 de julio de 1967: B1.

17 "Richie Is All Smiles as Tony Arrives Late," *Camden* (New Jersey) *Courier-Post*, 12 de julio de 1967: 46.

18 Charley Feeney, "Roamin' Around," *Pittsburgh Post-Gazette*, 9 de julio de 1968: 17.

19 Vince Leonard, "NBC's Double Day of Delight," *Pittsburgh Press*, 24 de julio de 1969: 50.

20 Bill Christine, "Clemente Drills Phils, Snubs Stars," *Pittsburgh Press*, 8 de julio de 1970: 61.

21 "Clemente to Pass Up 'Star Game,'" *Pittsburgh Post-Gazette*, 8 de julio de 1970: 18.

22 "Will Hodges Use Clemente Tonight?" *Pittsburgh Post-Gazette*, 14 de julio de 1970: 16.

23 "Fans Swing to Clemente," *Pittsburgh Press*, 15 de julio de 1970: 63.

24 "Fans Swing to Clemente."

25 "Rose 'Nationalizes' a Classic," *Camden Courier-Post*, 15 de julio de 1970: 57.

26 Charley Feeney, "Nationals Keep 'Star Grip,' Win by 5-4 in 12," *Pittsburgh Post-Gazette*, 15 de julio de 1970: 19.

27 Roy McHugh, "Roberto's Reverse," *Pittsburgh Press*, 15 de julio de 1970: 63.

28 Joseph Durso, "Nationals Also Connect 3 Times – 6 Equals Record," *New York Times*, 14 de julio de 1971: 23.

29 "All-Star Balloting," *Pittsburgh Press*, 18 de julio de 1972: 30.

30 Charley Feeney, "Playing Games," *Pittsburgh Post-Gazette*, 27 de julio de 1972: 15.

31 Bob Smizik, "Clemente Center of Star Attention," *Pittsburgh Press*, 25 de julio de 1972: 30.

32 Joe Grata, "All-Star Fan Recalls Past, Calls 'Shot,'" *Pittsburgh Press*, 24 de julio de 1974: 2.

33 United Press International, "Statue Dedicated to Clemente," 8 de julio de 1994, https://www.upi.com/Archives/1994/07/08/Statue-dedicated-to-Clemente/3985773640000/ (consultado el 19 de julio de 2021).

34 Claire Smith, "Baseball Names Clemente's Widow Captain," *New York Times*, 3 de julio de 1998: 3.

35 Robert Dvorchak, "Clemente All-Star Tribute Another Touching Moment," *Pittsburgh Post-Gazette*, 13 de julio de 2006, https://www.post-gazette.com/sports/pirates-all-star-game/2006/07/13/Clemente-All-Star-tribute-another-touching-moment/stories/200607130453 (consultado el 19 de julio de 2021).

36 Iván Rodríguez y Clemente jugaron en 14 Juegos de Estrellas. Clemente fue seleccionado para 15 Juegos de Estrellas a lo largo de 12 campañas distintas mientras que Rodríguez fue parte de 14 equipos en un igual número de temporadas.

"EL MEJOR JUGADOR DE LA SERIE MUNDIAL":

CLEMENTE, LA SERIE MUNDIAL Y EL IMPACTO EN SU CARRERA

POR ALEX KUKURA

El béisbol tan solo tiene una meta. Tras una larga temporada de 162 partidos y hasta 15 adicionales en la postemporada, un equipo finalmente gana el derecho a jugar en la Serie Mundial.[1]

La serie es por naturaleza impredecible, capaz de convertir la estrellas en leyendas y crear héroes de un Juan del pueblo. Tal vez el aspecto más fascinante de la Serie Mundial es como cambia a sus participantes: tanto los jugadores, como la prensa y hasta los aficionados prestan una atención descomunal a la competencia y el desempeño de los peloteros. Los Yanquis de Nueva York, por ejemplo, suelen ser asociados con la frase "27 sortijas" y Ted Williams es reconocido no tan solo por el último jugador en batear con un promedio de .400 pero a su vez como posiblemente el mejor pelotero que nunca participó en la Serie Mundial. Ante este telón, es evidente que el rendimiento en la Serie Mundial, espléndido o pésimo, pesa mucho en la evaluación de la carrera de los jugadores.

Roberto Clemente es uno de los mejores peloteros de la historia del béisbol. A través de su carrera, Clemente conectó 3,000 inatrapables y logró un promedio de .317. Desde su reino en el jardín derecho causó pavor entre los bateadores y más aún, entre los corredores, quiénes sabían que era capaz de fulminarlos desde la más profunda esquina del bosque si osaban anotar o tomar una base extra. Pero tal vez más importante que los logros de Clemente en el campo son sus acciones fuera de éste. Oriundo de Puerto rico, Clemente ejerció como un embajador del deporte, sobre todo para sus hermanos latinoamericanos. Desde el 1971 MLB premia un jugador cuyo desempeño en el ámbito filantrópico transciende sus proezas con el bate y el guante. Dicho galardón porta el nombre de Clemente desde 1973.

Clemente y los Piratas ganaron la Serie Mundial en dos ocasiones, en 1960 y 1971. Estas coronas, separadas por 11 años, relatan cuentos distintos, ambos esenciales para comprender la historia de Clemente. En 1960, el joven pelotero, aun acoplándose a la vida en los Estados Unidos y en las grandes ligas, comenzó a lucir sus destrezas y deleitar a los aficionados. En 1971, veterano de 14 Juegos de Estrellas y líder de una de las plantillas más diversas de la historia del deporte, por fin recibió el reconocimiento que ansiaba. Los detalles de ambas series son imprescindibles en comprender el impacto de Clemente en el mejor béisbol del mundo.

1960

Una derrota no suele congregar a 100,000 fanáticos. Pero el 25 de septiembre de 1960, tras perder su juego contra los Bravos de Milwaukee, 4-2, dicha multitud le dio la bienvenida a sus héroes, que habían asegurado el banderín de la Liga Nacional por vez primera desde 1927.[2] Los bucaneros, apodados de tal manera por sus feligreses, lograron 95 triunfos y tan solo 59 reveses (con un empate), ganando la Liga Nacional por siete juegos frente a sus más recios contrincantes.

Como cualquier danza, se necesitan dos, y en la Liga Americana, los Yanquis continuaban su dominio sobre las demás franquicias, con su décimo banderín en los últimos 12 años. Cerraron su marca de 97 victorias y 51 derrotas (con un empate) con broche de oro al ganar sus últimos 15 desafíos. La alineación de Mickey Mantle, Roger Maris, Yogi Berra y Moose Skowron se consideró como una réplica de la "fila de matones" (*Murderers' Row*).[3] Sin embargo, aunque poseían unos bateadores tan recios, los Yanquis de Nueva York son eran los favoritos absolutos para ganar su banderín en 1960. El cronista J.G. Taylor Spink de *The Sporting News* predijo que llegarían en tercer lugar, tras Cleveland y Chicago. Los Piratas tampoco eran predilectos, con muchos expertos considerando que serían un equipo de quinto lugar en la Liga Nacional.[4] Tan solo tres de los periodistas que ofrecieron sus pronósticos para el sondeo de *The Sporting News* en la pretemporada predijeron un encuentro entre los corsarios y los neoyorquinos.[5]

Pittsburgh se volcó por su equipo con una pasión desencadenada por una larga espera de más

de tres décadas desde la última vez que la franquicia disputó una Serie Mundial. Además de la casa llena que les esperó a finales de septiembre, más de 5,000 fanáticos abarrotaron el Parque Schenley frente al Forbes Field el 4 de octubre para una celebración que según el *Pittsburgh Post-Gazette* recalcó como "la noche más loca de la historia de Pittsburgh...una mezcla de Mardi Gras (el festival el día antes del Miércoles de Ceniza), el festival de jazz de Newport, un carnaval de música *honky-tonk* y un toque de la rugiente década de los 1920s".[6] Los comercios de la ciudad ficharon paquines en sus vitrinas y los caballeros añadieron un lazo amarillo a sus sombreros negros.[7] La espera había sido larga y la ciudad no dudaba de olvidar su amargura al celebrar de lo lindo. Los feligreses de los Piratas nombraron a Clemente como su "jugador favorito", un reconocimiento que siempre agradeció.[8]

La prensa nacional y local, sin embargo, no le concedió el mismo respeto a Clemente. Tan solo uno de los periódicos, el *Courier*, resaltó a Clemente como pieza clave de su cobertura, y su nombre fue mencionado como tan solo uno de los nueve nombres de la alineación bucanera por la prensa nacional. Durante una entrevista con Bill Nunn Jr. del *Courier*, el rotativo más importante de la audiencia afroamericana, Clemente predijo que los corsarios ganarían la serie en seis juegos.[9] Este artículo fue el único en celebrar a Clemente antes de comenzar la serie.

El serpentinero Vern Law, as de los Piratas, le permitió un sencillo a Tony Kubek al comenzar el partido del 5 de octubre. Clemente bateó quinto en la alineación, debido al temor del dirigente Danny Murtaugh sóbre cómo su joven guardabosque lidiaría contra el lanzador Art Ditmar de los Yanquis.[10] Clemente no tardó en presentarse ante la audiencia nacional y sus contrarios, conectando un sencillo al jardín central que impulsó un carrera, extendiendo la ventaja corsaria a 3-1.[11] El indiscutible sería su único del desafío: también bateó un elevado al jardín derecho, llegó a base tras una roleta que la defensa optó por eliminar a otro corredor y un *out* de *foul*. Aunque los Piratas marcaron ocho imparables y los Yanquis 13, los corsarios se impusieron, 6-4.

En el segundo encuentro, el dirigente Casey Stengel de los mulos cambió su alineación. Berra se mudó de la receptoría al bosque izquierdo y Elston Howard se ocupó del plato. Clemente regresó al tercer bate y obtuvo un indiscutible en su primer turno, un sencillo en la primera entrada hacia el bosque derecho, pero quedó naufragado tras una roleta de Rocky Nelson. Clemente obtuvo su segundo inatrapable del partido en el tercer episodio al disparar un lineazo que evadió al antesalista Gil McDougald. No obstante, se quedó con las ganas de anotar cuando Nelson marcó un *out* tras un elevado al bosque derecho. Los corsarios tuvieron dificultades en remolcar sus tripulantes, dejando a 13 abordo. Los Yanquis apabullaron a los locales, 16-3, aunque en este juego conectaron 13 imparables. Clemente (de 5-2) bateó una roleta en la quinta, un lineazo en la séptima y un elevado en la quinta, los tres turnos causando *outs*. Tras dos juegos, su promedio de bateo, embase y *slugging* era de .333.

Con la serie empatada 1-1 en rumbo a Nueva York, los Piratas tenían claro que una victoria en la Gran Manzana aseguraría que la competencia regresaría a Pittsburgh. Sin embargo, ese triunfo no llegó en el tercer desafío. Los Yanquis arrollaron a los corsarios, 10-0, el sábado 8 de octubre para tomar una ventaja 2-1 en la serie. El estelar Whitey Ford lanzó una blanqueada, escatimando tan solo cuatro indiscutibles. Clemente consiguió uno de esos cuatro imparables, un sencillo hacia el bosque central en la parte alta de la novena. Los asistentes no prestaron mucha atención al asunto, optando por tratar de echarle un vistazo a a los dignatarios y expresidentes que disfrutaban de un breve recreo de la reunión de las Naciones Unidas para presenciar el pasatiempo estadounidense.[12]

"No nos traten de enterrar" exclamó Don Hoak, capitán de la nave pirata en su columna del *Pittsburgh Post-Gazette*, publicada el 9 de octubre. Aunque los Yanquis habían anotado 30 carreras y los corsarios nueve, tan solo un juego les separaba; una victoria igualaría la serie. Para este cuarto juego, sumamente importante para la fortuna bucanera, Pittsburgh optó por enviar a su as a la lomita y Law no decepcionó. Sus apuros al comienzo del partido se suprimieron tras descubrir como lanzarle al campocorto Yanqui Tony Kubek, quién bateaba .500 tras los primeros tres desafíos.[13] Clemente llevó su racha de bateo a cuatro juegos en ristra tras un sencillo al jardín derecho en la parta baja de la sexta entrada pero su mejor contribución fue en la defensa el próximo episodio. Law, esforzándose tras una lesión del tobillo, le permitió un doble a Skowron a las profundidades del bosque derecho. McDougald le siguió con un sencillo al mismo lugar que muchos asistentes esperaban produjese una carrera. El entrenador de tercera base neoyoquino, Frank Crosetti, urgió cautela, conociendo el potente brazo de Clemente, y mantuvo a Skowron en la antesala.[14] Los Piratas triunfaron, 3-2, empatando la serie.

Con esta victoria, los Piratas podrían regresar a su guarida con una ventaja, 3-2, si ganaban el quinto partido. Ditmar tomó el montículo por los mulos y los corsarios no tardaron en batirle. Tras un error de McDougald y un doble de Bill Mazeroski, los locales perdían 2-0. Clemente logró su único indiscutible del partido en la tercera entrada, remolcando a Dick Groat, y atrapó el último *out* del encuentro, un elevado de Dale Long. Le obsequió la pelota al dueño de los Piratas, John Galbreath, cuyo primer nieto estaba por nacer. Este souvenir fue el primer regalo del retoño.[15]

El fervor corsario regresó a Pittsburgh y 10,000 creyentes se dieron cita en el aeropuerto para respaldar a su novena. El avión arribó una hora y cuarenta y cinco minutos después del vuelo que trasladaba a John F. Kennedy, candidato demócrata para la presidencia de los Estados

Unidos. Unas 6,000 personas festejaron al futuro mandatario, quien recalcó "yo no soy Roberto Clemente, yo soy su candidato presidencial por el Partido Demócrata".[16] Los asistentes aplaudieron el comentario, marcando más atención que la prensa le ofrecía a Clemente.

La serie se reanudó el 12 de octubre con Forbes Field como escenario, dónde 38,580 aficionados ansiaban que su novena se alzase con el trofeo. Ford detuvo el impulso con su segunda blanqueada de la competencia, aunque los Piratas lograron siete inatrapables, tres más de los que obtuvieron en el tercer partido.[17] Clemente contribuyó un par de los imparables, sencillos en el primer y sexto episodio, y retiró cuatro contrarios con sus guante. Los dos indiscutibles elevaron su promedio a .320, liderando su escuadrón tras seis desafíos.

El partido decisivo se celebró el jueves, 13 de octubre, causando muchas excusas en las escuelas y oficinas de Pittsburgh para no perderse el encuentro.[18] Para olvidar un amargo revés el día anterior, Hoak reseñó que "nosotros ya pensábamos en el séptimo juego al llegar a la séptima entrada de ayer. No había porque pensar en lo que había sucedido".[19] Esta opinión pareció ser certera ya que los corsarios se adelantaron, 4-0, al concluir dos episodios. Clemente, por su parte, fue retirado en la primera gracias a un bombito al intermedista Bobby Richardson y en la tercera, tras una roleta que comenzó una doble jugada. Sin duda los fanáticos deseaban mejor suerte para su jugador predilecto.

Las cosas se pusieron de color de hormiga brava en la quinta entrada. Los Yanquis tomaron la delantera y tanto Mantle como Berra habían anotado un par de carreras. En la octava los mulos extendieron su ventaja a 7-4. Los corsarios, viéndose cerca de caminar la plancha, respondieron en la octava. Un sencillo de Groat remolcó a Gino Cimoli y mudó a Bill Virdon a la intermedia. Bob Skinner le siguió con una suave roleta a la intermedia que trasladó ambos corredores a sus próximas estaciones. Rocky Nelson conectó un

elevado al jardín derecho que no fue lo suficientemente profundo para impulsar a Virdon.

Clemente se preparó en la caja de bateo con dos hombres fuera y corredores en segunda y tercera base. En lo que se podría llamar el momento más importante de su carrera hasta aquél entonces, Clemente bateó una roleta que penetró el agujero entre la intermedia y la inicial. Virdon anotó y Clemente llegó a primera base con un indiscutible que no salió del cuadro, gracias a su velocidad y determinación, manteniendo las oportunidades de su franquicia aun vivas.[20]

Hal Smith, el próximo corsario, disparó un cuadrangular al tener dos bolas y dos *strikes*, impulsándose a sí mismo, a Groat y a Clemente, cuya carrera fue su única de la serie. Al comenzar la última entrada, los locales iban al frente, 9-7 pero los Yanquis no se rendían. Mantle y Berra contribuyeron dos carreras para empatar al juego. Mazeroski, un buen jugador defensivo cuyo bate no era sumamente potente, se encontró en una situación de ensueño: en la novena entrada, con el último juego de la Serie Mundial empate. Un bambinazo viajó sobre la cabeza de Berra en el bosque izquierdo, aterrizando en las gradas y dejando a los neoyorquinos en el terreno. Los Piratas ganaron la serie aunque los Yanquis anotaron más del doble de carreras, 55-27.

Clemente ayudó a Mazeroski a atravesar la manada de aficionados que habían invadido el terreno.[21] Aunque Clemente estaba muy contento de la victoria, abandonó el camerino temprano. Según Bill Nunn Jr., uno de los pocos cronistas que le prestaron atención, Clemente ya estaba enfocado en el futuro. Su equipo había ganado pero tan solo se encontraba en la esquina durante la celebración. Llevándose su trofeo como jugador predilecto de la fanaticada, Clemente dejó el camerino, acompañado de Nunn y de Diómedes Antoni Olivo ("Guyaubín"), el lanzador de práctica de bateo de los bucaneros.

El trio fue reconocido en el estacionamiento por un grupo de seguidores, entusiasmados de

Clemente felicita a su compañero Hal Smith tras su cuadrangular en el séptimo juego de la Serie Mundial de 1960. Cortesía del Museo Clemente.

poder compartir con su jugador favorito.[22] Clemente fue un héroe de la serie aunque no recibió la gloria ni el reconocimiento. Consiguió conectar al menos un inatrapable en cada uno de los siete juegos, con un promedio de .310 en 29 turnos. Su defensa fue consistente y su esfuerzo mantuvo las esperanzas vivas en el séptimo juego. Sin embargo, Clemente se sentía al margen de la plantilla, siendo latinoamericano e hispanoparlante. Clemente optó por evadir la tarima y celebrar con los aficionados, para quiénes siempre opinó que jugaba y eran lo único que necesitaba.

1971

Las grandes ligas cambiaron entre 1960 y 1971, sobre todo con la expansión en 1969 que trajo nuevas franquicias y necesitó la separación entre las divisiones este y oeste. Los ganadores de dichas secciones se enfrentarían en la serie de campeonato (LCS, de cinco partidos) con un boleto a la Serie Mundial como premio.[23]

En la Liga Nacional, Pittsburgh derrotaron a los Gigantes de San Francisco, tres juegos por uno. Clemente, consagrado como la estrella Pirata, bateó .333 con cuatro remolcadas en 18 turnos al bate en esos partidos, brindando el primer banderín a la ciudad desde 1960 y más de 35,000 fanáticos, en pleno júbilo, invadieron el terreno del Estadio Tres Ríos para celebrar la victoria.[24] La popularidad del béisbol, sin embargo, iba en descenso, y la Serie Mundial no capturó la atención del público como solía hacerlo en el pasado.

Los Orioles se presentaban como el último obstáculo para los corsarios. Baltimore disfrutaba de una ristra de 14 triunfos, incluyendo una barrida de los Atléticos de Oakland en la LCS. Su cuerpo de lanzadores era fabuloso, con tres abridores cuya efectividad no sobrepasaba las tres carreras limpias permitidas por juego y un cuarto con 3.08. Pocos esperaban que los Orioles tuviesen dificultades contra los corsarios, siendo favoritos entre las casas de apuestas por 9 a 5.[25]

Unos 53,229 fanáticos llenaron el Estadio Memorial para el primer desafío, el 9 de octubre. Clemente, como de costumbre, ocupaba el tercer lugar de la alineación. Cos dos hombres fuera en la primera entrada, Clemente conectó un doble hacia el bosque derecho pero Willie Stargell se ponchó, acabando el episodio. Con el imparable, sin embargo, extendió su racha de bateo a ocho juegos en la Serie Mundial. En la tercera entrada logró un sencillo, pero sus próximos dos turnos (un elevado en la quinta y una roleta en la octava) fueron improductivos. Dave McNally dominó a los bucaneros, abanicando nueve al lanzar un juego completo, ganando 5-3. Clemente y Dave Cash fueron los únicos dos corsarios en lograr inatrapables.

El pitcheo de los Orioles continuó su dominio en el segundo choque con 10 ponches propinados por Jim Palmer tras ocho entradas. Los Piratas lograron tres carreras gracias a ocho indiscutibles, dos de los cuáles provinieron del bate de Clemente: un sencillo al jardín central en la primera entrada y un doble hacia el bosque derecho en la tercera. En ambas ocasiones quedó desamparado en las bases. Clemente contribuyó una de sus mejores jugadas defensivas en la parte baja de la quinta entrada. Con Merv Rettenmund en la intermedia, Frank Robinson bateó hacia el jardín derecho. Clemente capturó la bola tras esta picar en el terreno, giró y disparó un mísil hacia la antesala. La pelota llegó al guante de Richie Hebner al mismo tiempo que Rettenmund arribó a la almohadilla. El árbitro cantó al corredor quieto pero Hebner recalcó que fue uno de los mejores tiros desde el bosque derecho hacia tercera base que había visto en su carrera.[26] Aunque la jugada no causó un *out* ni cambió el curso del partido, se recuerda como un ejemplo de la amenaza que Clemente presentaba desde la esquina más profunda de su reino en el jardín derecho.

Tras la derrota, Clemente dictó un discurso ante sus compañeros de equipo, tomando control de un camerino lleno de decepción. Les recordó que regresaban a Pittsburgh, dónde tenían la ventaja. Les confesó a los cronistas que sintió la obligación de brindar el mensaje; de no hacerlo, temía que pensasen "¿para qué vamos a tratar? ¿Si Clemente no lo hace, por qué lo haríamos nosotros?"[27] Los Piratas despertaron y doblegaron a los Orioles, 5-1. Clemente contribuyó una de la carreras con una roleta en la primera entrada, su primera impulsada de la serie. En la quinta marcó un sencillo, manteniendo vigente su racha de bateo. En el séptimo parcial, se embasó tras un erróneo tiro de le defensa, demostrando que a sus 37 años, no paraba de esforzarse cuando vestía su uniforme Pirata. Para el piloto de los Orioles Earl Weaver, esa jugada cambió la fortuna de la serie y comenzó a favorecer a los bucaneros.[28]

El cuarto desafío fue histórico al ser el primer juego nocturno de la Serie Mundial.[29] Los bucaneros no desperdiciaron la oportunidad de empatar la serie al frente de sus aficionados. Sus 14 indiscutibles produjeron cuatro carreras, suficientes para derrotar a los Orioles, 4-3. Bruce Kison lanzó seis entradas y un tercio en relevo, permitiendo un solo imparable, para alzarse con la victoria. Clemente logró tres inatrapables en cuatro turnos, un trio de sencillos en la tercer, quinta y octava entrada, además de una base por bolas en la sexta. Dick Young, periodista del *New York Daily News*, lo tildó como "el mejor jugador de la Serie Mundial, tal vez del mundo completo".[30] Por lo visto, el estrellato de Clemente, que había iluminado a Pittsburgh desde el 1960, ahora brillaba lo suficiente para acaparar la atención nacional.

McNally regresó al montículo Oriol en el quinto encuentro pero no pudo detener la maquinaria que Clemente había puesto en marcha tras su discurso después del segundo juego de la serie.

Su sencillo en el quinto parcial remolcó la cuarta y última carrera del encuentro, ganado por Pittsburgh, 4-0. Su racha de bateo ahora llegaba a una docena de desafíos en la mayor competencia del deporte. Al concluir el partido, Clemente expresó sus frustraciones con la prensa nacional, recalcando que se sentía malentendido por los cronistas, que no era un hipocondríaco y que era uno de los más consistentes miembros de la plantilla y de la historia del deporte completo. Cerró su defensa con broche de oro, reseñado que la manera que le habían visto jugar los primeros cinco encuentros era la misma con la que enfrentaba cada partido de la temporada, y lo había hecho así durante toda su carrea en las grandes ligas.[31] Siempre había sido Clemente, este Clemente; la prensa no se había dado cuenta. Era hora de que el mundo lo completo lo supiese.

La acción regresó a Baltimore. En el sexto juego, Clemente disparó un triple en la parte alta de la primera entrada pero se quedó a 90 pies del plato. En la tercera, conectó un bambinazo que otorgó una ventaja 2-0 a los corsarios. Pittsburgh desperdició su delantera en la parte baja del séptimo episodio y los plumíferos empataron el encuentro. Con el marcador 2-2 los locales por poco se alzan con la victoria pero un mísil de Clemente desde su jardín derecho al plato previno que el corredor Mark Belanger anotase. En la parte alta del décimo parcial, con un hombre en base, Clemente recibió un boleto gratis intencional pero los corsarios no lograron anotar. El juego se resolvió minutos después cuando Brooks Robinson bateó un sacrificio elevado a la parte más profunda del bosque central para remolcar la carrera de la victoria, 3-2. Clemente y los Piratas regresarían a un séptimo juego, como lo hicieron once años antes.

Clemente era uno de los pocos peloteros que quedaban de la plantilla del equipo campeón de 1960. Como líder, le precisó a sus compañeros que aún podían ganar el campeonato esa noche.[32] Los Piratas no arrancaron con buen pie. Sus primeros

11 turnos al bate generaron *outs*, incluyendo una roleta de Clemente al campocorto. No obstante, el serpentinero bucanero Steve Blass la ató las alas a los Orioles. En la cuarta entrada con dos hombres fuera, Clemente disparó un bambinazo hacia el jardín izquierdo-central, la primera carrera del partido. Al lograr su segundo cuadrangular de la serie, Clemente extendió su racha, que ahora se extendía a 14 partidos, todos los que había jugado en la Serie Mundial a través de su carrera. José Pagán añadió un doble que impulsó a Stargell en el octavo parcial y los corsarios ganaron el partido, 2-1, y con este la Serie Mundial.

Clemente concluyó la serie con un estupendo promedio de .414 en 29 turnos. Entre sus 12 inatrapables se incluyeron cinco extrabases: dos cuadrangulares, dos dobles y un triple. Tras el partido, Clemente comenzó la entrevista en español algo que tal vez no hubiese hecho en 1960.[33] Esta versión de Clemente no se restringió a una esquina del camerino durante la celebración. El veterano de 37 calendarios, 14 veces escogido para el Juego de Estrellas, Jugador Más Valioso de 1966 de la Liga Nacional (JMV, o MVP por sus siglas en inglés) y ahora bicampeón de la Serie Mundial era el líder vocal de una de las plantillas más diversas de la historia del deporte. Los cronistas nacionales, cuyo respeto siempre buscó al pensar que lo merecía, lo nombraron como el JMV de la Serie Mundial. Misión cumplida, al igual que en 1960. Aquel año jugó para el deleite de los aficionados de Pittsburgh; esta vez lo hizo para los fanáticos de la pelota en todo el país. Quería que viesen como él jugaba el béisbol-con pasión y determinación-cada día en las grandes ligas. El escenario de la Serie Mundial en 1971 le proveyó el escenario y su desempeño fue de ensueño.

NOTAS

1   El itinerario de 162 partidos en la temporada comenzó el año siguiente tras la primera participación de Clemente en la Serie Mundial. Las series de campeonato (LCS, o playoffs) empezaron en 1969.

2   "Pirates Lose, But So Do Cards and It's Over," *Pittsburgh Post-Gazette*, 26 de septiembre de 1960: 1.

3   David Maraniss, *Clemente: The Passion and Grace of Baseball's Last Hero* (New York: Simon and Schuster, 2006), 105.

4   J.G. Taylor Spink, "Spink Sees All-Redskin Romp in Races," *The Sporting News*, 13 de abril de 1960: 7.

5   Ed O'Neil, "Scribes Stubbed Toes in Tabbing '60 Flag Teams," *The Sporting News*, 5 de octubre de 1960: 13.

6   Al Gioia, "Bucco Fans Jam Park at Rally," *Pittsburgh Post-Gazette*, 5 de octubre de 1960: 1.

7   Maraniss, 109.

8   Bill Nunn Jr., "Change of Pace," *Pittsburgh Courier*, 22 de octubre de 1960: 18.

9   Bill Nunn Jr., "Clemente Goes on Record as Saying Pirates Will Win Series in Six Games," *Pittsburgh Courier*, 1 de octubre de 1960: 2.

10   Maraniss, 112.

11   Las estadísticas, reseña de juego y las descripciones jugada por jugada provienen de baseball-refrence.com.

12   Maraniss, 119.

13   Don Hoak, "Confidence Brought Us Big Victory Over Yankees," *Pittsburgh Post-Gazette*, 10 de octubre de 1960: 24.

14   Maraniss, 121.

15   Maraniss, 123.

16   Harry Brooks, "'Let Nixon Visit and Tell 100,000 Jobless They Never Had It So Good' – J. Kennedy," *Pittsburgh Courier*, 15 de octubre de 1960: 3.

17   Jack Hernon, "Yankees Torpedo Buc Brig, 12-0, to Even Series," *Pittsburgh Post-Gazette*, 13 de octubre de 1960: 1.

18   Maraniss, 125.

19   Don Hoak, "Give 'Em Credit, They Beat Us," *Pittsburgh Post-Gazette*, 13 de octubre de 1960: 34.

20   Maraniss, 130.

21   Maraniss, 134.

22   Nunn, "Change of Pace."

23   "Postseason History: League Championship Series," MLB.com, consultado el 5 de enero de 2022, https://www.mlb.com/postseason/history/league-championship-series.

24   Charley Feeney, "Hebner, Oliver's HRs, Clemente Hit Bury Giants, 9-5," *Pittsburgh Post-Gazette*, 7 de octubre de 1971: 1.

25   Charley Feeney, "Birds 9-5 Favorites for Series," *Pittsburgh Post-Gazette*, 7 de octubre de 1971: 9.

26   Maraniss, 247.

27   Maraniss, 248.

28   Maraniss, 250.

29   Bill Francis, "A Classic Under the Lights," Salón de la Fama, consultado el 5 de enero de 2022, https://baseballhall.org/discover/a-classic-under-the-lights.

30   Dick Young, "Young Ideas," New York Daily News, 14 de octubre de 1971: 111.

31   Maraniss, 256.

32   Maraniss, 261.

33   Maraniss, 264.

ROBERTO CLEMENTE Y LA "GRAN ATRAPADA"

POR BENJAMIN SABIN

El relato comienza con pollo frito e incluye a cuatro asaltantes armados, una sortija del Juego de Estrellas, un secuestro y el mejor pelotero boricua de todos los tiempos, Roberto Clemente, que por poco no se escapa de la aventura. ¿Cómo es posible que muchos aficionados no conozcan el cuento? Si sabemos datos específicos como los 3,000 inatrapables de Clemente y su promedio vitalicio de .317, ¿por qué no sabemos los detalles del episodio? Resulta que nadie sabe si esto sucedió o no...es un tremendo misterio.

LA GRAN ATRAPADA

El paso del tiempo esconde y hasta entierra detalles. Algo ocurre y el día siguiente lo recordamos de una manera; un año después, de otra. Ese podría ser el caso del presunto rapto de Roberto Clemente en 1969, que no salió a relucir hasta su entrevista con el reportero Bill Christine del *Pittsburgh Press* el 9 de agosto de 1970. Para colmo, nada más tenemos la versión de Clemente así que la nadie la puede disputar.

Conocemos que el presunto secuestro ocurrió en San Diego en 1969. Los Piratas visitaron esta ciudad un par de veces esa temporada, siendo la primera desde el 20 al 22 de mayo. Los primeros informes le asignan estas fechas al incidente. Las novenas se enfrentaron de nuevo dos meses y medio más tarde, el 8 al 10 de agosto; los detalles de Clemente, como piezas de rompecabezas, encajan mejor allí, con la excepción de su recuerdo que recae en la primera serie.

¿Cuál es el cuento? Empieza así: érase una vez...no, sin broma. Era como la medianoche y Clemente tenía hambre. Su noche había sido tronchada en la cuarta entrada cuando el árbitro del plato, Lee Weyer, lo expulsó por discutir el tercer strike de su turno. (Este detalle es importante ya que contradice a Clemente: aunque el boricua dijo que sucedió en mayo, sabemos que a Clemente tan sólo lo botaron de un juego en ambas series, el 8 de agosto).[1] Tras su expulsión, Clemente abandonó el estadio y fue al Hotel El Cortez, dónde se hospedaban los bucaneros. Hay quienes dicen que el equipo se quedó en el Hotel Town and Country, cerca de una autopista próxima al estadio.[2]

Al regresar a su cuarto, llamó a su esposa para decirle que se iba a retirar. Su hombro le dolía y lo habían expulsado. Vera le sugirió que "terminara la gira de la costa oeste y si no te sientes mejor al regresar a Pittsburgh, entonces retírate".[3] Clemente le contestó "está bien, tú eres la jefa. Pero si no me siento mejor al regresar a Pittsburgh, se acabó la cosa".[4]

Poco después de la medianoche le atacó el hambre. En el vestíbulo se topó con Willie Stargell con una bolsa de pollo frito. Stargell le mencionó que había comprado su delicioso manjar en un cafetín cercano, así que Clemente decidió ir a por el suyo. Con pollo en mano y de regreso al hotel, Clemente notó que un carro le seguía. De pronto el vehículo paró y de éste salieron cuatro hombres armados (aunque algunos informes mencionaban tan solo tres). Lo obligaron a entrar al carro y acostarse en el suelo. Uno de los maleantes apuntó su revolver a la barbilla de Clemente y le dijo "te vamos a enseñar modales".

Los malhechores llevaron a Clemente a un parque, probablemente el Parque Balboa.[5] Le ordenaron a salir del automóvil y desnudarse, quedando solo en ropa interior. Le forzaron a mantenerse de espaldas en el bonete del carro mientras la revisaban su ropa, robándose los $250 que contenía su cartera y su sortija del Juego de Estrellas.[6]

Clemente pensó que de seguro le dispararían cuando "pusieron la pistola en mi boca".[7] De milagro, pudo dialogar con ellos. Les dijo que era pelotero y que jugaba con los Padres, pensando que no conocerían quiénes eran los Piratas. Alver su tarjeta de identificación de la Asociación de Peloteros, los secuestradores se dieron cuenta que se trataba de un pelotero de grandes ligas.

Así se viró la tortilla y de repente los maleantes se arrepintieron. Dos se los asaltantes eran hispanoparlantes y tras hablar con Clemente, le devolvieron su cartera, el dinero y la sortija.[8]

Ayudaron a Clemente a vestirse y hasta le ayudaron con su corbata.[9] Lo colocaron de nuevo en el carro y lo transportaron las tres cuadras de vuelta al hotel.

Pero la historia no termina así. Se vuelve aún más inverosímil. El relato comenzó cuando Clemente fue a comprar pollo frito. Tras devolver a Clemente a su albergue, los delincuentes regresaron. Clemente pensó que tal vez habían cambiado de parecer, pero no fue así. Uno de ellos comentó "aquí está su pollo frito" y le retornó la bolsa a Clemente. Incrédulo, Clemente esperó hasta que el carro se hubiese alejado de nuevo antes de lanzar la comida al suelo.[10] Tras regresar al hotel, Clemente optó por no reportar el incidente a la policía.

SE DELATA EL CRIMEN

Si de verdad el asunto sucedió el 8 de agosto de 1969, el día siguiente la serie tuvo un día libre, ya que los Embestidores (Chargers) de la Liga Nacional de Fútbol tenían prioridad para usar el estadio multiuso de San Diego. Por ello, se pautó una doble tanda el 10 de octubre. Este detalle explicaría porque Clemente y Stargell buscaron comida fuera del hotel tan tarde, si la gerencia no había decretado un toque de queda. Pero algo es seguro: Clemente no les comentó la odisea a muchas personas.

Más de un año después del percance, los Piratas visitaron a San Diego por vez primera desde la publicación del artículo de Christine. Las novenas disputaron dos juegos, el 25 y 26 de agosto, y el 27 los bucaneros disponían viajar a San Francisco para jugar cuatro partidos contra los Gigantes. El departamento de policía de San Diego aprovechó el día libre para entrevistar a Clemente sobre los hechos.

Clemente le comentó al detective Hanly Pry que antes de relatar lo ocurrido en la entrevista con Christine, tan sólo les había confesado el episodio a tres personas: su compañero de equipo José Pagán, el entrenador de los Piratas Bill Virdon y el árbitro Lee Weyer (el mismo árbitro que lo había expulsado del juego el día anterior). Después salió a relucir que Clemente también le había confesado el percance a Matty Alou y al gerente general de los Piratas Joe Brown.[11]

¿Por qué Clemente no le contó lo sucedió a más personas? ¿Y por qué no lo reportó a la policía? Clemente le explicó a Christine que "no le he dicho esto a nadie porque si los secuestradores lo leen, pueden tomar represalia contra los jugadores cuando regresemos a San Diego".[12] Según otro artículo, Clemente opinó "¿por qué declararlo a la policía? ¿Acaso no estoy vivo?"[13]

Clemente explicó que decidió hacer público el relato ya "se le había olvidado todo el asunto hasta que alguien me lo mencionó. Entonces me dije que valía más decirlo para que se reportase correctamente".[14]

Quién sabe si el relato se publicó de manera íntegra, dado los detalles confusos y hasta contradictorios. En su biografía "Clemente: The Passion and Grace of Baseball's Last Hero", David Maraniss declaró que el rapto "cabe perfectamente en la mitología de Roberto Clemente, hombre del pueblo, respetado hasta por los criminales descabellados".[15]

FUENTES

Además de las fuentes citadas en las notas, el autor consultó al sitio Web baseball-reference.com.

El autor agradece a George Skornickel y a Craig C. Britcher del Centro de Historia Heinz.

NOTAS

1. Prensa Asociada, "Clemente's Kidnapping Confirmed," *Pottstown* (Pennsylvania) *Mercury*, 28 de agosto de 1970: 25.

2. Bill Christine, "Clemente Reveals Abduction," *Pittsburgh Press*, 10 de agosto de 1970: 25.

3. Christine.

4. Christine.

5. "Clemente's Kidnapping Confirmed."

6. "People," Sports Illustrated, 24 de agosto de 1970. https://vault.si.com/vault/1970/08/24/people.

7. "People."

8. "Clemente Reveals Close Call with Kidnapers," *The Sporting News*, 22 de agosto de 1970: 24.

9. "Clemente's Kidnapping Confirmed."

10. "Clemente's Kidnapping Confirmed."

11. "Clemente Reveals Close Call with Kidnapers."

12. RetroSimba, "The Night Roberto Clemente Was Snatched in San Diego," retrosimba.com, 9 de febrero de 2021. https://retrosimba.com/2021/02/09/the-night-roberto-clemente-was-snatched-in-san-diego/.

13. "Clemente Reveals Close Call with Kidnapers."

14. "Clemente Reveals Close Call with Kidnapers."

15. RetroSimba, "The Night Roberto Clemente Was Snatched in San Diego."

ROBERTO CLEMENTE Y SU TRAYECTO A LOS 3,000 INDISCUTIBLES

POR JUAN JOSE RODRIGUEZ

"El Grande".

Al considerar el desempeño tanto en el terreno de juego como fuera de éste, pocos jugadores de las más recientes décadas poseen un palmarés que supera el del ilustre guardabosque derecho de los Piratas de Pittsburgh, Roberto Clemente.

El primer jugador latino electo al Salón de la Fama, Clemente recibió un sinnúmero de halagos por su espectacular carrera en las grandes ligas, que comenzó en 1955 a la tierna edad de 20 años y concluyó con su consagración como el undécimo miembro del club de peloteros con 3,000 inatrapables. (Hasta la fecha en 2022, solo otro Pirata, Honus Wagner, ha logrado la cifra).

Al comenzar la temporada de 1972, Clemente contaba con 2,882 imparables y requería solo 118 para llegar a la mítica cantidad. Si su salud se lo permitiese, no se esperaba que Clemente enfrentase muchos problemas en alcanzar su meta en esa misma campaña, ya que en sus primeros 17 años en las mayores, había promediado casi 170 indiscutibles cada lustro. Durante ese período,

jamás había promediado menos de .250, tan solo dos veces había caído bajo .280 y en cinco inferior a .300.

Una complicación amenazó con detener a Clemente. Debido a la huelga de los jugadores, la temporada de 1972 comenzó con un retraso que también eliminó siete juegos del torneo; cada equipo disputaría 155 partidos y no los 162 usuales. No obstante, los rotativos de Pittsburgh no consideraban este obstáculo como digno de preocupación. En abril, el *Courier* recalcó que "Clemente no demuestra señas de aflojo o de perder su agudo sentido al batear. De hecho, su promedio las ultimas tras campañas es .346...se mantiene como uno de los peloteros más completos en jamás jugar nuestro deporte. Antes de la conclusión de esta temporada se convertirá en el líder vitalicio de varias categorías ofensivas de la franquicia y logrará la cotizada cantidad de 3,000 inatrapables".[1]

En comentarios públicos, Clemente le restaba importancia a capturar los 3,000 imparables en 1972, pero en privado le confesaba a sus compañeros y allegados que lo deseaba. Se rumora que en una conversación con Manny Sanguillén, dijo "tengo que batear ese imparable este año. Puede que muera".[2]

Clemente no tuvo un buen arranque en 1972, conectando solo 12 indiscutibles en abril para un débil promedio de .255 tras el primer mes de la campaña. Mayo le fue mucho mejor, al triplicar su rendimiento, llegando a .365 (36 inatrapables en 95 turnos al bate), gracias a poncharse menos frecuentemente: seis veces en 47 turnos en abril y la misma cantidad en mayo pero en más del doble de veces al bate, 96.

Su promedio de *slugging* casi aumentó al doble, de .298 en abril a .583 en mayo, la que sería su mejor marca mensual en 1972. Su promedio de .338, alcanzado en la última semana del mes, sería el cúspide de su desempeño con el madero en la que sería su campaña final.

Con 47 imparables al concluir mayo, Clemente precisaba 71 en los cuatro meses restantes para llegar a su meta. Un virus intestinal y dolencias en tendones de ambos talones le ausentaron de 53 partidos, 46 de ellos en junio, julio y agosto. En abril tan solo faltó a un juego y a dos en mayo.

En los 39 encuentros que Clemente disputó en el verano, consiguió 41 imparables (.283). Su *slugging* llegó a .517 el 5 de julio, incrementando su OPS (suma de promedios de embase y *slugging*) a .880, cercano a la cumbre de .892 que alcanzó en mayo 26, tras su partido de cuatro indiscutibles.

Clemente bateó 22 inatrapables en junio llegando a 2,951 y colocándolo a 49 de distancia. Al jugar unos meros nueve desafíos en julio, tan solo añadió 10 imparables a su total. En agosto recopiló nueve indiscutibles en una docena de choques. Al llegar a la recta final de la campaña con 88 inatrapables, 30 le separaban de su objetivo.

Clemente comenzó el mes siete imparables en seis juegos. Con 25 partidos en el calendario, requería 23 para ingresar al exclusivo club de bateadores. El 8 de septiembre los Piratas jugaron una doble tanda, pero Clemente no bateó

indiscutibles. En la primera tanda no tuvo apariciones al plato y en la segunda, obtuvo dos boletos gratis (uno de ellos intencional) y propinó un elevado sacrificio. El día siguiente no vio acción hasta la novena entrada, cuando entró como reemplazo defensivo y no tuvo turnos al bate.

El 10 de septiembre marcó un sencillo y en sus próximos cinco compromisos logró 12 inatrapables, incluyendo un trio de partidos como equipo visitante (12, 13, 17 del mes) con tres imparables. Los 3,000 aparecían en la mirilla, con 10 restantes y 15 juegos para obtenerlos.

Frente a los Mets en el Estadio Shea, Clemente se fue de 4-0 (el 18), de 4-1 (el 19) y de 4-0 (el 20), reduciendo su probabilidad.

Con 12 choques antes de concluir la campaña, Clemente requería nueve indiscutibles. En el último juego de la serie en Nueva York, conectó dos sencillos y los bucaneros aseguraron el banderín de la división este de la Liga Nacional (NL), reduciendo la presión que sentía en ese sentido.

Los Expos visitaron a Pittsburgh para un par de desafíos. Clemente se presentó al plato en nueve ocasiones (dos bases por bolas, reduciendo el total de turnos al bate a siete) pero tan solo disfrutó de un inatrapable. Restaban ocho juegos y se encontraba encajado en 2,994.

Los Piratas viajaron a Filadelfia para disputar tres partidos en el Estadio de los Veteranos. En el primero de los choques, Clemente logró dos sencillos y duplicó el total en el segundo de los encuentros. El 28 de septiembre conectó otro sencillo, en la parte alta de la cuarta entrada, para su imparable 2,999. No disfrutó de otro turno, ya que el dirigente Bill Virdon envío al también derecho Bob Robertson (cuyo promedio era un atroz .193) como emergente, aunque los Piratas tenían tan solo una carrera de ventaja, 2-1. Robertson se abanicó pero la decisión de Virdon tenía sentido, ya que los próximos juegos serían en Pittsburgh, otorgándole la oportunidad de conseguir el ansiado indiscutible frente a los aficionados locales.

Clemente conecta su inatrapable #3,000. Fotografía captada por Les Banos, cortesía del Museo Clemente.

El *Pittsburgh Press* reseñó que "el propio Clemente desea que los fanáticos de Pittsburgh estén presentes cuando llegue a su inatrapable 3,000".[3]

El conjunto regresó al Estadio Tres Ríos para una serie de tres choques con los Mets. De manera modesta, Clemente comentó que llegaría tarde a su hogar el jueves y tenía una cita médica el viernes, pero que jugaría al menos uno de los otros dos encuentros. Reconociendo que millares de feligreses anhelaban cada lanzamiento, mencionó que "probablemente jugaría (el viernes)"[4] y los aficionados bucaneros tuvieron la oportunidad de ver el imparable 3,000. En la primera entrada, tras una base por bolas al primer bate Vic Davalillo, Clemente llegó a la inicial tras una roleta que mudó a Davalillo a la intermedia. Por el momento parecía que había logrado el ansiado indiscutible, y la pantalla brevemente lo confirmó, antes que la jugada se clasificase como un error defensivo.[5]

En sus otro cuatro turnos no conseguiría un inatrapable, y los Mets ganaron, 1-0.

La mañana del sábado, septiembre 30, el *Courier* consideró la posibilidad de que Clemente podría quedarse con las ganas, detallando que "le gustaría llega a ese imparable durante la temporada regular, aunque tenga que ser el año que viene".[6]

La incertidumbre no tardó en apagarse. El indiscutible 3,000, que sería el último de su carrera, llegó ese día frente a los fanáticos de los corsarios: un doble ante los Mets de Nueva York. Aunque a lo largo de su trayectoria Clemente tuvo 200 turnos al bate más como visitante que como local, Clemente bateó 56 inatrapables en Pittsburgh que en otras ciudades, incluyendo ocho dobles más y anotando 27 carreras más al jugar en su hogar.

Una roleta de Rennie Stennet causó una doble matanza (4-6-3) que eliminó al corredor Chuck

Goggin. Clemente se ponchó en su primer turno al bate para concluir la primera entrada frente al zurdo Jon Matlack de los Mets.

Matlack y Clemente se habían enfrascado en seis previos duelos y el astro boricua tan solo había conseguido una base por bolas. El joven serpentinero de los Mets confesó no conocer que separaba a Clemente de la hazaña.

"Yo era un novato de 22 años y no sabía que este icono del béisbol estaba atascado en los 2,999 cuando marché a la lomita. Ni idea" dijo Matlack.[7]

La segunda vuelta de Clemente a la caja de bateo surgió en el cuarto parcial. Matlack estaba pautado a enfrentarse a la parte peligrosa de la alineación bucanera: Clemente, Willie Stargell y Zisk. Clemente comenzó la entrada con un lineazo al jardín izquierdo, un doble. El juego de detuvo y Clemente recibió la pelota de su indiscutible.

Uno de los otros miembros de la fraternidad de 3,000 imparables, Willie Mays, se encontraba en la otra banca. Aunque no estaba jugando esta noche, el "Say Hey Kid" se encaminó al terreno para felicitar a Clemente. Mays había logrado su cotizado inatrapable dos años antes con los Gigantes, antes de ser canjeado a los Mets en mayo de 1972.

Tras llegar a la antesala gracias a un lanzamiento que el receptor neoyorquino no pudo atrapar durante el turno al bate de Stargell, Clemente anotó dos bateadores más tarde al ser remolcado por un sencillo al jardín izquierdo del receptor corsario Sanguillén.

Un bateador emergente remplazó a Clemente salió del encuentro en la parta baja de la quinta entrada y el día siguiente, Clemente solo entró al partido como un remplazo defensivo en el noveno parcial.

Ese doble marcó el último turno al bate (en la temporada regular, excluyendo la postemporada) de la carrera de Clemente, y trágicamente, de su vida. Meses más tarde, Clemente perecería en un accidente aéreo cuando transportaba suministros de emergencia para los damnificados de un devastador terremoto en Nicaragua.

Durante el mes de septiembre, Clemente conectó los 30 indiscutibles que precisaba en sus últimos 90 turnos al bate. Diez de ellos fueron extrabases y contribuyeron a un promedio de .333 de bateo, .511 de *slugging* y .890 de OPS en dicho mes. En nueve de sus 27 partidos consiguió al menos dos imparables.

Clemente fue el primer jugador oriundo de Latinoamérica en obtener 3,000 inatrapables a lo largo de su carrera en las grandes ligas.

EN PERSPECTIVA

El ritmo frenético de Clemente al concluir la campaña lo colocó entre los lideres ofensivos en las estadísticas avanzadas (*sabermetrics*). Clemente quedó en 15to lugar en victorias sobre remplazo (*wins above replacement*, WAR) con 4.8, el único jugador mayor de 35 años (a mediados de campaña) en lograr más de cuatro. Clemente fue de semejante manera uno de cuatro jugadores defensivos mayores de 30 años con al menos una victoria defensiva sobre remplazo (Ron Hunt, 31 años, 1.5 dWAR; John Boccabella, 31, 1.2 y Willie Davis, 32, 1.5 siendo los otros).

Para mejor recalcar el tramo final de la carrera de Clemente, tan solo ocho jugadores durante la época de la bola viva (*live ball era*, desde 1920) han logrado 30 indiscutibles en sus últimas 90 apariciones al plato. Tan solo dos peloteros activos-Bryce Harper (30 inatrapables en 86 turnos) y Juan Soto (33 en 90) concluyeron la campaña de 2021 de manera tan fulminante y quedaron en primer y segundo lugar de votación del Jugador Más Valioso (JMV, o MVP por sus siglas en inglés). De los ocho ya retirados, solo Timo Pérez (2007) lo hizo en las cinco décadas que han transcurrido desde la muerte de Clemente. Los otros seis-Ralph Shinners y Joe Evans (1925), Zack Wheat y Frank Snyder (1927), Joe Wood (1943) y Hillis Layne (1945) – alcanzaron la hazaña antes de Clemente.

Hit # 3,000 conmemorado en el marcador del Estadio Tres Ríos.
Fotografía captada por Les Banos, cortesía del Museo Clemente.

De los 32 jugadores que han logrado 3,000 imparables, solo cinco han requerido menos turnos al bate que Clemente (9,454): Tris Speaker (8,263), Stan Musial (8,774), Tony Gwynn (8,874), Rod Carew (9,101) y Wade Boggs (9,151).

El palmarés de Clemente es tan variado como lo es largo. En sus 18 años ganó cuatro títulos de bateo, 12 Guantes de Oro y fue seleccionado para 15 Juegos de Estrellas. Salió airoso en ambas Series Mundiales que disputó, siendo escogido como el JMV en le edición del 1971, frente a los Orioles; también fue proclamado JMV en la campaña regular de 1966. La combinación de su poderoso bate, alucinante velocidad y dominio de la defensa del jardín derecho le hicieron una superestrella que cambió el deporte durante su época como jugador.

"Yo me dije a mi mismo, ese muchacho hace dos cosas mejor que nadie que haya vivido" dijo el escucha Clyde Sukeforth al descubrir al adolescente Clemente durante una vista a Puerto Rico para fichar jóvenes promesas para los Reales de Montreal, equipo filial de los Esquivadores de Brooklyn. Sukeforth después fue a Pittsburgh con Branch Rickey y jugó un papel crítico al recomendar que los Piratas reclamasen a Clemente en el sorteo #5 de 1954. ¿Las dos cosas que destacaban a Clemente? Según Sukeforth, "nadie lanzaba mejor que él y nadie corría mejor que él".[8]

"Quisiera ser recordado como un pelotero que dio todo lo que pudo dar" Clemente dijo en una ocasión.[9]

A través de su carrera, y su vida completa, así lo hizo el Gran Roberto.

FUENTES

Además de aquellas citadas en la sección de Notas, el autor consultó:

"Beyond Baseball: The Life of Roberto Clemente," Smithsonian Institution Traveling Exhibition Service," consultado el 22 de noviembre de 2021, http://www.robertoclemente.si.edu/english/virtual_legacy.htm.

"Roberto Clemente," Baseball-Reference.com, consultado el 17 de octubre de 2021, https://www.baseball-reference.com/players/c/clemero01.shtml.

NOTAS

1   Jess Peters Jr., "Jess' Sports Chest," *Pittsburgh Courier*, 22 de abril de 1972: 11.

2   Phil Musick, *Who Was Roberto?* (Garden City, New York: Associated Features Books, 1974), 292-3.

3   Bob Smizik, "Clemente Set to Join the Club," *Pittsburgh Press*, 29 de septiembre de 1972: 42. Una caricatura deportiva de Bill Winstein, titulada "Arriba, Arriba," dibuja a Clemente conectando el imparable mientras que un escultor añade su nombre a un monumento.

4   Smizik. Para descansar antes de la Serie de Campeonato de la Liga Nacional, ya había comunicado que no jugaría los dos últimos partidos de la temporada regular.

5   Bruce Markusen, *Roberto Clemente: The Great One* (Champaign, Illinois: Sports Publishing, 1998), 295-6. El tanteador oficial fue Luke Quay y la jugada fue sumamente difícil. Smizik, en el *Press*, escribió que la mayoría de los cronistas estuvieron de acuerdo. Clemente, por su parte, dijo "toda mi vida me han costado inatrapables. ¿Una jugada estrecha? No había jugada. No me iba a sacar de *out*". Bob Smizik, "Scorer Makes No Hit with Clemente," *Pittsburgh Press*, 30 de septiembre de 1972: 6.

6   Bill Nunn Jr., "Change of Pace," *Pittsburgh Courier*, 30 de septiembre de 1972: 9.

7   Tyler Kepner, "Clemente's 3,000th Hit Was Muted Milestone in Ambivalent City," *New York Times*, 11 de junio de 2011: 2.

8   "Roberto Clemente," National Baseball Hall of Fame, consultado el 17 de noviembre de 2021, https://baseballhall.org/hall-of-famers/clemente-roberto.

9   "ROBERTO CLEMENTE STATS," Baseball Almanac, consultado el 27 de noviembre de 2021, https://www.baseball-almanac.com/players/player.php?p=clemero01.

Clemente con la pelota y el bate para batear #3,000. Cortesía del Museo Clemente.

"MOMEN" Y MONTE: LOS VÍNCULOS QUE ENLAZARON A ROBERTO CLEMENTE Y A MONTE IRVIN

POR DUKE GOLDMAN

El Salón de la Fama ingresó seis miembros a su pabellón de inmortales el 6 de agosto de 1973. Como muchos saben, Roberto Clemente fue electo tras la excepción de la regla de los cinco años tras el retiro de un pelotero. Otros cinco acompañaron a Clemente: Mickey Wellch y Warren Spahn, serpentineros que ganaron 300 juegos; el árbitro Billy Evans, de la Liga Americana; el inicialista de los Gigantes de Nueva York, George "Highpockets" Kelly; y el guardabosque Monford "Monte" Irvin, estrella de los Gigantes de Nueva York (NL) y las Águilas de Newark (Ligas Negras).

El "Cometa de Carolina" le dio durísimo a Spahn en las 11 temporadas que sus carreras coincidieron, desde el 1955 (año novato de Clemente) hasta 1965. Sus promedios de .407 (bateo), .420 (embase) y .605 (slugging), con cuatro cuadrangulares, cinco boletos gratis y solo siete ponches, son fenomenales, considerando la grandeza de Spahn.[1] Ambos Peloteros usaron el número 21 en sus uniformes.

Irvin y Clemente tan solo coincidieron en las campañas de 1955 y 1956, pero la conexión entre ambos es mucho más larga. En 1945, cuando Roberto contaba con tan solo 11 años y era un chamaco fanático de la pelota, su jugador favorito era Irvin, quién militaba con los Senadores de Sa Juan. Tanto "Momen" como "Monte" fueron jugadores espectaculares que impactaron a muchos otros y Irvin jugó un papel esencial en el desarrollo de la carrera de Clemente. Ambos comparten muchas semejanzas que les consagran como pioneros de la época de la integración racial del béisbol.

EL ÍDOLO DE MOMEN

De pequeño, la familia Clemente apodó al pequeño Roberto como "Momen". Según Matino, el hermano mayor de Roberto, durante una entrevista en la década de los 1970s, "desde chiquito le llamábamos así. Cuando era mayor y estrella de la pelota, nadie recordaba porque usábamos al apodo".[2] Treinta años más tarde, de acuerdo con el autor David Maraniss, Matino argumentó que "Momen" era un diminutivo de "momentito", la palabra que Clemente usaba cuando alguien le interrumpía o le pedía que hiciese algo.[3] Hoy en día, en Puerto Rico solemos usar "dame un break", que no significa lo mismo que "give me break" en inglés (que se puede traducir como "no me juegues"). Sin importar el origen del sobrenombre, para su familiar y amigos de juventud, Clemente siempre fue "Momen".[4]

Melchor, el patriarca de la familia Clemente, trabajaba como capataz en un ingenio azucarero, por lo cuál el clan era de clase media-baja y no sufría la pobreza tan común en Carolina. Sin embargo, no había dinero para malgastar. Clemente detalló como su primera bicicleta fue comprada por $27-dinero que ganó por su propia labor, despertandose a las 6 de la mañana para entregar leche, ganando un centavo al día. Según Clemente, "crecí con las personas que se debían fajar para vivir" añadiendo que Melchor le inculcó que "debía conocer como trabajar y ser una persona seria".[5]

Cuando cumplió 11 años, Clemente solía viajar desde Carolina hasta San Juan para ver a los Senadores jugar en el Parque Sixto Escobar. Aunque es posible que fuese en bicicleta, lo más probable es que tomase la guagua, para la cuál Melchor le diaba 10 centavos y 15 adicionales para la entrada al parque.[6] Roberto prefería no gastar el dinero que Melchor ganaba con el sudor de su frente, así que a veces veía el partido trepado en un árbol detrás del jardín derecho.[7] Sin importar su punto de vista, Clemente tenía sus ojos pegados en un pelotero en particular, el guardabosque de las Ligas Negras Monte Irvin, cuya versatilidad le pondría en varias posiciones, incluyendo la intermedia para los Senadores en la campaña de 1945-46.[8] Cuando Irvin comenzó su carrera en las Ligas Negras defendió la antesala pero se convirtió en jardinero central con las Águilas de Newark,[9] pero al regresar a la isla en 1945, dónde ya había jugado en 1940-41 y 1941-42, en topó con un bosque poblado por Fellé Delgado, Luis Rodríguez Olmo y Freddie Thon (abuelo de Dickie Thon). Según Irvin, "necesitábamos un intermedista y Rodríguez

Olmo me preguntó 'tú eres rápido, bateas bien y tienes un brazo...por qué no?'"[10]

En la segunda base o en los bosques, Irvin demostró su brazo[11] y Clemente le observó con atención. En su autobiografía, Irvin recordó que "cuando yo fui a Puerto Rico a jugar pelota invernal, los fanáticos se deleitaban cuando yo me calentaba antes del juego." Clemente le observaba pero cuando no estaba entre los asistentes, Momen escuchaba la narración de radio mientras rebotaba una pelota de hule contra la pared. "Irvin fue mi primer ídolo no tan solo por ser un buen bateador sino también por tener un buen brazo" observó Clemente.[12]

Monte Irvin era algo más que un buen bateador; era excepcional. Según las estadísticas del sitio Web baseball-reference.com, Irvin lideró la Liga Nacional Negra (NNL) con un promedio de .395 en 1942 y .369 en 1946.[13] Tras regresar de su servicio militar con "tres años de moho atlético y aún nervioso por la guerra tuve que entrenar duro para regresar a mi condición prebélica, así que me dije 'iré poco a poco...y para mejorar, fui a San Juan, Puerto Rico a jugar la pelota invernal".[14] Irvin es sumamente modesto ya que abusó de la liga al son de .368 para los Senadores, perdiendo el título de bateo contra Fernando Díaz Pedroso de Ponce.[15] Irvin acaparó el Premio al Jugador Más Valioso (JMV, o MVP por sus siglas en inglés) y en la serie final, arrolló a los Indios de Mayagüez con tres cuadrangulares en una doble tanda que le brindó el título a San Juan, cuatro juegos a dos.[16] No se conoce si Roberto Clemente asistió a estos encuentros pero es probable, ya que en 1962, ese tipo de rendimiento instó a Clemente a decirle a Bill Nunn Jr., cronista del periódico *New Pittsburgh Courier*, cuya audiencia era afroamericana, que Irvin "tenía la mejor vista al batear, el mejor perfil y el mejor *swing* de cualquier pelotero grandes ligas que jugó en Puerto Rico. Además defendía bien y lanzaba mísiles".[17]

"Cañonazos" es una manera apta de describir como Monte Irvin lanzaba desde los jardines, pero también Clemente, quién logró 10 asistencias en los primeros 55 desafíos de los Piratas de Pittsburgh en la temporada de 1955. El periodista les Biederman del *Pittsburgh Press*, quién también contribuía al *Sporting News*, reseñó que "los aficionados de Pittsburgh se han enamorado de su espectacular labor defensiva y su certero brazo derecho".[18] Clemente lideró la Liga Nacional en asistencias cinco veces durante los 18 años que abarcó su carrera,19 pero Irvin

figuró entre los mejores jardineros izquierdos con más asistencias en cuatro ocasiones, precisamente las mismas en que jugó la mitad del calendario en los bosques.[20] Michael Humphrey, autor del libro *"Wizardry"* ("Hechicería") denomina a Roberto Clemente como el mejor guardabosque derecho defensivo por un amplio margen, señala a Monte Irvin como el décimo mejor jardinero izquierdo de todos los tiempos aunque tan solo jugó ocho años en las mayores (reconocidas en aquel momento). Humphrey recalca que "Irvin puede haber sido el mejor guardabosque izquierdo antes de la era moderna del 1969-1992".[21]

Ambos deportistas compartieron un amor juvenil por el atletismo. Irvin participó en "la jabalina, el tiro pesado y el disco" y marcó el récord estatal de la jabalina con 192 pies y ocho pulgadas.[22] Clemente no se quedó atrás, con 195 pies en la jabalina, seis pies en el salto de altura y 45 pies en el triple brinco.[23] Según el biógrafo de Clemente, Bruce Markusen, "la experiencia de Clemente con la jabalina le ayudó en la pelota. Tal vez no lo supo en el momento, pero como entablar sus pies, como lanzar y las mecánicas generales eran muy compatibles con la manera de lanzar la pelota".[24] David Maraniss acuerda que "la jabalina se convirtió en algo mitológico en el estudio de Clemente, representado su naturaleza histórica debido a la asociación de la jabalina con los Juegos Olímpicos".[25]

Muchos han comentado que Monte Irvin fue el ídolo juvenil de Clemente. Según el propio Momen:

Yo solía ver a Monte Irvin jugar. De pequeño, lo adoraba pero jamás me hubiese presentado. No podía verlo de frente. Cuando caminaba yo miraba hacia el otro lado.[26]

Monte Irvin lo explicó mejor aún:

Yo conocí a Roberto Clemente por vez primera a principios de los 1940s en Puerto Rico, dónde solía jugar. Era un chamaquito. Un día le dejé llevar mi bulto para que pudiese entrar al parque y así nos conocimos. Le di una bola, tal vez un guante, no me acuerdo...pero no lo vi jugar".[27]

No está claro cómo se desarrolló la relación. Durante una entrevista con Stew Thornley, miembro de SABR, Irvin recalcó que Clemente era uno de los muchos muchachos que clamaban entras el estadio pero que no conoció a Clemente en esas instancias: "querían entrar al parque y yo les dejaba llevar mi bulto; así no tenían que pagar. Tú sabes, esos muchachos que solían rondar el parque y a veces les dejábamos entrar si iban con nosotros".[28]

Por su parte, Maraniss indicó que Irvin y Clemente sí entablaron una relación cuando Clemente era adolescente: "estando allí, aunque bien tímido, Clemente se relacionó con Irvin. Irvin se aseguró que el joven aficionado pudiese entrar al parque, aun sin tener un boleto".[29] En su propia autobiografía, Irvin confesó que "cuando Clemente era joven, era uno 'de los míos'".[30]

No hay duda, sin embargo, de que al llegar a las mayores, Clemente le relató a Irvin el impacto que éste tuvo en su desarrollo durante la adolescencia. El joven "grandes liga" le indicó lo mucho que admiraba el brazo de Irvin y como modeló su propio estilo de tal manera. Según Irvin, "me dijo que admiraba no tan solo como bateaba sino también como lanzaba. Quería tirar de la misma manera y muchos años después, cuando su brazo figuraba entre los mejores del deporte, encontraba que era un tremendo piropo".[31] Irvin demostraba orgullo de la "relación como mentor" que compartía con Clemente y le dijo a Maraniss "sí, yo le enseñé a Clemente como tirar…pero rápidamente me superó".[32]

LOS ESQUIVADORES Y LOS GIGANTES — LOS PIRATAS Y LOS CACHORROS

Irvin y Clemente comenzaron sus carreras profesionales con los equipos de la Liga Nacional basados en la ciudad de Nueva York. Irvin fichó con St. Paul, equipo filial de los Esquivadores de Brooklyn tras la temporada de 1948, cuando la Liga Nacional Negra (NNL) cesó de operar. La dueña de las Águilas de Newark, Effa Manley, objetó a la firma porque el gerente general de Brooklyn, Branch Rickey, no le había compensado por su contrato y Rickey lo dejó en libertad.[33] Horace Stoneham, el dueño de los Gigantes de Nueva York, no tardo en contratarlo, otorgándole a la gerencia de las Águilas $5,000 como compensación.[34]

Clemente también fue contratado por los Esquivadores, quiénes lo descubrieron durante un entrenamiento de jóvenes promesas en el Parque Sixto Escobar el 6 de noviembre de 1952. Al Campanis, escucha de Brooklyn, describió a Clemente al decir "tiene todas las herramientas y gusta de jugar, es un buen prospecto!"[35] Sin embargo, los Gigantes le ofrecieron un contrato a Clemente antes que Brooklyn. Pedrín Zorrilla, el dueño de los Cangrejeros de Santurce, recomendó a Clemente a Stoneham.[36] Los Gigantes, sin embargo, rehusaron ofrecerle $4,000 a Clemente y Zorrilla acudió a Campanis, debido a la relación entre Santurce y los Esquivadores.[37] El equipo filial de Brooklyn, los Reales de Montreal, le ofrecieron $5,000 a Clemente con un bono de $10,000, un acuerdo que firmó el 19 de febrero de 1954.[38]

Roberto Clemente no jugó regularmente con los Reales en 1954, gozando de 148 turnos al bate y promediando .257/.286/.357 (.657 OPS), bajo para quién sería una futura estrella.[39] Mucho se ha debatido sobre si los Esquivadores estaban tratando de "esconder" a Clemente al no ponerlo en la alineación con frecuencia, pero no cabe duda de que Clyde Sukeforth, antiguo escucha de Brooklyn y el primer dirigente de Jackie Robinson (por un juego) codiciaba a Clemente para los Piratas de Pittsburgh. Según Sukeforth: "yo vi a Clemente lanzar desde el jardín y no pude quitarle los ojos de encima".[40]

Los Esquivadores sabían, al firmar a Clemente, que podrían perder a Clemente en el sorteo de jugadores tras la temporada de 1954 ya que le habían pagado un bono de más de $4,000 y no había sido incluido en la plantilla de Brooklyn. Los dueños habían decretado una regla que dichos jugadores debían ser expuestos a un sorteo antes de poder ser incluidos en la plantilla de las grandes ligas.[41] De acuerdo a E.J. "Buzzie" Bavasi, los Esquivadores ficharon a Clemente para prevenir que los Gigantes lo contrataran: "no queríamos que los Gigantes tuviesen a Clemente y a Willie Mays en el mismo bosque".[42] En 1956, el otrora piloto de los Gigantes y de los Esquivadores Leo Durocher le confesó a Les Biederman que "nosotros vimos a Clemente en la escuela superior… cuando los Esquivadores supieron que estábamos interesados, se involucraron en la negociación".[43]

Es posible que los Esquivadores temiesen que Clemente completase un bosque con Willie Mays y Monte Irvin: tres futuros miembros del Salón de la Fama, con cañones como brazos y una multitud de otros talentos en el diamante. Aunque la carrera de Irvin comenzó a decaer cuando Clemente firmó a principios del 1954, su rendimiento fue espectacular: .329 de promedio, 21 cuadrangulares y 97 remolcadas en tan solo 444 turnos al bate.[44]

Los Piratas, sotaneros de la Liga Nacional, seleccionaron a Clemente con el primer turno del sorteo del invierno de 1954. Al mismo tiempo que Clemente debutó como novato en las mayores, Irvin fue enviado a los Minneapolis Millers a finales de junio, conectando 14 bambinazos con 52 impulsadas gracias a su promedio de .352, liderando al equipo a la Serie Mundial Junior (campeonato de Triple A).45 Los Cachorros de Chicago escogieron a Irvin en el sorteo, al igual que Clemente cambió de franquicia el año anterior.

OPONENTES EN LAS GRANDES LIGAS

Momen y Monte fueron oponentes en dos temporadas en las mayores, las primeras de Clemente y las últimas de Irvin. No fueron las mejores para ninguno de ellos. En 1955 Clemente promedió un débil .255/.284/.382 (77 OPS+), aunque su defensa ya era espectacular. Irvin, por su cuenta, tan solo tuvo 150 turnos con los Gigantes antes de sufrir su democión a Minneapolis debido a su .253/.337/.333 (79 OPS+).[46]

Ambos mejoraron en 1956. Clemente alcanzó los .300 por la primera de las 13 veces en su trayectoria en las grandes ligas (.311/.330/.431, 106 OPS+) mientras que Irvin sirvió de mentor para el joven Ernie Banks y contribuyó .271/.346/.460 (116 OPS+), un sólido cierre para su carrera. Curiosamente, de la docena de cuadrangulares que Clemente conectó en sus dos primera campañas, cinco fueron contra los equipos de Irvin, aunque Monte no enfrentó a Clemente en la segunda parte de 1955 en las mayores.[47]

El primer jonrón de Clemente en las grandes ligas tuvo lugar el 18 de abril de 1955, frente a unos escasos 2,915 aficionados en el Polo Grounds.[48] Sin embargo, fue muy memorable, un cuadrangular dentro del parque en la quinta entrada frente a Don Liddle de los Gigantes, mejor reconocido por haberle permitido un bambinazo de 430 pies a Vic Wertz de Cleveland, minutos antes de "la Jugada" de Willie Mays en el primer juego de la Serie Mundial de 1954. Clemente tuvo dos inatrapables en cuatro turnos, remolcado la segunda carrera bucanera con un sacrificio. Irvin, por su parte, conectó un doble, pegó un sacrificio e impulsó dos carreras en la sexta derrota de los corsarios al comenzar la temporada, 12-3. En su primera batalla, ambos lucieron estupendos.[49]

El 6 de mayo, Clemente disparó un triple que viajó 430 pies, anotando la carrera del empate durante una remontada frente a Johnny Antonelli al liderar a los Piratas en su sexta victoria en ristra, 3-2. Irvin bateó dos sencillos y anotó una carrera.[50] El tercer jonrón de Clemente también victimizó a los Gigantes, comenzando el desafío del 21 de mayo en Forbes Field, un triunfo 3-2 para los visitantes. Irvin solo vio acción como reemplazo defensive al final del partido.[51]

El mejor rendimiento de Clemente en la campaña de 1956 fue contra los mismos Cachorros de Irvin (.394/.400.636)[52]. Dos juegos en particular fueron de ensueño. El 6 de junio, en Wrigley Field, Clemente obtuvo cuatro inatrapables en igual número de turnos, incluyendo un cuadrangular y tres remolcadas en el triunfo, 8-2, de los corsarios sobre los Cachorros. Irvin compartió el jardín izquierdo con Jim King ese año; en este partido, Jim King comenzó el encuentro y vio volar el bambinazo de Clemente sobre su cabeza. Irvin bateó como emergente y contribuyó un sencillo.[53] En el segundo desafío, el 25 de julio en Forbes Field, Clemente hizo algo insólito, jamás logrado antes de esta ocasión y desde ella, sin haber sido imitado.[54] Los Piratas perdían 8-5 en la parte baja de la novena entrada, sin *outs* y con las bases llenas. Clemente se enfrascó con el serpentinero Jim Brosnan, relevista que recién había entrado al partido. El primer lanzamiento fue un slider pegado y alto:

> Clemente castigó la bola hacia la torre de luz en el jardín izquierdo. Jim King trato de atrapar el rebote pero este le sobrepasó y rodó hasta el bosque central. Uno por uno, Hank Foiles, Bill Virdon y Dick Cole anotaron sin problemas. Clemente llegó a la antesala y el dirigente Bobby Bragan trató de detenerlo al vez el relevo llegar del brazo de Solly Drake. Clemente, sin embargo, siguió su marcha, llegando justo antes del relevo al plato tirado por Ernie Banks. Se deslizó y no tocó el *home* pero se recuperó y logró hacerlo con la carrera de la victoria, 9-8, desencadenando un frenesí para los 12,431 que presenciaron, atónitos, la jugada.[55]

En 2015 el poeta Martín Espada detalló el bambinazo de Clemente y la reacción de Bragan, la prensa y el Brosnan, lanzador victimizado por el primero (y hasta ahora, el único) cuadrangular dentro del parque que dejó al equipo contrario en el terreno. Espada defendió a Clemente, notando "que al desafiar a su piloto y tratar de anotar sin *outs*", Brosnan no tan solo erraba sino que demostraba un estereotipo. Brosnan, escribiendo una crítica de los Piratas para la revista *Life* antes de la Serie Mundial de 1960, el jonrón de Clemente "entusiasmó a los aficionados, sorprendió al dirigente, me dejó de pieza y disgustó a mi equipo", una opinión que demostraba "la manera de lucirse de Clemente, común de los peloteros latinoamericanos".[56] Espada, en su defensa, argumentó que "para lograr este hito, Clemente tuvo que tomar una serie de decisiones de último segundo que analizaban las dimensiones del parque, la ruta que tomó la pelota tras impactar la torre de luz, la posición de los jardineros, la certeza de los tiros de relevo, su propia velocidad al correr las bases y la decisión que su dirigente en detenerle, que Clemente sabía era incorrecta al tener confianza en sus propios cálculos".[57]

Si Clemente viviese, es seguro que mencionaría sus logros en la Serie Mundial de 1971 fueron los más gratos de su carrera y no ese cuadrangular de la temporada regular. Irvin, por su parte, siempre mantuvo que la jugada predilecta de su carrera fue su robo del plato en el primer juego de la Serie Mundial de 1951 frente los Yanquis de Nueva York.[58] Su manager, Leo Durocher, le dio la luz verde y la acción se desató en la primera entrada con dos *outs*, cuando Irvin se percató que Allie Reynolds, el lanzador contrario "tomaba mucho tiempo en lanzar la pelota. Bajaba su cabeza y tardaba en preparar su envío".[59] Irvin tomó a Reynolds por sorpresa y su lanzamiento a Berra fue alto, permitiendo a Irvin la primera estafa del plato en un juego de la Serie Mundial en 30 años".[60]

En su autobiografía, Irvin especuló que el robo "puede haber abochornado un poco a los Yanquis".[61] Dada su reacción, parece que Jim Brosnan también estuvo un poco humillado por el cuadrangular dentro del parque de Clemente el 25 de julio de 1956, el segundo de su carrera, ambos ante los equipos de Irvin. La estafa de Irvin en 1951-la sexta de su temporada-difirió a la de Clemente al ser practicada y adrede, además de aprobada por su dirigente, pero fue a su vez semejante al ser una de esas maniobras arriesgadas que deleitan a los aficionados. ¿Sería posible que Clemente escuchó la narración del partido de la Serie Mundial a sus 17 años y esta memoria influyó su estilo, convenciéndole de imitar a su mentor?

MOMEN Y MONTE — COMO MENTORES Y HOMBRES

Roberto Clemente y Monte Irvin fueron hombres con temperamentos distintos, trazados por las experiencias que marcaron sus vidas. Irvin por lo general era una persona que buscaba llevarse bien con todos. Aunque no se expresó públicamente sobre el racismo que tanto afectó su vida, fue un compañero algo callado y en su retiro, llegó a ser asistente del Comisionado Bowie Kuhn, siendo así el primer ejecutivo afroamericano de las grandes ligas, cuyos altos puestos hasta entonces eran puramente blancos. Clemente, abriendo caminos como superestrella afrolatina, se topó con racismo y dificultades de acoplo a un idioma y cultura ajenos y no dudo de expresarse públicamente con firmeza. Ambos fueron parte del movimiento que integró las razas en las plantillas de las grandes ligas. Irvin fue el primer jugador afroamericano de los Gigantes de Nueva York (en 1949, junto a Hank Thompson) del primer trio de jardineros negros (con Thompson y Mays en la Serie Mundial de 1951). Clemente compuso el primer trio de guardabosques latino, con su compatriota Carlos Bernier y el cubano Ramón Mejías en los entrenamientos primaverales de 1955 de la primera alineación exclusivamente negra con los Piratas en 1971.[62]

Ambos fueron admirados por sus personalidades. El autor, quién ha investigado la vida y carrera de Irvin por varios años, no se ha topado con nadie que tenga algo malo que decir sobre Irvin como ser humano. Clemente fue rutinariamente criticado pero a su vez loado como un gran humanitario.

Aunque sus métodos difirieron, tanto Momen como Monte fungieron como mentores a muchos jugadores. Uno de los primeros de Irvin fue el propio Clemente. Aunque no se pueda concluir si Irvin verdaderamente tomó a Clemente bajo su tutela, de seguro tuvo un gran impacto en el desarrollo de Clemente. El lanzador afroamericano Brook Lawrence, según la cita de Jim Brosnan (sí, el mismo Brosnan que criticó fuertemente a Roberto) mencionó que "Monte fue el jugador afroamericano que los demás negros admiraban. Jackie Robinson a veces no les prestaba atención pero Irvin trataba de ayudarlos. Aunque adoraban a Jackie, amaban con fervor a Monte. Lawrence explicó 'quiero que mis ídolos hablen conmigo'".[63]

La vida de Roberto Clemente no carece de estampas que reflejan su deseo de ayudar al prójimo—tanto a compañeros de equipo y oponentes a mejorar, y a estar listos a competir. Por ejemplo, en 1966 Matty Alou jugó con los Piratas y ganó su primer (y único) título de bateo. Clemente le exhortó a Alou a batear hacia el lado izquierdo y se plantó en la antesala durante la práctica de bateo para que Alou practicase su swing. El dirigente Harry Walker comentó que Clemente tuvo un gran papel en la transformación y mejoría de Alou al recalcar que "Clemente tuvo sus críticos pero ningún jugador dio más de si mismo o trabajo sin egoísmo para la mejoría del equipo que Roberto".[64] Al Oliver no tan solo reseñó que Clemente fue "mi mejor proponente" pero además expresó que "fue le mayor inspiración de mi carrera y al resto de los miembros del equipo".[65] Clemente también ayudó a su oponente Bobby Bonds, al verlo ir con lenteza al jugar defensa: "Clemente sintió la responsabilidad de hablar con Bonds en 1972 y recordarle la importancia de jugar duro todos los días".[66]

CONCLUSIÓN - EPITAFIOS

Entre los documentos del archiva de Roberto Clemente en el Salón de la Fama hay un documento mecanografiado con el título "epitafo". A puño y letra se describe "entrevista julio 1971". Claro está, Clemente no pudo presagiar que moriría en un plazo de dos años, aunque siempre temió morir a temprana edad. En el documento, Clemente recalca la importancia de jugar duro, como le mencionó a Bobby Bonds. También reseñó que "creo que todos los niños deben tener ídolos. Un país sin ídolos no es nada...yo lo hago por el béisbol (firmar 2,000 autógrafos para los jóvenes) porque la pelota me ha dado una vida muy buena...a veces me enojo pero jamás odio. A veces alzo mi voz porque soy así...pero no odio".[67]

A poco plazo del accidente aéreo que cobró la vida de Clemente, el Comisionado Bowie Kuhn, entre otros, habló con mucha elocuencia sobre el legado de Clemente: "Roberto transcendió el superestrellato...sus maravillosas destrezas aun figuran entre las mejores de todos los tiempos...y que maravilla de ser humano...siempre preocupado por el bienestar de los demás". Tenía en su ser un toque de realeza.[68] Durante la exaltación de ambos jugadores al Salón de la Fama, el 6 de agosto de 1973, Kuhn elogió a Kuhn de manera semejante: "Jamás...produjo nuestro deporte una persona más amable, más decente, más amada, o alguien que me significó más para mí, que Monte Irvin".[69]

¿Qué dijo Monte Irvin sobre Clemente al final de la vida de Roberto? En su autobiografía, escribió "nos manteníamos en contacto a menudo y tuvimos una relación estrecha hasta el día que falleció".[70] Al oír que Clemente había proclamado lo mucho que de pequeño admiró a Irvin, Monte dijo que "si yo tuve algo que ver con Roberto convertirse en pelotero o involucrarse en el béisbol… creo que eso completa mi vida en el deporte".[71]

De acuerdo con el primogénito de Roberto Clemente, Irvin tuvo mucho que ver con el éxito de su padre en el deporte: "una joya de hombre…y no sabía, de verdad que Monte no sabía, lo mucho que impactó a mi padre".[72] Durante sus vidas, al expresar su preocupación por el prójimo y sus esfuerzos de ayudar a los demás, tanto Momen como Monte, pioneros de la pelota, vivieron de la manera que Jackie Robinson exhortó: "un vida es importante tan solo en el impacto que tiene en las vidas de otros".

NOTAS

1   http://www.retrosheet.org listado de batallas entre lanzadores y bateadores, consultado el 28 de marzo de 2022. Clemente le bateó mejor a Spahn que a muchos lanzadores (su promedio es mayor a sus .317 vitalicios) y Spahn no era un lanzador cualquiera. La tasa de ponchetes, bases por bolas y cuadrangulares de Clemente contra Spahn asemejan a su marca general.

2   Phil Musick, *Who Was Roberto? A Biography of Roberto Clemente* (Garden City, New York: Doubleday & Company, Inc. 1974), 59.

3   David Maraniss, *Clemente: The Passion and Grace of Baseball's Last Hero* (New York: Simon & Schuster, Advanced Reader's Edition 2006), 21.

4   Maraniss, 21.

5   Sam Nover, "A Conversation with Roberto Clemente," WIIC TV, 8 de octubre de 1972, www.youtube.com/watch?v=Pe-KQ15vWOA.

6   Lease Jake Crouse, "The HOFer Who Inspired a Young Clemente," www.mlb.com, 24 de febrero de 2022. https://www.mlb.com/news/roberto-clemente-inspired-by-negro-leaguer-monte-irvin, consultado el 29 de marzo de 2022; Maraniss, 25

7   Maraniss, 25.

8   Thomas E. Van Hyning, *Puerto Rico's Winter League: A History of Major League Baseball's Launching Pad* (Jefferson, North Carolina: McFarland & Company, 1995), 89.

9   Monte Irvin, *Nice Guys Finish First: The Autobiography of Monte Irvin* (New York: Carroll & Graf Publishers, 1996), 42-43.

10 Van Hyning, 89-90.

11 Van Hyning, 89.

12 Musick, 59.

13 Baseball-reference.com, Página de Monte Irvin page, consultada el 29 de marzo de 2022.

14 Irvin, 117.

15 Irvin bateó .3677 vs. .3684 de Pedroso, pero tuvo 155 turnos y Pedroso tan solo 95. Van Hyning, 89.

16 Van Hyning, 89.

17 Bill Nunn, Jr., "CHANGE OF PACE: Scribes Now Rate Clemente as 'Best,'" *New Pittsburgh Courier*, 24 de febrero de 1962: 28.

18 Les Biederman, "Clemente, Early Buc Ace, Says He's Better in Summer," *The Sporting News*, 29 de junio de 1955: 26. La cifra de 55 partidos proviene de Retrosheet.org.

19 Nathalie Alonso, "Revisiting Roberto Clemente's Best Moments," www.mlb.com Consultado el 31 de diciembre de2021, https://www.mlb.com/news/roberto-clemente-greatest-moments, accessed March 29, 2022. Clemente lideró a los guardabosques derechos en asistencias seis veces. La información proviene de Baseball-reference.com (Tablas de líderes, premios y honores).

20 Baseball-reference.com.

21 Michael Humphreys, *Wizardry: Baseball's All-Time Greatest Fielders Revealed* (New York: Oxford University Press, 2011), 42 (Clemente) and 207 (Irvin).

22 Irvin, 26-27.

23 Ira Miller, *Roberto Clemente* (New York: Grosset & Dunlap Publishers, 1973), 13.

24 Bruce Markusen, *Roberto Clemente: The Great One* (Champaign, Illinois: Sports Publishing Inc., 1998), 8.

25 Maraniss, 25.

26 Roberto Clemente: A Touch of Royalty, www.youtube.com/watch?v=oKIRDgmwg8w, consultado el 30 de marzo de 2022.

27 Roberto Clemente: A Video Tribute, www.youtube.com/watch?v=PnyDAZZl7lpk, consultado el 30 de marzo de 2022.

28 Mensaje de correo electrónico entre el autor y Stew Thornley, 10 de febrero de 2022.

29 Maraniss, 25.

30 Irvin, 221.t

31 Irvin, 221. El autor investigó muchos informes y escritos que detallan la relación entre Clemente e Irvin, incluyendo aquellas citas achacadas a Irvin. El autor opina que es probable que Irvin no recordase haber conocido a Clemente en aquél entonces.

32 Maraniss, 25.

33 Irvin, 119-120. El relato es mucho más complejo pero no tiene relevancia a este artículo.

34 Irvin, 123.

35 Maraniss, 26-27.

36 Clemente firmó con Santurce en 1952.

37 "Giants Had First Chance at Clemente, Nixed Price," *The Sporting News*, 26 de noviembre de 1966: 26. Según Markusen, los escuchas Gigantes creyeron que a Clemente le faltaba disciplina al batear y Stoneham en se preocupó de que Clemente se poncharía muy frecuentemente. Markusen, 15.

38 Maraniss, 37.

39 Baseball-reference.com, página de Roberto Clemente, consultado el 30 de marzo de 2022.

40 "Sukey First to Glimpse Clemente," *The Sporting News*, 29 de junio de 1955: 26. Cabe mencionar que Sukeforth probablemente observó a Irvin en 1945, tal vez antes, como posible candidato para romper la prohibición racial.

41 Brent Kelley, *Baseball's Biggest Blunder: The Bonus Rule of 1953-1957* (Lanham, Maryland: Scarecrow Press, Inc. 1997), 20.

42 *The Sporting News*, 25 de mayo de1955: 11.

43 Les Biederman, "Hats Off! Roberto Clemente," *The Sporting News*, 20 de junio de 1956: 19.

44 Tal vez Bavasi olvidó que en 1955, cuando los Reales contrataron a Clemente, Mays había pasado los últimos dos años en el servicio militar y aún no era una superestrella, aunque Irvin iba a cumplir 35 años y Mays ya había demostrado su potencial.

45 Whitney Martin, "The Sports Trail," *Bedford* (Pennsylvania) *Gazette*, 29 de junio de 1955: 4.

46 Baseball-reference.com, páginas de Roberto Clemente y Monte Irvin.

47 Listado de cuadrangulares de Clemente, recopilado por Joseph A. Mercurio, archivo de Roberto Clemente en el Salón de la Fama. Clemente conectó tres de sus cinco bambinazos contra los Gigantes en 1955, pero uno de ellos ocurrió después de que Irvin fuese enviado a Minneapolis.

48 Listado de juegos de Roberto Clemente en 1955, Baseball Reference.com, consultado el 30 de marzo de 2022. Cabe resaltar que aun después de ganar la Serie Mundial en 1954 al barrer a los Indios, los Gigantes tuvieron problemas atrayendo fanáticos al estadio, indicando que los problemas para la franquicia estaban por llegar.

49 "Willie Hits Two Triples and Single," *Washington Post*, 19 de abril de 1955: 27.

50 "Pirates 3 In 7th Upset Giants 3-2," *New York Times*, 7 de mayo de 1955: 11.

51 Baseball-Reference.com, Listado de juegos de Roberto Clemente 1955.

52 Baseball-Reference.com, Listado de juegos de Roberto Clemente 1956.

53 Baseball-Reference.com, Listado de juegos de Roberto Clemente 1955.

54 Es posible que alguien en las Ligas Negras, recién reconocidas como Grandes Ligas, haya logrado la hazaña en el período de 1920-1948.

55 *Pittsburgh Post-Gazette*, 26 de julio de 1956, citado por Martín Espada, "The Greatest Home Run of All Time," *The Massachusetts Review*, volumen 56, número 2, verano de 2015: 249-255. Monte Irvin no estaba jugando el jardín izquierdo en este encuentro.

56 Espada. Las citas de Brosnan, mencionadas por Espada, aparecieron en la revista Life, el 5 de octubre de 1960.

57 Espada.

58 Irvin, 164.

59 Irvin, 164. Véase https://sabr.org/gamesproj/game/october-4-1951-monte-irvin-steals-home-as-giants-take-game-1-over-yankees/.

60 Andrew Heckroth, "October 4, 1951: Monte Irvin Steals Home as Giants Take Game 1 over Yankees," Proyecto de juegos de SABR, www.sabr.org consultado el 31 de marzo de 2022.

61 Irvin, 163.

62 *The Sporting News*, 23 de marzo de1955: 34. El artículo erróneamente tildó a el jardín como compuesto exclusivamente de puertorriqueños.

63 Danny Peary, ed., *We Played the Game: 65 Players Remember Baseball's Greatest Era 1947-1964* (New York: Hyperion, 1994), 319.

64 Arthur Daley, "A Matter of Value," *New York Times*, 16 de diciembre de 1966. Apunte en el archivo de Clemente en el Salón de la Fama Hall.

65 "What Clemente Meant to the Pirates," Apunte de periódico no identificado, 1973. Apunte en el archivo de Clemente en el Salón de la Fama Hall.

66 Bruce Markusen, Bruce. "#Card Corner: 1981 Fleer Bobby Bonds," www.baseballhall.org, consultado el 27 de marzo de 2021.

67 Documento titulado "Epitafio" en el archivo de Clemente en el Salón de la Fama.

68 Prensa Asociada, "Baseball Respected Clemente as Greatest, 'Super Star,'" *Beaver Falls* (Pennsylvania) *News Tribune*, 2 de enero de1973.

69 *New York Times*, 7 de agosto de 1973.

70 Irvin, 221.

71 Roberto Clemente: A Touch of Royalty.

72 Crouse, "The HOFer Who Inspired a Young Clemente."

ROBERTO CLEMENTE Y CURT FLOOD: RAZA, EL MOVIMIENTO OBRERO Y EL DEPORTE NACIONAL

POR EMMANUEL MEHR

CLEMENTE, FLOOD Y EL BASEBALL DIGEST

Al recalcar el papel del béisbol como el deporte nacional por excelencia, corremos el riesgo de excusar su papel en los episodios más negativos de la historia estadounidense. Un estudio profundo de aquellos individuos que lucharon incansablemente por la igualdad de las razas, dentro y fuera del diamante, nos lleva a discutir la compleja naturaleza de la identidad en la historia del béisbol. Roberto Clemente y Curt Flood provén sendos ejemplos. Clemente trazó el curso para varias generaciones de peloteros latinoamericanos y Flood se convirtió en el paladín de su profesión en la lucha por los derechos de los obreros.[1] Clemente pereció en un accidente aéreo el 31 de diciembre de 1972, tronchando una vida dedicada a sus prójimos, al béisbol y a otras causas humanitarias. Seis meses antes, en junio de 1972, Flood sufrió un doloroso revés frente a la Corte Suprema de los Estados Unidos.[2] Este artículo combina las hazañas de Clemente y de Flood, explorando como sus vidas son inseparables de la lucha por los derechos civiles, de la causa obrera y del béisbol en los Estados Unidos en la segunda mitad del siglo XX.

Tres meses antes de su defunción, Roberto Clemente lució en la portada de *Baseball Digest*, la revista más antigua y de mayor renombre del deporte.[3] Su foto y artículo detallaban los triunfos de los Piratas de Pittsburgh, campeones de la Serie Mundial de 1971.[4] Sin embargo, gran parte de su legado abarca más allá de sus logros en el diamante. Su infatigable búsqueda por un trato justo para los peloteros latinoamericanos y afroamericanos caracteriza su memoria de igual manera que sus galardones. Según el historiador Adrián Burgos Jr., Clemente y la primera onda de jugadores hispanos batallaron para mejorar "el límite artificial creado por el lento avance de la integración de las razas".[5] Clemente, autoidentificado como negro e hispano, abogó por mayor representación en la sociedad y a través de su labor, contribuyó a derrumbar las barreras que prevenían la igualdad.

El jardinero central Curt Flood, también de tez oscura, resaltó como el mayor proponente de los derechos de los jugadores a principios de la década de los 1970. Antes de que la Corte Suprema juzgase el caso *Flood v. Kuhn*, la portada de *Baseball Digest* de febrero de 1971 mencionó a Flood. Sin publicar su imagen, la primera plana exclamó "Curt Flood: un rebelde enojado". El artículo describe sus acciones, de manera denigrante, como "armando una revolución ante la institución del béisbol".[6] Otras publicaciones lo catalogaban de manera algo insultante; una de ellas opinó que "Flood está tan enojado con todo el mundo y con todas las cosas, que te hace sentir incómodo".[7] Sumamente consciente del lugar privilegiado del béisbol entre la sociedad estadounidense, Flood admitió en sus memorias que "desafiar a la santidad del Béisbol Organizado era igual que desafiar uno de los mitos primarios de la cultura estadounidense".[8] Su argumento principal declaraba que la cláusula de la reserva, que otorgaba control completo y perpetuo a los equipos sobre sus jugadores, permitía a las franquicias tratar a los peloteros como propiedad y no como seres humanos.[9] La ira de Flood se enfocaba no tan solo en el Béisbol Organizado sino también en el sistema capitalista sin límites que dominaba a los Estados Unidos de América.

DISPUTAS SINDICALES Y LA ABOGACIA POR LOS JUGADORES

La junta de directores de la Asociación de Jugadores de Béisbol de las Grandes Ligas se reunió en San Juan, Puerto Rico, el 13 de diciembre de 1969. Flood y Clemente acudieron a las reuniones. Flood tuvo la oportunidad de explicar sus razones por demanda sobre la cláusula de la reserva y persuadir a sus colegas que el trámite legal valía la pena.[10]

Los demás jugadores no estaban convencidos. Según el libro de Brad Snyder, Clemente intervino a favor de Flood frente a la unión.[11] Dicha acción sería significante pero no ha sido confirmada por otras fuentes. Varias cronistas que cubrieron la convención no mencionan este gesto de Clemente[12] y la propia biografía de Flood tampoco lo menciona.[13] No obstante, la desigualdad económica probablemente conectó sus agendas.

El béisbol se convirtió en un vehículo para esta causa y la demanda *Flood v. Kuhn* se transformó en mucho más que un pleito sobre la exención antimonopolista.[14] Flood comprendía el peligro de aislar al béisbol de críticas por su valor cultural, argumentando que "minimizar la locura en un ámbito de la vida es hacerlo en los otros. Al pasar el tiempo, cambia la calidad de la justicia y se alteran los valores".[15]

De manera contundente, Flood recalcó que la exención explotaba a los obreros, conectándola con la nefasta historia de la esclavitud. Tras la reunión en San Juan, Flood le escribió al Comisionado Bowie K. Kuhn:

Tras doce años en las grandes ligas, no creo que mi persona es propiedad que puede ser vendida y comprada en contra de mi voluntad. Entiendo que cualquier sistema que produce este resultado viola mis más básicos derechos como ciudadano y por ello es inconsistente con las leyes de los Estados Unidos y los estados que lo componen.[16]

En su memoria, Flood mantuvo que "las hipocresías de la industria del béisbol eran síntomas de una mayor gravedad".[17] Las relaciones sindicales y entre las razas recibieron mayor atención en la década de los 1970 y *Flood v. Kuhn* se debe interpretar bajo ese contexto.[18] Su entendimiento de la magnitud de tema es claro en su alegato que los medios de comunicación "típicos" tildaban sus esfuerzos de manera negativa, argumentando que "de resultar airoso Flood, nuestro deporte se colapsaría. ¡Se profanaría Dios! ¡Se desecraría la bandera! ¡Se insultaría el acto de ser madre! ¡Se blasfemaría el pastel de manzana!"[19]

Clemente y Flood traerían, a la fuerza, un cambio en el béisbol al desafiar estas cadenas y las actitudes que las sostenían.

LA RELEVANCIA CONTINUA

El método de adquisición de jugadores internacionales estuvo bajo agudo escrutinio durante el punto muerto entre los dueños y los jugadores que duró desde el 2 de diciembre de 2021 hasta el 10 de marzo de 2022. La posibilidad de un sorteo para los extranjeros surgió como un tema a discutir. Los apoderados resaltaron el alto nivel de corrupción en el sistema actual que suele abusar de los jugadores.

Los jugadores ripostaron que la propuesta de un sistema regulado, a base de ofertas cualificadas, les reduciría su ventaja en el mercado. El asunto no fue resuelto y los estadounidenses, canadienses y puertorriqueños siguen siendo los únicos cubiertos por el sorteo de novatos.

Algunos críticos resaltaron que la unión predominante compuesta por jugadores norteamericanos no se enfocó en un tema que afecta mayormente a los latinos.[20] No obstante, no todos los jugadores hispanos compartían la misma opinión La poca representación latina refleja la importancia de las labores de Clemente y Flood. La unión abogó en contra de un sorteo internacional al interpretarlo como una restricción al mercado de la agencia libre, de manera semejante al caso de Flood,[21] aunque este método podría traer mejorías al trato de los jugadores latinos, como deseaba Clemente.

TRATANDO DE ERRADICAR LA ADVERSIDAD

Aunque la injusticia persistía, Clemente y Flood no dejaron de batallar para traer cambios estructurales. En una entrevista en 1963, Clemente ofreció un vistazo a este espíritu incansable, al contestar una pregunta sobre el béisbol que abarcaba otros temas. Clifford Evans le preguntó "Roberto Clemente, a veces tratas de batear las bolas malas, como si no tuvieses paciencia. Cuando estas en la caja de bateo, ¿te consideras impaciente?" Clemente no dudó en contestar "no, yo no lo creo. Yo estoy relajado al batear. Yo intento batear las bolas malas porque soy un buen bateador de bolas malas".[22]

El esmero de Clemente y Flood por ver oportunidades en las situaciones no ideales fue imprescindible. Ambos estaban seguros de que acabar con el discrimen y con la desigualdad era posible. Ayudaron a las generaciones futuras al ver el potencial del cambio y tratar de brindarlo. Aunque estos esfuerzos no produjeron resultados de inmediato, las reformas al Acto Antimonopolista Sherman trajeron mejorías. El dominio hispano entre los jugadores mejor pagados refleja los triunfos de estas batallas.[23]

NOTAS

1 Adrián Burgos Jr., *Playing America's Game: Baseball, Latinos, and the Color Line* (Berkeley: Impresa de la Universidad de California, 2007), 227; Stuart L. Weiss, *The Curt Flood Story: The Man Behind the Myth* (Columbia, Missouri: Impresa de la university de Missouri, 2007), 229-230, edición de Kindle.

2 Burgos, 225.

3 Bill Francis, "Baseball Digest Still Enthralling Fans in Eighth Decade," *Baseball History Series* (El Museo y Salón de la Fama del Béisbol, 2022), https://baseballhall.org/discover/baseball-history/baseball-digest-still-enthralling-fans-in-eighth-decade?fbclid=IwAR125K39N4IZeUaDzY_Mwu6XwNwC9qdOvXW91xS8eIK6ciOsT0CpJPEe1Vs.

4 *Baseball Digest*, septiembre de 1972: 1.

5 Burgos, 193.

6 *Baseball Digest*, febrero de 1971: 1; William Gildea, "Curt Flood – Baseball's Angry Rebel," *Baseball Digest*, febrero de 1971: 55-60.

7 Jerome Holtzman, "Richie Relieves Monotony," *The Sporting News*, 8 de mayo de 1971: 11, https://paperofrecord.hypernet.ca/paper_view.asp?PaperId=834&RecordId=14&PageId=7612168.

8 Curt Flood and Richard Carter, *The Way It Is* (New York: Trident Press, 1971), 16https://archive.org/details/wayitisfloo00floo.

9 Ursula McTaggart, "Writing Baseball into History: The Pittsburgh Courier, Integration, and Baseball in a War of Position," *American Studies* vol. 47, no. 1 (Primavera 2006): 118, https://www.jstor.org/stable/40604900.

10 Brad Snyder, *A Well-Paid Slave: Curt Flood's Fight for Free Agency in Professional Sports* (New York: Plume, 2007), 69, edición Kindle.

11 Snyder, *A Well-Paid Slave*, 76, 79.

12 Weiss, *The Curt Flood Story*, 155-157.

13 Flood and Carter, *The Way It Is*, 193.

14 Stuart Banner, *The Baseball Trust: A History of Baseball's Antitrust Exemption* (New York: Impresa de la Universidad de Oxford, 2013), 187-188, https://archive.org/details/baseballtrusthis0000bann.

15 Flood and Carter, *The Way It Is*, 18.

16 Curtis C. Flood, "Letter to Bowie K. Kuhn, Commissioner of Baseball from Curtis C. Flood stating that he had the right to consider offers from other baseball clubs before signing a contract," December 24, 1969, *Record Group 21: Records of District Courts of the United States, 1695-2009, Series: Civil Case Files, 1938-1995*, Archivos Nacionales de Nueva York (New York, NY), https://catalog.archives.gov/id/278312.

17 Flood and Carter, *The Way It Is*, 16.

18 Banner, *The Baseball Trust*, 191.

19 Flood and Carter, *The Way It Is*, 18.

20 Alden Gonzalez and Marly Rivera, "'Something Needs to Be Done': Why an MLB International Draft is Such a Big Deal," ESPN, 10 de marzo de 2022, https://www.espn.com/mlb/story/_/id/33463929/needs-done-why-mlb-international-draft-such-big-deal.

21 James Wagner, "M.L.B. Cancels Another Week of Games as Lockout Continues," *New York Times*, 9 de marzo de 2022, https://www.nytimes.com/2022/03/09/sports/baseball/mlb-lockout.html?smid=url-share; Chelsea Janes, "MLB, Players Union Reach A Deal, Clearing the Way for Baseball's Return," *Washington Post*, March 10, 2022, https://www.washingtonpost.com/sports/2022/03/10/mlb-lockout-deal/; Gonzalez and Rivera, "Something Needs to Be Done," ESPN, 10 de marzo de 2022.

22 "Roberto Clemente (1963)," SABR Oral History Collection (Society for American Baseball Research), consulatdo el 12 de mayo de 2022, 1:11-1:29, https://sabr.org/interview/roberto-clemente-1963/.

23 U.S. Congress, "H.R.704 - 105th Congress (1997-1998): Major League Baseball Antitrust Reform Act of 1997," 12 de febrero de 1997, https://www.congress.gov/bill/105th-congress/house-bill/704?s=1&r=36.

CLEMENTE Y KING, AL SERVICIO DEL PRÓJIMO

POR BENJAMIN SABIN

"Cada vez que tengas la oportunidad de hacer una diferencia en este mundo y no la haces, entonces estás desperdiciando tu tiempo en la tierra".

– Roberto Clemente[1]

La muerte nos llega a todos. Para algunos, cuando somos jóvenes y sin preocupaciones; para otros, a mediados de la vida, cuando sostenemos el peso del mundo completo a nuestra espaldas; y para el resto, a la avanzada edad cuando subsistimos de día a día. Martin Luther King murió a los 39 años y Roberto Clemente a los 38.

King fue asesinado en el balcón de su habitación en el segundo piso del Motel Lorraine en Memphis, Tennessee. Se encontraba en dicha ciudad para apoyar a los empleados del servicio sanitario en su huelga. King tenía planificado cenar con el ministro Samuel "Billy" Kyles pero antes tenía un compromiso para dialogar con miembros de la Conferencia Sureña de Liderazgo Cristiana (Southern Christian Leadership Conference), quiénes lo esperaban en el estacionamiento del motel. Al salir a su balcón, la bala disparada por el arma de su verdugo le alcanzó el rostro. Su defunción se anunció una hora más tarde.[2]

Clemente pereció cerca de la costa de Puerto Rico el 31 de diciembre de 1972. Su avión fletado, repleto de suministros para los damnificados de un atroz terremoto en Nicaragua, se estrelló en el Océano Atlántico poco después de las 9 P.M. Clemente había decidido acompañar personalmente los artículos y la nave aérea alcanzó tan solo 200 pies de altitud debido a problemas con uno de sus motores. Los equipos de rescate no pudieron recuperar los cuerpos de los tripulantes.[3]

Desde sus tempranos y desafortunados decesos, tanto Dr. King como Clemente han sido venerados por sus labores humanitarias. Ambos lucharon por la mejoría de los desafortunados, aún en sus momentos finales.

SUS CAMINOS SE CRUZAN

Clemente todavía era adolescente cuando firmó su contrato de grandes ligas y llegó a los

Incluso estando en el terreno de juego, Clemente siempre compartía su tiempo con los aficionados. Fotografía captada por Les Banos, cortesía del Museo Clemente.

Estados Unidos continentales. Comenzaba la era de los derechos civiles y Clemente vivió por vez primera en carne propia la segregación "Jim Crow" y la discriminación racial durante los entrenamientos primaverales en Florida.[4] En su Puerto Rico natal, la integración de las razas era común y Clemente no estaba preparado para no poder comer en los mismos restaurantes o acudir a los mismos cines que sus compañeros de equipo de tez blanca. Clemente recalcó que así aprendió que ser una persona de color "era algo malo aquí (en los Estados Unidos)".[5]

El año siguiente, en 1955, King y otros activistas de los derechos civiles fueron arrestados en Montgomery, Alabama por organizar un boicot de una compañía de transportación que requería que las personas de color otorgasen sus asientos a los pasajeros blancos.

Clemente quedó muy impresionado tras su primer episodio de discrimen racial y se involucró más a fondo en la lucha, señalando a Martin Luther King como una de sus personas más admiradas.[6] La admiración de Clemente creció al asistir a un discurso de King en San Germán, Puerto Rico. King visitó la finca de Clemente en las afueras de Carolina.[7] Tan solo ellos conocían los asuntos que discutieron pero está claro tras la reunión, el respeto de Clemente para King siguió en aumento.

UNA VOZ

Clemente admiraba a King no por "su filosofía de pacifismo sino por su habilidad de brindarle una voz a aquellos que carecían de ella".[8] A su entender, King "cambió el sistema y el estilo americano. Puso a las personas de los arrabales, a las personas que no decían nada en aquellos entonces, por fin comenzaron a decir lo que les hubiese gustado decir durante todos esos años pero nadie le escuchaba. Y ahora, con este hombre, estas personas acudían a los lugares que deseaban, pero que anteriormente no les era permitido, y ahora iban y sentaban como si fuesen blancos y llamaban la atención para que el mundo completo lo viese. No tan sólo los negros sino todas las minorías. Esta gente que no tenía nada y que no podían hablar por faltarle el poder, comenzaron a hablar en voz alta y a organizar piquetes, y por eso digo que King cambió el mundo".[9]

Tras la victoria Pirata en la Serie Mundial de 1971, Clemente tuvo su propia oportunidad de brindarle la voz a los que no la tenían. Cargó a Pittsburgh a sus espaldas a durante la mayor parte de la Serie y tras concluir el séptimo juego, decidió ofrecer unas palabras en castellano. La ocasión marcó la primera vez que alguien se dirigía a los televidentes en otro idioma a través de los medios de comunicación estadounidenses. Le dedicó el momento a su familia, diciendo "en el día más grande de mi vida, para los nenes la bendición".[10] Aunque destinadas a sus hijos, las palabras resonaron con los hispanoparlantes en el mundo entero.

RESPETO

La muerte del Dr. King afectó al país de varias maneras, incluyendo tristeza, dolor y coraje. Las protestas raciales en varias ciudades se tornaron violentas y el país estaba a punto de explotar. Jackie Robinson, durante una entrevista la misma noche del asesinato de King, lamentó que "es lo más preocupante y trastornante que hemos enfrentado en mucho tiempo."[11] ¿Qué recursos quedan ante dicha tragedia? Observar el luto y señalar nuestro respeto.

El día después del asesinato de King, Clemente convocó una reunión con todos los jugadores Piratas. La franquicia tenía 11 jugadores de color en su plantilla, la cifra más alta en las grandes ligas. El grupo decidió que no jugarían los primeros dos juegos de la temporada frente a los Astros de Houston. "Estamos haciendo esto porque tanto los jugadores blancos como los negros respetamos todo lo que el Dr. King ha hecho por la humanidad…le debemos este gesto a sus

memoria y sus ideales" manifestaron Clemente y el lanzador Dave Wickersham en un comunicado de prensa.[12] Tras la decisión de los jugadores de atrasar el comienzo de la campaña, Major League Baseball decidió aplazar los juegos del 8 y 9 de abril (el día del funeral de King) y empezar la temporada el 10 de abril.

LEGADO

Roberto Clemente y Martin Luther King Jr. estrecharon sus lazos gracias sus creencias. Ambos fueron firmes defensores de la igualdad de razas y de los derechos de los pobres. Clemente, inspirado por King en 1962, lo continuó admirando hasta su muerte en 1972. Medio siglo después de sus muertes, los Estados Unidos y el mundo completo aún celebran sus memorias y la justicia social por la cual ambos lucharon.

NOTAS

1   Sean Collier, "This MLK Day, Learn About the Humanitarian Side of Roberto Clemente," *Pittsburgh Magazine*, 14 de enero de 2021. https://www.pittsburghmagazine.com/this-mlk-day-learn-about-the-humanitarian-side-of-roberto-clemente/.

2   "Assassination of Martin Luther King, Jr.," *Martin Luther King Jr. Encyclopedia*, Stanford University. https://kinginstitute.stanford.edu/encyclopedia/assassination-martin-luther-king-jr.

3   "Baseball Star Roberto Clemente Dies in Plane Crash," https://www.history.com/this-day-in-history/baseball-star-dies-in-plane-crash.

4   Christopher Klein, "How Puerto Rican Baseball Icon Roberto Clemente Left a Legacy Off the Field," History.com, 13 de octubre de 2021. https://www.history.com/news/roberto-clemente-humanitarian-accomplishments-pittsburgh-pirates.

5   Dave Zirin, "Common Bond for Uncommon Men: Roberto Clemente and Martin Luther King," CommonDreams.org, 7 de abril de 2008. https://www.commondreams.org/views/2008/04/07/common-bond-uncommon-men-roberto-clemente-and-martin-luther-king.

6   David Maraniss, *Clemente: The Passion and Grace of Baseball's Last Hero* (New York: Simon & Schuster, 2007), 148.

7   Kevin B. Blackistone, "'More Than a Ballplayer': After MLK Shooting, Roberto Clemente Halted MLB Opening Day 1968," *Washington Post*, 28 de marzo de 2018. (online)

8   Maraniss, 221.

9   Maraniss, 221.

10 Maraniss, 264.

11 Bill Francis, "National Tragedy Brought Baseball to a Halt for Two Days in 1968," National Baseball Hall of Fame, https://baseballhall.org/discover/martin-luther-king-jrs-assassination-brought-baseball-to-a-halt-in-1968.

12 https://baseballhall.org/discover/martin-luther-king-jrs-assassination-brought-baseball-to-a-halt-in-1968.

¿POR QUÉ NICARAGUA? CLEMENTE, HIJO ADOPTIVO

POR TONY S. OLIVER DÍAZ

Año Nuevo 1973: despertaba el mundo y en muchos casos, oía por vez primera la nefasta noticia del accidente aéreo que cobró la vida de Roberto Clemente. Abundaban las preguntas y faltaban las razones. ¿Por qué Clemente? ¿Por qué un ser humano tan bondadoso, aún joven, desaparecía de la faz de la Tierra? ¿Por qué se estrelló el avión? Pero un "¿por qué?" era más profundo que los otros: ¿por qué Clemente había insistido en llevar *personalmente* los suministros a Nicaragua?

Las matemáticas nos instruyen que la distancia más corta entre dos puntos es una línea recta. Pero en este caso, debido a la descarada corrupción del gobierno nicaragüense, Clemente concluyó que el trayecto de 1,413 millas entre San Juan y Managua era a través suyo.

Clemente visitó a la nación en 1964 siendo parte de la plantilla de los Senadores de San Juan, campeones de la Liga de Béisbol Profesional de Puerto Rico (que ahora lleva su nombre), quiénes participaban en la Serie Interamericana. El torneo enfrentaba a novenas de varios países como

facsímil de la antigua Serie del Caribe, suspendida desde 1960.[1]

Los Senadores presumían de una equipo formidable, con varios jugadores de grandes ligas: Clemente, Orlando Cepeda, Luis Arroyo, José Pagán y Juan Pizarro. Sin embargo, los boricuas cayeron ante los locales Cinco Estrellas.[2] Con casi una década en las mayores, Clemente ya era toda un astro, reconocido por su gestión en el terreno y por su dedicación por el prójimo. Su estadía plantó las raíces de una estrecha amistad con el pueblo nicaragüense, bajo el yugo de la dictadura Somoza desde 1936.

Los Somoza no escondían su depravación y los Estados Unidos, en constante temor a los avances del comunismo en América Latina, optaron por sostener a los caudillos. El clan interpretó esta ayuda financiera y militar como un permiso ilimitado para oprimir a su pueblo.

Ante este panorama, Clemente regresó en noviembre de 1972 para dirigir al equipo puertorriqueño en la Serie Mundial amateur (después bautizada como la Copa Mundial de Béisbol).[3]

Cuba arrasó con la competencia con 14 victorias y un revés; los estadounidenses y los del patio ambos concluyeron con 13-2.[4]

Pocas semanas después, un devastador terremoto destruyó gran parte de la capital. Su llegada el 23 de diciembre fue cruel, ya que la mayoría del país se preparaba para las fiestas navideñas, y su descomunal furia tomó a los habitantes por sorpresa a las 12:30AM. El seísmo marcó 6.3 en la escala Richter y trajo un par de sacudidos adicionales en menos de una hora, añadiéndole pánico a la confusión que cundía en las oscuras calles. Una organización recién formada, Médicos Sin Fronteras, contestó la llamada y se movilizó al país centroamericano.[5]

La comunidad internacional respondió con promesas de suministros y otros artículos de primeros auxilios pero los gestos se quedaron cortos debido a problemas de distribución y la nefasta actuación del propio gobierno, cuyos representantes confiscaron muchas de las donaciones para su uso propio.

El teniente mayor Raúl Pellegrina, al entregar el primer envío de artículos recopilados por Clemente, fue ordenado por las fuerzas armadas a otorgar su carga. Pellegrina rehusó terminantemente, contestándole a los soldados que "si no le dejaban pasar, montaría la carga de nuevo en el avión y regresaría a San Juan para decirle a Roberto Clemente lo que estaba sucediendo".[6]

El papel de Clemente ha sido bien documentado. Organizó los planes de ayuda y recaudación de fondos y tras oír la canallada de la dictadura, decidió abordar el avión y entregar los suministros en persona. Vera, su esposa, la imploró que no volase, pero Clemente no cedió, explicando que se trataba de una misión moral: "cuando te llega el día, te llega el día. Cuando te toca la hora de morir, te toca. Los niños están muriendo. La gente necesita esta ayuda".[7] Su propia defunción se añadió a los estimados de 4,000 a 11,000 víctimas y casi dos terceras partes de un millón de personas se encontraban sin hogar.[8]

En los años 1970 la dictadura recibió fuertes críticas domésticas e internacionales. Anastasio Somoza Debayle, el tercer miembro de la familia a cargo del país no dio tregua y sus abusos se encrudecieron.[9] El Frente de Liberación Nacional Sandinista derrocó al régimen en 1979 pero seducido por el poder, gobernó de manera autocrática.[10] El país estalló en una guerra civil entre los Sandinistas y los guerrilleros apoyados por los Estados Unidos. La paz regresó en 1990 con elecciones libres ganadas por una coalición de partidos antisandinistas. La democracia y transferencias de mando pacíficas duraron más de una década, pero el regreso de Daniel Ortega al poder en 2006 ha traído votaciones fraudulentas y opresión política. Los oponentes del nuevo régimen han sido frecuentemente encarcelados desde 2015.

Aunque el béisbol siempre fue el deporte predilecto, ningún nicaragüense había alcanzado las grandes liga hasta que José Dennis Martínez, también conocido como "el Presidente", lo hizo en 1976. Catorce otros han llegado al gran circo, muchos de ellos influidos por la pasión demostrada por Clemente.[11] Martínez jugó en la liga invernal de Puerto Rico y recuerda gratamente al astro boricua: "yo tenía dos ídolos: como lanzador a Juan Marichal y como ser humano, a Clemente. Lo vi como mi ejemplo. Me motivó a pensar a ayudar al prójimo, a los niños, que fue su meta y ahora es también la mía".[12] En 2019, una estatua de Clemente se instaló en el vestíbulo del Estadio Nacional de Managua Dennis Martínez, enlazando para siempre a ambas superestrellas.[13]

Con la excepción de Puerto Rico y de Pittsburgh, en ningún lugar está la memoria de Clemente más presente que en Nicaragua. Su primogénito Roberto Jr. se unió a la junta de directores de la Academia Internacional de Béisbol de América Central (IBACA).[14] El estadio de Masaya lleva el nombre de Clemente al igual que varias escuelas a través del país. Como gesto de colaboración humanitaria, el Club Rotario de Pittsburgh otorgó ayuda financiera para la creación de la Clínica de Salud Roberto Clemente en Nicaragua, que ofrece servicios médicos a millares de pacientes de pocos recursos.[15]

La figura de Clemente une los campos contrarios en el ámbito político. El 31 de diciembre de 2013 la entonces vicepresidenta Rosario Murillo Zambrana y el Parlamento Nicaragüense le otorgó el mérito "Héroe de la Solidaridad" a Clemente, el mayor honor civil.[16] Seis años después, un gigantesco mural de Clemente se desveló en el Parque Luis Alfonso Velásquez Flores en Managua durante una ceremonia con 400 niños de pequeñas ligas.[17] El cronista deportivo Carlos Reyes ofreció un corto discurso, recalcando que "aunque no nació en Nicaragua, Roberto Clemente es el jugador de béisbol más importante del país, porque dar la vida por otros…tiene un significado enorme".[18]

Un año después, en plena pandemia global del coronavirus, cuatro equipos juveniles jugaron un torneo de un día en el Estadio Juvenil Roberto Clemente. Daniel Sequeira, del Movimiento Deportivo Alexis Argüello, exclamó que "Roberto Clemente es símbolo de respeto, símbolo de grandeza y sobre todo de solidaridad, nosotros los jóvenes, la juventud nicaragüense, los promotores deportivos, los atletas recordamos su ejemplo y seguimos todos los días ese ejemplo de solidaridad".[19]

Desafortunadamente, la inmundicia política ha manchado el recuerdo. La dictadura extraoficial de Ortega, que asesinó a más de 300 disidentes en 2018, trató de usurpar la memoria de Clemente para una serie de partidos de exhibición entre los equipos nicaragüenses y puertorriqueños. Luis, el segundo hijo de Roberto y Vera, remarcó con mucha tristeza que "me preocupa que aquellos que nos conocen Nicaragua no nos advirtieron sobre el motivo verdadero detrás de todo esto. Estuvimos totalmente a oscuras".[20] El propio Martínez, ídolo máximo del deporte nicaragüense, declaró que "un estadio construido para el béisbol" no se debe usar como cuartel del ejército.[21]

Un gran mural de Clemente adorna al Parque Luis Alfonso Velásquez Flores en Managua, Nicaragua. Cortesía de Steven A. Melnick, Ph.D.

Marlon Torres, presidente ejecutivo del Instituto de Deportes de Nicaragua, indicó que "creo que como deportista y como persona, Clemente es digno de imitar, debemos recordar y mantener su imagen todo el año, no sólo en esta fecha".[22] Casi tres décadas previa, el gobierno lo había reconocido al publicar una serie de sellos postales de peloteros, incluyendo a Clemente.[23]

El afecto de Nicaragua para Clemente es especial. No fue destinado por la naturaleza, como en Puerto Rico, dónde nació y perteneció, ni basado en suerte, como en Pittsburgh, cuya franquicia escogió al jardinero de las fincas de los Esquivadores de Brooklyn. El aprecio nicaragüense se ganó gracias a sus gestos forjados por su personalidad y deseo de ayudar al prójimo.

Vera Clemente recalcó que los lazos de su esposo con Nicaragua se debían en gran parte a las semejanzas entre ambas naciones: "vinimos a Nicaragua y vimos personas viviendo en una situación igual a la de Puerto Rico treinta años antes. Roberto vio niños en las calles, sin zapatos, habitando en una casa de un cuarto, y le recordó las condiciones que su padre vivió en la hacienda azucarera en Carolina. Cada día cambiaba un billete de veinte dólares por monedas nicaragüenses. Les preguntaba a los niños sobre sus familias. ¿Qué oficio ejercía su padre? ¿Habían cenado la noche anterior? Mientras lo hacía, les otorgaba las monedas".[24]

Las ligas invernales de Puerto Rico y Nicaragua han retirado el número 21, que ya no pertenece al uniforme de cualquier jugador sino al corazón de ambos pueblos.[25]

NOTAS

1   La primera versión de la Serie del Caribe (1949-1960) consistía en cuatro participantes en un round-robin: Cuba, Panamá, México y Puerto Rico. Cuando Fidel Castro prohíbe el deporte profesional en su isla, el torneo se suspendió hasta 1970. Desde entonces Venezuela y la República Dominicana remplazaron a Cuba y a Panamá. En la última década, ambas naciones han regresado y Colombia se ha incluido.

2   Néstor Duprey Salgado, "Clemente en la víspera de la gloria." Libro publicado por cuenta propia, 2017, 381.

3   "XX Campeonato Mundial de Béisbol Amateur: Managua, Nicaragua (1972)," Deportes, Cine, y Otros, https://deportescineyotros.com/2017/01/01/xx-campeonato-mundial-de-beisbol-amateur-managua-nicaragua-1972/.

4   "XX Campeonato Mundial de Béisbol Amateur: Managua, Nicaragua (1972)."

5   "Doctors Without Borders: History," Doctors Without Borders, https://www.doctorswithoutborders.org/who-we-are/history/founding.

6   David Maraniss, Clemente: The Passion and Grace of Baseball's Last Hero (New York: Simon & Schuster, 2006), 302.

7   "Beyond Baseball: The Life of Roberto Clemente," Exhibición del Smithsonian, http://www.robertoclemente.si.edu/english/virtual_story_nicaragua_09.htm.

8   "On This Day: 23 December," BBC News, http://news.bbc.co.uk/onthisday/low/dates/stories/december/23/newsid_2540000/2540045.stm.

9   Anastasio Somoza García, el patriarca, gobernó hasta 1956. Su hijo mayor, Luis, lo hizo hasta 1963 y Anastasio (hijo) hasta 1979. Algunos presidentes oficiales ejercieron la función pero los Somoza eran los líderes indiscutibles.

10 El grupo lleva el nombre de Augusto Sandino, quién organizó una revolución en protesta del dominio económico estadounidense en la década de 1920. Para más información, consulte http://www.sandinorebellion.com/.

11 Hasta el final de la temporada de 2021.

12 Antolín Maldonado Ríos, "Dennis Martínez Fue Influenciado por Clemente," El Nuevo Día, 4 de enero de 2013.

13 "Rinden Homenaje a Roberto Clemente en Nicaragua," El Nuevo Día, 16 de marzo de 2019, https://www.elnuevodia.com/deportes/beisbol/notas/rinden-homenaje-a-roberto-clemente-en-nicaragua/.

14 "Rinden Homenaje a Roberto Clemente en Nicaragua."

15 "Clinic Timeline," The Roberto Clemente Health Clinic, https://nicaclinic.org/clinictimeline/.

16 "Nicaragua Recuerda al Héroe de la Solidaridad, Roberto Clemente," Viva Nicaragua/Canal 13, 31 de diciembre de 2019, https://www.vivanicaragua.com.ni/2019/12/31/sociales/nicaragua-heroe-solidaridad-roberto-clemente/.

17 Iris Varela, "Nicaragua Recuerda a Roberto Clemente como 'Héroe del Amor y la Solidaridad,'" Diario Barricada, 31 de diciembre de 2019, https://diariobarricada.com/nicaragua-recuerda-a-roberto-clemente-como-heroe-del-amor-y-la-solidaridad/.

18 "Nicaragua Recuerda a Roberto Clemente como Héroe de la Solidaridad," Archivo Informativo TN8, 31 de diciembre de 2019, https://www.youtube.com/watch?v=KPBJ6Px2IaU.

19 "Recuerdan a Roberto Clemente a 48 Años de su Mayor Hazaña de Solidaridad," Viva Nicaragua/Canal 13, 31 de diciembre de 2020, https://www.vivanicaragua.com.ni/2020/12/31/sociales/roberto-clemente-hazana-solidaridad/.

20 Stephen J. Nesbitt, "Peace or Propaganda? In Nicaragua, a Tug of War over Roberto Clemente's Legacy," Pittsburgh Post-Gazette, 6 de marzo de 2019, https://www.post-gazette.com/sports/pirates/2019/03/06/roberto-clemente-puerto-rico-nicaragua-baseball-series-dennis-martinez-stadium/stories/201903060029.

21 Nesbitt.

22 "Nicaragua en Deuda con Roberto Clemente," Impacto Latino, 30 de diciembre de 2012, https://impactolatino.com/nicaragua-en-deuda-con-roberto-clemente/.

23 "Stamp Catalog: Roberto Clemente (Puerto Rico)," Colnect, https://colnect.com/en/stamps/stamp/356277-Roberto_Clemente_Puerto_Rico-Baseball_Players-Nicaragua.

24 Rob Ruck, "Mission of Love: Displays of Respect for Her husband Ease Pain of Vera Clemente's Nicaragua Visit," Los Angeles Times, 15 de junio de 1989, https://www.latimes.com/archives/la-xpm-1989-06-15-sp-2522-story.html.

25 Renso Gómez, "Nicaragua Pone el Ejemplo y Retira Número de Roberto Clemente," El Fildeo, 2 de noviembre de 2020, https://elfildeo.com/mlb/nicaragua-mlb-roberto-clemente-numero-noticias/142965/2020/v

LA RESPUESTA A LA MUERTE DE CLEMENTE

POR JUSTIN KRUEGER

La muerte de Roberto Clemente el 31 de diciembre de 1972 desencadenó una gran consternación. Hacia pocos meses que había ingresado a la exclusiva fraternidad de los 3,000 inatrapables, siendo su undécimo integrante y único oriundo de Latinoamérica. El jardinero de los Piratas de Pittsburgh, con tan solo 38 primaveras, pereció no por causas naturales sino en plena y voluntaria labor llevando suministros de emergencia a los damnificados de un devastador terremoto en Nicaragua.

Era imposible comprender la muerte de Clemente. Fue como un relámpago.

Como figura pública, Clemente sobrepasaba la farándula. Era a su vez ser humano y mito, casi titán de la mitología helena, respetado tanto en el ámbito deportivo como fuera de este. Su muerte evocó recordatorios de todos los rincones del mundo: pésames, declaraciones políticas y actos conmemoratorios persistieron aún tras los actos fúnebres en su pueblo natal de Carolina y su ciudad adoptiva de Pittsburgh.[1]

RESPUESTAS DE LÍDERES POLÍTICOS

El deceso de Clemente no tardó en reportarse y las figuras políticas no retrasaron sus proclamaciones:

El gobernador de Puerto Rico Luis A. Ferré, cuyo término finalizaba días después del siniestro, declaró tres días de duelo por "la muerte de un gran puertorriqueño, Roberto Clemente".[2] Fue uno de los últimos actos oficiales de Ferré como mandatorio.

El gobernador recién electo, Rafael Hernández Colón, quién juramentó a su cargo el 2 de enero de 1973, canceló todos los actos festivos en honor a su inauguración, con la excepción del banquete estatal, cuya celebración adquirió un tono sombrío.[3] Su propia toma de posesión, típicamente un acto júbilo, fue sumamente modesta.

Al comienzo de la ceremonia de instalación de Hernández Colón, el Secretario de Estado, Fernando Chardón, exclamó: "tenemos hoy el espíritu de un hombre, Roberto Clemente, que unió a estadistas, estadolibristas e independentistas

Clemente Tributes and Pictures on Six Inside Pages

Pittsburgh Post-Gazette

Sun-Telegraph

First Newspaper West of the Alleghenies

Cold
Partly cloudy; high near 30; low tonight in mid-teens.

(Weather Detail on Page 18)

VOL. 46—NO. 133

TUESDAY, JANUARY 2, 1973

Final City Edition
(1-2-73)
187th Year

In Three Sections

TEN CENTS

Clemente Dies In Plane Crash

SAN JUAN, P. R. (AP)—Baseball star Roberto Clemente and his four companions on a mercy mission were feared dead yesterday in the crash of a cargo plane that plummeted into the ocean within sight of San Juan's luxury hotels.

The four-engined DC7 was loaded with relief supplies for survivors of the Managua, Nicaragua, earthquake. It went down at 9:22 p. m. Sunday about 1½ miles north of San Juan International.

Read an editorial, "Roberto Clemente, The Great One," and see a Hungerford cartoon, "Mourning," Page 6.

Airport, from which it had just taken off. The plane, carrying a crew of three and one other passenger, came down in heavy seas a mile and a half from shore. Coast Guard planes circled the area, trying to locate the plane by the flight of flares. The wreckage was not found until 5 p. m. yesterday in about 100 feet of water. There were no signs of survivors. The search for bodies will resume this...

A Coast Guard spokesman said rescue...

units "have found a suitcase, a hatch cover, metal pieces, a wheel and life jackets" but no survivors.

Gov. Luis A. Ferre officially declared the Pittsburgh Pirates' All-Star outfielder dead and ordered three days of mourning because of "the death of the great Puerto Rican, Roberto Clemente."

Ferre said he issued the special proclamation because "Clemente's premature death took place while on a noble mission of charity and neighborly love."

Clemente, 38, had agreed to head Puerto Rico's earthquake relief operation when he got word of the disaster Dec. 23. His relief organization had collected $150,000 in cash and tons of food, clothing and medicine for the survivors.

Cristobal Colon, a friend of Clemente who was working on the committee to raise funds and collect clothing for the earthquake victims, said he had driven Clemente and his wife, Vera, to the airport.

"After we put him on the plane, Vera...

...said he told her, "if there is one more delay, we'll leave this for tomorrow."

Colon said Clemente had insisted on going with the flight to make certain that the supplies got into the hands of the people who needed them.

"He had received reports that some of the food and clothing he had sent earlier had fallen into the hands of profiteers," said Colon.

Clemente had been asked to take part in the collection of funds by Luis Vigoraux, a television producer.

"He did not just lend his name to the fund-raising activities the way some famous personalities do," said Vigoraux. "He took over the entire thing, arranging for collection points, publicity and the transportation to Nicaragua."

Airport officials said the plane crashed after making a normal left bank while climbing after the take off. They were unable to pinpoint the cause of the crash.

A Puerto Rico Ports Authority official said that beside Clemente, the occupants of the plane were the pilot, Jerry Geisel; the copilot and owner, Arthur Rivera; the flight engineer, Rafael Matias, and a radio newsman identified only by his last name, Lozano.

A Federal Aviation Administration of—
(Cont'd on Page 2, Column 1)

Pittsburgh Pirate superstar Roberto Clemente, 38, killed flying mercy mission to victims of earthquake.

Primera plana del periódico Pittsburgh Post-Gazette, 2 de enero de 1973.

'The Great One' Is Dead
Tragedy Evokes Tears,

Peace Talks To Be Marked

S. Vietnam Cease-Fires End
U.S. Switches Raids

---

en un deseo a ser mejores ciudadanos y amantes del béisbol".[4] Concluyó su ponencia al pedirle a los asistentes un minuto de silencio en honor a Clemente.

Hernández Colón, al final de su discurso, reconoció que:

> "Va, en ese abrazo de hoy, el sentimiento que hoy embarga a todos los puertorriqueños por la trágica muerte de Roberto Clemente...nuestra juventud ha perdido un ídolo y un ejemplo. Nuestro pueblo pierde una de sus glorias. Nuestros corazones están entristecidos en el día de hoy por su partida trágica cuando acudía al socorro de las víctimas de la catástrofe de Nicaragua".[5]

El alcalde de Nueva York John Lindsay le obsequió al Gobernador Hernández Colón una placa con la inscripción:

> "Hay muchas cosas que unen a los ocho millones de personas que residen en Nueva York y al pueblo de Puerto Rico. Ninguna de ellas sobrepasa la pena que compartimos sobre la defunción de Roberto Clemente, un pelotero extraordinario y ser humano ejemplar".[6]

El alcalde de Pittsburgh Peter F. Flaherty declaró, el 2 de enero, la "Semana Roberto Clemente". Durante este período recordatorio, un cuadro de Clemente fue expuesto en el vestíbulo del edificio de la ciudad y condado en el caso urbano de Pittsburgh.[7]

La Casa Blanca proclamó estas palabras del presidente Richard M. Nixon, el 2 de enero:

> "Todo aficionado de los deportes admiró y respetó a Roberto Clemente como uno de los mejores peloteros de nuestra época. En esta tragedia de su

inesperada muerte, nos recuerda que mereció aún mayor respeto por sus espléndidas calidades como bondadoso y generoso ser humano.

Sacrificó su vida en una misión de misericordia y amparo. El mejor recordatorio que le podemos otorgar a su memoria es contribuir de manera generosa al rescate y la ayuda de aquellos que ansiaba ayudar: a los damnificados del terremoto de Nicaragua".[8]

En una ceremonia celebrada en la Casa Blanca en mayo, Vera, viuda de Clemente, recibió la Medalla Presidencial a los Ciudadanos (mayor honor civil del gobierno estadounidense) otorgada por el Presidente Nixon en memoria de su difunto esposo. El premio reconoce "a los ciudadanos estadounidenses cuyos extraordinarios logros han exaltado al país o a sus conciudadanos" (por Orden Ejecutiva 11494 de noviembre 3, 1969).

Anastasio Somoza, dictador nicaragüense, cuya corrupción despertó el deseo de Clemente de viajar a Nicaragua para asegurar que los bienes fuesen otorgados a las personas necesitadas, envió un telegrama expresando su pésame a la familia Clemente, exclamando que "Clemente murió heroicamente, dejando a su familia para ayudar a la humanidad".[9]

LA RESPUESTA DE MAJOR LEAGUE BASEBALL (MLB)

Tras la muerte de Clemente, sus compañeros de equipo Manny Sanguillén, Bob Johnson y Rennie Stennett acompañaron al Gobernado Ferré a Carolina, ciudad natal de Clemente, para ofrecer su apoyo a la familia: Vera y sus hijos Roberto, Luis Roberto y Roberto Enrique.[10]

Manny Sanguillén era uno de los más íntimos amigos de Clemente en la plantilla bucanera. Clemente se encargó de ayudar al joven panameño durante su temporada de novato en 1967. Sanguillén, de tez oscura como Clemente, tuvo semejantes experiencias, y enlazó una buena amistad,

siendo ambos latinoamericanos. La muerte de Clemente fue un golpe duro para Sanguillén, quién decidió no asistir a los actos fúnebres. En su lugar, se puso un traje de buzo y se enfrentó al alta mar para recuperar al cuerpo de Clemente y los demás difuntos del accidente. No desistió en su labor por varias semanas tras el siniestro, insistiendo que "Dios mismo envío a Clemente a la Tierra para demonstrar el talento latino".[11]

Exhausto emocional y físicamente, Sanguillén lamentó que: "regresé por si acaso el océano lo había devuelto".[12]

Su compañero de equipo Steve Blass recalcó los esfuerzos de Sanguillén:

"Su reacción fue genuina. Estábamos en el entierro y él estaba en la costa, incapaz de desasociarse del lugar dónde sucedió, donde la tragedia ocurrió".[13]

Durante el funeral de Clemente en Puerto Rico, Blass clausuró su elegía al recalcar:

Que sea una señal muda (silenciosa) de lustro de una amistad perenne y de todo lo que no dejamos sin decirde tus amigos del equipo de los Piratas.[14]

Blass recalcó que "Roberto Clemente nos conmovió a todos y somos no tan solo mejores jugadores sino mejores personas por haberle conocido. Todos aprendimos de él".[15]

Desde su hogar de Greenwich, Connecticut, el lanzador Tom Seaver opinó que Clemente "fue lleno de emoción, sincero y persona con mucha compasión. No pude creer cuando oí los informes de la radio que había desaparecido. Me dio escalofríos. Es un perdida incalculable, no tan solo para su familia sino para todos nosotros y los jóvenes. Claramente, uno admira a Henry Aaron, a Sandy Koufax y a Roberto Clemente".[16]

El Comisionado de MLB Bowie Kuhn lamentó que: "las palabras resultan inútiles al describir esta tragedia y no pueden brindarle justicia a este ser humano. Clemente sobrepasó el estrellato. Sus destrezas le incluyen entre los mejores de nuestro deporte, pero fue una persona maravillosa…siempre preocupado por los demás. Su ser destellaba un toque de realeza".[17]

Kuhn, como muchas otras personas, destacó a Clemente como todo un caballero, cuyas acciones y estimo al prójimo guiaron su modo de vivir.

El director de la junta de directores de los Piratas, John Galbreath, reseñó que Clemente "era una de las mejores personas que yo jamás conocí. ¿Si tuvieses que morir, de que mejor manera que durante una misión de misericordia? Cada vez que estuve (en la isla), alguien me mencionaba lo mucho que contribuyó a la juventud y a los desafortunados de su isla, como era la misión de su vida. Lo hizo sin importarle lo que dirían los demás, sino lo necesario para ayudar a los demás".[18]

El dirigente de los bucaneros, Danny Murtaugh, comunicó que "era de esperar que muriese de esa manera, ayudando a los desafortunados. Para mí, Clemente fue el mejor jugador que yo jamás vi".[19]

Con lágrimas ahogando sus ojos, Willie Stargell exclamó que "Pittsburgh has perdido un gran hombre…no extraña que Clemente hubiese estado involucrado en este rescate a Nicaragua. Siempre trató de ayudar a cualquiera lo necesitase".[20]

Alrededor del mundo del béisbol, todos comentaron sobre sus habilidades atléticas. El piloto de Oakland, Dick Williams confesó que "Clemente fue el mejor jugador que yo vi en mi vida". El serpentinero de los Esquivadores de Los Ángeles Dodgers Jim Brewer expresó que "Clemente era un guardabosque fantástico, el mejor bateador de la Liga Nacional y alguien que siempre daba problemas a todos (los lanzadores)".[21]

El 2 de enero, 2 Jack Lang, secretario general de la Asociación de Cronistas de Béisbol de América (BBWAA, por sus siglas en inglés), reseñó que había precedente para la exaltación inmediata de Clemente al Salón de la Fama. En el 1939, se suprimió el plazo de retiro antes de la consideración de la candidatura de Lou Gehrig tras su repentino retiro, afligido por la enfermedad que hoy lleva su nombre.[22]

Joe Heiling, presidente de la BBWAA, detalló que: "consideramos a Clemente como a Stan Musial y a Sandy Koufax. Hubiese sido exaltado en su primer año como candidato, ¿así que por qué esperar? De inmediato se planteó una reunión con el Comisionado Kuhn y Paul Kerr, el presidente del Salón de la Fama, para determinar los próximos pasos.[23]

Tras unos escasos meses de su defunción, Clemente fue electo al Salón de la Fama el 20 de marzo de 1973 tras una elección especial que suspendió el período de espera de cinco años. Monte Irvin (ídolo de Clemente en su juventud), George Kelly, Mickey Welch, Billy Evans y Warren Spahn también obtuvieron su membresía en el club de los inmortales.

Un poco después, pero aun en el mismo año, el Premio del Comisionado, otorgado anualmente por MLB al jugador que mejor ejemplo exhibe al ser buen deportista, ser sumamente involucrado su comunidad y contribuir a la comunidad y en campo de juego, se rebautizó como el Premio Roberto Clemente. Desde 2002 las grandes ligas celebran el Día de Roberto Clemente en septiembre.

RESPUESTA DE SUS CONCIUDADANOS

En la isla de Puerto Rico, muchos boricuas acudieron a la costa de Isla Verde donde el avión de Clemente se estrelló poco después del despegue. Su amigo y serpentinero de las grandes ligas José Santiago recalcó "estaba lleno de personas. Todos estábamos devastados. Algunos preguntaban si estábamos seguros de que había abordado el avión, por si acaso no lo hubiese hecho. Otros razonaban que 'tiene que estar vivo' o que 'de seguro está en uno de los pequeños islotes, agarrado de una roca'".[24]

La mera idea del fallecimiento héroe nacional fue devastador para el pueblo puertorriqueño. Las estaciones de radio en la isla completa cancelaron su programación, optando por tocar música en memoria de Clemente.[25]

Héctor López, amigo de niñez de Clemente, recordó que "el país complete se paralizó tras la noticia. Las Navidades se acabaron de repente, la gente botó su árbol de Navidad y entró en un luto colectivo".[26]

Al poco tiempo de relucir la noticia de su muerte, un grupo de residentes de Pittsburgh comenzó a circular una petición para cambiar el nombre del Estadio Tres Ríos al Estadio Roberto Clemente.[27] La Fundación filantrópica Mellon donó $100,000 para las víctimas del terremoto, en honor a Clemente.

De manera irónica, la muerte de Clemente resaltó su figura de mayor manera que cuando aún vivía. Según su biógrafo David Maraniss, "tras su muerte, Clemente se recordó como un mártir en Pittsburgh y todos admitieron adorarlo, pero no fue así durante su vida. Tuvo que superar muchos problemas de raza e idioma en Pittsburgh y no se ganó el aprecio indiscutible de la ciudad hasta que pereció".[28]

Wells Twombly, cronista del *San Francisco Examiner,* reseñó que "ningún atleta de la grandeza de Clemente ha sido tan menospreciado. El béisbol lucía fácil cuando Clemente lo jugaba".[29]

Para Twombly, "el problema era que Clemente nunca pudo expresarse a sí mismo. Para él, los periodistas tenían un orden de interés muy estricto para los peloteros. Primero venían los estadounidenses blancos, seguidos por los afroamericanos. Después venían los latinos de tez ligera y en último lugar, los latinos negros. A nadie le interesaba este grupo".[30]

El grupo de las Panteras Negras (Black Panthers) sacó a relucir como pocos conocían al verdadero Clemente. Al publicar una esquela en su periódico agradeciéndole la ayuda que brindó a los programas de desayuno para niños de pocos recursos y clínicas de salud que la organización organizaba en Filadelfia. La esquela recalcó que "tiene un toque de ironía que su propios colegas no le conocían tan profundamente. Roberto Clemente no tenía, como dijo el Comisionado del Béisbol, 'un toque de realeza'. Roberto Clemente era tan solo un ser humano, un hombre que de esforzó en hacer realidad su sueños de paz y justicia para todos aquellas personas oprimidas alrededor del mundo".[31]

La muerte de Clemente se recordó con canciones. Paul New Stewart escribió "La Balada de Roberto Clemente" ("The Ballad of Roberto Clemente") y el jíbaro puertorriqueño Ramito, a su vez grabó el disco *Ramito Canta a Clemente – la Tragedia de Nicaragua.*[32]

Aunque las respuestas a la desaparición de Clemente eran a su vez varias y omnipresentes, todas reseñaban un gran respeto, sin importar si la persona lo llegó a conocer. Sus destrezas deportivas, su interés y disposición a luchar contra la injusticia y su habilidad para ayudar a los demás demostraron que representaba algo distinto para cada persona. No obstante, fue su muerte prematura que consagró su legado como un ídolo.

FUENTES

Además de aquellas citadas en las Notas, el autor recopiló información de los sitios Web Baseball-Reference.com y Baseball-Alamanac.com.

NOTAS

1   Rob Biertempfel, "What If ... Roberto Clemente Had Played 3 More Seasons With the Pirates?," *The Athletic*, 18 de Agosto de 2021. https://theathletic.com/2765112/2021/08/18/what-if-roberto-clemente-had-played-three-more-seasons-with-the-pirates/.

2   Sam Goldaper, "Puerto Rico Goes into Mourning," *New York Times*, 2 de enero de 1973. https://www.nytimes.com/1973/01/02/archives/puerto-rico-goes-into-mourning-the-reactions-greatest-player.html.

3   "Death of Clemente Casts a Pall Over Inauguration of Puerto Rico's 4th Elected Governor," *New York Times*, 3 de enero de 1973. https://www.nytimes.com/1973/01/03/archives/death-of-clemente-casts-a-pall-over-inauguration-of-puerto-ricos.html.

4   "Death of Clemente Casts a Pall Over Inauguration of Puerto Rico's 4th Elected Governor."

5   "Death of Clemente Casts a Pall Over Inauguration of Puerto Rico's 4th Elected Governor."

6   "Death of Clemente Casts a Pall Over Inauguration of Puerto Rico's 4th Elected Governor."

7   "Fame Niche Sought for Clemente," *New York Times*, 3 de enero de 1973. https://www.nytimes.com/1973/01/03/archives/fame-niche-sought-for-clemente-clementes-niche-in-hall-of-fame-in.html.

8   Richard Nixon, "Statement About the Death of Roberto Clemente," publicado en Internet por Gerhard Peters y John T. Woolley, el Proyecto de la Presidencia Americana. https://www.presidency.ucsb.edu/documents/statement-about-the-death-roberto-clemente.

9   Goldaper, "Puerto Rico Goes into Mourning."

10 Goldaper.

11 Nathalie Alonso, "He Braved Ocean, Sharks to Search for Clemente," MLB.com, 16 de abril de 2020. https://www.mlb.com/news/roberto-clemente-manny-sanguillen-friendship.

12 Alonso.

13 Alonso.

14 Bob Hurte, "Steve Blass," Proyecto Biográfico de la Sociedad de Investigación Americana de Béisbol, https://sabr.org/bioproj/person/steve-blass/.

15 Goldaper, "Puerto Rico Goes into Mourning."

16 Joseph Durso, "A Man of Two Worlds," *New York Times*, 2 de enero de 1973. https://www.nytimes.com/1973/01/02/archives/a-man-of-two-worlds-clemente-as-deeply-pledged-to-civic-concerns-in.html.

17 Goldaper, "Puerto Rico Goes into Mourning."

18 Goldaper.

19 Goldaper.

20 Goldaper.

21 Goldaper.

22 "Fame Niche Sought for Clemente."

23 "Fame Niche Sought for Clemente,"

24 Jorge L. Ortiz, "Clemente's Impact Wanes in Puerto Rico 40 Years After His Death," *USA Today*, 27 de diciembre de 2012. https://www.usatoday.com/story/sports/mlb/2012/12/27/roberto-clemente-40th-anniversary-death-plane-crash-puerto-rico-pirates-humanitarian/1794453/.

25 Goldaper, "Puerto Rico Goes into Mourning."

26 Ortiz.

27 "Fame Niche Sought for Clemente."

28 Harold Friend, "MLB History: Jon Matlack Didn't Know He'd Given Up Roberto Clemente's 3,000th Hit," Bleacher Report, 8 de julio de 2011. https://bleacherreport.com/articles/761414-amazing-jon-matlack-didnt-know-he-he-had-given-up-roberto-clementes-3000-hit.

29 Wells Twombly, "Super Hero," San Francisco Examiner, 2 de enero de 1973.

30 Twombly.

31 Zinn Education Project, "This Day in History: Dec. 31, 1972: Roberto Clemente Dies." https://www.zinnedproject.org/news/tdih/roberto-clemente-dies/.

32 Judy Cantor-Navas, "Remember Baseball Great Roberto Clemente With These Musical Tributes," *Billboard*, 28 de diciembre de 2017. https://www.billboard.com/music/latin/roberto-clemente-death-anniversary-musical-tributes-8085490/.

ROBERTO CLEMENTE, PELOTERO REBELDE

POR ROBERT ELIAS AND PETER DREIER

Roberto Clemente no fue el primer latino en jugar en las Grandes Ligas, pero fue sin duda la primera superestrella latina. Consideró la oportunidad de representar a su raza como su responsabilidad personal. Como Jackie Robinson, utilizó su celebridad deportiva para abogar por la justicia social y racial. Y al igual que Robinson, enfrentó racismo y la oposición de muchos dueños de equipos, aficionados, periodistas y colegas.

Clemente debutó en las mayores en abril de 1955. Sobresalió por su sólido bateo, su capacidad al correr las bases y su labor defensiva en los jardines, frecuentemente sorprendiendo a los corredores contrarios fuera de base. Su entusiasmado estilo en el campo le ganó el afecto de los fanáticos, pero lo expuso a lesiones. En el 1960 fue seleccionado para su primer Juego de Estrellas-de los 15 en que participaría durante su carrera-y lideró a los Piratas al campeonato al derrotar sorpresivamente a los Yanquis. El año siguiente ganó su primer título de bateo con un promedio de .351 y en el 1966 el Premio del Jugador Más Valioso. Una lesión del hombro en el 1968 la causó tanta

dificultad al batear que Clemente consideró el retiro. No obstante, perseveró y regresó en el 1969, con su promedio de .345, la segunda cifra más alta de la NL. En el 1971 Clemente de nuevo lideró a los Piratas a la Serie Mundial; su desempeño de .414 le brindó el Premio del Jugador Más Valioso en otra sorprendente victoria, esta vez contra los Orioles de Baltimore. Clemente alcanzó la mágica meta de 3,000 inatrapables en el penúltimo juego de la temporada del 1972, una hazaña lograda por tan sólo diez otros jugadores.[1] Su palmarés vitalicio incluye 13 años con promedio superior a .300 (.317 de por vida), 240 cuadrangulares, 1,305 carreras remolcadas y 12 Guantes de Oro.

Clemente vino al mundo en Carolina, Puerto Rico en el 1934 y se destacó como atleta versátil en la escuela superior. Su potente brazo le convirtió en un cotizado prospecto olímpico del lanzamiento de jabalina. Sin embargo, Clemente amaba el béisbol y captó la atención de Al Campanis, escucha de los Esquivadores de Brooklyn, durante un evento de reclutamiento en San Juan en 1952. Al concluir su sensacional temporada con los Cangrejeros de Santurce en 1953, los Bravos de Milwaukee y los Gigantes de Nueva York le ofrecieron contratos, pero Clemente optó firmar con los Esquivadores en 1954. Bajo las reglas vigentes en esa época, Clemente recibió un bono que obligaba a Brooklyn a mantenerlo en la plantilla de Grandes Ligas; de no hacerlo, el equipo arriesgaba perderlo en el sorteo de la temporada muerta. Por este motivo, los jugadores de alta bonificación solían ver la acción desde el banco en vez de adquirir valiosa experiencia jugando en las ligas menores.

Los Esquivadores asumieron el riesgo y enviaron a Clemente en el 1954 a jugar con los Reales de Montreal, su afiliado de la Liga Internacional. Los Reales emplearon a Clemente en 87 de sus 155 partidos. Hay quienes exponen que la estrategia fue para no revelar su talento a las otras franquicias, sobre todo los Gigantes (archirrivales de los Esquivadores), quienes podrían seleccionarlo en el sorteo. Otros expertos especulan que Brooklyn no añadió a Clemente en su plantilla por tener un límite extraoficial de jugadores afroamericanos.

Clemente tuvo un año difícil en Montreal, pero su rendimiento mejoró al progresar la campaña. Los Esquivadores sabían que los Piratas de Pittsburgh, cuyo gerente general Branch Rickey había anteriormente administrado a los Esquivadores-codiciaban a Clemente. El GM de Brooklyn, Buzzie Bavasi, negoció un acuerdo con Rickey (su previo jefe) mediante el cual los Piratas seleccionarían a otro jugador de los Reales. La táctica protegería a Clemente, ya que cada equipo tan sólo podía proteger un jugador. La estrategia no funcionó y Clemente se convirtió en Pirata. Durante la temporada muerta, Clemente regresó a los Cangrejeros, esta vez con Willie Mays como compañero en los jardines. Clemente disfrutó un año sensacional y el dúo llevó al equipo al campeonato de la Serie del Caribe. Casi al final de la temporada de invierno, Clemente sufrió un accidente de tránsito que le lesionó la espalda, un percance que le afectaría durante el resto de su carrera.

Clemente se molestaba por el tratamiento racista de los cronistas deportivos. Con frecuencia, Clemente jugaba adolorido y fue operado varias veces durante su carrera. Sufrió daños en sus discos vertebrales, pedazos de hueso desprendidos, músculos desgarrados, lesiones de plantilla, un hematoma en su cadera, una operación de amígdalas, contagió malaria, tuvo problemas estomacales e insomnio. Sin embargo, entre los años 1955 y 1972 jugó más partidos que cualquier otro jugador en la historia de los Piratas.

Sin embargo, varios periodistas, compañeros de equipo y dirigentes repetían las acusaciones de que Clemente era vago o estaba fingiendo lesiones si necesitaba descanso. Todo lo contrario: Clemente jugaba a pesar de sus dolores y lo hacía de manera ejemplar. Tony Bartirome, entrenador físico de los Piratas, tildó a Clemente "no como hipocondríaco, sino como luchador". Si un jugador blanco batallaba lesiones, se la catalogaba como héroe. "Mickey Mantle es un dios" observó Clemente, "pero si un jugador negro o latino está lesionado, dicen que todo está en su mente".[2] Durante toda su carrera, Clemente batalló contra los estereotipos negativos que pintaban a los latinos como demasiado emocionales o sin ganas de esforzarse.

El racismo incluyó al nombre por el cual los periodistas lo identificaban. Le llamaban "Bobby" o "Bob" y no por su nombre en castellano, Roberto. Las compañías de tarjetas de peloteros y otros mercaderes hicieron lo mismo a través de su carrera. Los cronistas siempre les preguntaban a los jugadores anglosajones cómo preferían ser llamados. Con Roberto, se mofaban de su acento, citaban en sus entrevistas el inglés imperfecto y no le prestaban atención o importancia a su profundo compromiso por la justicia social y su agudo intelecto. Al llegar a las mayores, Clemente no dominaba el inglés y naturalmente su dicción llevaba un acento. Al ganar el Juego de Estrellas del 1961, por ejemplo, Clemente fue citado fonéticamente al decir "I get heet. ... When I come to plate in lass eening ... I say I 'ope that Weelhelm [Hoyt Wilhelm] peetch me outside."[3] Seis palabras en esa frase tenían faltas ortográficas.

Los periodistas, como regla general, corregían los errores gramáticos del inglés de los jugadores blancos, pero al mismo tiempo se esmeraban en pintar a los latinos como ignorantes, incluyendo a Clemente, una persona sumamente inteligente. Al mismo tiempo, los periodistas no tomaban en cuenta su propia ignorancia del español, agudizado por el creciente rol de los latinos en las Grandes Ligas.

A pesar de su estelar rendimiento (promedio de .314, 16 cuadrangulares, 94 carreras remolcadas) con los Piratas, campeones de la Serie Mundial del 1960, Clemente terminó octavo en la votación del Premio Jugador Más Valioso; su compañero Dick Groat ganó el trofeo. Clemente pensó que el racismo que había manchado su estadía en las mayores había perjudicado su oportunidad. Clemente no era el "niño querido" de Pittsburgh, como lo era Groat. Algunos cronistas lo tildaban de malhumorado y engreído por hablar en español. Clemente estaba convencido de que los jugadores latinos no recibían suficiente crédito y protestaba públicamente por ello.

Durante los inviernos en las temporadas muertas, Clemente jugó en la Liga de Béisbol de Puerto Rico, mayormente con los Senadores de San Juan, a los cuáles digirió en el 1964. Sentía obligación de jugar ante la fanaticada puertorriqueña. Stew Thornley remarcó que Clemente fue "tal vez la figura más inspiracional jamás producida por la isla y asumió en serio esa responsabilidad".[4]

Clemente tomó las riendas de los Senadores de nuevo en la temporada 1970-1971 y tuvo como fuerte contrincante a Frank Robinson de Santurce. Ambos jugadores, futuros miembros del Salón de la Fama, eran de los más visibles candidatos para ser el primer dirigente negro de las Grandes Ligas. Robinson lograría dicho honor en el 1975 con los Indios de Cleveland.

Clemente sentía un gran orgullo de su ascendía afrocaribeña, su identidad puertorriqueña y ciudadanía americana. Entre el 1958 y el 1964 fue parte la Marina de Guerra de los Estados Unidos, en calidad de reserva. Al proceder de Puerto Rico, dónde las razas estaban más integradas, Clemente quedo sorprendido al vivir la segregación racial en los Estados Unidos, sobre todo durante los entrenamientos de primavera en Florida en las décadas de los 1950s y 1960s. La ideología y práctica de *Jim Crow* prohibía que Clemente y sus compañeros negros y latinos se pudiesen hospedar en los mismos hoteles que sus colegas blancos. Durante los viajes en autobús, los compañeros anglosajones tenían que traerle de comer, pero Clemente rehusó el esperar en el vehículo. Fulminó contra la gerencia, reclamando que los Piratas le proveyesen a los jugadores negros con un vehículo para poder acudir a los restaurantes negros. Dichos jugadores también fueron excluidos de un torneo de golf en un club privado, aunque sus colegas blancos participaron.

Aunque durante la carrera de Clemente, Pittsburgh tenía una sustancial población afroamericana, la ciudad tenía pocos latinos.[5] El prejuicio contra los hispanos provenía no tan sólo de los aficionados y los medios informativos sino también de sus compañeros de equipo, algunos de los cuáles usaban términos denigrantes al referir a Clemente y demás latinos. Ocasionalmente, Clemente enfrentó a sus compañeros anglosajones. Clemente exclamó en más de una ocasión "yo no creo en el color de la piel; yo creo en las personas. Yo siempre respeto a los demás y agradezco a Dios que mis padres me inculcaron el no odiar a nadie, no faltarle el respeto a nadie por el color de su piel. Yo no conocía el racismo antes de llegar a Pittsburgh".[6] Este cruel trato "convirtió a una persona amable y tranquila en un ser molesto y sin pelos en la lengua" según su biógrafo Mike Freeman.[7]

Clemente rehusaba ser tratado como persona de menor valor y continuamente protestaba la segregación estilo Jim Crow. Al enfrentar racismo y los estereotipos, solía batallar en voz viva, conociendo que sin duda le convertiría en un blanco de críticas. Clemente protestaba cuando los periodistas se ponían en duda sus habilidades, incluyendo cuando uno le llamó "isleño bañado en chocolate". Su confianza propia le permitía opina "nadie hace las cosas mejor que yo en el béisbol".[8] Algunos de los cronistas resentían su manera directa de hablar al demandar ser respetado como jugador y ser humano. Joe Posnanski, reportero de MLB.com, explica que Clemente "…se enrabiaba. Era, de esa manera, como uno de sus héroes, Jackie Robinson. Se negaba a aceptar lo que interpretaba como injusticia".[9] "Ustedes, los reporteros, son todos iguales" le gritó a un cronista bastante crítico. "No conocen nada sobre mí".[10] Clemente no quería tan sólo representar a los latinos; quería mejorar sus vidas. Siempre solía decir: "recuerda quiénes sembraron la semilla" y honraba a los puertorriqueños pioneros de las Grandes Ligas, como Hiram Bithorn y Luis Rodríguez Olmo.[11]

Según su esposa Vera, Clemente comentaba "mucho que al ser un afrolatino, tenía dos *strikes* en el béisbol. Él quería que los jugadores latinos fuesen tratados justamente y recibiesen su porción del dinero. Quería que llegasen a ser dirigentes…a ser respetados".[12] Tony Bartirome, entrenador físico de los Piratas, Clemente veía su misión de mejorar la situación para los negros y los latinos como "una pequeña manera de mejorar el país".[13]

Los estándares dobles enfadaban a Clemente. "Cuando los periodistas escriben sobre un jugador negro o uno hispano, siempre crean controversia. Pero cuando escriben sobre un jugador blanco, es algo bueno, de interés general".[14] Gustaba de pensar que su labor brindaba progreso contra ese trato. "Yo creo que todos los seres humanos son iguales, pero hay que trabajar arduamente para mantener esa igualdad. Siempre dicen que uno tiene que ser como Babe Ruth. Pero Babe Ruth era un jugador americano. Lo que necesitábamos era un jugador puertorriqueño al que tratar de emular".[15]

En 1970, con ocasión de la Noche Roberto Clemente en el Estadio Tres Ríos, Clemente declaró: "yo he logrado este triunfo para nosotros, los latinos. Creo que es causa de honor para todos nosotros, los puertorriqueños y los demás caribeños porque todos somos hermanos".[16]

Clemente exhortó a que los Piratas firmaren más jugadores de color y el club escuchó. Para el principio de los 1970s, la mitad de le plantilla de Pittsburgh era negra, latina, o hispanoparlante. En el 1971, por vez primera en la historia de la Liga Nacional y la Liga Americana, los Piratas presentaron una alineación completamente compuesta por negros e hispanos, gracias a los esfuerzos de Clemente.

Clemente jugó su carrera completa con los Piratas, del 1955 al 1972, durante el auge del activismo para los derechos civiles. Prestaba mucha atención a la causa y se autoidentificaba con su lucha. En febrero del 1962, Clemente asistió a un discurso de Martin Luther King en una universidad en San Germán.[17] King y Clemente desarrollarían una amistad, reuniéndose frecuentemente, incluyendo en una ocasión en la finca de Clemente en las afueras de Carolina, dónde dialogaron sobre la integración racial y la filosofía antiviolencia. Clemente exponía estos ideales dentro y fuera del camerino. Su compañero de equipo Al Oliver recuerda: "Nuestras conversaciones siempre se centraban en como todas las personas, sin importar su origen o situación, se podían llevar bien. Tenía un problema con las personas que te menospreciaban por ser de un lugar distinto, o de otra nacionalidad, el color de tu tez o si eras pobre".[18]

King fue asesinado en Memphis, Tennessee, el 4 de abril del 1968, durante la última semana de los entrenamientos primaverales. Su funeral fue pautado para el 9 de abril, el día después del comienzo de la temporada. La Asociación Nacional de Baloncesto (NBA) y la Liga Nacional de Hockey (NHL) inmediatamente suspendieron sus partidos de postemporada. Los hipódromos cerraron sus puertas ese fin de semana. La Liga

Cortesía del Museo Clemente.

Nacional de Balompié canceló sus juegos. La MLB, no obstante, no tomó acción inmediata. Después de que varios jugadores decidieron no jugar en honor a King, varios dueños le pidieron al Comisionado William Eckert que los multase. Pero Eckert se mostraba más preocupado por el comienzo de la temporada regular.

Clemente se molestó por la postura de Eckert, quién prefirió dejar la decisión sobre posponer los juegos a los dueños. Algunos de los apoderados confirieron con los jugadores afroamericanos para ver qué hacer. Como protesta, Clemente dijo "si le tienes que preguntarles a los negros, no tienes una gran nación."[19]

El asesinato de King causó varias protestas violentas en ciudades con franquicias de grandes ligas. Dos de los equipos, los Senadores de Washington y los Rojos de Cincinnati, decidieron atrasar sus juegos inaugurales debido a la cercanía de sus estadios a las áreas de protesta. No obstante, Roy Hofheinz, otrora alcalde de Houston y empresario dueño de los Astros, insistió en que su equipo debería mantener su partido contra los Piratas el 8 de abril. "Nuestros fanáticos cuentan con este compromiso" explicó Bill Giles, vicepresidente del equipo.[20] Bajo las reglas de MLB, los Piratas estaban obligados a jugar si los Astros decidían mantener el partido como previsto.

El viernes 5 de abril-último día de los entrenamientos primaverales-los jugadores de los Piratas se reunieron en Richmond, Viginia para discutir que acción tomar. La convocatoria se dió lugar en la habitación de Donn Clendenon, quién había sido maestro de escuela junto a la hermana de King y que había cursado estudios en Morehouse College gracias a la sugerencia de King. Once jugadores, seis de ellos latinos, asistieron a la primera reunión, la cifra mayor de todos los equipos de grandes ligas. En ella, Maury Wills, veterano tercera base suplicó a sus compañeros que desistieran de jugar en el día inagural y en el siguiente, en el cuál el país estaría viendo (por televisión) o escuchando (por radio) el funeral de King.

El día siguiente, los 25 jugadores de la plantilla se reunieron en el estadio. Los jugadores negros explicaron que habían decidido no jugar en los primeros dos juegos en forma de protesta. Clemente suplicó a sus compañeros blancos que brindasen su apoyo a la medida, y al votar, se aprobó la resolución por forma unánime. Clemente y Dave Wickersham, un lanzador blanco, le comunicaron al gerente general Joe Brown el pedido de retrasar los primero dos partidos. Ambos escribieron una carta, publicada en el *Pittsburg Press*, en representación del equipo completo: "estamos haciendo esto porque todos (negros y blancos) respetamos lo que King ha hecho por la raza humana. Dr. King no se preocupaba tan sólo por negros o blancos sino también por los pobres. Le debemos este gesto a su memoria y sus ideales".[21] Clendenon y Willie Stargell entraron al camerino de Houston y convencieron a sus jugadores afroamericanos a unirse a la oposición. Los contrincantes estuvieron de acuerdo y le informaron a la gerencia de Houston: no jugarían los dos primeros encuentros hasta que King fuese sepultado.

Bob Gibson, serpentinero de los Cardenales de San Luis, y sus compañeros tuvieron la misma idea. Se reunieron en el apartamento de Orlando Cepeda y le informaron a la gerencia de San Luis que no jugarían el 9 de abril, día inicial para la mayoría de los equipos. Otros equipos siguieron el ejemplo. Walter O'Malley, dueño de los Esquivadores, fue el último en acceder, pero no tuvo otra opción cuando sus oponentes, los Phillies de Filadelfia, rehusaron tomar el terreno. El Comisionado Eckert, sus manos atadas, retrasó los juegos iniciales al 10 de abril. Ningún periodista osó de pintar las acciones de los jugadores como huelga. Pero bajo cualquier nombre, fue una protesta de dos días, no sobre pensiones o salarios como de costumbre, sino por justicia social.

Clemente siempre estuvo aferrado a la justicia racial pero también a la causa de los derechos de los trabajadores y las uniones. Jugó un papel importante en la batalla para desmantelar la cláusula "reserva" de las grandes ligas. Como representante de los Piratas a la unión de los jugadores de grandes ligas (MLBPA por sus siglas en inglés), fue un estrecho aliado de Marvin Miller, quién fue nombrado el primer director ejecutivo en el 1966. Tres años después, los Cardenales canjearon a su estelar guardabosque Curt Flood a Filadelfia, pero él rehusó el traslado, tildando a la ciudad como "la más sureña de todas las norteñas" (en alusión al racismo).[22] Los Phillies le ofrecieron un sueldo de $100,000 ($10,000 mayor que su previo contrato con San Luis). Pero para Flood, no era asunto de dinero, sino de principios. Su objeción se basaba en ser tratado como una propiedad; la cláusula restringía los derechos de los jugadores.

Flood y Miller dialogaron sobre cómo presentar una demanda para eliminar la cláusula. En el 1922, en un caso llamado *Federal Baseball Club v. National League*, la Corte Suprema de los Estados Unidos dictó que el Acto Anti-Monopolístico Sherman, que esmeraba prevenir la colusión, no aplicaba al béisbol. La corte decidió que el deporte era "entretenimiento" y no un negocio interestatal y por ende quedaba exento de la ley. Esta opinión les permitía a los dueños continuar operar como un monopolio, incluyendo decidir en conjunto el permiso de los jugadores a buscar su proprio patrón. Varios expertos de derecho sostienen que esta decisión fue de las peores de la Corte Suprema, pero se mantuvo vigente por más de medio siglo.[23] Parecía ser, según Miller, que "las cortes decían que el derecho otorgado a los americanos a buscar empleo dónde quisieran no era válido para los jugadores de béisbol".[24]

Miller le advirtió a Flood que la suerte no estaba de su parte. La acción judicial sería costosa y tomaría varios años. Aún si Flood ganase, los dueños podían rehusar emplearlo por venganza, tanto como jugador, entrenador o dirigente. Miller recuerda advertirle a Flood "a menos que la Corte Suprema reverse su opinión, no vas a ganar. A su mérito, Curt preguntó ¿pero ayudaría los jugadores del presente y del futuro?' Cuando le dije que sí, me mencionó 'que eso era suficiente para él'".[25]

A petición de Clemente, la unión de los jugadores celebró su reunión anual en San Juan, Puerto Rico en diciembre del 1969. Miller invitó a Flood a exponer su caso para obtener el apoyo moral y financiero de la unión. Muchos de los jugadores dudaban de la idea de demandar a los dueños y la liga. Dos casos anteriores-en 1949, por Danny Gardella, jardinero de los Gigantes de Nueva York, y en 1953, por George Toolson, jugador de las ligas menores propiedad de los Yanquis de Nueva York-habían sido rechazados. Sin pelos en la lengua, el receptor Tom Haller de los Esquivadores le preguntó a Flood si la decisión de objetar a su traspaso era basada en su raza. "Quiero que sea cuestión de béisbol" respondió Flood, aunque expuso que al ser negro, estaba más expuesto a la injusticia, pero lo hacía por todos los jugadores sin importar el color de su piel.[26]

La opinión general cambió cuando Clemente defendió la gestión de Flood. Declaró que Flood era el único con la valentía de desafiar a los dueños y la cláusula. "Nadie está haciendo nada" dijo Clemente.[27]

Clemente relató como al ser jugador de las ligas menores rechazó un bono mayor de los Bravos de Milwaukee por querer jugar con los Esquivadores. Estuvo molesto cuando la organización lo dejo ser seleccionado por los Piratas sin tener derecho alguno a opinar, debido a la cláusula de reserva. Hubiese preferido jugar en Nueva York, con su considerable población puertorriqueña y no en Pittsburgh, una ciudad vista como más prejuiciada en contra de los latinos. Llegó al extremo de ofrecer los $4,000 a los Piratas por su libertad, pero Joe Brown, gerente general de Pittsburgh rehusó. "Me tenía bajo su control" recordó Clemente al dialogar con sus compañeros de la unión.[28] Estimó qué a través de los años, la franquicia se había beneficiado al son de $300,000 sobre su persona. Clemente sin duda no disfrutó de jugosos contratos de endosos comerciales en

Pittsburgh, un mercado menor y más anglosajón que la Gran Manzana.

Clemente era uno de los pocos jugadores en el comité ejecutivo que devengaba un salario superior a $100,000.[29] Sus compañeros comprendían que Clemente, al igual que Flood, representaba a todos-los más jóvenes y los que seguirían sus pasos. "Todos respetaban a Clemente" recuerda Dick Moss, el abogado de la Asociación de los Jugadores de Grandes Ligas (MLBPA). "Él fue sumamente importante para nosotros".[30]

Al concluir la ponencia de Clemente, Miller reiteró su recomendación de que la MLBPA debía apoyar a la demanda de su colega Flood. Los jugadores-de forma unánime-decidieron apoyar a Flood.[31]

Clemente dijo, en más de una vez, que "cuando tienes la oportunidad de ayudar a tu prójimo y no lo haces, estás desperdiciando tu estadía en esta Tierra". Su activismo sobrepasaba la lucha contra el racismo y por los derechos de los jugadores. Además de patrocinar las organizaciones que distribuían alimentos, suministros medicinales y equipo deportivo, Clemente solía enfocar sus esfuerzos en la juventud. Con frecuencia visitaba hospitales para animar a los niños enfermos y se organizaba clínicas instruccionales para niños de pocos recursos. Veía en el deporte una solución a los problemas causados por la drogadicción, tanto en Puerto Rico como en otros lugares. Su ambición fomentó la creación de una "Ciudad Deportiva" que podía ser replicada a través de los Estados Unidos para proveer consejería, servicios de instrucción deportiva e intercambios culturales entre razas y ciudades para erradicar la discriminación.

La postemporada del 1963-1964 creó un estrecho lazo entre Clemente y el pueblo nicaragüense. Clemente jugó con los Senadores de San Juan, representando a la isla en la Serie Internacional en Managua. Clemente deleitó a la fanaticada durante la serie, estableciendo muchas amistades y prometiendo regresar.

En el 1971, el egresado de la Academia Militar Estadounidense en West Point Anastasio Somoza-tercero en sucesión de los dictadores de su familia en regir a Nicaragua con el apoyo de los Estados Unidos-canceló la temporada de invierno. No obstante, el deporte continuó su desarrollo gracias al equipo aficionado (amateur). El año siguiente, gracias a los futuros jugadores de grandes ligas Dennis Martínez y Tony Chévez, la escuadra deleitó a sus compatriotas al conseguir la presea de bronce en el Campeonato Mundial Amateur de Baseball (WABC). Los fanáticos abarrotaron el parque para ver los "Nicos" derrotar tanto a Cuba como a los Estados Unidos, grandes favoritos. Estas victorias causaron una celebración nacional que mermó tres semanas después con la tragedia de un terremoto colosal que causó estragos a la ciudad capital, Managua, causando casi 10,000 muertes.

Clemente, quién había dirigido al equipo boricua en el WABC, había entablado más amistades, la mayoría de las cuáles necesitaban ayuda. Desde San Juan, organizó varias campañas de socorro, utilizando los medios de comunicación para recopilar alimentos, ropa y suministros medicinales. Dos aviones y un buque de carga-pagados por Clemente-comenzaron a entregar sus contenidos. Sin mucho demoro, el mundo supo el nivel de corrupción Somoza, cuyo gobierno confiscaba la ayuda para sus proprios bienes, incluyendo más de $30 millones de ayuda oficial del gobierno estadounidense. El Presidente Nixon despachó a un régimen de soldados a Nicaragua, pero esta acción ayudó al déspota a solidificar su control sobre el país. Nixon, por su parte, defendió sus acciones al decir que no quería que los comunistas se apoderasen del país.

Clemente fue informado que un equipo médico estadounidense, al llegar al suelo nicaragüense, tuvo que pelar contra los oficiales para que no confiscasen sus bienes. Clemente se enrabió el saber que el gobierno había robado otros suministros y juró entregar personalmente todos los bienes que había recolectado. Gracias a su fama con el pueblo nicaragüense, Clemente creía que su presencia aseguraría que la ayuda llegaría a los necesitados.

En la víspera de año nuevo en el 1972, el pelotero abordó un avión decrépito y sobrecargado. Varias personas trataron de disuadirlo, pero Clemente ripostó "los bebés están muriendo. Necesitan estos suministros". Al justificar sus acciones diciendo "los gobernantes saben lo que están haciendo", Clemente explicó que "tengo que ir. Tengo que asegurarme que todo está bien en Nicaragua" aun sabiendo que el avión no estaba en buenas condiciones.[32] Tan sólo unos minutos después de despegar, el avión se estrelló en el océano Atlántico, con Clemente y cuatro otras personas a bordo.

Después de la tragedia, Nixon propuso un fondo en memoria a Roberto Clemente. El apoyo del presidente a Somoza y la postura estadounidense fueron factores de la muerte del pelotero. En el 1973, Nixon invitó a la familia Clemente a la Casa Blanca para galardonarlos con la Medalla Presidencial al Ciudadano. Clemente probablemente hubiese objetado a las palabras del mandatorio: "la mejor memoria que le podemos crear es contribuir generosamente…a aquellos que buscaba ayudar…en Managua, en Nicaragua, a nuestros amigos al sur. Así lo hubiese querido Roberto Clemente".[33]

David Maraniss, biógrafo de Clemente, recuenta que "Clemente se convirtió en un ser admirado y querido, pero no fue así durante su carrera".[34] Fue glorificación después del hecho. La memoria de Clemente fue hurtada no sólo por Nixon sino por otros políticos que el astro hubiese rechazado, como George W. Bush (quién le otorgó la Medalla Presidencial de la Libertad de póstumamente).

De manera más genuina, los Piratas retiraron el número 21 en el 1973 y la Asociación Americana de Cronistas de Béisbol (BBWAA) decidió pausar el periodo de cinco años antes de elección al Salón de la Fama el mismo año, inmortalizando a Clemente, siendo el primer latino en ser galardonado (con la excepción de Ted Williams, cuya ascendencia materna era méjico-estadounidense).[35] El Comisionado estableció el Premio Anual Roberto Clemente, por servicio a la comunidad, y un día in memoriam a Roberto Clemente. En el 1974, la Ciudad Deportiva abrió sus puertas y ha brindado sus servicios a millares de niños, incluyendo a Juán González, Bernie Williams e Iván Rodríguez, futuros jugadores de grandes ligas. En el 1998, la Ciudad Deportiva desveló un busto de bronce en honor de Clemente, recordándolo como "hijo de Carolina, ciudadano ejemplar, atleta, filántropo, maestro, héroe de toda América y el mundo". De manera semejante, Clemente ha sido honrado por docenas de escuelas, hospitales, monedas, sellos, correos, puentes, parques, calles y museos que llevan su nombre a través de los Estados Unidos, Puerto Rico y Nicaragua.

Aunque Clemente ha sido venerado después de su muerte, Clemente no fue "ni santo ni gigante benévolo" sino un "fuerte crítico del béisbol y la sociedad estadounidense".[36] Su cruzada no debe ser sanitizada: "se mantiene tan sólo segundo, después de Jackie Robinson, en cuanto a los jugadores cuyo significado sociológico trasciende a su impacto en el deporte". Defendió causas que permanecen relevantes e insuficientemente resueltas en el día de hoy". Con el germen nativista prevaleciente en el mundo político" dijo Maraniss en el 2016 "ojalá Clemente estuviese vivo para ripostar a Donald Trump y a aquellos que promueven el miedo basándose en la geografía, el idioma y la raza".[37]

NOTAS

1 Aunque Clemente jugó un partido adicional, el 3 de octubre de 1972 en la novena entrada como reemplazo defensivo, no tuvo participación ofensiva.

2 La familiar Clemente Family con Mike Freeman, *Clemente: The True Legacy of an Undying Hero* (New York: Celebra, 2013), 34.

3 David Maraniss, "The Last Hero, Roberto Clemente, Baseball's Latin Legend," *Washington Post*, 2 de abril de 2006, https://www.washingtonpost.com/archive/opinions/2006/04/02/the-last-hero-span-classbankheadroberto-clemente-baseballs-latino-legendspan/7c38584c-a70d-4ff1-9eea-1feb-d1c05402/.

4 Stew Thornley, Roberto Clemente (Minneapolis: Twenty-First Century Books, 2006), 56.

5 En el 1960, la población total de Pittsburgh (604,332) era 83.2% blanca, 6.7% negra y menos de 1% hispana. Campbell Gibson and Kay Jung, "Historical Census Statistics On Population Totals By Race, 1790 to 1990, and By Hispanic Origin, 1970 to 1990, For Large Cities And Other Urban Places In The United States," Washington, D.C. U.S. Census Bureau, Population Division, Working Paper No. 76, febrero de 2005.

6 Matt Snyder, "Remembering Roberto Clemente, 40 Years After His Death," CBSSports.com, 31 de diciembre de 2012, https://www.cbssports.com/mlb/news/remembering-roberto-clemente-40-years-after-his-death/.

7 La familia Clemente con Freeman, Clemente, 58.

8 C.B. Ways, "'Nobody Does Anything Better Than Me in Baseball,' Says Roberto Clemente," *New York Times*, 9 de abril de 1972: SM38.

9 Joe Posnanski, "A Legacy Cherished: Remembering Roberto: Hall of Famer Synonymous with Heroism Thanks to Charitable Spirit, Baseball Feats," MLB.com, 28 de diciembre de 2017, https://www.mlb.com/news/roberto-clemente-s-legacy-still-resonates-c264059654.

10 Posnanski, "A Legacy Cherished."

11 Mashkur Hussain, "The Great One," The Ball Point, 26 de agosto de 2017, https://theballpoint.org/the-great-one-11985eb949c4.

12 Peter Dreier, "Athletes' Racial Justice Protest Last Week Made History. But It Wasn't the First Wildcat Strike in Pro Sports," TalkingPointsMemo, 3 de septiembre 2020, https://talkingpointsmemo.com/cafe/athletes-racial-justice-protest-history-wasnt-first-wildcat-strike-pro-sports.

13 La familia Clemente con Freeman, Clemente, 35.

14 Peter Dreier, "Athletes' Racial Justice Protest Last Week Made History. But It Wasn't the First Wildcat Strike in Pro Sports," TalkingPointsMemo, 3 de septiembre de 2020, https://talkingpointsmemo.com/cafe/athletes-racial-justice-protest-history-wasnt-first-wildcat-strike-pro-sports.

15 "Beyond Baseball: The Life of Roberto Clemente," Smithsonian Institution (http://www.robertoclemente.si.edu/english/virtual_legacy.htm).

16 Roger Bruns, *Finding Baseball's Next Clemente: Combatting Scandal in Latino Recruiting* (Santa Barbara, California: ABC-CLIO, 2015), 79.

17 Kevin Blackistone, "'More Than a Ballplayer': After MLK Shooting, Roberto Clemente Halted MLB Opening Day 1968," *Washington Post*, 28 de marzo de 2018, https://www.washingtonpost.com/sports/more-than-a-ballplayer-after-mlk-shooting-roberto-clemente-halted-mlb-opening-day-1968/2018/03/28/658f94b2-3289-11e8-8abc-22a366b72f2d_story.html.

18 David Maraniss, *Clemente: The Passion and Grace of Baseball's Last Hero* (New York: Simon & Schuster, 2006), 220.

19 Blackistone, "'More Than a Ballplayer.'"

20 John Florio and Ouisie Shapiro, "When King Died, Major League Baseball Struck Out," The Undefeated, 4 de abril de 2018, https://theundefeated.com/features/when-martin-luther-king-died-major-league-baseball-struck-out/.

21 Les Biederman, "Pirate-Astro Opener Delayed," Pittsburgh Press, 7 de abril de 1968.

22 Flood with Carter, 158.

23 Abrams, "Before the Flood"; Nathanson, "Who Exempted Baseball, Anyway?"; Mitchell Nathanson, interview with Peter Dreier, 8 de abril de 2021.

24 Barra, "How Curt Flood Changed Baseball."

25 Kevin Blackistone, "Baseball's Hall of Fame Cannot Be Complete Without Curt Flood," *Washington Post*, 25 de diciembre de 2019, https://www.washingtonpost.com/sports/mlb/baseballs-hall-of-fame-cannot-be-complete-without-curt-flood/2019/12/23/68e9a526-25b7-11ea-ad73-2fd294520e97_story.html

26 Snyder, *A Well-Paid Slave*, 76.

27 Maraniss, Clemente, 231.

28 Snyder, *A Well-Paid Slave*, 79.

29 Según la biografía de David Maraniss, Clemente devengó $100,000 en el 1969. Pero Baseball-Reference.com capta su salario como $45,000, aunque añada que otras fuentes muestran una cifra más alta. Baseball Reference menciona que en el 1970, Clemente ganó $100,000 por lo que es posible que hubiese firmado un contrato por esa cifra en diciembre 1969. https://www.baseball-reference.com/players/c/clemero01.shtml.

30 Maraniss, Clemente, 232.

31   El 19 de junio de 1972, la Corte Suprema emitió un fallo en contra de Flood, 5-3. Aunque el Juez Supremo Harry Blackmun admitió que la exención de MLB para las leyes de antitrust era una aberración, era el Congreso, y no la Corte Suprema, quién debería actuar. Miller divisó otra estrategia para desmantelar la cláusula. Al terminar la temporada de 1975, los lanzadores Andy Messersmith (Esquivadores de Los Ángeles) y Dave McNally (Expos de Montreal) rehusaron renovar sus contratos, albergándose en el argumento que eran agentes libres ya que la cláusula tan solo aplicaba por un año. Para ese entonces, la unión ya había obtenido el derecho a presentar quejas ante un panel de tres personas. El árbitro imparcial Pete Seitz, en el 23 de diciembre de1975, votó a favor de Messersmith y McNally, dándole la razón a Miller que los dueños no tenían el derecho de renovar contratos de manera perpetua. Estas renovaciones tan solo eran por un año y los jugadores tenían derecho de negociar con otros equipos.

32   La Clemente Family con Freeman, *Clemente*, 78.

33   Richard Nixon, "Remarks at a Ceremony Honoring Roberto Clemente," The American Presidency Project (14 de mayo de 1973), https://www.presidency.ucsb.edu/documents/remarks-ceremony-honoring-roberto-clemente.

34   David Maraniss, "No Gentle Saint: Roberto Clemente Was a Fierce Critic of Both Baseball and American Society," The Undefeated, 31 de mayo de 2016, https://theundefeated.com/features/roberto-clemente-was-a-fierce-critic-of-both-baseball-and-american-society/.

35   Aunque Williams nunca reveló públicamente su ascendencia Latina, es posible que le haya hecho más sensible al racismo. En su discurso al ser exaltado al Salón de la Fama en 1966, Williams rogó que los jugadores de las Ligas Negras fuesen incluidos en el Salón de la Fama. Para más información, consultar a Bill Nowlin, *Ted Williams – The First Latino in the Baseball Hall of Fame* (Cambridge, Massachusetts: Rounder Books, 2018).

36   Maraniss, "No Gentle Saint."

37   Maraniss, "No Gentle Saint."

ROBERTO CLEMENTE: EL PRIMER JUGADOR ORIUNDO DE LATINOAMÉRICA EN SER ELECTO AL SALÓN DE LA FAMA

POR BILL NOWLIN

A poco tiempo de conocerse la muerte de Roberto Clemente por su accidente aéreo al transportar suministros de emergencia a Nicaragua, muchas personas se exhortaron a favor de incluirlo inmediatamente al Salón de la Fama por clamor público. No se dudaban sus méritos: electo a quince Juegos de Estrellas, Clemente era el más reciente miembro de la exclusiva fraternidad de los 3,000 inatrapables. El único obstáculo era la regla que determinaba un plazo de espera de cinco años tras el retiro de un pelotero antes de poder ser considerado para el pabellón de los inmortales.

El 2 de enero de 1973, Joe Heiling, el presidente de la Asociación Americana de Cronistas de Béisbol (BBWAA por sus siglas en inglés) opinó que "nosotros reconocemos que Clemente, al igual que Sandy Koufax y Stan Musial, entraría en su primera papeleta, así que ¿por qué esperar?" El tesorero y secretario de la organización, Jack Lang, adelantó que al comunicarle la idea al Comisionado Bowie Kuhn, este le había otorgado su "apoyo por completo".[1]

Joseph Durso del *New York Times* escribió en su columna que Clemente "sin duda se convertiría en el primer jugador latinoamericano en ser electo al Salón de la Fama".[2] Su homólogo Harold Kaese del *Boston Globe*'s Harold Kaese añadió, con más precisión su "Predicción: Roberto Clemente será el primer pelotero latinoamericano en el Salón de la Fama del Béisbol".[3]

El editor de la sección deportiva del *Chicago Defender*, por su parte, recalcó que Clemente fue "una de las muchas seperestrellas negras que nunca recibió la oportunidad de recibir el nivel adecuado de publicidad. Ahora que ha fallecido, sus logros en el terreno de juego le han ameritado lugar en el Salón de la Fama".[4]

Tras la muerte de Clemente, el 3 de enero la Junta de Directores del Salón de la Fama votó a favor cambiar las reglas para inducción.[5] Un editorial del *The Sporting News* endosó la idea, terminando el ensayo al decir que "si la inducción al panteón del béisbol le daría más brillo al nombre de Clemente, haría lo mismo para el propio Salón de la Fama".[6]

Sin embargo, otras personas recomendaron cautela. Entre ellos estuvo Richard Dozer del *Chicago Tribune*, quién anunció que opondría dicha movida, razonado que de esperar los cinco años, los hijos de Clemente tendrían 13, 12 y 9 años, edades que le permitirían "comprender mejor la magnitud del honor. En estos momentos tan solo entienden su papá ha desaparecido".[7]

Bob Broeg del *St. Louis Post-Dispatch* reseñó el orgullo de Clemente, opinando que "a mi manera de entender, encajar a Roberto a como sea necesario en el Salón de la Fama le restaría mérito a su persona, que siempre pensó que era el mejor en la vida, no en la muerte".[8] Broeg añadió que el mismo Clemente no apreciaría una ceremonia apresurada, mientras "que en cinco años, todos nos beneficiaríamos de renovar nuestra fe, en un decir, al recordar y reiterar compasión y la consideración de un magnífico atleta y gran humanitario que murió al tratar de ayudar a los desamparados residentes de Managua".[9]

A pesar de estos planteamientos, el Comité del Salón de la Fama del BBWAA y el Comité de Veteranos del Salón de la Fama acordaron a celebrar una elección especial.[10]

El 29 de marzo se anunciaron los resultados: 393 a favor, 29 en contra y 2 abstenciones, la mayor cantidad de papeletas empleadas para una elección del Salón de la Fama.[11]

El artículo de la Prensa Asociada declaró a Clemente como "el primer jugador latinoamericano en ser electo al Salón de la Fama".[12]

La exaltación tomó lugar el 6 de agosto en Cooperstown. Junto a Clemente, se festejó al lanzador Warren Spahn,[13] a Monte Irvin, seleccionado por el Comité Especial sobre las Ligas Negras[14] y a tres individuos escogidos por el Comité de Veteranos: el árbitro y ejecutivo Billy Evans, George "Highpockets" Kelly y Mickey Welch.

Vera Clemente asistió a la ceremonia de exaltación, acompañada por su suegra y sus tres hijos. Con "su compostura batida y con su voz dificultada por el esfuerzo", Vera identificó la ocasión como "el último triunfo de Roberto".[15] El diario *Los Angeles Sentinel* plasmó su discurso en sus páginas.[16] La viuda de Lou Gehrig estuvo entre los presentes.

EL PRIMER JUGADOR LATINOAMERICANO EN EL SALÓN DE LA FAMA

¿Quién fue el primer jugador de Latinoamérica en ser exaltado al Salón de la Fama?

¿Acaso fue Ty Cobb, Walter Johnson, Christy Mathewson, Babe Ruth o Honus Wagner? No, aunque fueron los cinco primeros peloteros en recibir dicho honor, de la clase de 1936. Todos ellos nacieron en los Estados Unidos continentales.

El primer extranjero en ser incluido entre los inmortales fue Harry Chadwick, electo en 1938, un pionero del deporte y ejecutivo oriundo de Exeter, Inglaterra.

Dos otros británicos se le unieron en 1953: el ejecutivo Harry Wright (Sheffield) y el árbitro Tommy Connolly (Manchester). Wright también había jugado en Boston del 1871 al 1877.

En 1962 Jackie Robinson se convirtió en el primer afroamericano en recibir el honor y durante la vida de Clemente, se unieron Satchel Paige (1971), Josh Gibson (1972) y Buck Leonard (1972).

Nacido en Carolina, Puerto Rico Clemente se convirtió en el primer jugador oriundo de Latinoamérica en ingresar al Salón de la Fama, a través de una elección especial en 1973 tras su trágica muerte la Nochevieja de 1972. Como previamente descrito, Monte Irvin, quién jugó ocho años en las grandes ligas tras muchas campañas en las ligas negras, fue seleccionado el mismo año.

JUGADORES LATINOAMERICANOS EN EL SALÓN DE LA FAMA

Cuatro años después de la exaltación de Clemente, Martín Dihigo de Cidra, Cuba fue incluido entre los inmortales del deporte. De haberse mantenido vigente el período de cinco años de espera, puede que Clemente hubiese sido el segundo, y no el primer, latinoamericano en llegar a Cooperstown.

La misión de Clemente inspiró a muchas personas, tanto en Puerto Rico como en el resto de Latinoamérica y en el mundo completo. Sin restarle méritos a los logros de Dihigo, la inclusión de Clemente en 1973 fue parte de una gama de honores y tributos que incluyeron la construcción de la Ciudad Deportiva que lleva su nombre en su Carolina natal.

La creación de este oasis era uno de los sueños de Clemente, recalcado por el *New York Times* más de un año antes de su fallecimiento.[17] El 20 febrero de 1973, Vera Clemente anunció la sede, un área de 602 acres (244 hectáreas) en Carolina.[18] Según el sitio Web History.com, "la Ciudad Deportiva Roberto Clemente ha ayudado a más de un millón de niños, incluyendo los futuros peloteros de grandes ligas Bernie Williams, Iván Rodríguez, Juan González y Benito Santiago".[19]

Tras la elección de Clemente, 10 largos años pasaron antes de que otro latino fuese exaltado a base de la votación del BBWAA. El listado actual incluye a:

1983 – Juan Marichal, de Laguna Verde, República Dominicana

1984 – Luis Aparicio, de Maracaibo, Venezuela

1991 – Rod Carew, de Gatún, Zona del Canal de Panamá

1999 - Orlando Cepeda, de Ponce, Puerto Rico

2000 – Atanasio "Tony" Pérez, de Camagüey, Cuba

2006 – José Méndez, de Cárdenas, Cuba

2006 – Cristóbal Torriente, de Cienfuegos, Cuba

2011 – Roberto Alomar, de Ponce, Puerto Rico

2015 – Pedro Martínez, de Manoguayabo, República Dominicana

2017 – Iván Rodríguez, de Manatí, Puerto Rico

2018 – Vladimir Guerrero, de Nizao, República Dominicana

2019 – Mariano Rivera, de la Ciudad de Panamá, Panamá

2022 – Orestes "Minnie" Miñoso, de La Habana, Cuba

2022 – Tony Oliva, de Pinar del Río, Cuba

2022 – David Ortíz, de Santo Domingo, República Dominicana

Edgar Martínez nació en la Ciudad de Nueva York pero creció en Puerto Rico y fue exaltado en 2019.

De seguro muchos más gozarán de este honor, dado los cambios demográficos en el béisbol durante el último cuarto de siglo: según varios informes, los latinos componen alrededor de 30% de las plantillas de los equipos de las ligas mayores.[20]

Cabe reslatar que cuatro otros miembros del Salón de la Fama son oriundos de otros países no anteriormente mencionados:

Fergie Jenkins (1991), nacido en Chatham, Ontario, Canadá

Barney Dreyfuss (2008), oriundo de Freiburg, Alemania

Bert Blyleven (2011), natural de Zeist, Países Bajos

Larry Walker (2021), hijo predilecto de Maple Ridge, British Columbia, Canadá

TEMA RELACIONADO: ¿EL PRIMER JUGADOR LATINO EN EL SALÓN DE LA FAMA?

Ted Williams fue exaltado al Salón de la Fama en 1966, siete años antes que Roberto Clemente. Joseph Durso, en un artículo publicado el mismo día que se conocía la triste noticia del accidente, escribió que Clemente sería sin duda alguna "el primer pelotero latino" en ser electo al Salón de la Fama. Desde entonces, todos los rotativos repitieron la frase, tildándolo del "primer jugador latinoamericano". ¿Por qué esta curiosa y pequeña distinción? No lo sabemos, y de seguro ningún cronista pensaba en Ted Williams en aquel entonces. La pregunta tardaría casi treinta años en salir a relucir.

En 2002, yo escribí un artículo para la *Boston Globe Magazine* titulada "El *'Splinter'* espléndido: la ascendencia latina de Ted Williams".[21] En el artículo, detallé su árbol genealógico, incluyendo a sus dos abuelos maternos, oriundos de México. Williams conoció a su abuela Natalia Venzor, cuyo idioma predilecto siguió siendo el castellano. Mi investigación persistió y una versión más extensa del ensayo se publicó en el libro *"The Kid: Ted Williams in San Diego"* (El Muchacho: Ted Williams en San Diego), escrito junto a ocho otros miembros de SABR en 2005.[22]

Llegúe a dedicar un libro completo al tema, extendiedno aún más el ensayo del 2005. Publicado en 2018, se título *"Ted Williams; First Latino in the Baseball Hall of Fame"* ("Ted Williams, el primer latino en el Salón de la Fama".[23] La mayoría de esta sección proviene de ese libro.

Se regó el conocimiento de la ascendencia latina de Ted Williams, y cuando la tienda de regalos del Salón de la Fama imprimió una camiseta con los nombres de los peloteros latinoamericanos exaltados, se puso el nombre de Ted Williams primero (en orden cronólogico). Una pequeña controversia se desató en agosto de 2005, pero Major League Baseball (MLB) no se percató. Richard Sandomir,

Fotografía de Duane Rieder.

en un artículo para el *New York Times*, recalcó que "cuando Major League Baseball reveló la papeleta para elegir el equipo de leyendas latinas, entre los 60 candidatos brillaban por su ausencia dos de las mayores figuras hispanas del deporte: Ted Williams y Reggie Jackson".[24]

MLB por su parte argumentó que ya que ni Jackson ni Williams habían públicamente discutido su ascendía latina, no "representaban la comunidad latina". Sandomir cerró su reproche al reseñar que "Jackson, cuya abuela era puertorriqueña, dijo que 'se sentía orgulloso de su sangre latina' pero no estaba molesto al ser omitido de la votación. Sin embargo, sí está ofendido por la sugerencia de MLB de su falta de conexión con sus raíces. 'No tienen derecho a juzgar lo que yo alegue sobre mi ascendencia latina' exclamó Martínez, cuyo segundo nombre es Martínez. 'Yo no me paso hablando de ello'".[25]

¿En qué estaba pensando MLB? Según J.A. Marzán, "Sandomir citó a Carmine Tiso, 'portavoz' del bésibol, que indicó que la ascendencia no es la manera que el béisbol usa para identificar quién es hispano: '(El béisbol)...utilizó una pruba que va más allá de las estadísticas: para ser considerado, los jugadores debían tener una conexión directa con su ascendencia'. Marzán citó a otro portvaoz, Richard Levin, quién dijo que los peloteros deberían "representar la comunidad latina'. Tiso, en defensa de Williams, añadió que "no es que se avergonzase de su ascendencia sino que a nuestro entener, no encontramos suficiente conexión entre Ted y su ascendencia latina'. Levin además explicó que incluir el nombre de Williams 'distorcionaría la papeleta' y causaría un desorden porque pocos conocen su ascendencia".[26]

Nos podemos mofar del "desorden" que se hubiese casado, pero la explicación de los portavoces de MLB es semejante a la ofrecida por el catedrático Adrián Burgos, Jr., quién sostiene que Williams no se debería considerar como latino porque "no se identificó como latino ni fue examinado a base de su raza durante su carrera".[27] Ted no tuvo que convertir su apellido en algo más anglosajón, ni ser ridiculizado por su acento ni ser discriminado a la hora de negociar su contrato.

Ted Williams pudo vivir fácilmente como un estadounidense blanco ya que así fue criado. El hecho de que no se autoidentificase como latino, ¿acaso le descalifica de ser considerado como ello? Tenemos evidencia de que Williams supo que pudo haberse considerado latino. En su autobiografía, confesó que "si hubiese tenido el apellido de mi madre, de seguro hubiese tenido problemas, con el prejuicio que existía en el sur de California".[28] *Ted Williams: First Latino in the Hall of Fame* demuestra que sí se identificó como parcialmente latino, pero que debido a varias razonas, influidas por el local y por la época, prefirió evadir esta percepción.

La opinión de Burgos no es incorrecta y explica "la importancia de no tratar de borrar y escribir de nuevo la historia de los latinos y el béisbol al incluir a Williams de manera retroactiva porque

él mismo no lo hizo cuando lo pudo en la mayor plataforma que se le otorgó".[29] Dicha plataforma fue su exaltación al Salón de la Fama en 1966. Ted relató anécdotas del director de parques que le ayudó de pequeño, su entrenador en la escuela superior y otras influencias. Podría haber hablado de su ascendencia latina pero optó por no hacerlo. La ausencia de este reconocimiento se debe medir por su reclamo, desde el mismo podio, que Satchel Paige y Josh Gibson debían ser condecorados al ser "símbolos de los grandes jugadores negros que no están aquí porque se les negó la oportunidad". Se le presentó, en bandeja de plata, el foro para que Williams confesase que, tres años antes, como escrito en *My Turn at Bat*, él también *pudo haber sido víctima* del prejuicio. Tal vez no estaba dispuesto o listo a otorgar datos personales al público, tras mantenerlos escondidos por tanto tiempo. Es posible que prefirió no mezclar temas y mantener su enfoque en los jugadores de las Ligas Negras. Ellos *sufrieron* discriminación pero él no.

Es claro que es una pregunta compleja con dos elementos: la identidad propia y el reconocimiento público de dicha identidad. Si un ser humano no desea no ser "clasificado" por su ascendencia, es capaz de negar algo a tal modo que uno mismo se puede engañar por la negación y el enmascaramiento. Williams nunca negó ser latino; tan sólo no deseaba discutir el asunto. Si hubiese nacido un par de decadas más tarde, o hubiese vivido un par de décadas más, tal vez sería otra su actitud.

Al parecer, MLB cambió de opinión alrededor de 2012. El 25 de septiembre, durante el Mes de Ascendencia Hispana, el escritor Jesse Sánchez de MLB.com detalló su "equipo latino de todos los tiempos". Los jardineros eran Ted Williams en el izquierdo, Reggie Jackson en el central y Roberto Clemente en el derecho.[30]

Biografías de Williams escritas por Leigh Montville (2004) y Ben Bradlee Jr. (2013) han provisto más detalles sobre la ascendencia de Williams, resaltando el tema con una más amplia selección de lectores.

Cortesía de Thomas Van Hyning.

Considerando todos los hechos, Clemente es el primer jugador oriundo de Latinoamérica y el primer jugador autoidentificado como latino en ser exaltado al Salón de la Fama. Su identificación pública importó mucho e inspiró a millares y millares de latinos en muchas maneras.

ROBERTO CLEMENTE – INSPIRACIÓN PARA JUGADORES LATINOS SIN IMPORTAR SU CRIANZA

No cabe duda de que Roberto Clemente ha inspirado a muchísimos latinos (jugadores, aficionados y aquellos que escriben sobre el béisbol, el deporte, la historia y la Sociedad) en las cinco décadas desde su fallecimiento. Siempre estuvo a la vanguardia de la discusión.

Adrián Burgos Jr., editor ejecutivo del sitio Web LaVidaBaseball.com, recalcó del impacto que Clemente ha tenido en Puerto Rico, incluyendo a los jugadores que se han desarrollado en la Ciudad Deportiva Roberto Clemente: "algo realmente fascinante es que una generación de jugadores – inmortales como Clemente, Cepeda – no pudieron disfrutar de las recompensas monetarias que trajo la agencia libre. Así que Alomar y Pudge (Rodríguez)…ellos sí han disfrutado del dinero que trae ser una estrella en la liga. De esa manera contribuyen al desarrollo del béisbol en Puerto Rico". Burgos también opina que "es así como se debe honrar a Clemente, asegurándonos que la próxima generación tenga esa oportunidad. Hay que ayudar a los menos afortunados, buscar maneras de ofrecerles esa oportunidad. No es un decir, no es pasado de moda, es algo con mucho significado en la cultura de Puerto Rico, sobre todo en el béisbol pero también en la educación: ¿Cómo honrar el espíritu de Clemente? ¿Cómo mantener viva la tradición?"[31]

Edwin Correa y Carlos Beltrán le han seguido los pasos a Clemente y han establecido sus propias academias de béisbol en Puerto Rico.[32]

NOTAS

1   Prensa Unida Internacional, "Writers Move to Induct Clement into Hall," *Boston Globe*, 3 de enero de 1973: 52.

2   Joseph Durso, "A Man of Two Worlds," *New York Times*, 2 de enero de 1973: 48.

3   Harold Kaese, "Press Ignored Clemente, Cooperstown Won't," *Boston Globe*, 3 de enero de 1973: 51.

4   Norman O. Unger, "Great Hall for 'Beeg Boy'?," Chicago Defender, 3 de enero de 1973: 24. La edición de este periódico nombró al autor erróneamente como "Noman".

5   "Way Paved to Put Clemente in Hall Now," Washington Post, 4 de enero de 1973: F6. La regla se había suspendido una sola vez anteriormente, con la exaltación de Lou Gehrig tras su retiro por contraer ALS. Sin embargo, en aquellos tiempos, la regla era por un solo año, no cinco. Con dicha excepción, Gehrig llegó al Salón de la Fama aun estando vivo. Para más información sobre la exaltación de Gehrig y los cambios de la regla, se sugiere leer a Harold Kaese, "Hall Rules Suspended Twice, Changed Often," *Boston Globe*, 7 de enero de 1973: 107. Kaese opinó que hacer una excepción "no disminuiría el esplendor del Salón de la Fama, que a mi entender es más como un pavo real, con mucho adorno, y demuestra que los escritores tenían buenas intenciones".

6   "A Man of Quality," *The Sporting News*, 20 de enero de1973: 12.

7   Richard Dozer, "Fame Vote Now Could Be Disservice to Clemente," Chicago Tribune, 5 de enero de1973: C3.

8   Escrito como tal en el *The Sporting News*, léase Bob Broeg, "Quick Enshrinement Disservice to Roberto," *The Sporting News*, 20 de enero de 1973: 38. El artículo original se publicó bajo el título "Instant Enshrinement Is a Disservice to Clemente," St. Louis Post-Dispatch, 7 de enero de 1973: 32. Para mejor entendimiento de la relación entre Clemente y los cronistas contemporáneos, léase Vince Guerrieri, ""The Writers Are Bad": Clemente and the Press," en este tomo.

9   Broeg, "Quick Enshrinement Disservice to Roberto."

10   Jack Lang, "Writers to Cast Ballots on Clemente," *The Sporting News*, 10 de febrero de 1973: 48.

11   Jack Lang, "Writers Okay Clemente Induction," *The Sporting News*, 31 de marzo de 1973: 32. Léase también Prensa Unida Internacional, "Clemente Makes Hall of Fame," Chicago Tribune, 21 de marzo de 1973: F1, que incluye información sobre la reacción de Vera Clemente al honor. Ella había viajado a San Petersburgo para la ocasión.

12   Prensa Asociada, "Writers Vote Clemente Into Cooperstown Shrine," *Hartford Courant*, 21 de marzo de 1973: 59A. Se reportó que la mayoría de los votos en contra de Clemente incluyeron una nota resaltando la oposición a la excepción de la regla de cinco años (y no a los méritos de Clemente).

13   Prensa Asociada, "Spahn Goes Solo to the Hall of Fame," *New York Times*, 25 de enero de1973: F1.

14   Joseph Durso, "Irvin Named to Hall of Fame in Special Vote for Blacks," *New York Times*, 8 de febrero de 1973: 55.

15   Prensa Unidad Internacional, "Clemente's Widow Shaken at Ceremony," *Los Angeles Times*, 7 de agosto de 1973: B3.

16   Milton Richman, "Mrs. Clemente Remembers Roberto," Los Angeles Sentinel, 9 de agosto de 1973: B2.

17   Murray Chass, "Clemente's Dream: A Utopian Sports City," *New York Times*, 21 de octubre de 1971: 62.

18   United Press International, "Site Picked for Clemente Sports City," *New York Times*, 2 de febrero de 1973: 28. La parcela fue donada por el gobierno de Puerto Rico. El presupuesto inicial de $500,000 fue donado por la organización de los Piratas de Pittsburgh y "un banco y un periódico local".

19   Christopher Klein, "How Puerto Rico Baseball Icon Roberto Clemente Left a Legacy Off the Field," History.com, 13 de octubre de 2021. https://www.history.com/news/roberto-cle-mente-humanitarian-accomplishments-pittsburgh-pirates. Consultado el 20 de enero de 2022.

20   Por ejemplo, el Instituto de Ética y Diversidad en los Deportes detalla que "la proporción de peloteros hispanos o latinos bajo de 29.9% a 28.1% en las plantillas inaugurales en las temporadas de 2020 y 2021. Léase See Dr. Richard Lapchick, "The 2021 Gender and Racial Report Card," Institute for Ethics and Diversity in Sports. 138a69_0fc7d964273c45938ad7a26f7e638636.pdf (tidesport.org), consultado el 21 de febrero de 2022. Según una entrada en Infogram en octubre de 2020, el porcentaje are 31.9%. Léase https://www.routine.com/blog/post/mlb-play-er-demographics/, consultado el 21 de enero de 2022.

21   Bill Nowlin, "El Splinter Espléndido, Ted Williams's Latino Heritage," *Boston Globe* Magazine, 2 de junio de 2002.

22   Bill Nowlin, ed., The Kid: Ted Williams in San Diego (Burlington, Massachusetts: Rounder Books, 2005), publicado en colaboración con el Capítulo de San Diego (Ted Williams) de la Society for American Baseball Research (SABR).

23   Bill Nowlin, Ted Williams; First Latino in the Baseball Hall of Fame (Cambridge, Massachusetts: Rounder Books, 2018).

24   Richard Sandomir, "Williams and Jackson Omitted from Latino Ballots," *New York Times*, 26 de agosto de 2005: D1.

25   Sandomir.

26   J.A. Marzán, "Ted Williams: Throw the Heat; Hold the Tortillas," *New English Review*, noviembre de 2014. https://www.newenglishreview.org/custpage.cfm/frm/170995/sec_id/170995. Consultado el 20 de agosto de 2022.

27   Adrian Burgos Jr., "No, Ted Williams Was Not Baseball's First Latino Superstar," *The Sporting News*, 24 de junio de 2015.

28   Ted Williams y John Underwood, *My Turn At Bat* (New York: Fireside Books, 1969), 28.

29   Burgos.

30 Jesse Sanchez, "Clemente Heads All-Time Latino Team," MLB.com, 25 de septiembre de, 2012. http://mlb.mlb.com/mlb/events/alltimelatino/index.jsp. Consultado el 20 de enero de 2022.

31 Chris Davies, "The Past, Present and Future of Baseball in Puerto Rico," *Hardball Times*, 17 de abril de 2018. https://tht.fangraphs.com/the-future-of-baseball-in-puerto-rico/. Consultado el 24 de enero de 2022.

32 Para más información sobre la Academia de Beltrán, léase Jason Margolis, "Baseball Academies Are Helping Puerto Rican Students on the Field and in the Classroom," theworld, 1 de julio de 2016. https://theworld.org/stories/2016-07-01/baseball-academies-are-helping-puerto-rican-students-field-and-classroom. Consultado el 24 de enero de 2022.

¡QUÉ VIVA CLEMENTE!:

ROBERTO CLEMENTE PERMANECE EN EL CORAZON DEL PELOTERO LATINO

POR JAMES FORR

A estas horas, la mayoría de los residentes de Pittsburgh duermen pero en esta antigua casa de bombas, la memoria de Clemente nunca descansa.

Los jugadores latinoamericanos suelen revisar su calendario, confirmado cuando el itinerario de juegos les traerá a Pittsburgh y a su vez la oportunidad de un peregrinaje al Museo Roberto Clemente, ubicado no muy lejos del casco urbano.

Los tours comienzan en alta noche y duran hasta las 2 ó 3 A.M. Los más jóvenes, novatos o tal vez con poca experiencia en las grandes ligas, no pueden creer sus ojos al tocar el bate de Clemente, imaginándose en la caja de bateo. Otros rozan sus dedos sobre el número 21, bordado en negro en la superficie de las franelas bucaneras que usó el primer latinoamericano exaltado al Salón de la Fama. No una réplica; uno legítimo, usado por Clemente. Los veteranos observan y sonríen, poco a poco acercándose a los artículos de la colección, tomando fotografías, contando anécdotas, disfrutando los momentos que les conectan al hombre que Dave Martínez, el dirigente de los Nacionales

de Washington, tildó "el rey del béisbol para los peloteros latinoamericanos".[1]

Algunos jugadores que compartieron campañas en las mayores con Clemente continuaron sus carreras hasta la década de los 1980s y mantuvieron vigente su legado. Otros que debutaron más tarde tan solo conocen a Clemente al verlo por televisión o al oír los recuentos de partidos que sus padres jamás olvidarán. Y para algunos que recién llegaron a las mayores, solo saben la información que aparece en la página Wikipedia de Clemente. Independientemente del grupo al que se pertenezca, todos admiran a Clemente y respetan los diversos elementos de su legado.

CLEMENTE EL PELOTERO

La figura de Clemente transciende sus logros en el diamante. De manera algo irónica, su labor con el bate y el guante son una pequeña parte de la herencia que dejó al morir. Sin embargo, los dichosos que le vieron jugar recuerdan sus hazañas, imposibles de olvidar.

Su compañero de equipo Manny Sanguillén resaltó que "nunca vi un mejor jugador que Roberto Clemente, no tan solo como jardinero derecho. Para mí fue el jugador más completo de todos los tiempos".[2]

"Cuando jugué contra Clemente por vez primera, lo hice como fanático. Quería observarlo. ¡Qué brazo!" recordó Atanasio "Tony" Pérez de Cincinnati, quién se topó con el certero cañón de Clemente a principios de su carrera.[3] Estando en la inicial, Pérez trató de llegar a la antesala tras un débil bombo que cayó en la parte llana del bosque derecho, ya que Clemente estaba jugando de manera profunda.

"No se me ocurrió observar al entrenador de tercera base. Salí pitado porque pensé que llegaría sin problemas" comentó Pérez, quién al llegar a al almohadilla, se topó con la bola dentro del guante del antesalista. "Nuestro entrenador de tercera base, un cubano llamado Reggie Otero, me dijo en castellano 'Chico, vete al banco. ¿Acaso no sabes quién es? Ese es Roberto Clemente'".[4]

El estelar Edgar Martínez, Marinero de Seattle durante su carrera en las mayores, nació en Nueva York y creció en Puerto Rico, admirando a Clemente desde pequeño: "yo tenía como nueve años y mi tía estaba viendo un compendio de las mejores jugadas de Roberto Clemente en la Serie Mundial (de 1971). Al ver su cuadrangular, ella empezó a gritar de alegría. Ahí mismito salí al patio a batear piedras con un palo de escoba y me enamoré del béisbol".[5]

Los jugadores de hoy en día no comentan mucho sobre las hazañas de Clemente en el campo de juego. Parecerá raro, pero no es inconcebible ya que tan solo han visto algunas de sus jugadas, capturadas en cinta de video de poca calidad, o han podido estudiar las páginas y páginas de estadísticas.

Pero para otros, la memoria de Clemente fue inculcada por relatos de los mayores, quiénes contaban de sus hazañas como si fuesen leyendas.

El serpentinero José Berríos, de los Azulejos de Toronto, aprendió sobre Clemente gracias a su padre, quien opinó que "nunca veremos otro brazo como el suyo en el bosque derecho".[6]

Para Julio Ricardo Varela, fundador del sitio digital "Latino Rebels" (*Latinos rebeldes*), se puede apreciar una pizca de Clemente en Fernando Tatis, Jr., joven estrella de los Padres de San Diego, que "ésta trayendo el estilo energético, dominicano, caribeño, latino, latinoamericano de jugar béisbol, dónde no escondemos nuestro entusiasmo".[7] Como hijo de otro pelotero de grandes ligas, Tatis posee un profundo conocimiento sobre la historia del béisbol. Durante el día de Roberto Clemente en 2021, el calzado derecho de Tatis tuvo una imagen de Clemente deslizándose hacia la base y el izquierdo una de la bandera puertorriqueña. En la parte frontera, las estadísticas de Clemente adornaban el diseño, junto a la cita: "yo nací para ser pelotero".[8]

"Clemente jugaba de la manera que mi padre quiso jugar" relató Francisco Lindor, añadiendo que "aunque (mi padre) no jugó como profesional, me enseñó a jugar de esa manera agresiva, divertida".[9]

CLEMENTE EL HUMANITARIO

Lindor admite que Clemente, el jugador, es tan solo un aspecto de Clemente, el ser humano: "no fue tan solo un gran pelotero, pero también espectacular fuera del terreno. Por eso portamos el #21 (el día de Roberto Clemente). No es por sus 3,000 inatrapables, sus victorias en la Serie Mundial o su docena de Guantes de Otro. No es por ello. Es por cuán buena persona era fuera del campo de juego".[10]

Hoy en día, Clemente es definido por su vocación para ayudar a los menos afortunados, sobre todo por la nobleza de su muerte, al brindar suministros de emergencia al pueblo nicaragüense, víctima de un devastador terremoto.

El Premio Roberto Clemente se otorga anualmente al jugador que "mejor represente el deporte del béisbol a través de su integridad, trabajo en la comunidad, filantropía y contribuciones positivas tanto fuera como dentro del terreno". Yadier Molina de los Cardenales de San Luis fue galardonado en 2018 por su labor con Fundación 4, que ha ayudado a la juventud puertorriqueña superar la pobreza, problemas médicos y abuso físico y emocional. Para Molina fue "un sueño hecho realidad".[11]

Molina añadió que "[Clemente] hizo mucho por ayudar a los demás y tenía menos recursos que los que tenemos hoy en día. Si él lo hizo, por qué deberíamos hacerlo nosotros también?"[12]

"Cuándo yo empecé a jugar béisbol, la gente me decía 'ah, tu tienes buen brazo como Roberto', 'tú bateas como Roberto', cosas así" recordó el galardonado del premio 2021, Nelson Cruz. "Después conocí el tipo de persona que el fue y lo que hizo por su comunidad y por todos los latinoamericanos y definitivamente es una persona que uno quiere imitar, un ejemplo a seguir".[13]

El impacto de Cruz se siente en su pueblo natal de Las Matas de Santa Cruz en la República Dominicana. Ha aportado en muchísimas maneras: sufragando el costo de vehículos de emergencia, pagando la construcción de un cuártel de policía y donando no tan solo dinero pero también alimentos y medicinas durante la pandemia global del coronavirus. A través de su fundación "Broomstick23" (*palo de escoba 23*), Cruz está ayudando a construir un nuevo centro técnico que brindará mejores oportunidades de empleo para la juventud.

Álex Cora, dirigente de los Media Rojas, opinó que "si existiese un Salón de la Fama mayor (que Cooperstown), que resalte la labor fuera del terreno, (Clemente) pertenecería allí".[14] Cora se he esforzado por seguir ese ejemplo. Antes de firmar su contrato con Boston como piloto en octubre de 2017, exhortó a la organización a donar suministros de emergencia a Puerto Rico, que había sido devastado el mes anterior por el Huracán María. Cora y varios miembros de la gerencia y de la plantilla trajeron 10 toneladas de suministros a

su ciudad natal de Caguas, al igual que Clemente trató de hacer aquella Nochevieja de 1972.

Luis Rodríguez Mayoral, está convencido de que su íntimo amigo Clemente hubiese dedicado su vida después de retirarse del béisbol a la filantropía: "yo lo vería como un sociólogo, no un político. Siempre trataba de ayudar a los demás".[15]

CLEMENTE EL ACTIVISTA

Clemente no eran tan solo una persona bondadosa que ayudaba a su prójimo. Era un hombre orgulloso, capaz de rabia al ver injusticias y que no dudaba en causar "problemas necesarios" para traer progreso.

"A los peloteros afrolatinos se les trata como a los afroamericanos cuando se rompió la prohibición racial" comentó Clemente a la revista *Sport* en 1962. Habló sin pelos en la lengua, opinando que "la gente tiene prejuicios en su contra, basados en estereotipos. Porque hablan español entre ellos, se les trata como una minoría dentro de una minoría y son el blanco del prejuicio racial que aún persiste. 'Son vagos, buscan la manera más fácil, buscan atajos' es una de esas calumnias. 'No tienen valentía' es otra y hay más".[16]

Clemente no se quedaba con la boca cerrada. Pérez, a nombre de los peloteros latinoamericanos, le catalogó "nuestro líder".[17] Manny Mota, compañero de Clemente con los Piratas entre 1963 y 1968, estuvo de acuerdo: "no permitía injusticias raciales. No se quedaba callado y eso era difícil, a veces era malentendido. Pero no aceptaba injusticias contra los latinos o cualquier otro jugador de color, siempre estaba dispuesto a defenderlo".[18]

En un artículo publicado en 1983, Sanguillén protestó que una década después de la muerte de Clemente, MLB no estaba hacía lo suficiente para ayudar a los jugadores latinoamericanos adaptarse a la vida en los Estados Unidos. Aurelio Rodríguez de las Medias Blancas de Chicago, por su parte, lamentó que el vacío dejado por Clemente aún estaba por llenarse: "necesitamos a alguien que abogue por nosotros, no tan solo hablar por nosotros. Clemente tenía algo que aportar".[19]

El prejuicio en la sociedad americana es un problema complejo que arropa a la nación entera. La intolerancia del día de hoy no es tan descarada o maliciosa como la que Clemente enfrentó, y en algunos casos, puede que no sea de manera consciente, pero aún permanece.

Aun en el siglo XXI muchos narradores y escuchas todavía usan términos "codificados" y estereotipos al describir las habilidades de los jugadores latinoamericanos.[20] Cuando un jugador afroamericano o latinoamericano celebra un cuadrangular o un ponche con mucho júbilo, se suelen oír "lecciones sobre como jugar el béisbol de la manera correcta"; ese decir, como los blancos.

En 2016, un cronista del *Houston Chronicle* citó a Carlos Gómez de los Astros, cuyo segundo idioma es el inglés, sin corregir los errores gramaticales, como se le suele hacer a todos los jugadores".[21] Es más de los mismo que enfureció a Clemente más de 50 años antes, cuando los periodistas citaban su "pésimo inglés", caricaturizando a un hombre sumamente inteligente y dicto al hablar, como si fuese un tonto.

"Yo sé cómo se sintió" confesó el dirigente de los Azulejos, Charlie Montoyo en 2021: "yo llegué a los Estados Unidos sin hablar inglés. Yo conozco lo que causa una barrera del idioma, cuando un no sabe lo que los otros te dicen…a mí me pasó todo eso".[22]

Clemente no se limitó tan solo a los asuntos que afectaban los jugadores latinoamericanos. Como admirador de Martin Luther King, Jr. Clemente odiaba todo tipo de injusticia. "Nuestras conversaciones siempre giraban sobre la necesidad de que todo el mundo, de cualquier lugar o de cualquier clase social, se pudiese llevar bien, de que no había excusa para que no lo hiciesen" relató Al Oliver su antiguo compañero con los bucaneros, añadiendo que "si alguien no trataba diferentemente a otra persona por su origen, nacionalidad, color de tez, o pobreza, esa persona tendría un problema con Clemente".[23]

Tras el asesinato de King en abril de 1968, Clemente lideró a un grupo de Piratas que rehusaron jugar el día inaugural, el mismo día que King sería sepultado. "Cuando Martin Luther King murió, les preguntaron a los jugadores negros si deberíamos jugar" relató Clemente, cuya respuesta fue tajante: "yo dije, 'si tienes que preguntarles a los negros, no tienes un gran país'".[24] La protesta de los Piratas causó que los juegos de los primeros tres días fueron postpuestos hasta más tarde en la temporada.

Un año más tarde, durante una reunión del comité ejecutivo de la Asociación de Jugadores de las Grandes Ligas (MLBPA por su siglas en inglés), Curt Flood reveló su intención de demandar a MLB para derogar la cláusula de la reserva. Muchos de sus colegas expresaron duda y hasta ridiculizaron la idea hasta que Clemente opinó, apasionadamente, que la cláusula había restringido su potencial de ingresos, encadenándolo a una ciudad, que aunque le adoraba, frecuentemente se topaba con la ignorancia y el prejuicio racial. Según Brad Snyder, "el tono de la reunión giró a como apoyar a Flood".[25]

La actual generación de peloteros latinos no comenta mucho sobre el papel que Clemente jugó como activista. Su labor humanitaria opaca su lado más áspero, involucrado en la política, pero este elemento de su personalidad jamás se extinguió.

Un breve video de Clemente pidiéndole la bendición a sus padres en español, tras la victoria de los Piratas en la Serie Mundial, resuena con Álex Cora. Aunque ni tan siquiera había nacido, entiende que el mensaje es tradicional y clásico: "en una ocasión televisada a la nación completa, pidió un momento para hablar castellano. Nadie solía hacer eso". Cora comprende que "nos enseñó a tener convicción. De muchas maneras, le demostró al mundo que a veces hay que luchar por

Cortesía del Museo Clemente.

nuestros ideales y demandar nuestros derechos, y él lo hizo de la manera correcta".[26]

Para Starling Marte, quién militó con los bucaneros desde el 2012 al 2019 y tuvo la oportunidad de conocer tanto a los hijos como a algunos compañeros de Clemente, "Roberto estaría decepcionado con el estado de nuestra sociedad. El era el tipo de persona que siempre luchaba contra el odio y la injusticia que aún persiste. Nosotros lo peloteros de hoy en día seguimos batallando. Mantenemos su espíritu, aunque no está aquí con nosotros, porque es esencial pelear por la igualdad y la justicia, como lo haría él mismo".[27]

El narrador Sam Nover difiere de la opinión de Luis Rodríguez Mayoral sobre que camino hubiese tomado Clemente: "hubiese buscado un cargo público. Hubiese sido el equivalente puertorriqueño de alguien como Kennedy".[28]

CLEMENTE COMO DIOS

Las metáforas usadas por los peloteros para describir a Clemente sugieren que Clemente casi se habría transformado en un ser sagrado, fuera de este mundo:

Pedro Martínez: "Clemente sobrepasa todo lo que uno podría imaginar…como un ángel que Dios envió en el momento ideal.[29]

Bengie Molina (hermano de Yadier): "Cuando yo era chiquito, en muchas casas, incluyendo la mía, entre los retratos de la familia se incluían el de Jesucristo y el de Roberto Clemente".[30]

Carlos Beltrán: "Aunque murió hace muchos años, aún está vivo".[31]

Orlando Merced: "Es casi como si lo hubiese conocido. Su mirada…se comunica contigo. Es como (la memoria de Elvis) aún vivo"[32]

Para los peloteros puertorriqueños en particular, pero también para sus homólogos latinoamericanos, el número 21 es algo consagrado e intocable. Desde la muerte de Clemente, 235 puertorriqueños han jugado en las grandes ligas, pero tan solo 16 han portado el número 21, ninguno de ellos en las cinco campañas más recientes.

"Ningún puertorriqueño usará ese número por Clemente" recalcó Carlos Correa.[33]

Cuando Beltrán firmó con los Cardenales en 2012, su número preferido (15) no estaba disponible. Beltrán le dijo al encargado de los uniformes "'no quiero el 21'. Siento que es intocable. No, no, no el 21. Eso es algo que no quiero tocar".[34]

Eddie Rosario recuerda su niñez en Guayama, cuando un dirigente en las pequeñas ligas le ofreció el número: "yo no soy Roberto Clemente… yo no puedo usar ese número".[35]

"Puedes usarlo como tributo o lo puedes ver como intocable por la manera en que portó el número. Es difícil que alguien lo use como número" según Beltrán, añadiendo que "no es imposible pero es bien difícil. Siempre estás bajo la sombra de Clemente y por ello muchos lo evadimos".[36]

Carlos Delgado es uno de los pocos que usó el número 21, comenzado en 1996 con Toronto y en 2006-2009 con los Mets de Nueva York: "él fue tan importante que esa fue mi manera de reconocer (su labor). Yo entiendo el otro argumento, no usar el número para honrar su memoria, pero a mi entender, mientras uno honré su legado y su carrera, está bien".[37]

Delgado se comportó de dicha manera, rehusando la usual formación en línea durante la canción "God Bless America" durante el intermedio de la séptima entrada para protestar los conflictos en Irán y Afganistán: "a nosotros los atletas se nos rinde una plataforma con muchos seguidores. Podemos apoyar muchas cosas, luchas y movimientos (en los cuáles creemos)".[38]

Desde el 2020, MLB ha exhortado a los jugadores, entrenadores y dirigentes de ascendencia puertorriqueña a usar el número 21 para conmemorar el Día de Roberto Clemente, celebrado el 15 de septiembre.

"Es una bendición poder llevar su número en ese día" según Lindor; "es super especial, demuestra nuestras raíces".[39]

"Sin lugar a duda, este uniforme va a estar en un lugar especial en mi casa" exclamó Javier Báez tras vestir el número 21 en 2020".[40]

La voz de Edwin Díaz se une al coro que pide el retiro del número 21 a través de la liga, comentándole a los reporteros que "sería un tremendo honor que se retirase. Obviamente, a lo largo de los años, muchos peloteros han usado el 21, pero yo creo que él es el mayor de todos. Sus estadísticas hablan por sí solas pero además lo que hizo fuera del terreno y las muchas personas que ayudo, tanto en Puerto Rico como en otros países".[41]

Para los devotos, la oportunidad de ver, tocar y hasta usar los artículos de la colección del Museo Clemente se asemeja recibir la Eucaristía. Estos objetos les permiten acercarse al espíritu de su ídolo.

Albert Pujols fue el primer jugador activo que visitó el museo, en abril de 2007, tras casi un año de su apertura. Se corrió la voz a través de la fraternidad de jugadores latinoamericanos. Duane Rieder, fundador del museo y curador de su colección, suele ofrecer tours privados durante el verano a los jugadores que visitan a Pittsburgh: "depende del itinerario de las grandes ligas, pero si vienen por una serie de cuatro partidos, generalmente se citan. Para algunos de ellos es como un rito".[42]

El *nuyorican* Dave Martínez organizó una visita con varios miembros de su plantilla de los Nacionales de Washington en 2021. El dirigente recalcó que "los jugadores jóvenes, sobre todo los latinos, apreciaron la visita. Fue tremendo conversar con ellos sobre como disfrutaron el tour, lo que importante que fue para ellos".[43]

Son pocos los peloteros que llegan sin conocimiento alguno de Clemente. Víctor Caratini, receptor de los Cerveceros de Milwaukee, explica que "para darte un ejemplo de la magnitud del impacto que tuvo en Puerto Rico y en el béisbol, en las escuelas nos educan sobre Roberto Clemente. Parte de nuestro currículo cubre lo

que hizo no tan solo en el deporte sino también como humanitario"."[44]

Pero se puede aprender mucho más. Martín Maldonado, cuando militaba con los Cerveceros, recuerda que "quedé de pieza. No sabía que estuvo en el ejército. Tampoco que iba a ser parte de una película pero cuando le dijeron que el papel dictaba que bateaba una triple matanza, dijo que no porque él, al batear, no causaba triple matanzas. Fue una de las cosas más impresionantes que aprendí sobre él".[45]

"Cuando uno crece (jugando pelota), uno siempre piensa sobre Clemente" reseña Luis García de los Nacionales: "todo el mundo en la República Dominicana conoce el nombre. Vas a Google y escribes Roberto Clemente y ves la foto, la biografía, tan solo eso. Pero al visitar al museo, es bien distinto. Lo sientes".[46]

Rieder recuerda un tour que le ofreció a Yadier Molina y al reggaetonero Daddy Yankee. Era la tercera o cuarta visita de Molina así que conocía bien todos los detalles. Por su parte, Daddy Yankee también es humanitario y fue en su juventud un prospecto del béisbol, pero su conocimiento sobre Clemente no era tan profundo hasta la visita.

"Recuerdo ver a Yadi, se estaba riendo, mientras que Daddy tenía la boca abierta, asombrado" recuerda Rieder. Daddy Yankee confesó "que no sabía toda esta información, dime más" mientras que Yadi me exhortaba "dale más, cuéntale más". Dos horas después y todavía estábamos hablando.

"Daddy Yankee me dijo 'lo siento mucho, yo no sabía esto'. Y Yadi riéndose, una de esas anécdotas jocosas'".[47]

Los peloteros que visitan un par de veces desarrollan una predilección por parte del tour: "la tercera vez que vino, Pujols se puso a traducir en español para sus compañeros" recuenta Rieder. "Fue super nítido, viendo cuán entusiasmado estaba, observando cosas por primera vez y conocido más hechos de Clemente…porque esto aún sigue evolucionando. Todavía descubrimos cosas nuevas".[48]

Los tours de los jugadores no son común y corrientes. Rieder les permite tocar los artículos.

"Pude tocar los zapatos Rawlings que (Clemente) usó en el terreno" comentó Carlos Beltrán. El manatieño añadió que "pude tomar los bates que usó para algunos de sus 3,000 inatrapables y trazar mis dedos sobre el bordado del número 21 del uniforme que usó en un partido. Jamás me sentí más cercano a mi héroe que en esa noche".[49]

"Quiero darles esa ilusión" comentó Rieder, entre risas: es casi tan emocionante para él mismo que para los jugadores. "Cuando les dejo coger el bate y practicar el *swing*, se les pone la carne de gallina. Carlos Beltrán quería que su esposa se vistiese con el uniforme y los zapatos de Clemente, por poco llora. Esos momentos son inolvidables".[50]

Durante una visita de los Cachorros de Chicago en 2018 un grupo de jugadores admiraban el traje que Clemente visitó a la gala antes del Juego de Estrellas de 1971. Con un patrón negro, blanco y plateado y solapas anchas, el conjunto era una reliquia, de moda algo anticuada, aunque a la misma vez parecía estar en estilo. Rieder notó que Báez era más o menos de la misma talla que Clemente y le ofreció que se probase el traje.

"Se volvió loco cuando le puse el gabán" recordó Rieder, añadiendo que Báez "le mandó videos a su familia en Puerto Rico y puso la foto en Instagram que inmediatamente se popularizó".[51] Eduardo Pérez, hijo de Tony y analista de ESPN, convenció a Báez de llevar el traje a la Competencia de Cuadrangulares, retrato que fue captado en la tarjeta de Topps en 2019.

"Estamos conectando a esta nueva generación de Peloteros con Roberto Clemente…es tremendo. No conocen mucho al llegar al museo, pero han aprendido mucho al irse" observó Rieder".[52]

"Es imprescindible que aprendan sobre la historia" dijo Dave Martínez, "las batallas que tuvo que lidiar, es necesario que las conozcan, lo importante que fue para él competir en el terreno y lo importante que es para cada uno de (los

peloteros de hoy en día) tener esa representación y jugar béisbol".[53]

Ozzie Guillén, durante sus años como piloto de las Medias Blancas, causó una llamarada al tildar a Clemente como el tercer mejor jugador oriundo de Puerto Rico, tras Roberto Alomar e Iván Rodríguez.[54] Opiniones de esta índole son casi heréticas pero Guillén, que bautizó a uno de sus hijos Roberto en honor a Clemente y además posee una gran colección de artículos del "Cometa de Carolina", reconoce que la conexión entre los peloteros latinoamericanos y Clemente sobrepasa las estadísticas.

Claro está, el talento de Clemente para jugar béisbol amerita el respeto de los aficionados y sus labores humanitarias son dignas de admiración. Murió, cabe recordar, en pleno acto de servicio y sacrificio. Pero no debemos olvidar que parte de su veneración es por rehusar el ponerse de rodillas frente a una cultura que puede ser fría, cruel y humillante.

"Él vivió el racismo (en carne propia). Fue un hombre contento de ser no tan solo puertorriqueño sino latinoamericano" comentó Guillén, añadiendo que Clemente "le dejaba conocer a los demás (su ascendencia). Y eso es algo sumamente importante para todos nosotros (los jugadores latinos)".[55]

NOTAS

1   Patrick Reddington, "Washington Nationals News & Notes: Davey Martinez on Roberto Clemente Day; Resting Young Players, and Watching Young Players," *SB Nation: Federal Baseball*, 16 de septiembre de 2021, https://www.federalbaseball.com/2021/9/16/22675978/washington-nationals-news-davey-martinez-roberto-clemente-day-resting-young-players-luis-garcia.

2   Charlie Vascellaro, "My Clemente: Manny Sanguillen," *La Vida Baseball*, 19 de junio de 2017, https://www.lavidabaseball.com/manny-sanguillen-roberto-clemente/.

3   Entrevista entre Danny Torres y Atanasio "Tony" Pérez, Talkin' 21 Podcast, podcast audio, octubre 2020, https://open.spotify.com/episode/1uPgRBs5rrcj6o7x24UJQQ?si=TOejy34cTyqlagYwOYXCjw.

4   Entrevista entre Torres y Pérez.

5   "Edgar Martinez Tours Hall of Fame, Reflects on His Baseball Journey and Childhood Idol," *Seattle Times*, 11 de julio de 2019, https://www.seattletimes.com/sports/mariners/edgar-martinez-tours-hall-of-fame-reflects-on-his-baseball-journey-and-childhood-idol/.

6   Julia Kreuz, "What Roberto Clemente Day Means for Blue Jays with Puerto Rican Roots," Yahoo! Sports, 16 de septiembre de 2021, https://news.yahoo.com/mlb-what-roberto-clemente-day-means-for-blue-jays-from-puerto-rico-180047013.html?fr=sycsrp_catchall.

7   Julia O'Connell, "The Huddle: Baseball's Unwritten Rules & Roberto Clemente," *Global Sport Matters*, 22 de agosto de 2020, https://globalsportmatters.com/listen/2020/08/22/the-huddle-baseballs-unwritten-rules-roberto-clemente/.

8   R.J. Anderson, "MLB Celebrates Roberto Clemente Day as Players Wear No. 21, Call for Number to Be Retired," CBSSports.com, 9 de septiembre de 2020. https://www.cbssports.com/mlb/news/mlb-celebrates-roberto-clemente-day-as-players-wear-no-21-call-for-number-to-be-retired/.

9   Mandy Bell, "Lindor on Clemente's No. 21: 'Super Special," MLB.com, 7 de septiembre de 2020, https://www.mlb.com/news/francisco-lindor-21-roberto-clemente-day.

10   Bell.

11   "Cardinals Catcher Wins Roberto Clemente Award," ESPN.com, 24 de octubre de 2018, https://www.espn.com/mlb/story/_/id/25072934/cardinals-yadier-molina-wins-roberto-clemente-award.

12   Jorge Ortiz, "Clemente's Impact Wanes in Puerto Rico 40 Years After His Death," *USA Today*, 27 de diciembre de 2012, https://www.usatoday.com/story/sports/mlb/2012/12/27/roberto-clemente-40th-anniversary-death-plane-crash-puerto-rico-pirates-humanitarian/1794453/.

13   Do-Hyoung Park and Anthony Castrovince, "Nelson Cruz Wins Roberto Clemente Award," MLB.com, 27 de octubre de 2021, https://www.mlb.com/news/nelson-cruz-wins-2021-roberto-clemente-award.

14   Chris Cotillo, "Why Are Boston Red Sox Players, Coaches Wearing No. 21? Kiké Hernández, Alex Cora, and Others Honoring Clemente, Masslive.com, 15 de septiembre de 2021, https://www.masslive.com/redsox/2021/09/why-are-boston-red-sox-players-coaches-wearing-no-21-kike-hernandez-alex-cora-and-others-honoring-roberto-clemente.html.

15   Gene Collier, "Pride and Petulance," *The Sporting News*, 28 de diciembre de 28, 1992: 34-36.

16   Howard Cohn, "Roberto Clemente's Problem," *Sport*, mayo de 1962: 54-56.

17   Entrevista entre Torres y Pérez.

18   George Diaz, "Clemente 30 Years After His Tragic Death, the Influence of baseball's First Hispanic Superstar Is Stronger Than Ever," *Orlando Sentinel*, 31 de marzo de 2002, https://www.orlandosentinel.com/news/os-xpm-2002-03-31-0203300030-story.html.

19   Robert Heuer, "Clemente's Legacy for Latin Ballplayers," *New York Times*, 2 de enero de 1983: Sec 5, 2.

20   Adam Felder and Seth Amitin, "How MLB Announcers Favor American Players Over Foreign Ones," *The Atlantic*, 27 de agosto de 2012, https://www.theatlantic.com/entertainment/archive/2012/08/how-mlb-announcers-favor-american-players-over-foreign-ones/261265/; Alex Speier, "How Racial Bias Can Seep Into Scouting Reports," *Boston Globe*, 10 de junio de 2020, https://www.bostonglobe.com/2020/06/10/sports/how-racial-bias-can-seep-into-baseball-scouting-reports/.

21   Craig Calcaterra, "Houston Chronicle Editor Apologizes for Column about Carlos Gomez," NBCSports.com, 16 de mayo de 2016, https://mlb.nbcsports.com/2016/05/16/houston-chronicle-editor-apologies-for-column-about-carlos-gomez/.

22   Kreuz, "What Roberto Clemente Day Means for Blue Jays with Puerto Rican Roots."

23   David Maraniss, "No Gentle Saint," Theundefeated.com, 31 de mayo de 2016, https://theundefeated.com/features/roberto-clemente-was-a-fierce-critic-of-both-baseball-and-american-society/.

24   Phil Musick, "Intense Pride Still Rages in Roberto Clemente," *Pittsburgh Press*, 28 de julio de 1969: 24.

25   Brad Snyder, *A Well-Paid Slave: Curt Flood's Fight for Free Agency in Professional Sports* (New York: Penguin Publishing Group, 2006), 79.

26   Nathalie Alonso, "Clemente Continued What Robinson Started," MLB.com, 15 de diciembre de 2021, https://www.mlb.com/news/roberto-clemente-day-celebrated-for-2021.

27   Jerry Crasnick, "Roberto Remembered," MLBPlayers.com, consultado el 13 de enero de 2022, https://www.mlbplayers.com/roberto-remembered.

28   Danny Torres, "Rare Interview Sets Tone for Roberto Clemente's Legacy," Metsmerized Online, 9 de septiembre de 2020, https://metsmerizedonline.com/2020/09/rare-interview-sets-tone-for-roberto-clementes-legacy-2.html/.

29   "What Roberto Clemente Means to Pedro Martinez," *La Vida Baseball*, 17 de septiembre de 2019, https://www.lavidabaseball.com/pedro-martinez-my-clemente/.

30   Bengie Molina with Joan Ryan, *Molina: The Story of the Father Who Raised an Unlikely Baseball Dynasty* (New York: Simon and Schuster, 2015), 26.

31   Derrick Gould, "Beltran Strives to Follow in Clemente's Footsteps," Stltoday.com, 2 de septiembre de 2013, https://www.stltoday.com/sports/baseball/professional/beltran-strives-to-follow-in-clementes-footsteps/article_ab563518-2176-58b2-bde0-289384b39ccc.html.

32   Steve Wulf, "December 31: ¡Arriba Roberto!" *Sports Illustrated*, consultado el 28 de noviembre de 2021, https://vault.si.com/vault/1992/12/28/december-31-arriba-roberto-on-new-years-eve-in-1972-roberto-clemente-undertook-a-mission-of-mercy-his-death-that-night-immortalized-him-as-a-man-greater-than-his-game.

33   James Wagner, "For Many Latino players, Roberto Clemente's Number Is Off Limits, Too," *New York Times*, 17 de abril de 2019: Sec B, 9.

34   Gould.

35   Wagner.

36   Wagner.

37   Wagner.

38   Jorge Castillo, "Remembering Roberto Clemente as a Black Man Who Fought Against Racial Injustice," *Los Angeles Times*, 8 de septiembre de 2020, https://www.latimes.com/sports/dodgers/story/2020-09-08/roberto-clemente-fought-racial-injustice.

39   Castillo.

40   Anderson.

41   Anthony DiComo (@AnthonyDiComo), "It Would Be a Tremendous Honor if [MLB] Did Retire the Number 21," 9 de septiembre de 2020, https://twitter.com/AnthonyDiComo/status/1303799232869130247

42   Entrevista del autor y Duane Rieder, 13 de enero de 2022.

43   Reddington, "Davey Martinez on Roberto Clemente Day."

44   Barry Bloom, "Puerto Rican Players Pushing MLB to Retire Clemente's Number," *Global Sport Matters*, 8 de julio de 2019, https://globalsportmatters.com/culture/2019/07/08/puerto-rican-players-pushing-mlb-to-retire-clementes-number/.

45   Chandler Rome, "What Roberto Clemente Means to Astros Catcher Martin Maldonado," *Houston Chronicle*, 9 de septiembre de 2020, https://www.houstonchronicle.com/texas-sports-nation/astros/article/Roberto-Clemente-means-Astros-Martin-Maldonado-15555451.php.

46   Jessica Camerato, "Nats Take 'Amazing' Trip to Clemente Museum," MLB.com, 15 de septiembre de 2021, https://www.mlb.com/news/nationals-visit-roberto-clemente-museum-in-pittsburgh.

47   Entrevista del autor con Rieder.

48   Entrevista del autor con Rieder.

49   Carlos Beltrán, "How We Play Baseball in Puerto Rico," The Players' Tribune, 1 de junio de 2016, https://www.theplayerstribune.com/articles/2016-5-31-carlos-beltran-yankees-puerto-rico-roberto-clemente.

50   Entrevista del autor con Rieder.

51   Entrevista del autor con Rieder.

52   Entrevista del autor con Rieder.

53   Reddington, "Davey Martinez on Roberto Clemente Day."

54   "ChiSox's Guillen Creates Controversy with Clemente Talk," ESPN.com, 8 de abril de 2008, https://www.espn.com/mlb/news/story?id=3336775.

55   Diaz, "Clemente 30 Years After His Tragic Death."

CLEMENTE, RECORDADO POR SUS COMPAÑEROS DE EQUIPO, OPONENTES Y EL ENTRENADOR FÍSICO DE LOS PIRATAS

POR NORMAN MACHT

La mayoría de lo que los aficionados de béisbol de las décadas de los 1950s y 1960s conocían sobre los jugadores de su equipo predilecto provenía de la cobertura periodística. En el caso de los jugadores puertorriqueños y de otros países latinoamericanos, mucho de lo escrito era de mala fe y aspecto denigrante, mofándose de las diferencias culturales y los obstáculos del idioma. Los artículos no se enfocaban en su lucha y logros como jugadores de grandes ligas que seguían segregados por el color de su tez. Roberto Clemente no fue una excepción; de hecho, su carácter privado y su orgullo de su ascendencia afrocaribeña atrajo muchas de las indirectas de los periodistas hacia el jardinero y futuro miembro del Salón de la Fama. Si padecía de alguna lesión o dolencia-y Clemente frecuentemente estaba adolorido-se le pintaba de vago, quejándose continuamente, buscando un día libre. Y eso es todo lo que los fanáticos sabían sobre él.

Estas citas demuestran el Roberto Clemente que sus compañeros de equipo y otros empleados de la organización de los Piratas conocían-un Roberto desconocido por el público:

Bill Virdon, dirigente de los Piratas: "Todos se morían de risa cuando Clemente contaba chistes y relataba anécdotas cuando viajábamos en avión o en guagua".

Tony Bartirome, entrenador físico: "Clemente era la persona más cómica que jamás vi en un camerino, pero tan sólo con los jugadores. Tenía un don de revivir los ánimos de un equipo, si pasaba por una mala racha, al mantener a todos relajados y sintiéndose bien. Era el centro del bullicio, de la vida y la risa en el camerino, pero en el momento en que llegaban los periodistas, se callaba. Ellos (los periodistas) nunca vieron (ese lado de Clemente)".

Las oficinas del equipo tenían una estatua de Clemente, hecha de cera y de tamaño natural. Un día Bartirome la llevó al camerino. "La puse en un cuarto vacío, oscuro y frío pegado al camerino. La única luz provenía de un baño cercano. Mientras algunos jugadores me observaban, la coloqué en una camilla y la cubrí con una sábana hasta la barbilla. Entonces llamé al doctor del equipo y le dije: 'Bobby está bien enfermo, doctor, tiene que hacer algo'. Lo pusimos en un cuarto al lado por si los periodistas se aparecían".

"El doctor tocó la mano helada de la estatua. Puso su oído sobre el pecho de la estatua. No sentía latidos del corazón. Gritó: '¡Dios mío! ¡Está muerto!' En ese momento, todo el mundo en el camerino estaba muriéndose de risa, sobre todo Clemente".

Richie Ashburn, jardinero de los Phillies: "Bobby y yo estábamos en uno de esos banquetes de invierno (durante la postemporada) en Pittsburgh. Había mucha nieve en las carreteras. Después del banquete, se ofreció a llevarme al aeropuerto. Me imaginé que lo hacía porque él también tenía que ir o porque le venía de camino. Después me enteré de que él iba al otro lado de la ciudad y (el aeropuerto) estaba fuera de su ruta".

Mientras que los periodistas elogiaban a los otros jugadores de Pittsburgh y les acreditaban los éxitos del equipo, los aficionados y jugadores contrarios de la Liga Nacional no necesitaban a los escritores para reconocer que Clemente era el jugador más electrificante que jamás verían. El veterano dirigente Sparky Anderson dijo "en mis 22 años como dirigente, nunca vi a un mejor jugador". Don Sutton, lanzador y miembro del Salón de la Fama, lo tildó "el mejor jugador contra quién competí y el más conmovedor que vi". Richie Ashburn lo mencionó como "el mejor jardinero derecho que vi en 40 años".

No quedaron impresionados tan sólo por su potente y certero brazo derecho. Su velocidad, espíritu impredecible y atrevido e inteligencia del béisbol maravilló tanto a oponentes y compañeros de equipo.

Johnny Podres, lanzador: "Conseguía conectarle a lanzamientos arriba de su cabeza, por los tobillos, adentro, afuera. Le ponía dos strikes, pero nunca podía ponerle el tercero. En cualquier lugar que tiraba la bola, la bateaba".

Podres lo catalogó como jugador de equipo. "Si se necesitaba un doble, trataba de conectarlo.

Si había dos hombres fuera y los Piratas necesitaban una carrera, buscaba un cuadrangular. Pero no trataba de sacarla del parque si su equipo perdía por 3 ó 4 carreras. Trataba de enbasarse. Ese es un jugador sin egoísmo".

Joe Torre, siendo novato en el 1961, aprendió en carne viva lo fuerte y certero que era el brazo de Clemente. "Obtuve un imparable hacia el bosque derecho y me adelanté de primera base, como es común para los corredores. Clemente recogió la pelota, disimuló un tiro a segunda y lanzó la pelota tan rápidamente hacia primera base, que me atraparon y me pusieron fuera. Fue mi momento más vergonzoso en el campo".

El veterano serpentinero Nelson Briles fue canjeado de San Luis a Pittsburgh en el 1971. "Nunca le di crédito por todas sus habilidades hasta que estuvimos en el mismo equipo. Un día estaba lanzando y Willie McCovey, un recio bateador izquierdo, estaba al bate. Clemente no estaba jugando a proteger la línea, así que le hice seña a Robby para que moviese un par de pasos más cerca de esta. Lancé y McCovey bateó un lineazo hacia el hueco entre los jardines centrales y derechos. Supe que sería un doble así que corrí hacia tercera para proteger el tiro. Cuando llegué, me di cuenta que había atrapado la pelota. En el banquillo, Clemente me dijo 'te apuesto, Nellie, que no sabes cómo atrapé la pelota. Es porque el gran Roberto sabe cómo jugar su posición de acuerdo con el bateador y el lanzador del día. Estabas lanzando bien y yo sabía que el bateador no podría conectar con certeza contra ti, así que me mudé a mi lugar inicial después que tú me mudaste'".

Su compañero de equipo Al Jackson describió las tácticas intimidantes de Clemente al correr las bases. "Fue el único jugador que vi batear un sencillo al jardín izquierdo y al correr tan duramente entre primera y segunda, necesitar deslizarse para detener su impulso, levantarse y regresar a primera. Si al jardinero izquierdo se le hubiese caído la pelota, él hubiese llegado a segunda fácilmente, pero siempre lograba regresar a primera de ser necesario. Siempre jugaba con tanto esmero, con tanta intensidad".

Harvey Haddix, lanzador: "en Pittsburgh no había nadie más apegado a Roberto Clemente que yo. Era tremenda persona. Me caía muy bien. No solía comenzar las conversaciones, pero si querías hablar con él, lo hacía con gusto. Hablamos muchísimo durante vuelos y en los campos de entrenamiento en primavera. No dejaba que las personas se le apegaran mucho. Solía ir sólo. Un día salió del camerino y me reí de él. Se estaba poniendo una crema bronceadora blanca sobre su piel. Me preguntó: '¿Sabes por qué? ¿Ves a fulano allá? Es demasiado negro. ¿Me ves a mí? Bien morenito'. ¿Era Clemente presuntuoso (hot dog)? A todos les gusta lucir sus destrezas. A mí también me llamaban presuntuoso; atrapaba la bola de espalda y de otras maneras. A él no le gustaba llamar la atención".

Richie Hebner, compañero de equipo: "Robby lideraba con su ejemplo. A sus 36 años, no importaba si conectaba suavemente y la roleta regresaba al lanzador, corría rápidamente hacia primera, como si fuese ladrón y los policías lo persiguiesen. Cuando nosotros los jóvenes vimos eso, nos dijimos qué si él corre así después de 16 años en las mayores, nosotros también deberíamos hacerlo, o haríamos el ridículo".

FUENTES

Norman Mach seleccionó todas las citas de sus muchas entrevistas a través de los años.

EL PREMIO CLEMENTE AWARD

POR JOHN BLANKSTEIN

Al comenzar la temporada de 2022 y acercarse el 50mo aniversario de la muerte de Roberto Clemente, Nelson Cruz recibió el premio que lleva el nombre del fenecido astro boricua. Ambos peloteros, nacidos en islas vecinas del Caribe, usaron la fortuna y fama que ganaron como jugadores de grandes ligas para ayudar a los menos afortunados, tanto en los Estados Unidos como en su propia tierra. Desde el principio de su carrera, Cruz ha sufragado los costos de cuidado médico para áreas pobres de la República Dominicana y durante la pandemia del coronavirus, ha ayudado a más de 1,000 familias. Clemente, como es bien conocido, pereció en un accidente aéreo cuando transportaba suministros a los damnificados de un desastre natural más convencional, un devastador terremoto que sacudió a Nicaragua a finales de 1972.

Al pensar en tributos y recordatorios, solemos imaginar objetos físicos como edificios, estatuas, murales o cuadros. El tamaño de estos monumentos, típicamente grande y a veces enorme, subraya su permanencia. Sin embargo, no suelen ser "para siempre": las estatuas pueden ser derrumbadas y los estadios pueden ser demolidos o hasta rebautizados conforme a quién los patrocine. Los galardones, por lo contrario, son perennes y por ende, podemos confiar que el Premio Roberto Clemente permanecerá intacto y otorgado cada año.

En su biografía de Clemente, el autor David Maraniss sugiere con mucha convicción que Clemente pensaba mantenerse involucrado en el béisbol después de su retiro, que probablemente no ocurriría hasta un par de años después de 1972.[1]

Tal vez Clemente ejercería como dirigente o como entrenador, o de seguro permanecería luchando por la justicia social. ¿Podría Clemente haber continuado su carrera como jugador y junto a Willie Stargell, ganado la Serie Mundial de 1979? Es poco probable, pero tal vez luciría el uniforme como entrenador o dirigente. Al terminar la temporada de 2022, Stargell y Andrew McClutchen son los únicos dos Piratas en ganar el Premio Roberto Clemente.

El galardón que lleva su nombre, no obstante, no fue creado en su honor. Originalmente llamado el Trofeo del Comisionado, o el Premio al Logro del Béisbol, se "otorga anualmente al jugador que mejor representa al deporte de béisbol a través de su carácter extraordinario, participación en la comunidad, filantropía y contribuciones positivas tanto en el terreno de juego como fuera de éste".[2] Willie Mays y Brooks Robinson ganaron los primeros dos premios.

Tras la muerte de Clemente en Nochevieja de 1972, el premio fue rebautizado en su honor, aunque la prensa no le brindó importancia: "en tributo a Clemente, el Trofeo del Comisionado, otorgado anualmente a un pelotero de buena reputación, ahora llevará el nombre de Roberto Clemente. Esta noche se le otorgó a Al Kaline, el guardabosques de 38 años de los Tigres de Detroit".[3] El banquete se celebró en San Petersburgo, Florida, el 20 de marzo de 1973. Vera Clemente presentó el galardón y el Comisionado Bowie Kuhn comentó sobre su nombre previo "que nunca me gustó ese nombre. No caía bien, era algo incómodo, atorpecido. Pero le hemos dado un nombre que lo amerita. Lo llamaremos al Premio Roberto Clemente y se lo presentaremos a un hombre conocido por su humildad y precisión tanto dentro como fuera del campo de juego".[4] Kuhn también recalcó que el premio "sería otorgado anualmente… al jugador de grandes ligas cuya conducta dentro y fuera del terreno mejor personifica las tradiciones del béisbol".[5] No se sabe con certeza si Kaline conocía con antelación que ganaría el premio esa noche.

Fue un día largo, duro y a su vez agridulce para Vera Clemente. En la mañana, a través de una elección especial, su difunto esposo fue electo al Salón de la Fama. Una gama de entrevistas con los medios de información ocupó su tarde y por la noche, el Comisionado Kuhn anunció públicamente que el premio llevaría el nombre de Roberto. Vera le presentó el honor a Kaline

aunque no pudo terminar su breve discurso dada la emoción del acontecimiento.

La página Web mlb.com documenta el proceso: "cada equipo nomina uno de sus jugadores para ser considerado para el premio que honra el carácter y los logros de Clemente. La lista de este año incluye jugadores cuyas actividades filantrópicas y de servicio a su propia comunidad cubren temas como recaudación de fondos y creación de conciencia sobre el cáncer, otras enfermedades y necesidades especiales, educación para la juventud, suministros de ayuda para damnificados de desastres naturales y la ayuda para los niños de menos recursos a través de los Estados Unidos y el mundo entero".[6]

En 2021, los Mellizos de Minnesota nominaron a Cruz para el premio con un ensayo de 10 párrafos, detallando su labor al proveer alimentos y ayuda financiera a 1,200 familias de su pueblo natal de las Matas de Santa Cruz durante los primeros meses de la pandemia, cuando el gobierno estableció un toque de queda. Este gesto generó una donación de $400,000 de MLB, el MLBPA y el Fideicomiso de los Jugadores. Anteriormente, el veterano y poderoso bateador había donado una ambulancia, un camión de bomberos y suministros de emergencia, además de organizar visitas de dentistas y optómetras para el cuidado dental y ocular.[7]

Esta lista incluye a los galardonados desde el 1971 (en 1971 y 1972, el premio se conocía como el "Premio al Logro del Béisbol"):

Ano	Jugador	Equipo	Liga	Pos
1971	**Willie Mays**	Gigantes de San Francisco	NL	OF
1972	**Brooks Robinson**	Orioles de Baltimore	AL	3B
1973	**Al Kaline**	Tigres de Detroit	AL	OF
1974	**Willie Stargell**	Piratas de Pittsburgh	NL	OF
1975	**Lou Brock**	Cardenales de San Luis	NL	OF

Ano	Jugador	Equipo	Liga	Pos
1976	Pete Rose	Rojos de Cincinnati	NL	3B
1977	*Rod Carew*	Mellizos de Minnesota	AL	1B
1978	Greg Luzinski	Phillies de Filadelfia	NL	OF
1979	Andy Thornton	Indios de Cleveland	AL	1B
1980	*Phil Niekro*	Bravos de Atlanta	NL	P
1981	Steve Garvey	Esquivadores de Los Ángeles	NL	1B
1982	Ken Singleton	Orioles de Baltimore	AL	DH
1983	Cecil Cooper	Cerverceros de Milwaukee	AL	1B
1984	Ron Guidry	Yanquis de Nueva York	AL	P
1985	Don Baylor	Yanquis de Nueva York	AL	DH
1986	Garry Maddox	Phillies de Filadelfia	NL	OF
1987	Rick Sutcliffe	Cachorros de Chicago	NL	P
1988	Dale Murphy	Bravos de Atlanta	NL	OF
1989	*Gary Carter*	Mets de Nueva York	NL	C
1990	Dave Stewart	Atléticos de Oakland	AL	P
1991	Harold Reynolds	Marineros de Seattle	AL	2B
1992	*Cal Ripken Jr.*	Orioles de Baltimore	AL	SS
1993	*Barry Larkin*	Rojos de Cincinnati	NL	SS
1994	*Dave Winfield*	Mellizos de Minnesota	AL	DH
1995	*Ozzie Smith*	Cardenales de San Luis	NL	SS
1996	*Kirby Puckett*	Mellizos de Minnesota	AL	OF
1997	Eric Davis	Orioles de Baltimore	AL	OF
1998	Sammy Sosa	Cachorros de Chicago	NL	OF
1999	*Tony Gwynn*	Padres de San Diego	NL	OF
2000	Al Leiter	Mets de Nueva York	NL	P
2001	Curt Schilling	Diamondbacks de Arizona	NL	P
2002	*Jim Thome*	Indios de Cleveland	AL	1B
2003	Jamie Moyer	Marineros de Seattle	AL	P
2004	*Edgar Martinez*	Marineros de Seattle	AL	DH
2005	*John Smoltz*	Bravos de Atlanta	NL	P
2006	Carlos Delgado	Mets de Nueva York	NL	OF
2007	*Craig Biggio*	Astros de Houston	NL	2B
2008	Albert Pujols	Cardenales de San Luis	NL	1B
2009	*Derek Jeter*	Yanquis de Nueva York	AL	SS
2010	Tim Wakefield	Medias Rojas de Boston	AL	P
2011	*David Ortiz*	Medias Rojas de Boston	AL	DH
2012	Clayton Kershaw	Esquivadores de Los Ángeles	NL	P
2013	Carlos Beltran	Cardenales de San Luis	NL	OF
2014	Paul Konerko	Medias Blancas de Chicago	AL	1B
2014	Jimmy Rollins	Phillies de Filadelfia	NL	SS
2015	Andrew McCutchen	Piratas de Pittsburgh	NL	OF
2016	Curtis Granderson	Mets de Nueva York	NL	OF
2017	Anthony Rizzo	Cachorros de Chicago	NL	1B
2018	Yadier Molina	Cardenales de San Luis	NL	C
2019	Carlos Carrasco	Indios de Cleveland	AL	P
2020	Adam Wainwright	Cardenales de San Luis	NL	P
2021	Nelson Cruz	Mellizos / Rayos	AL	DH

Jugadores en letras negritas son miembros del Salón de la Fama.

El perfil de los galardonados ha variado a través de los años. Seis de los primeros siete premiados lograron llegar al Salón de la Fama; el séptimo, Pete Rose, no es elegible. Ese primer grupo fue contemporáneo de Clemente y de semejante calibre. Sin embargo, de los ganadores desde 1978 al 1991 sólo dos, Gary Carter y Phil Niekro, han llegado a Cooperstown. Meramente una docena de lanzadores, incluyendo a Niekro, han logrado el premio.

Con la excepción de Clayton Kershaw, quién ganó el premio a los 24 años, la mayoría de los galardonados han logrado el premio en la segunda parte de sus carreras, aunque aún eran jugadores productivos (al igual que Clemente). Cuatro recibieron el trofeo en el mismo año que fueron piezas clave del equipo ganador de la Serie Mundial: Rose con los Rojos de Cincinnati en 1976, Steve Garvey en 1981 con los Esquivadores de Los Ángeles, Curt Schilling con los Diamondbacks de Arizona en 2001 y Derek Jeter con los Yanquis de Nueva York en 2009.

La Fundación Roberto Clemente presenta varias perspectivas sobre el honor:

¿En qué consiste, exactamente, el premio? Ha sido otorgado por casi cincuenta años pero no recibe la misma atención que el Premio Cy Young, por ejemplo. ¿Qué le diferencia de los muchos (hay quienes dicen que demasiados) galardones que MLB otorga cada año? El Premio Clemente es el único premio de MLB que no se basa en el rendimiento en el terreno. No quiere decir que los ganadores no son jugadores excepcionales, sino que no se basa en las estadísticas. El honor se reserva para aquellos atletas que representan los valores de Roberto en el diamante y en la comunidad. Por ello, el premio es único pero a su vez fácil de ignorar durante el frenesí de la prensa durante la Serie Mundial. Aunque la cobertura de los medios no es amplia, el premio es considerado como uno de los más prestigiosos del deporte.[8]

La Fundación también recalca que "algunos de estos jugadores, tras recibir el premio, han demostrado una falta de carácter que Roberto no hubiese apreciado. Son las excepciones y la mayoría de estos han demostrado su carácter ejemplar, al menos en público. Más que nada, las excepciones son ejemplos del grave error de pretender que los deportistas y artistas son personas intachables. Nadie es perfecto, ni tan siquiera Roberto lo era. Lo que importante es el esfuerzo para mejorar el mundo de acuerdo con su propia manera".

Al ganar el premio en 2021, Cruz exclamó "yo nunca he hecho estas cosas para ser premiado pero siempre es bueno que los otros reconozcan el esmero a ayudar a los demás. Yo sé que los otros 29 jugadores nominados también merecían ganar el premio. Agradezco a Dios que me escogieron".[9]

Cada equipo nomina a uno de sus jugadores y el ganador es seleccionado por un panel que incluye al Comisionado Rob Manfred; los tres hijos de Roberto y Vera Clemente (Enrique, Luis y Roberto Jr.); jugadores retirados, incluyendo a los previamente homenajeados y periodistas de MLB Network, Fox Sports, ESPN, TBS y MLB. com. Los fanáticos tienen la oportunidad de votar a través del Internet via MLB.com/Clemente21.[10]

El enfoque en la filantropía ha evolucionado a través de los años. Como la Fundación Clemente ha recalcado, este énfasis provee la diferencia entre este premio y otros otorgados en el mundo deportivo.

AGRADECIMIENTOS

El autor agradece a Bill Nowlin y a John Thorn por su asistencia en este artículo.

NOTAS

1   David Maraniss, *Clemente: The Passion and Grace of Baseball's Last Hero* (New York, Simon and Schuster, 2006), 284-5.

2   https://www.mlb.com/community/Roberto-Clemente-Award

3   Joseph Durso, "A Rare Honor for Clemente," *New York Times*, 20 de marzo de 1973   http://archive.nytimes.com/www.nytimes.com/packages/html/sports/year_in_sports/03.20.html?scp=8&sq=11th%2520Day&st=cse Consultado el 29 de junio de 2022.

4   Jack Lang, "Proud Mrs. Clemente Presents Award," *The Sporting News*, 7 de abril de 1973: 37.

5   Bill Clark, "Griffith Honored by Askew," *Orlando Sentinel*, 21 de marzo de 1973: 26.

6   https://www.mlb.com/community/roberto-clemente-award. Consultado el 6 de febrero de 2022.

7   https://www.mlb.com/community/roberto-clemente-award. Consultado el 9 de mayo de 2022. Cada uno de los 30 equipos de las grandes ligas nominan un candidato. El sitio Web incluye los detalles de cada jugador.

8   https://robertoclementefoundation.com/clemente-award/ Consultado el 9 de mayo de 2022.

9   Do-Hyoung Park and Anthony Castrovince, "Nelson Cruz Wins Roberto Clemente Award," MLB.com, 27 de octubre de 2021.   https://www.mlb.com/news/nelson-cruz-wins-2021-roberto-clemente-award#:~:text=%22I%20never%20was%20doing%20what,that%20I%20was%20the%20one.%22.

10 La papeleta se eliminó del sitio Web al terminar la votación.

Fotografía de Duane Rieder.

ROBERTO CLEMENTE, HUMANITARIO

POR THOMAS KERN

"Cuando tienes la oportunidad de mejorar cualquier situación, y no lo haces, estás malgastando tu tiempo en la Tierra".

– Roberto Clemente Walker

No es raro que un deportista, gracias a sus destrezas en el campo de juego, alcance un nivel de aprecio que se aproxime a la idolatría. En el caso de Roberto Clemente, la devoción de los fanáticos tanto en su Puerto Rico natal como en su Pittsburgh adoptado fue genuina y completa. Pero Clemente se distancia a muchos otros atletas por su compasión y altruismo, calidades que sobrepasan su desempeño con el bate y el guante, y que también generaron, y siguen generando, no tan solo el cariño de los aficionados, sino su respeto y hasta una reverencia. El amor al prójimo era parte de la personalidad de Clemente, tejido en su ADN (DNA por sus siglas en inglés), sobre todo a los menos afortunados. Su obsesión en el diamante y por mejorar al mundo eran complementarias, mitades de un mismo ser que radiaba grandeza. Según su biógrafo Kal Wagenheim, Clemente "creía apasionadamente en la virtud y la dignidad de 'trabajar duro'…que un hombre debería respetar a sus padres, amar a su esposa e hijos, su país y a Dios. Estaba tan convencido de esto como de su autoestima y la integridad de su carácter".[1] Estos valores se personificaban en su desempeño y conducta tanto fuera como dentro del ámbito deportivo.

Para poder entender a Clemente y su pasión humanitaria es necesario tomar en consideración tres elementos. Como primero, su generosidad, su dedicación al prójimo, hacia aquellos cuyas comunidades eran incapaces de brindarle las necesidades básicas para subsistir. Esta compasión desafortunadamente jugó un papel importante en su trágica y temprana defunción y en varias ocasiones de reflexión, le confesó a sus amigos íntimos y a su propia familia que temía que la muerte le atrapase sin concluir lo que él consideraba como su labor más importante.

En segundo lugar estaba su enfoque en los derechos civiles, examinados desde el punto de vista de un afropuertorriqueño en la sociedad estadounidense en la década de los 1950 y 1960.

Tercero resulta su legado, que su viuda Vera (hasta su propio fallecimiento en 2019) y sus hijos Roberto, Luis y Enrique han continuado. La Fundación Clemente mantiene viva no tan sola su memoria sino su ideales. La creación de la Ciudad Deportiva Roberto Clemente es otro gran ejemplo, cuyo impacto en varias generaciones de Puerto Rico ha sido sumamente positivo. Como prueba de esta encomienda, Major League Baseball (MLB) seleccionó a Clemente somo símbolo de su propias gestiones humanitarias.

El crecimiento de Clemente como atleta profesional, con sus logros en las grandes ligas en los 1950 y 1960, le trajo más atención de los medios de comunicación. La figura pública de Clemente era algo reservada; parecía estar desconectado de su medio ambiente, una impresión errónea que la prensa anglosajona edificó al no tomar en consideración el idioma castellano. Las estadísticas de Clemente con el bate y con el guante revelan que Clemente se destacaba en ambas partes del béisbol, con un deseo de excelencia que no dejaba en el terreno. Fuera de éste, Clemente era igualmente apasionado en combatir las injusticias y la pobreza y engendró en sí mismo no tan solo un deseo, sino más una necesidad personal de mejorar la vida de los menos afortunados.

No debe sorprender el nivel de adoración que Clemente aún genera en su Borinquén natal. Pero sí debe inspirar la humildad con la cual Clemente barajeó su fama y sus oportunidades al enforcarse en mejorar la vida de sus compatriotas y no en vanagloriarse.

Sin embargo, Clemente no dudaba de usar su fama y posición privilegiada para aumentar el impacto de sus gestionas filantrópicas. A través de sus 18 años en las mayores, firmaba autógrafos al que los pidiese, con un enfoque particular en los niños. A menos de un mes de la apertura del Parque Tres Ríos, a veces llamado "la casa que Clemente construyó" al ser el jugador más importante de la franquicia por más de una década, los Piratas le dedicaron el 24 de julio a "la Noche en Honor a Roberto Clemente". Aunque aceptó el gesto de los bucaneros, Clemente pidió (y convenció) a la gerencia a recaudar fondos y donar una generosa cantidad a beneficio del Hospital de Niños de Pittsburgh.

Según su biógrafo Bruce Markusen "con la ayuda de una organización deportiva de Pittsburgh, Roberto exhortó a los aficionados a donar fondos en su honor. 'Quiero que el dinero ayude a los niños más pobres' resaltó Clemente, a su vez asegurándose que los $5,500 recaudados fuesen destinados a los niños cuyos padres no podrían sufragar los costos de tratamiento médico".[2] No fue por casualidad que Clemente escogió dicho hospital; según Joe Christopher, excompañero de Clemente con los Piratas y después parte de la gerencia de la franquicia, "una de las cosas que más disfrutaba era acudir al Hospital de Niños a visitar a los pacientes. Pocos cronistas reseñaron ese aspecto de Clemente. Allí recaía su pasión— asegurarse que los demás se sintiesen importantes y no olvidados".[3] El compromiso no era tan solo con Pittsburgh; Clemente también visitaba los hospitales en las ciudades que los corsarios visitaban durante la temporada. El gerente general Joe Brown explicó que "yo no creo que Clemente jamás le denegó ayuda a los que se la pedían".[4]

Tras el partido del 24 de julio de 1970, Clemente les recordó a los periodistas que "nosotros (los jugadores) estamos en el diamante trabajando en lo que nos agrada, pero (los fanáticos) tienen que trabajar en los ingenios (aceleros) o en otros lugares por ocho horas al día, trabajando con mucho más esfuerzo que nosotros para comprar sus boletos (para vernos jugar)".[5]

Aunque Clemente siempre tuvo interés por la igualdad racial, fue "una reunión en la década de los 1960s, poco reportada, con uno de los líderes más importantes del movimiento de los derechos civiles, que le brindó más contexto a

Clemente sobre el problema del racismo", según Markusen. Luis Rodríguez Mayoral, periodista e íntimo amigo de Clemente, recalcó que "en algún momento de su carrera en las grandes ligas, entabló una amistad con Martin Luther King. A mi entender, esta relación fue clave para el desarrollo de Clemente el incansable luchador por la igualdad social". Se conocieron en 1964, "cuando Roberto Clemente invitó a King a su finca en Carolina". Markusen detalla que "aunque uno era latino y el otro afroamericano, ambos compartían muchos temas de interés mutuo" y se convirtieron en amigos. Años después, en una entrevista en el 1972 Clemente reseñó que "yo creo que este hombre (King) cambió no tan sólo el estilo de vida del afroamericano sino también el de todo el mundo".[6] Clemente mantuvo a King entre sus héroes, precisamente al tope de la lista.[7]

La dedicación de Clemente a la igualdad racial, y su profunda oposición al discrimen provino tanto de sus propias experiencias como de sus observaciones de la sociedad estadounidense. Vivió en carne propia el discrimen racial cuando los Piratas jugaban en el area sureña de los Estados Unidos, sobre todo durante los entrenamientos primaverales. Clemente fue un arduo oponente de este discrimen y abogó para que los Piratas remediasen el asunto, o al menos evitasen las leyes que dictaban tal trato. Por ejemplo, la franquicia alquiló un hotel completo durante la primavera para asegurarse que toda su plantilla, sin importar el color de la tez, se pudiese hospedar en el mismo lugar.

Clemente, sin embargo, no tans solo se preocupaba por los latinos, sino tambien por otras minorías, como los afroamericanos. A su entender, llevaba dos *strikes* a su contra y arremetió contra la prensa, reclamando que "el pelotero latinoamericano no recibe el reconocimiento que merece, y tampoco el afroamericano, a menos que haga algo verdaderamente espectacular como lo hace Willie Mays".[8] A su vez tronó que "yo soy ciudadano estadounidense, pero para la

gente aquí, soy un extranjero".[9] Este discrimen preocupó a Clemente profundamente y le inspiró a ser portavoz de todos los jugadores de color. Por esta labor autoasignada, fue adorado no tan solo por los puertorriqueños, sino por todos los otros latinos y afroamericanos.

El asesinato de Martin Luther King en abril de 1968 estremeció a la nación y las franquicias de las grandes ligas se preguntaron cómo responder. Varias de ellas, incluyendo a los Piratas, rehusaron comenzar la temporada el lunes 8, como estaba pautado, para honrar a King. Tras mucha discusión, ambas ligas cancelaron sus primeros dos partidos (abril 8 y 9, el día del funeral de King). Aunque Clemente y otros jugadores de minorías raciales apoyaron la decisión, se mostraron decepcionados de la indecisa manera en la cual las ligas y los equipos optaron por responder a la tragedia. Clemente recalcó indignadamente "que si tienes que pregúntarle a los jugadores afroamericanos si se debe o no jugar, no tienes una gran nación".[10] Clemente así lamentó que los valores que la nación debía ilustrar aún no eran compartidos.

A finales de su carrera Clemente reconoció y celebró los avances de las minorías en los deportes, recalcando el hito de la alineación exclusivamente afroamericana y latina de los Piratas en 1971. A su vez, apoyó a Curt Flood en su lucha por eliminar la cláusula de la reserva, que encadenaba a los jugadores, independientemente de su raza, a sus franquicias. Reclamó que los dueños debían de contratar a dirigentes negros y que los patrocinadores debían ofrecerles oportunidades a los jugadores afroamericanos y latinos, disputando como los medios de información tildaban a los jugadores de color "como si fuesen completamente distintos a los blancos".[11]

En octubre de 1972, tras lograr su imparable #3,000 y una dolorosa derrota frente a los Rojos de Cincinnati que impidió su regreso a la Serie Mundial, Clemente le concedió una entrevista a un reportero de Pittsburgh. En ella, confesó que su "mayor preocupación es poder criar a mis hijos de maneras que cuando la gente le mire, les respete, y que ellos hagan lo mismo".[12]

Los vínculos de Clemente con Nicaragua eran profundos, al igual que aquellos con los demás peloteros hispanos y países hermanos. Pero su relación con Nicaragua se estrechó más aún tras servir como piloto del equipo de Puerto Rico en la Serie Mundial Amateur, celebrada en dicho país desde el 15 de noviembre al 5 de diciembre. Cuba ganó la competencia, Estados Unidos llegó en segundo lugar y Puerto Rico en sexto puesto con nueve triunfos y seis fracasos.[13] El calor del pueblo nicaragüense la causó mucha impresión a "Clemente durante su corta estadía, incluyendo una amistad con un joven huérfano, Julio Parrales, que carecía de ambas piernas. Clemente y el equipo puertorriqueño tramitaron para que el joven recibiese prótesis para poder caminar".[14] El propio Clemente le prometió el puesto de cargabates para el torneo del año siguiente, demostrando que si interés por los jóvenes menos afortunados no conocía límites.

Cuando el terremoto del 23 de diciembre devastó a Managua, Clemente sintió un llamado personal a organizar una campaña de socorro desde Puerto Rico. Según Osvaldo Gil, un cercano amigo de Clemente "cuando ocurrió el terremoto Roberto llamó a sus amigos nicaragüenses quiénes le indicaron la necesidad de alimento, ropa y medicina. Esto impactó muchísimo a Clemente y desde entonces se prometió a sí mismo que haría todo lo posible, hasta lo imposible, ara ayudar a sus amigos".[15] Sobre su estadía en Nicaragua (durante el torneo), su viuda, Vera, recordó que "le agradaba hablar con los pobres. Me dijo que se parecía a Puerto Rico, como era la isla hacía varios años".[16] Vera a su vez observó que "perdimos buenos amigos en el terremoto".[17] Clemente "estuvo tan involucrado con la causa que rehusó comer, casi no durmió y ni tan siquiera abrió los obsequios que había recibido esas Navidades. Se la pasó recaudando fondos, acudiendo a las casas de las personas más acaudaladas de San Juan, de puerta en puerta, pidiendo donativos".[18] Gracias en gran parte a su labor, la campana generó más de $150,000 y 26 toneladas de suministros de emergencia.

Aun con todos sus esfuerzos para recaudar fondos, Clemente cumplió con sus compromisos, especialmente al ofrecer una serie de clínicas de béisbol en Puerto Rico. "El 27 (de diciembre)" según Yuyo Ruíz, "Roberto fue al Parque Colón en Aguadilla para ofrecer la que sería la última clínica de su vida".[19] Para Clemente, de acuerdo con el narrador Ramiro Martínez, fue una oportunidad más para "que los niños gozasen como debían…para él era más importante dar que recibir, brindar ánimo que recibirlo él mismo".[20]

El resto del relato es trágico: Clemente alquiló un avión de carga, cuya pésima condición debía haberle prevenido su uso, y a su bordo perecieron el astro boricua y cuatro otros tripulantes en la costa noreste de Puerto Rico, cerca de San Juan, a pocos minutos de despegar a las 9:23 PM en Nochevieja. Roberto opinó que su presencia a bordo era crucial dados los informes de corrupción de la dictadura Somoza en Nicaragua. Para Clemente, solo su presencia podía evitar que más de estos suministros fuesen hurtados por los secuaces del dictador.[21]

El estelar Willie Stargell, compañero de Clemente con los bucaneros, comunicó un sentimiento compartido por muchos al reflejar que "la labor de Clemente con esta misión de socorro fue típica. Roberto siempre estaba ayudando a alguien…de la manera que perdió su vida, dejando su hogar el 31 de diciembre…el primero de enero es uno de los días más importantes en Puerto Rico, un día festivo y sumamente religioso. Ese día se reúnen las familias…el quebró esa tradición al pensar que debía ir a Nicaragua para ayudar a los necesitados, las víctimas del terremoto. Y como resultado, sacrificó su propia vida…"[22]

La muerte de Clemente afectó profundamente a Puerto Rico y también impactó a los Estados Unidos. El Presidente Nixon personalmente donó $1,000 al fondo *in memoriam* de Roberto Clemente y recalcó que Clemente "sacrificó su vida en una misión de socorro".[23]

Vera Clemente reflexionó sobre los últimos días de su esposo y cómo se recordó su heroismo:

> "Cuando murió, todos los fondos recaudados iban a ser destinados para la construcción de un ala de pediatría en el Hospital Masaya de Nicaragua. Esa expansión estaba pautada con esos fondos, con la colaboración de los ingenieros nicaraguenses y nosotros transferíriamos el dinero...mucha gente (de Puerto Rico) acudió a la apertura...el hospital estaba decorado, tenía aire acondicionado, televisión a colores, muy bonito, un ámbito pediátrico para los niños".[24]

A escasos meses de la muerte de Clemente, Nixon le otorgó la Medalla de Oro del Congreso a Vera en honor a su esposo. Treinta años después, la Sra. Clemente aceptó la Medalla de Libertad de parte del Presidente George W. Bush durante una ceremonia en la Casa Blanca.

En los últimos años de su tronchada vida Clemente se había enfocado en la ídea de una "Ciudad Deportiva" en su ciudad natal de Carolina, cerca de San Juan. Efren R. Bernier, amigo de Clemente, recuerda que «para él, el deporte era una de las mejores maneras de inculcar valores en la juventud, como ser una buena persona...a través del deporte, los niños adquirirían de manera natural, en una importante etapa de sus vidas, que uno se debe sacrificar para el bien común".[25] Clemente señaló que el gobierno había "gastado millones en programas para controlar el consumo de drogas en Puerto Rico, pero así se trata de resolver un problema después de que éste surge. ¿Por qué mejor no lo atacamos antes de que se manifieste? Sería mejor interesar a los niños en los deportes y brindarles un lugar dónde pudiesen aprender".[26] La ídea de Clemente estaba clara y cabe repetir la descripción de Wagenheim:

> Soñaba con construir un complejo grande para que los niños de todas las clases socioeconómicas pudiesen asistir y hospedarse por varias semanas. "Quiero que tenga tres campos de pelota, una piscina, canchas de baloncesto y de tenis, un lago para que padres e hijos pueden compartir, todo tipo

de deporte recreativo. No es suficiente ir a un campamento de verano y tener uno o dos instructores por un ratito y después olvidarlo todo al regresar a la casa. Tú vas a una ciudad deportiva y si hay gente como Mays, Mantle o Williams la gente no se olvida. Si yo fuese presidente de los Estados Unidos, construiría una ciudad deportiva para que todos los niños pudiesen usarla. Quisieramos un sistema de intercambio con otras ciudades estadounidenses y demostrarles a los niños como compartir y jugar los unos con los otros".[27]

A principios de 1972, Clemente comenzó a colaborar con el gobierno insular para buscar apoyo para su idea y se enteró que una base naval pronto sería devuelta al estado libre asociado. Dado que la base ya tenía algunas de las facilidades que Clemente deseaba, se presentaba como una buena opción para la futura Ciudad Deportiva. El gobierno le cedió los terrenos a la familia Clemente a pocas semanas de su muerte. Aunque Clemente no vio cumplido su sueño, su deceso le brindó el impulso necesario al gobierno para comenzar la labor. Vera Clemente se mantuvo a cargo del proyecto, que pasó a ser suyo, y la Ciudad Deportiva se convirtió en realidad.[28]

El obituario de Vera Clemente, publicado en el *New York Times* en 2019, señaló la tarea que se encomendó ella misma, tras la muerte de Roberto, al hacer realidad la Ciudad Deportiva.

"Cuando el murió, yo sentí la responsabilidad de por lo menos hacer realidad la Ciudad Deportiva, de otorgarle a los niños la oportunidad no tan solo de poder lucirse en el deporte, pero de convertirse en ciudadanos ejemplares" le confesó Vera al *Times* en 1994. "Mi propósito ha sido hacer realidad lo que el planificaba hacer".[29]

Según la propia Vera, sintió la responsabilidad de convertir en realidad el sueño de Clemente no tan solo por la manera en que el murió, sino también por la manera en que vivió: "si hubiese muerto de manera común y corriente, la gente aún le recordaría, pero el 31 de diciembre es un día especial y esta era su misión especial. Yo le admiro como persona, como humano. Es su imagen la

Clemente instruye a jóvenes de su Carolina natal durante una clínica deportiva en 1972, tan solo meses antes de su defunción. Cortesía del Museo Clemente.

que mantengo viva y estoy contenta realizando esta labor".[30]

Los esfuerzos de la familia Clemente produjeron un complejo recreativo de 300 acres (121 hectáreas) con los elementos deportivos tan deseados por Roberto. Según el sitio Web de la Ciudad Deportiva, consta con un parque de béisbol, campos de balompié y fútbol americano, una piscina, canchas de tenis, una pista de atletismo, una jaula de bateo, un gimnasio, área de entretenimiento y salones para reuniones.[31]

La Ciudad Deportiva albergó los sueños de millares de jóvenes pero ha caído en deterioro. Construida en un área pantanosa, los estragos del devastador Huracán María en 2017 y los problemas económicos de Puerto Rico le han

dejado en pésimas condiciones, casi clausurada. Ciudadanos de San Juan y Carolina la usan de manera irregular.[32]

No obstante, la familia Clemente continúa promoviendo el legado de Roberto, sirviendo ambas familias extendidas de Clemente, en Puerto Rico y en Pittsburgh. Roberto, hijo, brindó estas palabras durante un recordatorio en 1994 a cargo de O'Brien:

Mi padre era mucho más que tan solo un jugador de béisbol. Fue un hombre con una visión humanitaria, el sueño de una vida mejor para todos los niños a través de la educación y el deporte. Su sueño se cumplió en 1974 con la creación de la Ciudad Deportiva Roberto Clemente en Puerto Rico. Cientos de miles de niños se han beneficiado de sus programas. Creamos la Fundación Roberto Clemente para brindarle a los niños del área de Pittsburgh la oportunidad de aprender, disfrutar y participar en una gama de deportes para que conozcan los valores de responsabilidad, liderazgo e integridad. La fundación enfatiza la importancia de la educación a través de un programa de tutorías y a su vez rehabilitará los parques locales, áreas de recreo y campos de deporte.[33]

Roberto Jr. ayudó a establecer el programa de Major League Baseball (MLB) Reviving Baseball in the Inner Cities (RBI, por sus siglas en inglés, *Revivamos el béisbol en los barrios urbanos*, usualmente de menor estatus socioeconómico) en Puerto Rico en 1992 y regresó a los Estados Unidos continentales en 1993 para establecer la fundación que lleva el nombre de su padre. Al conocer que Pittsburgh no tenía su propio programa de RBI, Roberto Jr. se involucró en su creación.

"Yo no dedico mi tiempo a la comunidad porque así lo hizo mi padre. Lo hago porque hace una diferencia (en la vida de los niños). Yo conozco lo que es crecer sin un padre y puedo entablar una relación con los niños cuando les cuento sobre mi vida" dijo Roberto, Jr.

La creación de la Fundación Roberto Clemente a principios de la década de los 1990s enfocó los esfuerzos de la familia Clemente y de sus donantes a ayudar a los menos afortunados. El sitio Web de la fundación así declara su misión:

La Fundación Roberto Clemente es una organización sin fines de lucro, tipo 501.C.3 (del Código de Rentas Internas) establecida en honor a, y para perpetuar el legado, la leyenda y la integridad Roberto y Vera Clemente. La Fundación mantiene los valores que Clemente lucía dentro y fuera del ámbito deportivo: esfuerzo y trabajo, fe, amor, servicio al prójimo y la ayuda a los menos afortunados. La fundación promueve el deporte y la recreación, sobre todo a través del béisbol y el sóftbol y celebra clínicas con varias otras asociaciones. Además de visitar a escuelas y hospitales, la fundación ha organizado campañas de socorro, de ayuda a los veteranos,

de recaudación y donación de equipo deportivo y dirige la Copa Clemente para los equipos de béisbol universitario, tercera división y NAIA.[34]

En 2009, el canal público de televisión estadounidense (Public Broadcasting Service, o PBS) presentó un episodio de su serie de documentales *American Experience* sobre el legado de Clemente, incluyendo entrevistas con su familia. Su hijo Luis comentó:

Quiero que la gente vea a mi padre como una fuente de inspiración. Que lo vean como una persona que no vino de un barrio rico o algo semejante, sino de una casa humilde en Puerto Rico, probablemente sin pensar en lo que se convertiría, pero siempre seguro de sus valores. Eso fue siempre primordial: el cariño y respeto hacia sus padres y hermanos y hacia los demás, sin tolerancia para la injusticia. No dejo que lo oprimiesen. Convertirse en activista, asegurándose que su mensaje se escucháse a todo volumen. Esto puede inspirar a todos, reconocer como una sola persona puede generar un cambio.[35]

Otro gran tributo es el premio que lleva su nombre. Previamente conocido como el "Premio del Comisionado", se "otorga anualmente al jugador de grandes ligas que 'mejor personifica el juego de béisbol, el buen deportismo, la preocupación y compromiso con la comunidad y la contribución del individuo hacia su equipo'. El ganador es electo por los aficionados y por miembros de la prensa. Creado en 1971, el galardón lleva el nombre de Clemente desde 1973, tras su muerte".[36]

El ideal y la misión de Clemente, con su enfoque humanitario, se mantiene activo y en 2020, una colaboración entre el Museo Clemente en Pittsburgh y la Fundación Roberto Clemente organizó una exhibición temporera abarcando la vida y legado de Clemente. Retrasado por la pandemia del coronavirus, finalmente abrió sus puertas en octubre de 2021, "reflejando los proyectos humanitarios y caritativos de la Fundación Roberto Clemente, incluyendo la vida de Vera Clemente, líder y humanitaria por cuenta propia".[37]

Tras el anuncio de la apertura de la exhibición, Luis Clemente explicó que "era el momento de recordar su legado compartido. No dejamos 'caer el bombo'. Continuamos nuestro ardua labor en su legado y todo lo que su representa su figura".[38]

El enfoque de los hermanos Roberto Jr. y Luis en las dos comunidades que Clemente llamó "hogar" les mantiene firmemente al tanto de las necesidades de Pittsburgh y Puerto Rico. La Fundación Roberto Clemente continua su labor en los Estados Unidos continentales y en la isla, aunque dificultada por los problemas que acosan a la Ciudad Deportiva, la visión de su padre se mantiene al centro de su gestión. La revitalización de las facilidades es la prioridad indiscutible.

Ambos hermanos reconocieron que el desarrollo de la Ciudad Deportiva fue lento debido al terreno pantanoso. La comunidad no vio el progreso ya que desde la carretera que colinda el complejo, no se alcanzaba a ver la construcción. El gobierno no he accedido a muchas de las ideas y esfuerzos de la junta de directores que maneja la Ciudad Deportiva. Se ha considerado asociarse con Legacy Sports USA, cuyo complejo en Mesa, Arizona puede servir de modelo. Sin embargo el gobierno de Puerto Rico ha buscado controlar la Ciudad Deportiva al recuperar el terreno asignado y así imponer su propia dirección.

La legislatura de la isla ha causado más desconfianza al pasar una ley controversial que permite la venta de tablillas de carros con la imagen de Clemente y un "donativo obligatorio" del marbete de automóviles. Parte de los ingresos serían destinados a un "Fondo del Distrito Roberto Clemente", una entidad distinta la Fundación Roberto Clemente que la familia lidera. Según Julio Pablon:

> Luis Clemente se enteró de la noticia del marbete con la imagen de su padre al igual que todo Puerto Rico: a través de la prensa. Le tomó por sorpresa y emitió un comunicado por los medios sociales: "Queremos aclarar que ni la Fundación Roberto Clemente y mucho menos mi familia tiene injerencia sobre este cargo, y más aún, no somos los beneficiados de este fondo. De hecho, no se procuró nuestra aprobación para utilizar la imagen de nuestro padre en los marbetes y en las tablillas conmemorativas. Imagen a la que legítimamente tenemos los derechos de uso".

Además comentó que "Además, el gobierno de Puerto Rico no buscó ni obtuvo la aprobación de otras entidades que reclaman los derechos involucrados en la imagen. Por los pasados meses, hemos hecho varios intentos de aclarar la situación con diferentes ramas del gobierno sin éxito".[39]

Mayra Montero, periodista con *El Nuevo Día* recalcó:

> "La situación es bien simple: a los políticos se les ha puesto más difícil recaudar fondos para todos sus lujos, sus oficinas legislativas repletas de amigotes del partido, sus viajes...y otras promesas hechas en la campaña electoral que, porque nuestro país quebrado, ni pueden ni van a cumplir...han encontrado una manera de robarle $5 por persona a cade residente, para empezar. Esto es un experimento que se prolongará".[40]

Se debe preguntar que viene después. En 2022, hace sentido celebrar el imparable #3,000 de Clemente y honrar su sacrificio mayor, su muerte al transportar suministros de emergencia a Nicaragua, devastada por el terremoto. Major League Baseball, los Piratas de Pittsburgh, la ciudad de Pittsburgh y el pueblo de Puerto Rico tomaremos una pausa para recordar la vida de este gran ídolo. Sin embargo, se necesitan acciones concretas para acompañar estos gestos. Los hermanos Clemente continúan relatando su mensaje y buscando alianzas y colaborando para restablecer la Ciudad Deportiva y llevarla a su próxima etapa. Saben que el pueblo de Puerto Rico y los fanáticos de Roberto están listos y dispuestos a honrar la memoria de Roberto al tomar la oportunidad "mejorar este mundo". Esperemos que todos aquellos que estiman el legado de Clemente colaboren de este modo.

NOTAS

1   Kal Wagenheim, *Clemente!* (New York: Olmstead Press, 2001), 3.

2   Bruce Markusen, *Roberto Clemente: The Great One* (Chicago: Sports Publishing, Inc., 1998), 195.

3   Markusen, 196.

4   Markusen, 196.

5   Markusen, 196.

6   Markusen, 125-127.

7   David Maraniss, *Clemente: The Passion and Grace of Baseball's Last Hero* (New York: Simon & Schuster, 2006), 148.

8   Markusen, 150.

9   Markusen, 151.

10 Markusen, 173.

11 Wagenheim, 179.

12 Maraniss, 285.

13 Baseball Reference.com, https://www.baseball-reference.com/bullpen/1972_Amateur_World_Series, consultado el 28 de octubre de 2021.

14 Markusen, 311.

15 Yuyo Ruíz, *The Last Hours of Roberto Clemente* (San Juan, Puerto Rico: Yuyo Ruíz, 1998), 85.

16 Jim O'Brien, *Remembering Roberto: Clemente Recalled by Teammates, Family, Friends, and Fans* (Pittsburgh: James P. O'Brien Publishing, 1994), 38.

17 Markusen, 311.

18 Markusen, 311.

19 Ruíz, 42.

20 Ruíz, 47.

21 Maraniss, 304.

22 Maraniss, 317.

23 O'Brien, 34.

24 "Clemente's Family and Legacy," *American Experience*, PBS.org. https://www.pbs.org/wgbh/americanexperience/features/roberto-clemente-his-family-and-his-legacy/accessed consultado el 4 de noviembre de 2021.

25 Wagenheim, 182.

26 Wagenheim, 182.

27 Wagenheim, 182.

28 https://robertoclementefoundation.com/veras-vision/, accessed consultado el 30 de diciembre de 2021.

29 Katharine Q. Seelye, "Vera Clemente, Flame-Keeping Widow of Baseball's Roberto, Dies at 78," *New York Times*, consultado el 18 de noviembre de 2019.

30 Seelye.

31 www.RobertoClementeFoundation.com, consultado el 4 de noviembre de 2021.

32 El Vocero, 19 de marzo de 2022, https://www.elvocero.com/gobierno/legislatura/el-representante-ngel-matos-pide-agilizar-el-traspaso-de-la-ciudad-deportiva-roberto-clemente/article_84f81086-a72e-11ec-9fe9-4b0391309be5.html.

33 O'Brien, 12.

34 https://latinobaseball.com/pittsburgh-designates-sept-15-as-robert-clemente-day-weeklong-events-celebrate-pirates-legend/, consultado el 30 de diciembre de 2021.

35 *American Experience*, PBS.org.

36 Markusen, 340.

37 "The Roberto Clemente Museum in Puerto Rico to Re-Open for a Limited Engagement," Latinx Newswire, consultado el 14 de octubre de 2021.

38 Latinx Newswire.

39 Julio Pablon, 18 de enero de 2022, *Latinosports*, "Big Controversy in Puerto Rico over Imposed Clemente Registration Sticker & License Plates."

40 Pablon.

¿EL BEATO ROBERTO CLEMENTE?

BY RICHARD J. PUERZER

Roberto Clemente aún figura uno de los mejores jugadores de la historia del béisbol. Sus destrezas brillaban tanto en la caja de bateo como en su jardín derecho. A su vez, Clemente fue admirado como un ser humano ejemplar: buen compañero de equipo, devoto esposo, padre orgulloso, católico fiel y sobre todo, siempre al tanto de las necesidades del prójimo. Este reputación, edificada por sus sólidos pilares morales, a su vez se solidificó por las circunstancias de su muerte: en plena carrera, falleció en un accidente aéreo brindando suministros de emergencia para las victimas del terremoto de Nicaragua.

No hay mayor honor par un pelotero que ser electo al Salón de la Fama, reconocimiento otorgado a Clemente a escasos meses de su muerte. Sin embargo, su vida ha recibido más escrutinio que tal vez cualquier otro jugador, y algunos fanáticos se han preguntado si la vida de Clemente, llena de virtudes, merece ser sacrosanta. ¿Es posible que, después de su muerte, Clemente haya causado un milagro? ¿Se le debe dar seria consideración a la santidad de Clemente?

En le verano de 2014, el periódico bimensual *National Catholic Reporter* publicó un artículo titulado "¿Se podría beatificar al jugador de béisbol Roberto Clemente?"[1] El reportaje capturó los esfuerzos de Richard Rossi, un exministro evangélico, para promover la idea de la santidad para Clemente. Rossi había producido y escrito, por si mismo, una película biográfica llamada *Baseball's Last Hero: 21 Clemente Stories* ("El último héroe del béisbol: 21 relatos de Clemente").[2] Al examinar la vida de Clemente, Rossi llegó a la conclusión de la santidad de la vida del pelotero. Con esta convicción, Rossi trató de contactar al Papa Francisco y al arzobispo de San Juan, Puerto Rico, Roberto González Nieves, para obtener su apoyo. En su momento, parecía que Rossi tan solo contaba con su propia fe, pero la idea comenzó a resonar y hasta convencer otras personas, gozando de cobertura del diario *Los Angeles Times* y el semanal *The Sporting News*, cuáles presentaron la idea no con dudas, sino con curiosidad y hasta posibilidad del nombramiento.[3]

La evaluación de la propuesta requiere investigación del propio Rossi. Bautizado y criado como católico, se convirtió en cristiano "renacido" ("*born-again Christian*") durante sus años universitarios, fundando sus propias iglesias y clínicas medicinales, algo parecido a los pastores que "curan a través de la fe". El 1994 trajo un capítulo nefasto, al ser acusado de intento de asesinato cuando su esposa fue encontrada al borde de la muerte cerca de una carretera de Pittsburgh. Su esposa lo acusó del ataque pero después retractó su acusación. El juicio tomó un aspecto sensacionalista y el jurado no logró decisión. Tras un acuerdo con la fiscalía, Rossi pasó 96 días en la cárcel. Tras su liberación, se mudó a California con su familia, dónde de nuevo entró en apuros, acusado de hurtar dinero destinado a una iglesia para su uso personal.[4]

Los relatos a favor de la candidatura de Clemente para la santidad tomaron nuevo auge en el verano de 2017, al reportarse que Clemente tal vez había logrado in milagro. Según Jaime Nieto, el actor que protagonizó el paper titular en la película, Clemente supuestamente tuvo parte en dicho prodigio.

Además de ser actor, Nieto es atleta retirado y partició en el evento olímpico de salto de altura antes de sufir un grave accidente en 2016 que le fracturó el cuello. A pesar de que los doctores le pronosticaron nunca poder regresar a caminar, Nieto se casó en 22 de julio de 2017 y desfiló en la ceremonia. Rossi declaró que le mejoría y la habilidad de volver a caminar fue milagrosa, atribuyendole los hechos a Clemente.

Al entender de Rossi, la hazaña calificaba a Clemente para la santidad.[5] Algunos informes reportaron que "fuentes dentro de la Iglesia Católica" habían indicado que el Papa Francisco había declarado a Clemente como "bendito". Dicha proclamación es necesaria para la beatificación y el reportaje gozó de publicación de varios medios de información.[6] Días más tarde, el Vaticano denegó el pedido de santidad para Clemente.[7] Desde entonces, no ha surgido nueva información sobre la petición de santidad.

Aunque se vislumbre poco posible que Clemente se considere para la canonización, su figura sigue inspirando a nuevas generaciones por su labor humanitaria. Una célebre frase de Clemente ilustra su convicción de ayudar al prójimo: "*Cada vez que tengas la oportunidad de hacer una diferencia en este mundo y no la haces, entonces estás desperdiciando tu tiempo en la tierra*".[8]

Los relatos sobre la consideración de la santidad de Clemente no fueron vistos con incredulidad sino con curiosidad, llamándole la atención as los lectores. Tanto en vida como en muerte, Clemente genera memorias y opiniones más allá de su labor en el terreno de juego. Los aficionados del béisbol continúan admirando y hasta venerado a Clemente como un digno ser humano, tal vez hasta un santo, cuya vida fue repleta de actos benéficos.

NOTAS

1   Heather Morrison, "Could Baseball Player Roberto Clemente Become a saint," *National Catholic Reporter*, 28 de junio de 2014, https://www.ncronline.org/news/people/could-baseball-player-roberto-clemente-become-saint.

2   *Baseball's Last Hero: 21 Clemente Stories*, documental escrito y filmado por Richard Rossi, 2013.

3   Michael McGough, "Roberto Clemente Be a saint? He's in the Ballpark," *Los Angeles Times*, 13 de junio de 2014, https://www.latimes.com/opinion/opinion-la/la-ol-clemente-miracles-sainthood-20140613-story.html; Justin McGuire, "Should Roberto Clemente Be a Saint? Some Fans Think So," *The Sporting News*, 23 de junio de 2014, https://www.sportingnews.com/us/mlb/news/roberto-clemente-saint-sainthood-canonization-pirates/1lbioj3z5yrjm1nctddwzes6dd.

4   Steve Levin, "Rev. Rossi Back in News as Hollywood Success Story," *Pittsburgh Post-Gazette*, 4 de mayo de 2008, https://old.post-gazette.com/pg/08125/878975-85.stm; Diana Nelson Jones, "Saint Roberto Clemente?: Former Pittsburgh Pastor Seeks Sainthood for the Pirates Great," *Pittsburgh Post-Gazette*, 11 de enero de 2015, https://www.post-gazette.com/local/city/2015/01/11/Saint-Roberto-Clemente-Richard-Rossi-Pirates/stories/201501110144.

5   "Will Pope Greenlight Clemente Canonization? – Some Claim Miracle Requirement Met," *Catholic News Wire*, 22 de julio de 2017, http://catholicnewswire.blogspot.com/.

6   Marissa Payne, "After July 'Miracle,' Pope Francis Reportedly Moves Roberto Clemente Closer to Sainthood," *Chicago Tribune*, 17 de agosto de 2017, https://www.chicagotribune.com/sports/ct-roberto-clemente-closer-to-sainthood-20170817-story.html.

7   "No, Pope Francis Did Not Beatify Roberto Clemente," *Catholic News Agency*, 18 de agosto de 2017, https://www.catholicnewsagency.com/news/36643/no-pope-francis-did-not-beatify-roberto-clemente.

8   Esta cita proviene del discurso de Clemente al aceptar el Premio Tris Speaker en Houston, Tejas. Se incluyó en el artículo "Standing Cheer for Roberto," *The Sporting News*, 20 de febrero de 1971: 44.

RECORDATORIOS E ICONOGRAFÍA DE CLEMENTE EN LOS LUGARES PÚBLICOS

POR JUSTIN KRUEGER

A lo largo de los años, se han publicado un sinnúmero de escritos de Roberto Clemente, reflejando que se mucho más que un hombre que pereció a sus 38 años en un accidente aéreo transportando suministros de emergencia hacia Nicaragua. En el medio siglo trascurrido desde su prematura desaparición, Clemente se ha convertido en un icono cultural, honrado con una serie de recordatorios públicos que llevan gran peso. Por un lado, el acto previene que nos olvidemos de su sujeto, proclamando que la persona, lugar, idea o evento merece reconocimiento de la sociedad. Contiene valor para un el pueblo completo, no tan solo para un grupo selecto. Pero estos recordatorios también conllevan una responsabilidad para quiénes los organizan. ¿Para quién o quiénes se edifican? ¿Qué significa el recordatorio y qué sentimientos se espera que engendren?

Según el Dr. Chris Stride, catedrático del campo de estadísticas de la Universidad de Sheffield en Inglaterra y curador del Proyecto de Estatuas Deportivas, en el mundo completo tan solo Pelé tiene más estatuas en su honor que Clemente.[1]

Los recordatorios a Clemente, no obstante, van más allá que las estatuas y los lugares en su memoria. Su nombre, faz y silueta figuran entra espacios públicos, compartidos por una gran cantidad de personas: parques recreativos, escuelas, carreteras, calles, puentes, estadios y hasta sellos postales. Aunque el enfoque sea distinto, en cada de ellos Clemente sirve como inspiración para todos aquellos que rondan, cruzan, usan o estudian en estos lugares.

PUERTO RICO

A un escaso mes de su muerte, el recién edificado Coliseo de San Juan, Puerto Rico (por mucho tiempo, el edificio bajo techo de mayor cupo en la isla) fue nombrado en honor de Roberto Clemente.[2]

Su pueblo natal de Carolina mantiene viva su memoria. Vera Clemente, su viuda, cumplió el más anhelado sueño de Clemente, la creación de su "Ciudad Deportiva" (oficialmente conocida como el Complejo Municipal de Deportes

Roberto Clemente) entre la capital de San Juan y Carolina. Sus 304 acres (123 hectáreas) contienen campos, terrenos y canchas para varios deportes y una estatua de Roberto. Desafortunadamente, el devastador Huracán María (2017) que batió a la isla causó daños extensos. En 2020, FEMA (la Agencia Federal de Manejo de Emergencias) destinó millones de dólares para sus arreglos, pero la labor aún no ha comenzado.

El Estadio Roberto Clemente Walker fue construido en el 2000 y es el hogar de los Gigantes de la liga de béisbol invernal. Una estatua de Clemente en al acto de batear su indiscutible 3,000 les da la bienvenida a los asistentes por la puerta principal. Otra estatua, que captura el momento en que Clemente llegó a la segunda base tras conectar el imparable, saludando a los fanáticos al quitarse la gorra, está en dirección opuesta, en la entrada por el jardín central.

Una carretera próxima al estadio también lleva su nombre y varias estatuas adornan una rotunda con fuentes de agua en el caso urbano de Carolina.

PITTSBURGH

No debe sorprender que le memoria de Clemente siga vigente en Pittsburgh, su hogar a lo largo de su carrera en las grandes ligas.

En 1976, la ciudad cambió el nombre a la carretera que colindaba con el antiguo Forbes Field, en la vecindad de Oakland, en honor a Clemente. En 202, el consejo municipal de nuevo la rebautizó, esta vez como "Roberto & Vera Clemente Drive" tras la petición de los hijos del matrimonio para añadir el nombre de su madre.[3]

El 8 de julio de 1994 con motivo al Juego de Estrellas, se desveló una estatua de Clemente de 12 pies de altura, construida en bronce a la entrada de la Puerta A del Estadio Tres Ríos.

Durante la dedicatoria, Dan Galbreath leyó una carta que Clemente le había escrito a él y a su padre John W. Galbreath tras concluir la Serie

Una parte del mural de la pared Leyendas de Pittsburgh de Michael Malle, con imágenes de Bill Mazeroski, Clemente y Honus Wagner. Cortesía del Museo Clemente.

Mundial de 1971. La familia Galbreath fue apoderada de la franquicia de los Piratas desde 1946 hasta 1985. En la epístola, Clemente prometió jamás jugar tan solo por el dinero, jurando que "cuando ustedes consideren que ya no puedo contribuir al éxito de nuestro equipo, me retiraré. Jamás jugaré con otro equipo".[4]

Antes de la muerte de Clemente, John W. Galbreath había puesto "Roberto" de nombre a uno de sus caballos de carreras hípicas. El equino lució como su tocayo, ganando la prestigiosa competencia Epsom Derby en Surrey, Inglaterra en 1972.

Al mudarse los bucaneros al Parque PNC en 2001, la estatua se trasladó a su residencia presente, cerca de la puerta del jardín central entre el estadio y el Puente Roberto Clemente (de la sexta calle). La efigie no está sola sino acompañada de semejantes monumentos a Honus Wagner, Willie Stargell y Bill Mazeroski, otras leyendas corsarias.

SABR ayuda a conmemorar la ubicación de la segunda base, Estadio Tres Ríos. Cortesía del Museo Clemente.

El puente recibió el nombre de Clemente en agosto de 1998, en parte para reducir la decepción de muchos aficionados que esperaban que el nuevo hogar los Piratas fuese nombrado por el astro boricua. La empresa bancaria PNC, sin embargo, patrocinó a la franquicia y esta nombró su estadio en un acto publicitario, como muchos de los parques recién construidos.

El Puente Roberto Clemente cruza el Río Allegheny y es parte del complejo de las "Tres Hermanas" edificadas en la década de 1920. Los otros dos también portan nuevos nombres: el de la séptima calle es ahora el Puente Andy Warhol y el de la novena, el Puente Rachel Carson.

El Puente Clemente transporta automóviles, pero se convierte en vía patronal durante los juegos de los Piratas como locales.

Pittsburgh también presume del Museo Clemente, una organización sin fines de lucro. El museo se hospeda en la antigua Casa de Bombas 25 en el vecindario de Lawrenceville y posee una gran colección de fotografías y artículos de Clemente, abarcando su labor humanitaria y su carrera como pelotero. Su sitio Web refleja que "Clemente dedicó su imparable 3,000 a los aficionados de Pittsburgh y al pueblo puertorriqueño. Nos enorgullece ser parte de todo lo que

Pittsburgh dedica en su honor. Algunos visitan para recordar y otros para aprender, pero todos saldrán inspirados".[5] (Otro artículo en este libro detalla la creación del museo y su colección).

EN EL RESTO DE LOS ESTADOS UNIDOS

En 2018, cuatro ascendientes de puertorriqueños, miembros de la Cámara de Representantes de los Estados Unidos, patrocinaron una medida para añadir al Registro Nacional de Lugares Históricos el área dónde aquél fatídico día se estrelló el avión de Clemente. La propuesta declaraba:

> "La pasión de Roberto Clemente al ayudar al prójimo demostró el nivel de influencia positiva que los atletas pueden tener...Roberto Clemente desafió los estereotipos que habían marginalizado a los hispanoparlantes en nuestra nación y por ello aún es el ídolo de muchos puertorriqueños y latinos en los Estadios Unidos y en América Latina".[6]

Un pedido semejante, firmado por 11 senadores federales, se otorgó al Secretario del Interior en diciembre de 2021.[7]

En el otoño de 2020, el sistema escolar del Condado de Orange en Florida aprobó, de forma unánime, cambiar el nombre de la Escuela Intermedia Stonewall Jackson a la Escuela Intermedia Roberto Clemente. El perfil estudiantil de esta escuela es predominantemente hispano. Antes del cambio, la escuela era la única que quedaba en el centro del estado con el nombre de un general de los Estadios Confederados de América, el bando sureño de la Guerra Civil Estadounidense.[8] La artist Neysa Millán accedió un pedido de las pequeñas ligas y pintó un mural de Clemente en los predios escolares.[9]

El Consejo Municipal de la Ciudad Orlando también quitó el nombre de Stonewall Jackson a una de sus carreteras, nombrándola en honor a Clemente en junio de 2021. El Comisionado Tony Ortiz recalcó que "así reflejaba aquellos que lucharon por el cambio". La escuela queda en la misma carretera.[10]

Al marcar la ocasión, el alcalde de Orlando Buddy Dyer publicó este "tuit" (*tweet*):[11]

"Gracias a los esfuerzos comunitarios, podemos honrar a Roberto Clemente, héroe de muchos, y hemos convertido a nuestra ciudad a un lugar que da la bienvenida a todos. Cada día...los estudiantes llegarán a la escuela a través de esta calle que celebra la memoria de un gran humanitario que levantó el ánimo de aquellos que lo necesitaban".[11]

Muchos otros locales en los Estadios Unidos también llevan el nombre de Clemente. La Legislatura de Nueva Jersey designó una sección de la Ruta 21 en Newark como la "Autopista Roberto Clemente" en el verano de 2016. El Consejo de Comisionados del Condado de Osceola en Florida hizo lo mismo el año anterior, dedicado la "Carretera Roberto Clemente" en su memoria.

Alumnos se pueden matricular en escuelas con su nombre en Pennsylvania, Connecticut, Nueva York, Nueva Jersey, Illinois y Maryland.

Varios parques llevan su nombre, incluyendo al Parque Estatal Roberto Clemente en el Condado del Bronx. Sus 25 acres (10 hectáreas) colindan el Río Harlem y tienen áreas de recreo, canchas de baloncesto, diamantes de pelota, una piscina, un edificio recreativo y un paseo tablado frente al río. Cada año el local celebra la "Semana de Roberto Clemente" con eventos que conmemoran la vida del pelotero.[12]

En 2013, los encargados del parque desvelaron una estatua de bronce, en tamaño natural, de Clemente. Donada por la empresa de alimentos Goya, la escultura demuestra Clemente con su gorra en mano, saludando a los aficionados tras su imparable 3,000.[13] Una base de cuatro pies de largo contiene la famosa cita de Clemente:

"Cuando tienes una oportunidad de hacer una diferencia en este mundo y no lo haces, estás desperdiciando tu tiempo en la Tierra".

Fue la primera efigie en Nueva York en celebrar una persona de ascendencia puertorriqueña.

Roberto hijo, primogénito del matrimonio Clemente, comentó durante la dedicatoria:

"Es una gran manera para que los niños que usan y que juegan en este parque conozcan quién fue el hombre...verán la estatua y podrán aprender detalles sobre Roberto Clemente, no tan solo el pelotero sino también el ser humano".[14]

La directora del parque, Frances Rodríguez, añadió:

"Estamos encantados de recibir esta estatua...tiene muchísimo significado porque nuestra misión es servir a la comunidad y Clemente fue un verdadero humanitario. Se preocupaba honestamente por su prójimo."[15]

En noviembre de 2018 la Plaza Roberto Clemente para los usuarios de autobuses y el sistema de metro del South Bronx abrió sus puertas. Al igual que Herald Square en el centro de Manhattan, la Plaza Clemente se diseñó como un espacio ecológico (área verde) con alrededor de 75,000 usuarios cada día".[16]

El monumento "Para Roberto" se desveló en octubre de 2019, descrito como:

"La escultura es completamente de bronce y tiene 12 cañas de azúcar (representando los 12 Guantes de Oro de Clemente) alrededor de una silla hecha de bates y bolas de pelota, incluyendo los caseros hechos con escobas, con la bandera puertorriqueña en la parte trasera de la silla".[17]

La artista Melissa Calderón reseñó:

"La escultura demuestra un sillón de abuelo, como el que se suele usar en Puerto Rico para relatar cuentos llenos de datos históricos y sabiduría. Clemente lo hubiese usado tras su retiro del béisbol, si no hubiese perecido. Agradezco el patrocinio de la comisión y me ilusiona verlo instalado en el corazón del South Bronx donde puede adherirse a la vecindad e inspirar las generaciones futuras con el ejemplo de Clemente".[18]

El área Back Bay Fens de Boston también tiene un parque dedicado a Clemente. El "Roberto

El número de Clemente se conmemora en el jardín derecho del Parque Luis Alfonso Velásquez Flores en Managua, Nicaragua. Cortesía de Steven A. Melnick, Ph.D.

Clemente Field" es parte del "Collar Esmeralda" de Boston, una cadena de parques que abunda 1,100 acres (445 hectáreas), diseñada por Frederick Law Olmsted a finales del siglo XIX. Aunque el parque es propiedad de la ciudad, es cuidado por el departamento de deportes de Emmanuel College (tercera división de NCAA, asociación nacional de deportes universitarios) y compartido por sus escuadras de fútbol americano, balompié, *lacrosse* y pista y campo.[19]

La Liga Pequeña de Branch Brook Park en Newark, Nueva Jersey, lleva el nombre de Clemente y una réplica de la estatua en el Parque PNC de Pittsburgh adorna al campo Roberto Clemente desde el 2012, dónde centenares de pequeños juegan cada temporada.

Tanto Miami, Florida como Cleveland, Ohio presumen de parques a nombre de Clemente.

El Museo y Fábrica de la famosa marca de bates *Louisville Slugger*, desveló una efigie, en plena posición de bateo, en el verano de 2021, uniéndose a una temible alineación que ya contaba con Babe Ruth, Ted Williams, Ken Griffey Jr., Derek Jeter y Jackie Robinson, todos miembros del Salón de la Fama.

Bailey Mazik, curador del museo y director de sus exposiciones, señaló al presentar la estatua:

"Clemente poseía una abundancia de talento tanto en el campo como fuera de éste, y es poco decir...enlazó a personas a través del servicio (al prójimo) y el deporte. Hizo todo lo necesario por su equipo y para su comunidad".[20]

El Museo del Salón de la Fama debutó estatuas de bronce de Roberto Clemente, Jackie Robinson y Lou Gehrig durante una exhibición en 2008 llama "Carácter y Valentía". Siete años después, en 2015, un busto de Clemente se instaló en el área sur de Boston, entre las calles de West Dedham y Washington.[21]

El servicio postal de los Estados Unidos dedicó dos sellos, en 1984 y 2000, a la memoria de Clemente. (Este tomo contiene un artículo sobre ambos).

CONCLUSION

Roberto Clemente fue un excelente pelotero y tras su defunción, ha sobrepasado las limitaciones que lamentó durante la Serie Mundial de 1971:

"Yo creo que se me consideraría un mejor jugador si no fuese afrolatino…yo soy tan bueno como los demás, tal vez mejor que nadie, pero no se me aprecia. Anhelo que sucediese y otras personas también así lo desean. Ojalá fuese así, ¿sabes?"[22]

Clemente es una figura icónica, cuyo deseo de mejorar la vida del prójimo se reflejaba en su modo de jugar y en su modo de vivir, a través de todos sus logros y esfuerzos humanitarios. Se ha convertido en una figura digna de admiración, cinco décadas tras su muerte.

FUENTES

Además de las fuentes citadas en las Notas, el autor recopiló información de los sitios Baseball-Reference.com y Baseball-Alamanac.com.

Cortesía del Museo Clemente.

NOTAS

1   Hayes Gardner, "A bronze age for college football: Behind the culture that honors sports figures with statues," *Louisville Courier Journal*, 7 de enero de 2020.

2   Judy Cantor-Navas, "Remember Baseball Great Roberto Clemente With These Musical Tributes," *Billboard*, 28 de diciembre de 2017. https://www.billboard.com/music/latin/roberto-clemente-death-anniversary-musical-tributes-8085490/

3   "New street sign unveiled for 'Roberto & Vera Clemente Drive' in Pittsburgh's Oakland neighborhood," WTAE, 2 de diciembre de 2021. https://www.wtae.com/article/roberto-vera-clemente-street-signs-pittsburgh/38415251

4   Rob Biertempfel, "What if...Roberto Clemente had played 3 more seasons with the Pirates?," *Athletic*, 18 de agosto de 2021. https://theathletic.com/2765112/2021/08/18/what-if-roberto-clemente-had-played-three-more-seasons-with-the-pirates/

5   "The Museum," El Museo Clemente, https://clementemuseum.com/museum/

6   José E. Serrano, *H. Res. 792*, 10 de diciembre de 2018. https://www.congress.gov/bill/115th-congress/house-resolution/792/text

7   *S. Res. 481*, 16 de diciembre de 2021. https://www.govinfo.gov/content/pkg/BILLS-117sres481is/html/BILLS-117sres481is.htm

8   Andrew Limberg, "School in Florida renamed in honor of Roberto Clemente," 93.7 The Fan, 23 de septiembre de 2020. https://www.audacy.com/937thefan/news/pittsburgh-pirates/school-in-florida-renamed-in-honor-of-roberto-clemente

9   Ezzy Castro, "Central Florida artist creates mural for Roberto Clemente Middle School," ClickOrlando.com, 26 de marzo de 2021. https://www.clickorlando.com/news/local/2021/03/26/central-florida-artist-creates-mural-for-roberto-clemente-middle-school/#//

10 Ezzy Castro, "City of Orlando unveils new Roberto Clemente street sign," ClickOrlando.com, 23 de junio de 2021. https://www.clickorlando.com/news/local/2021/06/23/city-of-orlando-unveils-new-roberto-clemente-street-sign/

11 Alex Galbraith, "Later, loser: Orlando renames road named for Confederate general to honor Roberto Clemente," *Orlando Weekly*, 23 de junio de 2021. https://www.orlandoweekly.com/news/later-loser-orlando-renames-road-named-for-confederate-general-to-honor-roberto-clemente-29545752

12 "Roberto Clemente State Park," Parques, recreación y preservación histórica del estado de Nueva York, https://parks.ny.gov/parks/robertoclemente/details.aspx

13 Denis Slattery, "Baseball legend Roberto Clemente immortalized with statue at his namesake state park," New York Daily News, 27 de junio de 2013. https://www.nydailynews.com/new-york/bronx/inside-the-park-homer-roberto-clemente-article-1.1384602

14 Slattery.

15 Slattery.

16 "Roberto Clemente Plaza," Mejorías del Sector de Negocios del Tercer Distrito. https://www.thirdavenuebid.org/roberto-clemente-plaza

17 Ed García Conde, "NYC's Newest Monument is a Tribute to Puerto Rican Humanitarian and Baseball Legend Roberto Clemente in The Bronx," Welcome2TheBronx.com, 4 de octubre de 2019. https://welcome2thebronx.com/2019/10/04/nycs-newest-monument-is-a-tribute-to-puerto-rican-humanitarian-and-baseball-legend-roberto-clemente-in-the-bronx/

18 García Conde.

19 "Roberto Clemente Field," Emmanuel College: Centros, institutos y asociaciones. https://www.emmanuel.edu/discover-emmanuel/centers-partnerships-and-institutes/community-partnerships/roberto-clemente-field.html

20 Hayes Gardner, "With sons present, Roberto Clemente statue unveiled at Louisville Slugger Museum," *Louisville Courier Journal*, 18 de Agosto de 2021. https://www.courier-journal.com/story/sports/mlb/2021/08/18/louisville-slugger-museum-unveils-statue-famous-latino-athlete/5557290001/

21 Amanda Hoover, "Roberto Clemente honored with statue in South End," Boston.com, 19 de noviembre de 2015. https://www.boston.com/news/local-news/2015/11/19/roberto-clemente-honored-with-statue-in-south-end/

22 Wells Twombly, "Super Hero," *San Francisco Examiner*, 2 de enero de 1973.

SELLOS POSTALES DE ROBERTO CLEMENTE A TRAVES DEL MUNDO

POR TONY S. OLIVER DÍAZ

¿Qué relatos contarían los sellos si pudiesen hablar?

¿Mantendrían sus secretos, rehusando delatar los contenidos de sus misivas? ¿Declararían inocencia e ignorancia, declarando que tan solo acompañaban las cartas desde origen a destino? ¿O tal vez gozarían de detallar las aventuras de sus viajes?

Uno podría pensar que los sellos impresos por el servicio postal estadounidense en 1984 y 2000 con la faz de Roberto Clemente se enorgullecerían de trasladar ayuda financiera, palabras de ánimo y otros gestos de bondad humana. No habría mejor manera de honrar a su efigie.

Tan solo cuatro jugadores de béisbol han sido plasmados en más de un sello postal estadounidense: Clemente, Jackie Robinson, Babe Ruth, and Lou Gehrig.[1] Hasta los mayores aficionados desconocen el arduo y largo proceso que conlleva este honor. Al igual que el mismo deporte, la metodología se independiza del reloj y se acuña a la estrategia de sus dirigentes.

El Comité Aconsejador de Ciudadanos para Sellos Postales (CSAC, por sus siglas en inglés: USPS Citizens' Stamp Advisory Committee) se estableció en 1957 para evaluar diseños de sellos postales. Aunque cualquiera puede enviar sugerencias, las reuniones son privadas y sus apuntes no son publicados. Bajo las reglas aún vigentes, ningún sujeto puede ser considerado mientras viva y tres años deben transcurrir tras su muerte de antes de ser evaluado. Más de 40,000 propuestas se reciben cada año y cada una es evaluada por varios lustros. Las ideas seleccionadas se encomiendan a expertos de diseño y artistas independientes.[2]

El sello de 20 centavos se publicó oficialmente el 17 de agosto de 1984, en la víspera del que sería el 50 cumpleaños de Clemente.[3] La ceremonia se celebró en su Ciudad Deportiva en Carolina, Puerto Rico. Los colores, básicos a primera vista, reducen los ingredientes a tan solo aquellos imprescindibles: la cabeza de Clemente se vislumbra frente a la ondulante bandera de Puerto Rico, con su tez oscura en pleno contraste contra el borde blanco. Su cara refleja la determinación que siempre demostró en el campo de juego y a su vez parece en reflexión, al igual que Clemente durante las entrevistas. El azul celestial en la parte superior le otorga un aspecto angelical; la ausencia de color y la insignia de los Piratas ofrece un toque sublime. La Compañía American Bank Note imprimió más de 119 millones de unidades, pero los orígenes del proyecto se remontan varios años.[4]

El sello fue diseñado por Juan López Bonilla, un jóven boricua egresado de la Escuela de Arte de la Universidad de Yale. En 1981 su profesor y mentor Bradbury Thompson le informó sobre la oportunidad de ensueño, sobre todo para un fanático de Clemente como López-Bonilla:

"Yo tenía muy buena relación con mis profesores, sobre todo Bradbury Thompson. Un día me preguntó sobre mis ídolos del béisbol: Clemente y Cepeda, entre otros. Le comenté que en Añoviejo de 1972 íbamos hacia una fiesta en Carolina. Al pasar el aeropuerto le comenté a mi esposa que el motor de un avión parecía estar averiado. La fiesta parecía un funeral y yo pregunté ¿se murió alguién? Yo no había oído la noticia y cuando mi amigo me lo dijo, se me pusieron los pelos de punta. Tras relatarle la anécdota, Thompson me dijo que pertenecía al CSAC y me preguntó si me interesaría participar en el proceso del diseño de un sello de Clemente".[5]

Como coincidencia, el arquitecto que diseño la Ciudad Deportiva era un tío de López Bonilla, Héctor. López Bonilla presentó dos diseños: uno con Clemente al bate y el seleccionado, cuyo dibujo final es muy semejante al borrador que aparece al final de este artículo. De los requisitos que recibió, uno le causó mucha impresión: "trata de capturar no tan solo sus calidades deportivas, pero también su humanidad".[6] Casi cuatro décadas después, López Bonilla todavía recibe comentarios sobre su diseño, lo que le enorgullece: "el honor más grande, el mayor privilegio y el obsequio más apreciado fue no tan solo que fui seleccionado para el sello, pero también que Bradbury Thompson viajó a Puerto Rico para el primer día de circulación. Ha sido uno de los momentos más significativos de mi vida".[7]

El servicio postal destinó 500,000 de los sellos a Pittsburgh. Los aficionados se citaron en la estación de correos McKnight, que "estuvo decorada en negro y dorado y exhibía varios artículos de la franquicia." Los feligreses compraron 22,506 unidades, una cantidad cuatro veces mayor que la que se suele vender en el primer día de circulación. "Los clientes disfrutaron de bizcocho de cumpleaños en honor a Clemente y de palomitas de maíz" y el exjugador Frank Thomas firmó autógrafos. La oficina postal del caso urbano de Pittsburgh registró ventas 25% mayores que lo común.[8]

Dieciséis años después, Clemente fue escogido entre una veintena de jugadores del Salón de la Fama para una serie titulada "Legends of Baseball" (*leyendas del béisbol*). El sello de 33 centavos presenta a Clemente, con la clásica franela sin mangas de los Piratas de los 1950 y 1960, bate en hombro frente a un fondo azul claro.

Phil Jordan fungió como director artístico: "el gerente del servicio de correos, Carl Burcham, y yo pasamos un par de días en el Salón de la Fama en Cooperstown. El director Bill Guilfoile nos ofreció sugerencias para organizar un panel con 20 dibujos. El propio Salón escogió los jugadores".[9] Jordan también trabajó en la serie "Major League Baseball All-Stars" (*Todos-estrellas de las grandes ligas*) publicada en 2012, dos años antes de jubilarse.[10]

Los peloteros fueron seleccionados de un centenar considerado para el "All-Century Team" (*equipo del siglo XX*) desvelado durante la campaña de 1999.[11] Tres diseñadores presentaron conceptos artísticos; de estos, el de Don Truesdell recibió la luz verde. Truesdell era un apasionado fanático y colaboró con el ilustrador Joe Saffold. El dúo debe sincronizar al igual que un lanzador y su receptor: "el diseñador maneja y organiza todos los aspectos del producto: la ilustración, la fotografía, la tipografía y la mecánica. El ilustrador produce el arte dependiendo del tema del sello".[12]

Por su parte, Saffold presentó un dibujo con raíces sureñas: "me pidieron un dibujo preliminar y siendo oriundo del estado de Georgia, tenía que ser Ty Cobb".[13] Usó lápices de color y pinturas de aceite y acrílico para sus dibujos, una tarea dificultada ya que las fotos originales eran en blanco y negro: "cuando recibí el encomiendo, el servicio postal reunió a varios expertos para escoger los jugadores. Me brindaron fotografías como referencia, lo que me ayudó muchísimo, y me ofrecieron las disponibles de mejor calidad. Un libro sobre los uniformes fue un recurso muy útil...ya que era difícil determinar los colores usando las fotografías en blanco y negro".[14]

Los sellos se presentaron el 6 de julio de 2000 en Atlanta, cinco días antes del Juego de Estrellas en Turner Field. La casa impresora Ashton-Potter produjo 11.25 millones de la edición completa de 20, para un total de 225 millones de unidades.[15]

Otros países también han publicado sellos postales de Roberto Clemente. Las Islas Turcas y Caicos, territorio británico en el Mar Caribe, fue curiosamente el primero. Impreso en 1980, el diseño horizontal incluye el rostro de Clemente y su figura al bate. La frase "derechos humanos" aparece en ambas columnas, y los años de su vida (1934-1972) en la parte inferior. Nicaragua, nación permanentemente conectada a Clemente, lo incluyó en una colección "Jugadores Famosos de Béisbol" en 1984.

Granada capitalizó en la fiebre de postales de béisbol de los 1980 y en colaboración con Major League Baseball Properties, Inc. y la Asociación de Jugadores de Grandes Ligas (MLBPA por sus siglas en inglés), creó una colección de 81 sellos. Cada hoja tenía nueve y Clemente compare con Ruth, Bob Feller y seis jugadores activos como sujetos.[16]

El servicio postal estadounidense prohíbe que sus sellos incluyan personas vivientes pero otros países no observan esta restricción.[17] El gobierno granadino no escondió sus motivos, anticipando jugosas ganancias y los coleccionistas, tanto de béisbol como de filatelia, debatieron los méritos del producto.[18] Se estima que el set generó entre $30 y $50 millones para su gobierno, dadas las ventas sobre el precio oficial y el hecho de que muchos de los compradores no los usarían para franqueo.[19] Sin exagerar, se podría decir que Granada imprimió dinero.

Otro país antillano, las islas de San Vicente y las Granadinas, publicaron un sello en 1992 en una colección de deportistas. El año de su elección al Salón de la Fama (1973) aparece en la parte izquierda. Nicaragua produjo un precioso combinado de nueve jugadores-una alineación complete- titulada "Siglo XX Grandes Jugadores de Beisbol" (con un subtítulo en inglés de "Baseball's Hall of Fame Dream Team"). Cada uno de los homenajeados pertence al Salón de la Fama.[20]

San Vicente y las Granadinas conmemoraron el 50 aniversario del debut de Robinson y la desaparición de la barrera que impedía a jugadores de tez oscura participar en las grandes ligas. El sello de Robinson, de 6 dólares orientales caribeños, es acompañado por 16 otros jugadores con valor de $1. Este conjunto se destaca al usar fotografías en vez de dibujos.

Laos, una nación africana sin tradición de béisbol, incluyó a Clemente y otros destacados deportistas en su colección "Personas ilustres del siglo XX" publicada en 1999. Un panel de 3x3 le captura en pleno acto de bateo; la parte inferior derecha es el sello proprio, en blanco y negro, mientras que el resto duplica la escena, pero en pardo sepia.

La edición de Angola, titulada "Milenio 2001", es tal vez la más inesperada. Un grupo de jugadores ya retirados y una selección de peloteros activos mezcla fotografías y dibujos. El sello de Clemente muestra un niño con su bola y bate y un jardinero capturando un bombo. Ambas imagenes podrían ser Clemente y su nombre en la parte izquierda confirma su identidad, al igual que un trío de fotos al borde del panel. El mismo año, la República Democrática del Congo se convirtió en el tercer país africano en publicar un sello del gran Pirata. Este sello difiere de los demás al combinar la vida deportiva de Clemente con la familiar, al incluir a su viuda Vera y sus tres hijos.

Tanto Somalilandia y las Islas Malvinas le rindieron tributo a la Reina Madre, viuda del Rey Jorge VI y madre de la actual Reina Isabel II, con una serie titulada "mujer del siglo". Otras figuras históricas, entre ellas Clemente, se incluyen en el panel pero no en los propios sellos.

Una búsqueda en la casa de subastas eBay suele generar decenas de ejemplares a la venta, desde sellos inviduales hasta las ediciones conmemorativas del primer día de circulación. Estos artículos, que combinan la filatelia con el béisbol, son sumamente cotizados por los apasionados coleccionistas de Clemente. A pesar de ser imposible determinar cuantos de estos sellos se usaron para franqueo, es posible que las personas que incluyeron la efigie de Clemente en cartas y paquetes lo hicieron con orgullo y satisfacción.

Collage de artículos relacionados con el sello postal de Clemente. Fotografía cortesía de Juan López-Bonilla. Fondo: panel intacto del sello postal de 20 centavos impreso en 1984. Frente, de izquierda a derecha: Afiche conmemorativo de la publicación del sello en 1984. Artículo del periódico "El Mundo" de Puerto Rico, publicado en 1982, detallando la selección del diseño. Bosquejo del diseño horizontal del sello. Firma del diseñador. Diseño original sometido por el diseñador para ser considerado para el proyecto del sello de Clemente.

AGRADECIMIENTOS

Phil Jordan por sus respuestas a mis preguntas a través de correo electrónico.

Alicia Leathers, asistente de la biblioteca de la Sociedad Filatélica Americana, por contestar mis preguntas sobre filatelia a través de correo electrónico.

Juan López Bonilla por su bondadosa conversación por teléfono sobre su papel en el proceso de selección, diseño y producción del sello de Roberto Clemente de 1984.

Joe Saffold por su bondadosa conversación por teléfono sobre su papel en el proceso de selección, diseño y producción del sello de Roberto Clemente de 2000.

Los curadores del sitio Web "Baseball Is My Life" (El béisbol es mi vida) por su listado de sellos de béisbol.

NOTAS

1   "The Black Experience: African-Americans on Postage Stamps," Smithsonian National Postal Museum, https://postalmuseum.si.edu/exhibition/the-black-experience-sports-baseball/roberto-clemente.

2   Paulette Bee.

3   "1984 Roberto Clemente," *Baseball Is My Life*, https://baseball-ismy.life/baseball-stamps/1984-roberto-clemente/.

4   1984 Roberto Clemente.

5   Entrevista telefónica y vía correo electrónico con Juan López Bonilla, 20 de julio de 2021. Phone interview and subsequent email exchange between Juan López-Bonilla and the author, July 20, 2021.

6   Entrevista con López Bonilla.

7   Entrevista con López Bonilla interview.

8   Alvin Rosensweet, "Clemente Stamp Draws Crowds," *Pittsburgh Post-Gazette*, 21 de Agosto de 1984.

9   Entrevista con Phil Jordan, 29 de julio de 2021.

10 "Saluting Art Director Phil Jordan," http://www.photoassist.com/saluting-art-director-phil-jordan/.

11 Baseball All-Century Team, *Baseball Almanac*, https://www.baseball-almanac.com/legendary/limc100.shtml.

12 Entrevista con Jordan.

13 Entrevista con Joe Saffold, 22 de julio de 2021.

14 Entrevista con Saffold. Menciona el libro de Marc Okkonen, *Baseball Uniforms of the 20th Century* (Publicaciones Sterling, 1991).

15 "2000 Legends of Baseball," *Baseball Is My Life*, https://baseballismy.life/baseball-stamps/2000-legends-of-baseball/.

16 Estos son los primeros sellos con los nombres y logotipos de los equipos. La hoja intacta tiene el logotipo de Major League Baseball® (la silueta blanca de un bateador con el fondo rojo y azul) y el logotipo de Major League Baseball Players® (en forma de escudo, con un bateador impactando la pelota y un fondo rojo y azul).

17 Ed Stephan, "Baseball on Stamps," http://www.edstephan.org/webstuff/bbstamps/as.html.

18 Tom Palmer, "The Bambino from Grenada: Ruth and Other U.S. Stars Appear on Foreign Stamps," *Sports Illustrated*, 26 de noviembre de 1990, https://vault.si.com/vault/1990/11/26/the-bambino-from-grenada-ruth-and-other-us-stars-appear-on-foreign-stamps.

19 Bill McAllister, "Play Ball, Grenada Style," *Washington Post*, 24 de febrero de 1989, https://www.washingtonpost.com/archive/lifestyle/1989/02/24/play-ball-grenada-style/c902722c-4113-4d0f-86ee-290ef3109479/.

20 Al igual que los sellos de Granada de 1988, esta edición tiene los logotipos de los equipos, pero no sus nombres. La hoja intacta incluye el logotipo de Major League Baseball® logo y menciona que "Major League Baseball trademarks and copyrights are used with the permission of Major League Baseball Properties, Inc."

LAS FAMILIAS CLEMENTE Y KANTROWITZ

POR HOWARD ELSON

La mayoría de los aficionados del béisbol conocen las hazañas de Roberto Clemente con el bate y con el guante. Muchos también saben la magnitud de sus gestos humanitarios. El premio otorgado anualmente al jugador que "mejor representa el deporte del béisbol a través de carácter extraordinario, participación en la comunidad, filantropía y contribuciones positivas tanto dentro como fuera del terreno" lleva su nombre. Más que nada, muchos fanáticos saben que Clemente pereció en un accidente el 31 de diciembre de 1972 rumbo a Nicaragua para entregar suministros de emergencia para las víctimas de un devastador terremoto. A casi cinco décadas de su muerte con tan solo 38 años, Clemente es venerado en su Puerto Rico natal, Estado Libre Asociado de los Estados Unidos, por los jugadores de toda América Latina y por los apasionados del béisbol aun cuando la mayoría no le vio jugar. Restaba mucho por lograr, no tan solo en el deporte sino en su propia vida. La Fundación Roberto Clemente mantiene sus ideales y continúa sus labores humanitarias.

Poco conocida es la gran amistad entre la familia Clemente y los Kantrowitz, judíos del barrio Squirrel Hill de Pittsburgh.

Richard Kantrowitz relató estos detalles y tras su deceso en abril de 2022, su hijo Sam añadió más detalles. El padre de Richard, Henry Kantrowitz, estadounidense de segunda generación, y su esposa Pearl vivían en Squirrel Hill, un vecindario predominantemente judío. Henry ejercía como Contador Público Autorizado (CPA) y como buen fanático de los Piratas y los Acereros, tenía boletos para todos los juegos de la temporada. Henry adoraba a Clemente, a quién los bucaneros seleccionaron de Montreal, equipo filial de los Esquivadores, en 1954, y cuya estrella brillaba en el parque Forbes Field. El joven Henry podía escuchar los aplausos desde su casa en la calle Fair Oaks, a cuadras del estadio.

Un amigo de Henry trabajaba para la franquicia Pirata, y al invitarlo a cenar en su casa, Henry le preguntó si podría traer a Clemente. De inmediato Clemente y Henry entablaron una buena relación y Henry asesoró al jugador en trámites

Roberto, en el centro, con los hermanos Kantrowitz, Richard en la izquierda. Cortesía de la colección personal de Sam Kantrowitz.

fiscales y financieros. En una ocasión, Clemente comentó que "no estoy a gusto con el frío de Pittsburgh" y Henry le obsequió un abrigo de invierno. Antes de que Roberto se casara en 1964, Pearl llevó de compras a Vera Zabala y le ayudó a aprender inglés. Los Kantrowitz cuidaban de los retoños Roberto Jr. y Luis cuando Vera y Roberto tenían algún compromiso.

Henry y Pearl Kantrowitz visitaron a los Clemente en Puerto Rico en varias ocasiones, incluyendo en diciembre de 1972. Los Kantrowitz regresaron a Pittsburgh una semana antes del accidente, debido en parte a cuán ajetreado Roberto estaba organizando los vuelos a Nicaragua.

Richard, hijo de Henry y Pearl, vivía con sus padres y también ejerció de CPA. Al igual que su progenitor, fue el contable de la familia Clemente y su consejero, ayudando a Vera y a sus

tres hijos con la creación de la Fundación Roberto Clemente, siendo su tesorero y presidente en los años siguientes.

La amistad continúa con la próxima generación de ambas familias. Roberto Jr. uno de los portadores del féretro en los funerales de Richard y su esposa Roz. En esa ocasión el autor tuvo la oportunidad de habar con Sam, hijo de Richard, y Roberto Jr. sobre el proyecto de SABR. Sam sabía sobre el deseo de entrevistar a su padre sobre el apego de los clanes, y accedió a dialogar en lugar de su padre. Roberto Jr. también comentó que conocía la idea de esta publicación y se había comunicado con aquellos a cargo.

Sam Kantrowitz, Luis y Roberto Jr. se mantienen en contacto vía mensajes de texto y por teléfono. Cuando los Clemente viajan a Wilmington, North Carolina, dónde Sam ejerce como principal en una escuela elemental, el trio juega en el Torneo de Golf Willie Stargell, celebrado en la ciudad natal de "Pops" para recaudar fondos para combatir la enfermedad del riñón (insuficiencia renal).

Roberto Clemente Jr. se despidió de Richard Kantrowitz el día antes de su muerte para agradecerle todo lo que había hecho por su familia. Así continúa floreciendo una bella amistad que comenzó hace 70 años.

Fila superior, izquierda a derecha: Orlando Zabala (hermano de Vera Clemente), Henry Kantrowitz, Pearl Kantrowitz, Vera Clemente y Luisa Walker (madre de Robert Clemente). Segunda fila: Richard Kantrowitz y Roberto Clemente con una imagen de Clemente en un vitral. A la mano derecha se observa Vera Clemente con el mismo artículo. Fotografía cortesía de la colección de Sam Kantrowitz.

EL MUSEO CLEMENTE

POR THOMAS KERN

"Mis padres me enseñaron a no odiar a nadie, ni despreciar a nadie por su raza o color de tez. No creo en el color (de piel). Creo en las personas".

– Roberto Clemente Walker

El fotógrafo Duane Reider estableció el Museo Clemente en la vecindad de Lawrenceville, próxima al casco urbano de su Pittsburgh natal. Clemente jugó su carrera completa en Pittsburgh y murió trágicamente en un accidente aéreo el 31 de diciembre de 1972. Una de las mayores figuras humanitarias del béisbol, Clemente había organizado la entrega de suministros de rescate para las víctimas del terremoto que había devastado a Nicaragua. Su avión fletado se estrelló en las cercanías de la costa norteña de Puerto Rico, tronchando la vida de los cinco tripulantes, incluyendo a Clemente. Sus restos nunca fueron encontrados.

Durante los 18 años de su carrera con los Piratas, Clemente siempre fue admirado, pero a veces malentendido por su carácter reservado, casi despistado. No obstante, su palmarés-exactamente tres mil imparables, doce Guantes de Oro, quince selecciones al Juego de Estrellas y una destacada actuación en la postemporada, liderando a los Piratas al campeonato de las Series Mundiales de 1960 y 1971-construye un legado inimitable, más aún solidificado por el sacrificio de su propria vida para la mejoría de los menos afortunados.

Más allá de un museo detallando sus hazañas, para Rieder el Museo Clemente es una extensión natural a la escena cultural de Pittsburgh. La historia de la creación del museo cementa su legado y ofrece un gran ejemplo para aquellos que busquen conocer más de la vida del gran Roberto. Organizaciones cívicas de Pittsburgh, al igual que los equipos grandes ligas que visitan la ciudad, han convertido al museo en un centro de eventos culturales y sociales.

La historia se remonta a principios de los años noventa, cuando el negocio fotográfico de Duane Rieder necesitaba expandirse. Rieder, egresado de la escuela de arte, abrió su estudio en el 1986. La casa de bombas de Lawrenceville, con 12,000 pies cuadrados (1,115 metros cuadrados), edificada en el 1896 y cerrada en el 1972, estaba pautada para demolición. Para Rieder, la parcela era el lugar idóneo para su trabajo. ¿Por qué Lawrenceville? La vecindad llevaba varios años en deterioro a causa del declive del sector industrial. Rieder recuerda que "yo fui una de las primeras personas en ir a Lawrenceville (a mudar un negocio). Querían que fuese un modelo de lo que podría ser. Abrí oficialmente en 1996, al principio del auge".[1]

La casa de bombas, en estado de deterioro, ofrecía una amplia planta baja para sesiones fotográficas (en los estacionamientos que una vez almacenaban los carros de bomberos) y una planta alta que servía como estudio. Rieder pudo pautar las renovaciones al largo plazo, estirando su presupuesto de manera económica. Por todos los cálculos, la Casa de Bombas #25 en la Avenida Penn #3339 era el lugar ideal para el estudio.

Aunque no estaban en la perilla de Rieder, varias peculiaridades de la casa de bombas parecían predestinar al edificio como hogar del Museo Clemente. Rieder recuerda que "las paredes tienen un grueso de 21 pulgadas. Una columna de acero en la planta superior, fabricada por la empresa *Carnegie Steel* y fechada en el 1897, mide 21 pulgadas de largo. ¡Para sostener un techo de goma, no había necesidad de que fuese tan gruesa!"[2]

Rieder acoplaba sus intereses comerciales junto a su amor por los deportes. Para el oriundo

ANYTIME YOU HAVE AN OPPORTUNITY
TO MAKE A DIFFERENCE
IN THE WORLD AND YOU DON'T
THEN YOU ARE WASTING YOUR TIME
ON EARTH

Imágenes cortesía del Museo Clemente.

de *St. Mary's*, en el noroeste de Pensilvania, la fotografía le proveyó una plataforma natural para combinar ambas pasiones. Sus lazos a Pensilvania y amor por el béisbol forjaron un estrecho lazo con su equipo de infancia: los Piratas de las décadas de 1960s y 1970s, liderados por Clemente, Vernon Law, Bill Mazeroski y Willie Stargell. "Éramos cinco (hermanos) pobres, así que jugábamos béisbol el día completo durante el verano, no importa si era soleado o llovía" comenta Rieder. En el 1971 obtuvo el autógrafo de Clemente y de varios compañeros cuando asistió a un juego de los Piratas. Roberto fue muy amable con él, según recuerda. Desafortunadamente, perdió el autógrafo, y cuando Rieder tenía once años, Clemente pereció en el accidente aéreo. Como todos los fanáticos de béisbol-no tan sólo aquellos de Pittsburgh-Rieder quedó devastado por la muerte de Clemente a los 38 años. "Yo pensé, es un atleta profesional y está en estupenda condición física, de seguro podrá nadar a la orilla".[3]

El Salón Nacional de la Fama de Béisbol ingresó a Clemente en el verano de 1973, descartando el período de espera de cinco años encalcado en su reglamento. Las hazañas a través de su carrera eran más que suficientes y su gran carácter de Clemente facilitó la decisión. Más tarde, Rieder descubrió otra coincidencia de Clemente y la casa de bombas "en el 1927, Lou Gehrig se hospedó en ella por una noche".[4] Al parecer, Gehrig conocía a uno de los bomberos. La conexión entre Gehrig y Clemente era especial al ser los dos únicos jugadores inmortalizados en el Salón de la Fama a través de una elección especial.

Rieder conoció a la familia Clemente-su viuda, Vera, y sus hijos, Luis, Roberto Jr. y Roberto Enrique-durante los preparativos del Juego de Estrellas del 1994, celebrado en Pittsburgh. El año anterior, en colaboración con la familia Clemente, confeccionó un calendario conmemorativo para ser publicado alrededor del Juego de Estrellas. Ambos hechos sucedieron antes de que comprase *Engine House 25* para ser su estudio.

Rieder relata "en el 1993, me pidieron que crease un calendario con fotos de Clemente. Fui a su hogar en Puerto Rico y descubrí que muchas de las fotografías estaban dañadas por la humedad, el agua y los huracanes. Restauré las fotos para la familia, de esa manera preservándolas, y me nombraron curador oficial de los archivos en el 1996".[5] El viaje a Puerto Rico fomentó una larga amistad con la familia Clemente, algo que Rieder cataloga como transformacional. "Cuando abracé (a Vera Clemente) por vez primera, fue como abrazar a un ángel, y desde ese momento, decidí que quería ayudarla".[6]

Vera Clemente murió en el 2019, pero la conexión con la familia continua robusta a través de los hijos.

¿Y ese calendario de Clemente del 1994? "Soy amante del béisbol de antaño" comentó Rieder. "Me encanta el estilo de las imágenes con tinta de sepia".[7] El calendario, en ese estilo, obtuvo muchos festejos.

La amistad entre Rieder y los Clemente aumentó el interés del fotógrafo en la colección. Ayudó a la familia Clemente a restaurar y preservar todos los artículos, y con ellos sus recuerdos. Al fallecer en el 2002 Phil Dorsey, un amigo de los Clemente, donó su colección a Rieder. "Me interesé muchísimo en las fotos de Roberto" cuenta Rieder. "Comencé a comprar y coleccionar los negativos y fotos para ayudar a Vera con sus archivos. Y así creció y creció".[8] Al pasar el tiempo, Rieder compró varios artículos autografiados y descubrió documentos de la carrera militar y deportiva de Clemente.

Nos adelantamos al 2006, cuando los Piratas fueron anfitriones de otro Juego de Estrellas. Treinta días antes del juego, Vera Clemente le preguntó a Rieder si la familia podría celebrar un evento en el *Engine House*. Según recuerda, "nos apresuramos y pintamos el interior en un mes...Vera Clemente venía para el Juego de Estrellas, y queríamos mostrarle el lugar y la colección".[9]

Cortesía del Museo Clemente.

Rieder decidió convertir la planta baja de su estudio en un escaparate de su colección de artículos de Clemente, incluyendo un facsímil de la pizarra de *Forbes Field*. "Vera me dijo, 'esto parece un museo'. Y así se plantó la semilla".[10]

Esta festividad y su trabajo con la familia Clemente catalizó las ganas de Rieder a establecer el Museo Clemente, que abrió sus puertas el 10 de julio de 2006. Rieder nunca pensó en abrir un museo, pero la vida le trajo esa responsabilidad. Su pasión por la fotografía se mezcló con su interés por los deportes, su amistad con los Clemente y finalmente, un lugar para enaltecer la memoria de Clemente. "Sin la fotografía, nada de esto hubiese sucedido" cuenta Rieder. "Me brindó la oportunidad de hacer todo esto, así que cuando un cliente me llama, toma prioridad".[11]

Al pasar los años y motivado por los sucesos de la muerte de Clemente, Rieder pensó que era importante que la historia del pelotero se mantenga viva para las próximas generaciones como recordatorio de todo lo que cada ser humano debería aspirar: esmero en destacarse en su campo profesional pero también un compromiso por ayudar a los desafortunados.

No debe sorprender que en la fachada del edificio vecino al museo, junto a un mural pintado por Kyle Holbrook, aparezca la famosa cita de Roberto Clemente: "cuando tienes la oportunidad de hacer una diferencia en este mundo y no lo haces, estás desperdiciando tu estadía en la Tierra".[12] La crónica de la vida de Clemente, relatada por el museo, se enfoca tanto en su calidad humanitaria como en sus logros en el béisbol.

Para Rieder, esto resume su determinación en hacer del museo una realidad. "Todos saben cómo murió: ayudando a las personas. Hizo esto toda su vida, para muchos en Pittsburgh y en Puerto

Rico. Yo estoy haciendo esto no porque fue un gran pelotero, sino porque fue una gran persona".[13]

Al mismo tiempo que se planificaba convertir *Engine House* en un museo, Rieder supo que el edificio fue desalojado el 31 de diciembre de 1972: el día que pereció Clemente. Otra coincidencia.

Vera Clemente perteneció en la junta de directores del museo por muchos años. Aunque la familia Clemente no está formalmente involucrada con el manejo del museo, la relación especial entre la familia y Rieder, como director ejecutivo, le permite usar el nombre y la imagen de Clemente. Rieder consulta con la familia en asuntos importantes, colabora estrechamente con ellos en eventos diseñados para honrar a Clemente y los ayuda en las capacidades necesarias. La misión es simple: contar la historia completa de uno de los inmortales del béisbol.

Según el sitio Web del museo, la colección "presenta la colección más extensa en todo el mundo de artefactos de béisbol, obras de arte, literatura, fotografías y otros materiales sobre Roberto Clemente, sus compañeros de equipo, su vida familiar y sus causas humanitarias. A través los Guantes de Oro, el bate 'Momen' de Clemente, el premio al mejor bateador en su posición (*Silver Slugger*), sus zapatos (*spikes*), el plato de la Serie Mundial del 1971 o un jarrón que Roberto construyó para, e inscribió con el nombre de Vera, los visitantes al museo se marcharán con un gran y profundo conocimiento de los aspectos que hacían de Clemente un gran hombre".[14]

La familia Clemente ha prestado varios artículos, incluyendo varios de los Guantes de Oro de Clemente, su bate plateado del 1961 y la placa original del Salón de la Fama, otorgada a la familia cuando la primera fue corregida. Lo demás es "de la colección personal de Rieder, recopilada a través de los años en subastas, trueques o (artículos de Clemente) donados por otras personas".[15]

"Una de las turbinas del avión sobrecargado *Douglas DC-7*, que se estrelló poco después del despego" sirve como triste recordatorio de la muerte de Clemente. "Le fue otorgado por el capitán (de la Guardia Costanera) que lo recuperó".[16]

Un relato de la fotografía "ángel en el jardín" (*Angel in the Outfield*) es emblemático de la cuidadosa y esmerada investigación y adquisición de los artículos de la colección. A la mano derecha de la entrada el museo hay una reproducción, cubriendo la pared entera, de una atrapada de Clemente en el jardín derecho durante el campo de entrenamiento de 1960 en Fort Myers. Vale la pena compartir la historia inédita, escrita por Al Tieleman, un fotógrafo colega de Rieder:

La pieza más impresionante, que cuelga cerca de la puerta principal, es una inmensa fotografía de Clemente, dividida en cuatro partes, saltando en el aire, con la pelota a punto de llegar a su guante. Aunque muy semejante a las fotografías posadas común de esa fecha, esta imagen captura una formación de nubes que parecen otorgare alas de ángel a Clemente.

Rieder alega que la imagen fue parte de la colección de un periódico de Pittsburgh; él la compró después de ser desechada en la basura, dónde fue descubierta. La foto jamás fue publicada y que fue parte de varias que el fotógrafo del *Sun Telegraph* tomo ese día. (Hay una foto semejante de Mazeroski, aunque más pequeña y sin las nubes, colgada cerca). Si la imagen no fue publicada, considero que es uno de los mayores errores del fotoperiodismo. Si su existencia era conocida, o si fue publicada, peor aún. La imagen es deslumbrante, casi increíble gracias a su perfección: un venerado atleta, quién murió en una misión piadosa, levitando frente unas nubes que le dan un aspecto angélico.

(Un comentario de Kevin Glackmeyer, fotógrafo oriundo de Alabama, sobre el origen de la imagen de Clemente, según publicado en un *blog*:

"La foto icónica de Roberto Clemente saltando para atrapar un bombo, que parece fabricada, es una de las más reconocibles en la historia del béisbol, pero la historia de la foto es a su vez increíble. La foto se tomó (por Ed Salamony del Pittsburgh Post-Gazette) en el Parque Terry en algún momento en el 1960. El negativo fue descubierto en el 1991 en trizas y fue reconstruido para exponer esta fotografía, tomada en el momento exacto. La foto estuvo guardada en una caja por siete años antes de ser comprada y expuesta en el Museo Clemente de Pittsburgh, dónde permanece hoy en día".)[17]

El museo y su colección están abiertos solo por cita previa y gracias a varios docentes, ofrecen varios tours diarios. Se puede alquilar para eventos especiales. Se debe recalcar que el museo es una entidad distinta al Museo de Deportes de Pensilvania Occidental (*Western Pennsylvania Sports Museum*) en el Centro de Historia del Senador John Heinz (*Senator John Heinz History Center*) y de otras organizaciones que llevan el nombre de Clemente. Tampoco está conectado con la Fundación Clemente (*Clemente Foundation*), basada en los Estados Unidos, o con la Ciudad Deportiva, el complejo recreacional construido por la familia Clemente en su ciudad natal de Carolina, Puerto Rico.

Un último dato: como pasatiempo, Rieder lleva años confeccionando vino. Las botellas le han sido convenientes para "exhibir su trabajo en las etiquetas, y así distinguirse para los clientes potenciales".[18]

Rieder abrió su casa de vinos, *Engine House 25*, en el 2009 en el sótano del museo. Como bodega, se convirtió en un lugar para eventos particulares. Los recaudos de la venta del vino benefician al museo y a caridades del área local. Como coincidencia, Roberto Clemente prefería el vino tinto, gracias al vino casero confeccionado por Tony Bartirome, antiguo jugador y entrenador físico de los Piratas, que Bartirome compartió con Clemente.

FUENTE

A menos de ser específicamente indicado, este artículo está basado en varias entrevistas con Duane Rieder, el director ejecutivo del museo, y Gary Euler, uno de sus docentes. El sitio Web del museo también proveyó contenido: https://clementemuseum.com/.

Dos vídeos de YouTube detallan tours del museo, guiados por Duane Rieder:

Tour of Roberto Clemente Museum Part One - YouTube

Roberto Clemente Museum Tour Part Two - YouTube

NOTAS

1   Will Schuster, "From Igloo to Igloo: Perspective: My Interview with Photographer Duane Rieder," willschuster.blogspot.com, 10 de abril de 2013. https://willschuster.blogspot.com/2013/04/perspective-my-interview-with.html, consultado el 18 de noviembre de 2021.

2   Kevin Creagh, "Off The Beaten Path – The Clemente Museum; One in a Series of Sporadically-Timed Articles Highlighting Hidden Pittsburgh gems," *City Life: The Point of Pittsburgh*, 5 de marzo del 2015. https://thepointofpittsburgh.com/off-the-beaten-path-the-clemente-museum/, consultado el 18 de noviembre de 2021.

3   Creagh.

4   Christine H. O'Toole, "On the Fast Track: Duane Rieder," *Pittsburgh Magazine*, 12 de octubre de 2010.

5   Schuster.

6   Joe Wojcik, "Ariba Roberto: Duane Rieder Pieces Together Memorabilia for the Clemente Museum," *Business Times* (Pittsburgh), 13 de diciembre de 2017.

7   O'Toole.

8   Wojcik.

9   Creagh.

10 Entrevista del autor con Duane Rieder, 29 de julio de 2021.

11 Creagh.

12 Esta cita de Clemente tiene varias fuentes, pero ninguna se considera la original.

13 Jennifer Baron, "Cleveland's The Plain Dealer Scores a Home Run at Pittsburgh's Clemente Museum," *Pittsburgh in the News*, 12 de abril de 2016.

14 Clemente Museum, https://clementemuseum.com/museum/, consultado el 24 de octubre de 2021.

15 Creagh.

16 Baron.

17 Al Tieleman, "Angel in the Outfield," http://altielemans.com/blog/angel-in-the-outfield, consultado el 24 de octubre de 2021.

18 Schuster.

MONTREAL DEJA EN EL TERRENO A LA HABANA GRACIAS AL CUADRANGULAR DE ROBERTO CLEMENTE

JULY 25, 1954
REALES DE MONTREAL 7, REYES AZUCAREROS DE LA HABANA 6
(PRIMER JUEGO DE PARTIDO DOBLE),
EN EL ESTADIO LORIMIER, MONTREAL

POR GARY BELLEVILLE

Max Macon, el nuevo dirigente de los Reales de Montreal, sabía perfectamente las expectativas de su gerencia.[1] Los Reales, franquicia de Triple-A de los Esquivadores de Brooklyn, tenían lucro como misión principal; el desarrollo de sus jugadores quedaba a plazo rezagado.[2] "Mi única orden era ganar los partidos y atraer los aficionados al parque" recordó Macon.[3] Debido a la robusta plantilla de los Reales y la calidad de los lanzadores de la Liga Internacional en 1954, no debe sorprender que Roberto Clemente, cuyos talentos aún no estaban suficientemente pulidos a sus 19 años, no jugó lo necesario con Montreal en su primera y única temporada en las ligas menores.[4]

Los Reales habían ganado la Copa del Gobernador en cinco de las últimas ocho campañas.[5] Eran además los campeones defensores de la Serie Mundial Junior y esperaban revalidar el banderín en 1954.[6]

Macon le había otorgado bastantes oportunidades a Clemente durante el entrenamiento de primavera.[7] En 40 turnos al bate, el joven promedió .200, la menor marca de los cinco jardineros

en la plantilla al comenzar la temporada regular.[8] Clemente no tan sólo estaba en el banco, sino en su último asiento.[9]

Un vistazo más profundo a los turnos al bate revela la magnitud de las dificultades de Clemente. El equipo tenía un itinerario de primavera bastante fácil ya que 12 de sus primeros 22 partidos eran contra adversarios de clase Doble A o menor.[10] El 1 de abril se enfrentaron a "los Civiles", equipo compuesto de exmilitares que se reacoplaban a la franquicia, pero aún no habían sido asignados a equipos de ligas menores.[11] Robert Virkstis y Lester Fessette, quienes permanecerían en las clases D y B respectivamente, lanzaron seis de las siete entradas disputadas en el juego. Clemente obtuvo tres inatrapables en cuatro turnos, incluyendo un cuadrangular dentro del parque. Con la excepción de esta explosión ofensiva ante un equipo de menor calibre, Clemente sólo consiguió cinco imparables en 36 turnos (.139) sin extrabases en los demás juegos de primavera.[12]

A pesar de sus dificultades, Macon incluyó a Clemente en la alineación en los primeros cuatro partidos contra lanzadores contrarios zurdos. [13] El dirigente era devoto de la estrategia de pelotón y Clemente era bateador derecho.[14] En los primeros cinco juegos, Clemente marcó cuatro indiscutibles en ocho turnos, pero Macon lo mantuvo en el banco al tener cuatro otros jardineros con más experiencia. Una mala racha-diez turnos infructíferos entre el 30 de abril y el 8 de mayo-le envió al banco. Por casi un mes, hasta el 3 de junio, Clemente se vio limitado a los papeles de corredor emergente o reemplazo defensivo en los jardines.

Las oportunidades de Clemente de jugar con más frecuencia disminuyeron aún más cuando los Reales mejoraron su cuerpo de jardineros. Gino Cimoli remplazó a Bert Hamric el 8 de mayo y unos días después Brooklyn envió al campeón de bateo de la Liga Internacional, Sandy Amorós, a Montreal.[15] Amorós no tardo en regresar a su forma y disfrutó de una racha de 27 juegos consecutivos con al menos un indiscutible, desde el 16 de junio al 7 de julio.[16] Cuando los Esquivadores reclamaron a Amorós el 12 de julio, a su vez trasladaron a Don Thompson a Montreal, presentado otro obstáculo para Clemente. Thompson originalmente estaba destinado a St. Paul, sede del otro club de Triple-A, pero el jugador rehusó y la franquicia optó por enviarlo a los Reales.[17]

Aún con un superávit de jardineros, Clemente recibió una oportunidad como jugador alterno. Fue parte de la alineación en ocho juegos durante el 4 de junio y el 9 de julio, todos contra serpentineros zurdos. Su débil rendimiento (de 34-6, para .176) le causó un regreso al banco. En dos semanas (del 10 al 24 de julio), Clemente tan sólo disputó uno de los 16 partidos de Montreal, como corredor emergente en el primer juego de una doble tanda el 21 de julio.[18]

Clemente despertó el 25 de julio en Montreal contra los Reyes Azucareros de la Habana. Al comienzo del partido doble, Montreal estaba en tercer lugar (53-43), con un juego de ventaja sobre la Habana.[19] El lanzador Ken Lehman (12-5) de los Reales, se enfrentó a Saul Rogovin, quién

había liderado la Liga Americana en efectividad en 1951 antes de lesionar su brazo derecho. Clemente, como de costumbre, no aparecía en la alineación; su ofensiva rondaba en .207 con un sólo inatrapable de extrabase en 58 turnos al bate.

Lehman mantuvo a los habaneros en blanco en la primera entrada, pero ambos equipos anotaron varias veces, intercambiando la ventaja. Al terminar dos entradas y media, la Habana ganaba 5-4. Ambos lanzadores se ayudaron a ellos mismos; Rogovin remolcó dos carreras con un doble y Lehman hizo lo mismo con un cuadrangular.[20] Paul Smith, la primera base Azucarera también conectó un cuadrangular de dos carreras.

Smith impulsó su tercera carrera del encuentro en el tope de la quinta entrada para extender la ventaja habanera a 6-4. Los problemas de Lehman culminaron al otorgarle un boleto gratis a Luis Morales, llenado las bases con dos hombres fuera. Art Fabbro entró en relevo y terminó la entrada sin mayor percance. Montreal se acercó en la parte baja con un sencillo impulsador del jardinero central Thompson.

Con Rogovin todavía en la lomita de los suspiros, Macon reemplazó al jardinero izquierdo Cimoli por el zurdo Dick Whitman como bateador emergente. La movida de ajedrez no funcionó y el marcador siguió 6-5 al concluir ocho entradas. Como Whitman solía jugar el jardín derecho, Macon puso a Clemente en el izquierdo, y siendo el último guardabosque disponible, se mantendría hasta la conclusión del partido.

Montreal colocó corredores en las esquinas con un hombre fuera en la parte baja de la novena entrada. Rogovin, visiblemente cansado, fue reemplazado por Ken Raffensberger ante el recio bateador Rocky Nelson. Nelson conectó un elevado sacrificio que empató el juego a seis carreras y los habaneros respondieron trayendo a su taponero derecho, Charlie "Bubba" Harris, quién concluyó la entrada y envió el juego a extras.

La Habana falló en anotar en el décimo y Harris regresó al montículo. Tras retirar a

Thompson, el lanzador se enfrentó a Clemente en su primer turno al bate y momentos más tarde un cuadrangular estimado a 350 pies de distancia terminó el encuentro con una victoria, 7-6, para Montreal, dejando en el terreno a los Azucareros.[21]

Como recompensa, Macon añadió a Clemente en la alineación del segundo partido contra el veterano zurdo de 34 años Hooks Iott.[22] Clemente bateó un doble en la segunda entrada, remolcando la carrera que sería decisiva. Sus dos inatrapables de extrabases en tres turnos comenzaron una nueva etapa de la campaña, y desde ese día hasta el fin de la temporada, Clemente promedió .289 en 90 turnos al bate. El jardinero gozaría de oportunidades contra lanzadores zurdos y Montreal ganaría 59% de sus partidos. [23]

Los Reales terminaron la temporada en segundo lugar (88-66) y clasificaron para la postemporada. En la serie semifinal derrotaron a Rochester (tercer lugar) en seis juegos; el último partido no fue apto para cardíacos. El veterano Dixie Howell produjo el inatrapable victorioso con dos hombres fuera en la parte baja de la novena entrada. Curiosamente, Howell había remplazado a Clemente en el partido, entrando como emergente contra Jack Faszholz, el as de Rochester, cuya ristra de ocho victorias en hilo contra Montreal se detuvo.[24]

Al concluir la serie semifinal con Rochester, el periodista del *Montreal Gazette* Dink Caroll entrevistó a Macon y le preguntó sobre las jóvenes promesas de la Liga Internacional. Macon opinó que Clemente era un "prospecto maravilloso" pero reveló un dato interesante. "No sé si lo podremos mantener (en la franquicia)" admitió Macon. "Clyde Sukeforth lo ha estado vigilando y estoy muy seguro de que los Piratas pretenden escogerlo en el sorteo (de la regla #5)".[25]

Clemente le había llamado la atención a Sukeforth a principios de junio cuando el escucha estaba observando al lanzador Joe Black.[26] Sukeforth, antiguo dirigente de Montreal desde el 1940 y 1942, conversó con su exjugador Macon sobre Clemente durante una serie en Richmond.[27]

Los Reales perdieron la Copa del Gobernador de manera sorpresiva frente a Syracuse, que había terminado en cuarto lugar.

Clemente no jugó mucho durante la postemporada ya que Montreal tan sólo enfrentó a tres lanzadores zurdos en los 13 partidos. En siete turnos al bate, conectó tres sencillos con una carrera impulsada.[28]

Al concluir la campaña, Clemente jugó en la Liga de Béisbol Profesional de Puerto Rico, ganando la admiración de muchos con su promedio de bateo de .380. Durante el sorteo de la regla #5, celebrado a finales de noviembre en Nueva York, los Piratas seleccionaron a Clemente con el primer turno, así como lo había temido Macon.[29] Sin embargo, los Esquivadores podrían haber perdido el contrato de Clemente aún si Sukeforth no lo hubiese percibido en junio. Según Branch Rickey, vicepresidente de Pittsburgh "al menos cuatro o cinco franquicias deseaban escoger a Clemente en el sorteo".[30]

FUENTES

Además de las fuentes citadas en las notas, el autor consultó los sitios Web Baseball-Reference.com, Retrosheet.org y el libro *The Encyclopedia of Minor League Baseball.*

NOTAS

1. 1954 fue el primer año de Macon como dirigente de Montreal, reemplazando a Walter Alston. Alston debutó como dirigente de los Esquivadores ese mismo año, comenzando su período de 23 años cómo dirigente de la franquicia en Brooklyn y en Los Ángeles.

2. La teoría de que los Esquivadores trataron de esconder a Clemente en Montreal fue probada errónea por el investigador Stew Thornley en el 2006. Stew Thornley, "Clemente's Entry into Organized Baseball: Hidden in Montreal?," *The National Pastime* (SABR, 2006), http://research.sabr.org/journals/files/SABR-National_Pastime-26.pdf, consultado el 23 de septiembre de 2021.

3. Thornley.

4. Macon pensaba que Clemente tenía 18 años al comienzo de la temporada-que era un año menor que su verdadera edad. "Macon Denies Hiding Clemente from Scouts," *The Capital* (Annapolis, Maryland), 25 de noviembre de 1971: 19.

5. La Copa del Gobernador era el nombre oficial del campeonato de la Liga Internacional. Los campeones de la LI y la Asociación Americana (American Association, AA) disputaban la Serie Mundial Junior.

6. Dink Carroll, "Playing the Field," *Montreal Gazette*, 21 de abril de 1954: 20; Jean Barrette, "Autour des Buts," *La Patrie*, 18 de abril de 1954: 107.

7. Clemente tuvo 40 turnos al bate en los 16 juegos de primavera. Bert Hamric lideró los jardineros con 44 – tan sólo cuatro más que Clemente.

8. "Royals' Batting Averages," *Montreal Gazette*, 21 de abril de 1954: 20.

9. Los otros jardineros en la plantilla de Montreal eran: Jack Cassini (34 años), Dick Whitman (33 años), Ken Wood (29 años) y Bert Hamric (26 años). Cassini, Whitman y Wood tenían experiencia en las grandes ligas y Hamric había bateado .298 en Doble A. El 8 de mayo Gino Cimoli llegó a Montreal procedente de St. Paul, el otro equipo de Triple A afiliado con Brooklyn; Hamric fue enviado en dirección opuesta. Cimoli había jugado con los Reales entre 1949 y 1952. Sandy Amorós, campeón de bateo con Montreal en 1953, fue enviado por los Esquivadores en mayo y se mantuvo en la alineación por dos meses. Wood fue trasladado a los Virginians de Richmond para crearle espacio a Amorós. El 28 de junio envió a Don Thompson a St. Paul, pero el jugador rehusó el traspaso. Thompson se unió al equipo de Montreal, dónde ya había jugado entre el 1950 y 1952. Thompson obtuvo 167 turnos al bate con el equipo durante el resto de la temporada.

10. Los Reales disputaron un partido con la escuadra "B" de los Esquivadores de Brooklyn. Sus otros juegos durante la temporada primaveral fueron nueve contra equipos de Triple-A, tres contra equipos Doble-A, ocho contra equipos de Clase A y uno contra un equipo no clasificado. El autor recopiló el listado de los partidos de primavera usando apuntes de periódicos de Montreal. La hoja de cálculos, que incluye el rendimiento de Clemente, se puede accesar a través de: https://docs.google.com/spreadsheets/d/1XDBpPQZMquGbTdHweArQwq-GOE-lkRCLNsolDl6hrofg.

11. Canadian Press, "Clemente Paces Royals to Win," *Montreal Gazette*, 2 de abril de 1954: 22.

12. Clemente obtuvo dos sencillos en cinco turnos al bate en el último juego de primavera, el 16 de abril contra los Pioneros de Elmira (Clase A). Los cinco turnos fueron contra el zurdo Emerson Unzicker, cuyo desempeño esa campaña incluyó una efectividad 5.08 ERA y 1.941 imparables + bases por bolas por entrada (WHIP) en Clase A.

13. El autor recopiló el listado de los partidos de la temporada regular y la postemporada usando apuntes de periódicos de Montreal. La hoja de cálculos, que incluye el rendimiento de Clemente, se puede accesar a través de: https://docs.google.com/spreadsheets/d/1hVW48dTMqo01utBWYaKQBw_JjU-tAT-latNtUdgP1Y54.

14. Thornley.

15. Los Reales enviaron a Ken Wood a los Virginians de Richmond para crearle espacio a Amorós. "Hamric Sent to St. Paul; Nelson Back," *Montreal Gazette*, 8 de mayo de 1954: 8.

16. La racha de 27 juegos con al menos un imparable superó su propria marca de 26, establecida el año anterior.

17. "Royals Play Host to Ottawa," *Montreal Gazette*, 13 de julio de 1954: 18.

18. Clemente se anunció como bateador emergente en la novena entrada del primer juego de un doble partido contra Syracuse el 11 de julio. Sin embargo, cuando los Chiefs cambiaron a su lanzador y trajeron a uno derecho, Macon optó por usar un bateador izquierdo – el lanzador Tommy Lasorda. El futuro dirigente de los Esquivadores fue retirado con un bombo elevado. Associated Press, "Royals Lose Doubleheader to Syracuse Chiefs, 10-8, 2-0," *Montreal Gazette*, 12 de julio de 1954: 16.

19. Los cuatro mejores equipos según la tabla de posiciones clasificaban para la postemporada de la Liga Internacional.

20. Dink Carroll, "Clemente, Lasorda Bright Spots as Royals Take Double," *Montreal Gazette*, 26 de julio de 1954: 20.

21. Associated Press, "Sugar Kings Drop Pair to Royals," Richmond Times-Dispatch, 26 de julio de 1954: 18.

22. El segundo juego de la doble tanda fue a siete entradas.

23. Clemente no estuvo en la alineación de partido alguno cuando el lanzador inicial era derecho.

24. Dink Carroll, "Royals Dispose of Wings 4-3 as Howell Singles in

Ninth," *Montreal Gazette*, 24 de septiembre de 1954: 24.

25   Dink Carroll, "Playing the Field," *Montreal Gazette*, 21 de septiembre de 1954: 18. En aquél entonces, el sorteo de la regla #5 se conocía como el Sorteo de las Grandes Ligas.

26   Black había sido enviado a Montreal por Brooklyn debido a su efectividad de 11.57 en cinco oportunidades en relevo en abril y mayo.

27   Thornley; Stephen J. Nesbitt, "Hide and Seek: The True Story of How the Dodgers Lost Roberto Clemente," *The Athletic*, 17 de diciembre de 2019.

28   Listado de juegos de Clemente, recopilado por el autor y accesible a través de: https://docs.google.com/spreadsheets/d/1hVW48dTMqo01utBWYaKQBw_JjUtAT-IatN-tUdgP1Y54.

29   Associated Press, "Majors Pick 13 Players," *Racine* (Wisconsin) *Journal-Times*, 23 de noviembre de 1954: 13.

30   Los Orioles de Baltimore, las Medias Blancas de Chicago, los Atléticos de Kansas City, los Gigantes de Nueva York y los Cardinales de San Luis eran los otros equipos interesados en seleccionar a Clemente con el primer turno. Kansas City tenía la segunda selección. Associated Press, "Majors Pick 13 Players"; Hy Turkin, "'Good Prospects Fewer' – Only 13 in Majors' Draft," *The Sporting News*, 1 de diciembre de 1954: 4.

```
GAMES OF SUNDAY, JULY 25
            AT MONTREAL
Cubans.     AB.H.O.A. | Montreal.    AB.H.O.A.
Nicholas,cf-rf 5 1 4 0|Cassini, rf.. 5 2 4 0
Delis, lf....  5 2 3 0|Fernandez, ss 3 1 4 2
Smith, 1b...   4 1 9 1|C.Thompson,c  4 0 3 1
Noble, c.....  5 0 7 0|cRoebuck..... 0 0 0 0
Formental, rf 4 3 0 0|Howell, c...  0 0 1 0
Scull, cf..... 0 0 0 0|Nelson, 1b..  3 2 11 0
Morales, 2b.   4 0 1 2|Wilson, 3b... 5 1 0 1
Garcia, 3b...  4 0 0 2|D.Thompson,cf 5 2 2 1
Lipon, ss...   5 2 3 1|Cimoli, lf... 3 0 0 0
Rogovin, p...  4 1 0 2|aWhitman...  1 0 0 0
Raff'sberger,p 0 0 0 0|Clemente, lf. 1 1 1 0
Harris, p....  0 0 1 0|Young, 2b... 4 1 4 6
               — — — —|Lehman, p... 1 1 0 1
Totals ... 40 10d28  8|Fabbro, p... 1 0 0 0
                      |bMacon..... 1 0 0 0
                      |Hood, p..... 0 0 0 0

                      | Totals .... 37 11 30 12

Cubans ............... 0 3 2  0 1 0  0 0 0  0—6
Montreal ............. 2 2 0  0 1 0  0 0 1  1—7
```

aFlied out for Cimoli in eighth. bStruck out for Fabbro in eighth. cRan for C. Thompson in ninth. dOne out when winning run scored in tenth. R—Nicholas, Delis, Smith, Formental, Garcia, Lipon, Cassini, Fernandez 2, Nelson, Clemente, Young, Lehman. E—Fernandez 2, Rogovin. RBI—Wilson, D. Thompson 2, Lipon, Rogovin 2, Lehman 2, Smith 3, Nelson, Clemente. 2B—D. Thompson, Rogovin, Delis, Lipon, Cassini, Fernandez. HR—Lehman, Smith, Clemente. SB—Nicholas. SH—Fernandez. SF—Nelson. DP—Fernandez and Young; D. Thompson and Nelson. LOB—Cubans 8, Montreal 3. BB—Lehman 1, Fabbro 2, Rogovin 3, Hood 1. SO—Lehman 2, Fabbro 2, Rogovin 6, Hood 1. Hits—Lehman 9 in 4⅔, Fabbro 19 in ⅓, Rogovin 10 in 8½, Raffensberger 0 in ⅓. HP—Rogovin (C. Thompson). WP—Lehman. Winner—Hood (3-2). Loser—Harris (11-6). T—2:33.

CUADRANGULARES DE CLEMENTE Y MAYS COMIENZAN Y TERMINAN LA VICTORIA CANGREJERA SOBRE MAGALLANES EN 11 ENTRADAS

12 DE FEBRERO DE 1955
CANGREJEROS DE SANTURCE 4, NAVEGANTES DE MAGALLANES 2 (11 ENTRADAS)
EN EL ESTADIO UNIVERSITARIO DE CARACAS, VENEZUELA

POR THOMAS E. VAN HYNING

Durante la temporada 1953-1954 de la liga inverlal de Venezuela, Herman Franks pilotó a los Navegantes de Magallanes, cuya marca de 39-37 consiguió el segundo puesto detrás del club de Pastora. El año siguiente, Franks se mudó a Puerto Rico para dirigir a los Cangrejeros de Santurce, representante boricua en la Serie del Caribe.[1]

Según Franks, "cuando Santurce llegó a Caracas, me preguntaron que buscaba allí. Me dijeron que no teníamos oportunidad de ganar ya que Almendares, de Cuba, iba a llevarse el torneo. Yo les dije que la única razón por la cual traje este equipo es para que viesen a Willie Mays y a Roberto Clemente".[2]

Magallanes portó la bandera de Venezuela en la Serie del Caribe de 1955, parte de la primera fase (1949-1960) que incluyo a Cuba, Panamá y Puerto Rico en un torneo *round-robin*. Los locales quedaron en segundo lugar (4-2), a un mero juego de diferencia de Santurce.[3] Cada equipo se enfrentó dos veces en la competencia, que se suspendió en el 1961 tras desacuerdos entre Fidel Castro, quién había abrogado la Liga Invernal Cubana, y la Confederación Caribeña.

Santurce se alzó con los cetros en 1951 (5-1), 1953 (6-0) y 1955 (5-1), siendo la primera franquicia en ganar un trio de campeonatos. Los equipos del 1951 y el 1953 se reforzaron con jugadores de los otros clubes puertorriqueños, como era de costumbre para los representantes de cada país, pero la edición del 1955 tan solo llevo Cangrejeros en su plantilla de 22 peloteros. Para la competencia de 2022, cada país llevó 32 jugadores, 10 más que en el 1955.[4]

Los Cangrejeros de la temporada de 1954-55 obtuvieron 47 triunfos y sufrieron 25 derrotas, doblegando a Caguas en la serie final. De los 22 integrantes, 20 disfrutaron la acción en Caracas, seis de ellos lanzadores y 14 jugadores del campo. Roberto Clemente fue el único nativo de Puerto Rico que participó en los seis encuentros. Cada equipo pudo llevar nueve "importados" y dos de los asistentes de Franks, Dick Seay y Ramón "Monchile" Concepción, habían jugado en las Ligas Negras. La alineación titular de Santurce, usada en su choque contra Magallanes el 12 de febrero, presumía de:

Don Zimmer, SS
Roberto Clemente, LF
Willie Mays, CF
Buzz Clarkson, 3B
Bob Thurman, RF
George Crowe, 1B
Harry Chiti, C
Ron Samford, 2B
Sam Jones, P

Santurce jugó tres partidos como "local". En sus primeros dos, Clemente consiguió un solo imparable (en blanco contra los Azules de Almendares el 10 de febrero y con su indiscutible contra los Yanquis de Carta Vieja de Panamá la noche siguiente, con cuatro turnos en cada desafío).[5] La noche inaugural, 40,000 aficionados (34,000 de ellos pagando su admisión) se deleitaron del béisbol caribeño, la mayor audiencia ante la cuál Clemente había jugado hasta entonces. Rubén Gómez salió por la puerta ancha ante Almendares.[6]

Sam Jones tomó la lomita contra Magallanes el 12 de febrero, lanzando un juego completo. Escatimó tan solo tres inatrapables, dos del bate de Chico Carrasquel y el otro de Ramón Monzant.[7] (Monzant había sido el serpentinero más robusto para Franks el año anterior, con 14 triunfos, seis derrotas, y en 1954-55, tuvo una foja de 11-7 W-L).[8] El piloto Lázaro Salazar presentó esta novena ante Santurce:[9]

Chico Carrasquel, SS
Jack Lohrke, 2B
George Wilson, RF
Bob Skinner, 1B
Bob Lennon, CF
Luis "Camaleón" García, 3B
Dalmiro Finol, LF
Luis "Güigüí" Lucas, C
Ramón Monzant, P

Magallanes anotó primero al llenar las bases contra Jones; Skinner remolcó la carrera durante una doble matanza. En la misma entrada, Clemente disparó un bambinazo sobre la verja del jardín central tras un *out* de Zimmer. Güigüí Lucas fabricó una carrera en le segunda entrada al recibir un boleto gratis, tomar la intermedia gracias a un indiscutible de Monzant y atrevidamente tomar el home tras un sencillo de Carrasquel, pero en la cuarta, un triple de Crowe impulsó a Clarkson para empatar el juego, 2-2.[10] Santurce amenazó en el séptimo episodio con un par de imparables de Samford y Jones pero Zimmer marcó el tercer *out*.[11]

Al sonar las doce campanadas de la madrugada en la 11ma entrada, Clemente bateó un sencillo en la parte baja del parcial. Enriqueta Marcano Zorrilla, sobrina del apoderado de Santurce Pedrín Zorrilla, recuerda que los asistentes se burlaron de Mays (sin inatrapables en doce turnos en el torneo) al susurrar "sh…sh…sh" como si Mays "fuese amordazado".[12] Un cuadrangular de Mays viajó 385 pies hacia las gradas izquierda-centrales, y a las 12:03 A.M., tras dos horas y 25 minutos de reñido desempeño, Clemente anotó la carrera de la victoria (y Mays la adicional), para dejar en el terreno a los anfitriones, 4-2.[13]

El día siguiente, Santurce era de nuevo la "novena local" contra Almendares. Perdiendo por 6-0, Zimmer conectó un sencillo en la sexta entrada y Clemente le siguió con un doble. Mays produjo un triple y Crowe otro sencillo, cortando el déficit por la mitad.[14] Otro doble, este de Thurman en la octava, impulsó a Mays y puso el marcador a 6-4. Red Munger de los cubanos retire a Chiti y Samford en el noveno episodio pero un sencillo del emergente Alfonso Gerard y un cuadrangular de dos carreras de Zimmer, empató el juego a 6-6.[15]

Clemente obtuvo una base por bola con dos *outs* y el dirigente de Almendares, Bobby Bragan, envió a Al Lyons al montículo. Mays pegó un sencillo al bosque derecho y Clemente no paró de correr. El jardinero derecho Lee Walls dejó caer la pelota y al reponerse y enviarla al segunda base Al

Federoff, este la tiró alejada al plato.[16] "Esa carrera de la victoria de Clemente desde la primera base fue tremenda" recordó Zimmer. "¡Qué clase de esfuerzo"![17]

Los dos triples de Clemente contra Carta Vieja el 14 de febrero motivaron a Santurce y a Bill Greason a un triunfo por 11-3 que garantizó la corona, ya que Magallanes había derrotado a Almendares en el primer desafío del día. Su primer triple comenzó una remontada de tres carreras en la parte alta de la primera; su segundo llegó en la tercera. Los Cangrejeros perdieron su único duelo la noche siguiente contra Magallanes, un partido que no afectaba la tabla de posiciones.[18]

La Tabla I continue las estadísticas ofensivas de Clemente, quién anotó una cuarta parte de las carreras de Santurce. Cada Cangrejero devengó $650, gracias a los $206,000 recaudados de 122,000 feligreses.[19] Zimmer obtuvo el Premio al Jugador Más Valioso (JMV, o MVP por sus siglas en inglés) y tildó a los Cangrejeros como "el mejor equipo de las ligas invernales de la historia". Exhibió su emoción al recordar a Clemente como su compañero y como jugador que dirigió en 1967-68 con los Senadores de San Juan: "siempre aprecié su dedicación y su brío como compañero y como jugador en San Juan".[20]

TABLA I: ESTADÍSTICAS OFENSIVAS DE LOS CANGREJEROS DE SANTURCE, SERIE DEL CARIBE DE 1955

Player	J	AB	CA	I	2B	3B	HR	CR	AVG	SLG
Don Zimmer	6	26	6	10	2	0	3	4	.385	.808
Roberto Clemente	6	26	8	7	1	2	1	3	.269	.577
Willie Mays	6	25	6	11	1	2	2	9	.440	.880
Buzz Clarkson	5	16	3	6	0	0	0	3	.375	.375
Bob Thurman	6	22	1	7	1	0	0	3	.318	.364
George Crowe	6	20	3	4	1	1	0	3	.200	.350
Harry Chiti	4	15	2	5	2	0	1	4	.333	.667
Ronnie Samford	6	23	1	2	0	1	0	2	.087	.174
Valmy Thomas	2	7	0	2	0	0	0	0	.286	.286
William Figueroa	2	7	0	2	0	0	0	0	.286	.286
Alfonso Gerard	2	2	1	1	0	0	0	0	.500	.500
Luis R. Olmo	2	2	0	1	0	0	0	0	.500	.500
José St. Claire	4	2	0	0	0	0	0	0	.000	.000
Pedro Arroyo	1	1	0	0	0	0	0	0	.000	.000
Bill Greason	2	6	1	2	0	0	1	1	.333	.833
Rubén Gómez	2	5	0	0	0	0	0	0	.000	.000
Sam Jones	1	3	0	1	0	0	0	0	.333	.333
Eleuterio López	2	1	0	0	0	0	0	0	.000	.000
George Sackie	2	1	0	0	0	0	0	0	.000	.000
Luis R. Cabrera	1	0	0	0	0	0	0	0	.000	.000
Totals	6	210	32	61	8	6	8	32	.290	.500

#21 – Clemente – observa una celebración de Willie Mays, #24. Cortesía de Jorge Colón Delgado.

Thurman, quién Clemente consideró un modelo a emular durante sus tres campañas y media con Santurce en 1952-1956, dijo "éramos como una familia, haríamos lo necesario por cada uno...nos acoplamos bien porque teníamos el talento. Yo siempre pensé que podríamos haber derrotado a cualquier equipo de grandes ligas con esa plantilla. Roberto jugó en el jardín izquierdo porque mi brazo era mejor que el suyo".[21]

Clemente aterrizó en el Aeropuerto de Isla Grande a las 3:26 P.M. del 16 de febrero. Más de 50,000 aficionados se dieron cita para el regreso. Enriqueta Marcano Zorrilla recuerda que el avión llevaba la frase "Santurce, Campeón Séptima Serie del Caribe" inscrita en su cuerpo.[22] El día anterior, Pedrín Zorrilla había recibido un telegrama del Gobernador de Puerto Rico, Luis Muñoz Marín, felicitándolo por el éxito: "Felicito al representante de Puerto Rico por este gran triunfo...que captura el espíritu de lucha de nuestro pueblo".[23]

El campeonato y el recibimiento pusieron punto final a un invierno especial para Clemente, quién lideró a todos los jugadores del torneo con sus ocho carreras anotadas, incluyendo la victoriosa el 13 de febrero. Clemente y Mays entablaron un estrecho lazo durante las prácticas matutinas en la temporada de 1954-55 en el Parque Sixto Escobar , con Luis Rodríguez Olmo, Franks y el cargabates Orlando Cepeda, quién también asistió a las prácticas. [24]

AGRADECIMIENTOS

El autor agradece a Herman Franks, Bob Thurman y a Don Zimmer por sus anécdotas sobre Clemente y la Serie del Caribe de 1955. Enriqueta Marcano Zorrilla brindó observaciones como testigo del evento y Jorge Colón Delgado compartió información sobre Clemente.

NOTAS

1   Tanto para la primera fase (1949-1960) como la segunda (1970 al presente), los equipos participantes de la Serie del Caribe tienden a ser conjuntos de "todos estrellas" y no tan solo la plantilla de la franquicia ganadora de cada torneo nacional. Los Cangrejeros de Santurce de 1954-55 fueron una excepción al no incluir "refuerzos" de los otros equipos del torneo de Puerto Rico, mientras que las novenas de Cuba, Panamá y Venezuela si lo hicieron.

2   Entrevista de Herman Franks con Thomas Van Hyning, 14 de diciembre de 1998.

3   Los países rotaban la responsabilidad de ser la sede. Venezuela lo fue en 1951, 1955 y 1959, cuyas series se celebraron en febrero. https://www.1800beisbol.com/baseball/deportes/serie_del_caribe/venezuela_primera_etapa_de_la_serie_del_caribe/, consultado el 17 de febrero de 2022. La primera fase incluyó 12 competencias (febrero 1949-febrero 1960, sin interrupción). La segunda fase comenzó en febrero de 1970 y aún continúa, con la sola excepción de 1981 debido a una huelga de los jugadores venezolanos. No se celebró el torneo durante 1961-1969 pero otra competencia, llamada la Serie Interamericana, ocupó su lugar durante 1961-1964, y en febrero de 1965 dos equipos dominicanos se enfrentaron a sus homólogos venezolanos.

4   La Confederación Caribeña organiza el evento y determina la sede, los límites de la plantilla y otros detallas. Desde el 2019, seis países participan: Colombia (2020-presente), México (1971-presente), la República Dominicana (1970-presente), Panamá, Puerto Rico y Venezuela disputan un "round robin" antes de las semifinales y la gran final.

5   Jorge Colón Delgado, *La Maquinaria Perfecta* (San Juan, Puerto Rico, 2007), 169.

6   Franklin E. Whaite, "Latin Championship Tournament Proves Another Giant Romp," *The Sporting News*, 23 de febrero de 1955: 28. Marcos Evangelista Pérez Jiménez, presidente venezolano, efectuó el primer lanzamiento ceremonial. El autor y el hijo de Pérez Jiménez fueron colegas de trabajo en San Juan, Puerto Rico, en 1979. El autor también compartió el segundo grado de la escuela elemental con Rafael Gómez, hijo de Rubén Gómez.

7   Whaite: 28.

8   Monzant fue todo un caballo, consumiendo entradas desde la lomita; Franks siempre apreció su dedicación y espíritu trabajador. https://www.pelotabinaria.com.ve/beisbol/mostrar.php?ID=monzram001, consultado del 18 de febrero de 2022.

9   Colón Delgado, 149.

10 Colón Delgado, 150.

11 Colón Delgado, 150.

12 Entrevista de Enriqueta Marcano Zorrilla con Thomas Van Hyning, Santurce, Puerto Rico, noviembre de 1997.

13 Thomas E. Van Hyning, *The Santurce Crabbers: Sixty Seasons of Puerto Rican Winter League Baseball* (Jefferson, North Carolina: McFarland & Company Inc., 1999), 70.

14 Colón Delgado, 154.

15 Van Hyning, 70.

16 Van Hyning, 70.

17 Entrevista de Don Zimmer con Thomas Van Hyning, Winter Haven, Florida, marzo de 1992.

18 Whaite, 30.

19 Whaite 27.

20 Entrevista con Zimmer, marzo de 1992.

21 Ponencia de Bob Thurman y Thomas Van Hyning en un programa radial en Ponce, Puerto Rico, octubre de 1991.

22 Marcano Zorrilla, 1997.

23 Van Hyning, 71.

24 Franks bateaba elevados y roletas hacia Mays, Clemente y Rodríguez Olmo, quiénes le disparaban la bola a Cepeda, uno de los cargabates del equipo Cangrejero de 1954-1955. Este acto creó un estrecho lazo entre Clemente y Mays; la estrella oriunda de Birmingham le sugirió a Clemente embestir la bola y deshacerse de ella más rápidamente. Para más información, consultar a Matt Monagan, "Mays, Clemente in the Same Outfield? It Happened: The Two Legends Won a Championship Together in Puerto Rico." https://www.mlb.com/news/willie-mays-and-roberto-clemente-on-same-team, consultado el 16 de febrero de 2022. El relato está incluido en el ensayo "Roberto Clemente's Puerto Rico Winter League Career (Part 1)" del mismo autor en este libro.

EL PRIMER INDISCUTIBLE Y LA PRIMERA CARRERA ANOTADA DE ROBERTO CLEMENTE

17 DE ABRIL DE 1955
ESQUIVADORES DE BROOKLYN 10, PIRATAS DE PITTSBURGH 3
(PRIMER JUEGO DE UNA DOBLE TANDA)
EN EL FORBES FIELD DE PITTSBURGH

POR JANE SCHUPMANN HEWITT

Roberto Clemente, la primera gran estrella latina de las grandes ligas y el primer hispano electo al Salón de la Fama, debutó con los Piratas el 17 de abril de 1955, patrullando el jardín derecho con apenas 20 años.

Tan solo un año antes, los Piratas habían adquirido a Curt Roberts, el primer afroamericano en jugar con la franquicia. El otrora intermedista de los Monarcas de Kansas City ayudó al joven Clemente, uno de tan solo cuatro boricuas en las mayores, adaptarse a las grandes ligas. Nadie es clarividente y podría saber la grandeza que Clemente alcanzaría, pero según el narrador y cronista deportivo Luis Rodríguez Mayoral, "Clemente era nuestro Jackie Robinson, en una cruzada para demostrarle al público norteamericano de lo que un hispano, un hispano de tez negra, era capaz".[1]

La campaña de 1955 recién había comenzado. Brooklyn iba invicto en cuatro desafíos; los Piratas aún no conocían la victoria tras tres encuentros. Aunque contaron con recios peloteros como el campocorto Arky Vaughan en la década de los 1930 y el poderoso Ralph Kiner en la siguiente, desde el 1938 al 1955 los bucaneros en rara ocasión lograrían escapar del sótano, llegando al segundo lugar en una sola ocasión, en 1944. La edición del 1952 tuvo el peor desempeño de la historia la franquicia, a 54 juegos y medio de desventaja de los Esquivadores, ganadores del banderín. En las primeras cinco temporadas de la década de los 1950, los Piratas habían acabado en último lugar cuatro veces y en penúltimo lugar una vez.

Este día primaveral y con una doble tanda en la cartelera, el lanzador Jake Thies tomó la lomita por los Piratas. El serpentinero había ganado tres juegos y perdido nueva en la campaña anterior, su primera en las grandes ligas. Los visitantes ripostaron con el zurdo Johnny Podres, comenzado su tercera temporada. El joven de 22 años se convertiría en un héroe de la franquicia en unos meses escasos, dominando a los Yanquis de Nueva York con una blanqueada 2-0 en el séptimo juego de la Serie Mundial.

El jardinero Sandy Amorós y el receptor Roy Campanella también jugaron papeles claves en la victoria en octubre y ambos formaron parte de la alineación de Brooklyn el día que Clemente debutó. El jardinero novato de los Piratas no perdió tiempo en ofrecer un vistazo de la grandeza que caracterizaría sus 18 años con las franelas bucaneras.

Antes de entrar a la caja de bateo por el primero de sus cuatro turnos contra Podres, Clemente agarró su bate, un Louisville Slugger de la compañía Hillerich & Bradsby. En la parte ancha lucía su firma *Momen Clemente*, detallada en el relieve del madero. El apodo provenía de su juventud, cuando solía responder "un momentito" cuando sus familiares y amigos deseaban llamarle la atención. Dicho nombre estaría impreso en todos sus bates hasta la temporada de 1960.[2]

Tras dos *outs* en la parte baja de la primera entrada, gracias a un elevado de

Earl Smith y un lineazo al jardín central por Gene Freese, Clemente conectó en dirección del campocorto Pee Wee Reese, cuyo guante tocó pero no pudo atrapar la pelota. Un triple de

Frank Thomas al bosque derecho remolcó a Clemente, quién en su primera entrada como jugador, logró el primero de lo que serían 3,000 inatrapables y su primera carrera anotada. Thomas también cruzó el plato tras un error de Brooklyn, otorgándole una ventaja 2-0 a los bucaneros, la única que gozarían durante la tarde.

Los Esquivadores anotaron en la segunda entrada tras un doble de Gil Hodges al jardín izquierdo. Hodges tomó la antesala gracias a un elevado sacrificio de Amorós y anotó tras otro bombo, éste de Jackie Robinson. Los Piratas, por su parte, no ofrecieron batalla en la parte baja, registrando tan solo un boleto gratis.

En el tercer episodio, Brooklyn empató el encuentro a dos carreras. Jim Gilliam recibió una base por bolas, tomó tercera base tras un doble de Reese hacia el jardín izquierdo y anotó con un sacrificio elevado de Hodges hacia el bosque central.

Los Esquivadores añadieron cuatro más en la cuarta entrada debido a la inepta defensa de los corsarios. Un error de Gene Freese permitió la primera de estas carreras y la segunda tras un envío que el receptor Jack Shepard no pudo atrapar.

Duke Snider contribuyó un cuadrangular de dos carreras hacia el jardín derecho ante el relevista

Nellie King para poner la pizarra a 6-2. Entre estas jugadas, Clemente causó muy buena impresión con sus destreza en el campo, pegando un brinco de significante altura para atrapar un elevado de Gillam antes de disparar la bola hacia *home* para prevenir otra carrera. El acto, descrito por el *Pittsburgh Post-Gazette* como una "atrapada que robó el aliento" de los espectadores, sería un breve vistazo de los actos que deleitarían a los aficionados de Pittsburgh por muchos años, incluyendo una docena en ristra, 1961-1972, en los cuáles Clemente ganaría el Guante de Oro por su faena defensiva.[3]

"Momen" desarrolló la precisión y fortaleza de su brazo a través de muchos años jugando no tan solo el béisbol y el sóftbol, pero también lanzando la jabalina en su Escuela Superior Julio Vizcarrondo Coronado en Carolina, Puerto Rico.

Siendo aún adolescente, Clemente jugó en la liga invernal junto a las luminarias de los Gigantes de Nueva York Willie Mays y Rubén Gómez, el primer lanzador puertorriqueño en comenzar y ganar un partido de la Serie Mundial. Aunque tan solo tres años mayor que Clemente, Mays contaba con más experiencia como profesional, siendo parte de los Barones Negros de Birgmingham de las Ligas Negras con tan solo 17 años, y ya llevaba tres años en la plantilla de las grandes ligas de los Gigantes. Mays aconsejó a Clemente sobre como jugar los jardines, ya que Clemente había defendido el cuadro durante su juventud.

Los Piratas se acercaron en la sexta entrada con un doble Preston Ward hacia el jardín izquierdo y un sencillo de Shepard hacia el derecho para remolcarlo. No obstante, Brooklyn ripostó con tres carreras en la séptima y una en la novena gracias a un cuadrangular del estelar receptor Campanella frente al lanzador Pirata Vern Law. El bambinazo presagiaba una recia campaña de Campanella, cuyo año anterior fue interrumpido por lesiones. El resultado final, 10-3, oscureció la gran tarea de Clemente en el campo.

En la segunda parte de la tanda, Clemente bateó en el primer lugar de la alineación y de nuevo usó la vitrina para exhibir sus habilidades. Conectó un doble en la sexta entrada y un sencillo en la octava. Demonstrando su velocidad, pasó la primera base y amenazó con tomar la intermedia, causando un tiro poco aconsejable de Don Zimmer. La bola llegó a la banca, otorgándole a Clemente la antesala y al corredor Dick Smith el plato. Segundos más tarde, Dick Cole lo impulsó con un sencillo hacia el jardín central.

El resultado final (3-2) fue más parejo en el segundo partido, pero los Piratas cargaron con la derrota. Clemente quedó varado en el círculo de espera, con las carreras del empate y la victoria abordo cuando Gene Freese marcó el ultimo *out* con su bombito.

Los Piratas del 1955, bajo la tutela de Fred Haney, llegaron en último lugar en la Liga Nacional. Las estadísticas de Clemente en su año de novato no fueron espectaculares: un promedio de .255 con 121 inatrapables y 47 carreras remolcadas. Sin embargo, la fanaticada bucanera ansiaba un ídolo. Bobby Bragan tomó las riendas en 1956 pero fue remplazado en 1957 por Danny Murtaugh, quién gradualmente llevó al joven Clemente y a los demás corsarios fuera del sótano y al primer lugar en 1960.[4] Durante este trayecto, Clemente aprendió y adaptó su estilo, creando el suyo propio y perfeccionado las habilidades que la convirtieron de *"Momen"* a *"el Magnífico"*.

FUENTES

Además de las fuentes de información citadas en las Notas, la autora consultó Baseball-Reference.com, Retrosheet.org., el libro Total Baseball (edición de 1989) y el siguiente libro:

Maraniss, David. *Clemente: The Passion and Grace of Baseball's Last Hero* (New York: Simon & Schuster, 2006).

NOTAS

1   Harold Friend, "Roberto Clemente: Prejudice, Pride, Boasting, and Greatness," bleacherreport.com, 23 de septiembre de 2011. https://bleacherreport.com/articles/862283-roberto-clemente-prejudice-pride-boasting-and-greatness. Consultado el 14 de abril de 2022.

2   Stephen Tsi Chuen Wong, "Roberto 'Momen' Clemente 1960 Louisville Slugger Professional Model Game Used Bat," Blog del Museo del Servicio Postal de los Estados Unidos, parte de la Institución Smithsonian, exposición "Baseball: America's Home Run." 6 de abril de 2022. https://postalmuseum.si.edu/roberto-"momen"-clemente-1960-louisville-slugger-professional-model-game-used-bat.

3   Jack Hernon, "Unbeaten Bums Sweep Winless Bucs, 10-3, 3-2," *Pittsburgh Post-Gazette*, 18 de abril de 1955: 18, 20.

4   Frederick Ivor-Campbell, "Team Histories," in John Thorn and David Reuther, eds., *Total Baseball* (New York: Warner Books, 1989), 89.

CLEMENTE OBTIENE SU PRIMER CUADRANGULAR Y SU PRIMERA ASISTENCIA DESDE LOS JARDINES – EN LA MISMA ENTRADA DEL MISMO PARTIDO

18 DE ABRIL DE 1955
GIGANTES DE NUEVA YORK 12, PIRATAS DE PITTSBURGH 3
EN EL POLO GROUNDS, NEW YORK

POR JOE LEISEK

El domingo 17 de abril de 1955, los Piratas de Pittsburgh perdieron ambos juegos de una doble tanda ante los Esquivadores de Brooklyn. Tras las dolorosas derrotas en su propio parque, los corsarios empacaron sus cofres con destino a Nueva York, donde les esperaban los flamantes campeones de la Serie Mundial, los Gigantes.

Los bucaneros, aún sin conocer la victoria en la joven campaña, no dieron mucha batalla, cayendo 12-3 frente a menos de 3,000 feligreses. Su sexto revés contribuiría a su residencia en el sótano de la Liga Nacional. Sus cuatro años en último lugar pudieron haber sido cinco si no hubiesen escapado de la planta baja en el 1951.

El entusiasmo de los cronistas del *Pittsburgh Press*, el *Post-Gazette* y el *Sun-Telegraph* se evaporó en tan solo una semana. Lester J. Biederman del *Press* criticó al equipo sin pelos en la lengua:

"Los Gigantes apabullaron a los bucaneros en el primer juego en el Polo Grounds, 12-3. A menos de media hora de la conclusión de la paliza, tres lanzadores de los Piratas fueron devueltos a las ligas menores.

Considerando la pésima actuación del equipo desde el comienzo de la temporada, recortar jugadores improductivos no resultará ser difícil".[1]

Jack Jernon del *Post-Gazette* sazonó su columna con sarcasmo:

"Los Piratas remontaron en la novena entrada, anotando dos carreras para caer cortos por tan sólo una decena de la victoria, 12-3, en su sexta derrota consecutiva.

"Antes del 'motín', los campeones mundiales habían cruzado el plato ocho veces en la cuarta entrada, eliminando cualquier duda sobre el encuentro".[2]

Dos jugadas en el quinto episodio fueron prometedoras, rescatando esperanza de entre los escombros. Ambas envolvieron a Roberto Clemente, un novato de 21 años de Puerto Rico. Ambos momentos ofrecieron un vistazo a sus talentos con el bate, el guante y en las bases, herramientas que lo destacarían en sus brillantes 18 años en las grandes ligas.

La zurra comenzó de inmediato y estaba en estado avanzado para la cuarta entrada. Liderados por Whitey Lockman y Willie Mays, los Gigantes habían estrenado el marcador en la primera (dos carreras), tercera (una más) y cuarta (ocho anotaciones) y los Piratas estaban en blanco.

Los campeones defensores obtuvieron 15 indiscutibles. Lockman fue el autor de un cuarteto, entre ellos un doble y un cuadrangular, mientras que Mays tuvo tres, incluyendo un triple. Hank Thompson conectó un bambinazo en la primera entrada. Los Gigantes obligaron a Max Surkont a caminar la plancha tras un ataque de siete carreras y ocho inatrapables. El abridor de los Piratas concluiría la temporada con siete victorias, 14 reveses y una efectividad de 5.57 carreras limpias permitidas cada nueva entradas.

En la parte alta del quinto episodio y con 11 carreras de desventaja, los Piratas no gozaron de un buen comienzo. El jardinero central Earl Smith bateo una línea atrapada por el lanzador Don Liddle, ganador del cuarto juego de la previa Serie Mundial. El intermedista Gene Freese marcó otro out, este con una roleta hacia la antesala.

Clemente había debutado el día anterior, comenzando ambos juegos de la doble tanda contra los Esquivadores, la franquicia que lo había firmado a su primer contrato profesional cuando todavía era adolescente. Con Johnny Podres en la lomita, Clemente conectó un sencillo y anotó tras un triple de Frank Thomas. En el segundo juego, obtuvo su primer extrabase, un doble contra el lanzador Clem Labine, quién más tarde sería su compañero de equipo. Por si fuese poco, Clemente logró un sencillo dentro del cuadro en la octava entrada.

Todo ello fue preámbulo para el espectáculo que vendría. El impacto del bate de Clemente llevó a la bola hacia el jardín central-izquierdo, sobrepasando la cabeza de Lockman, quién solía defender la inicial pero se encontraba en las praderas tras la lesión del primera base Don Mueller. Monte Irvin-ídolo de juventud de Clemente-patrullaba el derecho.

Biederman, cronista de la columna "Desde la pizarra" del *Pittsburgh Press*, escribió que Lockman "trató de atrapar la pelota frente al bullen Pirata".[3] Cabe resaltar este detalle, ya que en el gigantesco Polo Gounds, dicho local estaba en el campo de juego, frente a la pared del bosque central-izquierdo, a más de 440 pies de distancia del plato.[4]

Lockman disparó la bola descontroladamente hacia Mays, cuyo tiro de relevo fue demasiado tardío para fulminar a Clemente. Desde el área de tercera base, el dirigente Haney le indicó a Clemente que no se detuviese, y el jardinero voló de estación a estación hasta evadir la trocha de Wes Westrum, receptor de los Gigantes, y oír el dulce grito de "¡quieto!" cantado por el árbitro Dusty Boggess.

Charles J. Doyle del *Pittsburgh Sun-Telegraph* plasmó que "en los últimos dos años, no había visto a ningún Pirata correr tan velozmente como Clemente".[5] En otro artículo de la misma edición, escribió que "los bucaneros aún están hablando sobre la velocidad y el deslice de Clemente en su primer cuadrangular en las grandes ligas".[6]

Clemente obtendría nueve jonrones dentro del parque durante su carrera, el segundo total más alto desde el 1950.[7]

La clínica continuaría; ahora le tocaría el turno al recio brazo de Clemente, del cual aún se habla con reverencia más de 65 años después. En la parte baja, Liddle bateó un débil bombito al campocorto. El intermedista Davey Williams gozó de una base por bolas y el siore Alvin Dark siguió con un lineazo en dirección de Clemente. Williams no pudo regresar a la base, siendo sorprendido por un certero tiro de Clemente al inicialista Preston Ward. En un abrir y cerrar de ojos, Clemente logró su primera asistencia en las mayores.

Clemente lideró los jardineros derechos de la Liga Nacional con 16 asistencias en 1955, una hazaña que lograría en otras cuatro campañas. A lo largo de su carrera, obtuvo 266 asistencias, colocándolo segundo lugar entre guardabosques derechos.[8]

Clemente también bateó un sencillo en la séptima entrada y conectó un elevado sacrificio en la novena que remolcó a Dick Groat, la segunda carrera de los Piratas. Su informe del día incluyó cuatro turnos al bate, dos inatrapables, un cuadrangular, una carrera anotada, dos remolcadas, una asistencia y un out defensivo.

El galope de Clemente alrededor de las bases sorprendió los espectadores y hasta a sus propios compañeros de equipo, pero no a aquellos que conocían bien al novato. Clemente confiaba de su velocidad y dos meses después del partido, Biederman recalcó en su columna en *The Sporting News* que Clemente « se siente muy orgulloso de sus hazañas en campo traviesa en Puerto Rico. Fue considerado suficientemente bueno en los eventos de 400 metros, el lanzamiento de javalina y el triple salto que pudo haber participado en las Olimpiadas de Helsinki, a no ser de haber firmado su contrato de béisbol profesional ».[9]

Cabe resaltar que Clemente y Mays-quién efectuó el tiro de relevo durante el cuadrangular dentro del parque de Clemente-fueron compañeros de equipo con los Cangrejeros de Santurce, campeones de la temporada de 1954-55 de la Liga de Bésibol Profesional de Puerto Rico, que ahora lleva el nombre de Roberto Clemente Walker.[10]

Clemente no tardó en convertirse en el mimado de los aficionados corsarios durante su primera temporada. Biederman escribió en *The Sporting News* que "los fanáticos de Pittsburgh se han enamorado de su espectacular defensa y su letal brazo derecho".[11]

En su biografía de Clemente Stew Thornley lo describió como "el mejor jugador puertorriqueño de todos los tiempos".[12] Ese lunes por la tarde en el Polo Grounds, Clemente nos dió un vistazo del legado que construiría.

FUENTES

Además de las fuentes citadas en las notas, el autor consultó los sitios Web Baseball-Reference.com y Retrosheet.org y el archivo de la Biblioteca del Salón de la Fama Nacional del Béisbol

NOTAS

1   Lester J. Biederman, "Bucs Farm Hurlers Thies, Bell, Hall, but 12-3 Drubbing by Giants Qualifies More Pirates for Cut," *Pittsburgh Press*, 19 de abril de 1955.

2   Jack Hernon, "Winless Bucs Lose Sixth, Bow to Giants, 12-3," *Pittsburg Post-Gazette*, 19 de abril de 1955.

3   Les Biederman, "From the Scoreboard," *Pittsburgh Press*, 19 de abril de 1955.

4   https://ballparks.com/baseball/national/pologr.htm.

5   Charles J. Doyle, "Giants' Batting Slump Ends; Cold Weather Shortens Bucs' Stay in N.Y.," *Pittsburgh Sun-Telegraph*, 19 de abril 1955.

6   Chilly Doyle, "Chilly Sauce," *Pittsburgh Sun-Telegraph*, 19 de abril de 1955.

7   Derek Bain, "Fun Facts About Inside-the-Park Home Runs," Seamheads.com, 8 de junio de 2016. https://seamheads.com/blog/2016/06/08/fun-facts-about-inside-the-park-home-runs/, consultado el 13 de febrero de 2022. Carl Reichers investigó las fechas de los cuadrangulares "dentro del parque" de Clemente y descubrió nueve: 18 de abril de 1955; 25 de julio de 1956; 11 de mayo de 1957; 23 de julio de 1958; 28 de agosto de 1959; 14 de julio de 1966; 21 de abril de 1968; 22 de septiembre de 1968; 19 de mayo de1971.

8   https://www.baseball-reference.com/leaders/A_rf_career.shtml.

9   Les Biederman, "Clemente, Early Buc Ace, Says He's Better in Summer," *The Sporting News*, 29 de junio de 1955: 26.

10   https://baseballhall.org/discover/santurce-cangrejeros-willie-mays-roberto-clemente.

11   Les Biederman, "Clemente, Early Buc Ace, Says He's Better in Summer."

12   https://sabr.org/bioproj/person/roberto-clemente/.

CLEMENTE EMPUJA LA CARRERA DE LA VICTORIA POR VEZ PRIMERA Y LOS PIRATAS DERROTAN A LOS PHILLIES PARA EL PRIMER TRIUNFO DE SU CAMPANA

24 DE ABRIL DE 1955
PIRATAS DE PITTSBURGH 6, PHILLIES DE FILADELFIA 1
EN EL ESTADIO CONNIE MACK DE FILADELFIA
(PRIMER JUEGO DE UNA DOBLE TANDA)

POR KELLEN NIELSON

El clima ese 24 de abril de 1955 no era tan solo frígido; se podría caracterizar como francamente intolerable. En el Estadio Connie Mack, sede de una doble tanda entre los anfitriones Phillies y los huéspedes Piratas de Pittsburgh, los vientos de 40 millas por hora reflejaban la cruda realidad de la temporada de los bucaneros. Entre juegos suspendidos por lluvia, los corsarios habían sufrido ocho reveses en hilo, 14 si uno se remontaba a los finales de la campaña previa. Los ocho fracasos establecieron una nefasta marca para la franquicia y con otro, empatarían el récord de las grandes ligas establecido por los Robins de Brooklyn (rebautizados como los Esquivadores) en 1918.[1]

Los Piratas del 1954 concluyeron el año con una atroz foja de 53 victorias y 101 reveses, inquilinos indiscutibles del sótano de la Liga Nacional. Pero el béisbol, con su nuevo calendario, renueva la esperanza cada primavera. El gerente general Branch Rickey proclamó, lleno de optimismo, que "el equipo de 1955 será el mejor que Pittsburgh haya presumido en varios años. Estos Piratas serán una grata sorpresa, tarde o temprano". Rickey después trató de disminuir el entusiasmo al añadir "esta sorpresa podría venir este año…o no más tarde que el 1956".[2] La prensa local no compartía este frenesí. El cronista Al Abrams del *Pittsburgh Post-Gazette* recalcó "aunque no estamos muy convencidos, esperamos que los Piratas lleguen en séptimo (penúltimo) lugar este año".[3] La esperanza existía, encarnada en Dick Groat y Roberto Clemente.

Groat tuvo una exitosa campaña en 1952 pero pasó los próximos dos años en el servicio militar. Su arranque en 1955 fue modesto, con .231 de promedio y una carrera anotada, sin remolcadas o cuadrangulares, tras los primeros cinco partidos de la joven temporada.

Clemente era un prospecto con mucho renombre, fichado por los Esquivadores el 19 de febrero de 1954 cuando tan solo tenía 19 años y jugaba en la liga invernal de su Puerto Rico natal. El bono otorgado a Clemente se rumoraba ser de $10,000, cantidad suficiente para denominarlo un "bebé bonificado". Esta clasificación obligaba a su equipo a mantenerlo en la plantilla de las grandes ligas por dos años o arriesgar perderlo en un sorteo de jugadores, llamado el "sorteo #5". El gerente general de Brooklyn Buzzie Bavasi creyó haber convencido a su homólogo Rickey de no seleccionarlo, sugiriendo en su lugar a otra joven promesa del equipo, John Rutherford. Pensando que su colega accedía al trámite, Bavasi dejó a Clemente fuera de la lista de jugadores protegidos pero de manera repentina, se enteró que el acuerdo no estaba vigente. "Parece que Walter O'Malley (el apoderado de los Esquivadores) y el Sr. Rickey se enfrascaron en otra de sus conocidas trifulcas y Walter le dijo de todo al Sr. Rickey"[4], según Bavasi le contó a Stew Thornley, autor de la biografía de SABR de Clemente. A pesar de los esfuerzos de Bavasi, Rickey no dudó en reclamar a Clemente con el primer turno del sorteo el 22 de noviembre de 1964.

Clemente había estado jugando en la liga invernal de Puerto Rico y dominando a sus contrincantes, militando los jardines de los Cangrejeros de Santurce junto a Willie Mays. El dirigente Herman Franks catalogó a Clemente como "el mejor jugador de la liga, con la excepción de Willie Mays".[5] Vale recalcar que para entonces, Clemente aun no había llegado a las grandes ligas mientras que Mays había ganado el Premio al Jugador Más Valioso (JMV, o MVP por sus siglas en inglés) y ganado la Serie Mundial con los Gigantes. El día inaugural de 1955, Clemente no estuvo en la alineación, y en su lugar otro novato, Román Mejías, patrullaba el jardín derecho. El escucha Tom Sheehan de los Gigantes de Nueva York, sorprendido por la omisión, investigó el asunto y "el dirigente Fred Haney respondió que aunque cree que Clemente será un buen jugador, entiende que algunos lanzadores le darán problemas".[6]

Por su parte, Mejías tuvo problemas al comenzar el 1955. En los primeros tres juegos de los bucaneros logró dos inatrapables (uno de ellos un cuadrangular) en 11 turnos al bate, remolcando dos carreras. Clemente no estuvo mucho tiempo en el banco y debutó el 17 de abril de 1955 contra su antiguo club, con un inalcanzable en cuatro turnos y una carrera anotada.

En el primero de los dos juegos pautados para este domingo, los Piratas optaron por al abridor Max Surkont, en su segundo año con Pittsburgh. Surkont había lanzado en el primer partido de la campaña y este sería su tercera oportunidad. Las primeras dos fueron desastrosas: permitió 13 carreras limpias en 10 entradas y un tercio, sufriendo derrotas en ambas. Su contrario por los locales era otro diestro, Jim Owens, disfrutando la segunda apertura de su corta carrera.

Owens entró en problemas de inmediato. Le otorgó una base por bolas a Clemente para comenzar el duelo y propinó otra más antes de salir ileso de la entrada. En la parte baja Surkont también caminó por la cuerda floja, permitiendo un doble con dos *outs* y un boleto gratis antes de retirar a Earl Torgesen para acabar su parcial.

La suerte de Owens no cambió en la segunda entrada. Dale Long le conectó un sencillo al bosque central, tomando la intermedia tras una roleta de Toby Atwell que marcó el primer *out*. Gene Freese propinó un triple al jardín izquierdo, remolcando a Long para darle la ventaja a los bucaneros. El corredor se mantuvo en la antesala tras una roleta del propio Surkont para el segundo *out* y todo parecía que el daño no sería severo. Sin embargo, Clemente bateó un lineazo al bosque derecho que impulsó a su compañero para aumentar la ventaja corsaria a dos carreras. La carrera empujada era la tercera de Clemente en el año. Tras un boleto gratis a Groat, Owens fue remplazado en el montículo tras solo una entrada y dos tercios. Su sustituto, Steve Ridzik indujo una roleta de Felipe Montemayor para salir de la entrada.

Surkont mantuvo a los locales sin anotar aunque otorgó una base por bolas a su primer contrincante de la parte baja de la segunda entrada. Ambos equipos se mantuvieron en blanco en el tercer episodio, antes de que los Piratas apuntasen sus cañones en la cuarta. Atwell se embasó vía boleto gratis y Freese hizo lo mismo tras un error defensivo de Ridzik, quién no pudo atrapar el toque del bateador cosario. Un toque de Surkont fue infructífero, forzando un *out* de Atwell en la antesala. El tercera base de los Phillies, Willie Jones, trató de completar una doble matanza pero su lanzamiento a la intermedia fue descontrolado, colocando los corredores en las segunda y tercera bases. Un elevado de Clemente al jardín derecho produjo un *out* que mantuvo a Freese a 90 pies de la tierra prometida, pero ambos corredores anotaron gracias a un doble de Groat al bosque derecho. Un sencillo de Montemayor al mismo rincón añadió otra y aumentó la ventaja a cinco carreras. El piloto de Filadelfia Mayo Smith reclamó a Thornton Kipper a la lomita para relevar a Ridzik y el nuevo serpentinero ponchó a Frank Thomas.

En la cuarta entrada de los locales, Surkont se tambaleó, permitiendo un sencillo y una base por bolas antes de inducir a Willie Jones a una doble matanza. Un elevado de Stan Palys al jardín izquierdo cerró el parcial. Los Phillies anotaron en la parte baja del sexto gracias a un cuadrangular de Del Ennis a la profundidad del jardín izquierdo, la que sería la única carrera de los Phillies.

Ambos equipos lograron un indiscutible en la séptima entrada pero no cruzaron el plato. En la octava, Freese le propinó un sencillo al cuarto lanzador de los Phillies, Dave Cole, y tomó segunda gracias a un sacrificio de Surkont. Clemente conectó un doble al bosque central, remolcando a Freese. La segunda carrera impulsada de Clemente puso el marcador a 6-1 a favor de los corsarios. Sendas roletas de Groat y Montemayor acabaron la entrada sin mayor percance.

Los Phillies desperdiciaron oportunidades en las últimas dos entradas. Surkont cursó el partido completo, brindando el primer triunfo de los bucaneros. Escatimando tan solo ocho indiscutibles y cuatro bases por bolas, Surkont mejoró su foja a 1-2 y mejoró su efectividad a 6.52. Owens cargó con la dolorosa, la segunda de su temporada.

Varios miembros del galeón Pirata brillaron en la victoria. Freese logró tres inatrapables y anotó tres carreras. Long marcó cuatro indiscutibles, incluyendo un doble, y anotó una carrera. Groat brindó dos inalcanzables y dos remolcadas pero fue Clemente quién encendió la chispa del cañón corsario. Sus dos inatrapables en dos turnos, incluyendo un doble, produjeron dos remolcadas. Desde su incorporación a la alineación, Clemente promediaba .381 con dos dobles y cuatro impulsadas.

El triunfo llegó en la víspera del cumpleaños de Haney, brindando más causa para la celebración capturada por la "iluminación de las cámaras fotográficas" en el camerino tras el partido.[7]

A pesar de los años de vacas flacas de la franquicia y el pésimo arranque a la temporada de 1955, Clemente ofrecía esperanza para el futuro de los Piratas.[8] Con su sencillo en la segunda entrada, que produjo la segunda carrera del equipo, el astro boricua logró su primera carrera impulsada para ganar el juego.

FUENTES

Además de aquellas mencionadas en las Notas, el autor consultó a baseball-reference.com, sabr.org y retrosheet.org

https://www.baseball-reference.com/boxes/PHI/PHI195504241.shtml

https://www.retrosheet.org/boxesetc/1955/B04241PHI1955.htm

NOTAS

1   Los Orioles de Baltimore batieron el récord de mayor número de derrotas al comenzar una campaña en 1988 al sufrir 21 fracasos antes de su primera victoria.

2   Branch Rickey, "Third Base Weak Spot, GM Admits," *Pittsburgh Post-Gazette*, 14 de abril de 1955.

3   Al Abrams, "Sidelights on Sports," *Pittsburgh Post-Gazette*, 14 de abril de 1955: 14.

4   Stew Thornley, "Roberto Clemente," Proyecto Biográfico de SABR Roberto Clemente – Society for American Baseball Research (sabr.org).

5   Stew Thornley, "Roberto Clemente."

6   Jack Hernon, "Who's in Left, Center and Right," *Pittsburgh Post-Gazette*, 15 de abril de 1955: 25.

7   Russ Green (United Press), "Pirates Beat Phillies, Snap Losing Streak," *Shamokin* (Pennsylvania) *News-Dispatch*, 25 de abril de 1955: 6.

8   Los Phillies ganaron el segundo juego de la doble tanda, 3-0, aunque el resultado final no se conoció hasta el 28 de junio. Aguaceros severos retrasaron el comienzo del encuentro, que se tuvo que suspender en la octava entrada debido a las leyes de la ciudad de Filadelfia; el choque se reanudó el 28 de junio.

GRACIAS A CINCO INATRAPABLES DE CLEMENTE, LOS PIRATAS DERROTAN A LOS PHILLIES EN UN JUEGO INTERRUMPIDO POR TOQUE DE QUEDA

29 DE MAYO DE 1955
PIRATAS DE PITTSBURGH 11, PHILLIES DE FILADELFIA 5
(SEGUNDO JUEGO DE UNA DOBLE TANDA)
EN FORBES FIELD, PITTSBURGH

POR JOHN FREDLAND

Una lesión accidental frenó momentáneamente el espectacular desarrollo de Roberto Clemente en Pittsburgh. Tras una ausencia de cuatro juegos, el puertorriqueño de 20 años regresó el 29 de mayo y produjo cinco imparables en la victoria Pirata, 11-5, contra los Phillies de Filadelfia en el segundo partido del día. Su oportunidad de llegar a seis fue tronchada al ser remplazado por un corredor emergente.

En noviembre de 1954, Pittsburgh seleccionó a Clemente, bajo contrato con los Esquivadores de Brooklyn, con la primera selección del sorteo de la regla #5. Un salario de $5,000 anuales y una bonificación de $10,000 fueron parte del trato; la magnitud de la segunda cifra obligaba a Brooklyn a mantener el joven en su plantilla de grandes ligas por dos años. De no hacerlo, arriesgarían perderlo en el sorteo. Cuando Brooklyn desistió de protegerlo después de su campaña el la Liga Internacional en el 1954, los Piratas no dudaron en seleccionarlo con el primer turno.[1]

Clemente no jugó en los primeros tres partidos de la temporada de 1955, pero el dirigente Fred Haney lo añadió en la alineación del cuarto encuentro el 17 de abril. La grandeza de Clemente comenzó a ser evidente, y para el 22 del mismo mes, sus promedios (.281/.307/.450 en 31 juegos) le ganaron halagos de los cronistas de Pittsburgh.

"He aquí un joven puertorriqueño de 20 años, con un futuro en el béisbol tan brillante como cualquier otro jugador en el día de hoy" contó Les Bierderman del *Pittsburgh Press*. "Puede hacerlo todo y mejor aún, posee un deseo intenso de jugar el deporte".[2] "Aún nadie lo ha llamado

Willie Mays Jr., pero al joven guardabosque no le falta mucho para merecer el apodo" añadió Al Abrams del *Pittsburgh Post-Gazette*.[3] "Roberto Clemente ha sido la figura más sensacional en llegar a Forbes Field desde que Kiki Cuyler conectó explosivamente ese doble con las bases llenas para ganar la Serie Mundial del 1925" exclamó lleno de admiración Chilly Doyle del *Pittsburgh Sun-Telegraph*.[4]

Pero Pittsburgh, que había quedado en último lugar en cuatro de los más recientes años, perdió 11 juegos consecutivos en el período entre el 11 y el 22 de mayo, derrumbándose al sótano de la liga. Una abrumadora victoria el 24 de mayo, 15-1 sobre Brooklyn, líderes de la recién estrenada temporada, paró la mala racha. Clemente causó dificultades a sus antiguos patrones con dos imparables, un par de carreras y tres impulsadas.[5] El diario *Pittsburgh Press* recalcó que su número de uniforme ya había cambiado del 13 al 21.[6]

La noche siguiente, Clemente conectó dos inatrapables contra los Esquivadores, pero el juego fue suspendido por lluvia en la cuarta entrada.[7] Durante la práctica de bateo para el último juego de la serie en mayo 2, Clemente – quién hacía solo cinco meses se había lesionado el cuello y la espalda en un accidente de tráfico, dolencias que continuarían por el resto de su vida[8] –se torció el tobillo al girar durante su *swing* debido a la arcilla aún húmeda.[9] No pudo jugar esa noche descansó los partidos contra los Phillies el 27 y 28 de marzo; los Piratas perdieron esos tres encuentros.

Clemente no estuvo en la alineación del primer juego de la doble tanda la tarde del domingo, 29 de mayo. Los Piratas fueron derrotados nuevamente (5-2), su 15mo revés en 16 encuentros. Robin Roberts, el as de Filadelfia se alzó con la victoria, desestimando más de una hora de retraso por lluvia y el primer cuadrangular del Pirata Frank Thomas de la campaña.

Tras su ausencia en cuatro partidos, Clemente regresó a la acción en el segundo juego, en el primer lugar del orden de bateo. Las fortunas de los equipos iban en direcciones contrarias; Filadelfia había perdido 13 en hila a principios de la temporada, pero ahora había ganado siete en línea.[10] Los Piratas estaban a seis juegos de distancia se sus rivales estatales.

El veterano lanzador Max Surkont tomó la lomita por los Piratas con la esperanza de ponerle fin a su mala racha. Surkont, procedente del fructífero sistema filial de San Luis en las décadas de los 1930s y 1940s, traía una inflada marca de efectividad (5.78 ERA) a éste, su octavo partido

como abridor. En la primera entrada, retiró a los bateadores Phillies sin problema alguno.

Clemente comenzó la parte baja de la entrada contra Dave Cole. Apenas con 24 primaveras, el lanzador de Filadelfia ya jugaba con su cuarto equipo en seis temporadas. Con su estilo inconfundible,[11] Clemente colocó el primer lanzamiento en el jardín derecho, logrando un doble.[12]

El novato intermedista Gene Freese siguió a Clemente. El joven de 21 años había cometido un costoso error el día anterior. Corriendo con urgencia, olvidó de tocar segunda al correr las bases tras un sencillo de Román Mejías. La carrera hubiese ganado el partido para los Piratas, quienes cayeron frente a los Phillies.[13] En esta ocasión, Cole no puedo atrapar el toque de Freese, y los corredores de Pittsburgh llegaron a las esquinas.

Jerry Lynch remolcó a Clemente con un sencillo al jardín central. Freese se adueñó de tercera y segundos después anotó en el elevado batazo de Frank Thomas al bosque izquierdo. Dos sencillos consecutives por Preston Ward y George Freese, hermano de Gene, trajeron a Lynch al plato para una ventaja de tres carreras.

En la tercera entrada, Clemente de nuevo brindó la chispa para los Piratas. Con un hombre fuera, conectó un inatrapable que rebotó del guante de la segunda base Bobby Morgan. Morgan, en su atropello, tiró la pelota hacia primera pero el lanzamiento cayó en la banca. La combinación del sencillo y el error avanzó a Clemente hasta segunda base y Gene Freese lo impulsó con un sencillo para la cuarta carrera de Pittsburgh.

Por su parte, Sukront se había enfrentado al mínimo tras tres entradas. En la cuarta, los Phillies lograron causar estragos con un hombre fuera. Un toque bien colocado por Glen Gorbous se mantuvo en el lado derecho de la línea; un out después, Del Ennis enlazó un sencillo poco después. Willie Jones – quién junto a Ennis y Richie Ashburn eran los únicos miembros del equipo ganador del banderín de la Liga Nacional en 1950, los llamados "Niños Magos" (*Whiz*

Clemente en 1956 acompañado, de izquierda a derecha, por Frank Thomas, Lee Walls y Bill Virdon.

Kids) – envío el lanzamiento de Sukront sobre la pizarra del jardín izquierdo con un cuadrangular de tres carreras, poniendo el marcador a 4-3.

En la cuarta entrada, Clemente conectó otro sencillo, y el dirigente de Filadelfia Mayo Smith busco relevo con Thornton Kipper. Gene Freese produjo otro sencillo, pero los Piratas se quedaron sin anotar cuando Lynch bateó una roleta que produjo una doble matanza.

Los Piratas, como su nombre indica, no dieron tregua. El receptor suplente Jack Shepard, jugando como regular mientras Toby Atwell se recuperaba de un dedo fracturado,[14] recibió un boleto gratis con un hombre fuera y llegó a segunda tras un sencillo de Dick Groat. Shepard anotó la quinta carrera de

Pittsburgh gracias a Clemente, cuyo doble al jardín derecho era su cuarto indiscutible del partido.

Con dos *outs*, Earl Torgeson conectó un triple en la parta alta de la sexta entrada, pero quedó a 90 pies de la tierra prometida y los Phillies se mantuvieron a dos carreras de distancia. Thomas, quién en el primer juego quebró su racha de 33 juegos sin cuadrangular, conectó su segundo del día con un lineazo al bosque izquierdo, aumentando la ventaja a 6-3.

Ward recibió una base por bolas y anotó tras un doble de George Freese. Smith remplazó a Kipper con Ron Mrozinski pero un sencillo de Groat impulsó a Freese. Los Piratas aumentaron su ventaja, 8-3.

Sukront seguía en la lomita y retiró a los Phillies en la séptima entrada. En la parte baja, Clemente obtuvo su tercer doble, marcando su quinto inatrapable en igual número de veces al bate. Con una sólida ventaja y recordando la reciente lesión de Clemente, Haney envió a Mejías como corredor emergente.[15]

Aunque el béisbol no tiene reloj, el tiempo se estaba acabando en Forbes Field. Las reglas estatales de Pensilvania prohibían el juego después de la 7 P.M. los domingos.[16] Los retrasos por lluvia durante el primer partido habían acortado el tiempo disponible para el segundo. Mrozinski retiró a los dos Piratas que enfrentó, pero las manillas llegaron al tiempo límite. La acción se detuvo hasta la próxima visita de Filadelfia, pautada para julio.

El 8 de julio los Phillies regresaron a Pittsburgh. Filadelfia, en séptimo lugar, tan sólo aventajaba a los Piratas, plantados en el sótano. Al reanudarse el encuentro, Mrozinski estaba de nuevo en el montículo. Marv Blaylock era el corredor en primera base, reemplazando a Torgeson, cuyo contrato se había vendido a Detroit el 15 de junio. Mrozinski retiró a Thomas para acabar la entrada.

La defensa de Pittsburgh también reflejó las transiciones de la franquicia. Johnny O'Brien había regresado de su compromiso con el ejército y era el nuevo intermedista, tomando el rol de Gene Freese.[17] George Freese había sido enviado a las ligas menores y Dick Cole lo suplantó en tercera.[18] Atwell, cuyo dedo había sanado, ahora estaba en la receptoría. Surkont continuó su labor y aunque el sencillo de Ennis apretó el marcador a 8-4, los Phillies no se acercaron más.

Los Piratas se mantuvieron en control frente al zurdo Bob Kuzava. Sencillos consecutivos de Cole, Atwell y Groat-después de marcar un out-contribuyeron una carrera adicional. El inatrapable de Groat marcó su cuarto del partido. En la batalla de lanzadores, el toque de Sukront con dos strikes llenó las bases.

El turno le hubiese correspondido a Clemente, pero ahora la oportunidad era de Mejías, que permaneció en el bosque derecho después de reemplazar a Clemente. El cubano de 24 años conectó un sencillo, empujando a Atwell y a Groat y aumentando la ventaja a 11-4. Sukront completó el juego, aunque permitió una carrera sucia en la novena entrada.[19]

Clemente perdió la oportunidad de conseguir un sexto imparable cuando Mejías lo reemplazó como corredor. No obstante, Clemente marcó el primer juego de su carrera con cinco inatrapables. Antes de su trágica muerte en Nochevieja del 1972, conseguiría siete más.

NOTA DEL AUTOR

Además del juego de cinco inatrapables de Clemente, la partida doble incluyó los primeros dos cuadrangulares de Frank Thomas, quién no había conectado ninguno en los primeros 33 juegos de la temporada. En 1954, Thomas lideró al equipo con 23 cuadrangulares, bateó .298/.359/.497 y recibió votos para el premio JMV. Durante la primavera tuvo una dispute con el gerente general Branch Rickey y no se reportó a los entrenamientos. Después de firmar su contrato, el jardinero de 25 años tuvo un débil arranque de la temporada (.149/.208/.191) hasta el 22 de mayo. Promedió .308 desde el 20 de agosto hasta finales de la temporada, y sus 25 cuadrangulares fueron la cifra máxima del equipo.a

En la convención nacional #48 de SABR (Pittsburgh, 2018), Thomas (a sus 89 años) participó como panelista sobre Rickey. Habló sin pelos en la lengua sobre sus negociaciones contractuales.

"Mr. Rickey y yo tuvimos nuestros problemas" recordó Thomas. "Me trató pésimamente. … si en aquellos tiempos hubiésemos tenido agentes … nosotros mismos negociábamos los contratos. Ellos tenían la ventaja y nos trataban como esclavos. O accedíamos o no jugábamos. Y alguién como yo, que amaba el béisbol, firmaba".[20]

FUENTES

Además de las fuentes citadas en las notes, el autor consultó a los sitios Web Baseball-Reference.com y Retrosheet.org para información sobre los juegos indicados; los periódicos

Philadelphia Inquirer y *Pittsburgh Post-Gazette* por sus reseñas; y las biografías de los jugadores incluidas en el Proyecto de Biografías de SABR, especialmente de Roberto Clemente (por Stew Thornley), de Max Surkont (por David E. Skelton) y de David Cole (Austin Gisriel). El autor agradece a Steven Weiner, miembro de SABR, por su ayuda con un borrador del artículo.

https://www.baseball-reference.com/boxes/PIT/
PIT195505292.shtml

https://www.retrosheet.org/boxesetc/1955/
B05292PIT1955.htm

NOTAS

1   David Maraniss, *Clemente: The Passion and Grace of Baseball's Last Hero* (New York: Simon & Schuster Paperbacks: 2006), 36-37, 56-57. Los Piratas seleccionaron a Clemente de la plantilla de los Esquivadores de acuerdo con las reglas de jugadores con alto nivel de bonificación en sus contratos entre 1953 y 1957. Edgar Munzel, "Bankrolls Now Only Limit on Bonus Bids," *The Sporting News*, 18 de diciembre de 1957: 11.

2   Les Biederman, "The Scoreboard," *Pittsburgh Press*, 10 de mayo de 1955: 31.

3   Al Abrams, "Sidelights on Sports," *Pittsburgh Post-Gazette*, 23 de mayo de 1955: 18.

4   Chilly Doyle, "Fans Like Clemente," *Pittsburgh Sun-Telegraph*, 4 de mayo de 1955: 26.

5   Clemente bateó .345 en 291 juegos vitalicios contra los Esquivadores de Brooklyn y Los Ángeles, su mejor marca contra una franquicia.

6   Les Biederman, "The Scoreboard," *Pittsburgh Press*, 25 de mayo de 1955: 37.

7   Lester J. Biederman, "Cleanup Spot Baffles Pirates," *Pittsburgh Press*, 26 de mayo de1955: 24.

8   Maraniss, 65.

9   Jack Hernon, "Bums Profit on Buc Charity at Home, 6-2: Poor Outfielding Yields Five Runs," *Pittsburgh Post-Gazette*, 27 de mayo de 1955: 20.

10 Stan Baumgartner, "Mayo, Now Having Seen Worst, Hopes for Better Days for Phils: Team Blew Leads Seven Times in 13-Game Losing Streak," *The Sporting News*, 25 de mayo de 1955: 8.

11 Maraniss, 152.

12 Jack Hernon, "Pirates Lose, 5-2, Then Lead at Curfew, 8-3: Thomas Homers in Both Games," *Pittsburgh Post-Gazette*, 30 de mayo de 1955: 39.

13 Lester J. Biederman, "'Boner' by Gene Freese Gives Phils 8-4 Victory: Bucs' Winning Run in 10th Is Nullified," *Pittsburgh Post-Gazette*, 29 de mayo de 1955: 4, 1; "Freese Pulls a 'Merkle': Bucs Bow in 11, 8-4," *Daily News*, 29 de mayo de 1955: C25; "Stupidity Costs Pirates Victory: Rookie Leaves Field on Forced Play," *Selma* (Alabama) *Times-Journal*, 29 de mayo de 1955: 6.

14 Charles J. Doyle, "Same Old Story: Bucs Lose Lead," *Pittsburgh Sun-Telegraph*, 28 de mayo de 1955: 10.

15 Lester J. Biederman, "Bucs See Wehmeier Slighted by All-Stars," *Pittsburgh Press*, 9 de julio de 1955: 6.

16 En 1959, el estado de Pensilvania derogó la ley que prohibía juegos los domingos antes de las 6 P.M. "Sunday Baseball Bill to Get OK," *Pittsburgh Post-Gazette*, 30 de julio de1959: 1.

17 "O'Brien Twins to Rejoin Pirates Late Next Week: Both Slated for Army Discharge; Out to Win Back Infield Positions," *Pittsburgh Post-Gazette*, 1 de junio de 1955: 22.

18 Charles J. Doyle, "George Freese, Wade Unhappy," *Pittsburgh Sun-Telegraph*, 16 de junio de 1955: 32.

19 Surkont también abrió el partido previamente pautado para el 8 de julio, pero los Piratas perdieron el partido contra los Phillies. Jack Hernon, "Pirates Win Suspended Game, 11-5; Lose, 5-1: Surkont Finishes 1st Tilt, Starts 2nd," *Pittsburgh Post-Gazette*, 9 de julio de 1955: 10.

20 *Branch Rickey, The Pittsburgh Pirates Years*, SABR 48, 23 de junio de 2018. sabr.org/latest/sabr-48-listen-highlights-branch-rickey-pittsburgh-pirates-years-panel/

ROBERTO CLEMENTE ENCABEZA A LOS PIRATAS CON UN CUADRANGULAR DENTRO DEL PARQUE CON LAS BASES LLENAS

25 DE JULIO DE 1956
PIRATAS DE PITTSBURGH 9, CACHORROS DE CHICAGO 8
EN FORBES FIELD, PITTSBURGH

POR STEVEN C. WEINER

El redactor tiene una lsumamente difícil responsabilidad periodística. Con cada edición debe brindar al lector un titular llamativo, mezclando júbilo y tragedia, preocupación y alivio, victoria y derrota, al cautivar la atención al cubrir los acontecimientos diarios. El 26 de julio de 1956, el *Pittsburgh Post-Gazette* logró este balance al comunicar que "Chocan cruceros de lujo; 1,100 personas abandonan a Andrea Doria".[1]

Poco antes de la medianoche, el barco sueco *MS Stockholm* había impactado la nave italiana *SS Andrea Doria* en las aguas cercanas a la isla de Nantucket, en Nueva Inglaterra, apoderadas por una profunda neblina. La embarcación *Andrea Doria* sufrió graves daños que lograron volcarla horas más tarde. Aunque 1,660 personas fueron heroicamente rescatadas, 51 otras perecieron en el accidente. La foto de la *Andrea Doria* y el relato, ocupando dos columnas, recopilaron la tragedia y sus detalles.[2]

Para los amantes del deporte, una reseña titulada "Nuevamente Clemente nuevamente: los Piratas ganan en 'final Merriwell', 9-8" otorgaba una pista sobre el logro jamás visto, y que hasta el 2018, sigue sin repetirse.[3] Roberto Clemente brindó su apasionado estilo a Pittsburgh la temporada anterior, ganando un rol titular en su campaña de novato. Esa noche conectó un cuadrangular contra el lanzador de los Cachorros Jim Brosnan. Pero no fue un cuadrangular cualquiera, sino uno dentro del parque, con las bases llenas, consiguiendo la victoria de los Piratas.

Clemente era un dotado bateador, pero a su vez impaciente que trataba de pegarle a cualquier lanzamiento, no importando cuán fuera de la zona de strikes se encontrase.[4] Su aptitud le valió reconocimiento como un "buen bateador de malos lanzamientos".[5] El lanzador Jack Cassini fue su compañero de equipo con los Reales de Montreal en 1954. Al ser entrevistado para la biografía de Clemente, escrita por Stew Thornley para el proyecto de SABR, Cassini recordó que "él podía batear; no necesitaba un lanzamiento bueno. Para enfrentarlo, la mejor manera era un lanzamiento justo sobre el centro del plato".[6] Como prueba, Clemente tuvo tan sólo 13 bases por bolas en

572 apariciones el plato en 1956. Durante un tramo de la temporada, no recibió boleto gratis en 192 apariciones consecutivas, a lo largo de 50 juegos.[7]

Los Piratas enviaron al montículo a Bob Friend (12-8, 3.24 de efectividad y nombrado al equipo todos-estrellas) y los Cachorros a Warren Hacker (2-8, 5.37). Los equipos concluirían la temporada en último y penúltimo lugar, respectivamente.

Los Piratas estrenaron el marcador en la cuarta entrada con un sencillo del cuadro interior seguido por el vigésimo cuadrangular de la temporada de Dale Long. Además de brindar una ventaja de 2-0, el imparable quebró el antiguo récord de bateadores zurdos de los Piratas, previamente establecido por el campocorto Arky Vaughan y sus 19 en 1935.[8] Clemente impulsó la tercera carrera en la quinta entrada con un sacrificio al jardín central, remolcando a Friend.

Bill Virdon (con un doble) y Bob Skinner (con un boleto gratis) habían llenado las bases, pero quedaron naufragados. En la sexta, dobles en hilo de Frank Thomas y Jack Shepard añadieron otra carrera y acabaron con la estadía de Hacker en el montículo, entrando Vito Valentinetti en relevo.

Por su parte, Bob Friend había enfrentado pocos obstáculos al llegar a la octava entrada. Su ventaja se acortó a 4-1 cuando cuatro sencillos produjeron la primera anotación de los Cachorros. Las bases se mantuvieron congestionadas para Roy Face, a estas alturas de su carrera casi exclusivamente relevista, quién remplazando a Friend permitió un trio de dobles a Walt Moryn, Eddie Miksis, and Hobie Landrith para poner el marcador a 7-4 a favor de los Cachorros. Ambos equipos anotaron carreras solitarias para mover la pizarra a 8-5. La de Chicago fue a base de tres sencillos contra Face al tener dos *outs*; Nellie King lo suplantó y cerró la novena entrada ponchando a Miksis con tres lanzamientos.[9] Como obra dramática, el escenario se preparó para la proeza del héroe.

Con Turk Lown en la lomita por los Cachorros, una base por bola otorgada a Hank Foiles, un sencillo de Bill Virdon y un boleto gratis para Dick Cole llenaron las bases para el turno de Clemente. Jim Brosnan entró en relevo y su primer (y único) lanzamiento fue "alto y apretado" según Jack Hernon.[10] Sin duda alguna, Clemente intentaría batearlo. Conectó sobre la cabeza de Jim King en el jardín izquierdo; la pelota tronó contra la verja y rebotó hacia el jardín central. Los tres corredores anotaron fácilmente y Clemente, a todo tren, ignoró la señal de Bobby Bragan, quién le suplicaba que se detuviese. El tiro del guardabosque central Solly Drake fue interceptado por Ernie Banks quién a su vez lanzó al receptor Hobie Landrith. Esos últimos momentos fueron plasmados por la reseña del *Pittsburgh Post-Gazette*: "se deslizó, pero no tocó el plato, así que estiró su mano para tocarlo con la novena carrera de Pittsburgh, deleitando al frenesí de los 12,431 asistentes con la victoria, 9-8".[11]

¿Sería Clemente multado por ignorar a Bragan? Las circunstancias lo auguraban. Después del partido, las expresiones de Bragan reflejaban la estrategia doctrinaria del béisbol: "Clemente empató el juego y yo le di el gesto de detenerse… como quiera teníamos bateadores de alto poder que venían al plato, sin ningún out y la posibilidad de que Bobby anotase gracias a uno de ellos parecía bastante segura".[12] Por su parte, Clemente admitió que había ignorado adrede la orden de Bragan.

Bragan cursaba el primer de lo que serían cuatro años al mando de los Piratas, desesperadamente tratando de cambiar el rumbo de la franquicia tras cuatro años en el sótano de la Liga Nacional.[13] Su tendencia a multar jugadores comenzó a principios de la temporada. Tras perder el segundo juego contra los Gigantes de Nueva York, multó a Clemente por no reconocer el signo del toque suicida y a Dale Long por pésimo juicio al interceptar un tiro de los jardines; ambas infracciones costaron $25.[14] Bragan explicó sus razones al decir "un dirigente se puede meter en problemas serios si no presta atención a los pequeños detalles. Estos problemas se pueden convertir en asuntos grandes, por lo que es mejor pararlos ahora".[15]

Un artículo de *Sports Illustrated* escrito por Creamer reveló las razones por esas pequeñas multas-$5 por llegar tarde al parque, $10 por no hacer un lanzamiento fuero (*pitchout*), $20 por no deslizarse a segunda base en momentos cruciales. "Las multas no son muy altas, pero lastiman el orgullo de los hombres y conllevan la idea primordial de Bragan que este equipo es demasiado bueno para jugar sin atención; la falta de atención es para equipos sotaneros".[16]

La gesta de Clemente y la victoria de los Piratas mantuvo al equipo en quinto lugar. Sólo sabe Dios cómo Bobby Bragan se sentiría después del juego, pero Clemente no fue multado.

Curiosamente, tardarían 32 años antes de que la frase "dejar en el terreno" entrase en el vocabulario del béisbol. "La frase fue creada por el lanzador de los Atléticos de Oakland Dennis Eckersley para referir al solitario regreso al camerino después de permitir la carrera de la victoria (Gannett News Service, 30 de julio de 1988)".[17] Eckersley lo usó de manera negativa, al estar desanimado al perder el juego.[18] Hoy en día, el vocablo s e usa para describir el júbilo del bateador y los fanáticos cuando el equipo anfitrión gana el juego de esa manera.

El dramático efecto de un cuadrangular para dejar al contrario en el terreno ocurre bastante a menudo. Esa misma noche pasó en Jersey City, New Jersey. El autor, en aquél entonces adolescente, asistió con su padre al Estadio Roosevelt, donde los Esquivadores doblegaron a los Cincinnati, 2-1.[19] Para el deleite del público, acérrimos seguidores de Brooklyn como el autor, fue una noche inolvidable gracias el cuadrangular de Duke Snider para dejar a los Rojos en el terreno. ¡Pero ese final no se puede comparar con el de Pittsburgh!

"Lo que Roberto Clemente logró en Pittsburgh ese 25 de julio de 1956 dejó atónitos a todos los amantes del béisbol precisamente porque transcendió el deporte, pasando a ser una obra teatral y después alcanzando aires mitológicos. El desafío de su dirigente-ignorando la señal de 'pare' que el pobre Bobby Bragan le indicó-aumenta la calidad de la leyenda".[20]

Aunque parezca improbable, la serie de circunstancias que engendraron esa jugada podrían repetirse. No obstante, el cuadrangular dentro del parque, con las bases llenas, pera dejar al contrario en el terreno es casi inigualable gracias a Roberto Clemente. Debemos celebrar lo que Clemente logró esa noche y disfrutar del apasionante estilo que nos obsequió durante su carrera.

Este artículo fue previamente publicado en el tomo "Momentos felices y descorazonados: 66 episodios significativos en la historia de los Piratas de Pittsburgh," *Moments of Joy and Heartbreak: 66 Significant Episodes in the History of the Pittsburgh Pirates* (SABR, 2018), editado por Jorge Iber y Bill Nowlin.

FUENTES

Además de las fuentes citadas en las notas, el autor consultó los sitios Web Baseball-Reference. com y Retrosheet.org.

https://www.baseball-reference.com/boxes/PIT/PIT195607250.shtml

https://www.retrosheet.org/boxesetc/1956/B07250PIT1956.htm

NOTAS

1   "Hits Stockholm in Heavy Fog, Italian Ship Listing So Badly She Can't Lower Life Boats; Vessels Racing to Rescue," *Pittsburgh Post-Gazette*, 26 de julio de 1956: 1.

2   Evan Andrews, "The Sinking of Andrea Doria," History.com, 25 de julio de 2016, consultado el 12 de septiembre de 2017, history.com/news/the-sinking-of-andrea-doria.

3   "Un final estilo de Frank Merriwell: Un dramático y exitoso final de un juego de béisbol de la manera empleada por Burt L. Standish (nombre de pluma de Gilbert Patten) con su personaje ficcioso Frank Merriwell, quién triunfaba semana tras semana de manera espectacular con incomparables hazañas. Estos logros como deportista y académico fueron leídas por millones entre el 1896 y el 1914 en Tip Top Weekly, une revista enfocada a los jóvenes adolescentes". Paul Dickson, *The Dickson Baseball Dictionary*, 3rd Edition (New York: W.W. Norton & Company, 2009), 345.

4   Dickson, 347.

5   Dickson, 43.

6   Stew Thornley, "Roberto Clemente," *Proyecto Biográfico de Béisbol de SABR*, (entrevista telefónica con Jack Cassini, 20 de junio de 2005).

7   Les Biederman, "Clemente in 50 Games Without Walk," *The Sporting News*, 8 de agosto de 1956: 18.

8   Jack Hernon, "Bucs Bounce Back After Losing Lead, Rally in 9th After Chicago's 7-Run 8th; Long Sets HR Mark," *Pittsburgh Post-Gazette*, 26 de julio de 1956: 14.

9   Al mencionar este juego, el autor entiende que es necesario mencionar la sobresaliente carrera de Roy Face (16 años), detallada por Gary Gillette. Face lideró la Liga Nacional con 68 juegos lanzados, empatando el récord de grandes ligas al lanzar en nueve partidos consecutivos entre el 3 y el 13 de septiembre del 1956.

10 Hernon.

11 Hernon.

12 "Clemente Ignored Stop Sign on Slam, but Escaped Fine," *The Sporting News*, 8 de agosto de1956: 18.

13 Los Piratas de Pittsburgh terminaron la temporada de 1956 en séptimo lugar en la Liga Nacional con una faja de 66-88. Sólo los Cachorros de Chicago (octavos) estuvieron en peor lugar. En la temporada de 1957, el equipo seguía en séptimo lugar cuando Danny Murtaugh suplantó a Bragan.

14 "Bragan Cracks Down Early, Fines Clemente, Long $25," *The Sporting News*, 25 de abril de 1956: 21.

15 "Les Biederman, "Bear-Down Bragan Means Business, Buc Fans Learn," *The Sporting News*, 2 de mayo de 1956: 7.

16 Robert Creamer, "The Sad Song of Bobby," *Sports Illustrated*, 6 de mayo de 1957: 54-58.

17 Dickson, 919.

18 Aunque no fue confirmado por el autor, es posible que Dennis Eckersley se refería al juego entre Oakland y Seattle en el Kingdome el 29 de julio de 1988. Eckersley entró al Partido en la décima entrada en búsqueda de su rescate #31 de la temporada. Los Atléticos tenían una ventaja de 3-2 pero Steve Balboni conectó un cuadrangular de tres carreras y así surgió el término "dejar en el terreno".

19 Steven C. Weiner, "July 25, 1956: Dodgers Win on Snider Walk-Off Home Run in Jersey City," Proyecto de juegos de SABR.

20 Martin Espada, "The Greatest Forgotten Home Run of All Time," *The Massachusetts Review*, Vólumen 56, Número 2, Verano 2015: 249-255.

ROBERTO CLEMENTE DISPARA TRES TRIPLES EN LA VICTORIA DE PITTSBURGH SOBRE CINCINNATI

8 DE SEPTIEMBRE DE 1958
PIRATAS DE PITTSBURGH 4, ROJOS DE CINCINNATI 1
EN FORBES FIELD, PITTSBURGH

POR THOMAS J. BROWN JR.

Agosto fue un mes muy productivo para los Piratas. El club triunfó en 21 ocasiones, perdiendo en 12 otras para mejorar su foja a 70-61 al comenzar el último tramo de la temporada. A pesar de su buena racha, se mantenían a siete juegos y medio de distancia de los Bravos de Milwaukee, lideres de la Liga Nacional. Los corsarios continuaron su buen camino en la primera semana de septiembre, ganando cinco de sus ocho partidos. Aunque derrotaron a los Bravos en tres de los cuatro encuentros de su serie, los Piratas tan solo se acercaron por un juego.

Cincinnati, en cuarto lugar, visitó a Pittsburgh el 8 de septiembre para disputar un partido cancelado por lluvia cuatro días antes. Los Rojos estaban enrachados, triunfando en 13 de sus más recientes 16 choques. Al tomar el terreno, los colorados llevan cinco victorias en hilo, secuencia que comenzó al doblegar a los mismos bucaneros 7-4 la semana anterior, antes de barrer a los sotaneros Phillies de Filadelfia.

EL NOVATO

Curt Raydon tomó la lomita por los locales. El diestro había cursado cuatro años en los clubes filiales de Pittsburgh tras acoplarse a la organización a través de un trueque de siete jugadores en diciembre de 1953.[1] Raydon traía una marca personal de siete triunfos y cuatro reveses, ayudado por una efectividad de 3.70. La suerte no la había favorecido ante los Rojos, quiénes le derrotaron en dos ocasiones en abril, cuando lanzó dos entradas y dos tercios en relevo de sus compañeros. El 9 de agosto se enfrentó de nuevo contra los Rojos en capacidad de serpentinero abridor y condujo la nave Pirata a una victoria, 5-2, tras sus ocho entradas y un tercio. Dicha faena le brindó su sexto triunfo de la campaña. El 3 de septiembre se enfrascó en otro duelo con Cincinnati, pero los colorados le vencieron, 7-4, tras sus cuatro entradas y dos tercios de esfuerzo.

Raydon permitió sencillos con dos *outs* en las primeras dos entradas pero mantuvo a los Rojos sin anotar. Al comenzar el tercer episodio, le otorgó un boleto gratis a su homólogo Tom Acker, pero una doble matanza y un elevado le sacó de apuros. El próximo corredor de Cincinnati no llegó hasta la quinta entrada, tras una base por bolas a Roy McMillan con dos hombres fuera, pero otro bombo clausuró el episodio sin percance alguno.

El también derecho Acker, escogido como abridor por el piloto Jimmy Dykes, había gozado de una buena temporada en 1957 (10-5) pero la brega se le había hecho difícil en 1958. Tras dos meses difíciles al empezar el 1959, los Rojos le asignaron tareas de relevo hasta el final de agosto, cuando de nuevo comenzó un partido. Sus tres victorias en la campana sucedieron ese mes y su último compromiso como abridor en septiembre 3 fue contra Raydon y los mismos corsarios. Fue la otra cara de la moneda, permitiendo las cuatro anotaciones de los bucaneros en seis entradas, saliendo del juego con la pizarra empatada.

En su primer episodio, Acker retiró a los locales sin problema alguno. En la segunda entrada, Bob Skinner comenzó la ocasión con un doble pero quedó naufragado tras tres *outs* corridos, uno por un elevado a los jardineros y los otros dos por roletas. El tercer parcial fue de fábula, de nuevo eliminando a sus contrincantes sin problemas, pero las cosas se le pusieron canutas en la cuarta entrada tras un triple de Roberto Clemente, descrito como "un tremendo bombazo a la torre del jardín izquierdo".[2] Sin embargo, los Piratas se quedaron con las ganas de anotar ya que Acker abanicó a sus próximos dos contrincantes e indujo a Frank Thomas a un *out* vía elevado a los bosques.

En la quinta, se le acabó la suerte al serpentinero cuando "la defensa de Acker le decepcionó".[3] Bill Hall organizó la fiesta con un doble con dos hombres fuera y Raydon, cuyos 35 infructíferos turnos al bate en lo que iba del año, conectó una suave roleta hacia la primer almohadilla, dónde el inicialista George Crowe falló en atraparla y accidentalmente la pateó hacia el área *foul*.

La secuencia continuó: cuando Crowe por fin alcanzó la pelota cerca de los asientos cerca de la primera base, intentó fulminar a Hall, quién estallaba hacia el plato. Su tiro sobrepasó al receptor Smoky Burgess y Hall anotó la primera carrera de los corsarios. Cuando se esclareció el asunto, Raydon había tomado posesión de la intermedia tras su primer inatrapable de su carrera. El serpentinero anotó su primera carrera cuando Bill Virdon bateó un doble al jardín central y Clemente lo remolcó con su triple al bosque derecho-central. Desafortunadamente para el astro boricua, en su frenesí trató de estirar el indiscutible y "fue fulminado en una cerrada jugada en el plato cuando trató de lograr el cuadrangular dentro del parque" para concluir la entrada.[4]

Cincinnati amenazó en la sexta con dos corredores gracias a un doble de Jerry Lynch y una base por bolas de Frank Robinson. Raydon mantuvo su blanqueada tras una roleta de Burgess hacia la intermedia para el tercer *out*.

Los Rojos por fin anotaron en la séptima, siendo Raydon la víctima de una defensa inefectiva. El inicialista Dick Stuart no acaparó la roleta de Crowe y Alex Grammas propinó un sencillo al jardín izquierdo. El lanzador Don Newcombe,[5] con un excepcional promedio de .373 (22 imparables en 59 turnos) entró de emergente por McMillan. Su roleta hacia Stuart parecía doble matanza segura, pero al ir por la lana, fue trasquilado. Ambos corredores fueron declarados quietos y las bases se congestionaron tras el segundo error de Stuart.

Dykes envío al zurdo Bob Thurman como emergente, remplazando a Acker. El piloto Danny Murtaugh optó por jugar ajedrez y traer al también Don Gross a la lomita. Gross conocía a Cincinnati, ya que la organización lo cambió a los Piratas el invierno anterior por Bob Purkey. Al entrar al partido, contaba con una efectividad de 3.95 en 37 actuaciones, la mayoría de ellos como relevista. Dykes contraatacó al sacar a Thurman, enviando al derecho

Walt Dropo al plato. Gross indujo una doble matanza pero Crowe anotó la primera carrera de los huéspedes. Gross limitó el daño al obligar a Johnny Temple con un bombito en el cuadro.

Pittsburgh no se quedó con las manos cruzadas, anotando por cuarta vez en la octava. Clemente de nuevo protagonizó la acción, esta vez con dos *outs*. Su tercer triple al jardín derecho-central, lo puso en condición óptima para anotar cuando Stuart le remolcó con un sencillo que ensanchó la ventaja a 4-1. Gross retiró a los Rojos sin problemas en las últimas dos entradas, terminando la novena con tres roletas en hilo, para lograr su séptimo rescate de la campaña. Interrogado sobre sus triples, Clemente comentó tras al concluir el juego "los primeros dos fueron bolas rectas y al tercero, le conecté a una curva".

[6] Así se convirtió en el 32do jugador en batear tres triples en un mismo partido. Danny O'Connell de los Bravos de Milwaukee había sido el más reciente, el 13 de junio de 1956 contra los Phillies. El último Pirata en lograr el hito fue el también puertorriqueño Carlos Bernier en el mismo Forbes Field el 2 de mayo de 1953. Con este partido, Clemente contaba con una decena de triples en la temporada.[7]

Al preguntársele si había tratado de conectar tres cuadrangulares, como lo hizo su compañero Román Mejías dos cuadrangulares contra Filadelfia. La tercer vez que fui al bate, Mejías me dijo 'no batées tres cuadrangulares, por favor. Cuando yo lo hice, me pusieron en la banca'".[8]

La victoria le dio la ventaja a los Piratas en su serie regular contra Cincinnati, 12 triunfos frente a 10 fracasos, por vez primera aventajando a los Rojos desde el 1949. El triunfo colocó a los bucaneros a seis juegos de los Bravos, quienes no jugaron ese día, y detuvo la ristra de los Rojos a cinco juegos ganados. Cincinnati se mantuvo a 12 juegos del primer lugar, con igual número de victorias y derrotas.

Al salir por la puerta ancha, Pittsburgh marcó su décimo triunfo en 17 encuentros, esperanzando a sus aficionados a poder alcanzar a los Bravos, pero el cuento no tuvo ese final. Aunque los corsarios triunfaron en ocho de sus próximos nueve compromisos, perdieron sus últimos cinco encuentros y llegaron en segundo lugar, a ocho juegos de distancia.

En su quinta temporada en las grandes ligas, Clemente consolidó su rol como guardabosque derecho de los Piratas. Aunque no llegó a .300 ese año, su promedio de .289 fue la cuarta marca más alta del equipo. Por segunda vez, Clemente logró más de un triple en un partido, siendo la primera durante su campaña de novato al conectar un par en la victoria, 7-5, sobre Brooklyn, el 3 de julio de 1955. A través de su carrera, Clemente logró 166 triples, con cinco partidos en los cuáles obtuvo más de uno.[9]

FUENTES

Además de aquellas citadas en las Notas, el autor consultó a los sitios Web Baseball-Reference.com y Retrosheet.org para verificar la reseña del partido y la información de la temporada para ambos equipos.

https://www.baseball-reference.com/boxes/PIT/PIT195809080.shtml

https://www.retrosheet.org/boxesetc/1958/B09080PIT1958.htm

NOTA DEL TRADUCTOR

Los Rojos de Cincinnati cambiaron el nombre de su equipo a los "Redlegs" (piernas rojas) durante 1956-1960 debido a las sospechas de comunismo, embestidas por el Senador Joseph McCarthy, a toda cosa autodenominada "roja". Por motivos de estilo, esta traducción usa "Rojos" y no "Piernas Rojas".

FUENTES

In addition to the sources cited in the Notes, the author used the Baseball-Reference.com and Retrosheet.org websites for box-score, player, team, and season pages, pitching and batting logs, and other pertinent material.

https://www.baseball-reference.com/boxes/PIT/PIT195809080.shtml

https://www.retrosheet.org/boxesetc/1958/B09080PIT1958.htm

NOTAS

1 Milwaukee cambió a Raydon y a Larry Lassalle (jugador de ligas menores), Sid Gordon, Sam Jethroe, Max Surkont, Fred Waters y un pago de $100,000 a los Piratas por Danny O'Connell el 26 de diciembre de 1953.

2 "Rookie Hurler Ignites Bucs' Winning Rally," *Cincinnati Enquirer*, 9 de septiembre de 1958: 31.

3 "Rookie Hurler."

4 "Rookie Hurler."

5 Newcombe llegó a los Rojos tras un trueque el 15 de junio de 1958, procedente de los Esquivadores de Los Ángeles. Newcombe, Steve Bilko y Johnny Klippstein llegaron a Cincinnati y Art Fowler y Charlie Rabe fueron traspasados a Los Ángeles. En sus ocho años con los Esquivadores, bateó .265 con 28 dobles y 11 cuadrangulares; por ende, a nadie debe haber sorprendido su uso como bateador emergente.

6 George Esper (Prensa Asociada), "Pirates Clip Redlegs, 4-1," *Indiana* (Pennsylvania) *Gazette*, 9 de septiembre de 1958: 11.

7 Los tres triples de Clemente fueron los últimos que conectó esa campaña..

8 Esper.

9 Clemente obtuvo dos triples cuando los Piratas doblegaron a los Phillies 9-1 el 9 de mayo de 1959. Además conectó dos triples durante una victoria 11-8 sobre los Bravos el 12 de junio de 1966. Disfrutó por última vez un partido con más de un triple el 21 de julio de 1967, disparando un par contra los Astros de Houston durante el triunfo bucanero 9-1.

PRESAGIANDO UN CAMPEONATO

14 DE ABRIL DE 1960
PIRATAS DE PITTSBURGH 13, ROJOS DE CINCINNATI 0
EN FORBES FIELD, PITTSBURGH

POR JEFF BARTO

Los Piratas de Pittsburgh gozaron de una temporada de ensueño en 1960. Además de su victoria en la Serie Mundial, la franquicia presumió del Jugador Más Valioso (JMV, o MVP por sus siglas en inglés), el ganador del premio Cy Young y dos futuros integrantes del Salón de la Fama. Estos honores se presagiaron en su partido inaugural como anfitriones, en el cuál dominaron a los Rojos de Cincinnati, 13-0. El campocorto Dick Groat conectó tres imparables (entre ellos un doble), anotó tres carreras e inició tres doble matanzas para empezar con buen pie su campaña de JMV. El derecho Vernon Law lanzó una blanqueada, escatimando siete inatrapables sin otorgar boletos gratis. Roberto Clemente y Bill Mazeroski, futuros residentes de Cooperstown, contribuyeron sus mejores partidos de la temporada. Clemente tuvo un día perfecto en la caja de bateo, impulsando cinco carreras con sus tres inatrapables (un par de dobles) y un sacrificio a los jardines. Mazeroski remolcó cuatro compañeros con un doble y un cuadrangular de larga distancia; en el campo, añadió tres doble jugadas. Este partido auguró el primer título de la franquicia desde 1925.

Los Piratas habían perdido su primer juego en Milwaukee, 4-3. Dos días después, el 14 de abril, 34,604 de sus seguidores se dieron cita en el Forbes Field, la mayor cifra para un juego inaugural en 12 años.[1] Joseph Barr, alcalde de Pittsburgh, efectuó el primer lanzamiento antes del comienzo del encuentro a la 1:30 P.M.[2] El clima se comportó de manera extraña; en los días previos, una capa de nieve cubrió los jardines, cuyo césped absorbió la humedad.[3] Pero a la hora de la verdad, el termómetro registró 83 grados Fahrenheit gracias a una sorprendente ola de calor que proveyó un atmósfera pegajosa.[4]

Law, ganador de 18 juegos la temporada previa, se enfrentó a Cal McLish, quién triunfó en 19 juegos para los Rojos. Ambos derechos pasaron la primera entrada sin problemas. En la segunda, la primera base Frank Robinson conectó un elevado bombo a los bosques que capturó Clemente. Law le propinó un pelotazo accidental al jardinero derecho Tony González, pero su presencia fue borrada por la primera del trío de doble matanzas de Groat y Mazeroski. El receptor Ed Bailey conectó un roletazo a Groat que acabó la amenaza colorada.

Por su parte, McLish tuvo dificultades en la segunda entrada, permitiendo tres carreras gracias a tres indiscutibles de extrabases. Con un hombre fuera, Clemente conectó un doble que rebotó contra la pared del jardín izquierdo. El receptor Smoky Burgess le siguió con otro doble, éste al bosque derecho, que remolcó a Clemente. Un out después, un cuadrangular de Mazeroski sobrevoló el reloj de Longines instalado a 41 pies de altura sobre la pizarra.[5] Cuando un periodista le preguntó si había sido el mejor batazo de la primavera, Mazeroski respondió "¿La mejor bola que bateé? Fue la ÚNICA".[6] Sin embargo, no sería la única al finalizar el partido.

Billy Martin comenzó la tercera entrada con un doble, pero Law detuvo el resto de los Rojos. En la parte baja, los Piratas no le dieron tregua a McLish con un diluvio de inatrapables de extrabases. Groat impactó la pared el jardín izquierdo con un doble. El próximo bateador, Bob Skinner, recibió un pelotazo y Clemente impulsó a ambos con su segundo doble de la tarde, extendiendo la ventaja a 5-0. Tras 1⅔ entradas, Calvin Coolidge Julius Caesar Tuskahoma McLish había permitido una carrera para cada uno de sus nombres. El derecho Brooks Lawrence tomó la lomita y cerró la entrada tras inducir un bombo de Burgess al bosque central. Lawrence retiraría a los Piratas sin problemas en la cuarta, pero la quinta la traería calamidades.

En la mitad Roja de la cuarta entrada, Gus Bell bateó un triple con un out. La amenaza cesó cuando Groat y Mazeroski lo eliminaron con su segunda doble matanza. Lawrence no permitió corredores bucaneros en la cuarta, ponchando al jardinero central Gino Cimoli y retirando a Mazeroski y Law con roletas.

Los Piratas concluyeron la parte alta de la quinta con otra doble jugada. Un sencillo de González fue desperdiciado cuando Bailey bateó un foul atrapado en el área de tercera base y Martin conectó directamente al dúo Mazeroski/Groat para la tercera doble jugada.

Pittsburgh arrolló a Cincinnati en la quinta entrada, obligando a Lawrence a caminar por la plancha. Seis de los siete bateadores que enfrentó anotaron. La tercera base Don Hoak comenzó el desfile con una base por bolas y avanzó a segunda tras un sencillo de Groat. Un imparable de Skinner remolcó a Hoak y movió a Groat a tercera; durante el tiro de Vada Pinson a la antesala, Skinner se apoderó de la intermedia. Un boleto gratis intencional a Dick Stuart llenó las bases.

Pinson salvó a su equipo del desastre con la mejor jugada defensiva del juego. Clemente tronó contra un lanzamiento a la parte más profunda del parque. El área entre los jardines central e izquierdo-cuya pared estaba a 457 pies de distancia-era tan lejana que los Piratas solían guardar su jaula de bateo allí. El batazo hubiese sido un cuadrangular en los demás estadios. Pinson corrió hacia de jaula, y con su espalda al resto de sus compañeros, capturó la pelota sobre su hombro. Clemente se tuvo que conformar con un largo sacrificio que impulsó a Groat.[7]

Lawrence no puedo tomar ventaja del alivio momentáneo, otorgándole una base por bolas a Burgess para congestionar las almohadillas. Un doble de Cimoli remolcó a Skinner y a Stuart, el fin de la jornada para el lanzador. El exbucanero Bob Purkey tomó las riendas, pero Mazeroski le otorgó una ruda bienvenida con un doble que impulsó a Burgess y Cimoli, extendiendo la ventaja a 11-0. Law casi continuó el motín, pero su lineazo fue atrapado por Martin en segunda base y Hoak se ponchó para terminar la entrada.

Law no se tuvo que esforzar mucho en la sexta entrada. Un par de elevados bombos por la tercera base Eddie Kasko y el campocorto Roy McMillan acompañaron a un ponche del bateador emergente Whitey Lockman. En la parte baja, los Piratas terminaron su parada ofensiva con dos carreras

Clemente durante el día inaugural de la temporada de 1960. Fotografía cortesía de Dennis Morgan y los Archivos del Pittsburgh Courier.

adicionales. El diestro Raúl Sánchez remplazó a Purkey en el montículo. Groat obtuvo su tercer inatrapable, un sencillo al jardín derecho, y avanzó a segunda base cuando Skinner recibió una base por bolas. Los corredores se mudaron 90 pies tras la roleta suave al lanzador, brindando a Clemente al plato. El jardinero derecho bateó la pelota a su lugar de oficio, impulsando a ambos corredores con su tercer indiscutible del encuentro. Sin estar satisfecho con un sencillo, Clemente intentó llegar a la intermedia, pero González disparó a la base, capturando a Clemente antes de llegar a la almohadilla. Su único traspié del día causó el segundo out, seguido por Burgess con un bombo al bosque central para acabar el sexto.

Con trece carreras de ventaja, Law no se tuvo que preocupar por cada bateador. Pinson y Bell lograron sencillos en hilo, pero Robinson atrapó a Pinson en una jugada forzosa. Los corredores se quedaron sin anotar ya que González conectó un foul y Bailey un bombo, ambos atrapados. Sánchez, por su parte, retiró a los bucaneros su parte de la séptima.

Los Rojos no se rindieron, atacando con dos imparables: un doble de Martin y un sencillo del cuadro de Kasko. Sin embargo, Law pudo retirar a un trio de bateadores sin problemas. Cincinnati envió al lanzador derecho Ted Wieand, en tan sólo su segundo juego en las grandes ligas. Wieand mezcló una base por bolas entre dos ponches antes de retirar a Stuart con un bombo al jardín izquierdo.

Law completó el partido al retirar a los Rojos en orden; Joe Christopher, quién había tomado el lugar de Skinner en los bosques, atrapó el último out de la paliza. A pesar del largo espectáculo de fuegos artificiales de la ofensiva Pirata, el partido sólo duró dos horas y 13 minutos.

La ocasión marcó la cuarta blanqueada en los juegos inaugurales de Pittsburgh en el siglo XX. Las 13 carreras, por su parte, fueron únicamente superadas por las 14 conseguidas en 1892 y 1953. El resultado final de 13-0 se mantiene hasta el 2020 como el margen de victoria más abrumador durante un partido inaugural de los Piratas.[8]

Los Piratas produjeron una temporada inolvidable para sus aficionados y la ciudad de Pittsburgh apoyó a su franquicia desde el primer hasta el último partido. Con sus hazañas, Groat, Law, Clemente y Mazeroski ofrecieron un vistazo a lo que venía de camino. Groat ganaría el JMV y Law el premio Cy Young. Clemente tuvo su primera gran campaña, participando en el primero de sus 15 Juegos de Estrellas y bateando .314 con 94 carreras impulsadas y un OPS+ de 121. Pero fue Mazeroski quién ofreció el mejor vaticinio. Su cuadrangular sobre la pizarra fue semejante al que conectaría para ganar el séptimo juego de la Serie Mundial. Con ese imparable los Piratas dejaron a los Yanquis en el terreno, capturando su primer campeonato en 35 años y estableciendo a Mazeroski como una leyenda de Pittsburgh cada 13 de octubre a las 3:36 P.M.[9]

FUENTES

Además de las citadas en las notas, el autor consultó a los sitios Web Baseball-Reference.com y Retrosheet.org para la información detallada del partido y las estadísticas de los jugadores.

https://www.baseball-reference.com/boxes/PIT/PIT196004140.shtml

https://www.retrosheet.org/boxesetc/1960/B04140PIT1960.htm

NOTAS

1 United Press International, "Happy Crowd Watches Buccos Bomb Reds in Opener," Evening Standard (Uniontown, Pennsylvania), 15 de abril de 1960: 14.

2 "Opening Day Ceremonies," Pittsburgh Post-Gazette, 14 de abril de 1960: 22.

3 Ray Kienzl, "Pirate Notes," Pittsburgh Sun-Telegraph, 15 de abril de1960: 12.

4 David Kelly, "Mayor, Burgess Team Up at Opener," Pittsburgh Press, 14 de abril de 1960: 1.

5 David Cicotello y Angelo J. Louisa, Forbes Field, Essays and Memories of the Pirates' Historic Ballpark, 1909-1971 (Jefferson, Carolina del Norte: Impresora McFarland, 2007), 225.

6 Ray Kienzl, "Who Said Bucs Lack Power?" Pittsburgh Sun-Telegraph, 15 de abril de 1960: 12.

7 Joe Reddington Jr., "Clemente, Maz, Groat Whip Up Wild 13-0 Win," Indiana (Pennsylvania) Gazette, 15 de abril de 1960: 14.

8 Historia del partido inaugural de los Piratas de Pittsburgh, Almanaque de Béisbol: baseball-almanac.com/opening_day/odschedule.php?t=PIT.

9 Kevin Kirkland, "Game 7 Gang Gathers Again Sunday," Pittsburgh Post-Gazette, 11 de octubre de 11 de 2013: 33. Véase también Joe Capozzi, "Back to the Wall," Palm Beach Post (West Palm Beach, Florida), 13 de octubre de 2000: 206. Cada 13 de octubre, aficionados de los Piratas se reúnen en los restos de la pared de los jardines de Forbes Field. A la 1:00 P.M., los organizadores reproducen una grabación del juego por un altavoz, concluyendo con el cuadrangular de Mazeroski a las 3:36 P.M. La tradición comenzó lentamente en el 1985 por Saul Finkelstein y ahora atrae a más de 1,000 feligreses.

CLEMENTE, HADDIX Y GROAT LIDERAN A LOS PIRATAS SOBRE LOS CARDENALES

13 DE AGOSTO DE 1960
PIRATAS DE PITTSBURGH 4, CARDENALES DE SAN LUIS 1
EN EL FORBES FIELD, PITTSBURGH

POR STEPHEN M. BRATKOVICH

"Hay muchas cosas que tan solo podemos ver en retrospectiva"[1]

Este frase, acreditada al escritor japonés Haruki Murakami, no tiene nada que ver con el juego de béisbol celebrado el 13 de agosto de 1960 entre los Cardenales de San Luis y los Piratas de Pittsburgh, quiénes ganarían la Serie Mundial unos dos meses después. Sin embargo, tras reflexionar, el partido fue sumamente importante para ambos novenas y para el jardinero derecho de los bucaneros, el dinámico Roberto Clemente.

La semana anterior, los Piratas, líderes de la Liga Nacional, hospedaron a los Gigantes de San Francisco. En la séptima entrada, Willie Mays demolió el lanzamiento de Wilmer "Vinegar Bend" Mizell hacia le esquina del bosque derecho, dominio de Roberto Clemente. En su sexta campana con los corsarios y en camino a convertirse en una superestrella, Clemente no dudó en embestir hacia la verja para atrapar la pelota, sacrificando su cuerpo al mismo tiempo. Como recompensa, Clemente recibió cinco puntos de sutura en su barbilla, sufrió una lesión en la rodilla, se ganó una estadía en el hospital, ausentándose de los próximos seis encuentros de los Piratas.[2]

Clemente regresó a la alineación bucanera el 12 de agosto, enfrentándose a Bob Gibson y los Cardenales. San Luis lo mantuvo sin éxito con el bate en la victoria de los Cardenales, 9-2, el segundo triunfo en ristra sobre Pittsburgh y el 14to en los últimos 16 duelos. Con la victoria, San Luis atajó la ventaja de los bucaneros a tan solo tres juegos.

Dos zurdos se enfrascaron en el próximo capítulo de la serie. El dirigente de San Luis Solly Hemus escogió a Ray Sadecki como su abridor y su homólogo Pirata Danny Murtaugh ripostó con Harvey Haddix.

Sadecki tan solo contaba con 19 primaveras y aún disfrutaba de su campaña de novato al tomar la lomita. La semana anterior, el joven había mantenido a los Bravos de Milwaukee en blanco, escatimando tan solo seis indiscutibles al lanzar un juego completo, colocando a los Cardenales en el segundo lugar de la Liga Nacional.[3]

Haddix, por su parte, se enfrentaría a su antiguo equipo, ante los cuáles aún no conocía la victoria. Con los Cardenales, Haddix había sido seleccionado como "todos-estrella" tres veces y quedó en segundo lugar en la votación del novato del año de la Liga Nacional en 1953. Su rendimiento desmejoró en 1955, alzándose en 12 duelos y perdiendo 16 otros con una efectividad de 4.46. La franquicia sorprendió a muchos de sus seguidores al canjearlo a los Phillies en plena temporada de 1956. Tras dos lustros en Filadelfia, Haddix fue de nuevo traspasado, esta vez a Cincinnati, y en 1959 a los Piratas junto a Don Hoak y Smoky Burgess por el recio bateador Frank Thomas y otros tres jugadores. Haddix tuvo su mejor momento en las mayores en 1959, tirando 12 entradas perfectas contra los Bravos de Milwaukee.

Con zurdos en el montículo, ambos pilotos no dudaron en llenar sus alineaciones con diestros, sacrificando a jugadores de calibre como Stan Musial quién quedó rezagado al banco. Musial recopiló cuatro imparables en los dos previos partidos, incluyendo a un cuadrangular de dos carreras para ganar uno de los partidos. Tras 18 temporadas con los Cardenales, Musial aún gozaba de un potente bate.

Los corsarios no arrancaron con buen pie en este partido sabatino. El dominicano Julián Javier, primer bate de los plumíferos disparó un doble y anotó tras un sencillo de Bob Nieman. Poco sabían los Cardenales que su ventaja tan solo sería a corto plazo gracias a Clemente y sus colegas.

En la parte baja de la primera, el campocorto Dick Groat bateó un lineazo fuera del alcance del jardinero derecho Charlie James. Al regresar la pelota al cuadro, Groat se había apoderado de la antesala, su cuarto triple de la temporada. Clemente lo remolcó acto seguido con un sencillo al bosque izquierdo para empatar el encuentro y registrar su primer indiscutible desde su lesión del 5 de agosto.

El segundo episodio careció de anotación pero el tercero trajo de nuevo acción a bordo, gracias al dúo de Groat y Clemente.

Tras un doble de Groat, Clemente arremetió contra un lanzamiento de Sadecki, depositando la bola en la parte profunda de las gradas izquierdas.[4] Más de 30,000 aficionados aplaudieron el bambinazo de Clemente, el octavo del año y nueva marca personal.[5] Al concluir un tercio del partido, los Piratas ganaban, 3-1.

Colorín colorado, en el cuarto el cuento de Sadecki se había acabado. Bill Virdon se embasó tras un boleto gratis, llegando a la intermedia tras un sencillo de Virdon. Clemente le acabó la noche a Sadecki con un sencillo que a pesar de no salir del cuadro, logró impulsar a Virdon. Tras solo cuatro entradas, Clemente era al autor del cuarteto de carreras corsarias gracias a su trío de indiscutibles.

El resto del juego prescindió de oportunidades ofensivas. Haddix, tras tambalear en el primer episodio, escatimó cuatro sencillos completamente inofensivos durante el resto del encuentro. Un mero corredor llegó a la segunda base. Por su parte, los relevistas Cardenales Ron Kline y Bob Grim también fueron tacaños con sus contrarios, ya que un solo bucanero llegó a la antesala.

Haddix dominó a los Cardenales hasta la novena entrada y el marcador final indicó Piratas 4, Cardenales 1. Con el triunfo, la ventaja corsaria constaba de nuevo con cuatro juegos, quebrando la ristra Cardenal de seis triunfos en hilo y nueve juegos como visitante por la puerta ancha.

El campocorto Pirata Groat cerró su día con cuatro inatrapables y una base por bolas, rumbo al título de bateo de la Liga Nacional gracias a su .325 de promedio. Sin embargo, Clemente fue el héroe del encuentro, gracias a sus tres indiscutibles (dos sencillos y un cuadrangular) y cuatro carreras empujadas. El titular del *Pittsburgh Post-Gazette* lo dijo todo: "El bate de Clemente derrota a los Cardenales, 4-1" con el *box score* citando la frase "¡Arriba, Roberto!"[6]

Aunque el puertorriqueño demolió a sus contrarios por su cuenta propia, el partido no gozó de la misma fama que su futuros espectáculos. Por ejemplo, la novena entrada no acabó como cuando Clemente bateó un cuadrangular dentro del parque con las bases llenas para dejar en el terreno a los Cachorros.[7] O cuando abusó de los Rojos de Cincinnati con tres bambinazos y siete remolcadas.[8] O cuando en Houston, según el dirigente Harry Walker de los Astros, Clemente logró "la mejor atrapada que jamás había visto", cuya magnitud sobrepasó el hito del 13 de agosto de 1960.[9] Un cronista de Pittsburgh tildó al encuentro como un "7-11" en referencia a los siete inatrapables de San Luis y los 11 de los corsarios.[10]

Al examinar los hechos, este juego adquiere mayor importancia. Los Cardenales gozaban de una buena racha y le estaban acortando la ventaja a los Piratas, quiénes corrían el peligro de perder tres en ristra contra sus más cercanos rivales. "Detener la herida" suele ser una frase desgastada por sobreuso pero va de perilla en esta ocasión. Clemente y sus colegas demostraron su cría al doblegar a San Luis rumbo a su campeonato de la Serie Mundial frente a los Yanquis.

NOTE DEL AUTOR

Este partido, celebrado el 13 de agosto de 1960 en Forbes Field, fue el primer juego de béisbol de grandes ligas que vi en persona. Contaba con ocho años de edad.

FUENTES

Además de las fuentes citadas en la sección de Notas, el autor consultó a los sitios Web Baseball-Reference.com y Retrosheet.org.

https://www.baseball-reference.com/boxes/PIT/PIT196008130.shtml

https://www.retrosheet.org/boxesetc/1960/B08130PIT1960.htm

NOTAS

1 Haruki Murakami. https://www.goodreads.com/quotes/7281105-there-are-many-things-we-only-see-clearly-in-retrospect (consultado el 2 de diciembre de 2021). Ironically, in 1978 Murakami was in Jingu Stadium watching a baseball game between the Yakult Swallows and the Hiroshima Carp. During the game, Murakami, for an unknown reason, suddenly realized that he could write a novel. He went home and began writing that night. Murakami's first novel, *Hear the Wind Sing*, launched his writing career which as of 2021 totaled over two dozen titles. https://www.harukimurakami.com/author (Accessed August 22, 2021).

2 Les Biederman, "Corsairs Revive Merriwell Saga on Late Flurries," *The Sporting News*, 17 de agosto de 1960: 13; Jorge Iber and Bill Nowlin, eds., *Moments of Joy and Heartbreak: 66 Significant Episodes in the History of the Pittsburgh Pirates* (Phoenix: Sociedad Americana de Investigadores de Béisbol, 2018), 272.

3 En la campaña de 1964, Sadecki y sus 20 victorias ayudaron a los Cardenales a ganar la Serie Mundial.

4 Según los récords, 24,620 fanáticos y 6,191 miembros del Knot Hole acudieron al juego. Jack Hernon, "Roberto Drives in Four Runs; Haddix Victor," *Pittsburgh Post-Gazette*, 14 de agosto de 1960: 3, 1.

5 Clemente concluyó la campana de 1960 con 16 cuadrangulares.

6 Jack Hernon, "Clemente's Bat Beats Cards, 4-1," *Pittsburgh Post-Gazette*, 14 de agosto de 1960: 3, 1.

7 25 de julio de 1956.

8 15 de mayo de 1967.

9 Charley Feeney, "Greatest Catch? This One by Roberto Will Do," *The Sporting News*, 3 de julio de 1971: 7.

10 Hernon, "Clemente's Bat Beats Cards, 4-1." Clemente y Groat produjeron siete de los 11 inatrapables de los Piratas.

CLEMENTE LLEVA A LA LIGA NACIONAL A LA VICTORIA EN LA DECIMA ENTRADA DEL JUEGO DE ESTRELLAS

11 DE JULIO DE 1961
LIGA NACIONAL 5, LIGA AMERICANA 4
EN EL PARQUE CANDLESTICK, SAN FRANCISCO

POR RICHARD CUICCHI

Las habilidades del Pirata Roberto Clemente ya eran reconocidas en las Grandes Ligas antes de ser seleccionado para la alineación del Juego de Estrellas de 1961. Este sería su segundo partido; el año anterior fue escogido como sustituto y gozó de un turno al bate. Al concluir la campaña, Clemente sería clave en la dramática victoria de Pittsburgh sobre los Yanquis de Nueva York en la Serie Mundial de 1960. Pero a mediados del año, su fama alcanzó otro nivel cuando sus colegas, los dirigentes y los entrenadores de la Liga Nacional lo nombraron como uno de los tres guardabosques titulares para el Juego de Estrellas. Clemente no decepcionó y conectó el inatrapable remolcador de la carrera de la victoria en la décima entrada en el Parque Candlestick. Desafortunadamente, el juego es más recordado por el soplo de viento que "empujó a Stu Miller de la lomita", causando un movimiento ilegal del lanzador.

Para aquellos entonces, las grandes ligas jugaban dos partidos de Todos Estrellas cada año. El 1961 cursó la tercera ocasión con la dupleta. El primero-el 30mo de la historia de la competencia-fue pautado para el 11 de julio en San Francisco; el Parque Fenway de Boston sería la sede del segundo el 31 de dicho mes. Anteriormente, ambos encuentros se celebraban en un periodo de cuatro días, pero las ligas decidieron cambiar el calendario para minimizar el impacto a la temporada regular.[1] Candlestick, ya reconocido por su patrón de viento, fue la sede en tan solo en su segunda campaña.

La Liga Americana llevaba la ventaja, 16-13, en la historia del choque, aunque la Liga Nacional había tenido suerte recientemente, adjudicándose nueve victorias en los últimos 13 encuentros. El periódico local *San Francisco Examiner* pronosticó un triunfo para la Liga Americana, 6-5, gracias al recio bateo de Mickey Mantle, Roger Maris y Rocky Colavito, cuyos maderos habían producido 84 cuadrangulares.[2] Mantle y Maris se disputaban el liderato de la AL; su batalla culminaría con la nueva marca de temporada regular de Maris.

Clemente se consagró como estrella en 1960. El joven puertorriqueño estableció marcas personales en la mayoría de las categorías ofensivas.[3]

Cortesía del Museo Clemente.

El año siguiente-su séptimo en las mayores-su ritmo indicaba que las superaría. Sus promedios (.357/.393/.573) incluían 12 bambinazos y 51 carreras remolcadas. Fue sorpresa para pocos que sus colegas lo nombraron a la alineación junto al par de Gigantes Willie Mays y Orlando Cepeda, jugando en su propia ciudad. El banco contaba con otras leyendas y futuros miembros del Salón de la Fama: Hank Aaron, Frank Robinson y Stan Musial.

Warren Spahn y Whitey Ford iniciaron el juego y deleitaron a 44,115 feligreses, un récord para Candlestick.[4] Los zurdos habían compartido el montículo en las Series Mundiales de 1957 y 1958. Spahn, de 40 años, produjo tres entradas perfectas; tan sólo un contrincante pudo sacar la bola del cuadro. Propinó tres ponches, incluyendo al temible dúo de Mantle y Maris. Por su parte, Ford solo pecó al permitirle un triple a Clemente, quien anotó tras un elevado de sacrificio de Bill White.

El serpentinero de los Rojos Bob Purkey relevó a Spahn en el cuarto episodio tras un lineazo de Johnny Temple que evadió a Cepeda en el jardín izquierdo. Temple alcanzó la intermedia gracias a este error, una de cinco pifias para la Liga Nacional.

En la cuarta entrada, Frank Lary hizo un solo lanzamiento antes de salir del partido al sufrir una lesión en su brazo. En la misma jugada, Mays logró llegar a segunda base tras un error del campocorto Tony Kubek, quién permitió a la bola llegar al jardín izquierdo. El serpentinero Dick Donovan de los Senadores entró por Lary y Clemente conectó un sacrificio de 400 pies hacia el bosque derecho-central que remolcó a Mays.

Impotentes tras cinco episodios, la Liga Americana consiguió su primer indiscutible en la sexta gracias a un cuadrangular del emergente Harmon Killebrew frente al lanzador Mike McCormick de los anfitriones, poniendo el pizarrón a 2-1.

El marcador continuó ceñido hasta la octava. El guardabosque de los Cachorros George Altman, bateando de emergente, le brindó otra carrera a la Liga Nacional al conectarle un bambinazo a Mike Fornieles, quién había entrado al terreno.

En la parte alta de la novena, al magistral taponero de Pittsburgh Roy Face le permitió un doble a Norm Cash, quién fue remplazado por el corredor emergente Nellie Fox. Al Kaline propinó un sencillo impulsador y Sandy Koufax vino a la lomita para encargarse del zurdo Maris, quién había conectado uno de los cuatro inatrapables del día.

Con tripulantes en la inicial y la intermedia, Miller remplazó a Koufax. Un fuerte viento empujó al serpentinero, cuyo peso no pasaba de las 165 libras, causando un *balk* durante su lanzamiento a Colavito.[5] Una roleta de Colavito remolcó a Kaline tras un error de la tercera base Ken Boyer.

La Liga Nacional casi perdió el partido tras un par de pifias. El receptor Smoky Burgess dejó caer un bombito *foul* y la segunda base Don Zimmer lanzó descontroladamente hacia la inicial en una roleta de Yogi Berra. Con las bases congestionadas, Miller indujo a un bombo de Hoyt Wilhelm que Robinson atrapó para concluir la entrada.

Miller regresó al montículo para la décima entrada con el juego aún empatado y ponchó a sus primeros dos contrincantes, pero le otorgó un boleto gratis a Fox. Kaline conectó una roleta hacia Boyer, quién tiró sin control hacia la inicial. La pelota se distanció de la defensa y Fox anotó desde la primera base.

Desventajados por vez primera en le partido, la Liga Nacional ripostó en la parte baja con un sencillo de Aaron. Berra no le puso guante a otro lanzamiento de Wilhelm y Aaron tomó la intermedia, anotando tras un doble de Mays. Robinson recibió un pelotazo y Clemente disparó un sencillo que impulsó a Mays y dejó a la Liga Americana en el terreno.

Clemente, casi por cuenta propia, lideró a la Liga Nacional a la victoria, produciendo tres de las cinco carreras. Sin embargo, la defensa agujereada casi dejó escapar el juego a través de los cuatro errores de la novena y décima entrada. La Liga Americana cometió tres descuidos para establecer una marca de siete errores combinados. El Comisionado Ford Frick comentó después del choque que "creía que ninguno de los equipos ganaría. Jugaron como niños de pequeñas ligas".[6]

Los aficionados abuchearon al árbitro Stan Landes por cantarle *balk* a Miller. Tras el juego, Landes recalcó que "Miller se había establecido en la lomita, inclinándose de frente. Se movió atrás y por eso fue *balk*. Lo ví y lo canté. Dijo que fue el viento; puede que sí, pero de modo fue un *balk*".[7] Miller, quién irónicamente ganó el juego y siendo jugador de los Gigantes, conocía las rarezas del estadio dijo "este ha sido el peor viento que jamás he visto aquí".[8]

En su limitado inglés, un emocionado Clemente remarcó sobre su imparable: "nada más buscaba sacrificarme y mudar el corredor a tercera. Pero me sentí bien. Me tiró una recta y Willie anotó así que me siento más que bien".[9]

Sobre sus otros turnos, Clemente opinó "en otros parques hubiese tenido dos cuadrangulares. De seguro el primero (triple en la segunda entrada) volaba la cerca y me sorprendió que por poco atrapan la pelota. El segundo (elevado sacrificio en la cuarta), le conecté aún más fuertemente que la primera, pero lo atraparon. El viento previno que la pelota saliese".[10]

Clemente terminó la temporada con el mejor perfil ofensivo de su carrera en las grandes ligas hasta entonces. Ganó el título de bateo con un promedio de .351, acaparó 201 inatrapables, anotó 100 carreras y remolcó otras 89. Arribó en cuarto lugar en la votación para el Premio del Jugador Más Valioso (JMV, o MVP por sus siglas en inglés).

FUENTES

Además de aquellas señaladas en las notas, el autor consultó las siguientes fuentes de información:

Einstein, Charles. "It's All-Star Time in Cave of Winds," *San Francisco Examiner*, 11 de julio de 1961: 48.

Einstein, Charles. "44,115 Watch a Windy Finale," *San Francisco Examiner*, 12 de julio de 1961: 49-50.

Norman, Phil. "S.F. Cyclones Hurt Hurlers: Richards," *San Francisco Examiner*, 12 de julio de 1961: 51.

Prensa Asociada (AP). "A Moment Blown Out of Proportion for Stu Miller," *New York Times*, 11 de julio de 2007.

https://www.baseball-reference.com/allstar/1961-allstar-game-1.shtml.

https://www.retrosheet.org/boxesetc/1961/B07110NLS1961.htm.

NOTAS

1   David Vincent, Lyle Spatz y David Smith, *The Midsummer Classic: The Complete History of Baseball's All-Star Game* (Lincoln: Imprenta de la Universidad de Nebraska, 2001), 190-191.

2   Charles Einstein. "A.L. 6 to 5 Favorite!" *San Francisco Examiner*, 11 de julio de 1961: 47-48.

3   Clemente concluyó la campaña con .314 de promedio de bateo, .357 de promedio de embase, .458 de promedio de slugging, 16 cuadrangulares y 94 carreras empujadas.

4   Spahn y Ford se enfrascaron en un duelo en la Serie Mundial de 1957 y tres veces en la de 1958.

5   La jugada se ha convertido en leyenda del Juego de Estrellas. Se cuenta que Miller fue tumbado del viento durante su preparación ante Rocky Colavito. El viento lo tambaleó varias pulgadas después de comenzar su envío, por lo que el árbitro declaró un movimiento ilegal (balk). Aunque ahora sea folclore, Miller no se cayó de la lomita.

6   "'Played Like LLers' – Frick," *Pittsburgh Post-Gazette*, 12 de julio de 1961: 20.

7   "Winds at Candlestick Equally Cruel to Teams," *Pittsburgh Post-Gazette*, 12 de julio de 1961: 20.

8   "Winds at Candlestick Equally Cruel to Teams."

9   "Clemente Explains Game-Winning Hit: 'I Get Heet, I Feel Good,'" *Pittsburgh Post-Gazette*, 12 de julio de1961: 20.

10 "Clemente Explains Game-Winning Hit."

CON 24 IMPARABLES, PITTSBURGH EMPATA RECORD DE LA LIGA NACIONAL AL BLANQUEAR A LOS CARDENALES

3 DE AGOSTO DE 1961
PIRATAS DE PITTSBURGH 19, CARDENALES DE SAN LUIS 0
EN EL ESTADIO BUSCH DE SAN LUIS

POR GREGORY H. WOLF

"**N**os degollaron" gimió el dirigente de San Luis Johnny Keane, tras la paliza que los Piratas le brindaron a su equipo, 19-0.[1] No fue tan solamente la peor blanqueada de la franquicia Cardenal sino que además empató el récord de la Liga Nacional del mayor margen de victoria previniendo anotaciones contrarias. (La marca, que contaba con 55 años, fue igualada en dos ocasiones en 1969 y finalmente superada en el 1976, también por Pittsburgh como abusador).

Los equipos llevaban rumbos opuestos cuando se enfrascaron a principios de agosto. Tras despedir al piloto Solly Hemus el mes anterior, los Cardenales (48-52, sexto lugar) habían mejorado, ganando 15 de sus últimos 26 encuentros. Los Piratas, flamantes campeones defensores, se encontraban en quinta posición (45-49) y en picada. Tras perder 13 de su más reciente quincena de partidos, los bucaneros estaban en una desventaja de 14½ juegos tras los Esquivadores de Los Ángeles, líderes de la Liga Nacional. "Para estos Piratas, cada juego es una crisis" escribió el periodista Lester J. Biederman del *Pittsburgh Press*."[2]

Los Piratas necesitaban mejorar urgentemente su pitcheo, una rareza en tiempos recientes. Durante su mala racha, habían permitido más de 10 carreras en tres juegos distintos, incluyendo a unas contundentes 16 contra los Gigantes de San Francisco. Harvey Haddix, el veterano de 35 años cuya foja de 6-5 elevaba su marca vitalicia a 112-92 en 10 campañas, tomaría la lomita por los visitantes. "El gatito", como se la conocía al derecho de 5 pies, 9 pulgadas, conocía bien cuán difícil es lanzar cuando su propio equipo no contribuía ofensivamente. Dos años antes, sus 12 entradas perfectas ante los Bravos de Milwaukee fueron en vano al perder de manera trágica en la decimotercera, 1-0. El partido aún se considera como uno de los más famosos de la historia del béisbol.

Los Piratas tan solo habían conseguido 13 carreras en sus últimos cinco encuentros. No obstante, su lanzador de práctica de bateo Virgil Trucks notó algo distinto esa tarde. "Me pegaron duro antes del juego" dijo el retirado serpentinero, cuya velocidad le ayudó a marcar 177 victorias "muchas veces eso es indica que el equipo va a batear bien durante el juego".[3]

Tal vez Trucks fue clarividente. Los 11,514 citados en el Estadio Busch (antiguo Parque del Deportista) en el cruce de las calles Grand y Dodier en la parte central de San Luis presenciaron el peor revés de la franquicia en el siglo XX. Los Piratas no dieron tregua, castigando a Al Cicotte desde el comienzo. Cicotte, de 31 años, era el sobrino nieto del famoso (por razones nefastas) lanzador de las Medias Blancas Eddie Cicotte. Cicotte y siete de sus colegas fueron expulsados del deporte por sus trámites con el bajo mundo de las apuestas durante la Serie Mundial del 1919, que perdieron adrede a pesar de ser favoritos.

Ya para la tercera entrada Al había caminado la plancha. Con dos hombres en base y dos afuera, un sencillo de Roberto Clemente remolcó a Bob Skinner para la primera carrera del partido. Smoky Burgess quebró su mala racha (de 57-6) con un colosal cuandrugular que aterrizó "en el techo" del jardín derecho, según el cronista Jack Hernon del *Pittsburgh Post-Gazette*, para elevar la ventaja a 4-0.[4] "Tuve una molestia en un dedo que afectaba como agarraba el bate" explicó Burgess sobre sus dificultades.[5]

Con cuatro carreras de ventaja, Haddix tomó la lomita "como si fuese una silla de mecer" según Biederman.[6] No obstante, el antiguo Cardenal, quién en 1953 ganó 20 juegos y fue seleccionado como "todos-estrellas" tres veces, no tomó de guasa el partido. El gatito "lanzó como si el encuentro estuviese ceñido" no empero el desfile de anotaciones bucaneras. Retiró a los primeros seis contrincantes y tan sólo estuvo en apuros una vez. En la tercera entrada, con dos hombres retirados, llenó las bases tras permitir tres sencillos, pero los dejó naufragados en las almohadillas. Durante el resto del juego, tan solo permitió dos corredores adicionales. En la séptima entrada, Ken Boyer le conectó un sencillo, pero una doble matanza (6-4-3) lo eliminó de las bases. Con dos hombres fuera en la novena, Bill White recibió una base por bolas. "Yo tan sólo quería durar las nueve entradas" comentó Haddix, quién ponchó a siete en la vigésima y última blanqueada de su carrera. "Soy un lanzador de siete entradas. Fui con todo esmero con la ventaja porque es de la única manera que conozco como jugar".[7]

El gatito rugió como un león, pero el partido perteneció a los trabucos bucaneros, quienes coleccionaron carreras como si fuesen postalitas de toleteros. "En esta matanza, la pizarra leía como un número de seguro social: 4-2-2-3-6-2" comentó sarcásticamente Neal Russo del *St. Louis Post-Dispatch*.[8] En la segunda entrada, el segundo doble de Skinner-conseguiría tres en total-remolcó un par de carreras. En el parcial siguiente, Burgess conectó su segundo cuadrangular del día; su noveno de la temporada, que cayó en los asientos del jardín central-derecho, extendió la ventaja y cerró el telón para Cicotte.

Bob Miller, a sus 22 primaveras un distinguido relevista, tuvo que lidiar con el desastre. Clemente y Dick Groat, JMV del año pasado, añadieron tres carreras. Miller, oriundo de San Luis y quién gestaría en las mayores por 17 años, sufrió la gota gorda en la quinta entrada. Tras llenar las bases sin *outs*, su defensa cometió un costoso error cuando el campocorto Bob Lillis no pudo atrapar la roleta de Skinner, impulsando a Haddix. Dick Stuart, cuyos 35 cuadrangulares serían la cifra tope del equipo al finalizar la campaña, descongestionó las bases con un *grand slam* para poner al marcador 16-0. Miller no se rindió, o tal vez fue sacrificado, dependiendo de la perspectiva del lector. Clemente conectó otro doble, el cuarto de sus cinco imparables consecutivos. (El Gran Clemente terminaría la temporada con .351 de promedio, el primero de sus cuatro campeonatos de bateo). Minutos después cruzó el plato tras la roleta de Groat, añadiendo la sexta y última carrera del encuentro.

El serpentinero Lindy McDaniel, la tercera y última víctima, comenzó la sexta entrada en relevo de Miller, cuya contribución (10 inatrapables y

Roberto Clemente promedió .351 en 1961 y ganó el primero de sus cuatro títulos de bateo. El 3 de agosto de 1961 logró cinco inatrapables. and won the first of four batting titles.

dos boletos gratis, nueve carreras permitidas, siete de ellas limpias) mereció el olvido. Stuart continuo el abuso con un sencillo impulsador; tras él, Clemente llenó las bases con el cuarto sencillo de la entrada. Burgess forzó la última carrera tras una base por bolas y McDaniel logró detener la ofensiva bucanera en el tercio final del partido.

El apabullo empató la marca de margen de victoria más abrumadora en una blanqueada en la Liga Nacional durante el siglo XX, establecida por los Cachorros de Chicago el 7 de junio de 1906 contra los Gigantes de Nueva York. A su vez, igualó los récords de la franquicia, logrados en dos ocasiones en el siglo XIX contra los Senadores de Washington.[9] Los bucaneros destallaron 24 indiscutibles, siete de los cuáles fueron dobles y tres cuadrangulares, en un vapuleo que duró 2 horas y 36 minutos. Muchos fueron los sobresalientes ofensivos: Clemente con sus cinco imparables, cuatro carreras anotadas y dos empujadas, Skinner con sus tres remolcadas, cuatro anotadas y tres inatrapables, Bill Virdon con su trio de indiscutibles e igual número de carreras anotadas, Stuart con cinco impulsadas y Burgess con seis inducidas. "La puntuación 19-0, común en un partido de fútbol, fue una especie de acto de contrición de los bateadores Piratas, quiénes le fallaron a Haddix hace dos años durante su espléndido desempeño, unos de los mejores de todos los tiempos" escribió Neal Russo, lleno de satisfacción por la entrada del gatito en los anales de la historia.[10]

Las 19 carreras constituyeron el margen de derrota más opresor de la historia de la franquicia. Anteriormente habían sufrido cuatro reveses por 14-0, con la ocasión más reciente el 17 de julio de 1953 contra los Esquivadores de Brooklyn en el primer juego de una tanda doble contra Johnny Podres. El dirigente Keane le restó importancia, reflexionando en sus dos décadas como piloto de equipos filiales de los Cardenales. "De una manera, es mejor que perder 2-1, porque no tenemos que agonizar sobre un detalle u otro que nos costó el partido" relató en su acento sureño".[11] Insinuó, a su manera, que el escuadrón podría olvidar el mal rato, al reconocer que no hay mal que por bien no viniese. "Pudimos identificar unos errores; nuestros lanzadores delataron algunos de sus ofrecimientos. No se cuántos Piratas se dieron cuenta, pero desde el banco nosotros lo notamos".[12]

Los campeones defensores no pudieron mantener el impulso de su histórica victoria. La nave Pirata siguió sin rumbo, terminando la temporada con 75 triunfos y 79 derrotas. La foja los colocó en sexto lugar, a 18 juegos detrás de los líderes Rojos de Cincinnati. Keane, por su parte, brindó la clave necesaria a San Luis. Los Cardenales frenaron su declive al lograr 80 victorias. En los siete años anteriores, el club había tenido un récord perdedor en cinco campañas, el peor desempeño en casi cuatro décadas. Dos años más tarde batallaron contra los Esquivadores por el banderín de Liga Nacional, y el renacimiento llegó a su apogeo en 1964 con su triunfo en la Serie Mundial.

FUENTES

Además de las fuentes mencionadas en las notas, el autor consultó a los sitios Web Retrosheet.org, Baseball-Reference.com, Newspapers.com y SABR.org.

https://www.baseball-reference.com/boxes/SLN/SLN196108030.shtml

https://www.retrosheet.org/boxesetc/1961/B08030SLN1961.htm

NOTAS

1   Neal Russo, "19-0 Shutout of Cards Worst in Club History," *St. Louis Post-Dispatch*, 4 de agosto de 1961: 4B.

2   Lester J. Biederman, "Pirates Must Beat Cards to Hold 5th," *Pittsburgh Press*, 2 de agosto de 1961: 40.

3   United Press International, "Two Years Too Late for Haddix," *Pittsburgh Press*, 4 de agosto de 1961: 23.

4   Jack Hernon, "Bucs Rewrite Script, Hammer Cards, 19-0," *Pittsburgh Post-Gazette*, 4 de agosto de1961: 12.

5   "Two Years Too Late for Haddix,"

6   Lester J. Biederman, "Record-Tying Barrage a Tonic for Pirates," *Pittsburgh Press*, 4 de agosto de 1961: 23.

7   Russo.

8   Russo.

9   Los Piratas apabullaron a los Senadores 19-0 el 15 de julio de 1893 y el 8 de julio de 1896, en ambas ocasiones en el Parque de Exposición en Pittsburgh.

10   Russo.

11   Russo.

12   Russo.

CLEMENTE Y BURGESS LIDERAN A LOS PIRATAS EN SU ABRUMADORA VICTORIA SOBRE LOS CARDENALES

30 DE JUNIO DE 1962
PIRATAS DE PITTSBURGH 17, CARDINALES DE SAN LUIS 7
EN EL ESTADIO BUSCH, SAN LUIS

POR GLEN SPARKS

El esbelto Roberto Clemente y el rotundo Smoky Burgess ("casi en condición para jugar con el equipo de sóftbol del 'Moose Lodge'[1] (*Club de Renos*) según uno de sus muchos críticos) componían un dúo dinámico pero algo inverosímil. En la alineación Pirata de la temporada de 1962, bateaban quinto y sexto.

Ante una fanaticada de 22,527, el par encabezó un ataque de 22 imparables que llevaron a Pittsburgh a la victoria sobre los Cardenales de San Luis, 17-7. En el terreno del Estadio Busch, la acción fue imperfecta con ambos equipos contribuyendo a una frenética ofensa

Ambas escuadras llegaron al partido con idénticas fojas de 43-32, empatados en el tercer lugar a 5½ de distancia de los Gigantes de San Francisco. Tan sólo dos lustros separaban a los bucaneros de su improbable victoria en la Serie Mundial del 1960 contra los Yanquis de Nueva York. Los Cardenales, por su parte, llevaban quince calendarios sin un banderín.

El partido clausuraría la serie entre ambos clubes. En el partido inicial, San Luis derrotó a los bucaneros, 5-0, tras una sólida actuación de Curt Simmons, quién escatimó siete inatrapables en su blanqueada contra Harvey Haddix. Vernon Law, cuya altura de 6 pies y 2 pulgadas aterrorizó a los bateadores de la Liga Nacional durante 11 años, llevó a los Piratas al triunfo. Apodado como "el obispo" tras ser otorgado el título por la Iglesia Mormona a los 12 años, se enfrascó en un duelo contra Ray Washburn, en su primicia campaña. Ambos lanzadores, con cinco victorias y tres derrotas, eran oriundos del área noroeste; Law de Idaho y Washburn del estado de Washington.

Una repentina tormenta veraniega había causado estragos. En meras horas, el terreno se había empapado, y los equipos optaron por no tomar práctica de bateo. Les Biederman, cronista del *Pittsburgh Press*, recalcó el día siguiente que "a pesar del esfuerzo de los cuidadores del parque, el cuadro interior causaba deslices".[2] El partido comenzó con 17 minutos de retraso.

Debido a las condiciones empapadas del campo, los Piratas zarparon a una ventaja gracias a tres carreras en la primera entrada. Washburn ponchó a Bill Virdon. Dick Groat siguió con una roleta que fue capturada y Bob Skinner obtuvo una base por bolas. Dick Stuart alcanzó primera tras un resbalo de la primera base de San Luis, Bill White[3] durante su intento de capturar la pelota. El sencillo de Clemente llenó las bases y el doble de Burgess las descongestionó.

Pittsburgh añadió cinco carreras en la quinta entrada, con el clima causándole estragos a los anfitriones. Law encendió la llama ofensiva con un sencillo tras un *out* y la segunda base de los Cardenales, Julián Javier, patinó al buscar la pelota.[4] Virdon y Groat conectaron inatrapables y el sencillo de Skinner contribuyó dos carreras. Stuart marcó un *out* con su bombo pero un cuadrangular de tres carreras de Clemente cerró el parcial con broche de oro.

La jornada de Washburn se clausuró tras ese inatrapable. Su factura- ocho carreras en 1⅔ entradas infló su efectividad a 4.76, de 3.82 antes de su primer lanzamiento. El diario *St. Louis Post-Dispatch* recalcó que su labor fue tan "corta" como "embarrada".[5] El relevista zurdo Bobby Shantz, veterano de varias campañas a pesar de su diminuta estatura (5 pies, 6 pulgadas) indujo una roleta de Burgess para acabar el parcial.

San Luis anotó su primer carrera con un out en la segunda entrada. Stan Musial, en su 21ra y penúltima temporada en las grandes ligas, comenzó el episodio con un elevado al jardín izquierdo para marcar el primer out, pero el antesalista Ken Boyer disparó un lanzamiento de Law a la misma dirección, sobrevolando la verja para un cuadrangular solitario.

La tercera base Don Hoak, apodado "el tigre" inició la tercera entrada para Pittsburgh con un sencillo que no salió del cuadro. Bill Mazeroski conectó un cuadrangular para extender la ventaja a 10-1. Con un hombre fuera, Law se embasó gracias a un error, Virdon fue out con un bombo y Groat produjo una doble matanza.

Boyer remolcó dos carreras en la parte Cardenal de la entrada. Su indiscutible anotó a Javier y a

Fred Whitfield, quienes habían conectado sendos sencillos. Musial recibió un boleto gratis pero Law sobrevivió los aprietos al ponchar a Carl Sawatski y a Charlie James y forzando a Dal Maxvill en las bases.

Los Piratas anotaron de nuevo en la cuarta entrada. Shantz le dio una base por bolas a Skinner, quién alcanzó segunda base tras el out de Stuart. Un batazo de Clemente llegó al jardín central, remolcando al corredor. Burgess conectó un bombo al mismo lugar, dónde Curt Flood lo atrapó y trató de sorprender a Clemente, cuyas "ansias", según el *Post-Dispatch* lo habían alejado de la almohadilla.[6]

Law tan sólo otorgaría dos sencillos en las próximas tres entradas. Shantz también lidió como mago, eliminando a los bucaneros sin apuros en la quinta y retirando a Clemente en la sexta tras permitir corredores en las esquinas (Skinner y Stuart) tras un par de imparables.

Ed Bauta, un diestro cubano cuyos lanzamientos parecían hundirse antes de cruzar el plato, tomó la lomita en la séptima entrada por los plumíferos. Burgess le dio una ruda bienvenida con un cuadrangular al bosque derecho, seguido por un sencillo de Law con dos *outs* antes de que Virdon marcase el tercero.

Law tuvo dificultades en la séptima, permitiéndole dos carreras a los Cardenales. Javier bateó un doble al jardín izquierdo antes de ser remplazado por el corredor emergente Julio Gotay, cuyas piernas frescas alcanzaron tercera base tras in bombo de Whitfield. Doug Clemens demolió un lanzamiento sobre las cercas para acortar la ventaja de Pittsburgh a 12-5.

Los bucaneros ripostaron con cinco carreras en la octava. Groat, su siore todos-estrellas, abrió las puertas con un sencillo y arribó a la antesala tras un doble de Skinner. Otro sencillo, éste por Stuart, anotó a Groat, y trajo a Clemente al plato. El puertorriqueño conectó otro doble, remolcando su quinta carrera el encuentro. A través de sus años en las mayores, Clemente gozaría de siete partidos con cinco o más impulsadas: el 25 de julio de 1956, el 26 de mayo de 1957, el 14 de abril de 1960, el 6 de julio de 1961, el 6 de julio de 1966 y el 7 de agosto de 1966. Su marca personal sería siete, el 15 de mayo de 1967 contra los Rojos de Cincinnati en el Crosley Field.

Burgess brindó punto final a la clínica ofensiva con un cuadrangular con dos colegas en las bases, alcanzando siete carreras empujadas en el partido. El receptor tuvo un día mejor el 29 de julio de 1955, con tres vuelacercas que produjeron nueve anotaciones. Su promedio vitalicio de .295 incluyó un récord de 145 inatrapables como emergente, superado posteriormente. El exjugador y narrador Joe Garagiola comentó que "Burgess se podría despertar a las 3 A.M. el día de Navidad, con dos pulgadas de nieve en el suelo, y batear un lineazo si le lanzases una curva".[7]

San Luis respondió con dos carreras en la parte baja de la octava. Un sencillo de James y un doble de Maxvill le brindaron la oportunidad a Gene Oliver, sustituyendo a Bauta. Su inatrapable impulsó al primero y colocó al segundo en la antesala, de dónde fue remolcado por Flood.

Tras un bombo que retiro a Gotay, los Piratas enviaron a Diomedes Olivo a la lomita. El veterano lanzador dominicano-a sus 43 años el jugador de mayor edad en la liga-le permitió un sencillo a Whitfield pero cerró la entrada tras una roleta de Doug Clemens. Don Ferrarese, el cuarto serpentinero de los Cardenales, detuvo a los bucaneros en la novena entrada. Con diez carreras de desventaja, San Luis necesitada una remontada de fábula, pero tan sólo logró un indiscutible contra Olivo antes de terminar el maratón ofensivo.

El día siguiente el marcador fue más modesto; los bucaneros doblegaron a los Cardenales, 7-2. Al McBean, lanzador de segundo año proveniente de las Islas Vírgenes estadounidenses, escatimó seis inatrapables en un juego completo. Hoak remolcó tres de las anotaciones y Burgess otras dos.

Clemente anotó una carrera y contribuyó un sencillo pero se ponchó tres veces, para cerrar uno de los meses más productivos de su carrera. En 30 juegos, remolcó 27 anotaciones con unos promedios de .388 de bateo, .416 de embase, .578 de *slugging* y .994 de OPS. Unas semanas antes, el jardinero había revelado algunas de sus dolencias a los cronistas: "Tengo problemas estomacales. Casi no puedo comer...no me siento muy fuerte y a veces al correr se me dificulta respirar".[8] Uno de los reporteros recalcó que estos dolores "podrían brindar miseria a los lanzadores contrarios. Cuando el jardinero de los Piratas de Pittsburgh se queja de dolencias, suele aterrorizar al presentarse al plato".[9]

La buena racha de Clemente continuó durante julio, promediando .354 de bateo y .889 de OPS. Al cumplir 27 años en agosto, su rendimiento decayó (.239 y .658) pero rebotó en septiembre (.311 y .711). En la campaña completa bateó .312, casi 40 puntos debajo de su marca en 1961.

Los Piratas terminaron en cuarto lugar (93-68) y los Cardenales en sexto (84-78).

El Gran Clemente participó en 10 temporadas adicionales, ganando tres títulos de bato y un premio de Jugador Más Valioso (JMV, o MVP por sus siglas en inglés). Acaparó 3,000 inalcanzables y una docena de guantes de oro antes de morir el 31 de diciembre de 1972 durante una misión benéfica para ayudar a los sobrevivientes de un devastador terremoto en Nicaragua. Tras una elección especial, fue exaltado al Salón de la Fama el año siguiente. El Comisionado de las Grandes Ligas, Bowie Kuhn exclamó que al describir a Clemente "el término 'superestrella' no era suficiente. Tenía una calidad de realeza".[10]

FUENTES

Además de las fuentes citadas en las notas, el autor consultó es sitio Web Baseball-Reference.com

https://www.baseball-reference.com/boxes/SLN/SLN196206300.shtml

NOTAS

1   Andy Sturgill, Proyecto biográfico de SABR, perfil de Smoky Burgess : https://sabr.org/bioproj/person/smoky-burgess/.

2   Les Biederman, "Pirate Hit Explosion Stuns Cards," *Pittsburgh Press*, 1 de julio de1962: 53.

3   Biederman.

4   Biederman.

5   Ed Wilks, "Pirates Rout Washburn in Slugging Attack on Cards," *St. Louis Post-Dispatch*, 1 de julio de 1962: 30.

6   Wilks.

7   Andy Sturgill, "Smoky Burgess." Proyecto biográfico de SABR.

8   Prensa Asociada, "When Clemente's Ailing, the Enemy Pitchers Suffer," *Bloomington* (Illinois) *Pantagraph*, 6 de junio de 1962: 12.

9   "When Clemente's Ailing, the Enemy Pitchers Suffer."

10 "Citas sobre y por Roberto Clemente": https://www.baseball-almanac.com/quotes/roberto_clemente_quotes.shtml.

CLEMENTE ALCANZA 2,000 INATRAPABLES EN SU CARRERA

2 DE SEPTIEMBRE DE 1966
PIRATAS DE PITTSBURGH 7, CACHORROS DE CHICAGO 3
EN FORBES FIELD, PITTSBURGH

POR GLEN SPARKS

Roberto Clemente tomó una serie de *swings* de práctica tras entrar en la caja de bateo. Frente a más de 13,000 feligreses, la superestrella de Pittsburgh miró hacia el montículo y se enfocó en su rival Ferguson Jenkins. El joven de 23 años no tenía mucha experiencia, apenas en su segunda campaña en las grandes ligas. Al celebrarse la quinta entrada este 2 de septiembre de 1966, los Piratas gozaban de la más mínima ventaja, 1-0, sobre los Cachorros de Chicago en Forbes Field.

Clemente arremetió contra el primer lanzamiento de Jenkins, enviándolo a las gradas del bosque derecho. El cuadrangular de tres carreras-el indiscutible # 2,000 de su ilustre carrera-extendió el margen a cuatro carreras en la que sería una victoria 7-3 de los bucaneros. Con el bambinazo, Clemente sobrepasó un centenar de remolcadas por primera vez en las grandes ligas. "No podría haber imaginado nada mejor" comentó tras el juego.[1]

Las novenas navegaban por rumbos opuestos. Los Piratas, con 78 triunfos y 56 fracasos, estaban empatados con los Gigantes de San Francisco en el primer lugar de la Liga Nacional. Los Cachorros, con 47 victorias y 86 reveses, llevaban la retaguardia, a 30 juegos y medio de distancia de los colíderes.

El piloto de Pittsburgh Harry Walker escogió a Bob Veale, de 30 primaveras, como abridor para el inicial de una serie de tres partidos. El zurdo de 6 pies, 6 pulgadas oriundo de Alabama traía una marca de 13-9 en la temporada, la segunda en ristra en la que fue seleccionado para el Juego de Estrellas. El veloz serpentinero había abanicado a 276 contrarios en 1965 y a 250 otros el año anterior.

El dirigente de los Cachorros Leo Durocher ripostó con Jenkins, nacido en Ontario, Canadá, quién tan sólo medía una pulgada menos que su homólogo. Chicago había recibido a Jenkins el 21 de abril en un trueque con los Phillies de Filadelfia, con los cuáles había participado en un juego en 1966 y siete otros en 1965. El cronista Richard Dozer del *Chicago Tribune* lo había bautizado como el "nuevo querido de los lanzadores Cachorros".[2] En su debut contra los Esquivadores el 23 abril, el recién llegado mantuvo a Los Ángeles sin carreras en cinco entradas y un tercio, contribuyendo un cuadrangular ante su adversario Don Sutton. Dozer proclamó el día siguiente que "la leyenda de Ferguson Jenkins comenzó ayer, en un Wrigley Field frío y húmedo".[3]

No obstante, Jenkins brindaba una efectividad de 3.77 con dos victorias y siete derrotas a su cita con los Piratas, quiénes anotaron por vez primera en la cuarta entrada. Tras golpear al jardinero izquierdo Willie Stargell con un lanzamiento, Jenkins indujo una roleta de Donn Clendenon que avanzó el corredor a la intermedia. Su próximo contrincante, Bill Mazeroski, conectó un sencillo impulsador al jardín derecho.

Chicago amenazó en el quinto episodio. Randy Hundley logró un doble con un hombre fuera y llegó a la antesala tras un error de Veale al tratar de sorprenderlo fuera de base. La bola llegó al bosque central, pero Veale poncho a Byron Browne y a Jenkins para acabar la entrada.

El propio Veale se embasó con un sencillo que no salió del cuadro. Un toque de Matty Alou trasladó al corredor a segunda base y el dominicano llegó a la inicial al Jenkins no poder capturar la pelota. Un sacrificio de Gene Alley avanzó a ambos jugadores a las próximas estaciones para la llegada de Clemente al plato. El jardinero derecho, cuya fama se debía a su recio y certero brazo y su *swing* de lineazos, contaba con 22 bambinazos en la campaña, a tan sólo uno de su marca personal establecida en 1962. El boricua además presumía de 98 impulsadas y un promedio de bateo de .326.

A sus 32 años, Clemente ya había ganado tres títulos de bateo, incluyendo los dos más recientes (.339 en 1964 y .329 en 1965). Sin embargo, el primer duelo contra Jenkins resultó en un ponche y el segundo en una roleta hacia tercera base. Pero como dice el refrán, a la tercera va la vencida. Clemente observó que "estaba esperando un lanzamiento alejado para tratar de halarlo, pero la bola vino adentro y supe de inmediato que sería un cuadrangular".[4]

Añadió con énfasis que "con dos hombres en base, estaba enfocado en remolcar una carrera y no en conseguir mi imparable #2,000. Me había propuesto metas de 100 impulsadas y 25 cuadrangulares al comenzar la campaña. Generalmente no soy bateador de jonrones, pero los he estado bateando más frecuentemente esta temporada".[5]

Walker, su dirigente, recalcó a los periodistas que "no hay manera de lanzarle. Le pega a todo. Pero no sé por qué está bateando cuadrangulares este año. Está conectando el bate con la bola".[6]

La primera base Ernie Banks vio la bola desaparecer entre los presentes. Varias semanas antes, Banks también había ingresado al club de los #2,000 indiscutibles. "De seguro Clemente está muy satisfecho" comentó Banks, agregando que "al llegar a 2,000 estás bien acompañado. Es algo que recuerdas por buen tiempo".[7]

Los Cachorros finalmente anotaron en la sexta entrada. Con un out, Glenn Beckert bateó un sencillo y llegó a la intermedia tras un lanzamiento descontrolado de Veale. Billy Williams se ponchó, pero tanto Santo como Banks recibieron boletos gratis para llenar las bases. Un sencillo de John Boccabella remolcó a los dos primeros corredores antes de que Hundley batease un bombo para el tercer out.

El receptor Jim Pagliaroni extendió le ventaja de nuevo con un sencillo en la parte baja de la sexta entrada, impulsando a Bob Bailey, cuyo triple comenzó el parcial. Jenkins despachó al siguiente trio de bucaneros sin problemas.

Chicago hizo un último intento en la séptima entrada. Con un hombre fuera, Durocher envió a Adolfo Phillips de emergente por Jenkins. Phillips recibió boleto gratis, clausurando la tarde de Veale. Walker trajo a Don Cardwell, cuyo lanzamiento descontrolado envío a Phillips a la intermedia. Cardwell trató de sorprenderlo, pero su tiro llegó al jardín central y el corredor llegó a la antesala. Una roleta de Don Kessinger remolcó la carrera sucia.

El relevista Curt Simmons, en su segundo parcial, permitió dos carreras en la octava entrada. Bailey recibió una base por bolas con un out y Pagliaroni le siguió con un sencillo. Cardwell impulsó a ambos tripulantes con un doble. Pittsburgh por poco añadió más carreras. Un sencillo de Alou avanzó a Cardwell a la esquina caliente y Alou se estafó la intermedia. Tras una roleta de Alley que no mudó a los corredores, Simmons le dio un boleto intencional a Clemente para lidiarse contra Stargell. Un elevando en dirección de Browne acabó con el motín.

Cardwell no se turbó por un error de Clendenon en el noveno episodio y logró su primer rescate de la campaña. Veale, victorioso, mejoró su marca a 14-9 mientras que Jenkins cayó a 2-7.[8]

La edición del *Pittsburgh Press* del día siguiente incluyó una foto de Clemente con el joven de 15 años Gary Chick. El muchacho, residente de Penn Hills, recuperó la pelota del cuadrangular y se la devolvió a Clemente. El jugador le otorgó un bate y una bola autografiada a cambio.

Clemente la acreditó a los fanáticos por su ayuda en obtener la cifra de 2,000 indiscutibles. En 1957, unos serios problemas en la espalda casi le obligaron a retirarse. Los aficionados, conscientes de las lesiones, le escribieron cartas a Clemente, urgiéndole que siguiese jugando. Clemente consultó con su padre sobre sus dolencias. "Me aconsejó seguir jugando" comentó el jardinero. "Pero aún estaba sin decidir, hasta que recordé lo que la fanaticada me había escrito. Eso me confirmó lo que debía hacer".[9]

Los Piratas terminaron la campaña con 92 victorias y 70 derrotas, en tercer lugar tras los Gigantes de San Francisco y los Esquivadores de Los Ángeles, quiénes obtuvieron el banderín. Mientras tanto, las dificultades continuaron para los Cachorros, cuya residencia en el sótano de la Liga Nacional se garantizó por sus 103 fracasos, tan sola la segunda vez en su historia que la franquicia sobrepasó un centenar de reveses. Clemente concluyó la temporada con un promedio de .317, .536 de slugging y marcas personales en cuadrangulares (29), carreras remolcadas (119) y anotadas (105).

Clemente llegaría a 3,000 inatrapables exactos. Su último ocurrió el 30 de septiembre de 1972, un doble en la cuarta entrada contra el zurdo Jon Matlack de los Mets de Nueva York. Casi tres meses después, Clemente fallecería durante labores humanitarias de entrega de suministros a los damnificados de un terrible terremoto en Nicaragua. Clemente tenía tan sólo 38 años.

El Salón de la Fama dispensó de su reglamento requiriendo cinco años de retiro antes de que un jugador pudiese ser exaltado. En una ceremonia el 6 de agosto de 1973 en Cooperstown, Nueva York, su viuda Vera Clemente aceptó el honor en memoria de su fallecido esposo. Bob Smizik, reportero del *Pittsburgh Press,* recalcó que "su voz se ahogaba con emoción y sus ojos se mojaban con lágrimas".[10]

La Sra. Clemente les contó a los presentes "éste hubiese sido el último triunfo de Roberto. Si estuviese aquí, les agradecería a los fanáticos de Puerto Rico, de Pittsburgh y de todos los Estados Unidos".[11]

FUENTES

Además de las fuentes citadas en las notas, el autor consultó los sitios Web Baseball-Reference.com

https://www.baseball-reference.com/boxes/PIT/PIT196609020.shtml

NOTAS

1   Lester J. Biederman, "Clemente Makes 2000th Hit Big One for Bucs," Pittsburgh Press, 3 de septiembre de 1966: 8.

2   Ricard Dozer, "Jenkins Was Hockey Star," Chicago Tribune, 24 de abril de 1966: 93.

3   Richard Dozer, "Sox Lose; Cubs Win with Jenkins, 2-0," Chicago Tribune, 24 de abril de 1966: 93.

4   Ira Miller, "Clemente Has Career Highs," Belleville (Illinois) News-Democrat, 3 de septiembre de 1966: 6.

5   Jeff Meyers, "Bucs Edge Back in Front on 7-3 Triumph; Cards Win in 12th over G-Men; LA Wins," Tyrone (Pennsylvania) Daily Herald, 2 de septiembre de 1966: 8.

6   Meyers.

7   Biederman.

8   Jenkins llevaba una marca de 6-8 antes de este encuentro en 1966. Lanzó en 19 temporadas y ganó 284 juegos. Fue exaltado al Salón de la Fama en 1991.

9   United Press International, "Clemente Gives Credit to Fans; Cards Knock Giants from Top," Pittsburgh Press, 3 de septiembre de 1966: 8.

10   Bob Smizik, "Roberto's 'Last Triumph': Induction into Hall," Pittsburgh Press, 7 de agosto de 1973: 26.

11   Smizik.

CLEMENTE CONECTA TRES CUADRANGULARES Y REMOLCA TODAS LAS CARRERAS EN DERROTA DE LOS PIRATAS

15 DE MAYO DE 1967
ROJOS DE CINCINNATI 8, PIRATAS DE PITTSBURGH 7
EN CROSLEY FIELD, CINCINNATI

POR GREGORY H. WOLF

"Fue como si Roberto Clemente, por sigo mismo, hubiese jugado contra los Rojos" exclamó lleno de admiración el periodista Les Biederman del *Pittsburgh Press* "¡y por poco acaba con ellos!".[1] Apodado "Arriba" por el locutor radial de los Piratas Bob Prince, Clemente propinó tres cuadrangulares y remolcó las siete carreras de Pittsburgh. Desafortunadamente, su explosión ofensiva fue en vano ya que el pobre pitcheo bucanero no pudo detener al ataque ofensivo de Cincinnati, cuyo punto final fue un doble de Atanasio (Tony) Pérez que dejó a los Piratas en el terreno en la parte baja de la décima entrada. "Fue uno de esos encuentros raros, poco delicados que deleitan a los tanteadores oficiales y entusiasman a los fanáticos a venir al parque" recalcó Lou Smith del *Cincinnati Enquirer*.[2]

Los Rojos del timonero Dave Bristol eran la grata sorpresa de la joven temporada. Tras terminar en séptimo lugar la campaña anterior, el equipo había madrugado y lideraba la Liga Nacional con 21 victorias, gracias a uno de los más profundos cuerpos de lanzadores en la liga.

Los Piratas, con 16 triunfos y nueve fracasos, le llevaban los pasos en el segundo lugar. La novena del dirigente Harry Walker gozaba de una racha estupenda con 13 victorias en sus últimos 17 encuentros a las espaldas de una robusta ofensiva; su promedio de .277 era el mejor de las mayores, al igual que su .279 el año anterior.

Una noche fresca y algo húmeda, con temperaturas cercando los 50 grados Fahrenheit, vaticinaba un duelo de serpentineros. Los Piratas escogieron al zurdo Bob Veale, uno de los más veloces lanzadores del deporte, quién a sus 31 años poseía 63 victorias y 40 reveses, incluyendo cinco triunfos ese año con una efectividad de 2.49. Los colorados optaron por el diestro Milt Pappas, proveniente de Baltimore en un trueque por el mimado Frank Robinson. En el montículo, Pappas era todo un "caballo" consumiendo entradas; su cifra vitalicia de 125-87 lo colocaba entre los abridores más eficaces de la década. Sin embargo, el béisbol se juega en el campo y no en la teoría, y los 5,222 partidarios de los Rojos que asistieron al Crosley Field fueron testigos de fuegos artificiales con el madero.

Cortesía del Museo Clemente.

Matty Alou, campeón de bateo de la Liga Nacional en 1966 con un promedio de .342 comenzó la parada y Clemente le siguió con un elevado al jardín derecho, que según Charley Feeney del

Pittsburgh Post-Gazette "se enredó con el viento y viajó hasta las gradas" para volar las cercas, el cuarto de Clemente en la campaña.[3] Aunque el boricua tuvo un débil comienzo a la temporada, su "bate tronante" había despertado a los Piratas según Feeney.[4] En esa ristra de 17 encuentros que encendió la llama bucanera, Clemente había promediado .408 (de 71-29), llevando su marca a .368, la mejor de las grandes ligas. De hecho, en sus más recientes cuatro turnos Clemente había bateado el ciclo, ya que el día anterior había logrado un doble, triple y sencillo en sus últimos tres turnos contra los Bravos de Atlanta.

Veale guió la carabela Pirata a través de la alineación Roja, manteniendo a sus rivales sin indiscutibles pero se le picó el mar en la cuarta entrada. Pete Rose se embasó tras un error de Bill Mazeroski y llegó a la antesala tras un lanzamiento descontrolado de Veale. Sin *outs*, el lanzador ponchó a Pérez y le dio boleto gratis a Lee May; con los corredores en las esquinas, el campocorto Gene Alley recogió la roleta de Don Pavletich e inició la receta especial de los Piratas: la doble jugada 6-4-3. Los bucaneros serían líderes de la liga con 186 doble matanzas en 1967.

En el quinto episodio, un error de Pérez permitió a Alou llegar a la inicial. Con un hombre fuera, Maury Wills pegó otra roleta que dobló a Alou en la intermedia. Tras remplazar al corredor, Wills se robó la segunda base y Clemente conectó un lineazo sobre la verja de nueve pies del jardín derecho, aumentando la ventaja a 4-0. El boricua era reconocido como uno de los mejores bateadores "puros" del deporte y gracias a su intelecto beisbolero, pudo reconocer las ventajas del amplio Forbes Field, exprimiendo triples de lo que parecían dobles. Aunque no se le veía como bateador de poder, el flamante Jugador Más Valioso (JMV

o MVP por sus siglas en inglés) había disparado 29 bambinazos la campaña anterior, una cifra bastante mayor que su promedio de 17 en sus últimas siete temporadas (1960-1966).

Veale se tambaleó en el quinto episodio, permitiendo un sencillo, otorgando una base por bolas y cometiendo un movimiento ilegal (*balk*). No obstante, resultó ileso al prevenir que los Rojos cruzaran el plato. En la sexta entrada se le acabó la suerte y Cincinnati cultivó un racimo de tres carreras. Según Biederman, Veale "perdió el ritmo de su recta de manera repentina" y efectúo más lanzamientos en esa entrada que en las cinco anteriores conjuntas.[5] Rose, Pérez y May enlazaron un trio de sencillos, anotando la primera carrera de los anfitriones. Los corredores avanzaron a las próximas almohadillas tras otro lanzamiento salvaje de Veale y un elevado sacrificio de Pavletich remolcó a Pérez. Una roleta de Chico Ruíz marcó otro out pero a su vez impulsó a May. Un sencillo de Leo Cárdenas sacó a Veale del encuentro y el relevista Pete Mikkelsen acabó con la amenaza roja.

Tildado por el *Cincinnati Enquirer* como "un espectáculo por si mismo", Clemente le otorgó una ruda bienvenida al nuevo serpentinero Rojo Darrell Osteen, propinándole un doble sobre la pradera izquierda-central del defensor Rose.[6] Con ese indiscutible, Clemente remolcó a Mikkelsen y a Wills, tripulantes a bordo gracias a boletos gratis. En un abrir y cerrar de ojos, los corsarios estiraban su ventaja a 6-3 en la séptima entrada.

Mikkelsen, quién el año anterior había participado en 71 duelos gracias a su incansable brazo, sufrió su propia implosión al comenzar la parte baja. Con dos hombres fuera y la entrada casi completa, el fajón Rose consiguió una base por bola y anotó tras un doble de Pérez al jardín central profundo. May le siguió con un sencillo, remolcando a Pérez y recuperando las dos carreras recién permitidas a sus rivales.

El mano a mano persistió en la octava pero ambos equipos se quedaron sin viajar de regreso al plato. Relevando a Osteen con Mazeroski en la inicial, Gerry Arrigo lanzó sin control, dejando al corredor conquistar la intermedia. Sin hombres fuera y en su primera oportunidad desde su victoria de juego completo con apenas un inatrapable frente a los Mets de Nueva York el 29 de abril, Arrigo se las arregló para escapar de sus apuros. Art Shamsky conectó un doble sin hombres fuera. Shamsky solía tener éxito contra los Piratas, evidenciado por sus tres cuadrangulares en un partido el pasado 12 de agosto, pero esta historia no tuvo final feliz al quedar naufragado en la antesala.

Con escenario cuadro comenzó la novena. Clemente añadió una carrera "de por si acaso" gracias a su tercer jonrón que sobrevoló la verja izquierda de manera "prodigiosa", según el cronista Lou Smith de Cincinnati.[7]

Dos carreras de delantera solían ser una ocasión idónea para Elroy Face, el taponero de los Piratas, pero el especialista de la bola estilo tenedor (*forkball*) había lanzado en tres juegos consecutivos, marcando dos rescates y una victoria contra los Bravos. Walker optó por darle un descanso y en su lugar trajo a Juan Pizarro, adquirido durante la temporada muerta, para cerrar el encuentro. Sin embargo, May tuvo otros ideas, disparando un cañonazo de dos carreras, remolcando a Pérez, que previamente había llegado a la inicial vía un sencillo. Con el juego empatado, Arrigo bateó lo que pareció ser cuadrangular seguro hacia el jardín derecho, en dirección al taller de Clemente. "La bola sobrepasó la verja pero yo brinqué y previne que cayese" relató la superestrella.[8] Al impactar la pared, Clemente perdió control de la pelota, resultando en un doble. Pizarro terminó la entrada, dejando a dos corredores en base.

Arrigo dominó a los Piratas de forma consecutiva en la décima y los Rojos contraatacaron. El veloz Tommy Harper abrió con un sencillo y Vada Pinson se ponchó. El siempre tenaz Rose conectó una roleta hacia la esquina caliente que Wills atrapó de manera "brillante", tirando a

segunda base para poner fuera a Harper de manera forzosa.[9] Pérez caminó hacia la caja de bateo; el cubano gozaría de su primera selección al Juego de Estrellas unas semanas más tarde. Durante sus 23 campañas, Pérez sería electo a siete de estos partidos. Steve Blass comenzó a calentarse, pero no lograría entrar a partido. Pérez conectó un doble sobre la cabeza de Manny Mota que picó contra la pared y remolcó a Rose con la carrera de la victoria tras tres horas y 18 minutos. (Mota había entrado de suplente en la novena, remplazando a Alou, quién había sido expulsado del partido por el árbitro de home Bill Jackowski tras tirar su bate y caso al recibir un tercer strike cantado).[10]

"Un final increíble para un partido inolvidable" opinó con decepción Biederman.[11] El trio de Rose, Pérez y May marcaron ocho de los 13 imparables, anotando las ocho carreras de Cincinnati y remolcando seis de ellas, acribillando a lo que Feeney llamó "pésimos" lanzadores Piratas.[12] Los "Rojos contaron con héroes por todas bandas" admiró Smith, incluyendo a Arrigo, quién tan solo permitió un indiscutible (el tercer cuadrangular de Clemente) en tres entradas para cargar con el triunfo.[13]

"Pudo haber sido uno de los mejores partidos de Clemente" escribió Feeney, pero "la derrota despojó el júbilo que podría haber disfrutado".[14] Clemente se convirtió en el sexto Pirata en disparar tres cuadrangulares en un partido, uniéndose a Ralph Kiner (cuatro veces entre 1947 y 1951), Frank Thomas, Román Mejías (ambos en 1958), Dick Stuart (1960), y Willie Stargell (1965). "Sí, mi juego más grande, pero no el mejor" contestó Clemente al preguntársele sobre su quinto partido con jonrones múltiples en sus 13 años de carrera. "No lo considero porque perdimos".[15]

Clemente disparó 240 cuadrangulares durante los 18 años de su carrera, que terminó prematuramente en un accidente aéreo el 31 de diciembre de 1972. Tan solo tres meses después de lograr su inatrapable # 3,000, Clemente pereció en la costa de Puerto Rico cuando se dirigía a Nicaragua para ayudar a los damnificados por un devastador terremoto. El 13 de agosto de 1969 Clemente empató su marca personal con tres jonrones en una victoria contra los Gigantes de San Francisco en el Parque Candlestick. Clemente también conectó un par de cuadrangulares en 11 otros partidos durante su carrera.

Este artículo fue originalmente publicado en la colección titulada "Momentos de júbilo y de angustia: 66 momentos significantes en la historia de los Piratas de Pittsburgh" (SABR, 2018), editado por Jorge Iber y Bill Nowlin. Presione aquí para accesar más relatos incluidos en este libro, parte del Proyecto de Juegos de SABR. El artículo también se incluye en "El Crosley Field de Cincinnati: una joya en la ciudad reina" (SABR, 2018), editado por Gregory H. Wolf. Presione aquí para accesar más relatos incluidos en este libro, parte del Proyecto de Juegos de SABR.

FUENTES

Además de las fuentes citadas en las notas, el autor consultó los sitios Web Baseball-Reference.com, Retrosheet.org, la base de datos de SABR de las ligas menores de SABR, SABR.org y el archivo de The Sporting News.

https://www.baseball-reference.com/boxes/CIN/CIN196705150.shtml

https://www.retrosheet.org/boxesetc/1967/B05150CIN1967.htm

NOTAS

1   Les Biederman, "Clemente's 'Biggest' Game Wasted," *Pittsburgh Press*, 16 de mayo de 1967: 34.

2   Lou Smith, Perez's Double Scuttles Pirates in 10th, 8-7," *Cincinnati Enquirer*, 16 de mayo de 1967: 23.

3   Charley Feeney, "Cincinnati Overpowers Clemente by 8-7," *Pittsburgh Post-Gazette*, 16 de mayo de 1967: 26.

4   Feeney.

5   Biederman.

6   Smith.

7   Smith.

8   Biederman.

9   Smith.

10   Feeney.

11   Biederman.

12   Feeney.

13   Smith.

14   Feeney.

15   Biederman.

CLEMENTE CONSIGUE CINCO IMPARABLES CONSECUTIVOS E IMPULSA CUATRO CARRERAS EN LA VICTORIA SOBRE LOS ROJOS

13 DE SEPTIEMBRE DE 1967
PIRATAS DE PITTSBURGH 11, ROJOS DE CINCINNATI 3
EN CROSLEY FIELD, CINCINNATI

POR GLEN SPARKS

Roberto Clemente conectó cinco indiscutibles e impulsó cuatro carreras en el terreno. Fuera de éste, criticó a "varios" compañeros de sus Piratas de Pittsburgh por no dar el máximo en los partidos. "Ellos saben quiénes son" dijo Clemente, sin ofrecer nombres.[1]

Los Piratas navegaban la Liga Nacional sin rumbo fijo, anclados en séptimo lugar con 72 victorias y 74 derrotas. Al ser entrevistado por una estación puertorriqueña de radio el 13 de septiembre de 1967, Clemente comentó "uno no dice 'voy a jugar para ese dirigente, pero no por el otro'. Uno juega para ganar".[2]

Varias horas más tarde, el estelar jardinero derecho de Pittsburgh encabezó el ataque ofensivo de su club en la victoria, 11-3, sobre los Rojos de Cincinnati en el Crosley Field.

Ron Rapoport, periodista con la Prensa Asociada (AP) recalcó que "el miércoles, Roberto Clemente ofreció una clínica".[3] Apenas 4,996 aficionados presenciaron la acción.

Al comenzar la campaña, los bucaneros tenían grandes aspiraciones tras ganar 92 concursos en 1966. Tras un sólido comienzo (12-6 tras derrotar a los Gigantes de San Francisco, 6-5, el 6 de mayo), el equipo tuvo una mala racha; para el 29 de junio, había perdido tantos encuentros como había ganado. Unas semanas después, el gerente general Joe L. Brown despidió al piloto Harry Walker y lo remplazó con Danny Murtaugh, anterior dirigente de la franquicia desde 1957 hasta 1964 y bajo cuya tutela la escuadra ganó la Serie Mundial del 1960. Walker declaró que "tal vez un cambio de mando ayude al equipo; muchas veces es así".[4]

Los rumores sobre Walker habían comenzado temprano en la temporada, según Clemente. "Corrieron y corrieron. Cuando Danny Murtaugh tomó las riendas, yo pedí que no se la achacase ninguna culpa. No se sabía que sucedería, pero pase lo que pase, sería debido a los jugadores, no al dirigente. Lo mismo con Harry Walker; no debería ser el chivo expiatorio".[5]

El redactor Al Abrams, del diario *Pittsburgh Press*, no objetó en su columna *"Sidelight on Sports"*. Clemente "dijo la verdad sobre una triste situación…(él) sabe cuáles jugadores no

Cortesía del Museo Clemente.

se acoplaron bien, quiénes formaron grupitos y quiénes causaron problemas antes de que Harry Walker caminase por la plancha".[6]

Clemente, sin embargo, había tenido sus diferencias con Murtaugh durante su primer enlace. El dirigente había criticado a Clemente por no jugar cuando se encontraba adolorido. Durante una discusión, el piloto le dijo a Clemente "ganas demasiado dinero para estar en el banco". El jugador ripostó "insinúas que yo no quiero jugar béisbol." Bill Mazeroski, el destacado intermedista defensivo, comentó que Murtaugh no trató a Clemente de la manera adecuada: "Roberto no era el tipo de persona que sacabas de la alineación y avergonzabas frente a sus compañeros. Se cohibía."[7]

En una entrevista con una revista deportiva, Clemente opinó sobre su nuevo dirigente, declarando que "yo le dije a Murtagh que fueron mis expresiones pero que soy un jugador profesional y doy el todo por cualquier dirigente. Lo que haya sucedido en el pasado es historia. Tenemos un solo propósito y es ganar".[8]

Antes de los partidos del 13 de septiembre, Clemente poseía un promedio de .349. El tres veces campeón de bateo disfrutaba de otro año sensacional tras ganar el galardón al Jugador Más Valioso (JMV, o MVP por sus siglas en inglés) en 1966 con marcas personales de 29 cuadrangulares y 119 carreras remolcadas.

Cincinnati había ganado los primeros dos partidos de la serie. En el primero, una remontada en la novena entrada le valió la victoria, 4-3. En el segundo, tanto Pete Rose como Tony Pérez contribuyeron cuatro indiscutibles, parte de una ráfaga de 23 que resultaron en 15 carreras contra 7 de los bucaneros.

Para evitar la barrida, Murtagh puso su confianza en Tommie Sisk, mientras que el dirigente Rojo Dave Bristol envió a Mel Queen. En el duelo de diestros, Sisk brindaba una foja de 11-12 y Queen 13-6.

Pittsburgh anotó primero, con un sencillo del propio Sisk aun cuando trató de evitar el impacto de su bate con la bola.[9] Maury Wills le siguió con un sencillo, también al jardín derecho, que Tommy Harper no puedo atrapar. Sisk anotó y Wills, adquirido durante la temporada muerta tras un canje con los Esquivadores de Los Ángeles, llegó a la antesala. Un sacrificio de Matty Alou remolcó al veloz Wills. Clemente, que había marcado un out en su primer turno con un bombo a los jardines, conectó un sencillo pero quedó varado en la tercera base.

Cincinnati ripostó en la cuarta entrada con un doble de Vada Pinson al jardín derecho. Lee May lo mudó a tercera y Pérez lo impulsó al marcar un out con su roleta.

Clemente disparó un cuadrangular en la cuarta entrada que ensanchó la ventaja a dos carreras. El vuelacercas fue el vigésimo primero de la campaña y a su vez alcanzó un centenar de carreras remolcadas, la segunda campaña en hilo de Clemente con ese total.

La ofensiva se fue a huelga hasta la séptima entrada, cuando los cañones bucaneros explotaron con cinco carreas. Wills puso un toque al filo de la línea de tercera base que Pérez atrapó, pero en su desespero el cubano envío su tiro hacia la banca[10]. El error colocó a Wills en la intermedia y el otrora JMV de la Liga Nacional del 1962 tomó tercera base tras un lanzamiento fuera de control. Tras un out de Alou, Clemente conectó un doble impulsador y Willie Stargell recibió un boleto gratis. Bristol remplazó a Queen con Don Nottebart.

La defensa escarlata continuó con sus percances. Nottebart cometió el tercer error de la tarde al no poder atrapar el bateo de Donn Clendenon, su primer contrincante. Clemente anotó, Stargell llegó a tercera y Clendenon a segunda base. Un inatrapable de Gene Alley impulsó a ambos corredores y dobles consecutivos de Mazeroski y Manny Sanguillén pusieron el marcador 8-1, las últimas cinco carreras siendo sucias.

Pittsburgh añadió un par más en la octava entrada ante el nuevo lanzador de Cincinnati, Sammy Ellis. Clemente impulsó a Wills y tras dos *outs*, Clenendon anotó tras un lanzamiento salvaje de Ellis. La última carrera bucanera vino en la novena entrada tras un sencillo de Clemente con dos hombres fuera, impulsado a Sanguillén. El inatrapable marcó el quinto en hilo para Clemente.

Sisk permitió dos carreras en el último parcial. Pinson y May ambos lograron sencillos tras un out y Pérez conectó un elevado sacrificio que remolcó a Pinson. El próximo bateador, Tommy Helms, también conectó un sencillo que trasladó a May a la antesala; Art Shamsky lo impulsó minutos después. Una roleta de Leo Cárdenas concluyó el partido.

Tras la derrota, los Rojos cayeron a 80-67. Bristol declaró que "(Los Piratas) nos dieron varias vueltas esta noche. Chico, que clase de ofensiva tienen". Bristol se mostró confundido por las dificultades bucaneras, llamándolas "un gran misterio. Parece que cada vez que uno lee el periódico, están propinando una decena de inatrapables. ¡Y ese Clemente! Puede hacer cualquier cosa con el bate cuando se lo propone".[11]

Pero más que nada, Clemente ansiaba que su equipo se enrachase y ganase varios juegos en ristra. Parecía indiferente al prospecto de ganar otro título de bateo, diciendo "es la primera vez que me siento de esta manera". "El título no me preocupa. Antes estaba tan obsesionado que leía los periódicos cada día para ver cómo iban las posiciones. ¿Por qué he cambiado? Creo que antes necesitaba demostrar algo; no sentía que mis talentos eran reconocidos. Ahora no tengo nada que probar, tengo una actitud distinta. Tan solo quiero ayudar al equipo a ganar".[12]

Los Piratas concluyeron la campaña en sexto lugar, con 81 triunfos y 81 derrotas. Clemente ganó su cuarto y último título de bateo con .357, una marca personal, y lideró la Liga Nacional con 203 indiscutibles. Quedó tercero en la votación del JMV gracias a sus 23 cuadrangulares y 110 impulsadas, ganando el séptimo de sus 12 Guantes de Oro.

FUENTES

Además de las fuentes citadas en las notas, el autor consultó los sitios Web Baseball-Reference.com y Retrosheet.org

https://www.baseball-reference.com/boxes/CIN/CIN196709130.shtml

NOTAS

1   Charles Feeney, Clemente Raps 'Few Slacking Players,'" *Pittsburgh Post-Gazette*, 14 de septiembre de 1967: 38.

2   Feeney.

3   Ron Rapoport, "Pirates Rip Reds 11-3, Clemente Leads Assault," *Marion* (Ohio) *Star*, 14 de septiembre de 1967: 27.

4   "Walker Says It's All Part of the Game," *Pittsburgh Press*, 19 de julio de 1967: 59.

5   Feeney.

6   Al Abrams, "Sidelights on Sports," *Pittsburgh Post-Gazette*, 14 de septiembre de 1967: 36.

7   David Maraniss, *Clemente: The Passion and Grace of Baseball's Last Hero* (New York: Simon & Schuster, 2006), 175.

8   "Walker Says It's All Part of the Game."

9   Lou Smith, "Bucs Get Revenge, Lambaste Reds, 11-3," *Cincinnati Enquirer*, 14 de septiembre de 1967: 55.

10   Smith.

11   Jim Ferguson, "Clemente, Pirates Turn Things Around," *Dayton Daily News*, 14 de septiembre de 1967: 21.

12   Ferguson.

POR CUARTA VEZ, ROBERTO CLEMENTE CONSIGUE CINCO INATRAPABLES EN UN JUEGO

13 DE JULIO DE 1968
PHILLIES DE FILADELFIA 3, PIRATAS DE PITTSBURGH 2
(16 ENTRADAS)
EN FORBES FIELD, PITTSBURGH

POR DARREN GIBSON

Tras ganar el título de bateo de la Liga Nacional en 1967-su tercero en cuatro campañas-

Roberto Clemente tuvo serios problemas al comenzar el 1968. Durante la temporada muerta, Clemente sufrió una lesión en su hombro en su casa en Carolina, Puerto Rico. Tras treparse en una plataforma en su patio, la edificación colapsó y Clemente se cayó por un barranco. El pelotero trató de jugar, pero concluyó que debido su dolor, debería haber descansado durante los entrenamientos de primavera.[1] La edición del 23 de marzo del *Sporting News* mencionó que Clemente arribó tarde a la sede de los Piratas porque su suegra tuvo un ataque de corazón y porque él mismo tuvo un accidente de tráfico, pero no recalcó el percance en su hogar.[2]

Clemente bateó tan solo .226 en abril y .220 en mayo antes de calentarse en junio al son de .333.[3]

Una mala racha (de 28-2) a principios de julio hundió su promedio por casi 20 puntos (de .265 a .245). La estrella bucanera tuvo un mero extrabase en sus últimos 11 encuentros antes del descanso del Juego de Estrellas, y por vez primera

en 11 calendarios, no fue escogido para el partido, el primero en un estadio bajo techo (el Astrodome en Houston). Dicha ausencia sería su única en los 13 años desde el 1960 al 1972.

Los tres días de descanso le vinieron bien: en los tres choques de la primera serie tras el Juego de Estrellas, en Pittsburgh contra los Phillies de Filadelfia, sus tres indiscutibles aumentaron su promedio de .250 a .252. Los bucaneros, no obstante, iban en picada: al comenzar el último encuentro, los Piratas habían perdido siete juegos en ristra, su peor caída en tres años.[4] Después de ser barridos por los Cachorros en Chicago, los Phillies les derrotaron en los primeros tres juegos de la serie. Tras la decaída, Pittsburgh llevaba una foja de 40-44, en séptimo lugar en la Liga Nacional, a 14 juegos de distancia de los Cardenales de San Luis.

Los corsarios estaban bajo el mando de Larry Shepard, por fin dirigente en las grandes ligas tras varios años en las menores. Durante sus años como piloto en los equipos filiales, muchos de los jugadores de la plantilla de Pittsburgh habían militado en su equipo de los Jets de Columbus de la Liga Internacional.

Este partido sabatino, el 13 de julio, convocó a tan solo 6,869 aficionados al Forbes Field. (Los Piratas tendrían problemas atrayendo fanáticos durante toda la temporada, quedando en noveno lugar entre la decena de equipos en la Liga Nacional). El periódico *Pittsburgh Press* recalcó que Clemente entregó la tarjeta de la alineación al árbitro del plato.[5] Woody Fryman tomó la lomita por los Phillies y Steve Blass por los Piratas. Willie Stargell, jardinero de los bucaneros, no comenzó el partido, reduciendo le poderío de la novena corsaria.

Los huéspedes anotaron un par de carreras en las primeras dos entradas, gracias al triple impulsador de Dick Allen y una carrera sucia debido a un raro error de Bill Mazeroski.

Clemente conectó una roleta en la primera que trajo un *out* y en la cuarta entrada fue desamparado tras su sencillo. En el sexto episodio, su inatrapable no produjo resultados al ser eliminado en una doble matanza tras una roleta de Manny Mota, que anotó la primera carrera corsaria gracias a Maury Wills. Clemente conectó una roleta hacia el campocorto para concluir el octavo episodio. Los corsarios empataron el encuentro en la novena entrada tras un sencillo con dos *outs* del emergente Gary Kolb, llevando el juego a entradas extra.

Un sencillo con dos *outs* de Clemente en la parte baja de la décima no trajo resultados tras un ponche de Mota. Otro sencillo con dos *outs* de Clemente, con las bases vacías en la duodécima, fue desperdiciado al Mota conectar un lineazo atrapado por la defensa. En la parte alta de la 14ma, el novato Dock Ellis, quién tan solo llevaba un mes en las mayores, tomó la lomita por los Piratas a pesar de haber lanzado dos entradas y dos terceras partes la noche anterior. En la parte baja de la misma entrada, el abridor Chris Short de los Phillies, quién había lanzado siete entradas dos días antes para conseguir su octava victoria,

se apoderó del montículo. Un triple de Clemente hacia el jardín derecho-central (el octavo de su campaña, desempatándose del liderazgo de la Liga Nacional con Lou Brock de los Cardenales), estacionó la carrera de la victoria a 90 pies del plato. El inatrapable sería el único extrabase del choque para los Piratas. Tras un boleto gratis intencional a Mota, Gene Alley se ponchó y el juego se prolongó a la 15ta. Los encargados el cuadro detallaron la arcilla por tercera vez en el juego, preparándola para las siguientes entradas.

La 16ta puso a los Phillies en la delantera con una carrera sucia gracias a un sencillo impulsador del emergente Rick Joseph.[6] La remontada comenzó con un imparable de Allen y un error de Alley al no poder atrapar el sencillo de Johnny Callison a través de sus piernas.

Callison se apoderó de la intermedia tras un lanzamiento descontrolado del jardinero izquierdo Kolb, la segunda pifia de la misma jugada. Allen tomó la antesala. Tras un boleto gratis intencional a Tony Taylor, Luke Walker remplazó a Ellis en el montículo. Joseph, emergente por la primera base Johnny Briggs, conectó su lineazo al bosque derecho para remolcar a Allen.[7]

En la parte baja del episodio, Wills obtuvo un sencillo con dos *outs* y tomó la segunda base. Un rebote de *foul* del bate de Clemente lesionó un dedo del receptor Mike Ryan, remplazado por Clay Dalrymple. Clemente batalló en su turno y ganó una base por bolas, pero Short indujo un roletazo de Mota (su séptimo turno sin indiscutibles) para concluir el maratón de cuatro horas y 44 minutos.

Los Phillies gozaron su quinto triunfo en cinco juegos de entradas extra. Short se alzó con la victoria tras tres entradas en relevo y Ellis cargó con la derrota, la octava en ristra para los Piratas, quiénes sufrirían dos más, lo que su dirigente llamaría "la peor experiencia de mi vida".[8]

En los cuatro partidos de la serie, los bucaneros tan solo lograron cinco carreras. Matty Alou y Wills se embasaron en tres de sus 16 apariencias al plato en el juego y Wills tan solo conectó dos indiscutibles en 19 turnos al bate en la serie.

Por su parte, Clemente aumentó su promedio 11 puntos para llegar a .263 tras sus cinco imparables. Cemente gozaría de un par más en 1970 y su séptimo y último en 1971. Tras una lesión de hombro, tuvo que ausentarse de una semana de juegos, pero ante preguntas sobre su retiro prematuro, Clemente ripostó "¿Cómo me podría jubilar? ¡Tengo que alimentar a 13 personas!"[9]

El gerente general de los Piratas Joe Brown trató de disminuir las críticas a su piloto Shepard, recalcando que "no le puedo echar la culpa a Shepard por las lesiones, el hecho de que Clemente esté bateando .265 y que Jim Bunning no haya jugado como lo esperado".[10]

Sin embargo, la explosión ofensiva de Clemente ese 13 de julio es un buen ejemplo de su batalla al tope de la Liga Nacional. Con un alucinante .370 en septiembre, llegó a .291 al concluir la temporada y ganó su octavo Guante de Oro corrido.

FUENTES

Además de aquellas indicadas en las notas, el autor consultó Baseball-Reference.com.

https://www.baseball-reference.com/boxes/PIT/PIT196807130.shtml

NOTAS

1 BaseballCrank website: http://baseballcrank.com/archives2/2012/07/baseball_1968_y.php. Consultado el 12 de febrero de 2022.

2 Les Biederman, "Clemente to Go Slow – Until the Bell Rings," *The Sporting News*, 23 de marzo de 1968: 11.

3 BaseballCrank.

4 Les Biederman, "Stranded Runners Again Ruin Bucs," *Pittsburgh Press*, 13 de julio de 1968: 6.

5 Les Biederman, Phils Outlast Pirates in 16 Innings, 3-2," *Pittsburgh Press*, 14 de julio de 1968: 69.

6 Allen Lewis, "Pinch Hitter Scores Allen to Beat Bucs," *Philadelphia Inquirer*, 14 de julio de 1968: 51.

7 "Phils Sweep 4-Game Set from Bucs," *Lancaster* (Pennsylvania) *Sunday News*, 14 de julio de 1968: 35.

8 Les Biederman, "Why Do Managers Get Gray? Shepard Knows the Answer," *The Sporting News*, 3 de agosto de 1968: 19.

9 Les Biederman, "Shoulder Sore; Clemente Says He May Retire," *The Sporting News*, 24 de agosto de 1968: 18.

10 Les Biederman, "Brown Takes Full Blame for Bucs' Poor Showing," *The Sporting News*, 10 de agosto de 1968: 16.

LA DEFENSA DE CLEMENTE SOBRESALE DURANTE LA "NOCHE DE ROBERTO CLEMENTE"

24 DE JULIO 1970
PIRATAS DE PITTSBURGH 11, ASTROS DE HOUSTON 0
ESTADIO TRES RIOS, PITTSBURGH

POR MARK SIMON

Los Piratas, plantados en el primer lugar, vapulearon a los Astros frente a 43,290 aficionados en el recién estrenado Estadio Tres Ríos. Pero la mayor atracción esta cálida noche de verano ocurrió antes del encuentro.

La mayoría de los feligreses se congregaron para rendirle homenaje al estelar jardinero derecho. Era la "Noche de Roberto Clemente".

Los fanáticos tuvieron la oportunidad de demostrar su aprecio pare el estelar jugador. La ceremonia se había anunciado el marzo previo, antes de comenzar la campaña, y fue patrocinada por la Asociación Cívica de Deportistas del Condado de Allegheny, una organización que premiaba al Deportista del Año.[1]

No se anticipaba un retiro. Clemente, a su 35 años, todavía rendía recia producción, como lo indicaba su promedio de .345 en 1969. Tan solo unos meses antes, durante los entrenamientos de primavera, Pete Rose de los Rojos de Cincinnati había dicho que aspirada a ser como Clemente: "el mejor bateador que he visto desde que estoy en las grandes ligas".[2]

Los periódicos locales imprimieron cupones con los cuáles los fanáticos podían donar fondos para un hospital infantil, todo a nombre de Clemente.

"Quiero asegurarme de que hasta el último centavo se use para los niños pobres con padecimientos físicos" relató Clemente.[3]

El día del partido, el *Pittsburgh Post-Gazette* publicó una columna con citas de todos los dirigentes de la Liga Nacional, halagando la excelencia de Clemente.

Entre ellos:

"Clemente y la grandeza son sinónimos"

– Gene Mauch, Expos

"Clemente es el jugador más completo en jamás vestir un uniforme. Es capaz de todo para vencerte".

– Red Schoendienst, Cardenales

"Cada vez que escucho que Clemente tiene un malestar, anticipo que vaya de 4-4".

– Gil Hodges, Mets[4]

Imagen captada el Día de Roberto Clemente en 1970, con el orgulloso padre y sus retoños: Enrique en sus brazos, Luis a su izquierda y Roberto, hijo, a su derecha. Fotografía por Ed Banos, cortesía del Museo Clemente.

La ceremonia bilingüe y bicultural comenzó una hora antes del juego y se transmitió en Puerto Rico, tierra natal de Clemente. Cientos de boricuas se dieron cita en Pittsburgh, incluyendo a Heriberto Nieves, el alcalde de Carolina. El narrador cubano Ramiro Martínez ejerció de anfitrión.[5]

La familia Clemente recibió una gama de regalos que donaron al hospital de niños.[6]

Los Piratas anunciaron la creación de un fideicomiso para sufragar los costos de la educación universitaria de Roberto Jr., Luis y Enrique, los tres hijos del matrimonio Clemente.

Clemente lloró de emoción al dirigirse a los asistentes:

"Yo he logrado este triunfo para todos los latinos. Es motivo de orgullo para otros nosotros, los puertorriqueños, al igual que los hermanos caribeños".[7] A su vez declaró que "yo jamás me pondré otro uniforme que el de Pittsburgh".[8]

Los Piratas dominaron a los Astros desde el principio, anotando seis carreras en la primera entrada.

Un sencillo de Matty Alou, un boleto gratis para Richie Hebner y un sencillo de Roberto Clemente congestionaron las almohadillas. El serpentinero Astro Tom Griffin, en apuros inmediatos, le permitió un sencillo a Al Oliver que remolcó un par de carreras. Manny Sanguillén impulsó a Clemente con un sacrificio elevado a los jardines. La parte baja de la alineación bucanera no se quedó atrás: un doble de Freddie Patek noqueó a Griffin del partido. El abridor Pirata Dock Ellis empujó la sexta carrera con un doble.

En el tercer episodio la nave corsaria atacó de nuevo. Dave Cash propinó un doble remolcador y Patek llegó quieto al plato tras un lanzamiento descontrolado del relevista de Houston Jim Bouton. Pittsburgh añadió una carrera en la quinta y dos más en la octava entrada, incluyendo a un cuadrangular de Willie Stargell.

Además de su sencillo en la primera entrada, Clemente se embasó en la segunda (por una base por bolas) y en la quinta (otro sencillo) pero estos turnos no generaron carreras. Su noche acabó de 3-2 con una carrera anotada. Siete de los nueve Piratas de la alineación remolcaron al menos una carrera, siendo Clemente y Hebner las excepciones. Patek, de suplente de Gene Alley como campocorto, impulsó y anotó tres carreras. Su pareja de doble matanzas fue Cash, dándole un descanso a Mazeroski, quién en los últimos 14 juegos tan sólo tenía ocho inatrapables en 46 turnos.

Aunque Clemente no logró remolcar a sus compañeros, disfrutaba en una de sus mejores rachas ofensivas de su carrera. En 25 juegos desde el 3 de julio al 10 de agosto, mantuvo un promedio de .437 de bateo, .529 de embase y .862 de slugging. Su OPS de 1.391 fue su mejor cifra en cualquier plazo de 25 juegos de toda su carrera.[9]

Con tres días de descanso, Ellis lanzó el partido completo, escatimando tan solo cuatro indiscutibles. Clemente contribuyó con su guante con dos jugas defensivas de mucho mérito. En la tercera entrada, se deslizó para atrapar un batazo de Joe Morgan y en la séptima se lució al agarrar el lineazo de Dennis Menke. Al concluir ese episodio salió del juego.[10]

Tras el partido, los reporteros le preguntaron a Clemente por qué había intentado jugadas defensivas tan atrevidas en un juego fuera de alcance. El astro respondió "es de la única manera que sé cómo jugar".[11]

Ellis, al igual que Clemente, disfrutaba de una buena racha. En sus cinco inicios más recientes, llevaba una efectividad de 1.66 en 43 entradas y un tercio.

Los Piratas marcaron su 22da victoria en sus últimos 30 encuentros. Esta racha les mudó del segundo lugar, a cuatro juegos del liderato, a la primera posición de la división este de la Liga Nacional, con dos partidos y medio de ventaja.

Clemente se lastimó una rodilla, probablemente por su atrapada con deslice. Así comenzaría una serie de lesiones que le limitaron el resto de la campaña. Salió del encuentro en la octava entrada con por un tajo en su pierna izquierda.

El día siguiente, Clemente sufrió un pelotazo en la muñeca derecha y estuvo inactivo por dos semanas.[12] Al regresar, disparó 31 inatrapables en 21 juegos (.365 de bateo) pero perdió otras dos semanas al lastimarse un músculo en su espalda.[13]

Aunque apenas participó en 108 encuentros-la menor cifra de su carrera-Clemente bateó .352 y terminó en 12mo lugar en la votación para el Jugador Más Valioso (JMV, o MVP por sus siglas en inglés).

FUENTES

Además de las fuentes de información mencionadas en las notas, el autor consultó a los sitios Web Baseball-Reference y and Retrosheet.org.

https://www.baseball-reference.com/boxes/PIT/PIT197007240.shtml

https://www.retrosheet.org/boxesetc/1970/B07240PIT1970.htm

NOTAS

1 Bill Christine, "Ex-Buc Taylor Takes a Fancy To Cards' Way of Doing Things," *Pittsburgh Press*, 19 de marzo de 1970: 43-44.

2 Milton Richman (United Press International), "Pete Rose's Aim: Another Clemente" *Latrobe* (Pennsylvania) *Bulletin*, 18 de marzo de 1970: 35.

3 "Clemente Goes All Out for Fund," *Pittsburgh Press*, 19 de julio de 1970: 5.

4 Charley Feeney, "Roamin' Around," *Pittsburgh Post-Gazette*, 24 de julio de 1970: 15.

5 David Maraniss, *Clemente, The Passion and Grace of Baseball's Last Hero* (New York: Simon & Schuster, 2006), 238.

6 "Clemente Shines on His Night," *Pittsburgh Press*, 24 de julio de 1970: 6.

7 Maraniss, 238-239.

8 Charley Feeney, "Clemente Has His Night, Pirates Make It a Big One," *Pittsburgh Post-Gazette*, 25 de julio de 1970: 9.

9 Stathead.com, https://stathead.com/tiny/TL03W.

10 Tanto Retrosheet como Baseball-Reference indicant que Clemente salió del Partido en la séptima entrada, información que contradice los informes de periódico que mencionadn que Clemente salió del juego en la octava.

11 "Clemente Shines on His Night."

12 "Swollen Wrist Sidelines Clemente," *Pittsburgh Press*, 27 de julio 1970: 23.

13 "Clemente Twists Back Swinging, Leaves Game," *York* (Pennsylvania) *Dispatch*, 5 de septiembre de 1970: 27.

La familia Clemente en el Día de Padres e Hijos en el Estadio Tres Ríos en 1971. Fotografía por Les Banos, cortesía del Museo Clemente.

CLEMENTE BATEA CINCO INATRAPABLES POR SEGUNDA VEZ EN EL FIN DE SEMANA Y LOS PIRATAS APABULLAN A LOS ESQUIVADORES

23 DE AGOSTO DE 1970
PIRATAS DE PITTSBURGH 11, ESQUIVADORES DE LOS ANGELES O
EN EL ESTADIO DE LOS ESQUIVADORES EN LOS ANGELES

BY JOHN FREDLAND

Días después de haber celebrado su 36to cumpleaños el 18 de agosto de 1970, y tan solo horas después de que sus cinco indiscutibles y carrera de la ventaja llevasen a sus Piratas a la victoria en entradas extra sobre los Esquivadores de Los Ángeles, Roberto Clemente inscribió su nombre en los anales del béisbol al convertirse en el tercer jugador en lograr dos juegos consecutivos con cinco imparables. Su cuadrangular, doble y trío de sencillos impulsaron a los bucaneros sobre sus anfitriones, 11-0.

El verano de Clemente había sido memorable. En su 16ta campaña como líder de la nave corsaria, rehusó su invitación al Juego de Estrellas del 14 de julio antes de cambiar de opinión. Su sacrificio elevado empató del partido y la Liga Nacional (NL) se impuso en 12 entradas.[1] Dos días más tarde, Pittsburgh inauguró el Estadio Tres Ríos[2] y celebró una noche en honor al astro boricua el 24 de julio.[3] Un relato sobre su secuestro, ocurrido al año anterior en San Diego, salió a relucir en agosto, una noticia preocupante y extraña.[4]

Tras recibir un pelotazo en su muñeca del 25 de julio, Clemente no jugó por dos semanas, con la excepción de un solo partido como corredor emergente.[5] Al progresar agosto, Clemente regresó a la alineación en su jardín derecho, como tercer bate con un promedio de .349, en segundo lugar en la NL.[6] Los Piratas viajaron a California para su segunda vuelta a la costa oeste de la temporada, siendo el 21 de agosto su compromiso con Los Ángeles. El *Pittsburgh Post-Gazette* comentó, de manera jocosa, "su certificado de nacimiento indica que cumple 36 años, pero son 36 años muy juveniles. Es como un bebé que juega béisbol con un estilo particular que entusiasma a los aficionados".[7]

Clemente reconocía que la franquicia dependía en su liderato, sobre todo con el jonronero Willie Stargell fuera de acción con una lesión en su pierna[8] y sus jóvenes compañeros Al Oliver, Bob Robertson y Manny Sanguillen participando por vez primera en una estrecha competencia por el banderín. Antes de partir hacia California, Clemente recalcó "si vamos a ganar, debo tener un buen desempeño en la serie".[9] En esta segunda campaña bajo el sistema divisional, los Piratas disfrutaban del primer lugar por vez primera desde 1966 y tan solo por segunda ocasión desde su campeonato de la Serie Mundial en 1960.

En el juego inicial de la serie, Clemente contribuyó un sencillo que empató el marcador en la quinta entrada pero los bucaneros cayeron ante Claude Osteen y los anfitriones, 2-1.[10] Los Mets de Nueva York, en segundo lugar, doblegaron a los Rojos de Cincinnati y acortaron la distancia entre ambas novenas a tan solo un juego y medio de distancia.[11] Frente a este panorama, Bob Moose de Pittsburgh tomó la lomita contra Don Sutton de los Esquivadores en un partido nocturno el sábado.

Clemente conectó tres sencillos contra Sutton, uno de ellos empatando el encuentro en el tercer episodio, que marcó la última anotación de ambos bandos por un buen rato. En la 14ta entrada ante su antiguo compañero Pirata Pete Mikkelsen con la pizarra empatada a 1-1, Clemente bateó su cuarto sencillo pero Pittsburgh dejó las bases llenas.

Clemente comenzó la 16ta contra Mikkelsen con otro sencillo, este al campocorto, y se robó la intermedia. Dos *outs* siguieron antes de que Jerry May disparase un sencillo al jardín izquierdo que Clemente vio como la oportunidad dorada para anotar. Bruce Dal Canton, el cuarto serpentinero de Pittsburgh, apagó a los Esquivadores en la parte baja de la entrada, siendo el bombito *foul* de Manny Mota al guante de Robertson la última jugada, a escasos minutos antes de la medianoche.[12]

La larga duración, junto al insomnio crónico de Clemente, le causó problemas al dormir,[13] despertándose a las 6 A.M. del domingo ya que "su metabolismo estaba ajustado a la hora de Pittsburgh" según reportó el *Pittsburgh Press*.[14] Sin embargo, fue el primer corsario en tomar el terreno para el juego, un acto necesario con Stargell lesionado. El piloto Pirata Danny Murtaugh recalcó que "necesitábamos ese bate poderoso (de Clemente) en la alineación al no estar Willie disponible".[15]

Limitados a unas meras tres carreras en las primeras 25 entradas de la serie, los bucaneros no desperdiciaron oportunidades contra Alan Foster. Freddie Patek empezó el partido con un sencillo y tras un *out*, tomó la antesala cuando Clemente conectó un sencillo al jardín central. El guardabosque trató de fulminar a Patek y al destinar su tiro a tercera base, Clemente se apoderó de la intermedia.

Oliver bateó una roleta hacia tercera base y Patek estalló hacia al plato. Aunque parecía que Jim Lefebvre tenía una oportunidad de alcanzarlo al *home*, prefirió tomar el *out* seguro en la inicial y Clemente llegó a la antesala.[16] Otro sencillo, este de Robertson, impulsó a Clemente para poner el marcador 2-0.

Steve Blass, presumiendo una barba de tres días,[17] marchó al montículo por los corsarios.

Hacía seis semanas, el 12 de julio, que un lineazo del Cardenal Joe Torre le había impactado su codo derecho.[18] Aunque se temía fractura, el examen médico reveló tan sólo una contusión.[19] Al regresar a la lomita tras su estadía en la lista de inactividad, había lanzado 13 entradas con tan solo dos carreras limpias permitidas, regresando a su buena forma tras una mala racha en la cual había perdido seis decisiones en ristra.[20]

Con un hombre fuera en la parte baja de la primera entrada, Blass le permitió un sencillo a Mota, pero el corredor agravó una lesión existente en su tobillo al pasar la almohadilla y Matty Alou se aprovechó, disparando al cuadro para fulminar a Robertson.[21] Davis consiguió un sencillo pero Blass retiró a Wes Parker para mantener a los locales sin carreras.

Tras un *out*, Blass recibió un boleto gratis de su homologo. Un toque de sacrificio de Alou lo mudó a la intermedia y un sencillo de Clemente le remolcó para la tercera carrera de los huéspedes.

Los cañones se enfilaron en el cuarto parcial. Patek comenzó con un doble y tomó tercera base tras un sencillo de Alou que no escapó del cuadro. Clemente conectó un doble, su tercer imparable del día, que impulsó a Patek, y el dirigente de Los Ángeles Walter Alston trajo al relevista zurdo Fred Norman.

Norman pudo retirar a sus dos primeros contrincantes antes de que Sanguillén disparase un doble al jardín central-izquierdo. Tanto Alou como Clemente anotaron para darle la ventaja a los Piratas, 6-0.

La parte baja de la alineación corsaria también dijo presente. Bill Mazeroski arrancó la quinta entrada con un doble y llegó a la antesala tras un toque de Blass. Patek le remolcó con un sencillo. Mazeroski, el veterano intermedista y héroe de la Serie Mundial de 1960, gozó de su primer partido con cuatro indiscutibles en casi cinco lustros.

Sanguillén continúo el motín corsario en la sexta con un sencillo. Tras un *out*, Mazeroski lo trasladó a segunda base con su propio sencillo. Blass, usando un bate prestado por Clemente, puso un toque hacia la antesala que Norman no puedo atrapar y Sanguillén embistió desde la intermedia. La jugada, marcada como un imparable para Blass y un error para Norman, puso a los Piratas al frente por 8-0.

"Yo llevaba el caso de bateo de Roberto y su bate también" recalcó Blass.[22] "¿Por qué no? Pasamos une ley que Clemente no puede hacer más *outs*".[23]

Blass mantuvo a los Esquivadores bajo su control. Minimizó el efecto de un tendón lastimado en el dedo corazón de su mano derecho al utilizar una variedad de lanzamientos a baja velocidad, sin depender de su recta.[24] Blass retiró a sus oponentes en orden en la segunda, tercera, cuarta y quinta entrada. Una cadena de 13 *outs* en ristra fue interrumpida por una base por bolas a Bill Russell pero Blass indujo a Maury Wills a una doble matanza que eliminó la amenaza en el sexto episodio.

El especialista de bola de nudillo Charlie Hough, recién graduado de la Liga de la Costa del Pacífico (Triple-A), entró en relevo en lo que sería su quinta aparición en una docena de días.

Clemente saludó el diestro de 22 años, cuyo último lanzamiento en las grandes ligas ocurriría casi 24 años después, en julio de 1994-con su cuarto imparable del día, un sencillo hacia el bosque izquierdo. Oliver, en medio de un atroz intervalo (un solo inalcanzable en sus últimos 19 turnos) castigó al lanzamiento de Hough hacia las gradas derechas. El *Pittsburgh Press* resaltó que "se detuvo para admirar su cañonazo, como si fuese Harmon Killebrew".[25] El 12mo bambinazo de Oliver puso al encuentro a un aplastante 10-0.

Clemente cerró su día, y su fin de semana, con broche de oro al conectar otro cuadrangular, este a las butacas del bosque izquierdo en la octava entrada. Su jonrón, el 14to de su campaña, el quinto inatrapable del juego y el décimo imparable en un plazo menor de 24 horas atormentó a la franquicia que lo fichó en 1954 pero no le protegió en el sorteo #5 del invierno, permitiendo que los Piratas lo seleccionaran.[26]

Murtaugh mandó a Gene Clines a defender el jardín derecho en la octava entrada, dándole un poco de descanso a Clemente. Blass concluyó la blanqueada, escatimando un inatrapable en la entrada y otro en la novena.

Clemente se convirtió en tan solo el tercer jugador de grandes ligas, y el único desde entonces (hasta el 2021), en obtener cinco o más imparables en dos juegos consecutivos. En 1876, durante la primera temporada de la NL, Cal McVey de los entonces Medias Blancas de Chicago logró dos partidos con seis inatrapables con tres días de descanso entre ellos.[27] Hi Myers de Brooklyn igualó la hazaña en agosto de 1917, con cinco indiscutibles en un par de días.[28]

Tan solo su ponche en la quinta entrada previno que Clemente disfrutase de un día perfecto al bate. Su explosión ofensiva durante el fin de semana incrementó su promedio a .363, cifra máxima en la NL.

El calendario de la liga por fin permitió que Clemente tuviese un día de descanso ya que los

Piratas no tenían un encuentro pautado ara el lunes, 24 de agosto.

"Ahora mismo me duelen mis músculos y agradezco el día libre (el lunes)" comentó Clemente.[29] "Cuando estoy bateando bien busco esas situaciones porque como todos sabemos no se pueden lograr imparables todo el tiempo ya que nadie es perfecto".[30]

FUENTES

Además de aquellas citadas en las Notas, el autor consultó los sitios Web Baseball-Reference.com y Retrosheet.org para obtener las reseñas del partido. También consultó recuentos del partido de los rotativos *Los Angeles Times*, *Pittsburgh Post-Gazette* y la *Pittsburgh Press*.

https://www.baseball-reference.com/boxes/LAN/LAN197008230.shtml

https://www.retrosheet.org/boxesetc/1970/B08230LAN1970.htm

NOTAS

1   Bill Christine, "Clemente Slams Phils, Snubs Stars: Roberto's HR Keys Pirates' 4-2 Win," *Pittsburgh Press*, 8 de julio de 1970: 61; "Clemente Says He'll Play in All-Star Game," *Pittsburgh Press*, 11 de julio d 1970: 6; Roy McHugh, "Roberto's Reverse," *Pittsburgh Press*, 15 de julio de 1970: 63.

2   "Division-Leading Pirates, Reds Open Sports Palace," *Pittsburgh Press*, 16 de julio de 1970: 1.

3   "Clemente Shines on His Night," *Pittsburgh Press*, 25 de julio de 1970: 6.

4   Bill Christine, "Clemente Reveals Abduction," *Pittsburgh Press*, 10 de agosto de1970: 27.

5   "Swollen Wrist Sidelines Clemente," *Pittsburgh Press*, 27 de julio de 1970: 23.

6   Rico Carty de los Bravos de Atlanta lideró la liga con su promedio de .357. "League Leaders," *Pittsburgh Press*, 21 de agosto de 1970: 31.

7   Feeney, "The Old Guy."

8   Según las crónicas del último juego de los Piratas antes de partir hacia la costa oeste, que perdieron 7-4 contra los Gigantes de San Francisco, mencionan que Stargell jugó a pesar de una dolencia muscular en su pierna izquierda. Para esa fecha, Stargell contaba con 25 cuadrangulares. Terminó con 31 en 136 partidos, liderando los Piratas, pero fue la única temporada entre el 1968 y el 1975 en la cual no clasificó entre los 10 mayores jonroneros de la Liga Nacional. Charley Feeney, "Giants Crimp Buc Bid, 7-4, as Mets Lose: Juan Marichal Goes Route Under 13-Hit Barrage," *Pittsburgh Post-Gazette*, 20 de agosto de 1970: 30.

9   Roy McHugh, "In No Hurry to Hit," *Pittsburgh Press*, 24 de agosto de 1970: 26.

10 Bill Christine, "Bucs Lose – Blame Rookie Umpire: Tremblay's Call Causes Downfall, 2-1," *Pittsburgh Press*, 22 de agosto de 1970: 6.

11 Dana Mozley, "Kooz Cools Reds, 4-1; Bud Boots 2," *New York Daily News*, 22 de agosto de 1970: 30.

12 Bill Christine, "Pirates Nip Dodgers in 16th, 2-1: Moose Goes 10, Snuffs Early Rally," *Pittsburgh Press*, 23 de agosto de 1970: 4, 1.

13 "Roberto Clemente – hipocondríaco o no, antagonista del público o no – nunca pudo dormir" escribió el periodista Phil Musick de Pittsburgh en su biografía publicada en 1974. Phil Musick, *Who Was Roberto? A Biography of Roberto Clemente*, (New York: Doubleday, 1974), 180.

14 Roy McHugh, "In No Hurry to Hit," *Pittsburgh Press*, 24 de agosto de 1970: 26.

15 Bill Christine, "Clemente Engineers Destruction of Dodgers," *Pittsburgh Press*, 24 de agosto de 1970: 26.

16 Christine, "Clemente Engineers Destruction of Dodgers."

17 "Odio afeitarme," Blass le contó al *Pittsburgh Press*. Christine, "Clemente Engineers Destruction of Dodgers."

18 "Broken Arm May Sideline Steve Blass for 3 Weeks," *Pittsburgh Press*, 13 de julio de 1970: 26.

19 Roy McHugh, "An X-Ray of Hope."

20 "Blass Ready for Anything: Pitcher Proves He's Not Gun-Shy," *Pittsburgh Press*, 19 de agosto de 1970: 70.

21 John Wiebusch, "Dodgers Grow Weary of 'Sleepy' Clemente: Pirate Slugger Tired but Sets Two-Game Hitting Record With 10; L.A. Inexplicably Loses Punch, Blanked, 11-0," *Los Angeles Times*, 24 de agosto de 1970: III, 1.

22 Christine, "Clemente Engineers Destruction of Dodgers."

23 Christine, "Clemente Engineers Destruction of Dodgers."

24 Christine, "Clemente Engineers Destruction of Dodgers."

25 "Ellis Hunts Scapegoat: Blames 'Somebody' for Arm Trouble," *Pittsburgh Press*, 24 de agosto de 1970: 26.

26 David Maraniss, *Clemente: The Passion and Grace of Baseball's Last Hero* (New York: Simon & Schuster Paperbacks: 2006), 36-37, 56-57. Los Piratas seleccionaron a Clemente de la organización de los Esquivadores, quienes lo arriesgaron al no mantenerlo en la plantilla de las grandes ligas como requería su contrato debido al alto bono que se le otorgó al ficharle, bajo el sistema vigente entre 1953 y 1957. Edgar Munzel, "Bankrolls Now Only Limit on Bonus Bids," *The Sporting News*, 18 de diciembre de 1957: 11. En su carrera como Pirata, Clemente tuvo buen promedio en los tres parques que los Esquivadores emplearon. En 98 apariciones el plato en Ebbets Field entre 1955-1957, bateó .323/.351/.441. En el Coliseo de Los Ángeles (1958-1961), produjo .331/.362/.426. Aunque el Dodger Stadium se conoce como un estadio que favorece a los lanzadores, Clemente conectó .377/.419/.481 en 344 apariciones al plato 1962 and 1972.

27 McVey logró seis indiscutibles en siete turnos al bate en la victoria, 30-7, de las Medias Blancas sobre los Grises de Louisville Grays el 22 de julio de 1876. "Pastimes: Seventh Victory of the Whites Over the Louisvilles an Extraordinary Display of Scientific Batting," *Chicago Tribune*, 23 de julio de 1876: 7. El próximo partido de las Medias Blancas, un triunfo 23-2 sobre los Rojos de Cincinnati, ocurrió tres días más tarde; McVey de nuevo obtuvo seis inatrapables en siete turnos al bate en ese juego. "Base-Ball: Another Scalp," *Chicago Tribune*, 26 de julio de 1876: 5.

28 El 21 de agosto de 1917, Myers consiguió cinco imparables en seis turnos al bate en un juego que quedó empate, 3-3, en 13 entradas. Rice, "Each Side Scores Two Runs in an Extra Inning Rally," *Brooklyn Daily Eagle*, 22 de agosto de 1917: 2. El día siguiente, los Robins doblegaron a los Piratas 6-5 en 22 entradas – para aquel entonces, el juego más largo de la historia de la Liga Nacional, en términos de entradas – y Myers conectó cinco indiscutibles en 10 turnos al bate. Rice, "Superbas Winners in 22 Innings and Break League Record," *Brooklyn Daily Eagle*, 23 de agosto de 1917: 14.

29 Wiebusch, "Dodgers Grow Weary of 'Sleepy' Clemente."

30 Wiebusch. Clemente terminó la campana de 1970 con un promedio de .352 pero una lesión de la espalda le costó dos semanas de partidos en septiembre, por lo cual no pudo calificar para el campeonato de bateo al no tener suficientes turnos al bate. Regresó al terreno a finales de mes, del 25 al 27, para ayudar a su novena a ganar el título divisional.

ROBERTO CLEMENTE BRILLA DURANTE LA VICTORIA PIRATA SOBRE LOS PHILLIES

27 DE JUNIO DE 1971
PIRATAS DE PITTSBURGH 10, PHILLIES DE FILADELFIA 9
EN EL ESTADIO DE LOS VETERANOS, FILADELFIA

POR STEVE GINADER

Después de usar al Estadio Connie Mack como su hogar desde 1938, los Phillies de Filadelfia inauguraron el Estadio de los Veteranos en 1971. (Los Atléticos habían usado el parque desde 1909 hasta 1954, cuando la franquicia se mudó a Kansas City). Tras sus primeros dos meses de existencia, el estadio multiuso se había ganado una reputación como paraíso ofensivo.

Roberto Clemente describió el terreno como "a nivel fijo. Cuando voy al bate, la verja parece estar al mismo nivel que mi vista. Siento que casi la veo inclinada. Es el mejor parque para batear cuadrangulares en la liga…mejor que Atlanta, que era el mejor por mucho".[1] Durante el último fin de semana de junio, los Piratas, líderes de la división este de la Liga Nacional, se toparon con los sotaneros Phillies y el parque se comportó como de esperar: en los cuatro juegos de la serie, los equipos combinaron para anotar 69 carreras, con los bucaneros ganando tres de los encuentros.

Los bates chisparon tanto como el clima. Con una temperatura máxima de 86 grados Fahrenheit (30 grados centígrados) y un cielo despejado, los conjuntos se prepararon para un doble partido el domingo por la tarde. El primer choque produjo una docena de carreras; los lanzadores señalados para la segunda tanda, Ken Reynolds y Nelson Brilles, esperaban más de lo mismo. Brilles, tras cursar seis exitosos años con los Cardenales de San Luis, había pasado a los bucaneros durante la temporada muerta. Reynolds era un novato con los Phillies y brindaba una foja de 1-2 y una marca de 3.81 de efectividad al encuentro.

Los primeros cinco bateadores de Pittsburgh establecieron el ritmo. Gene Clines comenzó con un doble al jardín central y se trasladó a la segunda base tras un sencillo de Al Oliver que no salió del cuadro. Clines, un jugador suplente, estaba en la alineación para darle un día de descanso a Clemente, que ya contaba con casi 37 primaveras. Bill Mazeroski remolcó la primera carrera con un bombo de sacrificio y el cuarto bate Bob Robertson obtuvo otro sencillo en el cuadro. José Pagán, un bateador no muy recio, tomó ventaja de su buena fortuna y disparó un cañonazo a las gradas del jardín izquierdo, otorgándole la ventaja 4-0 a los Piratas. "Todos los jugadores tienen una buena oportunidad de propinar un cuadrangular aquí" recalcó Clemente.[2] Los corsarios no se contentaron y Gene Al ley obtuvo un boleto gratis, se estafó la intermedia y se mudó a la esquina caliente con el segundo out, una roleta al lazo derecho. Jackie Hernández lo impulsó con un sencillo para contribuir la quinta carrera antes de que Brilles marcase el tercer out.

Los Phillies registraron su primera anotación en el segundo episodio con un cuadrangular al jardín derecho de Deron Johnson. El poderoso cuarto bate de Filadelfia llevaba un buen ritmo en la campaña y terminaría con 34 bambinazos, el cuarto total más alto de las grandes ligas. Su equipo continúo la remontada en la tercera entrada con un sencillo de John Vukovich al bosque central. Reynolds seleccionó una ocasión adecuada para conectar un triple-su único inatrapable de extrabases en la temporada. Un trio de indiscutibles (un sencillo de Denny Doyle, un doble de Larry Bowa y un sencillo de Tim McCarver) trajeron otras dos carreras. El piloto Danny Murtaugh despachó a Briles y trajo a Jim Nelson, quién le dio un bolazo a Johnson con su primer lanzamiento, congestionando las bases. Willie Montañez vio la luz verde y conectó un doble para remolcar un par de carreras, la segunda de las cuáles brindó la ventaja. Ron Stone obtuvo un boleto gratis intencional pero Nelson retiró a los próximos tres bateadores, Roger Freed (roleta), Vuskovic (bombo) y Reynolds (roleta). Tan sólo el primero causó daño, y la entrada finalizó con los Phillies tomando una ventaja de 7-5.

Reynolds calmó sus nervios y mejoró en las siguientes cinco entradas, permitiendo tan solo un sencillo y dos bases por bolas. Los Phillies amenazaron fútilmente en la cuarta y quinta entrada pero en la sexta las defensas bucaneras no contuvieron el ataque. Vic Davalillo entró de emergente por Nelson así que Murtaugh escogió a Bob Veale como su serpentinero. El veterano de 35 años había ganado 103 partidos en los últimos siete años como abridor, pero tras una temporada decepcionante en 1970, su papel cambió a relevista. Al explicar su nuevo rol, dijo "yo he lanzado más entradas que los abridores. Uno no lanza por gusto. Los lanzamientos llevan más esfuerzo".[3] Con un hombre fuera, Veale le permitió un sencillo a McCarver y un cuadrangular a Johnson que infló la ventaja a cuatro carreras. El lanzador evitó percances adicionales al eliminar sus dos próximos contrincantes con una roleta y un ponche.

La nave Pirata no levantó la bandera blanca. En la séptima entrada sus trabucos empataron el juego a nueve carreras. Reynolds seguía en la lomita tras haber enfrentando la alineación tres veces. Clines y Oliver, los primeros dos bateadores, eran los responsables de cinco de los seis indiscutibles de Pittsburgh. Clines conectó un sencillo al bosque derecho y Oliver un doble al lado contrario. Una roleta de Mazeroski impulsó a Clines pero brindó el primer out. Frank Lucchesi, dirigente de los Phillies, hizo un doble cambio, trayendo a Bucky Brandon al montículo y a Byron Browne al jardín izquierdo. El tiro le salió por la culata ya que Robertson consiguió otro sencillo y Pagán propinó su segundo cuadrangular del encuentro. Alley y Milt May produjeron *outs* de roletas pero los bucaneros ya habían causado estragos. Después del encuentro, Brandon ridiculizó al parque como una "cajita de $50 millones de dólares".[4]

El juego de ajedrez continuó en el octavo episodio. Remplazando a Hernández, los Piratas trajeron a un emergente con mucho calibre: Willie Stargell. Los Phillies, por su parte, escogieron a Joe Hoerner para lanzar. "Tan pronto se anunció que Stargell batearía, decidimos usar a Hoerner" dijo Lucchesi.[5] Hoerner, que ya había lanzado dos entradas en el primer juego de la doble tanda para obtener el rescate, ponchó a Stargell, cuyo poderoso bate conseguiría 48 bambinazos en 1971 para liderar las mayores. Murtaugh seleccionó su otra estrella en el banco, Clemente, para entrar de emergente por Veale. Lucchesi mantuvo su confianza en Hoerner, añadiendo que "si Dick Selma estuviese disponible, hubiese sacado a Joe...pero era mi mejor opción contra Roberto".[6] Clemente no tardó en batear un cuadrangular hacia el bosque central que tronó contra la profunda pared. Hoerner explicó que "se suponía que fuese una recta pegada, pero se mantuvo a seis pulgadas del plato y ahí quedó".[7] El cañonazo puso a los Piratas adelante, 10-9, aun cuando los próximos dos bateadores se poncharon para terminar el episodio.

Tras tomar la ventaja tarde en el encuentro, los Piratas se enfocaron en la defensa y el pitcheo. El taponero Dave Giusti entró en relevo buscando un rescate y Clemente tomó el jardín derecho. Giusti le otorgó un boleto gratis a Johnson y un sencillo Montañez pero los Phillies no pudieron anotar en el octavo episodio. Hoerner dominó a los bucaneros en la parte alta de la novena, permitiendo sólo un sencillo a Pagán. Freed bateó un cañonazo al jardín central que casi llegó a la pared pero terminó en el guante de Oliver. "Todavía no estoy bateando como antes" comentó Freed, "aunque recientemente, esta última semana, me ha ido mejor".[8] Vukovich marcó el segundo out con un bombo. Browne propinó un batazo al jardín central-derecho que rebotó contra la pared. Al tener Oliver dificultades con la jugada, Clemente la recogió y disparó certeramente hacia la intermedia para limitar a Browne a un doble. "Para mí, esa jugada fue más importante y me complació más que el cuadrangular" comentó Clemente.[9] Giusti ponchó a Joe Lis para acabar el partido.

Previo a la inserción de Clemente en el partido, ambas escuadras ya llevaban 18 carreras y 25 indiscutibles, confirmando la reputación del estadio como un paraíso ofensivo. Clemente se destacó en ambas facetas, conectando un cañonazo para la carrera de la victoria y añadiendo, a la postre, una clave jugada defensiva. El propio Clemente relató que "el cuadrangular ganó el juego pero la jugada en el jardín previno que ellos ganasen".[10] Los Piratas, cuya ventaja en la división este de la Liga Nacional se extendió a cuatro juegos, ganarían la Serie Mundial-su primera desde 1960-gracias al liderazgo del talentoso Clemente.

FUENTES

Además de las fuentes citadas en las notas, el autor consultó los sitios Web Baseball-Reference.com y Retrosheet.org.

https://www.baseball-reference.com/boxes/PHI/PHI197106272.shtml

https://www.retrosheet.org/boxesetc/1971/B06272PHI1971.htm

NOTAS

1   Bill Conlin, "'$50M Bandbox' Takes Pounding in Phils' Split," *Philadelphia Daily News*, 28 de junio de 1971: 52.

2   Conlin.

3   "Veale Adjusts to Relief Role," *Pittsburgh Courier*, 19 de junio de 1971: 14.

4   Conlin.

5   "Bucs and Phils Split Doubleheader 10-9 and 8-4," *Uniontown* (Pennsylvania) *Morning Herald*, 28 de junio de 1971: 20.

6   "Bucs and Phils Split Doubleheader 10-9 and 8-4."

7   "Bucs and Phils Split Doubleheader 10-9 and 8-4."

8   Allen Lewis, "Phils Split with Pirates as Freed Begins to Hit," *Philadelphia Inquirer*, 28 de junio de 1971: 9.

9   Conlin.

10   Conlin.

CINCO POR VEZ FINAL: EL ULTIMO JUEGO CON CINCO INALCANZABLES DE ROBERTO CLEMENTE EN LAS GRANDES LIGAS

25 DE AGOSTO DE 1971
PIRATAS DE PITTSBURGH 13, BRAVOS DE ATLANTA 6
EN EL ESTADIO DE ATLANTA

POR KEVIN LARKIN

Durante los 18 años de su carrera con los Piratas, Roberto Clemente bateó 3,000 imparables, una codiciada marca lograda por tan sólo 32 jugadores (al concluir la campaña de 2021). Estos indiscutibles le valieron un promedio de .317 a través de sus 2,433 partidos.

Clemente obtuvo cuatro inatrapables en 39 ocasiones y en ocho otros juegos alcanzó cinco, por vez final el 25 de agosto de 1971 contra los Bravos de Atlanta.

Al comenzar el último de un cuarteto de encuentros en Atlanta, los Piratas se mantenían en la primera posición de la división este de la Liga Nacional. Su foja de 76-55 les brindaba 4½ juegos de ventaja sobre los Cardenales de San Luis.[1] Los Bravos no estaban tan afortunados; sus 68 victorias y 65 derrotas les valían el tercer lugar en la división occidental, a 9½ partidos de los Gigantes de San Francisco. Pittsburgh perseguía su segundo título divisional en hilo mientras que Atlanta buscaba mejorar su quinto lugar en la campaña anterior.

Pittsburgh traía un récord de 5-5 en sus más recientes choques y Atlanta 4-6. En esta serie, los Piratas fueron victoriosos en los dos partidos iniciales y Atlanta había ganado el tercero.

Clemente inauguró agosto un promedio de .336 y al disputarse el último juego, se mantenía en .329. En lo que iba de año, el estelar jardinero derecho había disfrutado de 40 juegos con más de un indiscutible y en tres de ellos (8 de mayo, 19 de mayo y 23 de junio) había conseguido cuatro.

La ciudad de Atlanta estaba envuelta en controversia. El dominicano Rico Carty estuvo involucrado en una trifulca que le dejó dos ojos morados, un dedo fracturado y moretones en el cuerpo. El alcalde de Atlanta Sam Massell catalogó el incidente como uno de "clara brutalidad". Dos policías de tez blanca, C.T. Turner y L.B. Smith, no estaban de turno cuando comenzó la pelea. El gendarme J.R McEarchern trató de separar a los implicados, pero fue golpeado por Carty. Según el informe, el incidente comenzó poco antes de la medianoche del 25 de agosto. Carty y su cuñado, Carlos Martínez, detuvieron su automóvil detrás un carro de policía. Otro vehículo se paró al lado de la patrulla, y el conductor dijo "esos n------ me están molestando". Carty se bajó de su automóvil y así empezó la agresión. Massell suspendió a los tres oficiales sin sueldo y proclamó que serían juzgados ante un comité ciudadano. A Carty se le presentaron cargos "de haber iniciado un problema y haber agredido a un policía". (Carty, inactivo en el 1971 por una lesión en una rodilla, había liderado la Liga Nacional en bateo en 1970 con un promedio de .366). [2]

El dirigente de los Piratas Danny Murtaugh escogió al novato Bruce Kison como su abridor. Kison traía un récord de 3-4 con efectividad de 3.09 en 10 encuentros, nueve de ellos como lanzador inicial. Kison se enfrentaría a Pat Jarvis, veterano de seis campañas, con 5-11 de marca y 3.74 de efectividad tras 21 partidos como abridor.

Jarvis, un diestro de 5 pies y 10 pulgadas de altura, se vio en aprietos desde el principio.

Rennie Stennett, Al Oliver, y Clemente encadenaron sencillos para llenar las bases en la primera entrada. El lanzador casi se salvó tras ponchar de manera seguida a Willie Stargell y Bob Robertson, pero le permitió sencillos consecutivos a Milt May, Dave Cash, Jackie Hernández, y Kison. Tras la parada de bateadores, los bucaneros llevaban una ventaja de cinco carreras. El piloto de Atlanta, Lum Harris, remplazó a Jarvis por el derecho Bob Priddy. Priddy por su parte otorgó otro sencillo a Stennett, que remolcó a Hernández. Sin tomar la lomita, los Piratas ganaban, 6-0.

Tras un cuadrangular de dos carreras de Hank Aaron en la parte baja de la primera entrada,[3] los Piratas reanudaron su ataque en la segunda. Clemente contribuyó su segundo sencillo del día y anotó tras un vuelacercas de Stargell. Robertson brindó un cuadrangular solitario que extendió la ventaja de Pittsburgh a 9-2.

En la segunda entrada, Kison, un delgado derecho de seis pies y cuatro pulgadas, le permitió sencillos a Mike Lum y Sonny Jackson. Una roleta de Marty Pérez eliminó a Jackson en la intermedia, pero Lum llegó a la antesala. Un balk

de Kison forzó una carrera y acortó la ventaja de Pittsburgh a 9-3.

Los Piratas no anotaron en la tercera entrada, pero Clemente obtuvo su tercer inatrapable en igual número de turnos. Durante la parte baja, Ralph Garr y Aaron conectaron sencillos, clausurando la jornada de Kison. Un nuevo serpentinero, Bob Moose, fue bienvenido por un doble de Earl Williams que impulsó a Garr y trasladó a Aaron a tercera base. Un bombo de sacrificio de Darrell Evans remolcó a Aaron, y tras un out de Lum en tercera base, Williams anotó tras un sencillo de Jackson.

Con una ventaja de 10-6 al abrir el quinto parcial y un hombre fuera, Clemente consiguió su cuarto imparable frente al nuevo lanzador de los Bravos, Jim Nash. Clemente cruzaría el plato minutos después tras un sencillo de Stargell y un error defensivo de Jackson en el jardín central. Tras un ponche de Robertson, un sencillo de May impulsó a Stargell para poner la pizarra a 12-6.

En la séptima entrada, Clemente fue retirado por vez primera, tras un bombo al bosque central en su primer turno contra Steve Barber, quién había remplazado a Nash.

Hernández empezó la novena entrada con un sencillo y tomó segunda base tras un lanzamiento que el receptor no pudo manejar. Bob Miller obtuvo boleto gratis y un sacrificio de Stennett, los corredores se mudaron a segunda y tercera base. Tom Kelley entró en relevo con un out, pero permitió a un corredor heredado anotar tras un bombo de sacrificio de Oliver que expandió la paliza a 13-6.

De nuevo llegó el turno de Clemente y el boricua conectó su quinto imparable, sencillo como los anteriores. Stargell cerró la entrada con un ponche.

Miller consiguió dos *outs* de bombo; Williams conectó un sencillo, pero Evans bateó una roleta hacia tercera base que produjo el final del partido. Los Piratas se alzaron por siete carreras en el último juego de la serie.

Wayne Minshew, periodista con el *Atlanta Constitution*, recalcó que "(el circo de los) Hermanos Ringling hubiese pagado una fortuna para presenciar las cosas que se vieron en este juego y (el presentador de televisión) Ed Sullivan aún estuviese animando en directo si tuviese esas atracciones".[4]

Con sus cinco inatrapables y tres carreras anotadas, Clemente fue el pirata máximo, ayudado por las contribuciones de May (tres indiscutibles, tres remolcadas), Cash (tres inalcanzables, incluyendo un doble y un triple), Hernández (tres impulsadas con tres indiscutibles), Stargell (un cuadrangular) y Robertson (otro vuelacercas). Con la victoria, los bucaneros mantuvieron su ventaja de cinco juegos en la división este de la Liga Nacional.

Moose, en calidad de relevista, se alzó con el triunfo, su noveno frente a siete reveses. Miller por su parte consiguió su octavo rescate.

Garr, Lum y Jackson, cada uno con tres inatrapables, lideraron la ofensiva Brava. Jarvis, que no sobrevivió la primera entrada, cargó con la dolorosa, que sus cinco colegas (Priddy, Ron Herbel, Nash, Barber y Kelly) no pudieron detener.

Pittsburgh revalidó su título divisional con una ventaja de siete partidos sobre los Cardenales de San Luis. En la Serie de Campeonato, doblegó a los Gigantes de San Francisco (3-1) y a los Orioles de Baltimore en los siete juegos que tomó la Serie Mundial.

Atlanta conquistó el tercer lugar de la división occidental, a ocho juegos de distancia de San Francisco.

Clemente concluyó la temporada con un promedio de .341 de bateo, el cuarto porcentaje más alto de la Liga Nacional. Joe Torre, de los Cardenales, lideró la liga con .363. Los 2,882 imparables vitalicios llegarían a los inmortales 3,000 el año siguiente, cuando Clemente conectó un doble contra Jon Matlack en la cuarta entrada de su penúltimo juego, una victoria 5-0 sobre los Mets de Nueva York el 30 de septiembre de 1972.

FUENTES

Además de las fuentes citadas en las notas, el autor consultó los sitios Web Baseball-Reference.com y Retrosheet.org

https://www.baseball-reference.com/boxes/ATL/ATL197108250.shtml

https://www.retrosheet.org/boxesetc/1971/B08250ATL1971.htm

NOTAS

1   Baseball-Reference indica una ventaja de 4½ juegos sobre los Cardenales y los Cachorros. San Luis ganó el juego del 1 de agosto, suspendido hasta el 7 de septiembre. Si uno contase el juego de agosto 1 en la tabla de posiciones de agosto 24, la ventaja sería de 5 juegos.

2   "3 Charged in Beating of Carty," *Philadelphia Inquirer*, 26 de agosto de 1971: 13.

3   El cuadrangular de Aaron fue el número 38 de la temporada y el 630 de su carrera. Consultar *New York Daily News*, 26 de agosto de 1971: 61.

4   Wayne Minshew, "Pirates Thunder by Braves, 13-6," *Atlanta Constitution*, 26 de agosto de 1972: 67.

LA PRIMERA ALINEACIÓN DE TEZ NEGRA

1 DE SEPTIEMBRE DE 1971
PIRATAS DE PITTSBURGH 10, PHILLIES DE FILADELFIA 7
EN EL ESTADIO TRES RIOS, PITTSBURGH

POR RICHARD J. PUERZER

Los Piratas de Pittsburgh del 1971 ocupan un lugar especial en la historia de la franquicia.

Su plantilla incluía 13 jugadores de ascendencia afroamericana o latina, incluyendo a sus dos grandes trabucos: Willie Stargell y Roberto Clemente. Con quizás el equipo más diverso de las grandes ligas, los Piratas conquistaron el tesoro de la Serie Mundial, pero otro logro tuvo un significado de mayor impacto. El 1 de septiembre de 1971-por vez primera en las mayores- jugadores afroamericanos y latinos ocuparon las nueve posiciones un equipo al mismo tiempo.

El histórico partido se celebró un miércoles por la noche en la guarida Pirata del Estadio Tres Ríos, con los Phillies de Filadelfia como sus huéspedes. Los equipos iban en rumbos opuestos; mientras que los Piratas se encontraban en la azotea de la división este de la Liga Nacional (81-56, 4 ½ juegos de ventaja sobre los Cardenales de San Luis), los Phillies alquilaban la planta baja (57-77). Unos 11,278 citados fueron testigos del acontecimiento entre los rivales del estado de Pensilvania.

La alineación corsaria presumía del primer bate e intermedista Rennie Stennett, el jardinero central y segundo bate Gene Clines, el guardabosque derecho y tercer bate Roberto Clemente, el jardinero izquierdo y cuarto bate Stargell, Manny Sanguillén como receptor y quinto bate, el antesalista y sexto bate Dave Cash, el inicialista y séptimo bate Al Oliver, el campocorto y octavo bate Jackie Hernández y como lanzador, Dock Ellis.[1]

Con excepción de Oliver y Ellis, los jugadores eran titulares. [2] La responsabilidad de la inicial se compartía entre Bob Robertson, quién solía jugar contra serpentineros zurdos, y Oliver, quién curiosamente jugó contra Woodie Fryman, lanzador de los Phillies que tiraba desde el lado siniestro.

El suceso no tuvo aviso previo; es probable que ni el dirigente de los Piratas Danny Murtaugh se había percatado. Los jugadores tampoco lo notaron, al menos hasta que comenzó el partido. Oliver mencionó que no cayó en cuenta hasta la primera o segunda entrada, cuando Cash le comentó "oye

Scoop, somos todos 'brothers' en el terreno".[3] (La palabra *"brothers"*, o hermanos, posee un significado racial entre los afroamericanos, que la usan para referirse a sus "hermanos" de la propia raza).

Ellis no tuvo buen comienzo, otorgándole boletos gratis a sus primeros dos oponentes, Ron Stone y Larry Bowa. El lanzador retiró a Tim McCarver con un elevado y a Deron Johnson por la vía del ponche, pero no salió ileso cuando Hernández no pudo atrapar una roleta de Willie Montáñez. Stone aprovechó la jugada para anotar la primera carrera mientras que Bowa capturó la antesala y Montáñez la inicial. Un sencillo de Oscar Gamble por la línea de tercera base remolcó a Bowa. Un bombo de Terry Harmon al jardín central concluyó la ofensiva de Filadelfia. Los Piratas ripostaron de manera inmediata: seis de los primeros siete bateadores se embasaron a través de sencillos o dobletes. Al concluir el episodio, todos los bucaneros habían disfrutado de un turno al bate, anotando cinco carreras y logrando el relevo temprano de Fryman por Bucky Brandon.

Ellis también tuvo dificultades en la segunda entrada, otorgándole una base por bolas a John Vukovich antes de permitir el segundo cuadrangular de la temporada de Stone. Tras otro boleto gratis-este para Bowa-Bob Moose entró en relevo. Moose había comenzado el juego el día anterior sin mucha suerte, tan sólo lanzando por dos entradas y un tercio. Su segundo contrincante-Johnson-le propinó un bambinazo que puso a los huéspedes arriba en el marcador, 6-5. Pero los Piratas montaron otro motín. Tras un sencillo de Clines, quién se robó la intermedia y avanzó a la antesala tras un tiro descontrolado de McCarver, y un sencillo de Clemente, el poderoso bate de Stargell remolcó a Clines con un elevado de sacrificio. Acto seguido, Sanguillén impulsó a Clemente con un cuadrangular que puso a los corsarios en la delantera, 8-6.

En la tercera entrada, los Phillies colocaron corredores en segunda y primera base con dos *outs*. Murtaugh remplazó a Moose con Bob Veale.

Veale era también afroamericano y con su presencia, los Piratas volvieron a tener una alineación de tez oscura. Veale ponchó a Stone para terminar el episodio y en la parte baja una combinación de un sencillo de Oliver, quién fue fulminado en segunda tras una roleta de Hernández, un toque de Veale y un sencillo de Stennett produjo otra carrera. Los Phillies trajeron al veterano lanzador Dick Selma de relevo, y éste concluyó la entrada. La pizarra ahora marcaba 9-6 a favor de los locales.

Luke Walker relevó a Veale y congestionó las almohadillas tras dos bases por bolas y un sencillo entre ellas. Montáñez remolcó al primer corredor (Bowa) pero McCarver fue eliminado al tratar de llegar a la antesala. Gracias a esta buenaventura, Walker salió de la entrada con le marcador 9-7. Los corsarios no lograron anotar en la parte baja y ambos equipos se fueron en blanco en la quinta. La sexta trajo una remontada Pirata gracias a un doble de Cline y un sencillo de Clemente para remolcar la décima carrera de los anfitriones. Walker dominó el resto de la jornada, previniendo a los Phillies a llegar a las bases en el último tercio del encuentro.

Walker se apuntó la victoria, la séptima de su campaña, tras lanzar las últimas seis entradas del encuentro. Brandon cargó con la dolorosa por los Phillies. Seis de los Piratas marcaron al menos dos inatrapables, siendo Sanguillén la clave con su sexto cuadrangular de la temporada. El bambinazo en el segundo parcial les otorgó a los bucaneros una delantera que no dejarían escapar.

La prensa no captó la importancia del evento de manera inmediata. Los periódicos de la ciudad de Pittsburgh se encontraban en huelga. Los diarios de Filadelfia tampoco enfocaron su cobertura en el acontecimiento. La reseña del *Philadelphia Inquirer*[4] no mencionó el suceso y el relato de Bill Conlin del *Philadelphia Daily News* sólo recalcó que la alineación de Danny Murtaugh era de "alma completa" (*"all-soul lineup"* en referencia al tipo de música afroamericana)[5] sin proveer contexto. Sin embargo, un informe sindicado de la Prensa Unida International (UPI, por sus siglas en inglés) destacó la importancia de la alineación y el escrito fue publicado en varios diarios del país. En dicho artículo, Murtaugh fue citado explicando que "al decidir la alineación, yo no me fijo en el color y mis atletas lo saben. No lo conocen porque se los dije, sino porque saben cómo yo funciono. Los mejores jugadores de nuestra organización son los que están en el equipo. Y los que están aquí juegan de modo a la situación que se presente".[6] El lanzador Steve Blass opinó que Murtaugh "trató al asunto con el debido respeto, pero sin crear más atención. Tan solo seleccionó con los nueve mejores jugadores sin importarle si fueren blancos, negros, latinos o lo que fuesen. La reacción fue lo que llamó la atención".[7]

El triunfo mejoró la foja de Pittsburgh a 82-56; llegarían a una marca de 97 victorias y 65 reveses al concluir la temporada regular. En la Serie de Campeonato de la Liga Nacional (NLCS, por sus siglas en inglés) doblegaron a los Gigantes de San Francisco en cuatro juegos. Los bucaneros se alzaron en una ceñida Serie Mundial contra Baltimore, ganando cuatro juegos contra tres de los Orioles, pero en términos del legado histórico, el partido del 1 de septiembre con la alineación negra guarda igual importancia.

FUENTES

Además de las fuentes citadas en las notas, el autor consultó los sitios Web Baseball-Reference.com y Retrosheet.org

Markusen, Bruce. *The Team That Changed Baseball: Roberto Clemente and the 1971 Pittsburgh Pirates* (Yardley, Pennsylvania: Westholme Publishing, 2006).

https://www.baseball-reference.com/boxes/PIT/PIT197109010.shtml

https://www.retrosheet.org/boxesetc/1971/B09010PIT1971.htm

NOTAS

1 La ocasión casi se adelantó el sábado 17 de junio de 1967 en el Estadio Connie Mack. El dirigente Pirata Harry Walker presentó una alineación con Matty Alou en el jardín central, Maury Wills en la tercera base, Roberto Clemente en el bosque derecho, Willie Stargell en la inicial, Manny Mota en el jardín izquierdo, José Pagán como campocorto, Andre Rodgers en la intermedia y Jesse Gonder como receptor. Dennis Ribant fue el lanzador abridor pero el turno le pudo haber tocado a Bob Veale, Al McBean o Juan Pizarro , todos de tez oscura.

2 Richie Hebner, hospitalizado por un virus, solía ser la tercera base regular (93 partidos en 1971) con Pagán (38) y Dave Cash (22) como suplentes. Por su parte, Gene Alley (97 juegos como campocorto) tuvo el día libre debido a una rodilla lastimada.

3 Al Oliver and Andrew O'Toole, *Baseball's Best Kept Secret: Al Oliver and His Time in Baseball* (Pittsburgh: City of Champions Publishing, 1997), 51.

4 Mark Heisler, "Pirates' Sweep Saddles Phillies With Last Place," *Philadelphia Inquirer*, 2 de septiembre de 1971: 29-30.

5 Bill Conlin, "Kerplunk! Phils Last," *Philadelphia Daily News*, 2 de septiembre de 1971: 44.

6 "Pirates Field First All-Black Starting Team," *Tyrone Daily Herald*, 2 de septiembre de 1971: 5.

7 Colleen Hroncich, *The Whistling Irishman: Danny Murtaugh Remembered* (Philadelphia: Sports Challenge Network, 2010), 178-179.

PITTSBURGH AL FIN TRIUNFA EN UN JUEGO CON DOS ASISTENCIAS DE ROBERTO CLEMENTE

14 DE SEPTIEMBRE DE 1971
PIRATAS DE PITTSBURGH 4, CACHORROS DE CHICAGO 3
EN EL WRIGLEY FIELD, CHICAGO

POR BILL NOWLIN

A lo largo los 18 años de su carrera, el jardinero derecho de los Piratas de Pittsburgh Roberto Clemente logró 4,514 *outs* defensivos.[1] Clemente además acaparó 266 asistencias desde los bosques, eliminando a poco más de 14 corredores cada temporada.

Al investigar la carrera de Clemente, uno se topa con 14 juegos en los cuales marcó más de una asistencia.[2]

Los primeros fueron en 1958. El inicial fue el 17 de abril en Milwaukee contra los Bravos. Desde su esquina en el bosque, eliminó a los corredores Del Crandall en la tercera entrada y Hank Aaron en la quinta. El 18 de julio, en San Francisco con los Gigantes como adversarios, fulminó a sus compatriotas Valmy Thomas y Orlando Cepeda, también en el tercer y quinto episodio.

Los bucaneros perdieron ambos juegos, así como la próxima decena:

1 de mayo de 1959 – 7-6 contra los Cardinales en Pittsburgh

10 de agosto de 1961 – 3-2 contra los Cardinales en Pittsburgh

4 de septiembre de 1961 – 9-4 contra los Cardinales en San Luis

3 mayo de 1962 – 8-4 contra los Gigantes en San Francisco

17 de mayo de 1964 (primer partido de la doble tanda) – 3-2 contra los Esquivadores en Los Ángeles

13 de mayo de 1965 – 5-4 contra los Bravos en Milwaukee

12 de mayo de 1966 – 3-0 contra los Gigantes en Pittsburgh

13 de junio de 1967 – 7-4 contra los Cardenales en Pittsburgh

7 de julio de 1967 – 6-2 contra los Rojos en Pittsburgh

12 de agosto de 1969 – 6-3 contra los Gigantes en San Francisco[3]

Tras una docena de reveses en juegos en dónde Clemente, los Piratas por fin ganaron, el 14 de septiembre de 1971 en Wrigley Field.

La temporada acercaba su final y con tan sólo 14 juegos restando en el calendario, los Piratas (89-59) aventajaban a sus más cercanos rivales los Cardenales de San Luis por seis juegos y medio en la división este de la Liga Nacional. Los bucaneros, líderes desde el 10 de junio, habían ganado 11 de sus más recientes 14 partidos, y con una victoria sobre los Cachorros, podrían asegurar el cetro. Chicago navegaba en rumbo opuesto, sufriendo nueve reveses en sus últimos 11 duelos, y se encontraba a 14 juegos de distancia de Pittsburgh.

El dirigente Leo Durocher envió a Ferguson Jenkins a la lomita. El diestro de seis pies y cinco pulgadas ya había conseguido una veintena de triunfos (21-12) con una efectividad de 2.90.

El capitán de la nave corsaria Danny Murtaugh seleccionó al derecho Bob Johnson, cuya foja era más modesta (9-9, 3.52).

Pittsburgh estrenó el marcador con dos carreras en la parte alta de la tercera entrada. Con un hombre fuera, el campocorto Jackie Hernández se embasó gracias a un error del inicialista Pat Bourque, cuyo pie se despegó de la almohadilla para atrapar el tiro del antesalista Ron Santo.[4] Johnson se sacrificó para llevarlo a la intermedia, y el segunda base de los Piratas Rennie Stennett lo remolcó con un sencillo al bosque central. El jardinero Vic Davalillo bateó un lineazo al jardín derecho Brock Davis no pudo atrapar, impulsado a Stennett.[5] Davalillo quedo anclado en la tercera base al poncharse Clemente para el tercer out.

Chicago riposto con un cuadrangular de Frank Fernández al comenzar la parte baja. Aunque los Cachorros llenaron las bases con tan solo un out, Johnson pudo escapar de sus apuros.

En la cuarta entrada, el primer dúo de bucaneros enlazó sencillos consecutivos, pero Jenkins retiró a los próximos bateadores. En la parte baja, el lanzador vino al plato con dos hombres fuera y Fernández en la inicial tras una base por bolas.

Jenkins castigó a su homólogo con un bambinazo hacia el jardín izquierdo. Su quinto cuadrangular de la campaña cambió la pizarra a 3-2, Chicago.

El guardabosque central Cleo James conectó un doble, pero se adelantó demasiado de la intermedia, y Clemente no dudó en fulminarlo con un tiro perfecto a Stennett y éste al inicialista Al Oliver.

Bob Moose, quién solía comenzar partidos, entró en relevo en la quinta entrada. Los Cachorros conectaron un par de sencillos, pero salió ileso tras una doble matanza de Bourque.

Los bates corsarios alcanzaron dos carreras adicionales en la parte alta del sexto episodio. Jenkins logró ponchar a Willie Stargell pero le permitió un bambinazo a Oliver "sobre las gradas del jardín derecho".[6] Acto seguido, Richie Hebner bateó un triple a la misma dirección.

El receptor Manny Sanguillén se abanicó, pero Fernández no pudo atrapar la pelota; Hebner embistió desde tercera base, anotando la carrera del desempate mientras Sanguillén llegaba a la inicial.[7] Los Piratas desperdiciaron la ocasión al Sanguillén ser capturado tratando de robarse la intermedia y Hernández conectando un débil bombo al receptor.

Moose, quién recién había regresado de un compromiso con el cuerpo de reserva del ejército, dominó a los Cachorros en la parte baja. Al tomar su turno al bate en la séptima recibió un boleto gratis y llegó a segunda tras un toque de sacrificio de Stennett. Un lineazo de Davalillo fue la primera parte de una doble matanza, capturando de sorpresa a Moose y Clemente fue retirado con una roleta hacia la esquina caliente.

En su tercer parcial, Moose logró rápidamente dos *outs*, pero un gafe de Hebner puso a Brock Davis en la primera base. Billy Williams conectó un doble hacia el bosque derecho, donde "impactó la pared y rebotó, alejándose de Roberto Clemente".[8] Davis intentó anotar desde la primera base, pero un certero tiro de Clemente lo fulminó antes de llegar al plato. El mísil hizo escala en el guante de Dave Cash (quién había remplazado a Stennett), cuyo relevo aterrizó en la trocha de Sanguillén, quién a su vez obstaculizó el *home*, propinándole "el toque mientras el corredor trataba de evadirlo durante su deslice".[9] Los Cachorros protestaron la jugada, alegando que Davis había llegado antes que Sanguillén le tocase.[10]

Los Piratas no volvieron a llegar a tierra firme. Jenkins lanzó un juego completo, retirando a sus contrincantes en orden tanto en la octava como en la novena entrada. Dado sus dos carreras remolcadas, el cronista Richard Dozer del *Chicago Tribuno* recalcó que "le podría interesar a los aficionados de Chicago que Jenkins posee la mejor proporción dentro del equipo, de carreras remolcadas por turnos al bate".[11] El serpentinero había fracasado en cuatro de sus cinco más reciente salidas. En referencia a "el mal juego defensivo en los bosques, que le ha costado los dos últimos juegos" Jenkins observó que "el año que viene, se entrenaría como jardinero".[12]

Moose concluyó el partido para Pittsburgh, lanzando cinco entradas. En la octava le permitió un sencillo a Santo. Un toque de Bourque lo trasladó a la segunda base, colocando la carrera del empate a tan sólo dos estaciones, pero Moose indujo sendas roletas de Paul Popovich y Don Kessinger.

Al llegar al último episodio, Durocher vació su banca con emergentes. Fernández con un elevado al bosque izquierdo marcó el primer out. Johnny Callison tomó el madero por Jenkins, pero se abanicó en su turno. Joe Pepitone remplazó a Cleo James y consiguió un sencillo; de inmediato, Bill North entró de corredor suplente. Jim Hickman bateó por Davis, pero Stargell capturó su lineazo en el bosque izquierdo para el tercer out.

Clemente se fue en blanco en cuatro turnos, pero ultimó a dos corredores. Cualquiera de ellos pudiese haber anotado la cuarta carrera necesaria para el empate.

Tras el partido, Murtaugh comentó que "Bob Moose hizo un tremendo trabajo en relevo y claro está, ambas jugadas que eliminaron corredores en segunda y en el plato ayudaron muchísimo. Son jugadas básicas y fundamentales que practicamos toda la primavera. Nos rindieron fruto en septiembre".[13]

Los Cachorros, doblegados por octava ocasión en nueve salidas, quedaron eliminados de la contienda.

Moose mejoró su marca a 10-7.

Fue así, en el décimo tercer juego de Clemente con dos asistencias desde su jardín, que los Piratas por fin ganaron el encuentro gracias no tan sólo al bate sino al brazo de su superestrella.

Al finalizar la temporada, Clemente fue galardonado con su undécimo guante de oro. Obtendría uno más, su último, en el 1972.

Los Piratas ganaron la división y el campeonato de la Liga Nacional sobre los Gigantes de San Francisco en cuatro partidos (3-1). La Serie Mundial presentó un rival más duro de roer ya que los Orioles de Baltimore eran favorecidos por los expertos. No obstante, Pittsburgh conquistó el cetro de la Serie Mundial en siete juegos, siendo el último un reñido 2-1. La primera carrera de los bucaneros provino de un bambinazo de Clemente en la cuarta entrada y la segunda anotación gracias a un doble del también puertorriqueño José Pagán en el octavo episodio, remolcando a Stargell.

FUENTES

Además de las fuentes citadas en las notas, el autor consultó los sitios Web Baseball-Reference.com y Retrosheet.org

https://www.baseball-reference.com/boxes/CHN/CHN197109140.shtml

https://www.retrosheet.org/boxesetc/1971/B09140CHN1971.htm

Desafortunadamente, los periódicos de Pittsburgh no fueron publicados entre el 14 de mayo y el 20 de septiembre debido a una huelga. Por ello, este artículo quedó privado de las fuentes de información típicas de este tipo de investigación.

NOTAS

1   Clemente defendió otra posición en varios partidos, marcando 122 outs en el jardín central, 34 en el izquierdo y uno en la antesala. A través de su carrera, Clemente retiró 4,697 bateadores y cometió 142 errores, para un promedio defensivo de .972.

2   En dos otras ocasiones, Clemente logró dos asistencias, pero estaba jugando en el cuadro. El 22 de mayo de 1956 las logró jugando como tercera base, una en la octava y la otra en la novena entrada. El 14 de julio de 1956 marcó su primera desde el jardín derecho (quinta entrada) y después se mudó a la intermedia (séptima entrada). A lo largo de su carrera, Clemente defendió la segunda base en dos partidos y la antesala en un encuentro (el otro juego en segunda base fue el 10 de junio de 1956). Cabe resaltar que Baseball-Reference.com y Retrosheet reflejan totales distintos. La gerencia de Retrosheet le explicó al autor que las estadísticas defensivas de esa época pueden tener errores. Por su parte, Baseball-Reference advierte que "las estadísticas de fildeo provienen de los récords históricos oficiales y de Retrosheet. Ambas fuentes pueden discrepar y no han sido totalmente revisadas" (consultado el 6 de octubre de 2021). Este artículo utiliza las estadísticas de Retrosheet.

3   Las "víctimas" de Clemente son bastante célebres. Entre los 28, seis pertenecen al Salón de la Fama, y contribuyeron ocho outs. Willie Mays fue fulminado un par de veces y Orlando Cepeda tres.

17 de abril de 1958 – 3era y 5ta entrada – Del Cryall y Hank Aaron

18 de julio de 1958 – 3era y 5ta entrada – Valmy Thomas y Orlando Cepeda

1 de mayo de 1959 – 4ta y 5ta entrada – Alex Grammas y Stan Musial

10 de agosto de 1961 – 4ta y 5ta entrada – Ken Boyer y Curt Flood

4 de septiembre de 1961 – ambas en la 3ra entrada – Curt Flood y Charlie James

3 de mayo de 1962 – 1ra y 4ta entrada – Orlando Cepeda y Willie Mays

17 de mayo de 1964 (1) – 2da y 7ma entrada – Dick Tracewski y Willie Davis

13 de mayo de 1965 – 8va y 9na entrada – Joe Torre y Phil Niekro

12 de mayo de 1966 – 2da y 8va entrada – Jesus Alou y Willie Mays

13 de junio de 1967 – 1ra y 2da entrada – Orlando Cepeda y Curt Flood

7 de julio de 1967 – 2da y 7ta entrada – Lee May y Tommy Helms

12 de agosto de 1969 – 2da y 8va entrada – Ron Hunt y Hal Lanier

14 de septiembre de 1971 – 4ta y 7ma entrada - Cleo James y Brock Davis

24 de junio de 1972 – 6ta y 8va entrada - Ron Santo y Billy Williams

4   "Cubs Tumble, 4-3," Chicago Daily Defender, 15 de septiembre de 1971: 32. Véase también Richard Dozer, "Cubs Done for '71!," Chicago Tribune, 15 de septiembre de1971: C1.

5   George Vass, "Pirates Snuff Out Cubs' Title Hopes," Chicago Daily News, 15 de septiembre de 1971: 42.

6   "Cubs Tumble, 4-3."

7   Originalmente fue catalogada como un lanzamiento salvaje (wild pitch), pero Fernández mismo explicó que fue su gafe (passed ball). Véase Dozer.

8   United Press International, "Pirates' Magic Number Reduced to 7," Franklin (Pennsylvania) News-Herald, 15 de septiembre de 1971: 30.

9   Vass. La edición del 15 de septiembre de 1971 del periódico Rockford (Illinois) Register-Republic incluye dos fotografías de la jugada, ambas en la página #33.

10   Dozer.

11   Dozer.

12   Vass.

13   Joe Mooshil (Associated Press), "Chicago's Elimination Sets Stage for Cards-Bucs Battle," Greenville (Pennsylvania) Record-Argus, 14 de septiembre de 1971: 20.

GRACIAS AL RELEVO DE KISON Y EL INDISCUTIBLE DE MAY, LOS PIRATAS EMPATAN LA SERIE MUNDIAL CON LOS ORIOLES

13 DE OCTUBRE DE 1971
PIRATAS DE PITTSBURGH 4, ORIOLES DE BALTIMORE 3
CUARTO JUEGO DE LA SERIE MUNDIAL
EN EL ESTADIO TRES RIOS DE PITTSBURGH

POR FREDERICK C. BUSH

Tras perder los primeros dos partidos de la Serie Mundial de 1971 en Baltimore, la competencia se mudó a Pittsburgh, donde los Piratas ganaron el tercer encuentro gracias a la brillante actuación de Steve Blass, quién escatimó tan solo un trio de inatrapables al lanzar un juego completo. Podría haber sido mucho pedir, para los aficionados de la Ciudad de Acero, que su serpentinero Luke Walker duplicase la faena de Blass, pero los feligreses se hubiesen conformado si su encargado mantuviese a los potentes bates de Baltimore lo suficientemente fuera de ritmo para que la novena local empatase la serie. Walker no sobrevivió el primer episodio, pero el relevista Bruce Kison le rescató de la infamia. Kison lanzó seis entradas y un tercio sin permitir carreras y los bucaneros se sobrepusieron tras la decepción de un casi-cuadrangular de Roberto Clemente, que fue cantado *foul*, para imponerse por 4-3.

El Estadio Tres Ríos de Pittsburgh abrió sus puertas el 16 de julio de 1970 y poco más de un año después, 51,378 fanáticos atiborraron el parque este 13 de octubre para presenciar el primer juego nocturno de una Serie Mundial.[1] Once largos lustros habían transcurrido desde la última vez que Pittsburgh fue sede del evento máximo del béisbol. En aquél clásico séptimo partido en el Forbes Field, el intermedista Bill Mazeroski disparó su famoso bambinazo al comenzar la parte baja de la novena entrada para sorprender a los poderosos Yanquis de Nueva York, 10-9. Mazeroski tan solo dispondría de un turno al bate en esta contienda; sería Clemente, quién bateó .310 contra los Yanquis en 1960 y quién había logrado al menos un indiscutible en cada uno de su decena de partidos de la Serie Mundial, quién se vestiría de héroe en esta batalla entre la Liga Nacional y la Liga Americana.

Las glorias de antaño de los Piratas no intimidaban a los Orioles. Campeones en 1966 sobre Los Ángeles y en 1970 frente a Cincinnati, Baltimore presumía de su tercer banderín en ristra. Tan pronto el árbitro Ed Vargo decretó *"play ball!"*, los visitantes enlazaron un trio de sencillos gracias a los maderos de Paul Blair, Mark Belanger y Merv Rettenmund, llenando las bases para

Frank Robinson. El doble ganador del Premio al Jugador Más Valioso (JMV, o MVP por sus siglas en inglés, en 1961 con los Rojos y en 1966 con Baltimore) no tuvo ocasión de lucir su poderoso bate, ya que el receptor Manny Sanguillén dejó pasar un lanzamiento de Walker que anotó a Blair y avanzó a Belanger y a Rettenmund a la próxima estación. Tras el *passed ball*, el dirigente corsario Danny Murtaugh optó por darle boleto gratis intencional a Robinson. Con las almohadillas nuevamente congestionadas, el antesalista Brooks Robinson, JMV de la Liga Americana (AL) en 1964 y de la Serie Mundial en 1970, entró a la caja de bateo. Tanto Brooks como Boog Powell, el tercer plumífero JMV (1970, AL) tal vez estuvieron ansiosos al ver su colegas en las bases, pero ambos conectaron elevados sacrificios que anotaron a Belanger y a Rettenmund.

Con tres carreras de deseventaja y sin Baltimore ofrecer señales de tregua, Murtaugh reemplazó a Walker con Kinson. El novato de 21 años, cuyos seis pies y cuatro pulgadas tan solo cargaban con 178 libras, había ganado seis partidos y perdido cinco durante la temporada regular, con una efectividad de 3.40 en 18 juegos (13 de ellos como abridor). Nadie, ni tan siquiera Murtaugh, sabía que esperar de Kinson, pero el diestro se creció en ese difícil momento. Su primer contrincante, Davey Johnson, conectó una débil roleta que cerró la entrada sin mayor percance.

Dave Cash, el primer bate de la alineación corsaria, logró un boleto gratis del abridor Oriol Pat Dobson, esperanzando a los feligreses bucaneros. Sin embargo, Richie Hebner con un bombito al campocorto y Clemente con un ponche rápidamente produjeron dos *outs*. Vale recalcar que en 29 turnos al bate durante la Serie Mundial, Clemente tan solo se abanicaría dos veces. Los trabucos Piratas no desperdiciaron la oportunidad, y un doble de Willie Stargell remolcó a Cash para la primera carrera de los locales. Acto seguido, Al Oliver disparó otro doble, impulsando al propio Stargell. Una roleta de Bob Robertson a Dobson

concluyó el episodio, pero los Piratas habían acortado el déficit.

Kison y Dobson ambos encontraron su ritmo y lucieron robustos durante el resto del juego. Kison lidió con los visitantes, permitiendo un doble con dos hombres fuera en la segunda entrada, pero retirando los próximos dos bateadores sin problema alguno. Tanto Dobson, en la parte baja, como Kison, en la parte alta del tercer episodio, domaron a sus rivales en orden.

Hebner logró un sencillo para abrir la parte baja de la tercera y Clemente conectó un lineazo hacia el jardín derecho que pareció sobrevolar la cerca. John Rice, árbitro asignado a este rincón (los juegos de postemporada gozan de dos *umpires* adicionales, en los bosques) lo decretó *foul* ante las insistencias de Don Leppert (entrenador de primera base de los Piratas), Clemente y Murtaugh. La controversia no surgió por la falta de agudez visual de Rice, sino por la poco común arquitectura del Estadio Tres Ríos.[2] El batazo de Clemente alcanzó la parte del estadio "que carecía de postes para indicar *foul*. En su lugar, el concreto poseía líneas blancas pintadas, las cuáles separaban la red de *foul* con tres pies de concreto pintado de verde".[3]

Según los informes, el lineazo de Clemente impactó el área verde, en el lado *foul*, a 20 pulgadas del terreno de juego".[4] Dependiendo del ángulo del vidente, la pelota pareció haber entrado al área de *foul* después de sobrevolar la cerca. Frank Robinson, quién no solía hablar con pelos en la lengua, opino que "no importa donde éste la línea blanca. De ninguna manera la pelota podría haber sobrepasado la cerca, conectar con la pared *foul* y ser cantada como cuadrangular. No hay más que buscar".[5]

Y así fue el asunto. Continúo el turno de Clemente, quién logró calmar su decepción y de nuevo batear en la misma dirección, logrando esta vez un sencillo que avanzó a Hebner a la intermedia. Un elevado de Stargell causó el segundo *out* pero Oliver remolcó a Heber con la carrera del empate. Los bucaneros se quedaron con los cañones enfilados, ya que Robertson de nuevo bateó una roleta a la lomita, qué Dobson pasó a la inicial para salir de sus apuros.

Los Piratas desperdiciaron un par de oportunidades al dejar las almohadillas llenas en la quinta y sexta entrada. En la quinta, Clemente y Stargell enlazaron sencillos consecutivos, instando al piloto de Baltimore Earl Weaver a darle una base por bolas intencional a Oliver para llenar las bases. Un bombo de Robertson al campocorto Belanger y una roleta de Sanguillén cerraron el episodio sin encender la pólvora corsaria.

Jackie Hernández comenzó la sexta con un sencillo y se apoderó de la intermedia durante un ponche de Kison. El veloz cubano llegó a la antesala cuando Cash logró un sencillo sin salir del cuadro, el último contrincante de Dobson. El zurdo Grant Jackson tomó el montículo y doblegó a Hebner con una línea hacia la tercera base atrapada por Brooks Robinson, la "aspiradora humana". Aunque Clemente logró un boleto gratis, Stargell conectó una roleta hacia la intermedia que acabó el parcial.

Baltimore, por su parte, ansiaba las oportunidades que los Piratas derrochaban. El doble de Blair en el segundo episodio sería el último que disfrutarían, ya que Kison y Dave Giusti los dominaron magistralmente. Los únicos corredores Orioles por el resto del encuentro fueron gracias a tres pelotazos propinados por un sobre entusiasmado Kison: Johnson en la cuarta, Frank Robinson en la sexta y Andy Etchebarren en la séptima.[6]

Los bucaneros al fin alcanzaron el tesoro en la misma entrada frente al taponero Eddie Watt, en la lomita de Baltimore. Tras un ponche de Oliver al comenzar el episodio, Robertson y Sanguillén lograron sencillos consecutivos. El emergente Vic Davalillo entró por Hernández y conectó un profundo elevado hacia el jardín derecho que Blair alcanzó pero no pudo mantener la pelota en su guante. Sanguillén, en su desespero, no tocó la intermedia y fue retirado entre las bases, pero Robertson llegó a la antesala y Davalillo a la inicial. Otro emergente, Milt May, entró a la caja de bateo en lugar de Kison[7] y su sencillo al bosque derecho impulsó a Robertson con la cuarta carrera corsaria.

Un bombo de Cash cerró el séptimo episodio pero Giusti, cuyos 30 rescates lideraron a Pittsburgh durante la temporada regular, retiró a los Orioles en orden tanto en la octava como la novena entrada para conseguir su tercer rescate de la postemporada. Gracias a la labor estelar de sus relevistas y el sencillo clave de May, los Piratas pudieron sobreponer los 13 corredores que habían dejado tendidos en las bases en este cuarto partido (sumándose a los 28 en los primeros tres juegos) para empatar la Serie Mundial. Con sus tres imparables en cuatro turnos al bate, Clemente marcaba ocho inatrapables en sus primeros 17 turnos, rumbo a ser nombrado el JMV de la Serie Mundial.

FUENTES

El autor consultó a Baseball-Reference.com y a retrosheet.org para obtener la reseña y el box score del partido.

NOTAS

1   Lou Hatter, "Bucs Even Series with 4-3 Victory," *Baltimore Sun*, 14 de octubre de 1971: 1.

2   Phil Musick, "Clemente Gets a Foul Ruling," *Pittsburgh Press*, 14 de octubre de 1971: 33.

3   Musick.

4   Musick.

5   Musick.

6   Charley Feeney, "Kison Holds O's, Bucs Even Set," *Pittsburgh Post-Gazette*, 14 de octubre de 1971: 26.

7   Milt May era el hijo de Pinky May, un antesalista de los Phillies que había sido compañero de equipo Danny Murtaugh desde el 1941 al 1943. Pinky May dirigió varios equipos en las ligas menores y Milt había sido cargabates con los equipos de Keokuk, Dubuque, Tampa, Rock Hill y Reading. Para más información, consultar Bill Christine, "Orioles Feel Pinch (by May); Pirates Get Even in Series," *Pittsburgh Press*, 14 de octubre de1971: 34.

OJALÁ CLEMENTE TUVIESE UN GEMELO: LOS ORIOLES EXTIENDEN LA SERIE MUNDIAL AL PROVOCAR UN SÉPTIMO CHOQUE

16 DE OCTUBRE DE 1971
ORIOLES DE BALTIMORE 3, PIRATAS DE PITTSBURGH 2 (10 ENTRADAS)
SEXTO JUEGO DE LA SERIE MUNDIAL DE 1971
ESTADIO MEMORIAL DE BALTIMORE

POR FREDERICK C. BUSH

Tras ganar tres partidos en ristra en su guarida, incluyendo una magnífica blanqueada de Nelson Briles (escatimando tan solo dos inatrapables en la victoria 4-0 en el quinto juego), los Piratas regresaron al Estadio Memorial de Baltimore con la esperanza de asegurar el cuarto cetro de la franquicia en el sexto juego de la Serie Mundial. Sin embargo, en su camino se hallaba un obstáculo bastante grande: los seis pies, tres pulgadas de Jim Palmer en la lomita.[1] El ganador de 20 juegos ya había doblegado a los corsarios en el segundo encuentro de la serie, abanicando una decena de sus contrarios, y poseía una envidiable foja en la postemporada, 6-1, a lo largo de su carrera, siendo su único revés ante los milagrosos Mets de 1969. No obstante, los bucaneros contaban con Roberto Clemente, cuyo promedio de bateo en la postemporada era un elevado .385 (incluyendo .429 en los primeros cinco desafíos de la Serie Mundial) y cuyo dominio del bosque derecho parecía muestra indiscutible de su compromiso en guiar la nave Pirata a la victoria.

Unos 44,174 seguidores de los Orioles no tardaron en apoyar a su novena y Palmer retiró a Dave Cash y Richie Hebner sin dificultades en el tope de la primera entrada. Un triple de Clemente causó consternación entre los feligreses, pero el as de Baltimore logró ponchar a Willie Stargell, cuyos 48 bambinazos y 125 remolcadas habían sido cifras máximas en ambas ligas. "Pops" se encontraba en una mala racha, promediando .133 en la postemporada (y .250 en la Serie Mundial). El diestro serpentinero de los corsarios, Bob Moose, le permitió un sencillo a Don Buford al empezar la parte baja del episodio pero salió ileso tras inducir una doble matanza de Davey Johnson y un elevado de Boog Powell.

Pittsburgh batalló contra Palmer en la segunda entrada. Al Oliver conectó un doble y estrenó el marcador tras un sencillo hacia el jardín izquierdo de su colega Bob Robertson. El receptor Manny Sanguillén consiguió el tercer inatrapable en hilo pero Palmer no permitió otra carrera. Los bates bucaneros habían desperdiciado muchas oportunidades en los primeros cinco encuentros, dejando naufragados a 50 tripulantes en las bases, y el contagio parecía no dar tregua. En el montículo corsario, Moose despachó a los tres Orioles sin dificultades para preservar la ventaja por el más mínimo margen.

Clemente marchó hacia la caja de bateo en la tercera entrada y disparó un vuelacercas solitario hacia las profundidades del jardín derecho para así extender la ventaja. Tras el encuentro, Clemente opinó que "muchos piensan que batear cuadrangulares es lo único que importa…para mí, tener una buena campaña y ayudar al equipo es mucho más importante. Yo puedo batear jonrones, no lo dudo, pero lo que pasa es que no me enfoco en hacerlo".[2] Dadas las dificultades que afligían a su bando a cruzar el plato, puede que Clemente haya recapacitado y haya tratado de sacar la pelota del parque.

Palmer y Moose continuaron su duelo, casi mano a mano a pesar de los ocho otro jugadores en cada novena. En la parte baja del sexto episodio los plumíferos trazaron su primera carrera gracias a un bambinazo de Buford. Johnson se embasó tras un error defensivo de Hebner en la antesala y alcanzó dicha base tras un sencillo de Powell. Con corredores en las esquinas y sin *outs*, el dirigente de Pittsburgh Danny Murtaugh optó por remplazar a su abridor por Bob Johnson. Johnson había iniciado 27 juegos en la temporada regular con 3.45 de efectividad y demostró sus habilidades al lidiar con los próximos tres bateadores, incluyendo a dos anteriores Jugadores Más Valiosos (JMV, o MVP por sus siglas en inglés), los temibles Frank Robinson y Brooks Robinson, para preservar el marcador a 2-1.

La varita mágica perdió su poder en la séptima. Mark Belanger logró un sencillo con un hombre afuera pero Johnson retiró a su homólogo Palmer vía un ponche. Belanger se robó la intermedia durante el turno de Buford y el gesto pareció poner nervioso a Johnson. Murtaugh se las jugó frías y cambió su lanzador en medio del turno, trayendo a su relevista Dave Giusti. Buford

logró un boleto gratis (atribuido a Johnson) para extender la entrada. Un sencillo de Davey Johnson empató el juego pero Giusti logró cerrar la entrada sin mayor acontecimiento. Sin embargo, dadas las dificultades de los Piratas en remolcar a sus corredores, el guion se tornó mucho más difícil para su victoria.

La desesperación de Pittsburgh causó un gran error estratégico al ser Sanguillén fulminado en la intermedia al tratar de estirar su sencillo. Palmer cumplió con su labor en la lomita y los Orioles tomaron la ofensiva en la parte baja de la novena entrada.

La oportunidad se pintó calva pero Clemente de nuevo impuso su grandeza. Giusti le otorgó una base por bolas a Belanger y el emergente Tom Shopay (bateando en lugar de Palmer) fue retirado tras un bombo al jardín. Buford conectó un doble contra la pared del bosque derecho, pero Clemente "dedujo el rebote de la pelota y lanzó desde la esquina del jardín hacia el plato, con tan solo un pique en el cuadro, para mantener anclado a Belanger en la antesala".[3] Una roleta de Davey Johnson cerró el episodio y envió el partido a entradas extra.

Pat Dobson tomó la lomita de los suspiros por los locales en la décima. Cash conectó un sencillo con un *out* y se estafó la segunda almohadilla durante un ponche de Hebner. El piloto de los Orioles, Earl Weaver, ordenó un boleto intencional a Clemente, recalcando jocosamente con la prensa tras el juego que "de seguro es lo único que nadie se preguntará si tomé la decisión correcta".[4] Weaver cambió su lanzador por Dave McNally, quién otorgó una base por bolas (no intencional) a Stargell para llenar las bases. Pero el mapa Pirata no condujo al tesoro ya que un elevado de Oliver llegó al guante Oriol defendiendo el bosque central para el tercer *out*.

Bob Miller, el tercer serpentinero llamado "Bob" de los Piratas en lo que iba de encuentro, desafortunadamente jugó el mismo papel que sus tocayos al permitir una carrera. Vic Davalillo, quién bateó de emergente en la novena al remplazar Giusti, marchó al jardín central en lugar de Oliver.

Miller desechó de Powell con una roleta a la intermedia pero le dio boleto gratis a Frank Robinson. Merv Rettenmund conectó un sencillo hacia el bosque central y así los Orioles estacionaron corredores en las esquinas con un solo hombre fuera. Brooks Robinson bateó un bombo hacia el centro que Davalillo atrapó y con éste, Frank Robinson se disparó hacia el plato. Sanguillén tuvo que brincar hacia la línea de tercera base para atrapar el tiro de Davalillo, retirándole lo suficiente del trayecto del corredor que ni tan siquiera pudo tratar de tocarle con su guante. Robinson así marcó la tercera y decisiva carrera de los locales para empatar la serie a tres juegos.

Tras el partido, un decepcionado Davalillo explicó que "se suponía que la bola picase dos veces tras el tiro pero la pelota no se hundió. Tan solo picó una vez y rebotó altamente".[5] La decisión de poner a Davalillo en el jardín central en la entrada final dio mucho que decir. Oliver se sorprendió y contó que "comencé a ir a mi posición y oí que alguien me llamó para que regresase. Cuando viré, vi a Vic ir hacia el bosque. Me pareció raro...no sé porque me sacaron ya que siempre quiero jugar".[6] Los periodistas le preguntaron a Murtaugh si había considerado poner a Gene Clines en el jardín central en lugar de Davalillo, pero el dirigente contestó que "no. A mi entender, el brazo de Davalillo es tan bueno como el de Cline".[7]

Todo el mundo conocía que otro guardabosque Pirata poseía un cañón que mejoraba a sus colegas. Un cronista le preguntó a Frank Robinson "¿si hubiese tratado de anotar si Clemente hubiese atrapado la pelota?" Robinson respondió que "Clemente es un tremendo jugador pero no creo que pueda cubrir dos posiciones". El editor de la sección deportiva del *Pittsburgh Press* no dudó en recalcar que "si Clemente tuviese un hermano gemelo, los Piratas hubiesen barrido la serie".[8]

Claro está, Clemente era único. El día siguiente, en el juego decisivo, disparó un cuadrangular en la cuarta entrada (la primera carrera del encuentro) y los bucaneros se ampararon de un magistral esfuerzo monticular de Steve Blass para ganar el partido, 2-1, y con este la Serie Mundial. Clemente fue escogido como el JMV gracias a su regio promedio de .414 (de 29-12), su agilidad al correr las bases y su capacidad de intimidar a los corredores de Baltimore gracias a su certero brazo.

FUENTES

El autor consultó a los sitios Web Baseball-Reference.com y Retrosheet.org para obtener los detalles jugada por jugada del partido.

NOTAS

1   Palmer (20-9) fue uno de los cuatro ganadores de 20 juegos de los lanzadores de los Orioles. Dave McNally (21-5), Pat Dobson (20-8) y Miguel Ángel (Mike) Cuéllar (20-9) completaron el cuarteto. Tan solo dos equipos han tenido cuatro ganadores de 20 juegos en la misma temporada: los Orioles del 1971 y las Medias Blancas del 1920. Es poco probable que otro conjunto logre este hito, debido a los cambios de manejo de lanzadores en el béisbol del siglo XXI.

2   Roy McHugh, "If Clemente Were Only Twins," *Pittsburgh Press*, 17 de octubre de 1971: 82.

3   Bob Maisel, "The Morning After," *Baltimore Sun*, 17 de octubre de 1971: 21.

4   McHugh.

5   Bill Christine, "Pirates Lose in 10th, 3-2; Blass in Final [sic]," *Pittsburgh Press*, 17 de octubre de 1971: 81.

6   Ken Nigro, "Bucs Blame Bounce of Ball," *Baltimore Sun*, 17 de octubre de 1971: 21.

7   Christine.

8   McHugh.

Fotografía de Duane Rieder.

BLASS Y CLEMENTE LIDERAN A LOS PIRATAS A LA VICTORIA EN EL SÉPTIMO JUEGO DE LA SERIE MUNDIAL

17 DE OCTUBRE DE 1971
PIRATAS DE PITTSBURGH 2, ORIOLES DE BALTIMORE 1
EN EL MEMORIAL STADIUM, BALTIMORE
(SÉPTIMO JUEGO DE LA SERIE MUNDIAL)

POR WAYNE STRUMPFER

Como punto final de la campaña de 1971, el séptimo juego de la Serie Mundial enfrascaba a los Orioles de Baltimore, campeones defensores, contra los Piratas de Pittsburgh, equipo cenicienta de la temporada. Los Orioles disfrutaban de su tecera visita en ristra a la Serie Mundial. Tras perder contra los milagrosos Mets de Nueva York en 1969, Baltimore derrotó a los Rojos de Cincinnati en 1970. Para los bucaneros, la ocasión representaba el regreso a la Serie Mundial tras su sorprendente triunfo en 1960, recordado por el cuadrangular de Bill Mazeroski que dejó a los Yanquis en el terreno.

Los Orioles arrollaron a su competencia en la división este de la Liga Americana con un récord de 101-57, a una docena de juegos de ventaja sobre los Tigres de Detroit. La rotación de Earl Weaver presumía de un cuarteto de ganadores de 20 juegos: Mike Cuéllar (20-9), Pat Dobson (20-8), Jim Palmer (20-9) y Dave McNally (21-5).

Los Orioles no eran tan sólo potentes en la lomita sino también en la caja de bateo. Cinco de sus regulares propinaron al menos 18 cuadrangulares y cuatro se estafaron al menos 10 bases. La defensa naranja tenía una sólida reputación de excelencia gracias al campocorto Mark Belanger y la tercera base Brooks Robinson, ambos ganadores de múltiples Guantes de Oro. El dúo se adueñaría de 24 dichos premios a través de sus carreras. Baltimore había abrumado a los Atléticos de Oakland en la Serie de Campeonato (LCS por sus siglas en inglés), barriéndolos en tres juegos.

Los Piratas de Pittsburgh se alzaron con la división este de la Liga Nacional tras ganar 97 partidos y perder 65 otros, sobrepasando a los Cardenales de San Luis por siete juegos de ventaja para obtener su segundo cetro en hilo. El piloto bucanero Danny Murtaugh contaba con un poderoso bateador de 31 años, Willie Stargell, quién contribuyó 48 cuadrangulares y 125 carreras remolcadas y el estelar Roberto Clemente, que a sus 36 primaveras brindó un promedio de .341 con 11 asistencias desde su reino en el jardín derecho. Los lanzadores Piratas tenían a Dock Ellis, ganador de 19 partidos, y a Steve Blass, con

15 triunfos ante ocho reveses y una efectividad de 2.85. El taponero Dave Giusti y sus 30 rescates encabezaba un eficaz grupo de relevistas. Pittsburgh derrotó a los Gigantes de San Francisco en la LCS tres juegos contra uno para obtener su boleto para la Serie Mundial y un duelo contra los favorecidos Orioles

Los anfitriones se alzaron con a la victoria en los primeros seis encuentros. En Baltimore, los Orioles triunfaron 5-3 y 11-3. En Pittsburgh, los corsarios salieron por la puerta ancha,

5-1, 4-3 y 4-0. Tras regresar a Baltimore, los Orioles previnieron su eliminación con una victoria 3-2, remontada en 10 entradas. El encuentro final se celebró en octubre 17 en el Memorial Stadium de Baltimore.

Los huéspedes enviaron a Blass al montículo y los anfitriones respondieron con Cuéllar, una revancha del tercer partido. Antes de ese choque, el locutor de NBC Curt Gowdy bromeó que el "pobre Earl Weaver, usando su último ganador de 20 juegos".[1] Cuéllar, considerado por muchos expertos como el mejor lanzador de bola curva ("screwball"), había sido galardonado con el Premio Cy Young en 1969. Brooks Robinson, entrevistado previo al partido, comentó que "sentía en su ser" que la Serie se extendería al máximo de siete juegos, "como debía ser".[2]

El Ejército de los Estados Unidos interpretó el himno nacional y el Secretario de Estado William Rogers-sentado junto al Comisionado Bowie Kuhn -estuvo a cargo del primer lanzamiento ceremonial al receptor de los Orioles, Elrod Hendricks. Vientos de 15 millas por hora soplaban desde el jardín derecho y varias nubes cubrían el cielo en este día de otoño.[3]

Cuéllar retiró a los bucaneros en las primeras tres entradas. Por su parte, Blass tuvo dificultades al otorgar un boleto gratis a su primer contrincante, Don Buford. Tras un out de Davey Johnson, Weaver se disparó de la banca para protestar que Blass no estaba manteniendo su pie en la goma de la lomita. Gowdy tildó la movida como

un "táctica para molestar" a sus contrincantes, comentado "si se le ha ocurrido cualquiera cosa para fastidiar a Blass o los Piratas, lo haría".[4] Al principio, pareció funcionar ya que Blass lanzó tres bolas consecutivas a Boog Powell.

El serpentinero recobró su compostura y retiró tanto a Powell como a Frank Robinson para concluir la entrada. Blass recalcó que "agradezco a Earl Weaver cada vez que lo veo. En la primera entrada estaba muy descontrolado, pero cuando Earl salió (al terreno) sus boberías me calmaron".[5]

En la segunda entrada, Blass le dio una base por bola a Brooks Robinson; la primera base bucanera Bob Robertson no logró atrapar la roleta de Hendricks, colocando a los corredores en primera y segunda base con tan solo un hombre fuera. El lanzador Pirata instigó una doble matanza de Belanger para acabar con la amenaza. En la tercera, Buford de nuevo llegó a las bases, esta vez con un sencillo hacia el jardín derecho. Su estadía fue breve ya que no le prestó atención al montículo; un movimiento súbito de Blass lo tomó por sorpresa fuera de la almohadilla para el tercer out.

Cuéllar obligó a once Piratas a caminar por la plancha. El duodécimo, Roberto Clemente quebró la ristra con un cuadrangular hacia el jardín izquierdo-central para poner a Pittsburgh en la delantera, 1-0. Blass se enderezó en las próximas cuatro entradas, permitiendo un solo corredor: Hendricks, con un doble con un out en la quinta. Cuéllar le siguió el paso a Blass por siete entradas, siendo Manny Sanguillén en el quinto parcial su único tripulante.

Los corsarios se acercaban al tesoro pero reconocían que una sola carrera de distancia no era suficiente. Stargell comenzó la octava entrada con un sencillo y anotó tras un doble de la tercera base José Pagán. Blass lucía imbatible pero los bates Orioles despertaron. Sencillos consecutivos de Hendricks y Belanger pusieron corredores en las primeras dos estaciones. Tom Shopay entró de emergente por Cuéllar y con su sacrificio avanzó a los corredores a las bases siguientes. Blass indujo una roleta de Buford hacia primera base, intercambiando un out por una carrera. Con Belanger en la antesala, la roleta de Johnson hacia el campocorto produjo el out final de la entrada.

Weaver le rogó a Dobson, uno de los cuatro ganadores de 20 juegos, que paralizase a los Piratas. El serpentinero eliminó al primer par de bateadores pero después le permitió sencillos a Robertson y Sanguillén. Weaver usó a otro as, McNally, para lidiar con Stargell gracias a una roleta a le intermedia.

Blass otorgó otra clínica, retirando a Powell, Frank Robinson y a Merv Rettenmund en orden. El último out fue una roleta hacia el medio del cuadro, atrapada por Jackie Hernández y lanzada los 90 pies de distancia hasta el guante de Robertson. La celebración comenzó de inmediato y los Piratas se coronaron campeones por cuarta ocasión en su larga historia.

Aunque Blass lanzó dos juegos completos, sus problemas de control le acortaron su carrera, y para el 1974 ya no figuraba en las mayores. Clemente fue nombrado como el Jugador Más Valioso de la Serie Mundial (JMV, o MVP por sus siglas en inglés) en su penúltimo año, antes de su trágica muerte el 31 de diciembre de 1972. El jardinero derecho, usualmente opacado por Willie Mays y Henry Aaron, tomó ventaja del gran escenario de la Serie Mundial. En 29 turnos al bate recopiló 12 inatrapables, incluyendo dos cuadrangulares, uno de los cuáles le dio la ventaja a los Piratas en la cuarta entrada. El escritor Roger Angell remarcó que Clemente "tras años de brillante rendimiento, por fin recibía la atención nacional que siempre había merecido pero que en raras ocasiones había recibido".[6]

FUENTES

Además de las fuentes citadas en las notas, el autor consultó los sitios Web Baseball-Reference.com y Retrosheet.org

Este artículo fue previamente publicado en *Moments of Joy and Heartbreak: 66 Significant Episodes in the History of the Pittsburgh Pirates* (SABR, 2018), editado por Jorge Iber y Bill Nowlin.

https://www.baseball-reference.com/boxes/BAL/BAL197110170.shtml

https://www.retrosheet.org/boxesetc/1971/B10170BAL1971.htm

NOTAS

1   Transmisión del juego por NBC, 17 de octubre de1971. https://www.youtube.com/watch?v=1zBhRvQIqW0.

2   Ibid.

3   Ibid.

4   Ibid.

5   Bob Hurte, "Steve Blass," Proyecto biográfico de SABR, http://sabr.org/bioproj/person/27a6a54d.

6   Hurte.

LOS PIRATAS GANAN DE NUEVO GRACIAS A DOS ASISTENCIAS DE CLEMENTE

25 DE JUNIO DE 1972
PIRATAS DE PITTSBURGH 9, CACHORROS DE CHICAGO 2
EN WRIGLEY FIELD, CHICAGO

POR BILL NOWLIN

A lo largo de su carrera, Roberto Clemente tuvo 14 juegos en los cuáles marcó dos asistencias desde los jardines. Sus Piratas perdieron en la primera docena de ellos, finalmente ganando decimotercero, un 14 de septiembre de 1971.

En 1972, durante la que sería su campaña de despedida, Clemente marcó otro juego con esa hazaña. Los bucaneros ganarían otra vez, derrotando a los Cachorros de Chicago, 9-2, el 25 de junio en Wrigley Field.

Ninguna fue con un tiro profundo desde su jardín derecho a la tercera base o al mismo plato, pero Clemente marcó dos asistencias y su equipo salió por la puerta ancha. Las jugadas sucedieron en la sexta y octava entrada.

Los Piratas estaban en primer lugar, a un partido y medio de ventaja sobre los Mets de Nueva York. Los Cachorros se encontraban en tercer lugar, a cuatro juegos de desventaja de Pittsburgh. Leo Durocher pilotaba a los Cachorros, que tras ganar siete en ristra, habían fracasado en sus últimos tres partidos. Durocher envió a Burt Hooton, un lanzador de 22 años con foja de 6-4, mientras que su homólogo Bill Virdon ripostó con Dock Ellis (6-3).

Los Cachorros estrenaron el marcador tras un doble de Don Kessinger en la primera entrada, seguido por un sencillo de Jim Hickman con dos hombres fuera. En la quinta añadieron otra carrera tras un sencillo de José Cardenal y un triple de Billy Williams, que aterrizó seis o siete pulgadas debajo de la cima de la pared del jardín central, decorada con hiedra en su peculiar estilo.[1]

Los Piratas montaron sus trabucos en la parte alta de la sexta entrada. Con un hombre fuera, Clemente consiguió un sencillo al jardín derecho y tomó la antesala tras un doble de Willie Stargell, cuyo imparable tomó un giro inesperado con la ayuda del viento. Según el jardinero izquierdo Williams, "el viento se lo llevó. Cayó en territorio legal por un pie y medio, rebotó y giro hasta la puerta del camerino". La Prensa Asociada declaró que "chocó con la pared del bosque izquierdo y entró por la puerta abierta del camerino de Chicago, que se encuentra en el área foul".[2] Una roleta de Al Oliver, aunque atrapada, remolcó a Clemente.

En la parte baja de la sexta con un hombre fuera, Ron Santo bateó un sencillo hacia el jardín izquierdo. La segunda base Paul Popovich conectó un bombo su contrario Dave Cash y Santo fue eliminado en las bases, en un lance de Cash a Clemente al campocorto Gene Alley para finalizar la entrada. La doble matanza 4-9-6 parece algo inverosímil. El "viento hizo de las suyas" con el bombo y Cash pudo "atraparlo al deslizarse antes de que cayese y disparando a segunda base, dónde un atónito corredor, Ron Santo, fue tocado para completar la doble jugada".[3] Santo le contó a Bob Logan, escritor del *Chicago Tribune*: "Fue un 'hit and run'. Yo me apresuré de vuelta a primera y vi a Clemente despojar la bola del guante de Cash, así que pensé que la pelota había caído. Por eso fui a segunda base".[4]

Ninguno de los equipos puedo sacar la esfera del cuadro en la séptima entrada, con tres *outs* por roletas por los Piratas y un ponche con dos roletas por los Cachorros.

Los Piratas anotaron cuatro carreras en el tope de la novena entrada. Cash fue retirado pero Hooton permitió un sencillo de Richie Hebner, quién al tratar de extenderlo a un doble, fue eliminado gracias a un tiro del jardinero derecho Cardenal. "Fue una jugada clave, pero no pareció afectar a los Bucaneros" escribió Charley Feeney.[5] Tanto Clemente como Stargell batearon sencillos al jardín derecho, y Stargell tomó la intermedia cuando el tiro de Cardenal no pudo atrapar a Clemente en la antesala.

Durocher trajo al zurdo Dan McGinn quién tan sólo enfrentó a Oliver, otorgándole un boleto gratis. El diestro Tom Phoebus le siguió y su envío con una bola y un strike fue castigado por Manny Sanguillén, propinando un cuadrangular con las bases llenas "contra el viento de los jardines centrales e izquierdos".[6] El bambinazo con las bases congestionadas fue el primero de la carrera de Sanguillén. El día anterior había tenido una oportunidad semejante, logrando un sencillo remolcador de dos carreras para ganar el partido

3-1. El "grand slam" fue su duodécimo indiscutible en 25 turnos al bate vitalicios contra los Cachorros. El oriundo de Panamá-dónde el béisbol es actividad diurna-mencionó lo mucho que le agradaba jugar en Wrigley Field. "Cuando vengo a Chicago, me siento como en mi propia casa. Me gusta jugar durante el día…aquí la grama es bella" relató Sanguillén.[7]

Con una ventaja de 5-2, Virdon trajo a su relevista zurdo Ramón Hernández. Kessinger bateó un débil bombo a la segunda base y Billy Williams conectó un sencillo al jardín derecho.

Hickman también bateó a esa dirección y Clemente engañó a Williams al dejar caer le pelota antes de disparar a la segunda base, dónde Alley esperada el tiro. Al eliminar a Williams, cuya velocidad era mucho mayor que la de Hickman, "Clemente demostró su maña" según el cronista Smizik.[8] El out le brindó a Clemente su segunda asistencia del partido.

Rick Monday se enbasó con un sencillo que no salió del cuadro interior. Dave Giusti relevó a Hernández y contuvo a los Cachorros, induciendo otro bombo débil, este de Santo, para acabar la entrada.

Los Piratas gozaron de un ráfaga de cuatro carreras en la parte alta de la novena. Alley obtuvo una base por bolas y llegó a segunda tras un toque de Giusti, quién a su vez llegó a la inicial. Cash conectó un sencillo al jardín izquierdo, remolcando a Alley. Giusti trató de tomar la antesala pero fue out en la almohadilla. Hebner bateó un sencillo al jardín derecho, avanzando a Cash a la tercera base. Chicago cambió su lanzador; Jack Aker reemplazó a Phoebus. Clemente tomó primera base tras un error del campocorto Kessinger; su tiro erróneo permitió que Cash anotase, Hebner se apropiase de tercera y Clemente de segunda. El venezolano Vic Davalillo impulsó a Hebner con un out de roleta. Oliver enlazó un sencillo que eludió al serpentinero, empujando a Clemente, pero Sanguillén se ponchó para acabar la fiesta.

En la parte baja, Giusti indujo a Popovich a batear suavemente de vuelta a la lomita y logró abanicar sus dos últimos contrincantes. Con su tercer rescate de la serie sumaba 10 para la temporada.

En la tabla de posiciones, los Piratas (96-59) quedaron primeros en la división este de la Liga Nacional, a 11 juegos de distancia de los Cachorros de Chicago, sus más cercanos contendientes. Chicago tuvo una foja de 46-44-1 en sus primeros 91 partidos, antes de que Whitey Lockman remplazara a Durocher como dirigente. Bajo Lockman, el equipo ganó 39 encuentros y perdió 26.

Los Piratas jugarían en la Serie de Campeonato (LCS, por sus siglas en inglés), cayendo ante los Rojos de Cincinnati en cinco partidos. El último juego fue reñido hasta el final, cuando los Rojos remontaron una carrera de desventaja para ganar, 4-3. Johnny Bench comenzó la novena entrada con un cuadrangular para empatar la pizarra. Con dos hombres fuera y corredores en las esquinas, un lanzamiento salvaje de Bob Moose permitió a George Foster anotar la carrera de la victoria.

Clemente tuvo 14 juegos con dos asistencias desde su posición en los jardines. Vinay Kumar, miembro de SABR, recopiló información de Retrosheet para catalogar los jugadores con ocho o más partidos con dos asistencias desde los jardines. Esta tabla captura aquellos que lograron la hazaña desde 1947 hasta 2020.

LÍDERES EN JUEGOS CON DOS O MÁS ASISTENCIAS DEFENSIVAS (1947-2020)

Jugador	Veces	Primera	Última
Roberto Clemente	14	1958-04-17	1972-06-25
Hank Aaron	11	1956-04-20	1967-06-17
Carl Yaztremski	11	1964-09-01	1977-04-20
Larry Walker	10	1991-04-26	2002-06-07
Chili Davis	9	1982-04-19	1989-09-03
Rusty Staub	9	1966-06-23	1982-09-07
Tony Gwynn	9	1983-08-23	1992-07-14
Jesse Barfield	9	1982-04-22	1991-06-15
Amos Otis	8	1970-04-25	1984-04-07
Andre Dawson	8	1980-08-20	1995-05-16
Bob Bailor	8	1977-04-25	1980-05-20
Gerardo Parra	8	2011-05-18	2019-03-31
Carl Furillo	8	1947-05-08	1952-05-03

SOURCES

Además de las fuentes citadas en las notas, el autor consultó los sitios Web Baseball-Reference. com y Retrosheet.org. El autor agradece la ayuda de Gregory H. Wolf, quién suplió las crónicas de los periódicos de Pittsburgh, a Chris Dial y a Vinay Kumar.

https://www.baseball-reference.com/boxes/CHN/CHN197206250.shtml

https://www.retrosheet.org/boxesetc/1972/B06250CHN1972.htm

NOTAS

1   Richard Dozer, "Pirates' Late Rallies Slam Door in Cubs 9-2," *Chicago Tribune*, 26 de junio de 1972: C1.

2   Associated Press, "Pirates Whip Cubs, 9-2 on Sanguillen's Homer," *Hartford Courant*, 26 de junio de 1972: 31.

3   Logan.

4   Logan. Aunque Cash atrapó la pelota para el primer out, Clemente se la tomó y lanzó a la base para el segundo out.

5   Charley Feeney, "Sangy/Giusti Duo Clinches Sweep of Cubs," *Pittsburgh Post-Gazette*, 26 de junio de 1972: 16.

6   "No fue un viento aplastante" escribió Feeney, "tal vez seis millas por hora. Fue incapaz de prevenir al batazo de Sangy sobrevolar la pared".

7   Bob Smizik, "Manny Right at Home as Bucs Rout Cards," *Pittsburgh Press*, 26 de junio de 1972: 25. Clemente exclamó "Debió haber sido el receptor del Juego de Estrellas el año pasado. Nadie lo mereció más que él, pero no importa lo que haga, nunca será el chico americano. Siempre será un negro panameño". Prensa Asociada (AP), "Sanguillen Loves to Play Day Ball," *Bloomington* (Illinois) *Pantagraph*, 26 de junio de 1972. B-1. La reseña de AP recalcó que Clemente "siempre ha mantenido que los jugadores negros y latinos no reciben el crédito debido".

8   Smizik.

CON SU SEGUNDO CUADRANGULAR, CLEMENTE Y LOS PIRATAS SE MANTIENEN EN PRIMER LUGAR TRAS DEJAR EN EL TERRENO A LOS CACHORROS

1 DE JULIO DE 1972
PIRATAS DE PITTSBURGH 4, CACHORROS DE CHICAGO 3
EN EL ESTADIO TRES RIOS, PITTSBURGH

POR ANDREW HARNER

Pocos bateadores de grandes ligas podían intimidar a Ferguson Jenkins.

Jenkins, el flamante ganador del premio Cy Young, respetaba a cualquiera que se presentase al plato. Pero al ser uno de los mejores lanzadores en la década de los 1970, poseía suprema confianza en su habilidad de retirar a sus oponentes. No obstante, no gozaba de ver algunos contrincantes en su deriva, especialmente al Pirata que se preparaba para su turno.

Ver a Roberto Clemente en el círculo de espera "me aterrorizaba", según el propio Jenkins. "Nunca me gustaba verlo allí. ¿Acaso no acababa de lanzarle? La alineación parecía rotarse muy de seguido".[1]

Esa tarde del 1 de julio de 1972 presentaría un mal rato. Chicago mantenía una carrera de ventaja, pero Clemente sería el segundo bateador de la parte baja de la novena entrada. Ambos equipos se perfilaban como favoritos para la postemporada y los 16,102 aficionados presentes en el Estadio Tres Ríos ya habían presenciado un cuadrangular del jardinero derecho.[2]

Ahora Clemente personalizaba la carrera de la victoria.

"Al llegar al plato, siempre venía con una idea de como iba a batear. Comúnmente conectaba a la pelota hacia el centro, o el jardín derecho-central, pero si le lanzabas apretado, halaba la bola (a la dirección opuesta)" recordó Jenkins varias décadas más tarde. "No era el tipo (de bateador) al cual le podías lanzar de una sola manera".[3]

Y esa tarde calurosa, cuando Jenkins trató por un lado, Clemente fue por el otro.

Tras un sencillo de Milt May para comenzar la novena, Clemente arremetió contra la veloz recta de Jenkins, enviándola a las gradas centrales para llevar a sus Piratas a una entusiasmante victoria, 4-3. Su bambinazo deleitó a los fanáticos bucaneros, quiénes lo extrañaban tras cuatro partidos de ausencia para descansar su rodilla lesionada y recuperarse de una infección viral.

"Tras sus hazañas el pasado sábado, debemos apreciar la grandeza de esta superestrella, laborando a sus 37 años" escribió Al Abrams, editor de la sección de deportes del *Pittsburgh Post-Gazette*.

El cuadrangular dejó a los Cachorros en el terreno y mantuvo a los Piratas a .003 puntos porcentuales sobre los Mets de Nueva York en la división este de La Liga Nacional.[4]

Poco sabía Abrams sobre la certeza de su comentario. Tras liderar a Pittsburgh a dos victorias adicionales sobre Chicago, Clemente jugó en cinco de los próximos siete partidos antes del regreso del virus que lo mantuvo fuera de acción hasta el 23 de julio. Tras participar en un encuentro, Clemente no vio acción en la próxima decena, con apenas cuatro papeles como bateador emergente entre el 4 y el 20 de agosto debido a sus adoloridos tendones de Aquiles.

No debe sorprender que los Piratas jugaban mejor con Clemente en la alineación (59-29, .670) que cuando estaba ausente (37-30, .552). Aun con una cómoda ventaja de 11 juegos al comenzar el mes de septiembre, el equipo se vislumbraba contentísimo de contar con su presencia. El estelar jardinero no decepcionó, con un promedio de .333 en 26 de los 32 partidos restantes. Pittsburgh ganó 18 y perdió 11 para conseguir su tercera corona en hilo.

Pero antes de ese final de película, Clemente nos regaló una de sus mejores actuaciones en la que sería su temporada de despedida.

En el 30 de junio, durante el primer partido de la serie contra los Cachorros, Clemente conectó el triple #164 de su carrera, empatando a Pie Traynor en el tercer lugar de los récords bucaneros.[5]

El inatrapable, sin embargo, no puedo detener la derrota ante Chicago, 4-3, la cuarta en los últimos cinco encuentros. Pero el día siguiente, su cuadrangular puso punto final, y el 2 de julio el equipo se apoderó del primer lugar, el cual no perderían. El semanario *Sports Illustrated* publicó un artículo sobre los Piratas, quienes doblegarían de nuevo a Chicago, esta vez tras un jonrón de Willie Stargell.[6]

La cadena de tres triunfos recordaba al año anterior, cuando los Piratas ganaron 18 de 28 partidos para tomar control de la división. La campana acabaría con una victoria en la Serie Mundial. Tras una foja de 20-10 este año, Pittsburgh esperaba que la historia se repitiese.

Pero no sería fácil para los bucaneros. Los Cachorros dieron batalla desde el principio.[7]

Chicago anotó primero, con un doble de Billy Williams tras dos *outs* en la tercera entrada, pero el abridor Pirata Bob Moose no permitió otro indiscutible hasta la octava. Por su parte, Jenkins también parecía automático, retirando sus primeros quince contrincantes. En la sexta entrada,

Bob Robertson comenzó con un sencillo, pero Gene Alley causó una doble matanza. Jenkins por poco perdió su forma tras sencillos de Moose y Dave Cash, pero con Clemente en espera, el serpentinero doblegó a José Pagán, cuya roleta trajo el tercer out. Así se quedó Clemente con las ganas.

"A veces, el béisbol es difícil de comprender" dijo Robertson, cuyo débil promedio de .143 no auguraba un indiscutible ante la curva de Jenkins. "El lanzamiento me tomó por sorpresa, pero le puede conectar y así comenzaron las cosas".[8]

Jenkins se salvó de ese duelo contra Clemente, pero en la séptima entrada, no hubo escapatoria contra el boricua. La curva de Jenkins sobrevoló el letrero del jardín izquierdo, confirmando una trayectoria de al menos 385 pies. El imparable empató el encuentro a una carrera y Stargell continúo con un sencillo. El corredor emergente Gene Clines se robó la intermedia, llegó a la antesala tras el bombo de sacrificio de Al Oliver y anotó tras otro sacrificio, éste de Manny Sanguillén, para poner el marcador 2-1.

"Sus lanzamientos iban bien, lo mejor que los había visto en largo tiempo" dijo Clemente sobre el diestro Jenkins, quién había limitado a Clemente a un afónico promedio de .111 en cinco juegos el año anterior. "Fue una de esas cosas. De repente le pudimos conectar".[9]

Jenkins mantuvo su enfoque y comenzó la parte alta de la octava con su propio sencillo, anotando minutos más tarde gracias a un cuadrangular de Williams con dos hombres fuera. El zurdo Ramón Hernández permitió el cañonazo, que regresaba a los Cachorros a la ventaja.

Jenkins retiró a los Piratas sin percance en la octava entrada, pero sabía que tarde o temprano tendría que medirse con Clemente. Tras el sencillo de May, Clemente y Jenkins se enfrascaron en la batalla #98 de su rivalidad. El serpentinero sufrió su tercer revés de la campaña ante los Piratas, aunque la decepción se aliviaba un tanto al comprender quién le había causado la derrota.[10] La ocasión marcaría la décimo tercera-y última-vez que Clemente gozaría de un partido con más de un cuadrangular.[11]

"No puedo odiar a ningún jugador de grandes ligas. Nadie batearía si no lo pudiese hacer" escribió Jenkins en 1973. "Pero hay que respetar a algunos bateadores más que a otros. En mis primeros siete años en la Liga Nacional, los dos mejores fueron el difunto Roberto Clemente y Hank Aaron."[12]

FUENTES

Además de las fuentes citadas en las notas, el autor consultó los sitios Web Baseball-Reference.com y Retrosheet.org

https://www.baseball-reference.com/boxes/PIT/PIT197207010.shtml

https://www.retrosheet.org/boxesetc/1972/B07010PIT1972.htm

NOTAS

1. David Maraniss, *Clemente: The Passion and Grace of Baseball's Last Hero* (New York: Simon and Schuster, 2006), 225.

2. Fue el primer cuadrangular de Clemente contra Jenkins desde el 21 de agosto de 1967, un plazo de 70 apariciones al plato.

3. Wes McElroy, "Catching Up with baseball Hall of Famer Ferguson Jenkins," 13 de julio de 2018, Richmond.com, Consultado el 12 de noviembre de 2021. (https://richmond.com/sports/wes-mcelroy/catching-up-with-baseball-hall-of-famer-ferguson-jenkins/article_1a0bc633-4e9e-59ec-b032-0e22e8757f20.html).

4. Al Abrams, "Sidelights on Sports," *Pittsburgh Post-Gazette*, 3 de julio de 1972: 12.

5. Clemente sobrepasaría a Traynor el 6 de septiembre. Lo habría sobrellevado en carreras remolcadas el 19 de junio.

6. Clemente casi jugó el papel de héroe en ese partido. Antes del cuadrangular de Stargell, marcó un out con un bombo a la segunda base.

7. El 1 de julio de 1971, los Piratas derrotaron a los Mets de Nueva York, 3-0. El 1 de julio de 1970, Pittsburgh doblegó a los Mets, 4-3.

8. Dan Donovan, "Clemente Lowers the Boom, 4-3," *Pittsburgh Press*, 2 de julio de 1972: D-1.

9. Donovan.

10. Jenkins también fue derrotado por los Piratas el 23 de junio y el 20 a abril.

11. El juego anterior de Clemente con más de un cuadrangular fue el 4 de julio de 1970, el segundo de un par de partidos seguidos con más de un cuadrangular.

12. Ferguson Jenkins, relatado a George Vass, *Like Nobody Else: The Ferguson Jenkins Story* (Chicago: Henry Regnery Company, 1973), 210.

CLEMENTE SIGUE ATERRORIZANDO A FERGIE JENKINS CON EL ÚLTIMO CUADRANGULAR DE SU CARRERA

13 DE SEPTIEMBRE DE 1972
PIRATAS DE PITTSBURGH 6, CACHORROS DE CHICAGO 4
EN WRIGLEY FIELD, CHICAGO

POR ANDREW HARNER

Fernando González no comprendía lo que había visto ese 13 de septiembre de 1972. Su compañero y compatriota, el gran Roberto Clemente, había dejado pasar un lanzamiento de Ferguson Jenkins que parecía ser ideal. Ese strike cantando, que rozó la esquina interior del plato, aparentó ser la mejor oportunidad de ese turno al bate.

González no contuvo su curiosidad y le preguntó a su mentor por qué no había bateado ese lanzamiento. El veterano le contestó a su pupilo que lo entendería más tarde en el partido.

En la séptima entrada ambos oponentes se enfrascaron en otro combate. Jenkins intentó colocar un lanzamiento en el mismo lugar, pensando que podría engañar de nuevo a Clemente. Esta vez, el guion fue diferente. La "maravilla eternamente joven"[1] ganó el duelo de ajedrez, conectando un cuadrangular de dos carreras hacia el jardín central. El juego, hasta entonces empatado a tres carreras, concluiría con una victoria bucanera, 6-4, en el Wrigley Field con apenas 4,418 testigos esta tarde de miércoles.[2]

"Cuando regresó al banco me dijo 'no traté de conectar ese lanzamiento en mi primer turno pensando en este momento'" contaría González muchos años después, recalcado que "(Clemente) hacía cosas que yo nunca había visto y no he visto a nadie hacer desde entonces. Era como una computadora, programado para jugar béisbol. Siempre sabía lo que debía hacer".[3]

Jenkins – quién cinco días antes había declarado no tener igual, tras ganar su vigésimo partido por sexto año consecutivo[4] – solía tener dificultades para retirar a Clemente en las primeras siete campañas del serpentinero.

El último bambinazo de la celebrada carrera del jardinero fue el número 240. En 95 turnos al bate vitalicios contra Jenkins, Clemente promedió .274 con seis cuadrangulares.[5] En 1972, su rendimiento fue magistral (de 12-7, con tres jonrones y dos triples) ante el ganador del Premio Cy Young de la Liga Nacional.

"Para mí, Clemente es la única superestrella de la Liga Nacional" confesó Jenkins después del juego, en el cuál Clemente se embasó cuatro veces que sería el último asalto de sus combates. "Él y [Henry] Aaron. Hoy le bateó a todo lo que le tiré".[6]

Con un trio de inatrapables (su segundo partido en ristra con ese total), Clemente presumía de 2,984 a lo largo de su carrera. Se vaticinaba que antes de concluir la campaña, ingresaría al club de los 3,000, el undécimo jugador en lograr la marca. Con 19 compromisos en el calendario, el acontecimiento parecía certero.

"No necesitará 19 juegos para llegar si sigue bateando de esa manera"[7] recalcó Bill Virdon, el piloto de Pittsburgh, dada la racha de Clemente.[8]

Los Cachorros, sin embargo, casi rescataron a Jenkins en la parte baja de la novena entrada, por poco aguando la fiesta de Clemente.

Tras un *out*, Carmen Fanzone se embasó gracias a un error y Randy Hundley le conectó un sencillo a Bob Miller, sacándolo del juego. Glenn Beckert entró de emergente, con tres imparables en diez turnos en ese rol. Beckert bateó una roleta que pareció salir del cuadro pero el intermedista Rennie Stennett la alcanzó, pisó la almohadilla y disparó a la inicial para completar la doble matanza. Con poco esfuerzo, el relevista zurdo y también boricua Ramón Hernández obtuvo su duodécimo rescate.

"Yo hubiese pensado que la mejor posición de Stennett era el jardín, pero mientras más le veo jugar la segunda base, más creo que pueda ser su mejor posición".[9]

Virdon quedó tan a gusto con Stennett en la intermedia que tras la trágica muerte de Clemente el 31 de diciembre, Stennett no fue considerado para remplazar el gran vacío en el bosque derecho. Aunque había jugado 53 entradas en esa posición en 1972, el panameño quedo anclado en el cuadro bucanero durante el resto de la década.

El primer indiscutible de Clemente-un sencillo en la entrada-no trajo consecuencias, pero su triple con dos hombres fuera en la tercera entrada produjo la primera carrera de los Piratas.[10] Willie Stargell lo remolcó con una roleta hacia la inicial que pareció destinada al jardín, pero la primera base Jim Hickman capturó la pelota. No obstante, Jenkins no cubrió la base y Hickman, tras ponerse de pie, no llegó a la almohadilla antes que el corredor. Clemente anotó y Stargell obtuvo un sencillo que no abandonó el cuadro.[11]

"Yo anduve a primera pero me detuve, pensando que Hick llegaría. No me di cuenta de que estaba jugando tan profundamente" comentó Jenkins, añadiendo que "cuando traté de trotar de nuevo, no lo hice. Fue un error mental de mi parte".[12]

Al empezar el sexto episodio, Clemente obtuvo un boleto gratis y una roleta de Stargell picó vertiginosamente, sobrepasando la cabeza de Hickman, llegando al jardín derecho con un doble.

Richie Hebner bateó una elevado sacrificio que impulsó a Clemente y prontamente una roleta de Manny Sanguillén evadió a Don Kessinger, remolcando a Stargell por vía de error.

El partido quedó empate en la parte baja tras un doble de dos carreras de José Cardenal y un sencillo impulsador de Hickman. El abridor de Pittsburgh, Nelson Briles, enlazó un sencillo al comenzar la siguiente entrada y tras dos *outs* rápidos, Clemente se encaminó al plato para enfrentarse a Jenkins.

"Debí haberle dado base por bolas a Clemente" Jenkins admitió tras el juego.[13]

Jenkins optó por tratar de engañar a Clemente con un lanzamiento en la esquina interior, pero al ir por lana salió trasquilado. El cuadrangular de Clemente causó el cuarto revés de la temporada de Jenkins frente a los Piratas.[14]

"Le pegó un sencillo a la curva, un triple a la recta y un cuadrangular a otra curva" dijo Jenkins, cuyo récord cayó a 20-11 y quién no ganaría otra decisión hasta su tercer partido del 1973. "Clemente se las trae".[15]

Briles retiró a 13 contrincantes en ristra al comenzar el encuentro[16] y se alzó con la victoria, mejorando su foja a 14-7.[17]

Chicago trató de remontarse en la octava entrada pero los bucaneros troncharon su ataque. Un doble impulsador de Billy Williams cortó la desventaja a una carrera pero Stennett contestó con un sencillo remolcador en la parte alta de la novena.

Pittsburgh completó la barrida el día siguiente con Clemente siendo clave. Con una ceñida ventaja 3-2, el guardabosque encendió la llama del ataque corsario en la victoria 5-2.[18] Con sus dos inatrapables en el último encuentro, Clemente llegó a ocho en la serie, su mejor cantidad esa temporada.[19] Hacía más de tres años (desde el 21 a 23 de agosto de 1970, cuando consiguió 11 frente a Los Ángeles) que Clemente no sumaba tantos indiscutibles en una serie de tres partidos.[20]

"Yo siempre juego bien en este parque. Suelo jugar mejor contra los equipos más fuertes como Chicago" dijo Clemente tras el primer partido, añadiendo que "yo siempre digo que jamás jugaría por otra franquicia (que Pittsburgh), pero me agradaría jugar con Chicago. El estadio me gusta. Me gusta jugar de día y siempre hay mucha fanaticada".[21]

A lo largo de su carrera, Clemente conectó 23 bambinazos en Wrigley Field. El más famoso fue el 17 de mayo de 1959, cuando logró sacar la pelota del parque en el segundo juego de una doble tanda. Se estimó que el cañonazo viajó más de 500 pies, uno de los cuadrangulares más largos en la historia del estadio.

Su colega Ernie Banks, leyenda de los Cachorros que propinó 512 jonrones durante su carrera en Chicago, reiteró que Clemente hubiese bateado muchos más vuelacercas si hubiese jugado en Chicago, añadiendo que Clemente siempre supo sacarle ventaja a Wrigley Field durante sus visitas.

"Si hubiese sido un Cachorro, estoy seguro de que hubiese desarrollado un estilo de bateo con más poder, de acuerdo con el parque...los grandes jugadores pueden alterar su swing al parque" escribió Banks en 1969.[22]

Tras la barrida, los Piratas se distanciaron de los Cachorros por 15 juegos en la tabla de posiciones[23], reduciendo a tres su número mágico para asegurar la corona de la división este. Ocho días después consiguieron el su tercer cetro consecutivo pero aunque gozaron de la mejor marca de los grandes ligas, cayeron ante los Rojos de Cincinnati en la Serie de Campeonato de la Liga Nacional (NLCS, por sus siglas en inglés).

"Cansa decirlo, pero esos muchachos llevan un año fenomenal" recalcó Whitey Lockman, dirigente de los Cachorros. "Y Clemente es uno de los mejores tres bateadores que he visto en vida, entre aquellos que he visto regularmente. Los otros fueron Stan Musial y Aaron, ya que no pude ver a Ted Williams jugar con frecuencia".[24]

FUENTES

Además de las fuentes citadas en las notas, el autor consultó los sitios Web Baseball-Reference.com y Retrosheet.org

https://www.baseball-reference.com/boxes/CHN/CHN197209130.shtml

https://www.retrosheet.org/boxesetc/1972/B09130CHN1972.htm

NOTAS

1   Jerry Liska (Associated Press), "Clemente's HR Beats Cubs" *Clearfield* (Pennsylvania) *Progress*, 14 de septiembre de 1972: 17.

2   La asistencia a este partido fue pésima, hasta entonces la peor de la temporada con la excepción del primer juego de la serie (4,153). Siete otros encuentros en Wrigley Field (incluyendo la visita de los Expos de Montreal en 19 de septiembre, con 1,362 almas presentes) sufrirían de pocos aficionados en las gradas.

3   David Maraniss, *Clemente: The Passion and Grace of Base-ball's Last Hero* (New York: Simon and Schuster, 2006), 277.

4   George Langford, "Jenkins Captures No. 20; 'I'm in a Class by Myself,'" *Chicago Tribune*, 9 de septiembre de 1972: 2, 2.

5   Sandy Koufax, otro lanzador en el Salón de la Fama, también le permitió seis cuadrangulares a Clemente.

6   George Langford, "Pirate Guns Scuttle Cubs, Fergie 6-4," *Chicago Tribune*, 14 de septiembre de 1972: 3, 1.

7   Clemente promedió .400 de bateo en sus primeros 12 juegos en septiembre. En los últimos 14, bateó .291, incluyendo su inatrapable #3,000 en su último turno al bate.

8   Liska.

9   Bob Smizik, "Stennett Cashes In on Second Chance," *Pitts-burgh Press*, 14 de septiembre de 1972: 42.

10 El triple fue el número 166 y último de la carrera de Clemente. Desde entonces y hasta 2021, ningún jugador ha llegado a ese total, que continúa como la cifra número 27 de todos los tiempos.

11 Langford, "Pirate Guns Scuttle Cubs, Fergie 6-4."

12 Langford, "Pirate Guns Scuttle Cubs, Fergie 6-4."

13 Liska.

14 Fue la primera derrota de Jenkins desde el 4 de agosto.

15 Langford, "Pirate Guns Scuttle Cubs, Fergie 6-4.".

16 En dos otras ocasiones en 1972, Briles mantuvo un juego perfecto hasta la quinta entrada. El 24 de junio retiró a los primeros 14 contrincantes en su victoria, 3-1, sobre los Cachorros. El 22 de agosto retiró 20 bateadores en hilo antes de permitir el único imparable en su blanqueada vitalicia #14, 1-0 sobre los Gigantes.

17 Briles tuvo que dejar el juego en la parte baja de la séptima entrada debido a una herida sangrante en el dedo mayor (corazón) de su mano derecha.

18 Los Piratas se convirtieron en el primer equipo, desde los Gigantes de Nueva York en 1894, en ganar todos sus juegos en Chicago como visitantes. Pittsburgh se alzó con la victoria en el primer Partido, 7-0, y barrió un trio de encuentros en junio 23, 24 y 25. Debido a la huelga de los jugadores, los Piratas tan sólo visitaron a Wrigley Field seis veces; los otros tres juegos pautados fueron cancelados.

19 La segunda mejor actuación de Clemente fue el 5, 6 y 7 de mayo cuando produjo siete inatrapables.

20 Durante esta serie, Clemente tuvo dos juegos corridos con cinco indiscutibles, aunque uno de los encuentros duró 16 entradas. En una serie de cuatro juegos (agosto 23, 24 y 25 en Atlanta) alcanzó 11 inatrapables.

21 Joe Mooshil (Associated Press), "Bucs Cut Magic Number" *Clearfield* (Pennsylvania) *Progress*, 13 de septiembre de 1972: 17.

22 Ernie Banks, "Clemente Toughest, in Banks' Opinion," *Chicago Tribune*, 6 de julio de 1969: B1.

23 La división occidental no estuvo tan ceñida; a estas alturas, los Rojos de Cincinnati llevaban siete partidos de ventaja sobre los Astros de Houston. Sin embargo, al terminar la campaña, tanto los Rojos (10½) como los Piratas (11) gozaron de una cómoda distancia frente a sus oponentes.

24 Langford "Pirate Guns Scuttle Cubs, Fergie 6-4."

EN EL ÚLTIMO JUEGO DE CLEMENTE, LOS ROJOS REMONTAN EN LA NOVENA ENTRADA Y DESTRONAN A LOS PIRATAS

11 DE OCTUBRE DE 1972
ROJOS DE CINCINNATI 4, PIRATAS DE PITTSBURGH 3
EN EL ESTADIO RIVERFRONT, CINCINNATI

POR TIM OTTO

Tras los primeros cuatro partidos de la Serie de Campeonato de la Liga Nacional del 1972 (NLCS, por sus siglas en inglés), los Piratas de Pittsburgh y los Rojos de Cincinnati se encontraban empatados. Los Piratas, flamantes campeones defensores, arrollaron a la competencia de la división este con sus 96 victorias ante 59 fracasos, una ventaja de 11 juegos sobre los Cachorros de Chicago, sus contendientes más cercanos. Los Rojos, 95-59, habían dominado a sus colegas de la división occidental con semejante facilidad, separándose de los Esquivadores de Los Ángeles y los Astros de Houston por diez juegos y medio. Ambas franquicias se medían por segunda vez en tres años, saliendo Cincinnati por la puerta grande en el 1970.

La plantilla Pirata no había cambiado mucho entre ambos encuentros, pero el club presumía de un nuevo dirigente. Tras pilotar al equipo al triunfo en la Serie Mundial de 1971, Danny Murtaugh se despidió del banco para convertirse en el director del sistema filial. Su reemplazo, Bill Virdon, tenía *bona fides* bucaneras; había patrullado el jardín central Pirata en la Serie Mundial del 1960 y había formado parte del cuerpo de entrenadores desde el 1968.

Sparky Anderson guio a los Rojos a la Serie Mundial del 1970, la cual perdieron contra los Orioles de Baltimore. No obstante, el equipo decepcionó el año siguiente, cayendo a la cuarta posición. Un trueque de ocho jugadores durante la temporada muerta transformó la alineación; la primera base Lee May, el intermedista Tommy Helms y el jugador de cuadro Jimmy Stewart pasaron a los Astros, mientras que la segunda base Joe Morgan, el lanzador Jack Billingham, los jardineros César Gerónimo y Ed Armbrister y el jugador de cuadro Dennis Menke se mudaron a Cincinnati. La inclusión de Morgan y el regreso de Johnny Bench a su rendimiento del 1970 (cuando fue nombrado el Jugador Más Valioso, o MVP por sus siglas en inglés) fueron claves en la notable mejoría de los Rojos.

Una multitud de 41,887 fanáticos se dieron cita para el quinto y decisivo partido. La tarde parcialmente nublada trajo lluvia y el compromiso comenzó no a las 3 P.M. como pautado sino una hora y 28 minutos después.[1] Los serpentineros del primer partido, Don Gullett y Steve Blass, reanudaron su duelo. Gullett (9-10 con 3.94 de efectividad en la temporada regular) permitió cinco carreras en seis entradas en el juego inicial, cargando con la derrota. Blass (19-8, 2.49 de efectividad) duró ocho entradas y un tercio, admitiendo una sola carrera en la victoria de Pittsburgh, 5-1.

La primera entrada tuvo poca ocasión ofensiva, siendo un sencillo de Roberto Clemente con dos *outs* el único suceso del segmento. Manny Sanguillen comenzó la segunda con otro sencillo y fue seguido por Richie Hebner, cuya línea llegó a la esquina del jardín derecho. El tiro de Gérónimo a la intermedia fue certero pero no logró atrapar a Hebner, ya que el campocorto Darrell Chaney estuvo fuera de posición, alejado de la almohadilla. La pelota llegó hasta el territorio foul, permitiendo a Sanguillén anotar la primera carrera.[2] Hebner se apoderó de la antesala, anotando tras un sencillo de Dave Cash.

Con el marcador aún 2-0, Chaney logró un sencillo al comenzar la parte anfitriona de la tercera entrada. Un sacrificio de Gullett lo mudó a la intermedia y Pete Rose entró a la caja de bateo. Su roleta pareció ser out seguro pero rebotó de manera inesperada contra la grama artificial (AstroTurf); Willie Stargell intentó atraparla con un salto, pero la pelota llegó al jardín derecho[3], remolcando a Chaney, colocando a Rose en segunda y cortando el déficit a 2-1.

Los Piratas no dieron tregua. Sanguillén y Hebner ambos batearon sencillos al jardín central al comenzar la parte alta de la cuarta entrada. Con los corredores en primera y segunda base, Pedro Borbón entro en relevo de Gullett. Cash le otorgó una ruda bienvenida, propinando otro sencillo al centro que anotó a Sanguillén. Tras un bombo y una doble matanza, los Piratas fueron retirados y Cincinnati limitó el daño.

El primer bateador de la quinta entrada no tardó en acortar la ventaja. Gerónimo conectó un cuadrangular para poner la pizarra 3-2. "Yo me ajusté a César Gerónimo en el primer juego de la postemporada" dijo Blass tras el partido. "Durante la campaña regular, bateó mi recta y consiguió un cuadrangular, así que le tiré curvas en la postemporada. Por lo visto, él también se ajustó y sacó la curva del parque hoy. Hay que darle crédito".[4]

Tom Hall tomó la lomita por los Rojos y mantuvo a los Piratas fuera de las bases tanto en la sexta como en la séptima entrada. Blass le mantuvo el paso, siendo Bench el único corredor de Cincinnati en ambos parciales.

Rennie Stennett empezó la octava entrada con un sencillo, el primer inatrapable bucanero desde el sencillo remolcador de Cash en la cuarta entrada. El panameño llegó a segunda tras el sacrificio de Al Oliver. Hall le propinó una base por bolas intencional a Clemente antes de ponchar a Stargell con un strike cantado. Sanguillén conectó una roleta que Morgan pareció tardar en atrapar pero pudo retirar a Sanguillén en una cerrada jugada en primera base.[5]

Joe Hague, actuando como bateador emergente en lugar de Hall, recibió un boleto gratis al comenzar la parte baja de la octava entrada. Fue a su vez remplazado por Dave Concepción, quién llegó a segunda base tras el sacrificio de Rose. Al ser zurdos los próximos dos bateadores, los Piratas trajeron a Ramón Hernández al montículo. La segunda base Cash casi dejó caer la roleta de Morgan pero se recuperó para retirar a su homólogo.[6] Concepción avanzó a tercera pero fue naufragado tras el ponche de Bobby Tolan.

Clay Carrroll retiró a los Piratas sin problemas en la novena entrada. Virdon llamó a su taponero Dave Giusti (22 rescates, 1.93 de efectividad) para lidiar con Bench, el primer bateador Rojo. Bench, cuyos 40 cuadrangulares lideraron ambas ligas, desencadenó su furia en un lanzamiento de palma, empatando el partido a tres carreras con un

Fotografía de Les Banos, cortesía del Museo Clemente.

cuadrangular hacia las gradas del jardín derecho. "Es tan sólo el segundo cuadrangular que he conectado en mi vida hacia esa dirección y ambos han sido contra los Piratas" relató después del juego.[7]

Tras el bambinazo de Bench, Tony Pérez pegó un sencillo al jardín central y George Foster entró como corredor emergente. Con la espalda contra la pared después de dos intentos de toque infructíferos,[8] Denis Menke bateó un sencillo al jardín izquierdo que avanzó a Foster a segunda base. Los primeros dos lanzamientos de Guisti a Gerónimo fueron bolas y propiciaron un cambio de lanzador. Al reanudarse la acción, Gerónimo no puedo ponerle un toque a Bob Moose pero envió un lanzamiento hacia el jardín derecho, dónde Clemente atrapó el sacrificio que mudó a Foster a tercera base.[9]

Chaney bateó un débil bombo al campocorto y los corredores se mantuvieron en sus estaciones. Hal McRae entró de emergente por el serpentinero Carroll, abanicando en el primer lanzamiento de Moose. El segundo fue una bola y el tercero picó en la arcilla antes de llegar al plato. El receptor Sanguillén viró su guante pero no puedo atrapar la pelota[10] y Foster se disparó a toda máquina, cruzando el plato con la carrera de la victoria.

"Parece que se dio con algo, pero no sé qué" dijo Sanguillén sobre el lanzamiento salvaje que permitió anotar a Foster. "Yo fui hacia la bola, pero ella me dio en la mano y rebotó. No alcancé a ponerle el guante".[11]

Moose dijo "fue una bola quebradiza. Le impactó al frente del plato, dónde es ancho y rebotó hacia arriba — no sé cómo ni por qué. De cualquier manera, no quería lanzar un strike. ¿Cuántos de estos rebotan hacia arriba?" Contestando su propia pregunta, continúo "oh, yo no sé. Sucedió".[12]

Durante la celebración de los Rojos en el camerino, Bench hablo sobre su turno en la novena entrada. "Yo sabía que le conectaría. A veces tienes una corazonada y yo la tuve. Sentía que iba a batearla." Al recalcar su cuadrangular el jardín opuesto, comentó "sabía que saldría del parque desde el momento que lo conecté".[13]

Rose trató de describir la reacción de la fanaticada cuando Bench bateó su cuadrangular. "Nunca había oído a los aficionados con tanta emoción. fue el cuadrangular más grandioso que yo he visto y he visto muchos".[14]

Sparky Anderson elogió a los Piratas. "Esta serie comprobó que ninguno de estos equipos es mejor que el otro. Hay dos equipos #1 en la Liga Nacional".[15]

Virdon mantuvo el camerino bucanero cerrado por suficiente tiempo para hablar individualmente con sus jugadores. Clemente resumió los ánimos de sus colegas al decir "aceptamos la derrota igual que hubiésemos aceptado la victoria. No somos peores por una entrada ni somos mejores porque lo pensamos de esa manera. Hemos perdido, hemos ganado y seguiremos siendo los mismos".[16]

Así concluyó el último partido de Roberto Clemente.

LA HISTORIA DESPUÉS

Lleno de satisfacción tras la ardua victoria, el guardabosque central de los Rojos Bobby Tolan declaró que "para mí, esa fue la Serie Mundial. Los dos mejores equipos compitieron".[17] Sin embargo, los Atléticos de Oakland derrotaron a Cincinnati en siete partidos para obtener el primero de sus tres campeonatos consecutivos.

El 31 de diciembre de 1972, pasados 69 días del triunfo de Oakland, un avión modelo DC-7 se estrelló cerca de la costa de San Juan, Puerto Rico. La nave aérea iba en ruta a Nicaragua sobrecargada de suministros de socorro para los sobrevivientes de un devastador terremoto. Ninguno de los cinco tripulantes, incluyendo a Roberto Clemente, quién organizó el comité para recaudar fondos y suministros, sobrevivió el desastre.[18]

FUENTES

Además de las fuentes citadas en las notas, el autor consultó los sitios Web Baseball-Reference.com y Retrosheet.org

https://www.baseball-reference.com/boxes/CIN/CIN197210110.shtml

https://www.retrosheet.org/boxesetc/1972/B10110CIN1972.htm

NOTAS

1   Al Abrams, "Sidelights on Sports," *Pittsburgh Post-Gazette*, 12 de octubre de 1972: 20.

2   Charles Feeney, "Reds Dethrone Bucks, 4-3, with Heroics in 9th," *Pittsburgh Post-Gazette*, 12 de octubre de 1972: 20, 22.

3   Feeney: 20.

4   Tom Callahan, "The Pirates Showed Class," *Cincinnati Enquirer*, 12 de octubre de 1972: 73.

5   Feeney: 22.

6   Feeney: 22.

7   Bob Hertzel, "Foster, Who Scored 'The' Run, Enjoys Quiet," *Cincinnati Enquirer*, 12 de octubre de 1972: 73.

8   Earl Lawson, "Wild Pitch Sets Off Reds' NL Pennant Party," *The Sporting News*, 28 de octubre de 1972: 9.

9   Feeney: 1.

10   Feeney: 1.

11   "The Strike That Bounced," *Pittsburgh Post-Gazette*, 12 de octubre de 1972: 20.

12   Callahan, "The Pirates Showed Class."

13   "Reds Bench Erupts with Johnny," *Pittsburgh Post-Gazette*, 12 de octubre de 1972: 20.

14   "Reds Bench Erupts with Johnny."

15   "Reds Bench Erupts with Johnny."

16   Callahan.

17   Bob Hertzel, "Reds Agree Pirates Should Share No. 1," *Cincinnati Enquirer*, 12 de octubre de 1972: 73.

18   "Baseball Mourns Loss of Buc Star Clemente," *The Sporting News*, 13 de enero de 1973: 42.

ALGUIEN HACE FALTA: CLEMENTE NO ESTÁ EN EL JARDÍN DERECHO

6 DE ABRIL DE 1973
PIRATAS DE PITTSBURGH 7, CARDENALES DE SAN LUIS 5
EN EL ESTADIO TRES RÍOS, PITTSBURGH

POR GREGORY H. WOLF

"No paraba de mirar al jardín derecho y no estaba allí" dijo Bill Virdon, el dirigente de los Piratas, durante el día inaugural en 1973. "Yo seguía mirando hacia allá".[1]

Así comenzaba una nueva época para Pittsburgh. Su estelar jugador Roberto Clemente, inmensamente popular con la fanaticada, había muerto alrededor de tres meses antes, el día de Nochevieja, cuando su avión se estrelló en la costa de San Juan, Puerto Rico. El veterano de 18 campañas había ingresado al club de los 3,000 imparables en su último turno al bate. Su fatídico vuelo estaba destinado a Nicaragua, cuya capital había sufrido un terrible terremoto.

El camerino Pirata tenía un aspecto sombrío antes del partido contra sus rivales, los Cardenales de San Luis, para comenzar la temporada. El aspecto jocoso, común durante los años dorados de la franquicia, se había silenciado ante los recuerdos del difunto. Los dos casilleros del gran Clemente se mantenían vacíos.

Manny Sanguillén, receptor nombrado a dos escuadras "todas estrellas" quién solía radiar buen humor, tenía la difícil tarea de remplazar a Clemente como jardinero derecho. "Anoche soñé con él" dio Sanguillén sobre su amigo cercano, con quién había compartido el día de su muerte. "Estuve pensado sobre cuando buceamos en el océano para buscarlo. No quiero hablar mucho sobre ello".[2]

El gerente general Joe L. Brown, reconociendo la dificultad de la encomienda, relató su apoyo al panameño. "Sanguillén es un buen jugador y hará un buen trabajo" le comentó a la prensa.[3] Otros jugadores Piratas compartían las opiniones de Sangy. La reacia a hablar sobre Clemente no era causada por un deseo de olvidar a su compañero. Todo lo contrario; los jugadores lo mantenían en sus corazones pero deseaban reanudar su búsqueda por su cuarto título divisional en hilo y borrar el mal sabor de la derrota ante Cincinnati en la serie de campeonato, cuando los Rojos dejaron a los Piratas en el terreno.

El entrenamiento primaveral había producido varios cambios en la alineación bucanera. Con la mudanza de Sanguillén, el cotizado prospecto

Milt May había tomado la receptoría. El poderoso bateador Willie Stargell, cuyas adoloridas rodillas le habían robado la flexibilidad necesaria para la primera base, se convirtió en el jardinero izquierdo. Bob Robertson, autor de 53 cuadrangulares en 1970-1971, lo reemplazaría en la inicial tras recapturar su poder en la caja de bateo. Rennie Stennett, panameño de 22 años, defendería la intermedia, cuyo antiguo dueño, Dave Cash, había remplazado a Bill Mazeroski, otra gloria de la franquicia.

Dos de los mejores derechos de la liga se enfrentarían en un duelo en el montículo. Los Piratas enviaban a Steve Blass, nombrado abridor de la temporada por vez tercera tras su mejor campaña (19-8, 2.49 de efectividad) y con récord vitalicio de 100-67. Los Cardenales, dirigidos por Red Schoendienst, habían sufrido su segunda campaña perdedora (75-81) de las tres más recientes. Si embargo, tenían a Bob Gibson en la lomita – inaugurando la temporada por novena ocasión corrida. El temido serpentinero de 37 años, con 225 victorias y 141 derrotas en su carrera, parecía desafiar la edad. Su palmarés en 1972 (19-11, 2.46 de efectividad) era semejante al de Blass.

El Estadio Tres Ríos estaba lleno a su capacidad de 51,695 aficionados para este juego el viernes por la tarde. La multitud constituiría un récord de asistencia para el hogar de los Piratas y los Acereros de la liga de fútbol (NFL, por sus siglas en inglés). Sin lugar a duda, muchos de los presentes se dieron cita para la triste ceremonia en honor a Clemente, con su viuda Vera, sus tres niños (Roberto, Luis y Enrique) y su madre Luisa Walker Clemente entre los invitados. El presidente de la Liga Nacional (NL) Warren Giles le otorgó a la Sra. Clemente el duodécimo Guante de Oro de su fallecido esposo, así como un boleto vitalicio para cualquier juego de la Liga Nacional. Los Piratas anunciaron formalmente que el número 21 sería retirado de manera perpetua. Justo arriba del jardín derecho que Clemente patrulló por tantos años, unos fanáticos desvelaron un letrero

que leía "Gracias, Roberto…jamás olvidaremos al Gran Clemente".[4]

Blass tuvo problemas desde el principio. Tras sobrevivir una primera entrada en la cual otorgó dos boletos gratis, se desplomó en la segunda, otorgando otra base por bolas y permitiendo tres sencillos, un doble y efectuando un lanzamiento salvaje. Los Cardenales anotaron tres carreras, pero podría haber sido peor. Blass atrapó a dos corredores: Ken Reitz al tratar de ensanchar su sencillo a un doble y a Lou Brock tomando ventaja desde primera base.

Brock, ganador de seis títulos de bases robadas, tuvo un áspero inicio de la campaña ya que había sido atrapado tratando de robar el plato en la primera entrada. Dado el éxito que Blass había tenido en las mayores, nadie podría haber imaginado que sus problemas serían el inicio del fin de su carrera en las grandes ligas. Su repentina pérdida de control le causó muchos problemas y causó que varios periodistas usaran la frase "la enfermedad Steve Blass", aún en boga de manera despectiva cuatro décadas más tarde. En la tercera entrada, Blass llenó las bases con un sencillo, una base por bolas y un pelotazo. Tras conseguir dos *outs* con las roletas forzosas de Ted Simmons and Reitz, los Piratas perdían 5-0.

De forma opuesta, Gibson dominaba a los bucaneros, cuyo primer inatrapable vino en la cuarta entrada. Al Oliver conectó un triple con dos hombres fuera, pero fue abandonado sin poder anotar.

Tras cinco parciales, los Cardenales mantenían su ventaja de cinco carreras. El veterano zurdo Luke Walker relevó a Blass y contribuyó dos entradas sin anotación. Por su parte, los Piratas cruzaron el plato en la sexta entrada cuando Stennett se enbasó de manera gratuita, llegó a tercera en un lanzamiento mal jugado por Simmons y un sencillo de Sanguillén, anotando tras un sacrificio de Oliver. Los bucaneros anotaron otra carrera en la séptima tras un cuadrangular de Richie Hebner que rebotó en la pared del jardín derecho. En el lanzamiento anterior, el entrenador de tercera base Mazeroski le había indicado que no trátase de batear, pero Hebner no vió la señal.

La ofensiva bucanera era explosiva, aun sin Clemente en la alineación. En 1972, el equipo tuvo los mejores promedios colectivos de bateo (.274) y slugging (.397), anotando 691 carreras, solo 17 tras los líderes Astros de Houston. Blass no se preocupaba al comentar: "con este equipo, un lanzador puede encontrarse en desventaja, porque somos capaces de anotar muchas carreras. Nunca se sabe".[5]

El zurdo Jim Rooker, adquirido durante la temporada muerta, detuvo a los bateadores Cardenales sin anotar. Los Piratas, por su parte, dispararon sus cañones en la parte baja de la octava entrada. Tras un *out*, Sanguillén y Oliver enlazaron un par de sencillos y Gibson, tras un boleto gratis a Stargell, fue relevado por el derecho Diego Seguí. El lanzador cubano, cuyo repertorio se basaba más en trucos que en velocidad, había sido líder de la Liga Americana en 1970 con su efectividad de 2.56. Aunque Seguí ponchó a Robertson para el segundo *out*, Hebner conectó un débil bombo que cayó entre varios jugadores defensivos. El inatrapable remolcó dos carreras ya que los corredores estaban en movimiento. "Tuve suerte" dijo Hebner, a quién los cronistas llamaban "excavador de tumbas" por su empleo durante la temporada muerta. "Fue un buen lanzamiento y rompió mi bate".[6]

De emergente por Rooker, Gene Clines conectó un lineazo entre los jardines izquierdos y centrales. Gracias a su espectacular velocidad, Brock alcanzó a la pelota, pero ésta rebotó en su guante. Fue contado como imparable y no error del jardinero; Clines llegó a la tercera base, impulsando a Stargell y Hebner, acortando el déficit a una carrera. La mudanza de Stargell al bosque izquierdo había relegado a Clines al banco. Tanto los periodistas como Clines esperaban que su campaña anterior, en la que bateó .334, le valdría un rol regular. Frustrado por su democión, Clines

había pedido un traspaso a otra franquicia. En el terreno, May recibió una base por bolas intencional para colocar corredores en la esquina y Cash, quién había bateado por Walker en la entrada anterior, conectó una roleta que el campocorto Ray Busse no pudo fildear limpiamente para su segundo error del partido.

El relevista zurdo Ramón Hernández otorgó una base por bolas al comenzar la entrada, pero retiró a los próximos tres bateadores a través bombos a los jardines, preservando la victoria bucanera en dos horas y dos minutos.

Rooker ganó su primer partido en la Liga Nacional tras 21 victorias y 44 derrotas con los Reales de Kansas City de la Liga Americana. Seguí cargo con la derrota y Hernández obtuvo su primer rescate de la temporada. Hebner lideró a los Piratas con tres de los ocho imparables, anotando dos carreras y remolcando otras tres. Stargell, quien asumió el papel de líder y mentor del club tras la muerte de Clemente, reconoció la importancia del partido. "Chico, es una gran victoria. Significa mucho ganar de esta manera, remontándose estar en desventaja. Y significa aún más poder haberlo hecho contra un lanzador como Gibson".[7]

La fortaleza de los Piratas fue evidente en una ocasión tan emocional. Todos los jugadores tenían la ausencia de Clemente en sus mentes, sin importar cuán públicamente hablaban de sus emociones. "Yo no quería estar allí (en el jardín derecho)" dijo Sanguillén tras el partido, "pero tuve que hacerlo porque Dios se nos llevó al Grande. Tengo que dar lo mejor de mí porque es la única manera".[8]

Para los Piratas, fue sumamente difícil acostumbrarse a la ausencia de Clemente en 1973. El experimento de Sanguillén en el jardín derecho fracasó miserablemente y el panameño regresó a la receptoría el 15 de junio. A principios de julio Richie Zisk tomó posesión del bosque derecho pero los Piratas sufrieron su primera temporada desde 1968 con más derrotas (82) que victorias (80).

FUENTES

Además de las fuentes mencionadas en las notas, el autor también consultó los sitios Web Retrosheet.org, Baseball-Reference.com, SABR.org y el archivo del semanal *The Sporting News* a través del servicio "Paper of Record".

https://www.baseball-reference.com/boxes/PIT/PIT197304060.shtml

https://www.retrosheet.org/boxesetc/1973/B04060PIT1973.htm

NOTES

1   Phil Musick, "Now Playing Right Field . . . ," *Pittsburgh Press*, 7 de abril de 1973: 6.

2   Musick.

3   Charley Feeney, "Robby, 1B, Stargell, LF, Take Up Slack," *Pittsburgh Post-Gazette*, 6 de abril de 1973: 10.

4   Musick.

5   Bob Smizik, "Pirates Teach Rooker a Lesson in Winning," *Pittsburgh Press*, 7 de abril de 1973: 7.

6   Smizik.

7   Pat Livingston, "Well, Maybe the First Is the Toughest," *Pittsburgh Press*, 8 de abril de 1973: D3.

8   Livingston.

NOTA DEL TRADUCTOR

Según la Real Academia Española, en el idioma castellano abarca más de 93,000 palabras. No obstante, resultan insuficientes para describir a Roberto Clemente. El término *"titán"*, obsequiado por los helenos, es tal vez la mejor manera de describir al astro boricua. Su poderoso brazo derecho, su magistral labor defensiva y su capacidad de conectar imparables a lanzamientos lejos del plato lo convirtieron en un verdadero gigante en las Grandes Ligas.

Como puertorriqueño, me enorgullece la labor de traducir estos ensayos. Como fanático del béisbol, en todo sentido de la palabra, me brinda gran satisfacción que Clemente siga siendo apreciado de manera tan apasionada. Su figura transciende a Puerto Rico, Pittsburgh, y Nicaragua; pertenece a toda la humanidad.

Clemente falleció cuatro años y medio antes de mi nacimiento. Nunca lo vi jugar "en vivo" pero su memoria continúa viva en nuestra isla, cinco décadas después del trágico accidente. De pequeño, me bañé en el balneario de Isla Verde centenares de veces, a pocos kilómetros de dónde cayó su avión. Miles de veces pasé al frente del Coliseo de Hato Rey, que lleva su nombre; por la Ciudad Deportiva en Carolina, cuya realidad fue su sueño; y por las muchas calles, escuelas y parques de pelota en nuestra isla.

Pero no fue hasta el 14 de marzo de 1988, cuando los Expos de Montreal y los Esquivadores de Los Ángeles visitaron al Hiram Bithorn para un juego de exhibición, que empecé a comprender la importancia de Clemente. Mi abuelo me llevó al evento y durante un retraso me compró el libro "Roberto Clemente aún escucha las ovaciones". Los tributos de cada 31 de diciembre cobraron más importancia. Los jugadores cuyos uniformes portaban el número 21 me llamaban más la atención. Y en cada uno de los libros y revistas de mi colección, buscaba primero en el índice a su nombre para leer su sección antes de las demás. Muchos años después, conversando con el autor

Luis Rodríguez Mayoral, pude compartir cuán especial fue ese momento y cuán conmovedor fue su tomo.

A nombre de todos los escritores, editores y diseñadores que han participado en este libro, espero que los estimados lectores disfruten al recordar los logros de Clemente. Pero más aún, espero que en muchos despierte el interés de mantener viva la memoria de Roberto Clemente Walker, sobre todo en Latinoamérica.

Tony S. Oliver Díaz

CONTRIBUIDORES

MALCOLM ALLEN vive en Brooklyn, Nueva York con su esposa Sara y sus hijas Ruth and Martina. Trabaja como gerente del almacén de Crossfire Sound Productions. Su perspectiva sobre el béisbol y la vida cambió al leer el libro *Who Was Roberto?* de Phil Musick cuando cursaba la escuela superior. Oriundo de Baltimore, trabajó en el Memorial Stadium, dónde Roberto Clemente brilló en la Serie Mundial de 1971.

JEFF BARTO se mudó de Pittsburgh en 1992 para ser profesor en UNC Charlotte. En 2005 debutó su clase "History of Baseball and Baseball Through Critical Thinking" en dicha universidad. Como apasionado aficionado de los Piratas, se especializa en biografías y relatos de juegos de la franquicia. En particular, la agradó entrevistar a dos de sus héroes de infancia (Richie Hebner y Freddie Patek) para sus biografías. Al presente está escribiendo la biografía de Rick Monday. Ha escrito sobre los juegos de los Piratas para el Proyecto de Juegos, incluyendo el último día inaugural y los dos últimos partidos jugados en el Forbes Field, a los cuáles asistió; el de Germany Schaefer, cuando pronosticó su cuadrangular en 1906; y el de Rick Monday en 1976 cuando previno que la bandera estadounidense fuese quemada en protesta durante el bicentenario de la nación.

GARY BELLEVILLE se jubiló de su carrera en informática y vive en Victoria, British Columbia. Ha escrito artículos para el Baseball Research Journal de SABR, el Proyecto de Juegos, el Proyecto Biográfico y varios otros libros publicados por SABR. Gary creció en Ottawa, Ontario y se graduó de la Universidad de Waterloo con un bachillerato de matemáticas.

JOHN BLANKSTEIN trabaja como consejero con Econsult Solutions, Inc. en Filadelfia y ejerce como entrenador asistente con Haverford College.

STEVE BRATKOVICH es oriundo de Pensilvania. Fanático desde joven de los Piratas de Pittsburgh, gustó de ver a Roberto Clemente patrullar el jardín derecho del Forbes Field. Es miembro de SABR desde 2015 y ha escrito dos libros sobre el béisbol: *Bob Oldis – A Life in Baseball* y *The Baseball Bat*. Vive en Medina, Minnesota con su esposa y es fiel seguidor de los Mellizos.

THOMAS J. BROWN JR. es aficionado de los Mets de Nueva York y de los Toros de Durham desde que se mudó a Carolina del Norte a principios de la década de los 1980s. Por 34 años fue maestro de ciencias de escuela superior antes de jubilarse en 2016. Durante los últimos ocho años de su carrera, fungió como maestro de inglés como segundo idioma (ELL) y aún es mentor de muchos de sus antiguos alumnos. Es miembro de SABR desde 1995 cuando supo por vez primera sobre la organización durante una visita a Cooperstown durante su luna de miel. Se ha mantenido activo en SABR desde su retiro, escribiendo relatos de juegos y biografías, mayormente sobre los Mets. Goza de viajar con su esposa y visitar parques de equipos de las ligas mayores y menores. Además disfruta de cocinar y comparte sus recetas en su blog, *Cooking and My Family*.

FREDERICK C. (RICK) BUSH ha escrito artículos publicados en más de dos docenas de libros de SABR. Junto a Bill Nowlin, ha editado cinco libros sobre las Ligas Negras, entre ellos *When the Monarchs Reigned: Kansas City's 1942 Negro League Champions* (*Cuando los Monarcas reinaban: Kansas City, campeón de las Ligas Negras en 1942*) publicado en 2021 y ganador del premio Robert Peterson de 2022 y *The First Negro League Champion: The 1920 Chicago American Giants* (*Los primeros campeones de las Ligas Negras: los Gigantes Americanos de Chicago de 1920*) publicado en 2022. Rick vive en el área de Houston junto a su esposa Michelle, sus tres hijos Michael, Andrew y Daniel, y su perra Bailey (una mezcla de Border Collie). Por más de 25 años ha trabajado en el campo de educación, incluyendo los últimos 18 como profesor de inglés en el Junior College

del Condado de Wharton, recinto de Sugar Land, hogar de la franquicia Triple-A de los Astros.

RICHARD CUICCHI es miembro de SABR desde 1983 con el club de Schott-Pelican. Tras su retiro como gerente de informática, Richard escribió Family Ties: A Comprehensive Collection of Facts and Trivia about Baseball's Relatives. Ha contribuido varios artículos para los Proyectos Biográficos y de Juegos de SABR. Escribe a tiempo parcial sobre el béisbol en su sitio Web TheTenthInning.com y contribuye escritos para CrescentCitySports.com. Richard vive en Nueva Orleans con Mary, su esposa.

Oriundo y criado en la provincia canadiense de Newfoundland, **MARK DAVIS** quedó apasionado por el béisbol y los Azulejos de Toronto desde su juventud. Amante de la educación, posee un bachillerato y una maestría en economía y un doctorado en política pública. Sus escritos han sido publicados en varias revistas académicas. Recién unido a SABR, contribuyó tres artículos al libro del equipo campeón de la Serie Mundial de 1992, los Azulejos de Toronto. Vive en Ottawa con su esposa Melissa y su hija Felicity.

PETER DREIER ejerce como el Profesor Distinguido de Política E.P. Clapp en el Occidental College. Recibió su bachillerato en periodismo de la Universidad de Syracuse y su doctorado en sociología de la Universidad de Chicago. He ejercido como reportero de periódicos, organizador de comunidad y asesor del alcalde de Boston Ray Flynn. Es autor de dos libros junto a Robert Elias: *Baseball Rebels: The Players, People and Social Movements That Shook Up the Game and Changed America* (Imprenta de la Universidad de Nebraska) y *Major League Rebels: Baseball Battles Over Workers' Rights and American Empire* (Rowman & Littlefield). Sus otros tomos incluyen *The 100 Greatest Americans of the 20th Century: A Social Justice Hall of Fame* (Nation Books),

Place Matters: Metropolitics for the 21st Century (Imprenta de la Universidad de Kansas), *The Next Los Angeles: The Struggle for a Livable City* (Imprenta de la Universidad de California) y *We Own the Future: Democratic Socialism, American Style* (La Nueva Imprenta). Sus artículos han sido publicados por *Baseball Research Journal, NINE, The New York Times, Los Angeles Times, Washington Post, The Nation, American Prospect, Harvard Business Review, Perspectives on Politics, the Journal of the American Planning Association, Urban Affairs Review, New Republic* y otros. Escribió la biografía de SABR de Sam Nahem y Joe Black. Es el coautor de un informe sobre las condiciones de trabajo en Disneylandia, *Working for the Mouse* (2018) y de un estudio del mismo tema sobre los trabajadores de supermercados durante la pandemia del COVID-19 (2022), *Hungry at the Table*, ambos notablemente señalados por la prensa nacional.

ROBERT ELIAS es profesor de Derecho y de política en la Universidad de San Francisco. Miembro de SABR por muchos años, ha publicado varios ensayos sobre el béisbol, incluyendo la biografía de Octavius Catto. Entre su docena de publicaciones, cinco libros abarcan el béisbol: *The Empire Strikes Out, The Deadly Tools of Ignorance, Baseball and the American Dream, Major League Rebels* y *Baseball Rebels*. En el momento escribe una biografía para la Imprenta de la Universidad de Nebraska, titulada *Danny Gardella: Post-War America and the Neglected Working-Class Hero to Today's Millionaire Athletes*. Recientemente se incorporó al Comité del Centenario, enfocando su labor en su labor la Corte Suprema y su influencia en el béisbol.

HOWARD ELSON es un miembro de SABR, actor y dentista pediátrico semiretirado. Ha escrito "Mickey Mantle Returns in a Pinch" para el proyecto de Juegos, ejerció como "Profesor de Béisbol" en cuatro convenciones de fanáticos durante el Juego de Estrellas y ha viajado a través de Norteamérica con su espectáculo "Ladies and Gentlemen, Dr. Howard Elson!" para las convenciones de dentistas. Su "familia deportiva" incluye a su hijo Phil, "la voz narradora de Razorbacks de la Universidad de Arkansas" y su yerno Dan, el director atlético de Western Michigan University. A sus 74 años, Howard aún lanza de manera competitiva para la Liga Senior de Béisbol y la Liga Roy Hobbs y espera acudir a Phoenix para defender el título de su equipo, USA Volkers, en el campeonato nacional de béisbol para mayores de 73 años. Al igual que su esposa Robin, una contable que trabajó con Richard Kantrowitz y llenó las planillas de la familia Clemente, es oriundo de Nueva York y vio a Roberto jugar en el Estadio Shea. Llevan más de 40 años viviendo en Pittsburgh y deleitan de sus cuatro nietos.

JAMES FORR habita en el área de los Cardenales pero es un fanático de los Piratas pese al rendimiento del equipo. Su libro *Pie Traynor: A Baseball Biography*, coescrito con David Proctor, fue finalista para el premio CASEY de 2010. Ha ganado el premio McFarland-SABR de investigación sobre el béisbol y ha sido panelista en la Conferencia Frederick Ivor-Campbell sobre el béisbol del siglo XIX y la Conferencia Jerry Malloy sobre las Ligas Negras.

JOHN FREDLAND creció en las cercanías de Pittsburgh, es abogado y oficial retirado de las Fuerzas Armadas. Durante sus estudios en Rice University cubrió al equipo de béisbol para el periódico universitario. Estudió Derecho en Vanderbilt University y trabajó por 20 años con las Fuerza Aéreas en el departamento de leyes, brindando asistencia legal a los oficiales y a la organización. Reside en San Antonio, Tejas y dirige el comité de investigadores del Proyecto de Juegos de SABR. Como data curioso, su padre, también llamado John, jugó con el equipo de béisbol de la Universidad de Pittsburgh y en 1968 pasó el verano como lanzador izquierdo de práctica de bateo con los Piratas. Por ello, tanto John como Roberto Clemente comparten un lanzador de práctica.

STEVE GINADER se jubiló de su carrera en logísticas y vive con su esposa Julie en Green Valley, Arizona. Despertó su amor por el béisbol en Reading, Pensilvania al recibir un anuario de los Phillies de 1963 obsequiado por su abuelo. Se incorporó SABR a final de la década de los 1980s y se mantiene activo con el club Halsey Hall de Minnesota desde 2014. Tras retirarse, comenzó a escribir artículos para el Proyecto de Juegos, incluyendo varios publicados en tomos de SABR. Steve planifica seguir escribiendo para la organización, tomando ventaja de la variedad de recursos de investigación de SABR.

DUKE GOLDMAN lleva mucho tiempo como miembro de SABR y se especializa en las Ligas Negras y el proceso de integración racial. A sus 9 años comenzó a admirar a Roberto Clemente al verlo dominar a Baltimore en la Serie Mundial de 1971 gracias a su cañón de brazo y sus hazañas en el terreno.

VINCE GUERRIERI asistió a su primer partido de grandes ligas en el Estadio Tres Ríos de Pittsburgh. Oriundo de Youngstown, Ohio, cursó varios años como reportero del *Pittsburgh Tribune-Review*, pasando el mayor tiempo posible en el Parque PNC. Ha ganado varios premios como autor y periodista en el área de Cleveland y ejerce como tesorero y secretario del club de SABR de dicha ciudad.

Aunque su corazón latió por el béisbol desde pequeño, **ANDREW HARNER** reconoció su falta de destrezas deportivas y se dedicó a estudiar la historia del deporte y las reseñas de los juegos lo más que pudo. Como la historia de béisbol no era una materia ofrecida en la universidad,

se conformó con un bachillerato en periodismo deportivo. Se graduó de Bowling Green State University en 2010 y fungió como editor deportivo por casi siete años antes de empezar una nueva carrera en el ámbito de hospitalidad. Andrew ha escrito para *Sports Illustrated* y reside en el área norte-central de Ohio con su esposa Elizabeth y sus dos hijas.

JANE S. HEWITT es fanática del béisbol desde pequeña y lleva muchos años con SABR. Su padre jugó béisbol semiprofesional, al igual que tres de sus 14 hermanos. Uno de ellos jugó con el equipo Todos Estrellas de Gabby Hartnett, receptor del Salón de la Fama, cuando cursaba estudios en la Escuela de Medicina de Loyola en Chicago. De niña, residiendo en Kansas, tuvo la oportunidad de conocer a Satchel Paige y verlo jugar junto a los Monarcas de Kansas City en las últimas etapas de las Ligas Negras. Por siete veranos trabajó con los Halcones Rojos (RedHawks) de Fargo-Moorhead de la Liga Norteña, ahora conocida como la Asociación Americana, donde Maury Wills ejerció de comentarista para la estación radial. Aunque le apasiona todo sobre el béisbol, en el momento está interesada por el Clásico Mundial de Béisbol gracias a la envergadura del deporte.

THOMAS E. KERN nació y creció en la región suroeste de Pennsylvania. En su juventud, se convirtió en fanático de los Piratas al oír las dulce voces de Bob Prince y Jim Woods: "¡Arriba Roberto!" Ahora vive en Silver Spring, Maryland, frecuentemente acudiendo a partidos de los Orioles y los Nacionales. Es miembro de SABR desde mediados de la década de los 1980s. Su amor y apreciación por las Ligas Negras lo ha llevado a escribir las biografías deLeon Day, John Henry Lloyd, Willie Foster, Judy Johnson, Turkey Stearnes, Hilton Smith, Louis Santop, Andy Cooper y Buck Ewing. Trabaja en el campo de tecnología de transporte.

JUSTIN KRUEGER es profesor de educación de estudios sociales en la Universidad Delta State de Cleveland, Mississippi. En 2021, ganó la beca Woody Guthrie patrocinada por la Fundación BMI. Recientemente encontró una carta que el entrenador Billy Disch le escribió a su bisabuelo en 1908, brindándole una sonrisa a su rostro.

ALEX KUKURA se enamoró del béisbol al vivir la emocionante trayectoria de los Indios de Cleveland en la postemporada de 2016 junto a su padre, un fanático enrabiado. En los raros momentos en que no se encuentra viendo, escribiendo o leyendo sobre el béisbol, estudia seguridad cibernética e historia diplomática en la Universidad de Indiana, recinto de Bloomington. Miembro de SABR desde 2020, esta es su primera contribución a un proyecto del grupo.

Por más de una veintena de años, **KEVIN LARKIN** patrulló las carreteras y calles de su pueblo natal de Great Barrington, Massachusetts. En sus ratos libres, escuchaba juegos en la radio, y ha acudido a partidos desde sus cinco años. Tan solo su amor por sus hijos y nietos sobrepasa su afición para el béisbol. Un día al estar en una librería, el dueño de esta le preguntó si desearía escribir un libro sobre el béisbol, que se convertiría en su primer tomo *Baseball in the Bay State: A History of Baseball in Massachusetts*. Desarrolló un profundo interés en la historia del deporte y escribió un libro sobre Lou Gehrig, uno de sus héroes, titulado *Gehrig: Game by Game*, que examinó cada juego que el "Caballo de Hierro" jugó durante su carrera. Desde entonces ha escrito varios otros libros y artículos y tiene varios próximos a publicarse. Su más reciente trabajo, *Big Time Baseball in a Small Berkshire County Town*, le inspiró a organizar esfuerzos para ubicar un letrero donde este equipo semiprofesional jugó contra clubes de grandes ligas, novenas de las Ligas Negras y el equipo de la "Casa de David". La placa se dedicó el 6 de julio de 2022. Deleita de escribir y corroborar artículos para SABR, decisión que

cataloga como la mejor que jamás haya tomado. Es anfitrión de un programa radial sobre la historia del béisbol, considera que escribir sobre este tema es una manera ideal de mantener la vida del deporte y espero seguir haciéndolo por años más.

Uno de los recuerdos favoritos de **JOE LEISEK** es ver el último *out* de la Serie Mundial de 1969 por televisión en el salón multiuso de su escuele elemental del norte de California. Al mudarse al extranjero para cursar la escuela superior, empacó su juego APBA, tarjetas de jugadores y apuntes de juegos. Joe, su esposa Tracy y su perro setter irlandés viven en al condado de Sonoma, en California, donde trabaja en el departamento de comunicaciones para una compañía tecnológica.

LEN LEVIN está jubilado de una larga carrera como editor de un periódico de Nueva Inglaterra. Vive con su esposa y con un sobresaliente gato anaranjado en Providence. Ejerce de editor gramático para la Corte Suprema de Rhode Island. Ha editado varios libros de SABR y vive a corta distancia, por autopista, del Parque Fenway, donde ha pasado muchos gratos ratos.

NORMAN L. MACHT lleva 37 años como miembro de SABR y ha escrito un igual número de libros, incluyendo una biografía de Roberto Clemente para jóvenes lectores, publicada por Chelsea House.

MICHAEL MARSH es un escritor por cuenta propia basado en Chicago. Ha escrito para el *Chicago Reader* y cubierto deportes escolares para el *Chicago Sun-Times* y el *Chicago Tribune*.

EMMANUEL MEHR es un historiador e investigador que reside en Washington, D.C. Gusta de iluminar y compartir relatos de inmigrantes a Estados Unidos, tanto del pasado como el presente. Es especializa en el creciente papel de béisbol en forjar y fortalecer las identidades de grupo. Su pasión por Roberto Clemente comenzó con la exhibición *¡Pleibol! In the Barrios and the Big Leagues / En los barrios y las grandes ligas* en el Museo de Historia Americana en el Smithsonian, dónde trabaja. Su artículo preferido de la colección es un casco de bateo usado por Roberto Clemente, probablemente alrededor de 1960. En 2021, Emmanuel recibió una maestría en el campo de historia global e internacional de la Universidad de Georgetown. En sus ratos libres, suele encontrarse admirando los sucesos en el Parque de los Nacionales o en Camden Yards.

KELLEN NIELSON nació en Price y creció en Blanding, ambas ciudades en el estado de Utah, donde vive con su esposa Lydia y sus cinco hijos: Madison, Austin, Charlotte, Bodil y Gretchen. Egresado de la Universidad Estatal de Utah con un bachillerato en historia, es un fanático de los Bravos de Atlanta y del béisbol en general.

Desafortunadamente, **BILL NOWLIN** nunca vio a Roberto Clemente jugar en persona al haber crecido en una ciudad de la Liga Americana (Boston) en la época anterior a la competición interligas. Sin embargo, recuerda gratamente sus tarjetas de peloteros de Topps. Fanático de los Medias Rojas desde niño, trabajó como profesor de ciencias políticas y fundó la casa de discos Rounder Records. Durante los últimos 20 años, se ha involucrado profundamente en la investigación y escritura de béisbol, tanto con SABR como con otras organizaciones.

TONY S. OLIVER DIAZ es oriundo de Puerto Rico y reside en Sacramento, California con su esposa Kristine e hija Penélope. Trabaja como profesional de la modalidad "six sigma" e instruye con varios recintos de la Universidad de California. Su pasión es el béisbol y aunque prefiere a los Medias Rojas, aplaude a cualquier contrincante de los Yanquis. Desde pequeño le obsesionaron las tarjetas de peloteros y su proyecto actual se enfoca en los boletos de admisión. De todos los colores del arcoíris, considera el verde de la grama del diamante el más precioso.

TIM OTTO creció en el noreste de Ohio, a 35 millas del antiguo Municipal Stadium. Asistió a su primer partido en el verano de 1960. Su primer recuerdo de la Serie Mundial, tras regresar a su casa del día escolar, fue conocer que Bill Mazeroski había contactado su famoseo cuadrangular para ganar la serie. Aunque es fanático de Cleveland, desde ese memorable bambinazo los Piratas han sido uno de sus equipos favoritos de la Liga Nacional. Una de sus primeras tarjetas de peloteros fue Roberto Clemente en 1960 y por ello estuvo muy ilusionado de tener la oportunidad de escribir el artículo del juego final de Clemente, en la NLCS de 1972.

ZAC PETRILLO posee un bachillerato de Hunter College y una maestría en artes (MFA) del Dodge College Film and Media Arts (Chapman University). Ha dirigido varios cortometrajes y producido espectáculos para *Comedy Central* y *TruTV*. En 2016 fue parte del grupo que lanzó *Vice TV*. Como miembro de SABR, enfoca su atención en el béisbol a partir de los 1980s y la intersección del deporte y los medios de comunicación. Ejerce como director de postproducción con A&E Networks y como profesor de estudios de televisión en Marymount Manhattan College.

RICHARD J. PUERZER encabeza el departamento de ingeniería de Hofstra University. Sus escritos sobre el béisbol han sido publicados en varios libros de SABR, incluyendo *Moments of Joy and Heartbreak: 66 Significant Episodes in the History of the Pittsburgh Pirates* (2018) y *Pride of Smoketown: The 1935 Pittsburgh Crawfords* (2020), *Nine: A Journal of Baseball History and Culture; Black Ball; The National Pastime; The Cooperstown Symposium on Baseball and American Culture* *proceedings; Zisk* y *Spitball*. Junto a su esposa Clare tiene cuatro hijos: Casey, Aaron, Josh y Addie.

CARL RIECHERS trabajó con United Parcel Service (UPS) por 35 años, retirándose en 2012. Con su tiempo libre, se hizo miembro de SABR ese mismo años. Oriundo de las afueras de San Luis, es un apasionado fanático de los Cardenales. Con su esposa Janet tiene tres hijos y dos nietos.

JUAN JOSE RODRIGUEZ trabaja como asesor en la práctica de Transformación de Negocios de EY. Egresado de la Universidad de Notre Dame (Facultad Mendoza de Administración de Empresas) en 2019 con un bachillerato en análisis de negocios y una segunda concentración en filme, televisión y teatro, Rodríguez trabajó con Fighting Irish Media como narrador de más de 200 eventos deportivos para las plataformas digitales de NBC y ESPN. Fungió como parte del grupo editor de *Scholastic Magazine*, la revista universitaria más antigua del país, para la cuál publicó 11 artículos ganadores de premios. En su cuarto año, ejerció como editor ejecutivo de la revista.

BENJAMIN SABIN es un escritor de béisbol y edito para *Last Word on Sports*, editor ejecutivo para *Cheap Seats Press* y artista de tarjetas de peloteros. Disfruta de llevar la cuenta en los juegos y es partidiario de sauerkraut en sus salchichas. Es miembro de SABR desde 2017.

MARK SIMON es escritor, editor y narrador de podcasts para Sports Info Solutions. Miembro de SABR por varios años, suele entrevistar a jugadores de béisbol sobre sus gestionas defensivas y por ello contribuyó un artículo sobre las hazañas defensivas de Clemente. Mark vive en Bethlehem, Pennsylvania.

GLEN SPARKS posee un bachillerato de periodismo de la Universidad de Missouri y ha trabajado en el periodismo comunitario por varios años. Ha sido coeditor de varios libros de SABR y ha escrito artículos para el Proyecto Biográfico y el de los Juegos. Vive en San Luis con su esposa Pam y sus tres gatos: Lucy, Buster y Kasper. Le dedica su trabajo en este libro a sus previos felinos Alfred, Sammy, Bob y Teddy quienes por muchos años lo observaron mecanografiar.

WAYNE STRUMPFER ha sido fanático de los Gigantes desde que su padre le llevó a un juego entre San Francisco y los Esquivadores en mayo de 1971 en el Parque Candlestick. Como miembro de SABR, ha combinado su amor por la historia y el béisbol al escribir sobre el Juego de Estrellas de 1970, el séptimo juego de la Serie Mundial de 1971 y las biografías de Mike Paul y Dave Dravecky. Para sufragar los gastos de su adicción al béisbol, ejerce como abogado residente para el Distrito Imperial de Irrigación, uno de los mayores proveedores de agua y energía eléctrica en California.

STEW THORNLEY es un historiador y autor del béisbol, miembro de SABR desde 1979. Su artículo "Clemente's Entry into Organized Baseball: Hidden in Montreal?" fue parte de la recopilación *SABR 50 at 50: The Society for American Baseball Research's Fifty Essential Contributions to the Game*. Su más reciente libro para SABR como editor es *Metropolitan Stadium: Memorable Games at Minnesota's Diamond on the Prairie*.

THOMAS E. VAN HYNING nació en Washington, D.C. y creció en Santurce, Puerto Rico, donde quedó fascinado por las ligas invernales. A sus 12 años, asistió a una clínica organizada por Roberto Clemente en diciembre de 1966 en el Estadio Hiram Bithorn, donde Clemente jugó y dirigió desde 1963 hasta 1971. Tom fue corresponsal del Salón de la Fama de Béisbol Profesional de Puerto Rico desde 1992 hasta 1996 y ha escrito dos libros: *Puerto Rico's Winter League* y *The Santurce Crabbers*. Colabora con artículos y ensayos para beisbol101.com y negro-leaguerspuertorico.com. Ha escrito artículos para *The National Pastime* y el *Baseball Research Journal*. Miembro fundador del grupo Cool Papa Bell (Mississippi), Tom trabaja como analista de información y economía para la Autoridad de Desarrollo del estado de Mississippi.

STEVEN C. WEINER, miembro de SABR desde 2015, se jubiló de su carrera de ingeniero químico pero no de su pasión de aficionado de béisbol, que comenzó en la década de los 1950 con los Esquivadores de Brooklyn. Durante sus estudios universitarios en Rutgers University, Steven narró juegos de béisbol y baloncesto con la cadena radial WRSU. A su vez trabajó con la oficina de información de asuntos deportivos. Posteriormente logró su doctorado en ingeniería y ciencia aplicada de la Universidad de Yale, contribuyendo artículos e investigando la seguridad de células de combustible e hidrógeno. Steven dirige la asignación de artículos para el Proyecto de Juegos de SABR y ha escrito ensayos para seis tomos de SABR, el *Baseball Research Journal* y *Jackie Robinson 75: Baseball's Re-Integration*. Obsequia sus ratos libres voluntariamente como maestro en las escuelas cercanas a su hogar.

GREGORY H. WOLF nació en Pittsburgh pero ahora vive en el área de Chicago con su esposa Margaret y su hija Gabriela. Ejerce como profesor de estudios germánicos en el North Central College de Naperville, Illinois, con el título de Dennis and Jean Bauman Endowed Chair en las Humanidades. Ha editado más de una docena de libros para SABR y desde enero de 2017 codirige al Proyecto Biográfico de SABR, cuyos detalles se comunican a través de Facebook y Twitter.

Libros por SABR

Disponible en español y ingles

Puerto Rico y el Beibsol: 60 Biografias

editado por by Bill Nowlin y Edwin Fernandez, traductor: Reynaldo Cruz Diaz

Puerto Rico y el béisbol: 60 biografías contiene 60 biografías de jugadores, pero también tiene dos "biografías del estadio de béisbol" y un artículo sobre los juegos de las ligas mayores jugados en Puerto Rico, tanto juegos de exhibición de entrenamiento de primavera como juegos de temporada regular desde el momento en que " Los Expos" incluyeron a San Juan como su base de operaciones.

Este libro destaca a los pioneros que jugaron en las Ligas Negras hasta Iván Rodríguez, elegido en 2017 para el Salón de la Fama del Béisbol Nacional. Al leer este libro conocerás a Perucho, quien fue comparado con Ty Cobb; por qué Pancho Coimbre fue considerado uno de los mejores bateadores; la historia del gran Roberto Clemente; quién fue "el Divino Loco," quién era "El Jíbaro"y mucho mas.

Leyendas del Beisbol Cubano

editado por Peter C. Bjarkman y Bill Nowlin, traductor: Reynaldo Cruz Diaz

Minnie Miñoso. Martín Dihigo. Luis Tiant. Orlando "El Duque" y Liván Hernández. De las legiones de figuras memorables de la isla de Cuba que han dejado su huella en el béisbol, 47 están incluidas en este volumen. Durante más de un siglo y medio, Cuba ha sido una nación con un inmenso amor por el béisbol, convirtiéndolo no en un pasatiempo nacional, sino en una pasión nacional. Estas biografías fueron investigadas y escritas por miembros de SABR y fue el primer libro de SABR que se tradujo y publicó en español.

Dominicanos en las Ligas Mayores

editado por Bill Nowlin y Julio M. Rodriguez

La República Dominicana está bien representada por muchos jugadores clave en las Grandes Ligas de Béisbol. Alrededor de 800 nativos de la República Dominicana han jugado en las mayores, 300 más que cualquier otro país fuera de los Estados Unidos. El primero fue Pedro Alejandro San, quien lanzó en 1926 en la Liga Coloreada del Este para el Cuban Stars East. Luego llegaron Tetelo Vargas y Horacio "Conejo" Martínez a las Ligas Negras. Osvaldo "Ozzie" Virgil fue el primero en la Liga Nacional en 1956 con los New York Giants. En 1983, Juan Marichal se convirtió en el primer dominicano en ingresar al Salón de la Fama del Béisbol Nacional en Cooperstown. Desde entonces, se le han unido Pedro Martínez, Vladimir Guerrero y David Ortiz, y nadie duda de que muchos más lo seguirán, ya que las estrellas dominicanas continúan brillando en las ligas mayores. También se incluyen: biografías de Felipe, Jesús y Matty Alou, Sammy Sosa, Raúl Mondesí y Fernando Tatis, así como un resumen de la apasionante y llena de acción barrida del equipo dominicano en el Clásico Mundial de Béisbol 2013.

Todos en SABR.org y disponible en Amazon y otros librerias

SABR Books on the Negro Leagues and Black Baseball

From Rube to Robinson: SABR's Best Articles on Black Baseball

From Rube to Robinson brings together the best Negro League baseball scholarship that the Society of American Baseball Research (SABR) has ever produced, culled from its journals, Biography Project, and award-winning essays. The book includes a star-studded list of scholars and historians, from the late Jerry Malloy and Jules Tygiel, to award winners Larry Lester, Geri Strecker, and Jeremy Beer, and a host of other talented writers. The essays cover topics ranging over nearly a century, from 1866 and the earliest known Black baseball championship, to 1962 and the end of the Negro American League.

Edited by John Graf; Associate Editors Duke Goldman and Larry Lester
$24.95 paperback (ISBN 978-1-970159-41-7)
$9.99 ebook (ISBN 978-1-970159-40-0)
8.5"X11", 220 pages

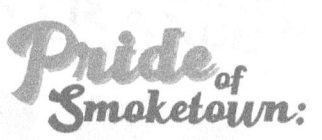

Pride of Smoketown: The 1935 Pittsburgh Crawfords

The 1935 Pittsburgh Crawfords team, one of the dominant teams in Negro League history, is often compared to the legendary 1927 "Murderer's Row" New York Yankees. The squad from "Smoketown"—a nickname that the *Pittsburgh Courier* often applied to the metropolis better-known as "Steel City"—boasted four Hall-of-Fame players in outfielder James "Cool Papa" Bell, first baseman/manager Oscar Charleston, catcher Josh Gibson, and third baseman William "Judy" Johnson. This volume contains exhaustively-researched articles about the players, front office personnel, Greenlee Field, and the exciting games and history of the team that were written and edited by 25 SABR members. The inclusion of historical photos about every subject in the book helps to shine a spotlight on the 1935 Pittsburgh Crawfords, who truly were the Pride of Smoketown.

Edited by Frederick C. Bush and Bill Nowlin
$29.95 paperback (ISBN 978-1-970159-25-7)
$9.99 ebook (ISBN 978-1-970159-24-0)
8.5"X11", 340 pages, over 60 photos

The Newark Eagles Take Flight: The Story of the 1946 Negro League Champions

The Newark Eagles won only one Negro National League pennant during the franchise's 15-year tenure in the Garden State, but the 1946 squad that ran away with the NNL and then triumphed over the Kansas City Monarchs in a seven-game World Series was a team for the ages. The returning WWII veterans composed a veritable "Who's Who in the Negro Leagues" and included Leon Day, Larry Doby, Monte Irvin, and Max Manning, as well as numerous role players. Four of the Eagles' stars—Day, Doby, Irvin, and player/manager Raleigh "Biz" Mackey, as well as co-owner Effa Manley—have been enshrined in the National Baseball Hall of Fame in Cooperstown. In addition to biographies of the players, co-owners, and P.A. announcer, there are also articles about Newark's Ruppert Stadium, Leon Day's Opening Day no-hitter, a sensational midseason game, the season's two East-West All-Star Games, and the 1946 Negro League World Series between the Eagles and the renowned Kansas City Monarchs.

Edited by Frederick C. Bush and Bill Nowlin
$24.95 paperback (ISBN 978-1-970159-07-3)
$9.99 ebook (ISBN 978-1-970159-06-6)
8.5"X11", 228 pages, over 60 photos

Bittersweet Goodbye: The Black Barons, The Grays, and the 1948 Negro League World Series

This book was inspired by the last Negro League World Series ever played and presents biographies of the players on the two contending teams in 1948—the Birmingham Black Barons and the Homestead Grays—as well as the managers, the owners, and articles on the ballparks the teams called home. Also included are articles that recap the season's two East-West All-Star Games, the Negro National League and Negro American League playoff series, and the World Series itself. Additional context is provided in essays about the effects of baseball's integration on the Negro Leagues, the exodus of Negro League players to Canada, and the signing away of top Negro League players, specifically Willie Mays. Many of the players' lives and careers have been presented to a much greater extent than previously possible.

Edited by Frederick C. Bush and Bill Nowlin
$21.95 paperback (ISBN 978-1-943816-55-2)
$9.99 ebook (ISBN 978-1-943816-54-5)
8.5"X11", 442 pages, over 100 photos and images

www.ingramcontent.com/pod-product-compliance
Lightning Source LLC
Chambersburg PA
CBHW080946120626
46546CB00010B/2849